# 大黒天変相

仏教神話学 I

彌永信美

法藏館

# 大黒天変相——仏教神話学 Ⅰ・目次

## IX 兜跋毘沙門の神話と図像 391



## X クベーラの変貌 443

## XI　ガネーシャの太鼓腹――大黒の袋2　503

# 大黒天変相

## ——仏教神話学 I

装幀＝高麗隆彦

# 凡例

一、巻末に人名索引、地名索引、書名索引、神格名索引、神話モティーフ索引が付されている。本文、または注の中に、たとえば（→神話モティーフ索引）とある場合は、神話モティーフ索引の該当項目、または関連項目に挙げられている各ページが参照できることを表わす。これは「前述 p. 000, p. 000；後述 p. 000, p. 000 参照」などの記述の煩雑さを避けるためで、筆者としてとくにそれらの箇所を参照していただきたいことを意味している。文献目録は付けないが、書名索引で参照できるようにする。原則として、初出箇所にフル・リファレンスを掲げ、その後適宜に省略して引用する。

一、注は、本文内に「＊（アステリスク）」で参照し、本文内に字下げ、細字で組み入れたものと、本文内ではアラビア数字で参照し、各章末に置いたものの二種類がある。章末注はおもに文献のリファレンスなどを示すもので、本文の理解には直接関係ない。本文内に組み入れた注は、本文の内容を補助し、細部の議論を展開するもので、興味ある読者にはぜひ読んでいただきたいものである（煩を避けるため、本文内の細字注には文献注も含まれている）。この方法は、横組み・脚注の形式がとれない日本の出版形態の中で、「内容のある・読まれる注」を組み入れるための窮余の策である。

一、注の参照は I-n. 1, II, I-n. 1 などの形式にする。大文字のローマ数字にコンマが続く場合は巻数、ハイフンが続く場合は章番号を表わす。n. に続くアラビア数字は各章末の注番号を表わす。

一、大正大蔵経のリファレンス方法はフランス語による仏教語彙辞典『法宝義林』*Hōbōgirin* のそれに準拠する。最初の T. はインド撰述の経典類（基本的に釈尊、または大日如来などの「仏説」に基づくと信じられているもの）、Tt. はそれ以外のインド撰述の仏典（注釈、論述、本生／本縁類など）、Ttt. は中国撰述の仏典、Tttt. は日本撰述の仏典を表わす。たとえば中国撰述の偽経などは、T[tt]. などと表記する場合があるが、必ずしも厳密ではない。TZ. は大正蔵・図像篇を表わす。次の大文字ローマ数字は大正蔵の巻数、次のアラビア数字は各文献の番号（図像篇の文献番号は『法宝義林』別冊 Répertoire du Canon bouddhique sino-japonais, Edition de Taishō（Taishō shinshūdaizōkyō), compilé par Paul Demiéville, Hubert Durt et Anna Seidel, Fascicule Annexe, Paris, Adrien-Maisonneuve, Tokyo, Maison Franco-japonaise, 1978 に基づく）、次の小文字のローマ数字は各文献における巻数、次のアラビア数字は大正蔵各巻におけるページ数（図像篇については、通巻のページ数）、a／b／cは上・中・下段、次のアラビア数字は各段における行数を表わす。

一、続蔵経のリファレンスは、原則として、各文献の題名、該当する場合は文献内の巻数（小文字のローマ数字）、Z., 台湾・新文豊出版公司によるリプリントの通巻番号（大文字のローマ数字）、丁数、表rec.／裏ver.、上段a／下段b、行数の順に示す。

一、漢字の表記は、原則として常用・新体字を用いる。ただし場合によって旧字を用いることもある。

一、漢文などの原典からの引用は、場合によって要約、現代語訳、読み下し文、原文そのものなど、多様な形態をとる。この点については、後述 p. 59-63 も参照していただきたい。引用文内の「〔　〕」は原則として筆者による補足。

# プロローグ

中央アジアの砂漠――。

ラクダの背に荷を積んだ一団の隊商が通り過ぎ、その同じ道を軽業師や手妻師、あるいは碧眼の楽人や胡旋を舞った胡姫たちが歩んでいったことだろう。月光の底に沈む砂漠の道に、だんだら模様の道化がとんぼ返りをうち、軽やかに舞う胡姫の錦の袖に星の露が宿る……。

ごったがえす喧騒と異国の強い匂いに満ちたオアシスの市場の脇には、大きな寺院が門を開き、一群の老若男女を前に俗臭をただよわせた逞しい体軀の僧侶が、なにやら極彩色の絵巻物を展げ、おもしろおかしく絵解きを物語っている。そして、同じ寺院の奥の一室には、遥かな異境からやってきた異貌の僧が、不可解な呪文が並ぶ経典を前にしてもう何時間も瞑目しているだろう。

広大な東アジア世界の西から東まで、南から北まで、すなわち

――イランに続く北西インドからインドネシアの南端まで、シベリアに連なる外蒙古の北端から琉球列島に連なる日本の南端まで――

仏教が及んだあらゆる地域で、人々は舞い、語り、歌い、交流しつつ瞑想した。祭りの賑わいと砂漠の沈黙が、湿潤な水田と草原の放牧が、人々の豊饒な思考を育み、憧れと不安に満ちた表象の宇宙を産み続けていった。

山塊と大洋と砂漠が人々に「向こう側」の夢を夢見させ、彼らを旅に駆り立てるのと同様、宗教もまた、もうひとつの「向こう側」の夢を与え、表象の旅へ人々を誘うものだった。漂泊の民が慈悲の仏と奇怪な鬼神たちの物語を伝え、瞑想の旅が、あるいはたんに日々の淡々とした生活が、それを変形して新たな命を与えていく。いま、山奥の古刹に安らぐ神像や辺鄙な田舎に伝承された祭りの儀礼、あるいはまた難解な注釈書の片隅に記された説話の断片のなかに見出される表象の数々は、旅から旅へ、交流に交流を重ね、変形し続けてきた人々の生活と思考の形をこんにちのわれわれに伝える貴重な史料である。

「民族のるつぼ」とは、同時に「思考のるつぼ」でもあった。

熱く、柔軟な思考が混じり合い、火花を散らして化学反応を起こし、そうして新たな形態を産み出していく。仏教文化の遺産としてわれわれに遺された厖大な文献、図像、儀礼、その他各種の遺物のなかから、神話的表象を発掘し研磨していく作業を通して、過去に生きた人々のこうした「熱い思い」をいくばくかでも想像し、垣間見ることができれば、われわれの努力は充分以上に報われたことになるだろう。

*

「民族のるつぼ」はもちろんシルクロードだけではない。たとえば地図を開いて中国西南部を見てみよう。雲南省の高原を中心として四方を見渡せば、南東にはトンキン湾が広がり、北東に向かえば貴州・四川地方からバヤンカラ山脈に沿ってココノール（青海）、そして旧シルクロードに通じ、一方西の方角にはビルマ北部を横切りブラフマプトラ河に沿ってアッサム地方にまで至る領域が広がっている。多くの山岳少数民族が混在して住むこの地域は、まさにインド文化と中国文化が交わる接点に位置し、東アジア世界の文化が混成して産み出されていくもっとも重要な実験室のひとつに数えることができる。この地域の戦略的重要性は、十九世紀にイギリスがインドからビルマを経由して何度も雲南に侵攻し、またフランスが同じ地域に鉄道を敷設しようとしたことからもうかがわれるだろう。

一方、インド文化と中国文化の混成という視点からは、チベットももちろん忘れることができない。チベット仏教は、いうまでもなくインド仏教を継承したものであり、インド（とくにその北西部）との交流はチベット文化の最大の源泉のひとつだった。が、それと同時に、チベットの文化の隅々にまで中国文化の強い影響が浸透していたことは、たとえば有名なサムイェーの寺院が建造された時、「下部はチベット風に、中央部はシナ式の屋根で、上部はインド式の屋根で」作られたと伝えられていることからだけでも、充分推測できるだろう。[1]

一見、周囲から隔絶された「奥地」のように見られがちなこれらの地域も、現実の歴史のなかでは絶え間ない交流の舞台となり、東アジア世界の文化を循環させるもっとも重要な心臓としての役割を果たしてきたのだった。そして、それと似た意味で、同じ東アジア世界の東端に位置し、他から海によって隔てられた日本も、大陸からのあらゆるレヴェルの影響を受け入れ、「ユーラシアの吹き溜まり」あるいは「アジアの博物館」と呼ばれるにふさわしい文化を育てあげてきた。ヘレニズム様式から李朝の様式に至るまで、日本の文化遺産のなかには、アジア‐ユーラシアに生きたあらゆる人々の生活と思索の跡が秘められている。「いつ・どこで・誰が・どのようにして」ある形態を日本に伝えたか。たまたま、伝播の具体的状況を記録した史料が現在まで残されていることもある。しかし、多くの場合は、表象構造は複雑な人的交流を媒介として目に見えない形で徐々に浸透し、現在では結果として彼・此に残された形態を比較することによって伝播の事実を推測する以外にない。民衆的な習俗の一例として、たとえば（フランスの中国学・チベット学の泰斗として知られた）R・A・スタン教授によれば、真冬に裸で走る少年に冷水をかけるという変わった競技はイランの正月のお祭りに特有のものであった。それは獅子の舞いと一緒にサマルカンドおよびシナ・トルキスタン経由で、八世紀以前にシナに入った。この競技の目的は寒さを駆逐することであった。中国、ヴェトナムには獅子の舞いだけが残った。しかし日本では獅子舞いと、時には裸祭りも、チベットでは獅子の舞いも、裸の少年の競争と灌水の風習もともに並んで伝え残されたのである。(2)

同様の例は、より明確に仏教的な習俗でも見ることができる。たとえば、室町後期以後のいわゆる熊野比丘尼が絵解きした「観心十界曼荼羅」や江戸時代に作られた「立山曼荼羅」は、はるか敦煌の各種の変相図に遡り、さらにはインド・初期仏教の仏伝図や本生図にまで連なる仏教唱導芸術の伝統に結びついたものと考えられる。しかも、賽の河原や血の池地獄などの地獄図を中心に、六道輪廻の苦しみをことこまかに描いた日本の「十界曼荼羅」が、チベットに多く伝わる「五趣生死輪図」と奇妙に符合することは、たんなる偶然とは言い切れないだろう。(3)仏教文化によって運ばれた多様な――しかし基本的には同一の――表象構造が、仏教世界のふたつの「辺境」で、おそらくは独自に発展しながら、結果としてはきわめて類似した実を結んでいるのである。

＊

このような事例は、仏教文化の歴史を探っていけば、枚挙に暇がないだろう。実際に誰が、どのようにして唱導芸術の技法をインドから中国に、あるいは中国から朝鮮半島、そして日本にもたらしたかを知ることは、偶然の発見によるのでないかぎり、ほとんど不可能に違いない。シルクロードの砂漠を渡っていった無名の唱導師や旅芸人たちの姿は、いまはわれわれの想像のうちに、「瞼の裏に」ほのかに浮かび上がる以外にはなくなってしまった……。

にもかかわらず、彼らの活動が、たんにわれわれの詩的ロマンティシズムの産物でないことは、多くの歴史的事実が例証している。(4)本書で示される数々の物語や神話の断片、図像などのあいだの奇妙な符合も、東アジア世界の全領域を行き交ったこうした人々の、いわば「水面下」の、絶えることのない活発な交流の活動を前提としなければ理解することができない。本書では彼らの「実像に迫る」ことを直接の目的とはしない。が、以下の叙述のすべては、この人々の活動を前提とし、またそれを主要な結論のひとつとしていることを、ここですでに述べておくことは無駄ではあるまい。

もっとも、無名の唱導師や旅芸人といったイメージだけでは、問題をいわゆる「民衆的」、「社会史的」次元に限定してしまうおそれがある。これらの人々を他から際立たせていたのは、一般の日常的生活とは相入れないある種の超俗性であり、その特殊な技能であった。その意味では、社会的には最高のエリート層に属する学問僧たちも、同様の超俗性と特殊技能の持ち主だったと考えることができる。難解な梵語仏典をはじめて本格的な中国語（漢文）に翻訳し、中国仏教、ひいては極東世界全体の仏教の基礎を築いた天才翻訳僧・鳩摩羅什《くまらじゅう》（彼自身がシルクロードのオアシス国クチャ〔亀茲《きじ》〕の王家の血筋を引いていた）は、西暦紀元四〇二～四〇六年の約四年間に、長安で『大智度論』百巻を訳出した。この百巻のうち、はじめの三十四巻および第四十九、第五十の二巻（全体のほぼ三分の一に相当し、大正蔵の組み版ではあわせて二百七十ページになる）を、二十世紀の世界の仏教学の最高峰の一人、ベルギーのE・ラモット氏が、一九四四年から一九八〇年まで三十六年間かかって厖大な注を付し、全五巻、二千四百五十一ページの書として仏訳している[5]。もちろん翻訳の条件から言っても、詳細極まりない注記に要される時間と労力から言っても、この二つの仕事を単純に比較することはできない。が、それにしても、現代の超人が生涯を懸けて積み上げた業績が、羅什にとってのただの一、二年の仕事に相当するとは……！

同じ羅什は、約七年間の訳業で三十五部、二百九十七巻を訳出したと言われている。そして、『大唐西域記』で有名な唐代の玄奘三蔵（六〇二～六六四年）は、約二十年間に通計七十五部、一千三百三十五巻を訳出し、同じ唐代の義浄三蔵（六三五～七一三年）は十数年の訳業で五十六部、二百三十巻を訳出したという。こうした大偉業をなし遂げたのは、もちろん中国の訳経僧だけではない。たとえば、江戸時代の悉曇学の巨匠、慈雲尊者飲光《おんこう》（一七一八〜一八〇四年）は百部以上の著書のほか、『梵学津梁』一千巻を編纂しているし、南北朝時代の東寺の学匠、杲宝《ごうほう》（一三〇六〜一三六二年）も一人でゆうに大正大蔵経の二、三巻に当たる著作を著している。

このように圧倒的な仕事を後世に遺していった学僧たちは、大寺院の奥で怠惰に暮らすエリート僧とはほど遠い、想像を絶する知的苦行を自らに課した荒法師であり、ものに憑かれて激しく生きた驚異的な超人たちだった。こうした人々の手によってこんにちに伝えられた知的モニュメントは、北魏時代の洛陽の永寧寺――その九重の塔には金の小鈴が無数に吊るされ、「風のある秋の夜などは、それらが響きあって、その鏗鏘《こうそう》たる調べは、十余里まで聞こえた」(6)という――や、あるいは奈良・東大寺の大仏にも比することができる、全東アジアの知を結集した壮大・華麗なエンサイクロペディアだったのである。

旅芸人や唱導師たち、あるいは苦行する修験者たちは、その超俗性と特殊技能によって日常的生活のなかに一種の呪術的宗教性を帯びた異空間を作り出す人々だった。それと同様の意味で、これら知的超人たちの恐るべき苦行も、（宗教・世俗権力によって利用されただけではなく）社会全体にとって必要不可欠とされたある種の異次元の要素を産み出すものだったとも考えられるだろう。

こんにち、デパートの正月祭りなどでわずかに見ることができる獅子舞いが、古代西アジアからはるばる流れ来ったものなら、大正大蔵経や日本大蔵経の一ページに記された物語の断片が、またどれだけの人々の信仰や思いによって練り上げられてきたかを想像してみるのも、時には無駄ではないかもしれない。

＊

副題にも示したとおり、仏教文化の多様な表象体系のなかでも本書がとくに扱うのは神話の問題である。一般の読者だけでなく、仏教にとくに関心を持っておられる読者の方々にも、「仏教神話」とは耳慣れないことばと感じられるだろう。「神話」という語は、周知のようにギリシア語の *mythos* から派生した *myth*（英）、*mythe*（仏）などの翻訳語で、日本や中国、あるいは仏教のもともとの語彙のなかにはそれに正確に相当する概念は存在しないと思われる。近‐現代の民族学者によるいわゆる「未開民族」の民族誌ならば、「神話」という項目が最初から他の文化現象から切り離されて抽出されることもあるかもしれない。しかし、たとえば古代ギリシア文化でも、なにを神話と言い、なにを文学作品と呼ぶかは決して自明ではないし、同様に古代日本における「神話」と「歴史」の区別も（戦前の国史学においてそうであったように、支配的イデオロギーのあり方によっては）きわめて不分明なものでありえた。仏教の場合、なにを神話と言うかという問題は、さらに複雑である。実際には、仏教の厖大な文化遺産のなかから「仏教神話集成」とでもいえる史料集を抽出できれば、仏教神話学の課題の大半は果たされたと言うこともできるかもしれない。

「仏教神話とはどういうものでありうるか」という問題については、以下の序論で筆者なりの考えを示すことができるだろう。しかしここですでに述べておくべきなのは、ここで試みられるような意味での仏教神話の研究では、仏教そのものの解明は必ずしも直接の目的とはならないということである。換言するなら、ここで問題となるのは、「仏教の本質」ということ――それを他から際立たせる基本的理念や哲学的前提など――以上に、「文化の運搬者としての仏教」であり、また「仏教が運搬した文化のあり方」である。たとえば、日本のいわゆる「庶民仏教」のなかにだけ見出されるある特徴的な図像や習俗が、その発想の起源をたどればヒンドゥー教の神話や、あるいは古代中央アジアの宗教混淆にまで遡れるとするなら、その背景には明らかに、東アジア世界全体を覆った仏教という巨大な文化潮流の流れがあったことを前提しなければならないだろう。その流れのなかには、インドやそれよりさらに遠い西方から運ばれてきた表象の浮き草があるかもしれないし、途中の中国や朝鮮半島から巻き込まれてきた神話的イメージの種子も見られるかもしれない。その流れの端々で独自に発展した特徴的な形態、たとえばヒンドゥー教の習俗とチベットに残された伝説、それともヴェトナムの民俗宗教に見られる図像と日本の修験道の儀礼などが、互いに直接的な関係はなくとも、構造的な類似を示すことも充分にありうるだろう。多くの場合、「取るに足らない俗信」とか「誤解に基づく混同」として見捨てられてきた多様な伝説、儀礼、図像などが、じつはこの滔々たる大潮流のなかにそれぞれ位置づけられるものであるとすれば、われわれは仏教文化のあり方自体について、そしてそれぞれの国や地域における宗教文化、精神史のあり方について、あらためて検討し直すことが要求されているのではないだろうか。

習俗や伝説、儀礼、図像などは、それ自体としては独立した神話というより、せいぜい神話の断片、もしくは神話的イメージ、神話的表象と呼ぶ方が適当だろう。にもかかわらず、それらも含めて本書で試みる比較や分析を「神話学（的研究）」と名づけたのは、そうした各種の表象のあいだに見出される関係が、序論で述べるような意味での神話的思考に特徴的な（転移、変換、逆転などに基づく）変形の論理にのっとっていると考えられるからである。神話的思考においては、表象形態が単純にそのままの形で伝播されることはむしろ稀である。個々の形態は変化していても、なんらかの構造的関連が見出されるか否かということが、比較対照のキーポイント（いわゆる *trait pertinent*）になる。そして、そうして積み上げられていく構造的関連の束を、徐々にそれぞれにふさわしい位置に当てはめていくことができれば、最終的には仏教における神話的思考（表象）構造全体の輪郭を描き出すことも夢ではないかもしれない。そして、それがまさに、先に述べた「仏教神話史料集成」に当たるものになると言えるだろう。

*

とはいっても、それはまだまだ遠い先の、夢のような目論見でしかない。現時点でわれわれにできるのは、「とりあえず始めてみる」こと、最初からすべて完璧であることは期さずに、まず糸口を見つけ、必要に応じて軌道修正しながら大まかな道筋を探っていくことであろう。本書の副題では「仏教神話学」という仰々しいことばを掲げながら、実際の内容の大部分は、仏教全体から見ればとくに重要とも言えない一神格、すなわち大黒天とそれにまつわるいくつかの神格や尊格について考えることに終始しているのはそのためである。

これも序論で述べることだが、現在の見通しでは、仏教神話の世界は、ある種の大きな円環をなしていると考えることができる。「神話の大地は円い」というレヴィ＝ストロースのことば(7)は、仏教神話に関しても正しいと言えるだろう。この円い仏教神話の大地では、すべての要素がなんらかの関連によって他に結びついている。それゆえ、理論的にはどこから始めても、要素から要素へ順繰りに全構造をぐるりと経巡って最後には出発点に戻り、そこからあらたに別の経路をたどってさらに分析を深めていくことができるはずである。こうした終わりのない螺旋状の分析を繰り返すことによって、はじめて、仏教神話の世界の全貌が明らかになっていくだろう。

本書で試みられるのは、もちろん、そのほんの手始めにすぎない。大黒天から始まって途方もない回り道をしながら、ついにまた大黒天にたどりつく円環は、「仏教神話の大地」のなかの微小な一部分以上のものではない。しかしその円環が決して閉じられたものではないこと、そこから他へつながる関連の触手が無数に延びていることとは、以下の文章を読んでいただければ容易に理解されるはずである。大黒天を探究の糸口にした最初のきっかけは、たんに筆者がたまたまこの神格について研究する機会が与えられたということにすぎない。(8)実際に始めてみると、大黒天に関しては、これまでにもいくつかの重要な研究が蓄積されており、それらの「巨人の肩のうえ」に載って作業を進めることができたということも、筆者にとっては測り知れない励みになった。しかも、こうして偶然選んだ大黒天にまつわる神話的表象は、調べていけばいくほどに（おそらく他の神格や尊格にもまして）多くの「関連の触手」をもっていることが分かってきた。さらにまた、考えてみれば、大黒天は、たとえ仏教に馴染みの薄い読者にとっても親しみがもちやすい神格ではないだろうか。こうして見れば、偶然の結果とはいえ、仏教神話の世界への最初の案内者として大黒天を選ぶことも、必ずしもゆえのないことではないかもしれない。

本書ははじめ、一冊の本として構想された。分量の関係上、やむを得ず二冊に分けて刊行されることになったが、内容的には一続きのものと考えていただきたい。上巻にあたるこの一冊の題『大黒天変相』は、もともと全二冊の内容にまたがるものとして考えたものだった。

『大黒天変相』という表題の「変相」という語は、もちろん中国仏教、とくに敦煌の絵解き唱導に使われた仏教説話画「変相図」を意識したものである（その絵解きのテクストが「変文」と呼ばれる）。絵解き、物語、儀礼が、本書二冊の中核をなしている。

が、その特殊な意味と同時に、筆者としてはより字義通りの「相貌を変える、変化させる」という意味をも含ませることを考えている。本文を見ても理解されるとおり、大黒天はヒンドゥー教の象頭の神ガネーシャ（中国、日本の大聖歓喜天）と深い関係にあり、毘沙門天や鬼子母神ともかかわりをもっている。あるいはまた日本の有名な七福神の神々は、（中国産の星神、寿老人と福禄寿の二神格との関係は明確には現われないが）ほとんどすべて大黒天を焦点とした神話空間に位置づけられるものと考えることができる。比喩的に言うならば、これらの神々は、すべて大黒天が次々と「変貌（相）していった姿」と言ってもさしつかえないだろう。そしてもとより大黒天自身の様相が、インドから中国、日本へ、あるいはチベットやモンゴルへ至るあいだに大きな変貌をとげている。そうした意味では、本書に登場する多くの神格や尊格の多様な姿は、いうならばすべて大黒天の種々の

「変相」の様相であると言ってもいいかもしれない。なにゆえに、大黒天の「変相」がこれほどの広がりをもつのか。ひとことで言うならば、それは大黒天がインド宗教のもっとも重要な神格の一人・シヴァ神の一異型《ヴァリアント》だからであると考えられる。ことばを換えるなら、東アジア世界全体を覆う仏教神話の滔々たる大河の重要な一潮流は、インドのシヴァ神話圏を隠された源流としているように思われるのである。聖なるカイラーサ山の奥深くにうずもれた小さな泉から流れ出る渓流が、やがて仏教文化圏全体を覆い尽くす異様な暗い輝きを放つ大神話潮流へと変貌していくさまを、できることなら一歩一歩見極めていきたい……。

さらに、このような「変相」はまた、音楽用語の「変奏《ヴァリエーション》」と相通じるものがあるとも言うこともできるだろう。とすれば、「大黒天変相」とは、もうひとつの比喩によれば、「大黒天神話を主題とした神話的変奏曲」と言い直すこともできるかもしれない。

それゆえ、本書で描き、あるいは奏で出されていく『大黒天変相』——すなわち（比喩的な意味での）「大黒天変相（図）」「大黒天の種々の変貌（相）の様相」、あるいはまた「大黒天を主題とした変奏曲」——は、仏教神話研究のひとつのテストケースとして、ほとんど未開拓の仏教神話の森にはじめて分け入っていく試行錯誤の小径でもあることを意図していると理解していただければ幸いである。

*

本書は長短の差のある二つの部分によって成り立っている。はじめの「序論」では、仏教神話の研究がどのような意味で可能であり、有意義でありうるかを模索する方法論的な問題が論じられることになる。すでに述べたように、これは今後の軌道修正の可能性も留保したきわめて試論的な性格の強い部分である。未開拓の原野に分け入るには、多少とも無謀な蛮勇が必要とされることもあるだろう。ここには、これに続く第二部で必ずしも実証されない予想や予断も含まれるだろうが、それでも、こうした試論が、今後のより本格的な研究を促すための誘い水となり、またそうした研究の土台、というよりも捨て石となることができれば、筆者の意図は充分に果たされることになる。

「序論」のやや抽象的な議論に比べて、第二部の本論では具体的なテクストや図像・儀礼、習俗などが次々と検討されるはずである（読者の好みによっては、序論はとばして、最初からこの第二部に進んでもいいだろう）。これは、序論で展開された仏教神話研究の方法のひとつの応用例、またはテストケースであって、大黒天を出発点とした一群の神々・尊格をめぐる多様な神話、または神話的表象の比較分析を通して、仏教神話の世界の一端を垣間見ることを目的としている。ここでは、「神は細部に宿り給う」というアビ・ヴァールブルクの美しいモットーに忠実に、こまごまとしたディテールにこだわり、そこここで寄り道しながら（そして多くの未解決の問題を残しながら）分析が進められることになるだろう。またそこで提起される仮説のいくつかは、ある場合にはあまりに大胆に、冒険的に思われるかもしれない。いずれにしても、神話分析や比較の分野では、決定的な証明は最初からありえないことを明記し、強調しておかなければならない。すべては連想と可能性の領域にあり、それゆえ、ある意味では恣意的な、場合によってはより新鮮な「知的刺激」を求めることを意図した探究がなされることもあるだろう。

にもかかわらず、そうした分析や仮説の積み重ねが、最終的には、東アジア世界の全領域を巻き込んで渦巻き、躍動して生きた仏教神話宇宙の豊饒性を、部分的にでも予感させるものになることを筆者は願っている。

＊

先にも述べたように、本書を書き進めることができたのは、ひとえに幾人かの「巨人の肩のうえ」に乗って

――彼らの貴重な研究に基づいて仕事することができたからだった。日本における大黒天信仰の歴史に関しては、長沼賢海と喜田貞吉、さらに中川善教氏の各氏の名を挙げなければならない。(9) しかし、それらにもまして、大黒天信仰だけでなく、仏教神話学という本書全体の構想について、先にも引用したフランスのチベット学‐中国学の碩学、ロルフ・A・スタン教授の見事な業績に出会うことがなければ、(10) そもそもこうした研究の発想を持つことすらなかっただろう。仏教神話学は、まだ「ほとんど未開拓」の分野であると書いたが、ただしこの「ほとんど」という部分は重要であって、じつはスタン教授のまさに前人未踏の力業によって、すでに大きな切り口が開かれているのである。その意味では、筆者の仕事は、釈迦の掌《たなごころ》のなかで必死に飛び回った猿の悟空の業《わざ》と変わるところはない。にもかかわらず、こうした書物を書くことを考えたのは、このような研究を日本の読者や研究者に少しでも親しいものにすることに意義があるように思われたからだった。

本書はスタン教授の研究のたんなる紹介でも、もちろん翻訳でもない。内容についても、表現についても、本書の文責がすべて筆者にあることは言うまでもない。が、通常の場合以上に、その発想の根源がただ一人の先人の業績に負っていることを明記して、その学恩に感謝することは、必要最低限の責務であろうと思う。願わくは、本書がいくばくかでもその学恩に報いるものでありうることを――。

＊

本書が、その分量にもかかわらず、一種の序論的な作品であることはすでに述べたとおりである。しかし、筆者の個人的な思いの中では、これはさらに別の意味でも、一つの序論であり、「予備的あるいは補助的考察」でしかないことを強調しておきたい。本書で考えていくような神話学とは、本質的に表象についての学、すなわち神話的表象をめぐる考察であって、そうした表象が人間の歴史の中で現実にどのように機能したかを探究する学ではない。神話学の研究では、具体的な歴史的状況をひとまず「かっこに入れ」、神話と神話のあいだ、表象と表象のあいだの論理的・構造的連関を見極めることが主眼となる。個々の文化の中で、それぞれの時代の中で、たとえば「遥かなる天竺」から種々の経路を経て語り伝えられた物語や儀礼、図像などが、人々の生活をどのように変えたか、彼らをどのような熱狂に駆り立て、あるいは狂気に走らせたか、権力の側にある者にどのような政治神秘主義の鍵を与え、あるいは貧者たちにどのような救済の道を提示したか――、そうした問題は、個々の文化の、個々の時代のイデオロギーの学として、神話学そのものとは別の方法論に基づき、別の観点から追究されなければならない。

本書を書いている間にも、たとえば中世日本の天皇制を基礎づけた神秘的政治思想を発掘するすぐれた論著が多く発表されている(11)。そこで驚くべきなのは、本書で扱うことになる多くの神格や尊格の中でもとくに中核的な存在、たとえばダーキニー／茶吉尼天や観音菩薩などが、そうした天皇神秘主義のもっとも重要な神話的核として機能したということである。中世日本の天皇神秘主義における「茶吉尼天」と、たとえばヒンドゥー神話におけるダーキニー、あるいはインドやチベットにおける後期仏教タントリズムにおけるダーキニーとは、明らかに「同じもの」ではないが、しかし同時に明らかに同じ神話的系列《セリー》に属するヴァリアントとして位置づけられる。

以下の神話学的な論述で明らかにできるのは、たとえばダーキニー／茶吉尼天という神格によって表わされる神話的表象が、東アジア世界全体を覆う神話宇宙の中でどのような特定の位置に付置されていたか、ということであって、それはことばを換えれば、この東アジア世界全体が、仏教神話圏、あるいはより広く仏教文化圏という文化圏の中で生きてきた、というあまりにも自明のことしか意味していないかもしれない。しかし、たとえば中世日本の政治思想という限定された、歴史的現実の事象において、茶吉尼天という神格が果たしたイデオロギー的機能が、東アジア全体を包み込んだ神話‐表象の潮流という広い表象の事象の中でどのように意味付けられるか、どのように説明できるか、ということは、歴史的現実の学としてのイデオロギーの学、あるいはエピステーメーの学を背景から裏付ける一つの「基礎論」的な意味をもつのではないだろうか。

「神話は人間の歴史を動かす」。これは、筆者が古代から十六世紀にいたるヨーロッパにおける「東洋幻想」の流れを概観した別の作業から得たもっとも本質的な教訓だった。[12] たとえばもしユダヤ-キリスト教的な終末論がなければ、十字軍は起こりえなかっただろうし、「我、このエルサレムを萬国の中《なか》におき、列邦《くにぐに》をその四囲《まはり》に置けり」という『エゼキエル書』（第五章・第五節）のことばがなければ、エルサレムを世界の中心と考える中世神話も存在しえなかっただろう。[13] そして、エルサレムが世界の中心に置かれたからこそ、エルサレムを支配する者は世界を支配する者と考えられ、たとえばコロンブス（クリストーバル・コロン）は、「新世界から得られる富をエルサレム奪還のためにお使いください」とカトリック両王に進言したのだった。[14] さらにもしこの神話が存在しなければ、ナポレオンが「エジプトからインドまで」の道を席捲する目的でエジプト遠征に乗り出すこともなかっただろうし、[15] 現代のイスラエル／パレスティナの悲劇も元をたどればこの「エルサレム＝世界の中心」神話を一つの淵源としていると考えることも可能である。[16] 神話は、歴史の中の人々の熱狂の「口実」でもあり、またその「真実」でもあった。人々は神話を「本気」で信じたからこそ夢を——幻想を追い、それを歴史の中で実現しようとした。「神話が人間の歴史を動かす」とは、ギリシア哲学の始祖の一人・アナクサゴーラスのことばを借りて、「理性（noûs）が世界を支配する」と主張したヘーゲルの思想の「真実」、すなわちその真の意味にほかならない。[17]

キリスト教文化圏＝ヨーロッパでは、基本的な「神話素」の束は、聖書とギリシア思想およびローマ法という比較的限定され、整合性をもった「原典」の中から選び出され、時代と状況によって多様に解釈されて「歴史を動かして」いった（その意味で、ヨーロッパ的な意味での「神話」はほとんどそのままの形で、歴史的イデオロギーと化す可能性をもっていた)。仏教文化圏では、逆に大部分の神話は断片化され、「水面下」で複雑な変形をとげてほとんど目に見えない形で人々のもとに到達する。それゆえに、そこには思いがけない暗く血なまぐさい要素やエロティックな要素が隠され、奇妙に両義《アンビヴァレント》的な形態をもって人々を魅了する。「豊饒なる神話」とは、多くの場合、人間たちを暗い悪夢の現実に突き陥とす幽霊の群れでもあった。

神話学的分析が対象とする表象の群れは、ほとんど捉えどころのない夢の種子のようなものであり、それゆえその分析から引きだされる仮説も、夢の領域、表象の領域を越えるものではない。しかし、歴史の中で神話が現実に果たした機能を考察する学は、歴史的事実を基礎とする学である。ナチス・ドイツの収容所で六百万人のユダヤ人が虐殺されたのが事実であるのと同様、たとえばコロンブスによってアメリカ大陸が「発見」されてから約五十年の間に、七千万人のアメリカ「先住民」が死んでいった、ということも事実である(18)。歴史的事実とは、人々の生と死、そして毎日の生活そのものである。それゆえ、歴史的イデオロギーの学は倫理に基づいた学でなければならない。神話的表象の森に「神話論理」の連関や構造の道筋を求めようとする表象の学は、それ自体としては、ある意味では「おもしろければいい」学、一種の「言語ゲーム」の学かもしれない。しかしそれは——少なくとも筆者の思いの中では——倫理的学としての歴史的イデオロギーの学の補助学としてこそ、われわれ自身のあり方にもっとも直接的にかかわってくるものであると信じる。

仏教文化圏における神話的思考の構造と、歴史の中で機能したイデオロギーとのかかわりを探るのは、今後の課題とされなければならないが、そのためにも、神話学的な観点からの探究は、「予備的考察」の一つとして欠かすことができない重要性をもつものであろう。本書は、いうならばその「予備的考察」への「誘《いざな》い」であり、仏教神話という原始林への最初の切り口となることを願っている。

われわれはいまも仏教文化のなかに生きている。都市でも田舎でも、寺院の名は誰にも通用する一種の地名となり、仏教に関心のあるなしにかかわらず、「観音様」や「阿弥陀様」の名を知らない者はいない。どことなく古ぼけて「抹香臭い」ということ以外には、現代に生きるわれわれにとって、仏教はなんの興味も引くことのないただの「当たり前」、いわば人畜無害、無色透明の空気になってしまった。「空気」であることが、仏教文化がいまも生きている証拠なのか、あるいは空気となる以外に生き延びる道がなかったのか、こうした状態をあるべき姿と言えるのか、またそれはどのような歴史的変遷の結果であるのか。これらの問いはここではひとまず措いて、それより以前に、仏教文化に「驚く」能力をあらためて学び直す努力が、いまわれわれになによりも必要とされているのではないだろうか。

＊

コンピューターや高層ビルの文化のなかに、なんの違和感もなく溶け込み混じり合っている無名の小さな仏像が、象や夜叉の住む夢のような異国から、人々の「熱い思い」に運ばれて峻嶺を越え、砂の海と水の海を渡ってここまでたどり着いたのであったなら――、見慣れた町の寺院のパンフレットに記された荒唐無稽の伝説が、いまも龍が住むという荒れ果てた高地に伝えられる奇怪な儀礼と、一種不可思議な暗号コードによって呼応し合っているのなら――、われわれが驚くべきなのは、そうした事実そのもの以上に、それらを可能にした人間たちの想像力の働きであり、彼らの情熱の激しさである。そして、その人間たちとは、いうまでもなくわれわれ自身の祖先、すなわち東アジア世界の歴史を形作ってきた多様な民族たちであった。

いま見ているなんの変哲もない「ただの空気のような」風景が、じつは異様な、しばしばどす黒い血なまぐささをまき散らすような、驚嘆すべき風景であるということを知ること、そして真に驚嘆すべきなのは、われわれを囲む風景であるよりもむしろわれわれを産み出してきた歴史であり、そのうえに立ちながらすべてが自明であるかのように生きているわれわれ自身であるということを知ること――。人間の学の効用とはすべて「自明なるもの」を異化することにあり、それによってはじめて、われわれは自分自身を驚きの目をもってあらためて問い直すことができるようになるだろう。

## 注

（1）R・A・スタン著、山口瑞鳳・定方晟訳『チベットの文化』（岩波書店、一九七一年）p. 323-324.

（2）同上書 p. 237-238.

（3）梅津次郎著『絵巻物叢考』（中央公論美術出版、一九六八年）p. 9-24 所収「五趣生死輪図に就いて」；p. 25-61 所収「変と変文」；また川口久雄著『絵解きの世界――敦煌からの影』（明治書院、一九八一年）p. 3-111 第一篇「絵解きの世界」などを参照。

（4）杉山二郎著『遊民の系譜――ユーラシアの漂泊者たち』（青土社、一九八八年）は、こうした問題に焦点を合わせた貴重な一書である。

（5）Etienne Lamotte, *Le Traité de la Grande Vertu de Sagesse de Nāgārjuna*（*Mahāprajñāpāramitāśāstra*）, tome I, [Bibliothèque du Muséon, vol. 18] Louvain, Institut Orientaliste, 1949, réimpression 1966 - tome V, [Publications de l'Institut Orientaliste de Louvain, 24], Université de Louvain, Institut Orientaliste, Louvain-la-neuve, 1980.

（6）『洛陽伽藍記』Ttt. LI 2092 i 1000a6-13；翻訳・楊衒之著、入矢義高訳『洛陽伽藍記』（「中国古典文学大系」二一、平凡社、一九七四年）p. 7b.

（7）「神話の大地は円い」*La terre de la mythologie est ronde.* Claude Lévi-Strauss, *Du Miel aux cendres. Mythologiques*, II, Paris, Plon, 1966, p. 8.

（8）その結果は、一応、フランス語による仏教語彙辞典 *Hōbōgirin*『法宝義林』VII, art. Daikokuten 大黒天, Paris, Jean Maisonneuve, Tokyo, Maison Franco-Japonaise, 1994, p. 839-920 として発表されている。

（9）長沼賢海稿「大黒天の形容及び信仰の変遷」および「大黒天の形容及び信仰の変遷続編」（同著『日本宗教史の研究』、

教育研究会、一九二八年、p. 623-756所収）、喜田貞吉稿「大黒神像の変遷」および「大黒神考」（喜田貞吉編著、山田野理夫補編『福神』、宝文館、一九七六年、所収p. 167-221）、中川善教著『大黒天神考』（高野山、親王院刊、一九六四年）。なお宮本袈裟雄編『福神信仰』（「民衆宗教史叢書」二〇、雄山閣出版、一九八七年）p. 299-302および同書の文献目録；大島建彦編『大黒信仰』（「民衆宗教史叢書」二九、雄山閣出版、一九九〇年）なども参照。

(10) R. A. Stein, "Bouddhisme et mythologie. Le Probleme"; "Porte (Gardien de la): un exemple de mythologie bouddhique, de l'Inde au Japon", *in* Yves Bonnefoy, *dir.*, *Dictionnaire des Mythologies et des Religions des sociétés tradiotionnelles et du monde antique*, Paris, Flammarion, 2 vol., 1981, I, p. 127-129; II, 280-294 〔=抜き刷り p. 1-6, p. 7-31. 以下、引用は抜き刷りのページによる〕; Id., "Avalokiteśvara/Kouan-yin, un exemple de transformation d'un dieu en déesse", *Cahiers d'Extrême-Asie*, II, 1986, p. 17-80；さらに同著 *Grottes-matrices et lieux saints de la Déesse en Asie Orientale*, [Publications de l'Ecole française d'Extrême-Orient, vol. 151] Paris, Ecole française d'Extrême-Orient, 1988は同様の方法論を宗教儀礼の問題に応用して書かれたきわめて興味深い著書である。

(11) ここではとくに代表的なものとして、阿部泰郎稿「宝珠と王権——中世王権と密教儀礼」（「日本思想の深層」、岩波講座「東洋思想」一六、「日本思想」二、岩波書店、一九八九年）p. 115-169；山本ひろ子著『変成譜——中世神仏習合の世界』（春秋社、一九九三年）；田中貴子著『外法と愛法の中世』（砂子屋書房、一九九三年）の三つだけを挙げておこう。

(12) 拙著『幻想の東洋』（青土社、一九八七年）参照。

(13) 同書p. 156 and sq. 参照。

(14) 同書p. 249参照。

(15) 同書p. 11-12; p. 461, n. 9参照。

(16) 同書p. 464-465, n. 36参照。

(17) 同書p. 365-366参照。

(18) 同書p. 475, n. 40参照。

# 第一部　方法論的序説

## 1　仏教神話学の可能性

本書の副題に「仏教神話学」という語を掲げた。しかし「仏教神話学」なる学問は、確立された学問分野としては存在していない。そもそもどのような意味で仏教神話の学が存在しうるだろうか。われわれはまず、このもっとも基本的な疑問から出発しなければならないだろう。

語義自体から考えるなら、「仏教神話学」という概念そのものは決して難解ではない。たんに仏教の神話、神々の物語の研究、ということなのだから。しかし、少しでも具体的に考えてみると仏教における神話、あるいは神々の存在自体が、たちまちひどくあやふやなものになってくる。たとえば、筆者がこれまでに多少とも研究した大自在天（ヒンドゥー教のシヴァ神に当たる）や大黒天、あるいは梵天や毘沙門天など、仏典に現われる神々（いわゆる「天部」）の大部分は、じつはヒンドゥー教あるいはブラフマニズムから借用されたもので、仏教に固有と言えるような神はほとんど存在しないのではないか。また、たとえ一歩譲ってそれらを一応、仏教の神格と認めても、仏典でそうした神々についてとくに語られた物語は多くはないし、それらを研究しても仏教固有の神話研究とはほとんど言えないのではないか。それとも逆に、「仏教における神々」という概念を拡大して、たとえば観音菩薩や不動明王、あるいは大日如来など、仏教独自と思われる尊格を含めるとしても、それらの尊格をめぐる記事は大部分が宗教的または哲学的記述であって、それらをいわゆる神々に関する物語、「神話」と解釈することが許されるだろうか。

事実、世界でも最大の仏教学界が存在する日本でも、あるいはその他の国々でも、「仏教神話学」を題とする講座はおそらくひとつも存在していないだろう。また無慮何万巻という仏教学関係の書物のなかでも、「仏教神話学」を題名にした本は、（A・グリュンヴェーデルの有名な『チベットと蒙古の仏教神話学』(1)など一、二の例外を除けば）筆者の管見に入る限りではほとんど見たことがないように思う。それでは、仏教神話についての研究はまったく存在しないのだろうか。あるいはそもそもそうした研究分野の存在を考えること自体が無意味なのだろうか。

## 2　神話学の構造主義革命

さて、一般に神話学研究の世界は、だいたい一九六〇年代頃から、画期的な変貌をとげているように思われる。すぐ思いつくものだけでも、たとえばレヴィ＝ストロースの膨大な『神話学研究』四巻(2)（一九六四～一九七一年）やデュメジルの『神話と叙事詩』三巻(3)（一九六八～一九七三年）などは、神話研究の理論的枠組みをすっかり塗り替えたと言うことができる。こうしたいわば巨視的な研究動向の変化は個別的な神話研究にも波及して、新しい展望を切り開いている。たとえばJ－P・ヴェルナンやM・ドゥティエンヌを旗頭とするフランスのギリシア神話学研究、あるいはドニガー・オフラハーティーやM・ビアルドーなどによるインド神話研究、さらにデュメジルの高弟・吉田敦彦氏の日本神話を中心とした比較神話学の展開など、世界の新しい神話学の清新かつ活発な活動を示す業績は、まさに枚挙にいとまがないといった状況である。(4)これらの研究者たちは――呼称に問題があるとしても（たとえばデュメジルは「構造主義者」と呼ばれることを強く拒否している）――いずれも多少とも構造主義的傾向に属していると言えるだろう。世界の新しい神話学研究にはもちろんそれ以外の思想や傾向に基づいたものも多くあるが（たとえばフロイトの精神分析やユング心理学による神話解釈など）、二十世紀後半の動向を見るかぎり、「神話学の構造主義革命」と表現しても過言ではないような状況にあると言えそうである。

もっとも構造主義といっても、こうした研究の多くに共通する特徴は、必ずしも特殊な思想や方法論を前提しているわけではなく、むしろこんにちでは大部分が常識の範囲内に入るような方法や研究方針に基づいているにすぎない。いま、あえて単純化してそれらの特徴のいくつかをあげるとすれば、

［1］神話や神格を個々にとりあげるのではなく、それらの種々の変形や異型、異説、さらに他の神話や神格との関連において分析し、それに基づいて神話・神格がもっていた意味を考えようとする。

［2］資料を年代別・地域別に並べて神話・神格の歴史的（通時的）変化や伝播を記述すること以上に、年代や地域の差を越えて、ある神話や神格に関連しうるあらゆる資料を博捜し、（共時的に）比較・分析することにつとめる。

［3］同様に、資料を直接宗教や神話に関するものに限らず、その他のあらゆる歴史的、文学的、科学的……な文献、あるいは儀礼や図像、考古学的資料などに求める。

［4］神話や図像、儀礼などの大筋だけでなく、細部にこだわって、他の神話などとの関連の鍵となるような重要な特徴（いわゆる *trait pertinent*）を見出そうとする。

［5］さらに神話研究の目的を狭い意味の信仰史というような記述的目的に限定せず、神話・神格の変化の理由を理解・説明することにつとめ、またその神話・宗教を担った人々自身が必ずしも意識しなかったような社会的心性《マンタリテ》や広い意味での精神史的事実を解明することを重視する。

――などを考えることができるだろう。

## 3　仏教神話学のはじまり

さて、ひるがえって仏教学の分野に目を向けると、ここに見たような「神話学研究の革命的状況」は、およそかけ離れた世界の出来事のように感じられるだろう。ただし、これは必ずしも仏教学だけの「立ち遅れ」とは言えないかもしれない。たとえばキリスト教研究でも、あるいはおそらくイスラーム研究でも、事情はある程度似通っていると思われるからである。いわゆる「未開民族」などの「自然宗教」や習俗的次元の宗教では、神話はいわばなまのままの形で残され、学者の手で分析されるのを待っているが*、特定の創始者によって興された宗教では、そうした「なまのままの神話」は、信仰の担い手によって意識的に排除され、あるいは変形され、いずれにしても「二次的」なものにされていると考えられるからである。換言すれば、宗教的、哲学的な教義・教説から見れば、神話は多くの場合、根本的な重要性をもたない一種の夾雑物でしかないとも言えるだろう。仏教に関して言えば、始めに述べたような仏教に特有のいくつかの問題——仏教の「天部」の大部分が普通ヒンドゥー教から借用されたものと考えられていること（この点については後述参照）、また仏教独自の尊格に関する記述が多く抽象的内容であることなど——は、その神話学的研究が進むことへの大きな障害になっているに違いない。

*しかし、たとえばヒンドゥー神話がどこまで「なまのままの神話」であるか、という問題はきわめて複雑である。ヒンドゥー神話の多くは、一見まったく「支離滅裂」で猥雑な要素を含み、「なまのままの神話」であるように思われるものも少なくない。しかし、それは少なくとも場合により、そして解釈の方法によって、非常に高度に洗練された宗教的、または哲学的な思考に基づいて、少なくとも部分的には（半）意識的に作られたものと考えられることも多い。実際には、神話の「意識度」には、何段階ものレヴェルがあると考えるべきだろう。たとえば、はじめは民間宗教的な次元で物語られたいわば「意識度」の低い神話が、徐々に高度な宗教文学の中に取り入れられ、そこでより「意識度」の高い洗練された内容を含むようになる、というような複雑な状況を考えなければならない。たとえば、神話モティーフ索引「喰い尽くす」、あるいはスカンダの誕生神話

（後述II, p. 19以下）などを参照。また仏教においても、一般には古い説話は教義的内容に乏しいが、そのモデルの延長線上に作られたと思われる密教時代の神話は、（一見より「なま」で猥雑に見えても）より教義的な意識度の高いものであることが多いようである。

とはいっても、それゆえに、仏教神話の研究がこれまでまったくなされていなかったと考えたとしたら、大きな間違いである。事実、「仏教神話学」という方法自体は多くの場合、明確には意識されなかったとしても、個々の神格や特定の神格のグループに関する詳細な研究がこれまで数多く積み重ねられている。日本では引用されることが少ないと思われるのでフランスの重要な業績を思いつくままにいくつか挙げると、たとえばノエル・ペリの鬼子母神や韋駄天に関する研究、ポール・ミュスのボロブドゥールについての巨大な研究、M‐T・ド゠マルマンによる観音菩薩や文殊菩薩などの図像学研究、さらにフランス語による仏教語彙辞典『法宝義林』に収められたR・デュケンヌ氏の大元帥明王や大威徳明王についての研究など、多くの貴重な研究がすでに蓄積されている(5)（日本ではもちろん、比較にならないほど多数の研究の蓄積がある）。

が、これだけではまだ真の意味での意識的な「仏教神話学」の研究が始められたとは言えないかもしれない。これらの重要ではあるが個別的な研究のうえに、もっとも明確に意識化された「仏教神話学」の研究を開始したのは、私見によればフランスのチベット学‐中国学の碩学として知られたR・A・スタン教授である。レヴィ゠ストロースと同じコレージュ・ド・フランスで教鞭を取り、その構造主義的方法論にも強い関心をよせたスタン教授は、イーヴ・ボンヌフォア編の『神話・宗教事典』に「仏教と神話・問題提起」と題した論文を載せている。これはほんの数ページの短編にすぎないが、その凝縮された内容はまさに「仏教神話学宣言」とも言える重要な意味をもっている。さらに同氏による「門神――仏教神話の一事例・インドから日本まで」、および「アヴァローキテーシュヴァラ／観音――男性神の女神への転換の一事例」の二論文は、「問題提起」で考察された方法論に基づいた、いわば模範的な仏教神話学研究の二例であると言える。(6) スタン教授のこれらの業績によって、仏教神話の研究は、一気に世界の「神話学革命」の状況と同等の水準にまで高められたと言っても過言ではないだろう。そしてその方法論の基本的特徴は、先に世界の構造主義的神話学研究について箇条書きにしたものと大筋では相通じていると思われる。こうして、仏教神話学はすでにひとつの研究分野として確立し始めていると考えることができるし、それは将来、さらに有意義な知見をもたらしてくれるものと思われるのである。

もちろん、仏教神話の研究には、これ以外にも様々な方法や考え方がありうるだろう。しかし筆者自身は、大黒天の研究にさいして——これは、基本的にはいま引いたスタン教授の「門神」研究の関連箇所を出発点にし、それを跡付けるとともに、部分的に発展させたものだった——この方法論の有効性を強く感じることができた。その作業のなかで筆者なりに理解しえたスタン教授の考え方や、まただいぶ以前の大自在天の研究（*Hōbōgirin*『法宝義林』, VI, 1983, art. "Daijizaiten 大自在天"）以来、仏教神話研究に関連して筆者が感じ、考えてきたことを簡単にまとめておくことは、今後のこうした研究のためにまったく無意味ではないかもしれない（それゆえ、以下の記述は——多くはスタン教授の方法論の影響下にあるとはいえ——たんにその紹介ではない。誤謬の責はすべて筆者にあることを明記しておきたい）。

こうした問題を考えるに当たっては、便宜上、仏教の神話研究に特有と思われる問題と、より一般的に神話全般のあり方に関する問題という二つの問題群を区別することができる。ここではまず、この前者の問題群を中心に考え、後者についてはあとで見ていくことにしたい。なお以下で挙げる実例についての論証は、すべて本書第二部の本論に譲ることにする。

## 4　仏教神話学の方法論

**［1］仏教神話の研究は、仏典に現われ、あるいは仏教徒が信仰したすべての神話的存在（神格・尊格など）を対象にできること。**

先に、仏典に現われた天部の大部分が一般にヒンドゥー教から取り入れられたものと考えられていること、あるいは仏教独自の菩薩、明王、如来などの尊格が普通の意味での「神」とは考えにくいと思われることなどを、仏教神話学の成立にかかわるそもそもの問題点として挙げたが、これは逆に言えば仏教神話の研究が有意義でありうるか否かという疑問に基づいている。こうした問いには基本的には「やってみなければ分からない」と答えるほかないし、「やってみる」かぎり、当然、仏教文化圏において信仰されたあらゆる神格（尊格）がその研究対象になるはずである。具体的に言えば、中国や日本ならば、たとえば胎蔵曼荼羅や金剛界曼荼羅などに描かれた数多くの尊格を当面の研究対象にすることもできるだろう。

**［2］仏教神話研究の対象となる神話的存在は、すべて実在しないこと。** 換言すれば、この研究の対象は、**神々自身ではなく、それらを信じ、それらについて語った人々の言説や表象であり、あるいはその人々の文化であること。**

これは、もちろん仏教神話研究に特有の論点ではなく、あらゆる文化現象の研究に共通する一種の自明の理だが、にもかかわらず、仏教神話を考える時にとくに留意しなければならない点である。――たとえば、（仏典で）ヒンドゥー教のシヴァに相当する大自在天（Maheśvara）について考えてみよう。ヒンドゥー教のなかでシヴァ神が一般にどのような神と考えられたかについては、ヒンドゥー神話に関する概説書などを見れば容易に知ることができる（至上神であり、破壊神であり、苦行や愛欲と深い関係にある、など）。ところが、同じシヴァ神が大自在天という名で仏教内でどのように記述されているかを、実際に仏典に当たって調べてみると、こうした統一的なイメージはたちまち四分五裂して、いかなるまとまりもつけられなくなる。ある場合には、ヒンドゥー教のシヴァ神神話が、「外道」の崇める神の物語としてそのまま記述されることもあるが、別のテクスト（たとえば『マハーヴァストゥ』）では「自在天・大自在天」と羅列されて、仏教特有の天部である「浄居天」の一部にされ、仏陀の説法を聞く諸天に加えられることもある。大自在天は、時には「十地菩薩」と同一視されて、仏陀以前としては最高の地位を与えられるが、一方では「魔王」と同格に扱われて降伏《ごうぶく》の対象となることもある。さらに、密教に属する『理趣経』では大自在天は世間天であると同時に、そのままで（「即」）普賢菩薩（ここでは「絶対的真理の具現」と同意）と同じであるという。

このような状況では、いったい何を仏教における大自在天の「真のイメージ」と考えるべきなのか、あるいは、ヒンドゥー教のシヴァ神のイメージが「真正のシヴァ神」であり、それから遠ざかるにつれて仏教に深く「取り入れられ」、「同化」された結果と見ればよいのか、あるいはまた、ヒンドゥー教的な匂いがまったくない「自在天・大自在天」は、シヴァ神とははじめから無関係の仏教独自の神と考えるべきなのか（『マハーヴァストゥ』の英訳者ジョーンズ氏はそのような解決を選んでいる）——いずれにしても、満足のいく解決の道はほとんどどこにも見出されないように思われてくる。(7)

しかし、考えてみると、これは問題の立て方自体に問題があるのではないか。「大自在天のアイデンティティ」を問う問いは、「真の大自在天」なるものがどこかに実在することを前提している。が、「唯一真正の大自在天」は、いうまでもなくどこにも存在するはずがない。「大自在天」なるものは、ただ大自在天について語る人々（この場合は仏教徒）の言説、あるいは彼らの思考のなかにしか存在しない。とすれば、探究の対象とすべきなのは「唯一真正の大自在天の姿」ではなく、そうした言説のそれぞれのコンテクストであり、またそのなかでなぜ大自在天の名がとくに選ばれたかといった問題なのではないか。

仏典の様々のコンテクストで現われるすべての大自在天に共通するただひとつの共通項を探すとすれば、おそらく「大自在天」という名称以外にほとんど何も残らなくなるだろう。それは逆に言えば、この名称（形態）に含まれうる表象（内容）が、あまりに多様で広い範囲の「表象空間」に散らばっているということを示している。同様のことは、じつはヒンドゥー教のシヴァ神についても言えると考えていいだろう。ヒンドゥー教のあらゆる文献（たとえば叙事詩、プラーナ文献、シヴァ教文献、ヴィシュヌ教文献、タントラ文献など）に現われる「すべてのシヴァ」に共通する「真正のシヴァ」を抽出する作業は、おそらくは徒労に終わるほかない（ヒンドゥー神話の概説書などで得られるシヴァのイメージは、そうした中から、なんらかの基準にしたがって選び出されたものと考えるべきである）。われわれが探究すべきなのは、ある特定の時代の特定の人々が、あるコンテクストのなかでシヴァ（または大自在天）について何を語っているか、その表象は彼らの文化においてどんな意味をもっていたか、という問題であるはずである。

同じことは、もちろん他のどんな尊格、または神話的存在の研究についても同様に言える。仏教神話研究にとって重要なのは、たとえば観音菩薩とはどういう菩薩であるか、ということではなく、「観音菩薩という名」のもとに人々が何を表象したか、あるいはその表象がなにゆえ歴史のなかで変化したか、などという問題であるだろう。われわれは、実在しない「神自身」の姿を捉えようとするのではなく、人々の側に目を向け、彼らが抱いていた神の表象を理解することを目的としなければならない。ことばを換えれば、神話的言説の「向こう側」になにかあるとすれば、それは神の「真の姿」ではなく、人々の思考であり、あるいはその文化であることを忘れてはならない。それゆえ、仏教神話学は、つねに表象の学問であり、実体の学問ではないこと――実体論的な誘惑を避けるべきであること——を銘記しておかなくてはならない。

こうしたいわば「表象主義的神話（または神格）観」は、以下の論点でも基本的な前提となっている。

### ［3］仏教がヒンドゥー教の神格を借用した、または取り入れたと考える必要はないこと。

前にも述べたように、一般に仏教とヒンドゥー教に共通の名称の神が現われる場合、仏教がヒンドゥー教の神を借用した、とする考え方がほとんど自明のこととして受け入れられている。仏教はその最初期から多くのヒンドゥー教の神々（梵天、帝釈天、あるいは夜叉など）を借用していたが、大乗仏教が興り、さらに密教（タントラ）の時代になると、ヒンドゥー教からの借用、または流入の度合いがますます激しくなり、最終的にはヒンドゥー教のなかに融合されてその形をとどめなくなってしまった、というのが、一般に行なわれるインドにおける仏教とヒンドゥー教の関係を要約する歴史観であると言ってもさしつかえないだろう。

しかし、いま見たような「表象主義的神話観」に基づくなら、ヒンドゥー教の神イメージがより「真正」、または「原型的」であって、仏教の神イメージはそれに対して「二次的」であると考えなければならない根拠はどこにもないはずである。もちろん、たとえばヒンドゥー教のブラフマーと仏教のブラフマー（梵天）、あるいはヒンドゥー教のインドラと仏教のシャクラ・デーヴァーナーム・インドラ（「神々のインドラ〔帝王〕たるシャクラ」＝帝釈天）のように、同じ名前、もしくはとくに関連の深い名前の神であれば、両者の間に特別の関係があると考えるのは当然だろう。しかし、もしそれゆえに、それらを「同じ神のヒンドゥー教的様相と仏教的様相」であると言うならば、それは明らかに実体論的な考え方に陥ることになる。インドラにしてもブラフマーにしても、神々は本来、「ある名前をもった特定の人物」のような具体的実体として存在するわけではない。神の名とは、いわばほとんど無限に変化しうる多様な表象（内容）を包み込むたんなる名称（形態）にすぎない。それゆえ、それを「同じ神」ということ自体がほとんど意味をなさないのである。*

*とはいっても、たとえば同じ「観音菩薩」という名で呼ばれる尊格が、一方では男性神として表象され、もう一方で女性神として表象されることは、神話研究の観点からけっして無意味ではない。両者を実体として「同じ神」と考えるのは避けるべきだが、人々がそれらを「同じ名」で呼んだということの意味が、表象の内容の探究として問われるべきである。本書で考えていくような神話研究の主眼は、そうした表象内容の探究であると言ってもいいだろう。

神の名称は、一度歴史のなかに現われれば、同じ文化圏のなかの一種の共有財産になる。仏教ではじめに現われた神の名をヒンドゥー教が使った例がほとんどないと思われるのは、仏教がインドの宗教文化圏のなかで異端的立場にあったからで、それ以上の理由はないだろう。その逆に、仏教は、ヒンドゥー教で使われた神の名を、いわば「汎インド的な宗教文化」の共有財産として、自由に「再使用」することができたのである。その場合に、ヒンドゥー教的な表象をどこまで「許容」するかは、コンテクストにより、場合によってまったく異なりうるということを忘れてはならない。

同じ問題は、――こうした認識論的レヴェルから離れて、より歴史的な視点から――仏教徒自身が、これらの神々をどのように受け入れていたか、という観点からも考え直されなければならない。

［4］**一般に、仏教徒はこれらの「ヒンドゥー教の神々」を「異教」の（外部の）神格とは考えず、仏教体系内部の宇宙論のなかに位置づけていたと思われること。また、同様のことは、仏教が伝えられたインド以外の文化圏（中国・チベット・朝鮮半島・日本・東南アジアなど）のいわゆる「土着宗教」の神々についても言えると思われること。**

仏教がインド社会の固有の伝統的宗教に対してひとつの異端として出発し、それとは明確に区別されるべきものとしてみずからを位置づけたことは、仏教の歴史を考える時に決して忘れてはならない基本的事実である。また、仏教がみずからの内部で各種の宗論を繰り返したのと同様、ヒンドゥー教的な（「外道」の）教説に対しても注目し、多くの論難を試みたことも事実である。(8)――にもかかわらず、仏教が他の宗教の神々に対してきわめて広く「開かれた宗教」であったことも、仏教史全体を通じて見られる大きな特徴であると思われる。それは、基本的には仏教が世界のあらゆる事象を包み込む、きわめて包括的な哲学的宇宙論をもった宗教だったからと考えられるだろう。

ここでは、社会的習俗としての宗教*と救済宗教、もしくは哲学的・形而上学的教義を主要な内容とした宗教という二つの次元を区別して考えなければならない。仏教は基本的に救済宗教であり、壮大な哲学的・形而上学的教義体系を築き上げた宗教である。しかし同時に、仏教は、みずからが生まれ育ったインドの社会的習俗としての宗教、そして流入していった先々の各文化における習俗としての宗教をけっして単純に否定したり排斥するのではなく、むしろそれらを「俗的」な土台・基礎として、新たな宇宙論と形而上学的体系の中に組み入れる、一種の「メタ－宗教」として機能したという側面をもっていたと言えるだろう。

*筆者は、各文化に固有の「土着宗教」、あるいは「土着性」といった表現をできるだけ避けるべきだと考えている。たとえば「日本文化に固有の土着宗教、あるいは土着性」という表現は、永遠・不変の「日本性」を一種の超歴史的な実体として主体化（主語化）する危険をはらんでいる。歴史の中には、「事実」以外の実体は存在しないことを再確認するために、「社会的習俗としての宗教」という表現を意識して用いている。

仏教の教説では、世界の森羅万象は「世間法」として、「出世間」的な仏法に含まれる有限の事象であると考えられる。その世間法の世界は、スメール山世界論や（欲界、色界、無色界の）三界論を核とした、壮大な宇宙論の組織のなかに体系づけられている。世界のあらゆる神々は、もとより有限な「俗」的存在であるが、それなりに意味をもった存在として、この宇宙論の内部に位置づけられる（厳密な仏教の教理から見ても、業の理法にかなうかぎり、たとえば神に祈願して子宝を授かることは充分ありうる）。ある神を絶対的な、「出世間」的な存在として尊崇する（たとえばヒンドゥー教の）教説は、誤謬として排斥されるが、そのことはその神の存在自体を否定することにはつながらない。神々は、特定の宗教（たとえばヒンドゥー教）の「所有物」ではなく、世界の他の事物と同様、（仏教的な）世界内の「世間法」的事象にすぎないのである。とすれば、理論的には、世界のあらゆる神は、仏教の宇宙論体系のなかに位置づけることができるし、そのこと自体は必ずしも仏教の「信」に抵触することではない。

それゆえ実際に、梵天や帝釈天などは、仏教の最初期から仏法を守護する護法神として描かれているし、また仏法を妨げる「魔王」さえも、欲界の頂点にある「他化自在天」の主として位置づけられるようになる。そして、大乗が興り、方便の思想が整備されてくると、菩薩が衆生を化導するために仮に神や鬼神・人間などの姿をとって現われる、という教説も行なわれるようになる（たとえば有名な観音の三十三身）。あるいはまた、密教で盛んになる「降伏」の思想も、教理的には、方便の一形態として理解されるべきものである。たとえば、『金剛頂経』の重要な部分である降三世《ごうざんぜ》明王による大自在天降伏の神話も、現実の仏教とヒンドゥー教の敵対関係を反映したもの（仏教の尊格による「異教」＝シヴァ教の至上神の降伏の物語）というより、むしろ、仏教的世界のなかの「世間」的な力（「三界＝三毒の根源」としての「無始の無明住地」を表わす大自在天）を「出世間」的な力（その「三毒」を制する「大三毒」を表わす降三世明王）によって「聖化」し、「出世間」の世界（＝曼荼羅）に統合するという過程を神話的に表現したものと考えることができる。[9] そしてこれが、まさに「方便としての降伏」の意味するところである。

仏教の各宗派や潮流が、異宗教に対してどのような態度をとったか、またいわゆる「天部」やその他の神話的存在についてどのように考えたかという問題は、今後詳しく検討されなければならない重要な課題だが、仏教がヒンドゥー教の神々を（異教の神々と意識して）「借用した」とか、「取り入れた」、「同化した」といった考え方は、いまの段階ですでに非常に大きな問題を含んでいると思われることだけは確かである。

この問題に早くから注目し、きわめて示唆に富む論文を発表したリュエグ氏は、仏教が移植されたチベットでも、チベット固有の神々が「異教」の、「異民族」の神としてではなく、仏教的世界のなかにもともと位置づけられうる神として受け入れられたのではないか、という問題提起をしている(10)。チベットに関しては、筆者は何も述べる資格がないが、日本については、インド仏教が「汎インド的」な神々を違和感なしに〈取り入れた〉のとまさに同じ現象が起こったことが明らかである。仏教伝来以後の日本においては、天照大神や八幡、あるいは春日明神などの日本固有の神々は、インドで梵天や帝釈天などの天部がはじめから仏教的世界に属するものと考えられたのとほぼ同様の意味で、仏教的世界に含まれる神として受け入れられたのである。これは一般に「神仏習合」として、日本の宗教史に特有の現象と考えられることが多いが、インド以来の仏教における「天部」の位置づけから考慮するなら、仏教が本来的にもっていた傾向をそのまま発展させたものとして、まったく違和感なしに理解することができる*。その基本となった「本地垂迹」の理論は、仏・菩薩が世間天として化現するという大乗仏教の方便思想を直接の下敷きにして作り出された理論だった。それゆえ、たとえば、前田恵學氏によれば「伝統的仏教の中でも、『弥陀一仏』を立てることで最もradicalな立場を取ると思われる真宗においても、蓮如上人は『一切ノ神明トマウスハ　本地ハ仏菩薩ノ変化ニテマシマス』として、神祇を仏の化身としてまるまる自己の中に取り入れ」ることができたという(11)。

*もちろんそうした理解をした上で、日本の「神仏習合」の現象には、日本に固有の展開があったことは当然であり、それを研究する必要があることも言うまでもない。

中国は、仏教伝来以前から、より発達した宗教・思想体系を有していたから、日本の場合と同列には語れないだろう。にもかかわらず、たとえば中国製の仏教の偽経には多くの「土着」の神々が現われるし、逆に道教経典のなかに仏教的要素が広く、深く混入していることも認められている。中国における仏教と道教との関係は、ある程度まで日本での仏教と神道との関係に比して考えることもできそうに思われる。そしてもちろん、同様の現象は、仏教が移入された他の文化圏に関しても、多かれ少なかれ起こったと考えていいだろう。

先にも述べたように、仏教の神話的世界が、このように他の（社会的習俗としての）宗教の神々に対してほとんど無制限に開かれていたということは、少なくとも原理的には、仏教思想が他の宗教思想に対して開かれていたとか、妥協的だったということには直結しないはずである。しかし、現実には仏教のそうした社会習俗的・神話的次元での「寛容」な傾向が思想の領域まで広がって、仏教の思想的独自性自体が早くからあやうくなり、実際に失われていったことは、否定できない事実であると思われる。その意味では、仏教はほとんどはじめから他の（いわゆる「土着的」）宗教に呑み込まれていく運命を内包していたとも言うことさえできるかもしれない。

いずれにしても、こうした事情を考慮するなら、仏教という普遍宗教の神話体系を分析し、理解するためには、ヒンドゥー神話はもちろん、仏教が移入された各地域に固有の宗教や神話を、汎東アジア的・汎仏教的視点からあらためて考え直さねばならないということが理解されるだろう。

## 5　「思考の函数」としての神格

先に仏教神話の研究では、「表象主義的神話（神格）観」が重要であることをのべたが、ここではその補足もかねて、仏教神話における「神格・尊格」の問題について、少し掘り下げてみたい。

ふつう「神話」ということばで最初に連想されるのは、天地創造の神話とか人類発生の神話、あるいは神々の闘いの物語や神々と人間の交渉の物語などであろう。とすれば、神話の研究とは、一般に「（神々の）物語」の研究、すなわちそうした物語の構造を分析したり、あるいはそれを別の物語と比較したりする研究と考えられるのが自然である。ところが仏教では、壮大な宇宙論や救済論、または認識理論などを見出すことはできるとしても、それらはいわば思弁的な教理であって、ふつうの意味での神話とは考えにくい。逆に、仏典のなかでいわゆる物語の範疇にもっともよく該当するのは、仏伝文学や仏陀の本生譚（ジャータカ）、あるいは多くの説話類などだが、それらももちろん単純に神話とは言えない。つまり、何を仏教特有の神話と考えるか、ということ自体が、大きな問題なのである（実際には、仏教における神話的要素は、ほとんどすべてがそれ以外の記述のなかに埋没していて、それ自体として発見することはきわめて困難である）。

　こうした状況でなおかつ仏教の神話――「神々の物語」――を探ろうとすれば、最初の手がかりとなるのは、多くの（「天部」などの）神格や（如来、菩薩などの）尊格について述べられた記述以外にはないだろう。具体的には、たとえば明治以後に編纂された各種の仏教辞典で、関連すると思われる項目（たとえば「大日如来」や「不動明王」、あるいは「大黒天」などの神格や尊格の名称）を調べたり、またその典拠として挙げられている仏典自体に当たってみる、といったことが、手始めの作業になるはずである。ところが、ここですでに、仏教神話研究にとっての最初、かつ最大の陥し穴が隠されている。というのは、こうした作業に基づくことによって、仏教の神話――すなわち「神々の物語」の研究であったはずのことが、「神々の」研究に重点が置き換えられてしまうからである。

　物語であるならば、どんなものでも虚構の構築物であり、人間の思考の産物（表象）であることがはっきりしている。物語（コンテクストと言い換えてもいい）のなかの神々が問題であるとすれば、それは物語における神々の役割や行動であって、そこから離れた神々自身の性質や本質が問題になることはない。ところが、物語と無関係に、神々自身が研究の対象にされると、それは突然、独自の存在を主張し始めることになる。神々も人間の思考の産物であることは自明だが、にもかかわらずそれは一種の実体となって、「思考の産物」という枠をはみ出していこうとする。多くのコンテクストに共通し、さらにそれを越えるような（たとえば）「観音菩薩の本来の、真の姿は何か」といった設問は、最初から、観音菩薩という存在が、虚構としてではなく、いわば人間の思考と無関係の実体として存在していることを前提していると言わなければならない。

別の言い方をするなら、物語を分析することは、それを考え、あるいは信じた人々の思考や文化のあり方を知ろうとすることであって、その場合にはそうした「人々の思考や文化」がつねに主体（主語）として見えている（たとえば「古代イスラエルの人々は、どのような洪水神話を信じたか？」など）。ところが「観音菩薩は本来……」というように、神（々）を主語として立てたとたんに、たんなる表象であったはずの神々が一種の実体となって、その神々を思考し、それについての言説や図像や儀礼を残した人々が消えてしまうのである。

こうした陥し穴を避けること、すなわち神々を個別に存在する実体としてではなく、あくまでも人間の思考によって作り出された表象として理解することが、仏教神話研究の最初の大前提にならなければならない。それゆえ、仏教神話の研究は、多くの場合、個々の神々についての記述から出発するほかないが、その目的は決してその神々自身の「真の姿」を明らかにすることではなく、それを表象した人々の思考や文化を探ることにあるということを忘れてはならない。そしてそのことは、神々を個々に研究するのではなく、できるかぎりなんらかの物語、またはそれに準ずる表象構造のなかに置き直すこと、換言するなら、神々をなんらかの物語的コンテクストのなかで、他との関連においてのみ機能するある種の「思考の函数」(*function*) として捉え直す努力をもって、はじめて可能になると考えられる。

表象を主語に立てることはそれを実体化することにつながる、という原則は、別の場合にも働いている。たとえば「平安時代の日本の宮廷人は……」という文章は、現実に存在し、歴史的に限定された実体を主語としているが、それを「日本の精神は……」と置き換えたとたんに、まったく別の非歴史的・超越的な存在が個別の主体（主語）として実体化されることになる。それと同様に、「仏教は……」（たとえば「ヒンドゥー教の神々を取り入れた」）というような文章も、同じような危険を孕んでいる。仏教もまた、抽象的・超越的な実体ではなく、ある特定の人々の生活と思考のなかから産み出された表象体系である。「仏教は……」という文章を、たとえば「古代インドの仏教徒は……」と言い換えれば、その主体が、仏教の信奉者であると同時に、あるいはそれ以前に、古代インドという特殊な文化のなかに生きた人々であったことが明白になるだろう。その「古代インドの仏教徒」が信じた仏教と、たとえば「中世日本の仏教徒」が信じた仏教とを単純に同一視できないことも明らかである。その意味では、歴史的な立場に立つかぎり、「観音菩薩の本来の姿」が実体として存在しないのと同様に、「唯一真正の仏教」なるものも、どこにも存在しないと言わなければならない。

もちろん実際に文章を書く場合には、「仏教は……」とか「観音菩薩は……」といった表現を避けられないことも多くあるだろう。しかしそうした言い方が、つねに仮のものでしかありえないということをあらためて明確にしておくことは、多くの不健康な議論や誤解を避けるためにも必要な前提であると思われる。

## 6　神話的思考とはどのようなものか

いまも見たように、仏教における神話を考える場合にとくに重要なのは、神々をなんらかの神話的表象構造のなかで機能するある種の「思考の函数」として捉え直すことであると思われる。ここで「思考」というのは、もちろんたんに一般的な思考ではなく、ある特殊な思考、すなわち神話的思考を意味するものである。では、神話的思考とは、一般にどのような特徴をもつものと考えられるだろうか。以下、仏教神話にかぎらず、神話的思考全般の問題として考えてみよう。

**［1］神話的思考とは、止まることなく変形し続ける一種の流動体的構造であると考えることができる。**

文献や図像その他の資料の中で、個々の神話、あるいは説話としてわれわれが捉えることができるのは、そうした流動体の瞬間瞬間の断面であって、その全体像そのものは、多くの神話の比較対照によってはじめて現われてくる。いうならば、神話的思考の構造は一種の動画フィルムに、個々の神話はそれを形作る一枚一枚のセル画に譬えることもできるだろう。

神話的思考を構成する個々の要素（神話素／神話モティーフ）は、明瞭な輪郭をもつ抽象的概念ではなく、きわめて複雑で多義的な具体的イメージ（たとえばある神格のイメージ、あるいはより細かく、特定の文化における「鉢」のイメージ、など）である。イメージは単独では存在せず、他のイメージと組み合わされ、その関連のなかで独自の位置（意味）をもつようになる。こうした神話的イメージは、それ自身が一種の流動体的な性格をもっていると言えるだろう。*

＊こうした神話観は、いうまでもなくレヴィ＝ストロースの構造主義的神話学の考え方にきわめて近いものである。レヴィ＝ストロースの神話学研究については、残念ながら、日本ではまだ本格的な紹介がなされていない（レヴィ＝ストロースの神話学研究の中核をなす四巻の『神話学研究』*Mythologiques*, Claude Lévi-Strauss, *Le Cru et le cuit* ; *Du miel aux cendres* ; *L'Origine des manieres de table* ; *L'Homme nu*, Paris, Librairie Plon, 1964-1971 はまだ邦訳されていない）。しかし幸い、吉田敦彦・松村一郎著『神話学とは何か』（有斐閣新書、一九八七年）に平易かつ要領よく概略が述べられているので、それを参照することができる。さらに、渡辺公三著『レヴィ＝ストロース・構造』（「現代思想の冒険者たち」二〇、講談社、一九九六年）は、レヴィ＝ストロースの思想についてのもっともすぐれた概説書に数えられる。また雑誌『現代思想』一九八五年四月号「特集・後期レヴィ＝ストロース」も参照できる。

筆者は、はじめにレヴィ＝ストロースの方法論を学んでそれを仏教神話に応用しようとしたのではなく、スタン教授の「門神研究」を出発点として大黒天および大黒天に関連する各種の神格の信仰をたどってみたにすぎないが、その結果として、レヴィ＝ストロースのこうした神話観に強い親近感を抱くようになった。ただし、レヴィ＝ストロースが神話を「自然／文化」などの抽象的次元に還元し、解釈する方法（これが彼のもっともオリジナルな「思想」であるかもしれない）については必ずしも同意できないが、その革新的な神話観は、全体として現在でももっとも当をえたものであり、仏教神話を考える場合にもきわめて有効であると思われる。

あるいは、神話的思考の構造は、一種のアメーバーのようなもの、あるいは互いに関渉しあい、時空間の中を流れていくいくつもの銀河宇宙のようなものと表現することもできるかもしれない。それぞれの宇宙の中には、「星の数ほど」の核（それが「神話素」に当たるだろう）があり、それらが互いに関係しあうことによってその宇宙に特有の「構造」が形作られている。さらに「恒星／惑星」というイメージを加えるなら、たとえばある名称で呼ばれた神格が一つの太陽系をなしている、というメタファーも可能かもしれない。それらの宇宙同士は互いに関渉しあっており、それゆえその中の一つの核、または太陽系が別の宇宙に吸い込まれることもありうる。そうして、その宇宙の構造そのものも変化し、流動していく……。

個々の神話／説話は、そのようにして変形しながら流れていく構造体を、ある時点・ある場所で断面として切り取り、スナップショットで撮ったものに譬えることも可能だろう。それが「個々の事例」であり、そこから出発して、それぞれの構造体の特徴やそれを構成している個々の「核」、あるいは各太陽系の特徴、さらにその構造体の「流れ方」の特徴を再構成しようという試みが、以下で考えようとしている神話研究の全体像であると言ってもいいかもしれない。

ここで言うような「流動体的神話観」は、ことばを換えれば、神話的表象構造とはつねに変形し続けるものだということ、それゆえ、ひとつの神話を理解するには、必ずそれを他の神話、または異型《ヴァリアント》との関連のなかに置き直す必要がある、ということを意味している。*

＊それゆえ、原理的にはすべての要素は他のすべての要素と関連しあっている。こうした多次元的・無限相互参照的、かつ流動的な構造体を、線的な（リニアーな）文章の形式で表現しようとすること自体が非常に困難であることは理解されるだろう。筆者は、おそらくある種の三次元（あるいは「多次元」？）コンピュータ・グラフィックスのようなものが、こうした特殊な構造体の表現に適すると考えるが、それを可能にするようなプログラム、あるいは技術はまだできあがっていないだろう。――なお、以上の議論は、パソコンネットワーク・ニフティサーヴの「歴史フォーラム・本館」第一八番会議室「【文字／辞書／SOFT／HARD】パソコン人文学」で、一九九七年九月に交わされた議論に基づいている〔Go Command：FREKI/18/05107 以下参照〕。議論に参加して下さった諸氏、とくに二階堂善弘氏に厚く感謝する。

一例を挙げよう（以下に挙げる例は、すべて本書第二部で詳しく見ることになる）。日本の大黒天の彫像のなかに「走り大黒」と呼ばれるものがあるが、この事実だけでは、なぜこうした像が作られたのかまったく分からない＊（→神格索引「走り大黒」参照）。ところが、一七八八年刊の『譚海』巻十二に記録された日光・中禅寺の走り大黒像の縁起譚は、中世日本に伝えられた韋駄天に関する説話と非常に似た部分がある。韋駄天はヒンドゥー教の敏捷性を誇る神スカンダに相当し、象頭の神ガネーシャとともにシヴァ神の息子として知られている。そして、ヒンドゥー教にはスカンダとガネーシャが速さ比べをして、予想に反して鈍重なガネーシャが勝つという神話がある。もしガネーシャと大黒（シヴァの一形態であるマハーカーラ）が関連づけられるのなら、この神話から類推して、スカンダの「速さ」という特徴が（日本の矮軀肥満型の）大黒に転移されたという可能性も考えられるのではないだろうか。

＊実際には、日本の「走り大黒」の図像については、他にも多くの顧慮すべき要素がある。ここでは、日光・中禅寺の走り大黒像の縁起から出発して推測しうる一つの筋道の可能性を示すにとどめる。

とすると、日本の走り大黒像を説明するには、まずガネーシャとマハーカーラの関連を跡付けることが必要になる。ヒンドゥー教や仏教の古典的文献を見るだけでは、この両者の関係を直接証明するものはほとんど見当たらない。ところが、奇妙なことに仏教が伝えられた西と東の両端で、その有力な証拠となりうる事実を発見することができる。というのは、ネパールの仏教寺院ではこの二神が門神として並び祀られており、一方、中世日本で作られた毘沙門・大黒・弁才天を一体とした「三面大黒」と、京都・東寺で祀られた荼吉尼・聖天（＝ガネーシャ）・弁才天を一体とした「夜叉神」（別名「摩多羅神」ともいう）と呼ばれる門神のあいだで、同じ二神（聖天＝ガネーシャと大黒＝マハーカーラ）がいわば交換可能な位置にあるということが知られるからである。この夜叉神とマハーカーラとの間には、さらに奇妙な関係があり、それは鬼子母（ハーリーティー）説話とも密接に結び付けられてくる……。

この小さな一例で示されるのは、スカンダとガネーシャの速さ比べというヒンドゥー神話が、そのまま、不可思議な経路を経て日本に伝播され、そこで中禅寺の走り大黒の縁起譚に変形された、ということではない。神話の直接的伝播が問題なのではなく、ネパールの仏教寺院と日本の東寺で、またヒンドゥー神話と日本の走り大黒の伝説のなかで、ある一貫した神話的思考の論理が機能していると考えられることが、まさにもっとも注目に値すると思われるのである。——ではいったいなぜ、このようなことがありうるのだろうか。

それを説明するのにもっとも有効なのが、神話的思考の「流動体モデル」であると思われる。このモデルによるなら、個々の神話は、なんらかの神話的思考の構造を母体にして産み出され、そしてその思考構造はつねに変化して他の神話（異型）を産み続けるものと考えられる。個別の神話が伝播されるのなら、伝播された神話は基本的に（偶然の条件によるのでないかぎり）元の神話と同じ、または似た形態を保つはずと考えられるだろう。しかし、伝播されるのが、ある神話的思考構造であるのなら（思考構造はすべて差異化によって機能するから）それは当然変化し、別の形態の——しかも同じ、または類似の構造に属する——神話を産み出していくはずである。また、必ずしも歴史的な伝播が認められない場合でも、同様の要素で構成された構造が存在するならば、論理的関連をもちながら別の形態を有する神話が独自に産み出されたとしても不思議はないだろう。

東アジア世界全体を包み込む仏教文化という巨大なプラットホームのうえに、いくつもの神話的思考構造の銀河系が、互いに関連し、関渉し合いながら広大な仏教神話の宇宙を形作っている――。であるのなら、中世インドのヒンドゥー神話と江戸時代日本の「取るに足りない俗信」とが、あるいは（たとえば）中国仏教の注釈書の片隅に記録された説話と現代ヴェトナムに見られる図像とが、互いに論理的に関連し合って存在することも、充分あり得ることと考えられるだろう。こうした論理的関連の視点から見れば、直接的伝播の問題、すなわちどちらが先でどちらが後か、といった問題は必ずしも本質的ではない。しかしいずれにしても、多くの神話のあいだにこうした関連が見出されるということは、この東アジア世界に、これまで想像もされなかったような民衆と文物、思考の活発な交流が存在したことを推測させる。仏教文化とは、まさに熱く、柔軟な、多様な民族の「思考のるつぼ」だったのであり、仏教神話はそのるつぼの様相を垣間見させる貴重な指標と考えることができるのである。

いま挙げた、中禅寺の走り大黒の伝説を説明するためには、さらにガネーシャが乗り物とする鼠に関するヒンドゥー教の教説をも参照しなければならない。そして、ガネーシャの鼠が問題になるとすれば、当然、（日本特有の信仰である）大黒の「使者」としての鼠についても考える必要があるだろう。さらにこの大黒の鼠は、毘沙門（ヴァイシュラヴァナ）やクベーラの持つ「宝鼠」、またはマングースともかかわっている……。こうして、この小さな事例を見るだけでも、ひとつの神話を糸口にすれば、ほとんどあらゆる神話が芋蔓的に引き出されてくるということ、あるいは、そのひとつの神話を説明するためには、他の多くの神話のなかにそれを位置づけることがまず必要とされる、ということが理解されるだろう。

どの神話から出発しても、それがより大きな構造体のなかに位置づけられ、またその構造体自身がさらに大きな構造体に属することを発見すること、そうしてそれらの構造体の輪郭を少しでも明確にしていくということが、(神話研究の最終目的ではないとしても) その不可欠の第一歩であると思われる。

[2] **一般に、神話的思考の構造は特定できる主体(「作者」)をもたない。** 換言するなら、**個々の主体(語り手)のレヴェルでは、神話的思考はいわば「無意識の思考」である。**

さらに、神話的思考の主体をひとつの文化(たとえばインド文化、中国文化など)に限定することもできない。なんらかの歴史的交流があるかぎり、神話的表象構造はあらゆる地域に流れ込み、そこで変形して、新たな異型を産み出す可能性がある。

神話的思考が具体的な主体をもたないということは、実際に神話が語られる場面を考えれば容易に理解されるだろう。どこかの村で、ある古老が神話を物語ったとしても、その古老が神話の作者であると考えるものは誰もいない。「誰が作ったのでもなく昔から語り伝えられている聖なる物語」ということが、神話のひとつの大きな特徴だからである。また、ある神話的表象構造が次々と新しい神話を産み出していく過程には、原則として、具体的な人間の作為的な意識が介入することはない。「神話自身が神話を考え出す」というレヴィ゠ストロースの有名な表現[12]は、一見ひどく逆説的に聞こえるが、実際にはそれ以外に表現しようのない事実を述べているにすぎない。神話的表象構造の変容は、明らかにある一貫した論理に基づいているが、その論理はいわば神話的思考自体に本来備わったもので、誰か特定の人物や特定の文化によって意識的に考案されたものとは考えられないからである。

ただし、この原則は口承伝承の神話の場合にはそのまま当てはまるだろうが、東アジア世界のように、巨大な文献の伝統がある地域では、重要な修正が必要になる。無意識的な神話的思考は、神話が口頭で伝えられていく場合にもっとも自然に機能し、自由奔放に新たな異型を産み出していくが、そこに文献による伝達が介在すると、ある場合には神話は固定され、ある場合には意識的な（たとえば宗教的・哲学的な教説に基づいた）変形が行なわれて、無意識的な変化のエネルギーが枯渇してしまうこともある。だからこそ、引用に基づいた文献的伝統が明確にたどれる場合には、神話的思考の活動（その変形の機能）はむしろ弱まったように見え、異型の比較があまり興味ある結果をもたらさなくなる。逆に、口頭による伝承が中心になっているような場合（たとえば民衆的文化のレヴェル）には、他の神話との関連を示唆する興味深い異型が多く見出されるのである。

といっても、民衆的レヴェルの信仰は、歴史史料にそのまま残されることはほとんどありえない。それゆえ、神話研究にとってとくに重視すべきなのは、民衆文化と「エリート文化」の接点にある、一種不思議な魅力に満ちた「薄明の領域」で産み出された歴史史料（たとえば説話文学や考証随筆など）や、また口頭伝承の要素が大きい口伝、図像、儀礼などの史料である。

仏教のように膨大な文献の伝統が存在する分野では、特定の著者による引用や意識的な変形と、口頭伝承による変形とをできるかぎり区別して考えていく必要がある。前者の場合は、歴史学的・文献学的な方法によって詳しく検討されるべきだし、後者の場合には、より純粋に神話学的な（論理的関連を重視する）比較・分析の作業が必要になるだろう。もちろん、口承伝承が主となる場合でも、歴史的検討は欠かすことができない。広大なアジアを西から東へ、東から西へ移動し続けた漂泊の僧侶や商人、芸人などの集団が、各種の文物とともに多くの神話や図像、儀礼などを交流させていった過程は、神話的表象構造の流れを跡付けるもっとも重要な傍証である。しかし、たとえば鎌倉時代の日本の「俗信」が、後期ヒンドゥー教の神話と明らかに関連し、それによってはじめて説明されると考えられるような場合に、そうした関連を裏付ける歴史的史料がすぐに見つからないという理由だけで、その仮説を諦めることはない。歴史的交流の事実に関しても、また神話や信仰の歴史に関しても、現時点でのわれわれの知識はきわめて貧弱であって、今後の研究によってまったく新たな事実が発見される可能性も大いにあるからである。むしろ、現在の状況では、たとえ多少大胆に思われてもできるだけ多くの神話学的な関連を仮説として提起し、それによって歴史的研究に刺激を与え、あるいは新しい方向を示唆することも重要ではないだろうか。

さらに、すでに述べたように、同様の神話的表象構造が存在するときには、まったく別の地域、あるいは文化の中で、論理的に関連し合う神話が独自に産み出される可能性がある。神話的表象構造は、いうならば一種のDNA構造のように、あるいはヴィールスのように、自己を変形させながら――にもかかわらず自己の基本構造を維持しながら――増殖し、発展・展開していく性格をもっている。あるヴィールスが他の文化に「移植」されると、それはみずからも変形させながら、にもかかわらず基本構造を維持しつつ、移植先の文化自体を変形させていく。

いずれにしても、神話的表象構造が一種の論理的流動体であること、またそれが一般に特定の主体をもたないということは、神話研究の材料とすべき資料を考えるうえで、非常に大きな意味をもってくる。もし個別の神話の歴史的伝播や変遷を調べることが主な目的なら、材料となる資料を年代別・地域別に並べ、またエリート文化による正統的伝統と「取るに足りない」民衆的「俗信」とを明確に区別して扱うことが重要になるだろう。しかし、神話と神話のあいだの論理的連関を重視する場合には、そうした問題はひとまず「かっこに入れて」、あらゆる資料を比較・対照することが先決になってくる。パーリ語仏典の説話から後期密教の儀礼まで、中国やチベットの「俗信」から日本の学僧による注釈書まで、あるいはヒンドゥー神話から江戸時代の神道の図像まで、ボロブドゥールの仏教美術から中央アジアの遺物まで、まさに「古今東西」を問わず、また文化のレヴェルも問わず、少なくとも仏教が存在し信じられた地域であるなら、ありとあらゆる資料が神話研究の材料として取り上げられなければならない（もちろん現実には、研究対象の範囲は、研究者の能力によって限定されることは避けられないが）。歴史的裏付けは必要不可欠だが（そして実際には並行して行なわれなければならないが）、方法論的な観点からは、こうした論理的連関（構造）の輪郭が明らかにされてから、あらためて綿密に検討されるべきものと考えてもよいだろう。

〔3〕**神話的表象構造は、他のあらゆる思考構造と同様、要素間の（二項対立を基本とした）各種の対立や関連によって組み立てられる。**それゆえ、ある神話的構造のなかのひとつの要素が変化すれば、それに連動して他の要素も変化し、構造全体の様相も変わってくる。しかし**そうした形態の変化にもかかわらず、多くの場合、その構造の同一性《アイデンティティ》そのものは巨大な時間的・空間的距離を経ても驚くべき一貫性を保ち続けるものと考えられる。**

実際に、ひとつの神話的構造が変容していく過程には、要素の変化、転換、逆転など、きわめて多様な作用がありうるが、そうした変形の基本的原理は、イメージの両価性《アンビヴァレンス》と非常に広い意味での類推や連想に求められると思われる。——それはすなわち、複数の神話のあいだに構造的連関を見出そうとする時にとくに重要なのは、それらのなかに類推や連想によって結び付けられる要素があるか否かを最大限の注意を払って調べることにある、ということを意味するだろう。*

*レヴィ＝ストロースは、神話の要素を抽象的次元に還元したうえで、それらが変化、転換、逆転したりしていく複雑な変形の例を数多く挙げている。しかし筆者がこれまで見たかぎりでは、仏教神話の分野ではそれほど複雑な変形はほとんど見出されないようである。しかし、いま言ったような「広い意味での類推や連想」に基づいた関連の構造は、多くの仏教神話のなかに見ることができる。

新たな例を挙げよう。先ほども見たヒンドゥー神話の象頭の神・ガネーシャ（この神はヒンドゥー神話で門・扉の守護神とされることがある）は、中国・日本の文献では「大聖歓喜天」とも呼ばれるが、この「大聖」という称号はそれ以外に、たとえば毘沙門天、文殊菩薩、そして中国の寺院の守護神（伽藍神）「僧伽和尚」などにも付されることがある（有名な『西遊記』の孫悟空にも「斉天大聖」という呼び名がある。とすると、この「猿神」もまた、この一連の神々と無関係ではないかもしれない）。

これらの神々は、すべて寺院、または寺院の食堂の守護神という役割をもつことで知られている。さて、いま挙げた「僧伽和尚」の名のなかの「和尚」という語は、日本では七福神の一として有名な「布袋和尚」や、チベットの仮面宗教劇に現われる太鼓腹のピエロ的存在 Hva-cang（中国語「和尚」の音訳）の名前にも現われるが、これらの神々、または神話的人物も、明らかに同じ系統に属する寺院の守護神的機能をもつ神であると考えられる。さらにこの布袋和尚と同一視される中国の民間仏教の神「弥勒仏」は、同じく太鼓腹で老僧の形で描かれ、数人の幼児を遊ばせている姿で表現されるが（その意味では、日本の「良寛さま」も同様のタイプに属しているだろう）、それと同様、インド仏教以来有名な鬼子母（ハーリーティー）の像も末子ピンガラを胸に抱き、数人の子どもを膝元で遊ばせている姿に描かれる。そしてこの鬼子母も、寺院（とくに食堂）の守護神として重要な存在である。

さて、インド以来の鬼子母神話によれば、鬼子母は、仏陀に帰依したあとは子どもの成長を守る善神になったが、それ以前は街の子どもを攫って喰う恐ろしい子喰いの女鬼として知られていた。ところが、これも先ほど見た、京都の東寺に祀られた門神、聖天（ガネーシャ）・荼吉尼・弁才天を一体にした「夜叉神」も、この鬼子母と同様「孩児のみを喫《く》ふ」鬼神であるとする神話が行なわれていたのである。こうして、インドのヒンドゥー神話の門神ガネーシャから出発して、中国・日本のいくつかの神話を経、またたくまに「日本のガネーシャ」

（〜東寺の「夜叉神」）にまでたどりつく回路を見つけることができる。この回路に含まれる多様な神話、または神話の断片は、明らかにある特定の神話的表象構造に属すると考えられるだろう。そして、ここに挙げたいくつかの要素——すなわち、たとえば「大聖」の語、「和尚」の語と老僧・太鼓腹の形姿、子どもとの関係（子喰い／子どもの守護の機能）、寺院の門神、または食堂の守護神の役割……などの要素は、明らかにこれら一連の神話を結びつける類推・連想のキーワードの例と考えることができるのである（↓神話モティーフ索引の各項目［「和尚については第二巻のみ」を参照）。

## 7　神話研究の目的

複数の神話のあいだの論理的連関を分析し、神話的表象構造の変容を研究することは、「どのようにしてある神話が生まれえたか」を説明するためには有効だが、そのこと自体は必ずしも仏教神話研究の最終目的ではない。私見では、仏教神話の歴史的研究は、神話的思考の仕組みを明らかにすること以上に、仏教を信仰して歴史のなかに生きた個々の地域、個々の時代の、人間たちの具体的な思考や文化を知ることを目的とすることができると思われるからである。複数の神話をその論理的連関のなかに位置づけることによって、われわれはそれらがどのような連想や含意、コノテーションのもとに語られたかを推測することができる。そうして得られた結果は、個々の神話が、それが語られた地域・時代の文化史的・精神史的状況のなかで実際に何を意味したかを考える場合に、欠かすことのできない材料となるだろう。ここに述べてきたような比較・対照の方法によって、仏教における神話的思考構造の輪郭を明らかにする試みは、そうした個別的な文化史のための基礎的作業としてこそ、もっとも重要な意味をもつものと思われる。

神話的思考構造は本質的に具体的な主体をもたない一種の「無意識の思考」であって、その存在自体が、多くの神話の比較・分析によってはじめて再構成されるような仮説的存在である。とすると、こうした神話的思考を直接の研究対象にすることは、はじめにも述べた「表象を主語に立ててそれを実体化すること」につながる危険を含んでいるとも言えるだろう。筆者は、個人的に、仏教神話の研究に意味があるとすれば、それはあくまでも特定の具体的な人々、すなわち仏教を信じた東アジア諸民族の文化史・精神史の一環として、そうした研究が有意義な知識をもたらすことができる時であると考えている。

「構造か歴史か」という問題は、一時期の思想界を揺るがせた重大問題であって、ここで簡単に結論を出せるようなものではない。しかし、神話の構造主義的分析は（それ自体を目的にしなければ）精神史的事実を掘り起こすためにも、非常に有効な手段でありうる。たとえば（ここで考えているような方法論とは必ずしも一致しないが）J－P・ヴェルナンやM・ドゥティエンヌによるギリシア神話の構造主義的研究に基づいた研究は、古代ギリシア人の精神史に関する数多くの興味深い知見を発掘している。[13] ただ、それは古代ギリシア文化そのものについての圧倒的な質と量の研究の蓄積があるからこそ可能なので、仏教文化圏に属する各民族の文化史・精神史について、それに匹敵するような緻密な知識が積み重ねられるのには、まだ相当の年月が必要になると思われる。

複数の神話の構造的連関を調べることによって、われわれはそれらがどのような思考のコンテクスト（連想や含意、コノテーション）のなかで産み出されたかを推測することができる。また一つの例を考えてみよう。先にも触れたインド仏教の鬼子母神話は、『大日経疏』巻第十の大黒天（に変身した大日如来）による荼吉尼降伏の神話とある特殊な関連をもっており、さらにそれを通して『十誦律』巻第十三に語られた摩訶迦羅長老の物語とも結びつけることができる。この関連で見た場合、鬼子母神話で中心的な関心の的とされているのは、食物（とくに残飯）の「浄／不浄」の問題であると考えられる。鬼子母が寺院の食堂の守護神として祀られたのは、この神が「不浄でありうる食物を浄に転化させる力」をもった神と信じられたからという仮定もできるだろう。

ところで、こうした食物の「浄／不浄」の問題は、カースト制度に基づいたインド社会においてこそ、もっとも重要な意味をもつ問題だった。とすれば、インド社会全般の「浄／不浄」の問題をめぐる文化人類学的知識や神話学的な知識は、鬼子母神話の理解のために不可欠であるだろうし、逆に、鬼子母神話のこうした理解は、インド社会に生きた人々の現実の生活や思考を知るうえで新たな興味深い材料を提供することもできると思われる。そしてこの鬼子母神話が、同じような「浄／不浄」の観念に基づいたカースト制度のない中国や日本に移入された時に、関心の重心が移動しただろうことは容易に推測できる。それが、実際にどのように表われているかを検討することも重要な課題である。

一方、同じ鬼子母は、その生まれ故郷であるクシャーナ王朝時代の北西インドの宗教混淆のコンテクストでは、夫神パーンチカと対にされ、大地母神的な豊饒の神としての機能をもっていたと考えられる。このように「浄／不浄」を司る機能と豊饒を司る機能の両方を、ただ一身の神格が兼ね備えているという状況は、ヒンドゥー教のガネーシャの場合にも同様に見出されるものであり、これもインド宗教のひとつの特徴的なあり方と見ることも可能だろう。

さて、こうした豊饒を司る大地女神は、中央アジアから中国にかけて、戦闘を表わす男神と組み合わされ一対の男女神として表象されることが多いが（兜抜毘沙門や慧琳の『一切経音義』巻第十の摩訶迦羅（＝大黒）天）、日本になるとこの特徴的な男女一対の神格のイメージは影をひそめてしまう。とくに興味深いのは日本の大黒天の例で、この場合には、男神は徐々に武神的な性格を失って俗形を取り、しかも自ら「老翁」の形の大地神（堅牢地天）として表象されるようになる（『大黒天神法』など）。インドや中央アジアでは女神としてイメージされていた「豊饒なる大地」が、日本に移入される過程で「老翁」の形に姿を変えていく――、このことは、日本（そしておそらく中国）における「大地」のイメージのあり方と深いかかわりがあると考えられるだろう。

このように、神話の論理的連関を比較分析することによって、われわれはそれぞれの社会に生きた人々の文化や思考を照らし出す新たな材料を提供することができる。しかし、こうした問題、たとえばインドにおける「浄／不浄」の問題、あるいは中国や日本の「大地」イメージの問題などは、それぞれの文化に固有の問題として、あらためて個々の文化史の専門的研究の対象とされなければならないだろう。

さらに、問題はこうした表象の文化史にはかぎらない。たとえば中世日本の密教による王権儀礼（即位灌頂）や、それに伴う神話は、中世「顕密体制」仏教の本覚思想に基づいていると考えられるが、それは、神話構造的には、インドのシヴァ教、あるいはシャクティ派的な神話構造を（奇妙な回路を経て）ほとんどそのまま「射影」したものと考えることができる(14)。しかし、インドの王権思想の中で、シヴァ教、あるいはシャクティ派の神話がどのような機能をもったか、ということと、中世日本の場合とでは、歴史的な意味がおそらくまったく違うだろう。その差異を明確にするには、中世インドと中世日本の文化人類学的‐社会学的知識と歴史学的‐思想史的な知識に基づいた比較が不可欠のものとなると考えられる。

そして、そうした研究によって得られるであろう知見は、たとえば後醍醐天皇による建武の中興というような、より「事件史」的な歴史的事実の精神史的‐イデオロギー史的な背景を考える場合にも、きわめて重要な意味をもつことになるはずである。

筆者が今考えている「歴史をもつ社会」における神話学研究の最大の効用は、こうした歴史的変動が生み出された背景にある精神史の、そのまた背景を形作っていたであろう半無意識的な領域――神話的思考の領域――に新たな照明を当て、そうして「歴史を動かした」人々の情熱、情念、あるいは情緒性をあらためて理解するのに役立てることである。

このような作業によって、はじめて、仏教神話の研究は、それぞれの文化・それぞれの時代に生きた具体的な人間たちの歴史を、新しい光のもとに引き出す有効な手段のひとつに数えられるようになるのではなかろうか。

## 8 「知的ブリコラージュ」という方法／引用の形式について

他の知的分野と同様、仏教研究や歴史学研究は、時代が進むとともに細分化し、鋭く専門化している。そうした中で、本書のように、東アジアの宗教文化全体をできるかぎり広く視野に入れ、各地の文献、儀礼、図像、習俗などを比較検討して分析しようとするような研究は、少なくとも個人の能力をはるかに越えるものであることは、ほとんど言を俟たないだろう。

それと同時に、本論に入る前に、読者に知っておいていただきたいのは、本書がもともと大学などの研究機関に属さない独学者によって書かれたということである。筆者は、仏教学やそれに必要とされる各種の語学などの専門教育を受けたことがないし、また専門の研究機関などにもかかわっていない。そのことにはプラスとマイナスの両面があると思う。唯一の、しかしおそらく重要なプラス面は、細かく専門化する「学界」の中からは、本書のように専門領域の境界をすべて無視したような研究の発想そのものが、ほとんど生まれえなかっただろう、ということである。逆に、マイナス面を数えればきりがない。第一に、本書で扱うことになるどの分野に関しても、筆者には、専門の研究者のような正確かつ先端的な知識がないし、また必要な文献（原典および研究書、論文などの二次的文献）にも容易にアクセスできない。同時に、語学的知識の不足のため、たとえばヒンドゥー神話のように本書の内容にとって枢要な位置を占める文献は、日本語、英語、フランス語の二次的文献を通してしか参照・引用できない（筆者は、サンスクリットおよびパーリ語は、辞書を引くことはできるが、文章を読むことはできない。仏教漢文の文献は、一応理解できるが、正式な読み下しはできない。その他は日本語、フランス語、英語の文献が理解できる程度である）。また同様に重要であるはずのチベット仏教や文化に関しても、筆者が手に触れ、読解できる上記の言語による文献で、たまたま目に入ったものを参照することしかできない。その他、東南アジアや朝鮮半島などについても、ほとんど触れられなかったのは大変心残りである。*

*サンスクリットや、まれではあるがチベット語などの原典のページ数などを引いた箇所があるが、これらはほとんど、自分の目で確かめたものではない。研究者には便利なこともあるかと考えて、利用した参考文献に引かれていたものをそのまま引き写したものである。それ以上の価値はないものであることをお断りしておきたい。

南方熊楠や柳田国男などの独創的で驚異的な仕事をした在野の研究者が活躍した時代から見ると、現代は、いわゆる「在野」の人間による学問的活動は、非常に困難な時代になっている。*そうした中で、専門的な研究機関に属さない人間が、どのようにしたら、またどのような意味で、個々の能力や環境に応じて学問に寄与できるか、という問題について、筆者は長年考えてきた。答えは、もちろん個々の場合でまったく違うだろう。しかし、筆者個人の一応の解答は、「知的ブリコラージュ」という語で表現できるように思う。それは、ひとことで言うならば、個々の能力・環境の中で、できるかぎり知的誠実さに忠実であろうとする、というしごく自明のことでしかない。もう少し具体的に言うなら、それは自分の手の届く範囲内で、自分の手元にある材料を使って、手当り次第、できるかぎりの資料、文献に当たり、かつその典拠を明らかにする、ということである。専門家の仕事は、いわば現代の先端技術を駆使し、またそれに基づいて作られた道具を駆使して作成された工業技術製品に譬えることができるだろう。それに対して、筆者にできることは、手元にある大工道具とたまたま手に入った材料を使って、一本一本の釘をなるべく丁寧に打ち、なるべく丁寧にやすりをかけた日曜大工の仕事以上のものではありえない。

*ただし、最近のインターネットなどの電子ネットワークの爆発的発展によって、この状況は近い将来、大きく変化する可能性も出てきている。厖大な量の原典がすでに電子化され、インターネットなどを通じて世界に向けて無料で公開されており、「在野」の研究者もそれを利用することが相当程度可能になってきている（ただし、研究書・論文などに関しては、著作権の問

題などによって、公開はまだほとんどされていないのが実情である）。また、「在野」の研究者にとってもっとも大きなハンディキャップの一つである専門研究者との対話や交流も、電子ネットワークによって相当程度可能になってきている。しかし、こうした変化はまだ始まったばかりであり、それが「在野」の研究活動を本格的に活性化するには、まだ十年単位の時間が必要だろう。筆者としては、こうした電子ネットワークによる知的活動の自由化、民主化、公開化に向けて、できるかぎりの努力をしていきたいと考えている。

それゆえ、必ずしも研究書や研究論文のような体裁や権威をもたない書物、たとえば一般向けの新書や教養書、百科事典、あるいはムック本のような形の書物でも、もしそこに有益な情報があり、かつ少なくともその部分に関するかぎり信用に値すると判断した場合には（たとえ、一冊の本全体としては学問的に必ずしも価値が認められないとしても）、躊躇なくそれを引用・参照する。ある問題について、必見と思われる参考文献がどうしても参照できなかった場合は、そのことを明記する。原典に当たれる場合はもちろん原典に基づくが、それが不可能なときには、信頼に値すると判断した場合は、孫引きでも翻訳でも参考にする。原典の理解やその他に疑問が残るときには、そのことも明記する。そして参考にしたり依拠した文献については、できるかぎり典拠を明確にする……、などが具体的な「戦略」である。

基本的理解に大きな誤りがあるかもしれないし、最新の研究によって否定された説に基づいて論を進めることもあるかもしれない。そうした誤謬も含めて、当然ながら、本書の内容は、筆者の能力と判断によっている。それでも、本書が何らかの発見を含み、何らかの学問的意義を有するか否かは、もちろん読者の判断にゆだねる以外にない。

最後に、以下の叙述で引用する神話や説話などの引用の形式についてもひとこと述べておきたい。レヴィ＝ストロースは、神話は言語表現の多様なヴァリエーションの中で、詩の対極に位置するという。詩は、一言一句をも他に置き換えることのできない厳密な構成をもち、他の言語に翻訳された詩は、その言語の詩であって元の詩と同じとは言えない。その意味では、詩にこそ「翻訳とは裏切りである」（*traduttore, traditore*）という表現がふさわしい。ところが神話は逆に、ほとんどどのようにでも翻訳可能である。神話の本質は、文体や表現にあるのではなく、その「物語／筋」にある。ドニガー・オフラハーティー氏も、同様の考えに基づき、多くの神話を翻訳し、さらに要約した形で記述している[15]。

筆者は、基本的にはこの考え方に異論はない。しかし、変形していく神話の異型を比較・分析するときに、神話の中のどの要素が変形の契機となり、比較のポイントになるかをあらかじめ知ることはできない。たとえば鬼子母神説話では、釈尊が鬼子母の末子を伏せた鉢の中に入れて隠す、という場面があるが、ここで「鉢」が重要な要素であることは、他の神話との比較によってはじめて明らかになるのであって、もしこの説話を記述するときに、たんに釈尊が鬼子母の末子を「隠した」という形で要約したら、そうした他の神話との比較のキーポイントが失われてしまうだろう。

では、すべてを逐語訳的に現代語訳すればいいのだろうか。文献的な伝承、とくに引用による伝承が重要な部分を占める仏教神話のような場合には、それも必ずしも完全とは言えない。というのは、ある特定の語句（たとえば「歓喜」、「大聖」という語など）が、他の神話との関連で重要な特徴とされることがあり、翻訳はそうした語句を別の語句に置き換える可能性があるからである。

こうしてみてくると、逆に神話と神話の間に関連を見出す作業には、つねにある程度の恣意的な部分が含まれていることも明らかになるだろう。すなわち、ある神話のどの要素に注目し、それを他の神話のどの要素と比較・対照するかは、ある種の予断（あるいは「勘」）に導かれる部分があるからである。「神話の大地は丸い」という大前提からすれば、すべての神話のすべての要素は互いに関連しあう可能性があるが、もしそれを文字通りに解釈するなら、神話の世界は完全な渾沌となって、その構造的把握は最初から不可能になってしまうだろう。それゆえ、神話の原始林に何らかの道筋をつけるためには、いま述べたような意味での一種の「予断」による取捨選択が必要不可欠になる。それは、さらに言うなら、別の取捨選択をするなら、別の解釈、別の構造的連関を発見することも充分にありうるということでもある。

もう一つ付け加えたいのは――これは学問的方法論という以上に、筆者の個人的嗜好の問題だが――、筆者にとって神話、説話に接する喜びは、少なくとも場合によっては、物語の内容・筋以上に、個々の表現の形態、すなわち文体や語り口であることも多い。『今昔物語集』のある種ぎごちない漢文調の日本語や、あるいは（これは原典の文体ではないが）南方熊楠による真似のできない語り口の仏教説話の要約、あるいは小林太市郎氏による意を尽くした中国説話の「意訳」など。

こうしたさまざまな事情や理由、さらに筆者の言語的知識による制限などから、本書における神話、原典の引用は、きわめて異例の、多様な形式をとることになった。ある場合には要約、英語などからの翻訳や原典の現代語訳、また原文をまじえた要約、漢文の場合には時には読み下し、また稀には原文そのものを引用したこともある。これらの引用の形式は、いま述べたような事情や読者の理解を助けることも考慮したうえで、その都度、筆者の判断によったものである。異例ずくめの本書の中で、こうした異例の引用の形式も、あえて筆者の「わがまま」を優先させていただいた結果であることを述べておきたい。

**注**

（1）A. Grunwedel, *Mythologie du bouddhisme au Tibet et en Mongolie*, Leipzig, 1900.
（2）Claude Lévi-Strauss, *Mythologiques*, I–IV, Paris, Plon, 1964–1971（前述 p. 45 の細注も参照）。
（3）Georges Dumézil, *Mythe et Epopée*. L'ideologie des trois fonctions dans les épopées des peuples indo-europeens, I–

III, Paris, Gallimard, 1968-1973.

（4） ここでは、これらの著者の代表的な作品をいくつか挙げるにとどめる。たとえば Jean-Pierre Vernant, *Mythe et pensée chez les Grecs*. Etudes de psychologie historique, [Fondations] Paris, La Découverte, 1985 ; Id., *Mythe et religion en Grèce ancienne*, [La Librairie du XX^e siècle] Paris, Le Seuil, 1990 ; Marcel Detienne, *Les Jardins d'Adonis*, [Bibliothèque des Histoires] Paris, Gallimard, 1989 ; Id., *Dionysos à ciel ouvert*, [Textes du XX^e siècle] Paris, Hachette, 1989 ; J. -P. Vernant et M. Detienne, *Les Ruses de l'intelligence*. La mètis des Grecs, [Nouvelle Bibliothèque Scientifique] Paris, Flammarion, 1974 ; Wendy Doniger O'Flaherty, *Asceticism and Eroticism in the Mythology of Śiva*, London, Oxford U.P., 1973 ; Id., *Hindu Myths* : a Sourcebook Translated from the Sanskrit, [Penguin Classics] Penguin Books, 1975 ; Id., *Women, Androgynes, and Other Mythical Beasts*, Chicago, University of Chicago Press, 1980（なお Wendy Doniger O'Flaherty 氏は、いまは O'Flaherty 姓を名乗ることを止め Doniger 姓を名乗っているが、その著書の多くの著者名は現在も O'Flaherty になっている。本書では、一応「ドニガー・オフラハーティー」という名で彼女を示すことにする）; Madelaine Biardeau, *Etudes de mythologie hindoue*, I, *Cosmogonies purāṇiques*, II, *Bhakti et avatāra* [Publications de l'Ecole Française d'Extrême-Orient, 128, 171], Paris, Ecole Française d'Extreme-Orient, 1981, 1994 ; Id., *Histoires de poteaux* : Variations védiques autour de la déesse hindoue, [Publications de l'Ecole Francaise d'Extrême-Orient, 154] Paris, Ecole Française d'Extrême-Orient, 1989 ; Id. et Charles Malamoud, *Le Sacrifice dans l' Inde ancienne*, Paris, Presses Universitaires de France, 1976 ; Id., *L'Hindouism*. Anthropologie d'une civilisation, [Champs] Paris, Flammarion, 1981；吉田敦彦著『日本神話の特色』（青土社、一九八五年）；同著『ヤマトタケルと大国主』（みすず書房、一九七九年）など。

（5） Noël Peri, "Hārītī la Mère-de-démons", *Bulletin de l'Ecole française d'Extrême-Orient*, XVII, 3, p. 1-102 ; Id., "Le dieu Wei-t'o 韋駄天", *Bulletin de l'Ecole Française d'Extrême-Orient*, 1916, p. 41-56 ; Paul Mus, *Barabuḍur. Esquisse d'une histoire du bouddhisme fondée sur la critique archéologique des textes*, T. I et II, Hanoi, Imprimerie d'Extrême-Orient, 1935 ; reprint New York, Arno Press, 1978 ; Marie-Thérèse de Mallmann, *Introduction à l'Etude d'Avalokiteśvara*, [Annales du Musée Guimet, Bibliothèque d'Etudes, t. LVII] Paris, P.U.F., 1967 ; Id., *Etude iconographique sur Mañjuśrī*, [Pubulications de l'Ecole Française d'Extrême-Orient, vol. 55], Paris, 1964 ; *Hōbōgirin*『法宝義林』, VI, Paris-Tokyo, 1983, *art.*, "Daigensui（myōō）大元帥（明王）" ; "Daiitoku myōō 大威徳明王" par R. Duquenne.

（6）プロローグ、n. 10 に挙げた文献を参照。

（7）大自在天＝シヴァの仏典における扱いについては、拙稿 *Hōbōgirin*『法宝義林』VI, 1983, *art.* "Daijizaiten 大自在天" とくに p. 714a-716b, p. 718b-720a 参照。

（8）たとえば世界の絶対的創造神としての「自在天」Īśvara 信仰への論難は、小乗から密教まで数多くの仏典に見られる。前掲拙稿 "Daijizaiten" p. 725b-727a 参照。

（9）この神話については、Rolf A. Stein, "La soumission de Rudra et autres contes tantriques", *Journal Asiatique*, CCLXXXIII, 1 (1995), p. 121-160（これはスタン教授のコレージュ・ド・フランスにおける一九七一年から一九七四年に至る講義の内容に基づいたものである。*Annuaire du Collège de France*, Résumé des cours, 1971-1972, 1972-1973, 1973-1974 参照）；拙稿 "Récits de la soumission de Maheśvara par Trailokyavijaya–d'après les sources chinoises et japonaises", in Michel Strickmann, *ed.*, *Tantric and Taoist Studies in honour of R. A. Stein*, III [Méanges Chinois et Bouddhiques, vol. XXII], Bruxelles, Institut Belge des Hautes Etudes Chinoises, 1985（いまの論点に関してはとくに p. 732-743）参照。ただし、インドおよびチベットの後期の仏教密教の観点からは、これがより歴史的な仏教とヒンドゥー教（シヴァ教）との闘争を反映したものとする見方もありうる。Ronald M. Davidson, "Reflections on the Maheśvara Subjugation Myth : Indic Materials, Sa-skya-pa Apologetics, and the Birth of Heruka", *The Journal of the International Association of Buddhist Studies*, vol. 14, No. 2, 1991, p. 197-225 参照。この二つの見方は、必ずしも相容れないものではないだろう。教理的な観点と歴史的な観点は、違って当然だからである。

（10）D. S. Ruegg, "Rapports entre le bouddhisme et le 'substrat religieux' indien et tibêtain", *Journal Asiatique*, 1964, t. CCLII, fasc. 1, p. 77-95 参照。

（11）前田惠學稿「現代スリランカにおける仏と神々――仏教の二重構造」、日本仏教学会編『仏教と神祇』（平楽寺書店、一九八七年）所収 p. 1 参照。

（12）Lévi-Strauss, *Le Cru et le cuit*, *Mythologiques*, I, Paris, Plon, 1964, p. 20「われわれは、人々が神話の中でどのように思考するかを示すのではなく、神話がどのように人々の中で、そして彼らの知らないうちに、自分自身を思考するかを示そうというのである」。「……そしてさらに言うなら、主体をすべて捨象して、神話同士が、自分たち自身の間で思考しあう（les mythes se pensent *entre eux*）、と考えるべきであるといえるかもしれない」。神話同士、あるいは神話の異型同士が、自分たち自身の間で思考しあう、という指摘はきわめて示唆に富んでいる。

（13）たとえば上注4に挙げた文献、また邦訳されたものとしては、M・ドゥティエンヌ著、小苅米晛・鵜沢武保訳『アドニスの園』（せりか書房、一九八三年）；同著、及川馥・吉岡正敞訳『ディオニュソス――大空の下を行く神』（叢書ウニベルシタス、法政大学出版局、一九九二年）；J‐P・ヴェルナン著、及川馥・吉岡正敞訳『眼の中の死――古代ギリシアにおける他者の像』（叢書ウニベルシタス、法政大学出版局、一九九三年）などを参照。

（14）この点については、本書ではほとんど触れることができなかった。これは今後の課題として持ち越すことにしたい。

（15）Lévi-Strauss, "La structure des mythes", *Anthropologie Structurale*, Paris, Plon, 1958, p. 232 ; Wendy Doniger O'Flaherty, *Asceticism and Eroticism in the Mythology of Śiva*, p. 3-4 参照。

# 第二部

# I 大黒天信仰の謎

## 本章の主な登場人物

大黒天（Mahākāla マハーカーラ、摩訶迦羅）
シヴァ神（ルドラ、バイラヴァ、Maheśvara 摩醯首羅、大自在天、Īśvara 自在天、リンガなど）
シヴァの配偶女神（Umā, Pārvatī, Durgā, Kālī など）
シヴァの子ども、眷族：スカンダ／ガネーシャ／ナンディン、ガナ
人食い女鬼・荼吉尼（*ḍākinī*）
呵利底母（Hārītī 鬼子母神）

## 主な典籍

覚禅『覚禅鈔』（一一八三～一二一三年頃？）
澄圓『白宝抄』（一二六八～一二七八年頃？）
亮禅述・亮尊記の『白宝口抄』（一三四一年以前）
承澄『阿娑縛抄』（一二四二～一二七九年）
光宗『渓嵐拾葉集』（一三一一～一三四八年）
義浄『南海寄帰内法伝』（六九一年）
善無畏・一行『大日経疏』（七二四～七二七年頃）
良賁（不空）『仁王護国般若波羅蜜多経疏』（七六五年）

仏教には何の関心もない人、お寺にもほとんど行ったことがないような人でも、「大黒様」の名をまったく知らないという人は多くはないだろう。あの丸っこい、太鼓腹の体で、大きな袋をかつぎ、打出の小槌を持った神様。お正月の縁起物の「七福神」の一として、それとも「大黒屋」とか「大黒堂」といった商家の屋号として、あるいはまた「大黒柱」という表現として、「大黒」という語は明らかに現代日本の常用語彙のひとつに数えられるようである。

「大きな袋」というと、袋をかついで因幡の白兎を助けた大国主命の物語（それとも小学唱歌？）が思い出されて、「あれ？〈だいこく〉というのは〈大黒〉と書くのだっけ、〈大国〉と書くのだっけ……？」、あるいは「〈大黒様〉というのは日本の神様かしら、それとも仏教の神様かしら……？」という疑問が湧いてきて、盲点を衝かれたような思いをすることもあるかもしれない。

ものの本によれば、昔は正月の祝いに大黒舞というものがあって、「大黒の面を冒り、頭巾を着、大黒天の様な風をした」門付けが家々を回り、こんな祝い言を歌っていったという。

「御ざった御ざった、福の神を先に立て、大黒殿の御ざった、大黒殿の能には、一に俵ふんまえて、二ににっこりわらって、三に酒をつくって、四に世の中ようして、五ついつものごとくに、六つ無病息災に、七つ何事なうして、八つ屋敷をひろめて、九つ小蔵をぶつ立て、十でとうどおさまった、大黒舞をみないなみな

図1　赤穂市・宝泉寺の恵比寿大黒舞

図2　福神形の大黒像（聖聚来迎寺　1339年）

いな」。

この歌の詞を記録した岩橋小弥太氏の研究（「千秋万歳と大黒舞」）によれば、この大黒舞は「大阪には天保（一八三〇～一八四四年）頃まであったという事であるが、江戸にはその頃は既になかったので、天保三年に出来た『江戸歳時記』には、『大黒舞は続江戸砂子等には出たれど今なし、但吉原にのみ残れり』とある」という(1)（図1、2参照）。岩橋氏によれば、大黒舞はこんな昔にすでにすたれていたというが、そうした芸能を継承したと思われる七福神踊りなどは、少なくとも最近にいたるまで、日本のあちこちで行なわれていたものであった(2)。事実、不思議なことにこの歌を見た時、筆者は奇妙な既視感《デジャヴュ》にとらわれた。「御ざった御ざった……」というこの歌を、筆者はたしかにどこかで見たこと（それとも聞いたこと？）がある。しかも、おぼろげな記憶のなかから浮かび上がってくる詞は、微妙に違って、

「ごーざった、ごーざった、福の神を先に立て、大黒様がごーざった、大黒様はよいお人、一に俵をふんまえて、二ににっこりわらって……」

というふうに続くのであったように覚えている。これも幼い頃、絵本かなにかで見たのだろうか……。

「江戸時代都市庶民の哀しい希求を歌った……」とでも言われそうなこの歌にも、いろいろ異型《ヴァリアント》があるようで、たとえば旧仙台藩で歌われたものでは、「おん大黒という人は、一に俵をふんまえて、二でにっこり笑うて……」と始まり、最後は「十で当年万作だ」ということばで終わっているという〔終わりの句に関しては筆者の記憶にあるのはむしろこちらに近かったように思う〕。この仙台藩領の異型を報告した及川大渓氏によれば、大黒舞は、正月に門々をめぐり、祝言を述べ舞を演じて、銭、餅などの祝儀をもらい、または宴席の余興としても行われる。

といい、また、

本来大黒舞の詞は、室町時代末期にあらわれた『大悦物語』という小説に見えるもので、その始原は更に古いものと考えられる。〔その『大悦物語』によれば〕京都の清水観音の功力により財富を得た大悦之助という孝行者が、大黒天から隠れみの、隠れ笠、打出の小槌、如意宝珠などを授かって、いよいよ繁昌、外敵が攻めて来た時も、大黒天と夷三郎の応援で撃退した功により昇殿を許され、壬生中納言の姫君を娶り、三人の男子は中将、少将、侍従となるという。おめでた尽しの物語で、もちろん大黒舞も祝儀ものである。

と書かれている(3)。

ところで、ここまでに出てきたいくつかの要素——たとえば、短身矮軀で太鼓腹であること、大袋や打出の小槌、俵、あるいは隠蓑や隠笠、如意宝珠などの特徴的持ち物、また夷三郎との関連、さらにこの夷神とともに

「外敵を撃退した」という物語など——は、このあとの記述であらためて問題として取り挙げることになるので、記憶の隅に止めておいていただければ幸いである。

さて、このように誰にも知られ、親しまれている大黒天が、古来、日本の密教では恐ろしい像容をもって描かれていることを知っている人は、それほど多くはないかもしれない。たとえば、もっとも普及した現図胎蔵曼荼羅の図像（じつは日本ではこれ以外の大黒天の忿怒相の像容はほとんど存在しない）では、大黒天は摩訶迦羅という名で知られ、三面六臂、前の二手では剣を横たえ、次の手は、右に小さな人間を髪をつかんで持ち、左に山羊の角をつかみ、後ろの二手は、左右で象の皮を被るように広げている。曼荼羅の数々の忿怒相の諸尊のなかでも、これほど恐ろしい形相の尊像は多くはない[4]〔**図3～5**参照〕。「おめでた尽し」の福の神・大黒天が、一方ではこの恐るべき忿怒の形相の摩訶迦羅天と「同じ神」であるとは、いったいどうしたことなのだろう。

この疑問が、大黒天をめぐるもっとも素朴な、しかしもっとも根本的な問いのひとつである。この謎を糸口にすることで、われわれはまずは「大黒天問題」の核心へ向けて、第一歩を踏み出すことができるだろう。

では大黒天とはそもそもどういう神なのか——。ここではまず、信頼できる予備知識として、手近な小さい辞書（岩本裕著『日常佛教語』）を引いておこう。

**だいこく〈大黒〉** **1**梵語マハー＝カーラ「偉大な黒い者」の訳。シヴァ神の眷属であるが、佛教に採り入れられて佛教の守護神となった。大黒天または大黒神という。**2**厨房の神。七世紀にインドに旅行した義浄の記録によると、諸大寺の厨房の柱の側などに金嚢を手にした木彫像が置かれてあったという。**3**わが国では七福神の一とされ、その像は一般に狩衣のような衣服を着て、帽子をかぶり、左肩には大きな袋を背負い、

**図３　現図胎蔵界曼荼羅外院の摩訶迦羅忿怒相**（右上）

**図４　チベットのマハーカーラ**（17〜18世紀？　右下）

**図５　モンゴルの大黒天の仮面、衣装**（16世紀、チョイジン寺蔵　左）

右手に打出の小槌を持ち、米俵の上に坐している。

出〔上?〕記の1から2、あるいは2から3への転移の背景にある信仰の変遷を明確にたどることはできない。なお4僧侶の妻を俗に「だいこく」というのは、大黒天が厨房の神であることに由来するが、この背景にはわが国で「妻」のことを「山の神」という民俗があると思われる(5)。

『広辞苑』(第二版)には、これとほぼ同様の記述があるほかに、「わが国の大国主命と習合して民間信仰に浸透、『えびす』と共に台所などに祭られるに至る」と記されている。短くはあるが要を得たこれらの記述をまとめれば、つまり大黒天とは、本来、ヒンドゥー教のシヴァ神の眷属であったのが仏教の守護神とされ、さらに厨房の神から日本では福の神として信仰されるようになった、というふうに要約することができるだろう。そして、岩本氏がこうした「転移の背景にある信仰の変遷を明確にたどることはできない」と書かれていることは、ある意味でわれわれを勇気づけるものでもある。仏教研究がこれほど進んだ(と一般には信じられている……)こんにちでも、大黒天信仰の変遷の理由はいまだにほとんど解明されていない——。とすれば、われわれが踏み入れていくのは、まだ未開拓の領域であり、そこにどんな風景が待ち受けているか分からないということでもあるだろう。分かりきった大道を行くのではない、はじめて分け入るこの小径の向こうで、どんな冒険に出会うことか……。そんな密かな期待を抱きながら、まずはいくつかの角度から、突破口を探っていくことにしよう。

さて、いまも見たとおり、大黒天は一方ではヒンドゥー教の神であり、他方では仏教の神でもあるという。最初の段階では、この両方の側面から切り口を見つけていくことにしたい。

## 1 「大黒」の名前の意味

はじめに、「大黒天」という名から——。密教の曼荼羅に現われる恐るべき姿の大黒は、先にも述べたように

「摩訶迦羅天」と呼ばれ、この名はサンスクリットのMahākālaの音写であることが知られている。Mahā＝摩訶（たとえば「摩訶不思議」という語にも現われる）は「大」の意、そしてkāla＝迦羅は「黒、暗青色」、あるいは「時間（○○をするための定められた、または正しい）時、機会、季節、一日二回の食事の時間……、齢、運命、〔臨終の〕時」という二つの意味をもっている（萩原雲来編纂、辻直四郎監修『漢訳対照梵和大辞典』による）。とすれば、「大黒」はMahākālaの（kālaを「黒」の意にとった場合の）正確な訳語であると言えるだろう。

## 2　ヒンドゥー教におけるマハーカーラ

では、ヒンドゥー教におけるマハーカーラはどのような神と考えられているのだろう。

まず菅沼晃編『インド神話伝説辞典』[6]によれば、マハーカーラは、第一に「『偉大な時間』の意で、時間の主、すなわち死の支配者としてのシヴァ神のこと。シヴァ神は、世界・人間のすべてのものを最後の帰滅に導く時、この姿になる」という。一方、モニアー-ウィリアムズの『梵英辞典』[7]は、黒い忿怒相の破壊神としてのシヴァ神の名称マハーカーラは、前四世紀から後四世紀にかけて作られた叙事詩『マハーバーラタ』にすでに現われているといい、また同じ『マハーバーラタ』ではシヴァ神の眷属としてもマハーカーラの名が用いられているという。

『インド神話伝説辞典』が挙げる第二の意味では、マハーカーラはインドの各地に散らばったシヴァ神の十二大リンガ（男根の形で象徴されるシヴァ神）のひとつで、ウッジャイニー（Ujjayinī）に祀られたリンガの名称であるという（モニアー-ウィリアムズは十一世紀後半のソーマデーヴァSomadevaによる説話集『譚川注海』*Kathāsarit-sāgara*を典拠としてあげている）。さらに『インド神話伝説辞典』は第三の意味として「ヒンドゥーの天文学ではマハーカーラは太陽と月の結合をあらわす」という語義を挙げるが、これは「大いなる時」の意から派生したもので、われわれの話題とは直接は関係ないだろう。

一般にヒンドゥー教ではMahākālaはむしろ「大いなる時間」の意味に解釈され、「あらゆる世界の起源であり、その破壊者」であると理解される。この絶対的な時間は、「すべての存在を喰らい尽くすもの」であり、「世界のすべて――存在と非在、楽と苦――がそのうえに成り立っているもの」であるという。世界内の相対的な時間（*kāla*）は死に対応し、地獄を司るヤマ神（仏教の「閻魔」に当る）によって表象されるのに対し、世界を超越する絶対的な時間はシヴァ神によって表わされる。[8] 古い時代から至上神として崇められたシヴァは、古ウパニシャッドの一つである『シュヴェーターシュヴァタラ・ウパニシャッド』によれば「時間（*kāla*）を越えるものであり、時間とは異なるものである……。シヴァ神から世界は展開する」。シヴァ神こそ「世界の始原であり、〔事物の〕原因の衝迫である。シヴァ神は時間を超越し、分割を超越する」[9]。それゆえシヴァ神は「時間を作るもの（*kālakāra*）である」という。シヴァはまた「時間／黒の火のルドラ」（*Kālāgni-rudra*）としても知られ、世界滅亡の時、世界を燃やし尽くして自己の中に吸収する神でもある。[10] 絶対的時間として、また世界破壊神としてのマハーカーラの神話的な顕現は、絶対神の恐怖の様相であるバイラヴァである。[11]

上の『インド神話伝説辞典』に挙げられた三つの意味のうち、第一のシヴァ神の異名としてのマハーカーラについては、長沼賢海氏の「大黒天の形容及び信仰の変遷」が引用する「ドーソン氏の印度神話の古典辞書」に、エレファンタのシヴァ教石窟寺院のシヴァ‐マハーカーラ像が記述されている。それによれば、

> エレファンタの石窟寺院では、この形式のシヴァは八臂の姿で現わされている。一手は人の形をつかみ、別の一手は剣または祭儀用の鈴を持つ。他の二手は後ろで太陽の光線を遮るヴェールを拡げている。他の二手は欠損している。[12]〔残りの二つの手についての記述は欠けている。〕

八臂（または六臂？）であって、一つの手に人の形をつかみ、別の二手は背後に広いヴェールを拡げている、

ということの記述は、先に見た日本の胎蔵曼荼羅の摩訶迦羅像に部分的に合致することが分かるだろう。六世紀末～七世紀初頭に遡るエレファンタのヒンドゥー教寺院の彫像が、九世紀に日本に伝わった図像と類似しているということは、注目すべき事実である。

一方、上の第二の意味の、「十二の大リンガの一」としてのマハーカーラについては、ゴピナタ・ラオやデイの著書に、『シヴァ・プラーナ』に述べられた伝説に基づく簡単な記述がある。それによると、昔、ウッジャイニー国で、ドゥーシャナという名のアスラ（神々の敵）がバラモンたちを苦しめていた時、シヴァはバラモンの祈りに応えて顕現し、ドゥーシャナを燃やし尽くして灰にした。バラモンたちはその後もシヴァにウッジャイニーの地に留まるように懇願し、シヴァはそれに応じて「輝かしいリンガ」（*jyotirliṅga*）の姿をとってそこに留まった。それがマハーカーラと呼ばれるシヴァ神であるという[13]（ウッジャイニーのマハーカーラについては、後述p. 183–184も参照）。

破壊神としてのシヴァの一形態という場合も、十二大リンガの一という場合も、マハーカーラはシヴァ神自身のひとつの異名にすぎない。が、そうした場合と、マハーカーラを同じシヴァ神の一眷属という場合とで、どの程度区別がつけられるかあまり明確ではない。シヴァ神の眷属としてのマハーカーラについて、ドーソンは「ガナ（*gaṇa*）すなわちシヴァ神の眷属（鬼神の軍衆）の大将」と書いており、またスタン教授によれば、マハーカーラは「時として（スカンダのかわりに）シヴァの末子とされる」ことがあり、さらにヒンドゥー教タントラでは、「シヴァまたはヨーガ行者が持つ棒、棍棒あるいは三叉戟を持つ忿怒相の神として現われるが、時に赤い服をまとった太鼓腹の子どもの姿に描かれることもある」という[14]。

またシヴァの眷属としてのマハーカーラは、図像的には、バイラヴァと同様の忿怒相を表わし、四臂、または二臂の姿に描かれる（とくに後者の場合には、怪物的な肥満体に描かれることもあるという）。さらに、この四臂のマハーカーラは、ヤムナー河の女神ヤムナーと対にされ、寺院の門の左側に、忿怒相の門神として祀られることが多いという[15]（右側には、それに対応して、人間の姿のシヴァの眷属ナンディンとガンジス河の女神ガンガーの対が柔和相の門神として祀られる）。

しかし、ヒンドゥー教におけるマハーカーラは、一般に「絶対的時間」という哲学的なコンテクストでは重要な意味をもつが、神話的存在としては、インド神話や図像に関する比較的詳しい書物を見ても、これ以上の情報はほとんど見当たらない。どう見ても、マハーカーラはヒンドゥー教のなかで（たとえば日本における大黒天に匹敵するような）ポピュラーな存在とは考えられないのである[16]。このこと自体も、マハーカーラの一つの特徴と考えることもできるかもしれない。

## 3　シヴァ神とカーリー女神——その概要

いずれにしても、マハーカーラはシヴァ神の一形態、もしくはその眷属と考えられていることは明らかである。とすれば、ここではヒンドゥー教におけるマハーカーラ自身についてこれ以上検討するよりも、シヴァ神とはどういう神かということを、ごくおおざっぱなイメージだけでもつかんでおこう。

言うまでもなく、シヴァ神はヴィシュヌ神とならんでヒンドゥー教で信仰される最大の神格であり、その複雑きわまりない性格をここで詳しく述べることはできない。Śiva という名は「吉祥」を意味するが、これはヴェーダ時代の暴悪な神ルドラの異名のひとつとして使われたものであるという。恐るべき破壊神ルドラを、（その名をそのまま呼ぶことをはばかって）その正反対の性格を表わす「吉祥」という表現で呼んだのが、シヴァという名の由来である。こうした破壊的な、恐怖を与えるものとしての性格は、ヒンドゥー教のシヴァ神にも継承されている。マハーカーラはシヴァの異名のひとつでありうるが、それ以外にもそれぞれの形態（性格、相貌）に

対応したほとんど数えきれない異名がシヴァに与えられている。たとえば、前引の『インド神話伝説辞典』によれば、

シヴァは世界期の終末に「万物を破壊するもの」(ハラ [Hara]) であり、死をつかさどる「時」(カーラ) である。恐ろしい形相で「蛇を首飾りとするもの」(ナーガクンダラ [Nāgakuṇḍala]) とも「髑髏を首にかけるもの」(ムンダマーラー [Muṇḍamālā]) とも、墓場に住んで死体を焼いた灰を身に塗っているともいわれる。シヴァは「恐ろしい殺戮者」(バイラヴァ [Bhairava]) であり、「悪鬼の王」(ブーテーシュヴァラ [Bhūteśvara]) である。しかし、ヒンドゥー教の考え方によれば、世界は創造・持続・破壊を繰り返すものであり、その意味で破壊は再生につながり、シヴァは生殖・生産・再生をつかさどる「偉大な神」(マハーデーヴァ [Mahādeva])、「家畜の主」(パシュパティ [Paśupati])、「恩恵を与えるもの」(シャンカラ [Śaṃkara]) と呼ばれ、このような生殖・生産を司る面はとくにリンガ (男性性器 [liṅga]) の形で崇拝される。このほか「五つの顔をもつもの」(パンチャーナナ [Pañcānana])、「青いのどをもつもの」(ニーラカンタ [Nīlakaṇṭha])、「三つの眼をもつもの」(トリローチャナ [Trilocana]) ともいわれ、ヒマーラヤのカイラーサ山で激しい苦行を行なう「偉大な苦行者」(マハータパス [Mahātapas])、天から流れ落ちるガンジス河を頭で支える「ガンジス河を支えるもの」(ガンガーダラ [Gaṅgādhara])、「踊りの主」(ナタラージャ [Naṭarāja]) などといわれ、『リンガ・プラーナ』(九八・二七—一五八) では一一一六の別名をあげている。

という[17]。墓場や森、荒れ地を棲処として、悪鬼 (ブータ *bhūta*) や死霊 (*preta* 仏教の「餓鬼」)、吸血鬼 (*vetala*) などの軍衆 (これらが一般にシヴァ‐バイラヴァのガナ *gaṇa* と呼ばれる) を引き連れ、疾風のごとくに破壊をまき散らしていくシヴァ——、あらゆる人間を殺戮し、その肉を喰らい、髑髏の鉢でその血を飲んで酔い痴れる

**図6　バイラヴァ**（ケーララ州、16世紀後半〜17世紀前半）

シヴァ――、こうしたイメージは、破壊神としてのシヴァに深く結びついたものと言えるだろう[18]（**図6**参照）。

シヴァはまた、宇宙を揺るがす壮絶な苦行を行なう神であり、同時に同じほど壮絶な愛欲に身を委ねる神でもある。シヴァの妻は、柔和な相においては「山の娘」パールヴァティー（Pārvatī）、ウマー（Umā）などの名で知られるが、シヴァと同様に恐怖をまき散らす暴悪な破壊神としての側面もあり、その場合は「近寄り難いもの」ドゥルガー（Durgā）、「恐るべきもの」チャンディー（Caṇḍī）あるいは「黒（または時）の女神」カーリー（Kālī）などの名前で呼ばれている。タントラと深い関係にあるシャクティ（*śakti*）派（いわゆる「性力派」）では、こうしたシヴァの配偶女神が、シヴァやヴィシュヌなどの主神よりもさらに至高の、さらに根源的な大女神として崇拝されるようになる。また、シヴァとその妻のあいだには、軍神スカンダ（Skanda あるいはカールティケーヤ Kārttikeya、クマーラ Kumāra ともいう）と、象頭の神ガネーシャ（Gaṇeśa）という二柱のとくに広く崇拝された子神がいることも忘れてはならない（ただし、これらの子神はそれぞれ特殊な誕生の神話があり、単純にシヴァとパールヴァティーの子どもとはいえない）。またシヴァ神にとくに関連深いものとして、その乗り物である雄牛ナンディン（Nandin）の名も付け加えておく必要があるだろう[19]（上述のように、時に人間の形姿に描かれることもある）（**図7**参照）。

ヒンドゥー教におけるシヴァは、このように無数の異名をもつきわめて複雑な神格だが、仏教ではほとんどつねにマヘーシュヴァラ（Maheśvara 漢訳では大自在天、音写では摩醯首羅《まけいしゅら》）という名でのみ知られており、(20) 密教以外ではあまり重要な役割をもっているとはいえない(21)。

とはいっても、これはじつは表面だけのことであって、実際には多くの仏教神話の〈深層〉には「シヴァ的」な要素が深く染み込んでいると考えることができる。たとえば、密教の忿怒相の尊格はほとんどが額に第三の眼をもって描かれるが（たとえば不動明王）、このことは先に見たシヴァの「三つの眼をもつもの」（トリローチャナ）という特徴に対応するものと言うことができる。あるいは、大乗仏教以来、仏教でもっとも大きな崇拝の対象となった観音菩薩は、その名前からして「シヴァ的」であり（観音のサンスクリット名 Avalo-*kiteśvara* に含まれる *īśvara* という語は、シヴァの異名のひとつ Mahe*śvara* にも含まれており、典型的に「シヴァ的」であると言える）、とくにその密教的な発展形態には多くの「シヴァ的」要素が混じっていると考えられる。——が、こうした問題については、あとの章で詳しく述べることになるだろう。

ところで、いま挙げたシヴァの配偶女神の多くの異名のなかに「黒（または時）の女神・カーリー」の名があったことに注目された読者もおられ

**図 7　シヴァの「家族」**（1820年頃）

**図8　シヴァの屍体と結合するカーリー女神**（ラージャスタン、18世紀）

たかもしれない。「カーリー」は「カーラ」の女性形に当たり、時に「マハーカーリー」とも呼ばれるカーリー女神は、少なくとも文法的にはマハーカーラの配偶女神であると考えることができる[22]〔**図8**参照〕。このカーリー女神はパールヴァティーの破壊的な様相として代表的なもののひとつであり、神話的にも図像的にもきわめて重要な存在であることが知られている。シュンバ・ニシュンバと名付けられた二人のアスラの兄弟と大女神ドゥルガーとの戦闘を描いた『女神の偉大さ *Devī-māhātmya*』（六世紀頃）では、カーリーは、ドゥルガーの頭から現われた獰猛な戦闘女神で、「剣と縄を武器とし、頭蓋骨を先につけた棒を持ち、肩には頭蓋骨の環をかけ、虎の皮を身につけ、口を大きく開き、目を血ばしらせて魔神たちに攻めかかって」いったという（『インド神話伝説辞典』p. 115-116）。カーリーは多くの図像で、真っ黒で痩せこけた醜怪な老女の姿に描かれる。腰には虎皮をまとい、裸の上半身には乳房が垂れ下がり、四本の手に剣、白骨、縄などをもち、髪は逆立ち、大きな口からは血がしたたる長い舌が出ている。バイラヴァと同様、無数の悪鬼の眷属とともに人間の生肉を喰らい、その生き血を飲んで酔い痴れる戦場と墓場の女神カーリー――、人を凍りつかせるような「黒い恐怖」を体現したこの女神は、インド宗教のひとつの極限的な側面を表現したものと言えるだろう[23]〔**図9**参照〕。そのカーリーに比して、彼女に対応する男神であるはずのマハーカーラは、あまりにも神話的に乏しい存在であると言わざるをえない。女性神に比重を置いたこの特殊

**図9　戦場のカーリー女神**（ラージャスタン、18世紀）

な男神／女神一対の関係は、マハーカーラをめぐる神話構造のひとつの特徴であると考えることもできるのかもしれない。

## 4　仏教におけるマハーカーラ――はじめの手がかり

ヒンドゥー教のマハーカーラからいつのまにかシヴァの問題へ、そしてカーリー女神の問題にまで、話が広がってしまった。マハーカーラ－大黒そのものに関しては、ヒンドゥー教ではこの神は忿怒の相のもとに表象されていたということ、つまり、日本の福神としての大黒を予想させるような要素は、一見してほとんど見つからないということが明らかになっただけで、あまり進展はなかったと思われるかもしれない。が、ここで見てきた神話的要素や特徴のいくつかは、決して無駄ではなかったことが、このあとの探索のなかで分かってくるだろう。

しかし、いまはヒンドゥー神話からひとまず離れて、仏教の方向に目を向けてみることにしたい。

もちろん、たんに仏教におけるマハーカーラ＝大黒、といっても、問題があまりに漠然としていて、どこから手をつけたらいいか分からなくなってしまう。インドの仏教の後期密教やチベットにおいて、マハーカーラがきわめて重要な役割を果たしたことはよく知られているが、この分野については、筆者はまったくの門外漢なので、必要な情報が手元に見つかる場合にだけ、参照することにしたい。それよりも、われわれのそもそもの出発点は、なぜ「おめでた尽くし」の福の神・大黒天と恐るべき忿怒相の摩訶迦羅（マハーカーラ）天が「同じ神」と言えるのか、という問題、あるいはこうした信仰の変遷がどのようにして可能であったのか、という問題だったのだから、まずここでは中国や日本の文献に注目するのが順当だろう。

とはいっても、はじめに何を手がかりにすればいいのだろうか——。ふつうこうした問題に突き当たった時、誰もが最初に参照するのは、各種の仏教辞典の類である。昭和初期までに編纂された大きな辞典類、たとえば『仏教大辞彙』や『望月仏教大辞典』、あるいはより専門的な『密教大辞典』などは、厖大な仏教文献の森に一応の道順をつけてくれる必要不可欠の手引書である。しかし、仏教の神格や尊格の問題に関しては、いくらか慣れてくると、これらの辞典類の項目が、通常どういう文献に基づいて書かれているのかが分かってくる。中世日本の密教の宗派（真言宗＝東密と天台密教いわゆる「台密」）に属した学僧たちが、生涯を費やして著述し、編纂した事相（儀礼と図像）関係の巨大な著作類が、これら近代の辞典の項目の主な下敷きになっていると思われる。一般に「諸尊法の聖典」と総称されるこうした編纂物は、「仏部」「菩薩部」「明王部」「天部」「雑部」などに分かれ、それぞれにたとえば大日如来、薬師如来、観音菩薩、不動明王、聖天……などの項目を立てて、きわめて詳細な記述を行なっている。内容的には、もちろん中国・日本の密教の典拠が主だが、より古典的な経典類や、場合によっては「俗信」に属するような文献なども縦横に引用され、まさに華麗な仏教尊格・神格に関するエンサイクロペディア的知の集成になっていると言うことができる。そうした諸尊法集成のうち、たとえば真言宗では覚禅による『覚禅鈔《かくぜんしょう》』（一一八三〜一二一三年頃？）や澄圓の『白宝抄《びゃくほうしょう》』（一二六八〜一二七八年頃？）、亮禅述・亮尊記の『白宝口抄《びゃくほうくしょう》』（一三四一年以前）、また天台宗では承澄による『阿娑縛抄《あさばしょう》』（一二四二〜一二七九年）や（ジャンルはいくらか違うが）光宗の『渓嵐拾葉集《けいらんしゅうようしゅう》』（一三一一〜一三四八年）などは、とくに重要なものであり、今後も繰り返し引用する機会があるだろう。

こうした著作に引用されている文献は、近代の辞典類の引用よりはるかに豊かだが、少し調べてみると、実際には個々の尊格・神格についてほとんどいつも同じ文献の同じ箇所が繰り返し引用されていることが分かってくる。そのことは、もちろん大きな欠点ではあるが、同時にひとつの長所と考えることもできる。というのは、そのために、何種類もの諸尊法の文献を比較しても同様の記事ばかりが繰り返されていて、新鮮な情報は稀にしか見つからないが、同時に、日本密教の伝統において、それぞれの尊格についてどういう文献がとくに重視されたか、ということがおのずから見えてくるからである。これらの書物の真の欠点は、じつはそのこと以上に、個々の尊格や神格を項目として立てるために、引用が断片化して、それらの尊格・神格がどういう文脈のどういう場所に位置するかが分からなくなってしまうことにある。そして、同じ欠点は当然、近代の辞典類にも引き継がれており、現在に至るまで仏教神話の構造的把握が難しくなっている根本的な原因のひとつを作っていると言うこともできるかもしれない。

## 5　三つの基本的テクスト

が、長すぎる前置きはこのくらいにして、いよいよこれらの諸尊法に直接当たってみることにしよう。いま挙げた『覚禅鈔』や『白宝抄』、『白宝口抄』あるいは『阿娑縛抄』などにはそれぞれ「大黒天」または「大黒天神法」の項目が立てられている。それらに共通して引用されているのは、『大黒天神法』という一書（時に『神愷《じんがい》記《き》』とも呼ばれる)、『南海伝』第一義浄、『大日経疏《だいにちきょうしょ》』(『阿娑縛抄』では『大日経義釈』第七)および『仁王経良《にんのうきょうりょう》賁疏《ひしょう》』というふうに記された四種の書物であることが分かる。(24) これらのうち、はじめの『大黒天神法』は、じつは日本で作られた偽書であることが判明している。日本式の袋を担いだ大黒の図像は、一般にこの書のなかに最初に現われたと言われるが、それもじつは言われるほど単純ではない。これは確かに日本の大黒天信仰の基礎にある重要な書物だが、その詳しい検討は後に回すことにしよう。

残りの三書、すなわち『南海伝』、『大日経疏』および『仁王経良賁疏』は、明らかに中国製のものであり、しかもインドから直接伝えられた伝承を記したものと考えることができる。日本の密教学僧によってもっとも重視されたこれら三つの書物の記事を比較分析することで、われわれは「大黒天問題」の解明に向けて最初の手がかりを探ることができるかもしれない。それぞれの記事の間には、一見なんの関係もないが、これこそ仏教における大黒天問題のもっとも重要な基本文献である。だいぶ長文の引用になるが、一応全部を見ていく必要があるだろう。

### A 『南海寄帰内法伝』

『南海伝』は、正確には『南海寄帰内法伝』といい、唐代の有名な翻訳僧・義浄がインドの聖地へ赴いた旅行(六七一～六九五年)の帰途、「南海」のシュリー・ヴィジャヤ Śrī Vijaya(現在のスマトラ島の東部)に寄ってインドや南海諸島で実際に見聞した仏教徒の生活(とくに僧侶の戒律)について書き記した書である(六九一年成立)。玄奘の『大唐西域記』とならんで、七世紀頃のインドの現実のありさまを描いたもっとも貴重な記録のひとつに数えられている。

その第一巻で、義浄は俗人が僧を招いて斎を施す場合の儀式を記述している。それによれば、施主はまず「聖僧」（＝羅漢像）に食物を供え、次に僧衆に配り、最後に呵利底母《かりていも》（Hārītī＝鬼子母）に供物を捧げるという。それに関連して、義浄はこの呵利底母の有名な説話を略述し、「西方諸寺」では門屋や食厨にこの神の像を描き、毎日その前にたくさんの供物を捧げる習慣があると書く。大黒天に関する記述はそれに続いている。ここでは呵利底母について書かれた最後のあたりから、現代語訳しておこう(25)（諸尊法の聖典や辞書類では、もちろん大黒に直接関係する箇所〔「また西方の大きな寺には……」以下〕しか引用されていない）。

……それゆえ、西方の諸寺ではいつも門屋のところや食厨のあたりに、一児を胸に抱き膝下に五または三児を〔遊ばせている〕母の姿を描き、もってかの〔呵利底母の〕像としているのである。〔人々は〕毎日その前に盛大に供物とする食べ物を並べる〔習慣がある〕。この母は四天王に連なるものと言われ、豊かな勢力を持っている。病気もちの者や子どものいない者は、彼女に食物を勧め、皆その願いを叶えられている。〔呵利底母〕についての詳しい物語は、律〔蔵〕に述べられたとおりで、ここではたんにその大意のみを述べたにすぎない〔この物語については後述参照〕。神州〔＝中国〕ではすでに鬼子母と名づけられた〔神が〕ある。

また西方の大きな寺には、食厨の柱の側や倉の門の前に二、三尺の木に彫刻した神王の像が置いてある。金の巾着〔原文「金嚢」〕を持って小さな床几に坐り、片足を地に垂らした形である。この像はいつも油で拭いているので、真っ黒になっている。これは莫訶哥羅《まかから》、すなわち大黒神と呼ばれる神である。古来伝えて言うには、この神は大天（Mahādeva〔シヴァ神の異名〕）に属するといい、本来〔仏教の〕三宝を愛して五〔種類の僧〕衆を護り、彼らに害が及ばないようにしているという。彼に求める者は、〔必ず〕その願いが叶えられるのである。食事の時間には、厨房の者がいつもその像の前に香火を薦め、飲食物を並べる。

私はかつて、仏が大涅槃〔の教えを〕説いた〔クシナガラの〕般弾那寺《ばんだなじ》に行った〔時、次のような話を聞いたことがあった〕。この寺には通常百人あまりの僧が住んでいるが、春・秋の巡礼の時には、予期しないのに〔多くの僧が〕到来することがある。〔ある時、このようにして〕ちょうどお昼時に、五百人もの僧が来たことがあった。もうお昼時だというのに、煮炊きするものは何もない。知事〔寺の事務を預かる僧〕は、〔困惑して〕厨房の者に言った。「倉はこんな状態なのに、どうしたものだろう」。その時、ある浄人〔寺で僧に給仕する俗人〕の年老いた母が言うには、「これはよくあることです。御心配にはおよびません」。そして〔大黒天の像の〕前に多くの香火を燈し、たくさんの祭食をならべて、黒神に言った。「大聖〔＝仏〕は涅槃に入られましたが、その徒はいまだに〔こんなに多く〕います。四方からその聖なる跡を礼拝しに、たくさんの僧がやって来たのです。彼らに供する飲食物を欠いてはなりません。これは貴方〔大黒神〕の力〔に頼るほかありません〕。どうぞ〔験力を現わす〕時を知って下さるように！」そうしてすべての僧衆を食卓につかせ、寺の通常の食物を配っていったところ、全会衆はみな腹一杯に食べ、さらにその余りも常と変わりがなかった。人々は口々に「なんとすばらしいことだ！」と言い、天神の力に感嘆したという。私は自らこの場所に行き、その神の姿を見ることができた。その像の前には、多くの供物が捧げてあった。その由来を尋ねたところ、この話を聞くことができたのである。

〔中国においては〕淮北ではまだこの神は見られないが、江南では多くのところ〔＝寺院〕で〔この神像を〕置いている。求める者には、その験力は必ず現わされる。神の道に虚しいことはないのである。〔釈迦仏成道の地、ブッダ・ガヤーの〕大覚寺〔に祀られた〕ムチリンダ（Mucilinda）龍も同様の驚くべき〔験力〕をもっているという。

この義浄のテクストに描かれた「大黒神」は、「生来三宝を愛する」護法神であり、金嚢をもって床几に坐ったというその姿も、恐ろしい忿怒相の摩訶迦羅とは明確に違う。日本の太鼓腹の大黒天とまったく同じとは言えないまでも、これがその原型になっていることは明らかだろう。すなわち、日本の福の神・大黒の原型は、七世紀インドにまで遡るものだったと考えられるのである。義浄の描くインドの仏教寺院の厨房の神・大黒神は、油で拭くから黒くなるという。しかしもし、ただそれだけの「黒神」であるのなら、墓場に棲まって恐怖をまき散らす死と時の神、シヴァ教的なマハーカーラと、この大黒神とは、本来なんのかかわりもない、「別の神」と言うべきなのだろうか——?

### B　『大日経疏』

もちろん、仏教でも恐ろしい形相の摩訶迦羅は知られていた。先に挙げた三つのテクストのうち、残りの二つ、すなわち『大日経疏』と『仁王経良賁疏』に描かれた大黒は明らかにこの系統に属するものである。まず、順番に見ていくことにしよう。

『大日経疏』は善無畏（Śubhakarasiṃha）三蔵（六三七〜七三五年）の教えのもとに一行禅師（六八三〜七二七年）が撰述した『大日経』の注釈書（七二四〜七二七年頃）。これは二十巻本で、一般に真言宗によって使用されており、天台宗では智儼（または智厳）と温古がこれを編集しなおしたという十四巻本『大日経義釈』を使う習わしになっている（七五六年以前の撰述）。さて、この『大日経疏』の第十巻で、一行は『大日経』の「荼吉尼 *dākinī* 真言」を注釈して、次のように書いている[26]。

次に荼吉尼真言について。これはすなわち、世間にこの〔荼吉尼の〕法術を行なう者がいる。かの〔荼吉尼と呼ばれる女鬼たち〕は、自在に呪術を行ない、命が終わろうとする人間がいると六カ月前にそのことを知る力をもっているという。それを知ると、ある方法によってその心臓を取り、食ってしまう。というのは、人間の身体には、牛に牛黄《ごおう》〔という貴重薬〕があるのと同様、人黄《にんのう》というものがあり、それを食うとあらゆる魔術〔原文「成就」〕が可能になって、一日のうちに四域を巡ることができ、すべてを意のままに獲得できるようになるのである。〔荼吉尼らはこうして〕人々を思うままに支配し、また彼らを厭う者に対しては術をもって支配し、ひどい病苦を負わせる〔こともできる〕。しかしその〔荼吉尼の〕法術では、人を殺すことはできないという。〔彼らは〕方術〔＝予見の術？〕によって人が死ぬ六カ月前にそのことを知り、術をもってその心臓を取るが、こうして心臓を取るにもかかわらず、また法術があって、別のもの〔「余物」〕でその代わりにしておくのである。〔こうして〕その人は死ぬことはないが、定めの時が来ると突然破壊されてしまう。この荼吉尼はおおむね夜叉〔の類〕であり、巨大な自在力をもっている。世人の説くところでは、彼らは最高のもの〔「大極」〕であるという。〔彼らは〕摩訶迦羅、すなわち大黒神の眷属である。

〔さてある時、〕毘盧遮那仏は「降伏三世の法門」によってかの〔荼吉尼の害〕を除くため、自ら大黒神になって彼らを無量に越える奇蹟的な姿を現わし、灰を身体に塗り、曠野〔梵語 *aṭavī*＝ジャングル〕の中で、すべての魔術を成就し、なんの障害もなく空を行き、水のうえを行く諸荼吉尼を召集し、叱責して言った。「汝等がいつも人を食うように、私も汝等を食ってやろう」。そして彼らを呑み込んだが、しかし死なせることはせず、降伏し終わった後に放してやった。〔如来は彼らに〕いっさいの肉食を断つことを命じた。しかし彼らが言うには「すべての肉食を断ったら、〔これから〕どのようにして生きていくことができるでしょう」。仏は「それならば死人の心臓を食うことは許そう」と言った。が、彼らは〔さらに〕「人が死にかけると多くの大夜叉どもが、その命が盡きるのを知ってやってきて、我先に食ってしまいます。われわれ〔のような力の弱い者〕が、どうして〔自分の分を〕得ることができるでしょう」と言う。仏は〔それを聞いて〕「それならば汝等のために、〔とくに〕真言と印を授けてやろう。〔それによって汝等は〕、人が死ぬ六カ月前にそれを知り、〔死ぬまでは〕法術によって彼らを加護して他の〔夜叉ども〕に損なわれることがないようにし、そして命が盡きる時には〔すぐさま〕食うことができるようになるであろう」と説いた。こうして如来は〔ようやくこの悪鬼どもを〕仏道に導くことができたのである。――ゆえにこの真言がある。〔すなわち〕

フリーフ・ハ Hrīḥ haḥ（〔はじめの〕HA は「定行」を、RI は「垢」を、〔終わりの〕HA は「行」を意味する）。〔これによってすなわち〕かの邪術の垢を除くのである。

『大日経疏』は昔から文体の不安定さ、あるいは文意が通じにくい箇所があることで知られている。真言宗の伝統教学では、これを「乱脱」または「爛脱」と呼んで、教えを伝授されていない者がみだりに読むことを妨げるために、故意に挿入されたものだと伝えている。しかし、実際はこの注釈書が、著者によって充分に整理されないまま残されたことの結果と考えた方が現実に近いだろう。そうした表現の不安定さは、いま引いた箇所にも明らかに現われている。意味をとるためには、（普通の漢文で必要とされる以上に）多くの語句を補わなければならないし、逆に同じ語句の繰り返しも非常に多い。たとえば荼吉尼は、最初から「命が終わろうとする人間がいると六カ月前にそのことを知る力をもっている」といい、最後でも仏の教えによって「人が死ぬ六カ月前にそれを知る」ことができるようになるという。これも明らかな「乱脱」の一つと言えるだろう。

智儼と温古はおそらく『大日経疏』のこうした欠点を補うことも目的として、これを再編集し『大日経義釈』を撰述したものと考えられる。事実、こちらの方が読みやすくなっている部分も多いが、この箇所については（表現は多少違っていても）大筋は同じで、文意の不明瞭さに関しては大差ない。

ここに述べられた荼吉尼降伏の神話は、筆者の知るかぎり、インドの原典から漢訳されたどの経典にも見ることができない。ということは、これは善無畏がもたらしたインドの直接の伝承に基づいて書かれたものと考えられるだろう。ここで語られている、人の心臓を取って食うという陰惨な女鬼・荼吉尼については、また後でより詳しく調べなければならない。また、この荼吉尼降伏の神話は、仏自身が悪鬼の首領の摩訶迦羅＝大黒神の姿になって、降伏されるべき対象の行ないとちょうど同じ行ないによって彼らを降伏する（「汝等がいつも人を食うように、私も汝等を食ってやろう」）という点でも非常に興味深い例であると思われる。世界の無明を「貪・瞋・癡」の「三毒」に分けるなら、貪（欲望、とくに愛欲）を行なう者は「大貪」（聖化された、超越的な愛欲）によって、「瞋」（怒り、暴力）を行なう者は「大瞋」によって、そして「癡」（無知）を行なう者は「大癡」によってそれぞれ「降伏」し、仏陀の出世間的世界に統合する（仏道に導く）、というのが、密教の降伏思想の特徴的なあり方だが（後述 II, p. 193 も参照）、それをこれほど明瞭な形で表現したテクストは、中国密教では珍しいと思われるからである。

が、そうした点についてはまた後で述べることとして、ここではまず、このテクストに描かれた恐ろしい人喰い女鬼の首領としての摩訶迦羅＝大黒神が、義浄の述べる護法神としての大黒神とは「似ても似つかぬ」、まさにシヴァ教的なマハーカーラをそのまま彷彿とさせるものであるということを確認しておくことにしよう。

### C 『仁王経良賁疏』

さて、最後の『仁王経良賁疏』は、正しくは『仁王護国般若波羅蜜多経疏』といい、唐代密教の最大の翻訳僧・不空（Amoghavajra）三蔵（七〇五～七七四、または七七〇年）が新たに「訳し直した」『仁王護国般若波羅蜜多経』に付せられた注釈書である（不空の「訳」と同じ七六五年の撰述）。「訳し直した」をわざわざかぎかっこに入れたのは、この有名な経典がじつは中国製の偽経だからで、不空は、実際には鳩摩羅什（三五〇～四〇九年）に仮託された「旧訳」を編集し直したにすぎないということが知られている。この注釈の著者、良賁は、長安の青龍寺に住み、『仁王経』の翻訳にも参加した学僧で、彼の注釈も明らかに不空の教えに基づいたものと考えることができる。

その「新訳」『仁王経』下巻の「護国品第五」には、「天羅国王の太子、斑足《はんぞく》」の奇怪な物語が語られている。この説話の詳細についてはまた後に触れることにして、いまはその冒頭の一節だけを見ておかなければならない。

昔、天羅国王には、斑足と呼ばれる太子があった。彼が王位に登ろうとした時、善施という名の外道の師がいて、王に灌頂〔の儀式〕を行なうことになっていた。〔ところが、この外道の師は〕斑足に千人の王の頭を取って、墓場〔に住む〕〔原文「塚間」〕摩訶迦羅・大黒天神にそれを〔捧げて〕祀るように命じた。〔そうすれば〕自ずから王位に登れる〔と言うのである〕……。[27]

ここに言う「塚間摩訶迦羅大黒天神」という語を釈して、良賁は次のように書いている。[28]

「塚間」〔＝墓場の中〕とは〔この神が〕住む場所である。「摩訶」とはここに「大」と訳し、「迦羅」はここに言う「黒天」である。〔すなわち〕上の句〔＝摩訶迦羅〕は梵語であり、下の句は唐の語である。〔さて、この〕大黒天神は戦いの神〔原文「闘戦神」〕である。もしこの神をうやまえば、その力が増し、何事を興すにも勝利を収めることができる。それゆえこの神を祀るのである。なにゆえといえば、〔不空〕三蔵が引用するある梵本〔別梵夾〕によれば、『孔雀王経』に次のように説かれているという。〔すなわち〕ウッジャヤニー国（烏戸尼 Ujjayanī）の国城の東にはシュマシャーナ（奢摩《しゃま》奢那《しゃな》 Śmaśāna〔梵語で「墓場」を意味する〕）と呼ばれる林がある。ここは〔中国語に訳せば〕「尸林《しりん》」〔「尸陀林《しだりん》」、すなわち死体置場〕といい、縦横それぞれ一ヨージャナ〔約七マイル?〕に及ぶ。ここに大黒天神が住んでいるのである。これは摩醯首羅〔Maheśvara＝大自在天＝シヴァ神〕の変化身だという。〔この神は〕無数の多くの鬼神や眷属と共に、夜中にこの林の中を巡って歩いている。〔大黒天神? またはこれらの鬼神たち? 〔以下の数行の文の主語は必ずしも明確ではない〕〕は大神力を持ち、多くの宝物や隠形の薬、不老長寿の薬を所有して、空中を飛行する。彼らはこれらの幻術薬を人間と交易するが、〔その代金として〕人間の生き血と生肉のみを取る〔と言われている〕。はじめに〔人間の血と肉〕の目方を〔代金として〕約束して、薬などを交易する。そこに行って〔交易しようとする〕者は、前もって陀羅尼によって自身の身体を加持して〔＝呪術によって守って〕行かねばならない。さもないと鬼神たちは身体を隠して〔代金として持っていった？〕血と肉を盗み取り、その目方を減らしてしまう。〔そうして〕その人〔自身？〕から血肉を取り、取るにしたがい尽くすにしたがい、先の約束〔の目方〕に当てず、ついには一人の〔血と肉を〕取り尽くしてしまうのである。そして目方を〔先の約束に〕当てないので、薬は〔結局〕手に入れることができない。〔しかし、〕もし加持して行けば、宝貝やさまざまの薬を買うことができ、〔それによって〕思うままに為すことがすべて成就するようになる。それゆえ、〔彼＝鬼神たち？　または大黒天神？　を〕祀るには、ただ人の血と肉〔をもってするほかない〕。そうすれば彼〔ら？〕は大力をもって人を加護するのである。その〔人の？〕行ないは勇猛であって、戦いなどにおいては必ず勝利をうる。それゆえに大黒天は戦いの神と言われるのである。〔同じ斑足太子の物語を語る他の経典〕『賢愚《けんぐ》経《きょう》』では〔摩訶迦羅大黒天神の代わりに〕「羅刹を祀る」と言い、『普明王経』では「百王〔の頭〕を取り、樹神を祀る」と言い、また『獅子断肉経』では「百王〔の頭〕を取って山神を祀る」と書いている。それぞれの文に従っているのである。

このテクストの主要な典拠として挙げられている「〔不空〕三蔵が引く『別梵夾』」がなんであるかは分からない。また少なくとも現存の孔雀明王関係の経典では、「マハーカーラ・ヤクシャはヴァーラーナシー（ベナレス）に住む」と書かれているだけで、ウッジャイニー（またはウッジャヤニー）のマハーカーラについての言及はない[29]。——が、ともかく、ここでウッジャイニーのマハーカーラのことが述べられているのは興味深い。先に見たとおり、ヒンドゥー教では、シヴァの十二大リンガの一としてのウッジャイニーのマハーカーラが有名であり、そのことから見ると、ここに語られている「摩訶迦羅・大黒天神」も明らかにヒンドゥー教的な色彩の濃いものと考えられるからである。玄奘の『大唐西域記』によれば、「鄔《う》闍衍那《じゃえんな》国《こく》」＝ウッジャヤニーでは「天祠が数十ヵ所、異道の人々が雑居」し、「王は婆羅門種で邪教の書物に博く目を通している」という。また、「摩臘婆国」＝マーラヴァではシヴァ教の「塗《ず》灰《け》外《げ》道《どう》」（パーシュパタ派？）が多かったことを記している(30)。このマーラヴァは一説ではウッジャイニー周辺の地域に当たると考えられている（ウッジャイニーのマハーカーラについては、後述p. 183–184を参照）。

事実、人の生き血を飲み、生肉を食う多くの鬼神を従えて墓場に住む、ということを考えただけでも、この摩訶迦羅がいかにもヒンドゥー教的なマハーカーラと近いということが明らかだろう。が、それと同時に、この鬼神たちは、前の『大日経疏』の荼吉尼たちともほとんど同じものと言えそうである。荼吉尼が「人黄」という呪術薬を持つのと同様、これらの鬼神たちも（「隠形薬」をはじめとする）多くの「幻術薬」を所有し、荼吉尼が人の心臓を奪うのと同様、鬼神たちも人間の血肉を盗み、そして荼吉尼と同じように鬼神も空を飛ぶ術を心得ている*。

＊『渓嵐拾葉集』（Tttt. LXXVI 2410 xli 636a15–16）は「この大黒は人の血肉を食う神なり。仍《よっ》て奪精鬼《だつせいき》と名づくなり。故にこの神は屍陀林《しだりん》に住み給ふなり」と書いて、この『仁王経疏』の説を参照している。「奪精鬼」は『地蔵菩薩発心因縁十王経』（中国、あるいは日本の偽経といわれる。地獄の十王を説く）で、人が臨終の時に閻魔王から遣わされる「奪魂鬼・奪精鬼・縛魄鬼」の三鬼に数えられるが（Z. CL 380rec° b13–14）、不空訳の『一字頂輪王経』では、「奪人精鬼」が「拏枳尼」（ダーキニー）と並んで呪術の「成就物」を盗む鬼神として挙げられている（T. XIX 950 iii 205c28–29）。山本ひろ子氏が引く（『渓嵐拾葉集』の編著者）光宗が弟子・運海に相伝した「黒谷流の秘書にも『人の精気を呑み尽くす事、即ち吒天と一体なり』とはっきりと記されている」という（山本ひろ子著『異神——中世日本の秘教的世界』、平凡社、一九九八年p. 126. なお光宗・運海の相伝の大黒天に関する諸書については、同書p. 429以下を参照）。「奪精鬼については、後述p. 109の細注も参照。

こうした恐るべき眷属たちを従えて墓場を徘徊する摩訶迦羅・大黒天神は、いうまでもなく、密教的な忿怒相の摩訶迦羅と直接結びついたものと考えられるだろう（不空が伝えた摩訶迦羅像は、日本の胎蔵曼荼羅の摩訶迦羅像の図像的典拠になったと考えられる。そのことを示す別のテクストがあるが、それについてはまた後に検討しなければならない（第八章第二節以下））。

日本の福神としての大黒の原型と思われる義浄の『寄帰伝』の、むしろ朴訥な雰囲気の大黒神と、『大日経疏』および『仁王経疏』の、凄惨な血なまぐささを撒き散らす摩訶迦羅・大黒神と――。三つの基本的テクストを並べてみても、福神（または護法神）としての大黒と忿怒相の摩訶迦羅とを関連づける接点は、いまのところまったく見つからないように思われる。事実、これまでの大黒研究の大部分は、基本的にはこの三つのテクストに基づいており、二種類の大黒信仰があったことを並記するにとどまっていたように思われる。――にもかかわらず、問題の鍵は、やはりこの三つのテクスト、とくに最初の義浄の『寄帰伝』のなかに隠されていたのだった……。

章をあらためて、そこのところを見ていくことにしよう。

**注**

（1） 岩橋小弥太「千秋万歳と大黒舞　附　猿舞わし――正月の門づけ」『福神』p. 356-357. 岩橋は「吉原という所では今日でも残っているものか、こういう所は一向不案内なので知る事が出来ない」（p. 355）と書いている……！

（2） 金井清光稿「福神狂言の形成」（大島建彦編『大黒信仰』、「民間宗教史叢書」第二九巻（雄山閣出版、一九九〇年）所収）p. 162-163 に、福島県二本松市石井で、小正月の夜に行なわれる七福神踊りや佐賀県佐賀郡で正月に行なわれる七福神踊りのことなどが記されている。

（3） 及川大渓著『みちのく庶民信仰』（みちのく研究双書・一、国書刊行会、一九七三年）p. 35-36, p. 38. ――「大悦物語」

はまたの名を「大黒舞」ともいう。これについて詳しくは第二巻・エピローグII, p. 736 以下を参照。

（4）仁和寺版『大悲胎蔵大曼荼羅』TZ. I 2948 804, fig. 374.

（5）岩本裕『日常佛教語』（中公新書、一九七二年）p. 168a-b. ただし大黒天の一般に普及した像容は、「米俵の上に坐している」のではなく、「米俵の上に立っている」立像である。

（6）菅沼晃編『インド神話伝説辞典』（東京堂出版、一九八五年）p. 306a-b; 350a-b.

（7）Monier Monier-Williams, *A Sanskrit-English Dictionary*, new edition greatly enlarged and improved with the collaboration of E. Leumann, C. Cappeller and other scholars, Oxford, The Clarendon Press, *s.v.* Mahākāla.

（8）Alain Daniélou, *Le Polythéisme hindou*, Paris, Buchet/Chastel, 1960, p. 308-310; また Stella Kramrisch, *Manifestations of Shiva*, (Catalog of the Exhibition), Philadelphia Museum of Art, 1981, p. 218 and n. 3 参照。

（9）Stella Kramrisch, *The Presence of Śiva*, [coll. Mythos] Princeton Univ. Press, 1981, p. 272.

（10）Kramrisch, *ibid*., p. 275-276.

（11）Kramrisch, *ibid*., p. 278, p. 284-286 参照。

（12）John Dowson, *A Classical Dictionary of Hindu Mythology*, 11th ed., London, Routeledge & Kegan Paul, 1968, p. 193. 長沼賢海稿「大黒天の形容及び信仰の変遷」、長沼賢海著『日本宗教史の研究』（東京、教育研究会、一九二八年、所収）p. 634 参照。エレファンタのこのシヴァ像については後述、第七章参照。

（13）T. A. Gopinath Rao, *Elements of Hindu Iconography*, Second ed., Varanasi, 1971, II-1, p. 201-202 および N. L. Dey, *The Geographical Dictionary of Ancient and Medieval India*, Third ed., New Delhi, 1971, p. 209-211 参照。

（14）長沼、前掲書、同ページ；John Dowson, *loc.cit.*; R. A. Stein, "Porte (Gardien de la)", 〔抜き刷り〕p. 12 参照。神格索引「ガナ」参照。

（15）M.-Th. de Mallmann, *Les Enseignements iconographiques de l'Agni-purāṇa*, [Annales du Musée Guimet, Bibliothèque d'études, T. LXVII] Paris, P.U.F., 1963, p. 66-68 ; p. 202-203 などを参照。

（16）たとえば E. Washburn Hopkins, *Epic Mythology*, reprint Delhi, Motilal Banarsidass, 1974, p. 219 ではたんに『マハーバーラタ』でシヴァの異名であることを述べるだけである。J. N. Banerjea, *The Development of Hindu Iconography*, New Delhi, Munshiram Manoharlal, 1974, p. 187 も同様である。シヴァ神話の包括的研究である Doniger O'Flaherty, *Asceticism and Eroticism in the Mythology of Śiva* には Mahākāla に関する記述はない。

(17) 『インド神話伝説辞典』 p. 160-161.

(18) L. Renou et J. Filliozat *et al., Inde Classique. Manuel des Etudes Indiennes*, I, 2e éd., Paris, Adrien Maisonneuve, 1985, p. 512 参照。

(19) ヒンドゥー教のシヴァとその家族については、たとえば Renou et Filliozat, *Inde Classique*, I, p. 497-499, p. 512-518, p. 522-524 ; Doniger O'Flaherty, *op.cit.* などを参照。

(20) 他の神格、たとえばヴィシュヌも、仏典ではほとんどナーラーヤナ Nārāyaṇa またはヴィシュヌという名前でのみ知られている。C. Regamey, "Motifs vishnouites et śivaïtes dans le Kāraṇḍavyūha", *Etudes tibétaines dédiées à la mémoire de Marcelle Lalou*, Paris, Adrien Maisonneuve, 1971, p. 411-432 参照。

(21) 仏教におけるシヴァ神＝大自在天については、筆者による詳しい研究『法宝義林』*Hōbōgirin*, art. "Daijizai-ten 大自在天", VI, Paris-Tokyo, 1983, p. 713-765 を参照されたい。

(22) 事実、タントラ文献や図像ではカーリーとマハーカーラの性的結合を描いたものがある。Philip Rawson, *The Art of Tantra*, London, Thames and Hudson, 1973, p. 130, 132 and fig. 110 などを参照。

(23) Rawson, *op.cit.*, fig. 87, 103 ; Renou et Filliozat, *Inde Classique*, I, p. 524 参照。

(24) とくに『白宝口抄』TZ. VII 3119 cliii 289a28-b4 参照。

(25) 『南海寄帰内法伝』Ttt. LIV 2125 i 209b14-c12.

(26) 『大日経疏』Ttt. XXXIX 1796 x 687b18-c11. 『大日経義釈』vii, Z. XXXVI 378 ver° b11-379 rec° a10 ; 覚苑の『大日経義釈演密鈔』vii, Z. XXXVII 91 rec° a16-b1 ; 杲宝の『大日経疏演奥鈔』Tttt. LIX 2216 xxxv 371b17-26 なども参照。

(27) 『仁王護国般若波羅蜜多経』T[tt]. VIII 246 ii 840b5-8.

(28) 『仁王護国般若波羅蜜多経疏』Ttt. XXXIII 1709 iii.1 490a24-b16.

(29) Sylvain Lévi, "Le catalogue géographique des Yakṣa dans la *Mahāmāyūrī*", *Journal Asiatique*, 1915, p. 33 参照。

(30) 『大唐西域記』Ttt. LI 2087 xi 937a4-5, 935c12-13 ; 水谷真成訳『大唐西域記』（平凡社、中国古典文学大系22、一九七一年）p. 359a-b, 351b 参照。

# II 人喰い女鬼と大黒天

**本章の主な登場人物**

鬼子母（Hārītī, Hāritī　ハーリーティー、訶利帝母、呵利底母、歓喜〔薬叉女〕（Nandā ?）など）

パーンチカ（Pāñcika　半支迦、幡底迦など）

摩訶迦羅神（大黒天）

荼吉尼（*ḍākinī*）

カーリー女神／薬叉女カーリー

**主な典籍**

『白宝抄』／『白宝口抄』

義浄訳『根本説一切有部毘奈耶雑事』（七一〇年訳）

梁代（五〇二～五五七年）訳『牟梨曼陀羅呪経』

菩提流志訳『如意輪陀羅尼経』（七〇九年）

菩提流志訳『不空羂索神変真言経』（七〇九年）

パーリ語『ダンマパダ注釈』（五世紀半ば）

福々しい太鼓腹の大黒天と、恐ろしい忿怒の相を現わした摩訶迦羅天とが、どうして「同じ神」でありうるのか――？　この素朴な疑問から出発して、中国‐日本の経典のなかで大黒‐摩訶迦羅に関する基本文献と思われる三つの文献を検討してみた。が、われわれの探索行は早々に挫折しそうである。この三つの文献を並べてみるだけでは、どうやら問題解決の糸口さえ見つからないようなのだから……。

こういう場合、普通は「大黒‐摩訶迦羅天の原像を求めて」さらに遡り、直接インドにおける信仰を調べる、というような方法が取られることが多いだろう。しかしここでは、あえてそうした「遡源的」な方法は避けて、まったく別の方向に活路を探してみることにしたい。

先にも言ったように、問題の最初の鍵は義浄の『南海寄帰伝』にあった。といっても別に難しいことではない。日本の諸尊法の聖典や近代の辞書類の「大黒天」の項目では、『寄帰伝』のなかの、大黒に直接関連する箇所だけしか引用されていなかった。しかし、そのテクストを実際に読んでみると、大黒について述べた一節はどうやら、呵利底母《かりていも》（ハーリーティー Hārītī＝鬼子母《きしも》）の説話に話が及んだついでに、いわばそれに関連する一エピソードとして書かれたもののように思われてくる。より正確に言うなら、義浄は、この呵利底母の像が「西方諸寺」の門屋や食厨に置かれ、「毎日その前に盛大に供物とする食べ物を並べる習慣がある」と書いたことから、同じように「西方諸大寺」の「食厨の柱の側や倉の前に」安置され、「厨房の者がいつもその像の前に香火を薦れるのである。

め、飲食物を並べる」という大黒の像を連想し、それについて彼自身が見聞したエピソードを紹介したと考えられるのである。

ということは、義浄の頭のなかでは、大黒と鬼子母は明らかに同じ連想の糸でつながっていたということになるだろう。そして、それ以上に、この記述にしたがうなら、当時のインドの僧院では、この二尊は事実、同じ厨房のなかでともに(もしかすると並んで)祀られ、僧衆の食事と深いかかわりあるものとして信仰されていたと考えられる。

ただ、これも前に書いたとおり、日本の諸尊法の聖典などでは、個々の神格や尊格について別々の項目を立てて扱うために、大黒に関する記事はコンテクストから切り離され、この二尊の関係は見えなくなっていたのだった。

こんな小さな見落としが、どんなに大きな意味をもってくるかは、いま見つけたヒントらしきものをたぐっていくうちにだんだんと分かってくるだろう……。

## 1 大黒と鬼子母

さて、もし、大黒と鬼子母が関連し合うのだったら、逆に鬼子母の方から調べていって、何か見つけることはできないだろうか。そこで、あらためて中世日本の学僧たちの研鑽のあとを追ってみることにする。諸尊法聖典の多くには、ありがたいことに「鬼子母」の項目がある。それらを見ているうちに、『白宝抄』と『白宝口抄』に、なんと驚くべき記事があるのにぶつかるのである。

『白宝抄』の「訶利帝法雑集」には「住所」という条(項目)があって、ハーリーティー(=鬼子母)が住む場所についていくつかの経典が引用されたあと、その供養法などについて書かれており、なかにこんな一節があるのが目にとまる[1]。

> 大日経疏の意によれば、この歓喜母《かんぎも》〔=鬼子母〕は多聞天〔=毘沙門天〕〔が住む場所?〕におり、北方の五百大力夜叉大将の母である〔という〕。大黒天神がこの天〔=鬼子母〕の夫である。いま〔歓喜母を祀る儀礼に〕灯明を用いないのは、大黒の形が醜いから、それゆえに灯明を用いないのである。

一方、『白宝口抄』の「訶利帝母法巻第百三十七」には、「夫事」という条が立てられていて[2]、〔はじめにハーリーティーの夫がパーンチカであるという通常の伝承が引用されたあと〕、

> あるいは云う。大黒天神がこの天〔=鬼子母〕の夫である。いま〔歓喜母を祀る儀礼に〕灯明を用いないのは、大黒の形が醜いから、それゆえに灯明を用いないのである。

と『白宝抄』の文がそのまま引き写されている。

「大黒天が鬼子母の夫である」？　そんな教説がいったいどこから生まれてきたのだろう。これは、ハーリーティーやマハーカーラの生まれ故郷インドからはるか離れた中世日本の学僧たちが勝手に思いついたたんなる俗説、妄説なのだろうか。それとも、義浄の『寄帰伝』の記事に暗示されるように、なんらかの根拠ある説と言えるのだろうか……。

この教説の直接の典拠となるようなものは、筆者の調べたかぎり、見つけることはできない。が、これら真言宗の諸尊法集成が書かれたのとほぼ同時代（一二四二～一二八二年頃）の台密（天台密教）の諸尊法聖典、承澄の『阿娑縛抄』の訶利帝母の巻には[3]、

> また訶利帝は毘沙門の眷属である。またはその妹、あるいは姪であるという説もある。この〔神〕はすべての羅刹の主である。この天女は僧によって最も深く崇敬されねばならない。古くは寺の回りに（？　原文「寺僧辺」）にこれ〔訶利帝母の像〕を安置したものである。たとえば園城寺の金堂の前にこれを置いたなど

〔の例がある〕。大黒天神と同様である。

と書かれている。ここでもなぜか大黒天と鬼子母神が結びつけられているのである。こうして見ると――そしてこれらの教説と義浄の報告とを考え合わせてみると――どうやらこれは、単純に打ち捨てることはできない、興味ある手がかりになるように思われる。

## 2　鬼子母神神話

では、この鬼子母とはいったいどういう神なのだろうか？　ここではまず、仏教の多くの説話のなかでもとくに有名な鬼子母の物語を一応おさらいして、それからいまの手がかりを追ってみることにしよう。

　鬼子母神説話を伝える多くの経典類の中でもっとも長く詳しいヴァージョンを載せているのは、義浄訳の『根《こん》本説一切有《ぽんせついっさいう》部毘奈耶《ぶびなや》雑事《ぞうじ》』巻第三十一（七一〇年訳）である。以下ではそれに基づいて物語の大筋を記してみることにする[4]。

　釈迦仏がラージャグリハ（王舎城）の竹林園におられた頃、ラージャグリハの近くの山に住むサータ（Sāta）薬叉は、ガンダーラの薬叉パンチャーラ（半遮羅 Pañcāla）と仲良く付き合っていて、互いの子どもを結婚させようという約束を交わしていた。しばらくしてサータには「歓喜《かんぎ》」（梵語原名はおそらくNandā*）という名の娘が生まれ、パンチャーラにはパーンチカ（半支迦 Pāñcika）という息子が生まれた。二人は大きくなると親の約束通りに結婚してラージャグリハに住み、五百人の子どもが生まれた。その末の子は「愛《あい》児《に》」（梵語名 Priyankara の訳。ただし Pingala という別の名もある）と名づけられた。さて、歓喜薬叉女は、前世に邪願を立てたため、ラージャグリハの子どもを片端から喰ってしまうという欲望に取り憑かれ、夫の制止にもかかわらず、街の子どもたちを奪っては喰っていった。街の人々は大いに嘆いてビンビサーラ王に訴え、王の命令に従って街中をインドラの園「歓喜園」(Nandanavana)のように飾りたてて薬叉を祀ったが、それでも薬叉女の害は収まらなかった。人々は口々に、このように残酷な夜叉を「歓喜」と呼ぶいわれはない、「ハーリーティー(訶利底 Hārītī＝「奪う者」を意味する。この名が普通「鬼子母」と意訳される)薬叉女」と呼ぼう、と言い合った。

*鬼子母の「本名」は、相応部系の一連のテクストでは Uttarikā, Uttarā(「最勝の者＝女」、または「北方の者＝女」の意ととれるだろう。漢訳の音写では「鬱多羅」「優怛羅」「鬱怛羅」など)となっており、『根本説一切有部毘奈耶雑事』や『大薬叉女歓喜母并愛子成就法』などの「歓喜」という名とは異なっている(金岡秀友稿「鬼子母の思想の成立」p. 12, p. 13–15 参照)。「歓喜」の原語を推測させる音写名は存在しないようだが、いまの『根本説一切有部毘奈耶雑事』のテクストで「インドラの園『歓喜園』(Nandanavana)」との関連が示唆されていることから、Nandā, Nandakā というような原語が考えられる。

さて、人々は街を守護する天神のお告げにしたがって、釈迦仏に助けを求めることにした。次の朝、仏は乞食の帰りに、薬叉女が街の子どもを奪いに出かけている留守にその棲みかに行き、外で一人で遊んでいた末息子愛児(プリヤンカラ)の上に鉢をかぶせて見えなくしてしまった。家に帰った薬叉女はプリヤンカラを探すが、どこにも見つからない。狂ったようになって、街中を探し、周辺の村を探し、地獄の底から天上に至るまで、世界の果てまでプリヤンカラを探し求めるが、どこにも見つけることができない。しかし、ついに多聞天(＝毘沙門＝Vaiśravaṇa)に教えられて、仏のもとに来て、プリヤンカラの居場所を尋ねた。仏は逆に「ハーリーティー薬叉女よ、お前には何人の子がいるのか」と聞く。「五百人おります」。「五百人のうちの一人だけが見えなくなったというのに、なにゆえ苦しむことがあるのか」。「世尊よ、プリヤンカラが見えなくなったからには、私は熱い血を吐いて命を終わるほかありません」。「五百人のうちの一人がいなくなっただけで、お前はそのように嘆き悲しんでいる。たった一人の子をお前に喰われてしまった親の嘆きは、如何ばかりであろう」。そこでついにハーリーティーは自らの罪を悟り、仏に帰依して街の人々を守る

**図10　パーンチカ・ハーリーティー並座像**（ガンダーラ）

ことを約束した。仏はそれに応じてプリヤンカラをハーリーティーに返してやった。

こうして五戒を授けられたハーリーティーは、「今後、私と子どもたちは何を食べて生きていけばいいでしょう」と仏に問う。「憂うには及ばない。私の弟子たちは、毎食、僧たちに食物を配り終わったあとに必ずお前と子どもたちに食を盛った盤を供え、お前たちの名を呼んで与えるであろう。お前たちは、私の弟子たちの伽藍を護り、昼夜勤めて彼らに危害が及ばないようにし、我が法が滅する時までは常に彼らが平安を得られるように勤めねばならない。それがお前たちに与えられた任務である」。仏のそのことばを聞いて、ハーリーティーと五百人の子どもたちや、そこに集まった薬叉たちは、みな喜んで仏を敬い、仕えたのであった……〔**図10**参照〕。

この大団円のあと、『毘奈耶雑事』はさらにハーリーティーの前世における「邪願」を説明する前世譚を付け加え、また後日譚として彼女の子ども達のその後について述べている。仏が物語る前世譚によれば——、

その昔、仏陀が世に現われておらず、ただひとりの独覚が存在していた頃、ある妊娠していた牧人の妻が、祭りに誘われて踊り過ぎたために流産してしまい、そのことを深く恨んでいた。ちょうどその時、かの独覚

に出会った彼女は、その姿に感銘を受けて手にしていた五百の菴没羅果（*āmra*＝マンゴーの実）を捧げた。独覚は、言葉による説法はできないので、大鶖鳥のように翼を拡げ、虚空に昇って神変（奇跡）を現じてみせた。それを見て、彼女は独覚に帰依し、「来世にはラージャグリハに生まれて、そこに生まれてくる子ども達をすべて喰ってしまう」という「邪願」を発したのだった。独覚に捧げ物をしたという功徳のおかげでその邪願はかなえられ、彼女は薬叉女となって五百の子どもを生み、ラージャグリハの人々の精気を吸い、*その子ども達を喰うことになったのである……。

*原文「吸人精気」。先に見たように、人間の「精気を吸う」、「精気を奪う」ことは、鬼子母や荼吉尼などの鬼神の最大の特徴である。「奪一切衆生精気」は、『法華経』「陀羅尼品」の「鬼子母」と対にされた「十羅刹女」の第十番目の名前で（T. IX 262 vii 59a25-26）、古い時代から鬼子母と関連づけられていたと考えられる。

さて、ハーリーティーはこうして釈迦仏に出会い、その教えによって正道に戻ったのだが、そのため逆に他の薬叉たちから迫害されるようになった。それを避けるため、彼女は五百の子ども達を僧衆に預けることにした。それを見たラージャグリハの女たちは、あの恐ろしいハーリーティーもいまは仏に帰依して子どもを僧衆に預けているのだから、わたし達もそれに倣うことにしよう、と話し合い、こうして子どもを一定期間、僧衆に預けて育ててもらい、その恩に報いるために布施を捧げるという習わしが生まれたのだった。

また、僧衆に預けられたハーリーティーの子ども達は、ある時、夜中に飢えを訴えて泣き声をあげた。それを聞いて、釈迦仏は「朝早くに供物の食べ物を持って彼らの名を呼び、祭祀するように」と命じた。この子ども達は、またある時は断食の期間にも、あるいは一日一回の定められた食事の時刻が終わった後も食べ物を欲しがり、さらに僧たちの鉢の底に残った「残食」や「諸不浄」をも食べたがった。それを聞いた仏は彼らの欲求をすべて許し、彼らの欲しがる時に欲しがる物を与えるように僧たちに命じたのだった……。

ハーリーティーの帰仏縁起そのものと、その前世譚、そして帰仏後の後日譚は、おのおの別の意味をもっているだろう。一番重要なのはもちろん帰仏縁起だが、他の物語もそれぞれ興味深いディテールを含んでいる。その内容については必要な時にまた考えることにして、ここではまず帰仏縁起を中心に考察することにしたい。

『南海寄帰伝』で義浄が要約したのは、もちろん彼自身が後に漢訳することになったこの『毘奈耶雑事』の帰仏縁起の物語だった。これを読んで、最初に連想されることのひとつは、仏に「愛児」を隠されて天上、地上、地獄を狂ったように捜し求めるハーリーティーの狂乱の場面が、ギリシア神話で娘神コレー（ペルセポネー）を地獄の王ハーデースに奪われ、同じように狂乱して捜し求める母神デーメーテールの姿と酷似しているということだろう。[5]それを思うと、また同じギリシア神話で、地獄に連れ去られたコレーが、ハーデースの誘いにのって地獄の果物・柘榴を食べ、そのため地上に帰ることはできても、必ず地獄へ戻らなければならない身体になってしまう、というエピソードもいまの物語となにかかかわりあるようにも思われてくる。というのは、日本では（おそらく先の菴没羅果＝マンゴーの実の変形として）柘榴の実が鬼子母の特徴的な持ち物とされているからである。柘榴は、その形状から一般に「多産・豊饒」を象徴するものと考えられ、その意味でも「子宝を恵む女神」としての鬼子母にふさわしい持ち物と言える。が、それと同時に日本では、柘榴は「人間の肉の」味がするから鬼子母の好物とされる、という説も行なわれていたという。インドから日本に至る鬼子母神信仰について、きわめて重要な研究を発表された小川貫弌氏は、この説に関して「これはまったく伝統教学の指導理念を失った通俗信仰の姿であり」、「ガンダーラ以来のこの神の特性を象徴する本意が忘れられた俗説にすぎない」[6]と述べられている。

しかし逆に、仏に帰依する以前の、人間の子どもを取って喰う恐るべき女鬼であった鬼子母のことを思うと、この「俗説」は、むしろこの鬼神のこうした不気味な面を思い起こさせる重要な意義をもっているようにも思われてくる。——が、いずれにしても、インドの鬼子母説話とギリシアのコレー神話を結びつける連想は、歴史的にあまりに大きな飛躍があり、いまのところこれ以上追究することは避けておきたい。

それとは別に、前章で検討した大黒に関するテクストとの関連でもうひとつ興味深いのは、僧衆に預けられたハーリーティーの子ども達があらゆるものを食べたがった、という最後の一節、なかでも僧侶の鉢に残った食べ残し（「残食」）を食べたがった、という記述である。というのは、『南海寄帰伝』で義浄が報告した大黒神の奇跡譚には、クシナガラの僧院で突然訪れた多くの客に、いつものとおりの食べ物を配ったところ、全員が満腹するまで食べ、さらに「その余りも常と変わりがなかった」という一節があったからである。なぜ、ここで食べ物の「余り」にまで言及する必要があったのか。考えてみれば奇妙なこのディテールと、ハーリーティーの子ども達が僧侶の「食べ残し」を欲したという記述とは、なんらかの関係を暗示しているのではないだろうか……。が、この点についても、いまはこの奇妙な符合があることを指摘するにとどめて、その意味は後で考えることにしよう。

こうしたすべての類似や符合以上に、ここでとくに注目しなければならないのは、鬼子母の帰仏縁起全体の構成である。この説話は、一言で要約すれば、ある人喰いの女鬼が仏によって懲らしめられ、改心する物語であると言うことができる。とすると、そこからすぐにも連想されるのは『大日経疏』の荼吉尼降伏の神話、すなわち人間の心臓を盗み喰らうという女鬼・荼吉尼が、摩訶迦羅＝大黒天に変じた大日如来によって降伏される神話ではないだろうか。そしてもしそうであるなら、前章に見た三つのテクストのうち、『大日経疏』と『南海寄帰伝』の二つのあいだには、（まだ遠くはあっても）何らかの結び付きを想定することもできるのではないだろうか……。

もちろん、鬼子母説話と荼吉尼降伏の神話という二つの物語が同じだというわけではない。そもそも、鬼子母説話は、少なくとも一見したところ、昔話のような素朴な味をもっているのに対して、『大日経疏』の物語は暗く、怪奇なイメージに満ちている。また、鬼子母説話では仏はハーリーティーの末息子「プリヤンカラ」を鉢の下に隠すが、『大日経疏』では大日如来＝摩訶迦羅が荼吉尼を呑み込んでしまう。しかし考えてみれば、鉢は食物を入れておく器であり、その意味では「呑み込む」こと（「消化器管に入れること」）と決して無関係ではない。さらに、この両方の物語に完全に共通する部分が、少なくともひとつある。すなわち、『大日経疏』では降伏された荼吉尼たちが、そして鬼子母説話では仏に帰依した訶利底が、仏に尋ねて言うせりふ――「それでは私たちは今後、何を食べて生きていったらいいでしょう」というせりふ――がそれである。

鬼子母神説話を「密教化」したものが『大日経疏』の荼吉尼降伏神話であるといったら、問題をあまりに単純化することになるかもしれない。しかしこの二つの物語に何らかの関係があることは否めないように思われる。そしてこのことは、密教という特殊な宗教形態の本質に関して重要な示唆を与えるものであるようにも思われる。――そもそも密教と顕教のあいだのもっとも顕著な違いはどこにあるだろうか。教理的に考えても、行法のひとつひとつをとっても、密教は明らかに大乗仏教の延長線上にあると考えられる。にもかかわらず、密教と顕教の間にすぐさま感じられる最大の差異は（あるいは少なくともそうした差異のひとつは）、いうならばある種の「表現のスタイルの違い」であると言えるのではないだろうか。素朴な昔話からほとんどシュールレアリスム的な迫真感を伴った怪奇物語へ、といった転換は、顕教から密教へと移行するプロセスのもっとも本質的な傾向のひとつを表わすものであると言うこともできるように思う。

## 3　密教経典における大黒と鬼子母の関係

とはいっても、いま挙げた材料だけで大黒‐摩訶迦羅と鬼子母の関係を想定するのはあまりに早計と思われるかもしれない。当面の問題は、それゆえ他の仏典でも大黒天＝マハーカーラと鬼子母＝ハーリーティーの結びつきを裏付けることができるか、ということになる。

格別、難しいことではない。『大正大蔵経』には索引があって、（たとえ多くの遺漏があるとしても）一人ではとても見つけられない多くのリファレンスを検索することができるからである。ここではその助けを借りて、密教経典を繰っていくことにしよう。そうすると、決して数は多くないが、マハーカーラとハーリーティーを結びつけるテクストは、確かに見つかるのである。以下、五つのテクストを時代順に追って見ていこう。（密教経典に馴染みのない読者には、以下の記述はいささか奇異に感じられるかもしれないが、しばらく辛抱していただきたい。）

［1］最初に挙げるのは、梁代（五〇二～五五七年）に訳された訳者名不明の『牟《む》梨《り》曼《まん》陀《だ》羅《ら》呪《じゅ》経《きょう》』である。これは密教特有の各種の行法（陀羅尼、印契、画像法、画壇、三種爐など）をはじめてほぼ網羅的に完備した経典として、密教史上、とくに重要なもののひとつとされている(7)。さて、この経典の終わり近くに、相当に大規模な壇（地面に描く曼荼羅）の作法とその供養法を記した箇所があり、その供養法の末尾にこんな文がある(8)。

もしこの壇を一度供養すれば、〔その功徳は〕摩訶迦羅・皤底迦、すなわち五兄弟天・何唎地‐七姉妹、及び四天王・三十二摩怛羅達諸天等を供養するのと同様である（原文「若以此壇一供養者。亦如供養摩訶迦羅皤底都儞反迦云五兄弟天何唎地七姉妹。及四天王三十二摩怛羅達諸天等。則具足供養訖已」）。

ここに傍線を付した部分はほんの短い神名のリストだが、その解釈は意外に単純ではない（「四天王」以下については直接関係ないので省略する）。ここでは、そのひとつひとつにコメントを加えておこう。

最初の「摩訶迦羅」は言うまでもなくマハーカーラの音写である。次の「皤底迦、云五兄弟天」の皤底迦は梵語 Pāñcika の音写、五兄弟天は同じ語の解釈と考えられる。先に見たように、パーンチカは古来、ハーリーティー（鬼子母）の夫のヤクシャとして知られているが、同時に同じ *pāñcika* という語は、サンスクリットの「五（*pañca*）の（*pañcaka*）」という語に近い形をもっている。事実パーリ語経典や法蔵部の『世記経』では、パーンチカに当たるヤクシャは「五群の夜叉」「五人の夜叉」「五大鬼神」などと記され、固有名詞化されていない[9]。次の「何唎地‐七姉妹」の何唎地は、例外的ではあるが明らかにハーリーティーの音写である。一方の七姉妹は、いわゆる「七母天」を指すものだろう。七母天の構成は、ヒンドゥー教でも仏教でも必ずしも確定していないが[10]、一般にはハーリーティーと七母天との関係は知られていない。しかし同じ『牟梨曼陀羅呪経』には、「阿唎地并びに六箇姉妹」と書かれている箇所があるので[11]（「阿」はおそらく「何」の誤記だろう）、ここではハーリーティーは「七姉妹」に含まれているものと思われる。一方、「七母天」は、マハーカーラと深い関係にあることが知られている（この点については後述 p. 316 も参照）。

このように各語を注釈しても、この神名のリストをどう区切って読むべきか、確定的には分からない。しかしいずれにしても、「五兄弟」と「七姉妹」が対応していること、またパーンチカとハーリーティーの夫婦神が並置されていることは明らかだろう。もし漢文の「皤底迦」と「五兄弟天」が梵語の原文ではただ一つの語であるとしたら（つまりこの二つが同じ Pāñcika という語の音写と解釈であるなら）、原文では「マハーカーラとパーンチカ（＝五兄弟）、ハーリーティーと七姉妹」となっていたとも想像できる。その場合には「マハーカーラ〔と彼を含む〕五兄弟（パーンチカ）〔のヤクシャ〕」と「ハーリーティー〔と彼女を含む〕七姉妹」が対置されれていたと考えることも可能だろう。――この仮定の是非は別として、いずれにしてもこの一節では、マハーカーラとパーンチカおよびハーリーティーが、密接な関係のもとに置かれていることだけは明らかである。『牟梨曼陀羅呪経』以外に注目すべきテクストは、すべて『如意輪陀羅尼経』と『不空羂索神変真言経』《ふくうけんじゃくじんぺんしんごんきょう》の二経典に見られる。これらは両方とも菩提流志 Bodhiruci（五七二?～七二七?年）によって七〇九年に訳出されたものである。(12)

［2］まず『如意輪陀羅尼経』の第五章（品）にあたる「観世音心輪眼薬品」を見てみよう。(13) ここでは、その章題からも明らかなとおり、ある眼薬の作法が説かれている。この眼薬は、各種の眼病や頭痛などに効験があるばかりでなく、何日も繰り返し眼に塗れば、あらゆる願いごとが叶うのだという。このようにして、たとえば、(14)

　七七（＝四十九）回〔この眼薬を〕塗ったなら、摩訶迦羅神、鬼子母神や八部諸神〔天・龍・ヤクシャ・ガンダルヴァ・アスラ・ガルダ・キンナラ・マホーラガの八種の護法神〕がみな摂伏し、〔行者に〕随従して〔彼を〕擁護するであろう。

という。この場合も、マハーカーラとハーリーティーは少なくとも同類の神格として関連づけられていると考えられる。

［3］次の『不空羂索神変真言経』は、多くの漢訳仏典の中でもマハーカーラの名がもっとも頻繁に現われる経典として特筆すべきものである。(15) さて同経の第六章「羂索成就品」の末尾には「大自在天三叉戟羂索三昧耶」《さんさげきけんじゃくさんまや》が説かれている（巻第六）。「大自在天三叉戟羂索三昧耶」とはすなわち、大自在天（＝Maheśvara＝シヴァ神）の特徴的な武器である三叉戟（*triśūla*＝さすまた）に、あらかじめ不空羂索観世音の呪術をほどこした（加持した）縄（「羂索」sk. *pāśa*＝狩猟に使う縄でできた罠）を結びつけて呪物化し、それを持つことによって行者が自らを大自在天と同一化するという行法を教えるものである（「三昧耶」sk. *samaya* は、ここでは「決まり」「教え」という意味に解釈できるだろう）。この「教え」によれば、(16)

この三叉戟を手にして「奮怒王真言」を誦えれば、行者は一万八千歳の寿命を得、大自在天やすべての鬼神を意のままに従えることができる。それを持って墓場に行けば、鬼神どもが姿を現わし、彼らの宮殿の門を開いて、中の「珍宝」を思いのままに取ることもできるであろう。あるいはその縄の一端に死人の頭を結びつけて真言を誦えれば、世間の吉凶事をすべて語らせることも可能である。同様に、ヤクシャやヤクシャ女、毘沙門の像にその縄を結べば、彼らは姿を現わし、行者の望みのままにあらゆる財宝を与えるだろう。〔中略〕さらに、その縄を摩訶迦囉天像の頭に繫ぎ、奮怒王真言を誦えてその面を三叉戟で打つと、その眼から涙が溢れてくる。それを掬って額に塗れば、「秘密三昧耶」を獲得して隠された財宝（「伏蔵」）を見ることができる。続けてその像を打てば、今度は眼から血の涙が出てくる。それを飲めば、〔摩訶迦囉天と同様に？〕自在に空を飛び、またヤクシャどもに威力を振るえるようになる。もし摩訶迦囉天自身を「現身」させようとするなら、安悉香を焚いて奮怒王真言と摩訶迦囉の名を一千八遍誦えれば、神はみずから姿を現わし、願いごとはすべて満たされるであろう（以上要約）。――さらに（以下は逐語的に訳す）「其の大鬼子母訶利底〔ハーリーティー〕もまたみずから降伏するだろう。もし〔彼女に〕特別に求める願いごとがあれば、それもまた同様にすれば（原文「亦如是作」）、すべて成就するであろう」。

これはだいぶ不気味な呪術儀礼だが、こうした記述はいわゆる雑密の儀軌ではごく一般的なものである。それよりもここに描かれた各種の場面が、全体として前章で見た『仁王経疏』のテクストの記述に非常に近いものであることに注目しておこう。墓場やそこに住む鬼神たち、彼らが隠し持つ財宝、ヤクシャやヤクシャ女、あるいは毘沙門、そして空を飛ぶマハーカーラやハーリーティー……、これらはすべてある独特な「宗教的場」を構成するものと考えることができる。

さて、肝心のマハーカーラとハーリーティーの関係については、ここではもうひとつはっきりとしない。『経』

の原文は、マハーカーラ像に対する儀礼の記述が終わったところで、唐突に「其の大鬼子母訶利底……」と続けているが、この「其の」とは、どういう関係を指しているのだろうか。また「同様にすれば……」というのは、ハーリーティーの像にもマハーカーラの場合と同じ呪術をあらためて行なえ、ということなのか、それともマハーカーラを「降伏」したことによってハーリーティーもすでに「みずから」「降伏」されていると考えるべきなのか――。この経文だけでは確定的なことは言えないが、次の二つのテクストがこうした疑問に間接的ながら答えていると考えられる（おそらくは新たにハーリーティーを降伏する必要はないのである）。いずれにしても、この場合もマハーカーラとハーリーティーが非常に近い関係に置かれているということだけは、確実に言えるだろう。

［4］次に見るのは同経、第九章（「三三昧耶像品」）の後半、「不空羂索観世音香像成就三昧耶」を説く部分である。(17)ここでは各種の香末を練り合わせて観世音像を作り、それを本尊にした曼荼羅を建立する法が説かれている。この曼荼羅に、定められた真言を誦え、供養をすれば、行者はあらゆる呪力を獲得できるという。たとえば、天帝釈（インドラ）や那羅延天《ならえん》（Nārāyaṇa＝ヴィシュヌ）、または大自在天を「現身」させることもできる。それと同様、(18)

もし摩訶迦羅像の前で、安悉香を加持し、摩訶迦羅の名を称えて一千八遍〔香を〕焼き、また嚕地羅《ろじら》〔sk. *rudhira*＝血〕を以てその前に供養し、加持した白芥子を像上に散らせば、則ち摩訶迦羅・鬼子母・薬叉・羅刹が一時に現身し、〔彼らを〕使役し、また〔行者を〕擁護させることができるであろう。

という。ここではマハーカーラに対する呪術が、そのままハーリーティーや「薬叉・羅刹」にも効力を発揮するわけである。ということは、ハーリーティーは薬叉・羅刹とともに、マハーカーラの配下の一人とされていると考えられるだろう。

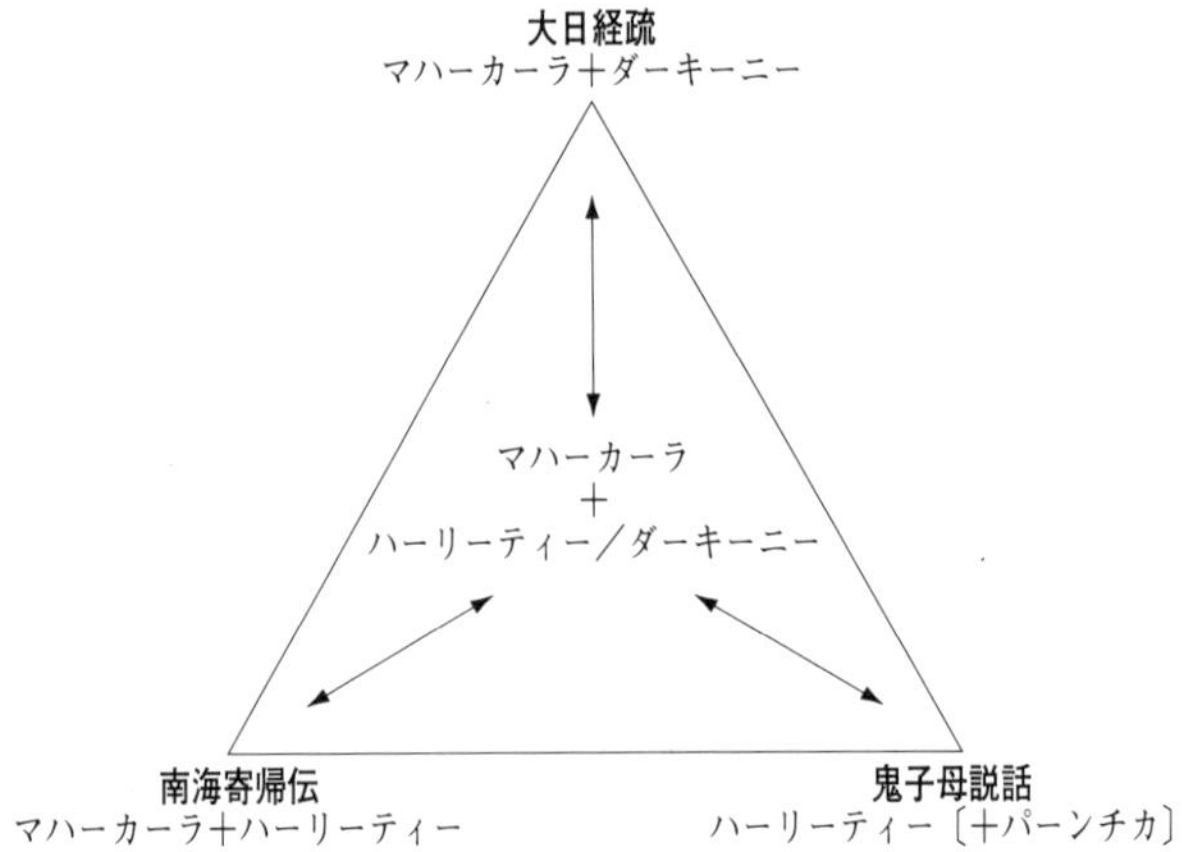


図11

［5］さて、最後に残ったのは同経、第七章（「護摩《ごま》増益品《ぞうやくぼん》」）の一節である（巻第七）。章題の示すとおり、ここでは護摩壇の作法と護摩供養の方法が説かれている[19]。定められた方法に従って護摩を焚けば、火天（アグニ）や観世音菩薩、または「火天童子」が現われて行者に各種の呪術薬（たとえば「歓喜団薬」sk. *modaka?*）を授け、それを用いることで、あらゆる望みが成就するという。たとえば[20]——、

もしこの〔歓喜団〕薬を摩訶迦羅像の頭上に置いて奮怒王真言を誦え、白芥子の水を七遍加持して摩訶迦羅像の頭上に散らし、母陀羅尼真言を七遍誦えれば、〔すなわち〕一切の荼枳尼鬼が現身してひれ伏し、喜んで〔行者の〕命令を受けるであろう。またもしこの薬を摩訶迦羅像の臍の中に置いた時には、則ち鬼子母が現身してひれ伏し、喜んで命令を受けるであろう。

ここでもハーリーティーは明らかにマハーカーラに属するものとして描かれている。しかも、同じ薬をマハーカーラ像の頭上に置けばダーキニーが、臍に置けばハーリーティーが現われるというのは、この二種の女鬼がマハーカーラに対していわば同等の位置にあるということを、明確に証明するものだろう。その意味からすると、このテクストは、前章で見た『大日経疏』のダーキニー降伏神話と、インドの僧院の厨房におけるマハーカーラとハーリーティーの祭祀を述べた『南海寄帰伝』の記述と、そして鬼子母帰仏説話という三つのテクストの、ちょうど中間に位置する

と言うこともできるかもしれない。マハーカーラを中心にして、ハーリーティーとダーキニーがいわば等距離にある、こうした一種の三角形の構造の中で、これら三つのテクストを結びつけて考えることができるのである〔図11参照〕。

以上に見てきた五つのテクストのうち、とくに始めの三つは、一つひとつとれば、必ずしもマハーカーラとハーリーティーの関係を明証しているとは言い難いかもしれない。神名のリストで、この二つが並んで現われるようなことは、たんなる偶然の結果としてもありうることである。しかしその「偶然」がいくつも重なり、しかも一番最後の、ほぼ決定的とも言えるテクストの示すところと一致するとなると、ただの偶然ではすまされなくなってくる。これらを総合すれば、少なくとも六世紀前半から八世紀初頭までの一時期、密教的なコンテクストにおいて、マハーカーラとハーリーティーは明らかに特別に近い関係にある神格と考えられていた、と結論することができるだろう。

ここまでくると、これらインドに直接遡る経典とは別に、中国でもこの二神を結びつけて考える傾向があったらしいことを示唆するテクストを挙げることができる。前章でも触れた『大日経義釈』の末注に、遼代の覚苑による『大日経義釈演密鈔』と題された著作がある（一〇七五〜一〇七六年頃）。さて、『大日経義釈』の第七巻には、閻浮提で仏によって調伏された衆生を列挙して「曠野鬼神・訶利帝母などの種々の難化衆生〔＝教化が困難な衆生〕……」と書かれた箇所がある。ここで言う「曠野鬼神」とは、中国や日本で「大元帥（明王）」と同一視されたアータヴァカ（Āṭavaka）と呼ばれる鬼神（後述p. 159以下参照）を指すが、この箇所に対して覚苑は、「曠野鬼神」などというのは、すなわち明王が大黒天神として現われ、曠野において諸鬼神を降した〔ことを指している〕（原文「於曠野中降諸鬼神」）。「訶栗底母《かりていも》」は、〔すなわち〕鬼子母である。〔「鬼の子の母」

**図12　日蓮宗の須弥壇における大黒・鬼子母**（下段中央の右と左）

と言うのは、訶栗底が〕七姉妹や諸鬼の母だからである。

と注釈している。(21)ここで「曠野において諸鬼神を降した」というのは、荼吉尼降伏神話を指しているものに違いない。曠野鬼神を大日如来～摩訶迦羅による荼吉尼降伏の物語と関連させるのは明らかに誤りで、覚苑の注釈は、荼吉尼が「曠野」に棲む、という『大日経疏』／『大日経義釈』の荼吉尼降伏神話のことばに基づいた一種の語呂合わせにすぎない。にもかかわらず、訶栗底母という名を見たとたんに、すぐさま（誤謬であることも気づかずに）大黒天神を連想してしまうということは、この二神が覚苑の頭のなかで強い連想関係で結ばれていたことを示唆しているのではないだろうか。

マハーカーラとハーリーティーの関係を裏付ける材料は、じつはこれだけではない。(22)というのは、スタン教授の仏教における門神研究によると、

ネパールでは、ガネーシャ（左側）とマハーカーラ（右側）が仏教寺院の門を護る門神として祀られており、また北インドやトゥルキスタン地方では同じ

役割がマハーカーラ（右側）とハーリーティー（左側）に割り当てられているからである（ヒンドゥー教のシヴァ神の寺院でマハーカーラが同様に門神の役割をもったことについては前述p. 80参照。→神話モティーフ索引「門神」）。

さらに驚くべきことに、これと遠くかけ離れた日本では、主に近世以後に作られた日蓮宗のいわゆる「法華経曼荼羅」や、「南無妙法蓮華経」の題目を中心に釈尊と多宝如来を両側に配した「三宝尊」の須弥壇の下段に、大黒と鬼子母が並んで祀られたことが知られている[23]（図12参照）。日蓮宗における鬼子母信仰は、『法華経』の「陀羅尼品」に十羅刹女とともに鬼子母が『法華経』を擁護する守護神として挙げられていることに基づいて、日蓮の時代から盛んに行なわれていた。それに反して、大黒天の信仰は、室町時代以降の社会全般における大黒信仰の流行に伴って発生したもので、鬼子母信仰とは発生の事情もまったく異なっていると考えられる[24]。にもかかわらず、近世の日蓮宗で鬼子母と大黒が並んで祀られたことは、常識から見ればたんなる偶然、または俗信と考えるほかないだろう。それが、おそらくは七世紀のインド、あるいはさらに古い時代のインドの信仰にまで遡りうるとは、誰が想像できるだろうか。

こうした事実があるにもかかわらず、ここに見てきた密教経典や中国の注釈書の例でも、北インドやトゥルキスタンの仏教寺院でも、あるいはまた江戸時代の日蓮宗の信仰でも、マハーカーラとハーリーティーの関係に直接言及し、それを明確に説明するような言明は、（『南海寄帰伝』の暗示的な文をのぞけば）どこにも見ることができない。この二神の関係は、インドから日本に至るまで、千数百年の歴史のなかで、つねに暗黙の、いわば深層の関係としてのみ伝えられてきたと考える以外にないのである（先に挙げた『阿娑縛抄』の例も同様である）。

それにもかかわらず、中世日本の真言宗の一部の学僧だけが、「マハーカーラがハーリーティーの夫である」という、これ以上ありえないほど明瞭な説を記録している。千年以上にわたる「深層の流れ」が突然「表層」まで浮かび上がってきた——、これは一種の「奇蹟的な瞬間」、と言えばいいのだろうか。彼らはいったいどのようにしてこうした「説」を発見できたのだろう。

それを歴史的に、明瞭に説明することは、現在の仏教文化史の知識ではおそらく不可能だろう。ただ、インドから日本に至る仏教文化圏の全領域にわたって、信じられないほど活発な「深層の交流」が存在したと想定することが、この難問に対する答えの最初の前提でなければならないということだけは、確かだろうと思われる。しかも、このように長い「深層の流れ」が突然「表層」に浮上するような例は、じつは決してこれだけではない。神話的思考とは、すなわち多様な神話的表象を、深層の構造のなかであらゆる可能な組合せで関連づけていくものであるとするなら、このような事例に突き当たることも、必ずしも不思議なこととは言えないのかもしれない……。

## 4 人喰い女鬼ダーキニー

さて、これまでの分析のなかで、われわれはマハーカーラを中心にしてハーリーティーとダーキニーがいわば等距離に配置される、一種の三角形の構造があることを見てきた。マハーカーラとハーリーティーの関係は、一応確認できたとして、それではインドにおけるダーキニーとはどのような存在であるのか、ここで簡単に触れておいた方がいいだろう。(25)

梵語の *ḍākinī* という語の語源は確実には知られていない。しかしチベット語では *mkhaḥ-ḥgro-ma*（「虚空を行くもの＝女」）と訳されており、また中国でも元代には「空行母」と訳されたことから考えても、おそらく梵語語根 *ḌĪ*（「空を飛ぶ、行く」）に結びつけられるものと思われる。事実、ヒンドゥー教の図像では、ダーキニーは半人半鳥の女鬼で、カーリー女神の頭の横に人間の生肉を分けてもらうのを待っている姿に描かれることも

図14 ヨーギニー寺院のヨーギニー像（ネパール、12〜13世紀）

図13 赤のダーキニー（チベット、17世紀？）

あるという。(26) 虚空を思うままに飛行するダーキニーとは、一種の猛禽の精に近い「もののけ」と考えてもいいかもしれない。

インドやチベットの後期仏教の密教では、ダーキニーは行者の女性パートナーとして、また仏陀の「エネルギー」（シャクティ）として、きわめて重要な存在とされるようになる。しかしヒンドゥー教に限って言えば、ダーキニーはヨーギニー（*yoginī*）やグラヒー（*grahī*〔捕捉者の意。「鬼魅」などと漢訳する〕）などの下位の女神－女鬼とともに、ある種の（多くは恐るべき）妖精－魔女として表象されていたように思われる。エリアーデによれば「ウッディヤーナでは、ヨーギニーは人間の生肉を喰う一種の虎－女と考えられ、また河を渡る時には鳥に変身できるとも信じられていた」(27) といい、また立川武蔵氏のインドの女神研究では、ヨーギニーは、

超能力を有し、虚空を飛び、人間を動物の姿に変えることができるという。しばしば屍林

に住まう彼女らはいわゆる「魔女」である。今日、インドに残るヨーギニーの寺は閉ざされた円形であり、周囲に六十四体のヨーギニー像の龕が配されている。これらの女神の中には、頭蓋骨杯から血を飲む者も見られる。

という。[28] こうしたヨーギニーに対する信仰は、おそらくほぼそのままダーキニーにも当てはまると考えられるだろう〔**図13、14参照**〕。

ダーキニーやヨーギニーについてのこうした従来の説は、これらの存在が、はじめからある種の神話的・超自然的な女鬼であったと認識しているように思われるが、逆にこれらが（少なくとも）元来は現実に存在した特殊なシャーマン的女性宗教者であったとする考え方もある（この場合は、グラヒーは同じカテゴリーには入らないだろう）。ステファン・ホッジ Stephen Hodge 氏の、論文としては未発表の学説によれば、[29] *ḍākinī* という語のインドにおける初出例は、ラージャスタンのガンガーダラ遺跡で発見された四二四年の碑文（ヴィシュヴァヴァルマン王の大臣マユーラークシャカによる）に、

……また宗教的功徳のために、王の顧問は、諸母天（*mātṛ*）のこの荘厳なる住居を建立させる。そこは大声で叫ぶダーキニーたちとその歓喜の途方もない咆哮に満ちている。ダーキニーたちは、大洋そのものを、彼女たちの宗教による魔術的儀礼が起こす巨大な風でかき混ぜ……

などと述べられている箇所であるという（*Epigrapha Indica* に見えるという）。この時点から、ダーキニーはすでに「諸母天」の信仰に結びつけられていた。もう一つの古い例として、サンスクリット版『入楞伽経』の「遮食肉品」に *ḍāka, ḍākinī* という語が見えることが挙げられる（これについては後述 p. 147 参照〔漢訳の該当箇所では *ḍāka, ḍākinī* の代わりに「羅刹」という語が用いられている〕）。

一方、『アタルヴァ・ヴェーダ』にはルドラの眷族として *ghoṣiṇī* と名づけられる女鬼が現われるが、これは

「騒音、叫び声」などを意味する *ghoṣa* の派生語であり、ダーキニーの前身と考えられる。あるタントラでは、*ḍāmarī* という語がダーキニーの同義語として用いられている。これは、*ḍamara*「喧騒」や *ḍamarin*「太鼓の一種」と近い語である。

そもそも、「*ḍ*-」で始まる *ḍākinī* という語はインド-ヨーロッパ語系～サンスクリット語系のことばではない。興味深いことに、インドのサンスクリット語系でないいくつかの言語で、「魔女／シャーマン／太鼓（を打つ）／召喚（する）」などを意味する語を調べると、*ḍākinī/ḍāka* に非常に近い語が見つかる。たとえば、

BENGALI（*Etymological Dictionary of Bengali*（Sukumar Sen））

*ḍāka*-（動詞）：　叫ぶ、大声で呼ぶ、召喚する
*ḍāk[a]*：　叫び、大声の呼び声
*ḍāka*：　男性シャーマン、呪術師
*ḍākinī*：　女性シャーマン、呪術師
*ḍāinka*：　呪術の専門家
*ḍāinkā*：　①太鼓の一種、②呪術師の挑戦を知らせる太鼓の響き

あるいは

ORIYA

*ḍāka*：　①魔術師、②大きな音、轟音（?）、召喚
*ḍāki*：　砂時計の形の太鼓
*ḍākiba*（動詞）：　呼ぶ、召喚する、招く、叫ぶ
*ḍākinī*：　魔女

*ḍāinkinī*: 魔女
*ḍāinkunī*: 魔女
*ḍāinkenī*: 魔女

など。こうした語には、太鼓の響きを連想させるような擬音的な要素があり、それらが太鼓や騒音を意味することは、ダーキニーの語源と直接結びつくものではないかもしれない。しかしこれらの語が音声学的にも、意味的にも「ダーキニー」ときわめて密接な関係があることは認められるだろう。

こうした事実から考えて、ホッジ氏は、インド文献におけるダーキニーの出現を初期グプタ朝によるカリンガ地域（南東インド、現在のオリッサ地方）の征服／占領（四世紀半ば）に結びつけたい、としている。この地方にはオーストロ‐アジア系の言語を話す部族などが多く住んでいた。ホッジ氏によれば、ダーキニーとは、ある種の（アウトカーストの）（女性）シャーマン／魔女で、ドラムなどを打ち鳴らして儀礼を行なったのではないかという。

ホッジ氏によるこうした説は、後述のタントラの起源の問題ともかかわり、きわめて示唆に富むものであると考えられる。

そのダーキニーは、ヒンドゥー神話では、なによりもまずカーリー女神の眷属である。前章でも見たカーリー女神――、すなわちシヴァの配偶女神の数々の姿の中でももっとも恐るべき「黒の女神」、「時の女神」カーリーは、すべてを呑みつくし、破壊しつくす「死の女神」でもある。ヒンドゥー教シャクティ派における最初の重要な文献と言われる『女神の偉大さ *Devī-māhātmya*』では、カーリー女神は[30]、

ドゥルガーが敵の魔神〔アスラ〕ラクタビージャ〔Raktabīja〕（血を種とする者）と戦っている時、ドゥ

ルガーの顔面から生まれたと伝えられる。この魔神が傷つき、血を流し始めると、その血からたちまち彼と等しい力を持った魔神たちが現われるのだった。大女神から応援を求められたカーリー女神は、巨大な口を開け、〔魔神の〕血から生まれた怪物たちを飲み込み、さらに魔神ラクタビージャの傷口から血を飲んだ。カーリーは魔神から最後の血を吸い取って、魔神を殺してしまうのである。

カーリーを描くこの有名な神話からもうかがえるように、カーリーとは、ひとことで言えばあらゆる生類を「喰い尽くし、呑み込む女神」であると言えるだろう。(31)神話世界におけるダーキニーたちは、そのカーリーの忠実な配下として墓場や荒野をさまよい、カーリーとともに殺し、あるいは女神に殺されたものの生き血をむさぼり飲み、生肉をむさぼり喰らう女鬼の群れである。

## 5　パーリ語説話文学における子喰いのカーリー女鬼

ヒンドゥー教のカーリー女神は、仏教ではほとんど知られていない。密教では、いくつかの経典にその名が現われるし、とくにインドやチベットの後期密教では、たとえばカーラチャクラ・マンダラに描かれているが、カーリー自身としては、とくに重要な役割を果たしているとは思われない。ところが、奇妙なことにカーリーの名は、パーリ語の説話文学の中に現われる。しかもそこでカーリーは、ある子喰いのヤクシャ女（パーリ語では「ヤッキニー」）の名とされているのである。五世紀半ばの『ダンマパダ注釈 *Dhammapada-Aṭṭhakathā*』の第一巻第四話は、次のような物語を伝えている。(32)

ある男が二人の妻を娶った。はじめの妻は石女だったが、次の妻は妊娠した。石女は正妻の地位を奪われることを恐れて、若い妻に毒薬を飲ませ、流産させてしまった。若い妻は、二度目も同様に流産させられたが、三度目は計略に気付いて用心した。しかしついに隙をねらった石女に薬を飲まされ、すでに大きくなっていた胎児を死産して、同時に死んでしまった。しかし死ぬ前に、いつか仇の女の子どもを喰う人喰いヤッキニーに生まれ変われるよう願を立てた。

次の生で彼女は猫に生まれ変わり、石女はめんどりに生まれ変わった。猫はめんどりの卵を三回にわたって喰い、めんどりは次の生では猫の子を喰ってやるという願を立てて死んだ。

そして、次の生ではめんどりは豹に生まれ変わり、猫は雌鹿に生まれ変わった。豹は雌鹿の子どもを三回にわたって喰い、雌鹿は次の生では豹の子を喰うヤッキニーに生まれ変わる願を立てて死んだ。

このようにしてとうとう四度目の生では、雌鹿はカーリーという名の人喰いヤッキニーに生まれ変わり、豹は人間の女に生まれて、ある男のもとに嫁いだ。ヤッキニーは、若妻の友人を装って彼女に近づき、二度にわたって生まれた子を喰ってしまった。三度目には若妻も危険を悟り、襲いかかってくるヤッキニーから子を抱いて逃げ、ついに釈迦仏が滞在していた寺院のなかに逃げ込んだ。そして、仏の足元に子どもを捧げて「この子を差し上げますから、命だけは助けてやって下さい」と訴えた。追いかけてきたヤッキニーは、仏に諭されて互いに憎み合うことの非を悟り、改心して仏道に帰依した。が、仏に肉食を禁じられたヤッキニーは、涙を流して尋ねた。「私はこれまで何とかして生類を捕っては食べていたのですが、一度として充分な食べ物を得たことはありませんでした。これから、いったいどうして生きていけばいいのでしょう」。仏はそれに答えて「案ずることはない」。そして若妻に向かって「このヤッキニーをお前の家に連れて住まわせて、毎日最上の粥を与えてやりなさい」と命じた。

こうしてヤッキニーは彼女の家に住むようになったが、居心地が悪いことを訴えてあちこち場所を変え、最後には村の外の静かな場所に居を定めた。若妻は毎日そこに最上の粥を運び、ヤッキニーは毎年の天候を予言して彼女の家の収穫を助けた。それを見た村の人々は、彼女に教わって同じようにヤッキニーに供物の食べ物を運ぶようになり、ついにはヤッキニーは村の守り神として崇敬されるようになったのだった……（以上要約）。

子喰いの女鬼ハーリーティーが改心して仏教の守護神になったのと同様、仏教ではこうしてカーリー自身が、子喰いの女鬼として表象され、改心して人々に富をもたらす善神となったという説話が伝えられていたのである。

## 6　ハーリーティーとカーリー女神／パーンチカとマハーカーラ

前章でも述べたとおり、マハーカーラはカーリー女神の配偶男神に当たると考えることができる。とすれば、カーリーの直属の眷属ダーキニーが、『大日経疏』の神話でマハーカーラの配下に置かれることも、しごく当然と考えられるだろう。

一方、ハーリーティーは「喰い尽くすもの」としてカーリーに近く、あるいは人の生き血や生肉を喰らうものとしてダーキニーにも近い性格をもっている。さらに、ハーリーティーとカーリーは、もうひとつ別の要素、すなわちこの女神たちの名前の特徴によっても結びつけることができる。ハーリーティー（Hārītī）の名は、時にハーリティー（Hāriti）と綴られることもある。はじめの綴りでは先に述べたように「奪う者（＝女）」を意味するが、後者の綴りの場合は「黄色、または黄褐色、または緑色の者（＝女）」という意味に解釈できる。[33] 一方、カーリーという名は、すでに見たとおり「黒、または暗青色の者（＝女）」の意である。暗い色の女神としても、この二柱の女神は密接な関係にある。この点について、インド神話における「大地」と女神の関連について述べたマドレーヌ・ビアルドー氏の次の一節は、多くの示唆に富んでいる。以下、やや長くなるが、今後の論述でも参照することになるので、翻訳・引用しておこう[34]（〔　〕内は筆者による補足）。

至高の男神・プルシャ Puruṣa は、古い時代から解脱の本体として、輪廻の縛から逃れた者のみが到達できるとされたが、大女神はその対極に位置し、至高者から流出する輪廻の世界、広い意味での「大地」を表わすものと考えられてきた。そして、解脱はこの世への断念〔世を捨てること＝苦行〕に基づき、逆に輪廻の世界は供犠に基づくものであるから、大女神は当然供犠と密接な関係にあると考えられた。それゆえ、女神、または神話に登場する女性の多くは――カーリー Kālī〔「暗青色、黒」〕、クリシュナー Kṛṣṇā〔「黒、暗黒」〕、ニーラー Nīlā〔「暗青色、黒」〕、ティローッタマー Tilottamā〔「そばかす・ほくろの最上のもの＝女」〕、あるいはシャーマー Śyāmā〔「黒、ねずみ色、青、緑」〕のように――黒、または黒に近い色を名前としており、別の一群の女神たちは、ラクシュミー Lakṣmī、あるいはシュリー Śrī のように、黄金色の女神として表象された。大女神のこの二通りの色は、〔供犠の〕火の色を表わすものである。火は、一方では「黒い跡をつけるもの」(*kṛṣṇavartman*) と呼ばれ、他方、火の「固形体」は黄金であると考えられた。黒と黄金色というこの二つの様相は、相互補完的関係にある。ラクシュミーは、供犠がもたらす「繁栄」を表わし、黄金がその最良の象徴だった。こんにちのインド人にも特徴的に見られる黄金への渇望は、こうした観念に基づいたものである。そこから経済的な意味だけを取りだすことは、いうまでもなく誤りである。新婚の夫が新婦を自分の家に招き入れることは、ラクシュミーを招き入れることにほかならない。新婦は、少なくとも一部に金襴の縁飾りがついたサリーを身に着け、無数の金のアクセサリーで身を飾る習慣だった。これらのアクセサリーは、彼女の個人的な所有物であり、状況が許すかぎりそれを家の中に維持し続けることが、女神ラクシュミーがその家に住み着いていることを意味していた。

しかし、繁栄は一度手に入れればいつまでも存続するようなものではない。それはつねに供犠の儀礼によって再生され続けなければならない。そしてその中で、火は破壊的な役割を果たすことになる。供犠の炎による犠牲の絶えることのない「焼尽」――それは神々による犠牲の消費／消化でもある――がなければ、大地〔輪廻の世界〕は存在し続けられない。こうした不吉な様相のゆえに、大地はつねに世界を脅かす暗闇に直面するが、しかし大地そのものが犠牲を殺すことによって維持されるという意味においては「暗闇的」（*tāmas* 的）な性格を有している。大地のこうした性格が、大女神の暗い肌の色を説明するものでもある。カーリーは、大女神のもっとも血なまぐさい形を表象するが、それはまたヴェーダにおける供犠の炎の七つの舌の中の一つを指す名称でもあった。『マハーバーラタ』の主人公の一人クリシュナー・ドラウパディー Kṛṣṇā Draupadī は、シュリー＝ラクシュミーの生まれ変わりだったが、同時に供犠の火の生まれ変わりの女の姉妹でもあった。「黒」という色のこうした象徴は、土は本来黒だが、焼くことによって赤くなる、という古典インド哲学で頻繁に使われる比喩とも無関係ではないだろう。陶工が使う土は一般に黒くはない。

黒という色のこうした意味合いから、インド神話の中で、ある女性について、肌の色が黒い、あるいは濃い、という表現がされているときは、その背景につねに大女神の影があり、また「大地」の影があると考えることができる（女性の美は、逆に〔輝くような〕白い肌によって表現される。それはまた高位のカーストを表わす色でもある）。また同様のことは、匂いについても言うことができる。匂いは、大地の特徴的な特性であり、強い匂いがあるところにはつねに大地の要素があると予想することができる。ある女性について、その香気（または臭気）が強調されるときは、その女性が大地性と深いかかわりをもっていることが表現されると考えられる。たとえば魚から生まれたサティヤヴァティー Satyavatī は、強烈な魚の臭気を発していたが、あるバラモンによって、後にヴェーダの編者として知られることになるヴィヤーサ（かれはまたクリシュナとも呼ばれ、母と同様、黒い肌の色をしていたという）を孕んだときから、強い香気を放つようになったと語られている（『マハーバーラタ』I, 105）。

すなわち、ハーリーティー（ハーリティー）、「緑色の女神」とカーリーは、その名前からしてすでに、「大地

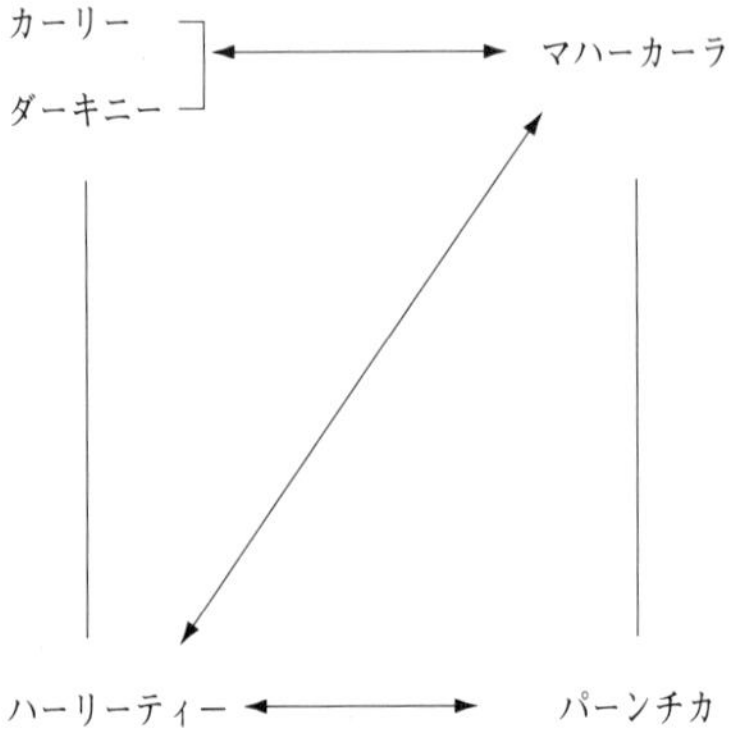


図15

性」を共通項とした、大地母神の暗い側面を特徴とした女神と考えることができるのである。

こうしたハーリーティーとカーリーの関係に対応して、ハーリーティーの夫パーンチカは、多くの仏教彫刻で威風堂々とした体軀に描かれ、図像的に（前章でも触れたヒンドゥー教におけるある種の）マハーカーラ像と近い関係にあるものと思われる（前述p. 79参照）。このように考えてくると、「ハーリーティー〜カーリー／ダーキニー」の人喰い女鬼（または女神）と、「パーンチカ〜マハーカーラ」というその配偶男神の男・女二群の神々が互いに交差し関連し合っている構造が浮かび上がってくるだろう（**図15**参照）。

前章でも述べたとおり、ヒンドゥー教のマハーカーラは、その配偶女神であるはずのカーリー女神に比べて明らかに神話的展開に乏しい神格である。一方、パーンチカとハーリーティーの夫婦神も、（彫刻などの造形美術では両者が並んで表現されることが多いにもかかわらず）神話的表現では、先の鬼子母帰仏縁起でも見たとおり、女性神だけが強調され、配偶男神の方はほとんど名目的にしか存在していない。とすると、このように女性神に重心を置いた男女一対の関係も、これら二群の男女神の構造を特徴づけるものと考えられるかもしれない。

いずれにしても、仏教におけるマハーカーラ＝大黒天の信仰の展開を理解するためには、なによりもまず、このような複雑な神々の構造のなかにこの神格を捉え直すことが肝要だろうと思われるのである。

## 注

(1)『白宝抄』TZ. X 3191 1140c9-12「若依大日経疏意。是歓喜母多聞天在。北方五百大力夜叉大将母也。大黒天神此天夫也。今不用灯明者。大黒形醜陋故不用灯明也」。

(2)『白宝口抄』TZ. VII 3119 cxxxvii 211b14-15.

(3)『阿娑縛抄』TZ. IX 3190 cxli 442c26-443a1.

(4)『根本説一切有部毘奈耶雑事』T. XXIV 1451 xxxi 360c29-363b7. 鬼子母説話およびその信仰に関しては、Noël Peri, "Hārītī la Mère-de-démons" がもっとも重要な基本文献である。『毘奈耶雑事』の該当箇所は、同稿 p. 2-14 に仏訳されている。また、金岡秀友稿「鬼子母の思想の成立」、宮崎英修編『鬼子母神信仰』(民衆宗教史叢書・九、雄山閣、一九八五年、所収 p. 3-22；小川貫弌稿「パンチカとハーリティーの帰仏縁起」、宮崎英修編、同上書、所収 p. 23-60 も重要である)。

(5) 呉茂一著『ギリシア神話』(新潮社、一九六九年) p. 153-158 参照。

(6) 小川貫弌稿「パンチカとハーリティーの帰仏縁起」p. 57-58 参照。

(7) 大村西崖著『密教発達志』(国書刊行会、一九七二年〔一九一八年初版〕) p. 143-153 参照。

(8)『牟梨曼陀羅呪経』T. XIX 1007 667a22 *sq.*, 668a28-b2.

(9) 小川貫弌稿「パンチカとハーリティーの帰仏縁起」、前掲、宮崎編『鬼子母神信仰』所収 p. 39, p. 43 参照。——『世記経』は『長阿含経』巻第十八～二十二に収録。T. I 1 xx 130c27-131a1 参照。

(10) Ariane MacDonald, *Le Maṇḍala du Mañjuśrīmūlakalpa*, Paris, Adrien Maisonneuve, 1962, p. 118-119, n. 2；栂尾祥雲著『理趣経の研究』(京都、臨川書店、一九八二年〔初刊一九三〇年〕) p. 336-338；立川武蔵著『女神たちのインド』(せりか書房、一九九〇年) p. 60-61, p. 79 などを参照。ヒンドゥー教の七母神は、一般に Brahmāṇī, Māheśvarī (または Rudrāṇī), Kaumārī, Vaiṣṇavī, Vārāhī, Indrāṇī (または Aindrī), Cāmuṇḍā であり、それに後世 Mahā-Lakṣmī または Nṛsiṃhī が加わって八母神になる。仏教では、Cāmuṇḍā (または Yāmī), Kaumārī, Vaiṣṇavī, Kauverī, Aindrī, Raudrī (または Raudrāṇī), Brāhmī が一般的である。

(11)『牟梨曼陀羅呪経』T. XIX 1007 667c6.

(12) 大村西崖著『密教発達志』附録 p. 31 参照。なお、菩提流志の伝統的な生没年(五七二—七二七年)をそのまま信じるなら、彼は百五十六歳(！)まで長生きしたことになる。ここには明らかに伝説的要素が混入していると考えられる。ただし、彼に帰せられた『如意輪陀羅尼経』や『不空羂索神変真言経』などの翻訳が七〇九年成立ということは、経典の内容から納得できる。

（13）『如意輪陀羅尼経』T. XX 1080 195a10–c13.

（14）同上経 T. XX 1080 195b14–15.

（15）『不空羂索神変真言経』T. XX 1092 vi 258c–259c.

（16）同上経 T. XX 1092 vi 258c21–259b4.

（17）同上経 T. XX 1092 viii 266c *sq.*

（18）同上経 T. XX 1092 viii 267b25–29.

（19）同上経 T. XX 1092 viii 259c *sq.*

（20）同上経 T. XX 1092 viii 261c23–28.

（21）『大日経義釈演密鈔』vii, Z. XXXVII 88 rec° a4–6；『大日経義釈』vii, Z. XXXVI 372 rec° a12 への注釈；また『大日経疏』Ttt. XXXIX 1796 x 685b22–26；N. Iyanaga, "Récits de la Soumission de Maheśvara par Trailokyavijaya", p. 712–713 and n. 162 も参照。

（22）R. A. Stein, "Porte (Gardien de la)", p. 12；ネパールの仏教寺院におけるガネーシャとマハーカーラについては、Sylvain Lévi, *Le Népal – Etudes historiques d'un Royaume hindou*, I, [Annales du Musée Guimet. Bibliothèque d'Etudes, T. XVII] Paris, Ernest Leroux, 1905, p. 384；II, Paris, Ernest Leroux, 1905, p. 23–24；立川、前掲書 p. 253, fig. 295 および p. 296–297, fig. 298, 302 参照。またインドの仏教寺院の他の門神については後述 p. 369 も参照。

（23）宮崎英修著『日蓮宗の守護神』（京都、平楽寺書店、一九五八年〔一九七一年〕）p. 155–178、とくに p. 176–177 参照（なお、本書の第一部「鬼子母神信仰」は、前掲、宮崎編『鬼子母神信仰』p. 199–373 の宮崎英修稿「鬼子母神信仰の研究」と内容的に部分的に重なっている）。また〔ベルナール・フランク〕『甦るパリ万博と立体曼荼羅展』（一九八九年七月二十三日～八月十五日、東京・池袋西武百貨店・展覧会図録）p. 44, No. 8；Bernard Frank, *Le Panthéon bouddhique au Japon – Collections d'Emile Guimet*, Paris, Editions de la Réunion des Musées Nationaux, 1991, p. 80–81, fig. 12；*Hōbōgirin*, VII, pl. LI-B などを参照。

（24）宮崎英修著『日蓮宗の守護神』p. 3 *sq.*, p. 28 *sq.*, p. 165 *sq.*, p. 176–178；また『法華経』における鬼子母、十羅刹女については『妙法蓮華経』T. IX 262 vii 59a22–b27 も参照。

（25）以下、おもに『法宝義林 *Hōbōgirin*』第八分冊収録予定の郭麗英 Kuo Li-ying 氏稿 "Dakini 荼吉尼" による。この原稿の参照をお許しいただいた『法宝義林』編集部ならびに郭麗英氏に感謝する。また拙稿 "Ḍākinī et l'Empereur. Mystique bouddhique de la royauté dans le Japon médiéval", *VS* [*Versus*], no. 83/84, Quaderni di studi semiotici, maggio-dicembre 1999, p. 41-111 も参照されたい。日本の「荼吉尼天」については後述も参照。

（26）T. A. Gopinath Rao, *Elements of Hindu Iconography*, II-1, p. 193 参照。後述、第七章も参照。

（27）Eliade, *Le Yoga. Immortalité et Liberté*, Paris, Payot [coll. Petite Bibliothèque Payot], 1954, 1968, p. 339.

（28）立川、前掲書 p. 76-78.

（29）ホッジ氏の以下の見解は、インターネットのメーリング・リスト Indology に一九九七年十一月以降の議論の中で展開され（http://www.ucl.ac.uk/~ucgadkw/indology.html からリンクをたどれる）、また筆者の私信への答えにも示された。この見解を掲載することを御許可くださったホッジ氏に感謝する次第である。

（30）立川、同上書 p. 69-70.

（31）カーリーについては、たとえば Alain Danielou, *Le Polythéisme hindou*, Paris, Buchet/Chastel, 1960, p. 410-418；立川武蔵著『女神たちのインド』参照。

（32）E. W. Burlingame, *Buddhist Legends translated from the original Pali text of the Dhammapada Commentary*, reprint Pali Text Society, London, 1969, I, p. 170-175；同書 p. 73 も参照。

（33）N. Peri, "Hārītī la Mère-de-dêmons", p. 1 参照。――『梵語字典（慧晃集「枳橘易土集」）』藤井圓順・発行兼編輯（東京、哲学館大学、一九〇五年）p. 95 に「最勝王経第八云、訶利底、此云青色、同賛疏第一云、訶利底、此云青色。是羅叉鬼母、有五百子。極護三宝并小男女」などとあり、中国・日本ではこの語義が知られていたことを示している。またハーリーティーの末子の一名「ピンガラ Piṅgala」は「黄褐色の者」という意味である。さらに、ヤムナー女神も「黒の河」ヤムナーの女神として知られている。後述 p. 244 も参照。

（34）Madelaine Biardeau, "Terre. Les symboles de la Terre dans la religion de l'Inde", *Dictionnaire des Mythologies*, II, p. 481b-482a.

# Ⅲ 「千人切り」説話と死と再生の儀礼

## 本章の主な登場人物

斑足王（Kalmāṣapāda カルマーシャパーダ、駁足王、など）
アングリマーラ（Aṅgilimāla 鴦窶利摩羅、央掘魔羅、指鬘）
清浄太子
曠野鬼神（Āṭavaka, Āḷavaka）

## 主な典籍

『仁王護国般若波羅蜜多経』（不空「訳」、七六五年）
『賢愚経』（曇学・威徳など、四四五年）
『雑宝蔵経』（吉迦夜・曇曜訳、四七二年）
『増一阿含経』（瞿曇僧伽提婆訳、三八四年）
『根本説一切有部毘奈耶』（義浄訳、七〇二または七〇三年）

パーリ語『スッタニパータ注釈』など（五世紀半ば）

## 1　『仁王経疏』の摩訶迦羅－大黒とカルマーシャパーダ王説話

義浄の『南海寄帰伝』の記述に見つけた小さなヒントを手繰っていくうちに、われわれは大黒＝マハーカーラと鬼子母＝ハーリーティーの間に、互いに深いかかわり合いがあることを明らかにすることができた。とすると、第一章で挙げた大黒天をめぐる三つの「基本的テクスト」のうち、『大日経疏』のダーキニー降伏神話は、ハーリーティーの帰仏縁起と、たんに表面的に物語の筋として類似しているだけではなく、より本質的な関係をもっているると考えられるし、それならば、このテクストと、インドの寺院におけるマハーカーラとハーリーティーの祭祀を伝える『南海寄帰伝』の記述との間にも、結び付きを想定することができるだろう。

しかし、それでは同じく第一章で見た三つ目の基本的テクスト、すなわち良賁の『仁王経疏』の、墓場に住んで鬼神たちを従え、人間と「呪術薬」を交易するという「摩訶迦羅大黒天神」を描く記述については、どう考えるべきだろう?

墓場やそこに住む鬼神たち、彼らの持つ宝物や薬などが、一種独特な「宗教的場」を構成するものであり、それが『仁王経疏』と『大日経疏』の両方に（そしてまた『不空羂索神変真言経』の「大自在天三叉戟羂索三昧耶」などにも）共通するということは、すでに見たとおりである（前述 p. 115–116 参照）。しかし、この『仁王経疏』と他の二つのテクストとの間に、それ以上に緊密な関係を認めることはできないだろうか。ここでもわれわれは発想を変えて、別の方向を探っていかなくてはならないようである。

『仁王経疏』の文面を読むだけでは何も見えてこない。ならば、この注釈書をさらに注釈した末注を見てみよう。良賁の『仁王経疏』に対する末注は、どうやら唐代の遇栄《ぐうえい》による『仁王経疏法衡鈔《ほうぎょうしょう》』[1]しか見当たらない。ところが、この書の該当箇所を一読すると、実に意外なことを発見するのである。どんな発見なのか、ここでは順を追って説明しなければならない。

『仁王経疏法衡鈔』には、「摩訶迦羅大黒天神」そのものに関してはなんの記述もない。しかしそのかわりに、この「大黒天神」の名が現われる物語を、『賢愚経《けんぐきょう》』を引用して解説しているのである。

なぜ『賢愚経』の名が出てくるのか——。煩をいとわず、第一章で述べたことを繰り返す必要があるだろう。『仁王経疏』が注釈する元の経典、『仁王経』は、すでに述べたとおり、中国で作られたいわゆる偽経だった。これには「旧訳」(『仏説仁王般若波羅蜜経』大正蔵245番)と「新訳」(『仁王護国般若波羅蜜多経』大正蔵246番)の二「訳」があり、ふつう鳩摩羅什に仮託される旧訳は梁代(六世紀前半)には存在していたが、その内容の多くは、当時すでに漢訳されていた各種の仏典をつぎはぎして作られたものだったと考えられている。不空は、いうまでもなくこれを偽経と知った上で「改訳」したと思われるが、実際には旧・新両訳は多くの部分が一致しており、実質的には一種の再編集と言ってもいいと考えられる*[2]。「摩訶迦羅大黒天神」の名が現われるのは、さきにも述べたとおり、「新訳」『仁王護国般若波羅蜜多経』、「護国品」の「天羅国の斑足王《はんぞくおう》」の説話だったが、これも古来多くの異なったヴァージョンや図像で伝えられた有名な本生譚(ジャータカ)のひとつとして知られたものだった[3]。第一章で全文を引用した『仁王経疏』のテクストの末尾には、同じ斑足王の物語を語る他の経典について、次のような注釈が付せられていたのを御記憶の読者もあるだろう（前述 p. 96 参照）。

＊「旧訳」および「新訳」の『仁王般若経』については、Charles Orzech 氏によるすぐれた研究がある（Charles D. Orzech, *Politics and Transcendent Wisdom : The Scripture for Humane Kings in the Creation of Chinese Buddhism*, Pennsylvania, The Pennsylvania State University Press, 1998）。不空の「新訳」には、この経典を通じて、中国の権力中枢に食い込むという重要な政治的意図が含まれていたと考えられる。

『賢愚経』では〔摩訶迦羅大黒天神の代わりに〕「羅刹を祀る」と言い、『普明王経』では「百王〔の頭〕を取り、樹神を祀る」と言い、また『獅子断肉経』では「百王〔の頭〕を取って山神を祀る」と書いている。それぞれの文に従っているのである。

「摩訶迦羅大黒天神」について述べる文の最後になぜ唐突にこんな注釈が付されていたのか、第一章では奇異に感じられた読者もあったかもしれない。が、ここで言う『賢愚経』や『普明王経』『獅子断肉経』などは、斑足王の説話を伝える他の経典の題名であり、それらのなかで「摩訶迦羅大黒天神」に該当する神の名が記されていたのである[4]（ただし『賢愚経』で「羅刹」というのは斑足王〔＝駮足王《ばくそくおう》〕自身の変化の姿であって、良賁の記述は正確ではない）。こうしてみると、この説話のこの箇所で「摩訶迦羅大黒天神」の名を挙げることは、必ずしも必然的ではなかったと考えられる。事実、『仁王経』の「旧訳」では、「大黒天神」ではなく、たんに「家神」と書かれていただけだった[5]。では、不空が「旧訳」の「家神」をわざわざ「摩訶迦羅大黒天神」に改めたのは、何か特別な理由があったからなのだろうか……。

## 2 『賢愚経』のカルマーシャパーダ王説話

こうして良賁の『仁王経疏』からその末注『仁王経疏法衡鈔』を参照し、さらにもとに戻って旧・新訳の『仁王経』の本文、そして斑足王説話を伝える他の経典までを見渡してみると、予想もしなかった興味深い展望が開けてくる。――問題の鍵はなによりも斑足王の説話そのものにあった。そしてそこでこそ、この説話のもっとも詳細なヴァージョンを伝える『賢愚経』、すなわち『仁王経疏法衡鈔』が引用していた『賢愚経』（四四五年）が重要になってくるのである。*

＊『賢愚経』は目録では「慧覚訳」とされているが、じつは翻訳ではなく、直接中国語で書かれた作品と考えられる。僧祐（四四五～五一八年）撰の『出三蔵記集』には、僧祐自身による「賢愚経記」という文が収録されており、そこにこの経の由来が説かれている。それによると、元嘉二十二年（四四五）以前に、「河西の沙門釈曇学と威徳」を始めとする八人の僧が経典を尋ねて旅し、ホータンの大寺（Mahāvihāra）で「般遮《はんしゃう》于瑟《しつ》（*pañca-varṣa*）の会（五年に一度の仏教祭典）」に遭遇した。そこで、八人は「三蔵諸学」が「経を説き律を講じる」のを聞いて競ってそれを習い、「胡音」を「漢義」に変え、聞いたところを書して、高昌（トゥルファン）に帰って集めて一書にした。それをさらに涼州に持ち帰り、河西の高僧として知られていた慧朗が元嘉二十二年に『賢愚経』と名付けた、という（Ttt. LV 2145 ix 67c9–23）。この経の中国語が、一般の漢訳経典より読みやすい（こなれている?）のは、こうした事情にもよるだろう。『賢愚経』は、五世紀前半の中央アジアにおける仏教の祭りと芸能のかかわり、そこから生まれる仏教文芸の香りをそのまま伝える貴重な文献である。『賢愚経』については、Sylvain Lévi, "Le Sūtra du Sage et du Fou dans la littérature de l'Asie Centrale", *Journal Asiatique*, Oct. -dec., 1925, p. 305-332（とくに p. 312-313）も参照。一般に、アヴァダーナ（本縁譚）やジャータカ（本生譚）、あるいは仏伝などの文芸作品（大正蔵第三～四巻に収録される）は、五、六世紀以前に中央アジアとかかわりの深い僧によって翻訳されたものが多い。

前にも一部を紹介した『仁王経』の「天羅国の斑足王」の説話は、望月信亨氏の研究によれば、全体としては『六度集経』（康僧会訳、三世紀終り）巻第四の第四十一話[6]に基づき――部分的には『賢愚経』からも借用しながら――作られたものと考えられている[7]。が、この『仁王経』のヴァージョンでは、斑足王（梵語ではカルマーシャパーダ Kalmāṣapāda ――漢訳のとおり「足に斑点がある」の意）の説話は、物語の前半がすべて省略されていて、もとの説話とはまったく違ったものになっている。ここではまずそれを要約して、そのあとで『賢愚経』

のより完全なヴァージョンを見ることにしよう。(8)

昔、天羅国の王に斑足と呼ばれる太子がいた。王位に即く時、灌頂の儀式(即位式)を行なう外道の師が言うには、太子は千の王の頭を取って家神(「旧訳」による。不空の「新訳」では「墓場の摩訶迦羅大黒天神」)に供えればよろしい、そうすれば自然に王位に即けるであろう、と。——そこで斑足王は九百九十九人の王を捕らえ、最後の一人を探すため、北の方向に一万里行って、普明王(梵語原名はおそらくSamantaprabhāsa)と呼ばれる王を捕らえた。が、普明王が「沙門に施しをしたいので、一日だけ猶予してほしい」という願いを聞いて、それをかなえてやった。そこで普明王は百人の法師を招き、盛大な法会を催した。そのうちの第一の法師が、彼のために世の無常を教える偈を説いたのを聞いて、王はたちまち正法を悟った。そして約束を果たすために自らすすんで天羅国に行き、捕らえられた王たちに法を説いて、般若波羅蜜経の偈を誦えることを教えた。斑足王が、「みな何を誦えているのだ」と尋ねたのに答えて、普明王が前の偈を教えた。それを聞いて、斑足王も他の九百九十九人の王とともに法を悟って歓喜した。そして「外道邪師」に誑かされていたことを詫び、すべての王を本国に帰したのち、自分は王位を弟に譲って出家したのだった……。

このヴァージョンは、あまりに省略されていて、物語としての興趣はほとんど失われてしまっている。しかし『賢愚経』のより完全なヴァージョンは、非常に複雑なドラマに満ちた説話である。(9)

昔、ヴァーラーナシー(波羅捺)国にブラフマダッタ(波羅摩達)と呼ばれる王がいた。とある日、森に狩りに行って従者たちとはぐれ、一人馬から降りて休んでいると、発情した雌のライオンが近づいてきた。逆らうわけにもいかず、望みのままにそのライオンと交わったことから、物語は始まる。——月日が満ちて、雌ライオンは一人の男子を生んだ。姿かたちは人間だったが、ただ足に斑点のあるところだけが、人間とは違っていた。ライオンは王宮に子どもを連れていき、王は森の出来事を思い出して彼を育てることにした。名前は、足の斑点からカルマーシャパーダ Kalmāṣapāda、すなわち「駁足《ばくそく》」（「ぶちの足」の意）と呼んだ。そして時がたって王は崩御し、駁足が王位を継いだ。駁足王には王種（クシャトリヤ）の夫人とバラモン種の夫人の二人の王妃がいた。

　さてある日のこと、駁足王は二人の夫人に「お前たちのうち、早く私に追いついたものと楽しもう」と言いおいて、城外の園に遊興に出かけた。二人の王妃はともに出発したが、途中に神を祀るほこら（天祠）があったので、バラモン種の夫人は車を降り、神に礼をしてから、急いで王種の夫人を追った。しかし時すでに遅く、王は前言を守って彼女が前に出ることすら許さなかった。神に怨みを抱いた彼女は、ある日、王の許しを得て外出し、そのほこらをこなごなに打ち壊させてしまった。

　ところが、こうしてほこらを壊された神は、逆に王を恨んで復讐の機会をうかがうようになった。――さて、その王国には一人の行ない澄ました仙人（リシ *ṛṣi*）が住んでいて、毎日のように王宮を訪れては供養を受けていた。復讐をたくらむほこらの神は、仙人が来ない日をねらって彼に姿を変え、王宮に入って斎《とき》をねだった。王がいつものように精進料理を出すと、仙人に化けた神は肉しか食べないという。王はあわててそのことばを信じたが……、次の日、本物の仙人がやって来て、王が前日言われたとおり肉料理を出すと、仙人は怒って「今後十二年間、汝は人肉ばかり喰らうことになろう」という呪いのことばを残して去ってしまったのだった。

　そしてしばらくたったある日、王宮の料理人が突然、肉をきらしてしまったことに気付いた。しかたなく肉を求めに外に出てみると、よく肥った子どもの死体がそこにころがっている。彼はそれを持ち帰って料理し、王の食卓に出した。王はつねにもましてその肉の美味なことに驚き、料理人に事情を尋ねる。料理人は、おそるおそる事実を白状したが、王は「毎日同じ肉が食べたい、かまわないから密かに子どもを殺して私の食卓に供せ」と命令した。

こうして毎日子どもがいなくなるので、王国の民はみな嘆き悲しんで大臣たちに訴え出た。大臣たちはついに料理人を捕らえて、王の前に引き出した。ところが王は、それは自分が命令したことだと告白する。あまりのことに大臣たちは驚き呆れ、ついに謀議を凝らして、いつも王が入浴する城外の園の池で王を殺すことを決意した。そんなこととは知らずに、王はいつもの池で水を浴びていたが、突然四方を兵に囲まれたことに気付いて仰天する。逃れるすべもないと悟って、王はしばしの猶予を請い、願を立てて言った。「これまで正しく国を治め仙人を供養した善業によって、今、飛行羅刹に変われるように！」。見る間に彼は怖ろしい羅刹に姿を変え、虚空に飛び立って大臣たちに叫んだ。「よくも私を殺そうとしたな。今に見よ、お前たちの妻や子どもを次々に喰ってやろうぞ！」

こうして人喰い羅刹に変わった駁足王は、多くの羅刹たちを配下に集め、山林に棲んで人々を攫《さら》っては喰っていた。ある時、羅刹たちは駁足王に計って、千人の王を捕らえて大宴会を催す計画を立てた。九百九十九人は捕らえて深山の奥に閉じ込めたが、まだ最後の一人が残っている。捕らえられた九百九十九人は、高徳で名高いスタソーマ Sutasoma（須陀素彌）王が彼らを助けてくれるかもしれないと考えて、羅刹王にこの王を捕まえたらいいと進言した。

さて、スタソーマ王は、この日城外の園の池で入浴しようと女官たちと連れだって行く途中で、一人のバラモンに出会った。王宮に帰ったら、そのバラモンに施しをする約束をして、園の池で入浴していると、突然、羅刹王駁足が空から舞い降り、王を攫っていく。山中に着くとスタソーマ王は悲嘆にくれて涙を流した。羅刹王が「高徳と聞いたが、幼児のように泣くとは」と嘲ると、スタソーマ王は「命が惜しくて泣いているのではない、生まれてこのかた一度も約束を破ったことがないのに、今日のバラモンとの約束が果たせないのが残念なのだ」と言う。わけを聞いて、羅刹王はスタソーマに七日間の猶予を与え、その約束を果たせるようにしてやった。こうして国に帰ったスタソーマ王は、バラモンに施しを与え、彼から世の無常を説く偈を教わったのだった……。

この後の物語の大筋は『仁王経』のヴァージョンとほぼ同じである。

――かの羅刹王は、スタソーマ王が本当に約束を守るかどうか、山頂で今か今かと待ち受けていた。そこに嬉々とした様子でスタソーマ王がやってくる。「命を惜しまない者はいないというのに、おまえはなぜそのように歓喜していられるのだ」と問う羅刹王に、スタソーマ王は妙法の偈を教え、罪の悪報と慈心の福徳をめんめんと説いて聞かせた。それを聞いて駁足王もはじめて正法を悟り、歓喜してスタソーマ王に礼をし、他の王たちも無事にそれぞれの本国に帰してやった。そうして自身も本国に戻って以前のように国を治めるようになった。この時ちょうど、前の仙人が言った「十二年」がたっていたのだった……。

カルマーシャパーダ王の波瀾に満ちた物語は、多くの興味深い問題を含んでいる。たとえば、物語の三箇所で重要な展開が起こる「城外の水浴池」が何を意味しているか、という問題。また、夫人、あるいは女官とともにその城外の水浴池に遊興に行く途中で起こる出来事（約束）の結果、一方は呪いをかけられ（カルマーシャパーダ王）、もう一方は妙法を悟る（スタソーマ王）という対比の問題、など。しかし、われわれにとってなによりも重要なのは、（『仁王経』のヴァージョンでは省略されていた）物語の前半で、カルマーシャパーダ王が人喰いの王だったという記述――、しかもたんなる人喰いではない、街の子どもを攫って喰う子喰いの王だったという記述である。その点で、彼は（男性・女性の違いはあるが）明らかに鬼子母＝ハーリーティーの同類と認めることができるだろう。

カルマーシャパーダ王説話の別のヴァージョンを調べてみると、さらに興味深いことが明らかになる。北魏・菩提流支訳（五一三年）ならびに唐・実叉難陀訳（七〇〇〜七〇四年）の『入楞伽経』[10]には「遮食肉品」（または「断食肉品」）という章が設けられていて、食肉の罪が種々に述べられている（巻第八または巻第六）。その中で『経』は、同じカルマーシャパーダ王説話に触れ、雌ライオンと先の王の間に生まれた子どもたちはみな羅刹だった（「所生男女悉是羅刹」）、と書いている[11]（このヴァージョンでは、カルマーシャパーダはこの両親の唯一の子ではなく、他にも兄弟がいたことになる）。ところが、漢訳で「羅刹」となっている箇所は、梵語本では *ḍāka* と *ḍākinī* と書かれているのである（*ḍāka* は *ḍākinī* の男性形）。さらに、菩提流支訳の『入楞伽経』には、カルマーシャパーダ王説話とは無関係の「陀羅尼品」の中で、各種の衆生のカテゴリーを羅列する箇所があり、そこに「荼伽・荼伽女」、すなわち *ḍāka* と *ḍākinī* の名前が出ている[12]。これはおそらく、漢文仏典における *ḍāka*/*ḍākinī* という語の初出例と考えられるだろう。

『仁王経』の斑足王とは、もともとハーリーティーと似て子喰いを習慣としていたばかりでなく、ダーカ（いわば「男のダーキニー」）であるとも考えられていたのだった。こうしてダーカとの関係が明らかになれば、彼が「飛行羅刹」に変わったという記述が、俄然意味をもってくる。ダーカ（ダーキニー）の類の最大の特徴は、人間の生き血を啜ることと、虚空を飛行することだったからである（前述 p. 122 参照）。しかも、この「飛行」のイメージは、前章で見たハーリーティーの前生譚に現われる独覚の「神変」（「独覚は……大鵞鳥のように翼を拡げ、虚空に昇って神変（奇跡）を現じてみせた」）とも呼応するものではないか（前述 p. 109 参照）。

このようにして見てくれば、「ハーリーティーとダーキニーの間に位置するマハーカーラ」という構図がここでも明らかに浮かび上がってくる。不空は、おそらくそのことを意識していたために、『仁王経』を「再訳」する時に、たんに「家神」と書かれていた箇所を、わざわざ「摩訶迦羅大黒天神」と書き直したのではないだろうか……。

カルマーシャパーダがこのようにハーリーティーとかかわりがあるなら、『仁王経』のテクストはハーリーティーとマハーカーラを並べて書いた『南海寄帰伝』と結び付けられるし、また同じカルマーシャパーダがダーカであるというなら、それはマハーカーラとダーキニーの関係を書いた『大日経疏』とも関連をもつと考えられるだろう。人喰いの羅刹王カルマーシャパーダは、ある意味では（墓場に住まって人肉を喰う鬼神たちの首領）マハーカーラ自身の分身とも言える役割を果たしていたと考えられるのである。

『仁王経疏』の内容以上に、ここでは『仁王経』本文の（そしてカルマーシャパーダ王説話の）コンテクストが、マハーカーラの登場を必然としていたのだった。後に明らかになるように、カルマーシャパーダ王の説話、そして以下に見るそれに関連した一群の説話は、その後の多くの仏教神話の中でさまざまな形態を変えて現われることになる。これらはいわば、東アジア仏教神話の中のもっとも重要な「基本神話」に数えられるだろう。

## 3 日本の「千人切り」説話

さて、このようにして『南海寄帰伝』と『大日経疏』、そして『仁王経（疏）』の三つの「基本的テクスト」が「人喰い」という大きなモティーフによって関連づけられるらしいということが分かったところで、今度は話題を変えて、ここに出てきたカルマーシャパーダ王説話の周辺に新たな展開を求めることにしたい。話題を変えるといっても、これが決して無意味な遠回りでないことは、あとから徐々に明らかになるだろう。

ところで、このカルマーシャパーダ王説話は、どうやら日本の江戸時代の説話にも大きく変形されて現われている、と言ったら驚かれるだろうか――。そのことは、じつは南方熊楠のすばらしい論考、「千人切りの話」

心させられるという（『続南方随筆』所収）によってすでに明らかにされている。千人（または百人）を殺そうとして最後の一人に改心させられるというモティーフを含んだ説話を縦横無尽に博捜するこの興趣あふれる小編は、いわば仏教神話学の模範とすべき先駆けとも言うことができる。ここでは、この論考をこの上ない案内人として――そして南方の真似のできない独特の語り口も存分に借りて――そこに蒐集されたいくつかの物語を紹介し、それらの意味を考えてみることにしたい。（以下では、整理のためにカルマーシャパーダ王説話を「説話1」とし、他の説話にも番号を付けることにする。）

さて、南方の「千人切りの話」は、まず、日本の江戸時代の田代なにがし（「孫右衛門」または「弥左衛門」などという）の物語から始まる。寛政十二年（一八〇〇）板『浪花《なにわ》の梅』には、こんな記事が載せられているという(14)。

天王寺境内に、供養塔とて長き塚あり。慶安三年（一六五〇）庚辰、十二月十四日、九州肥後国益城《ましき》郡中島住人、田代孫右衛門造立。世俗に千人切りの罪を謝する供養の石碑なり、と言えり。一説に、田代氏は国元に住居の時、何某の娘と契りて、のち他国へ稼ぎに行き、月日を経て帰国せしところ、契りし娘他家へ縁組せしと聞きて心外に思い、深き契約も今は仇となりしとて、それより魚鳥獣虫に至るまで、千の数《かず》命を取り、娘の一命を失わしめんと一心を究め、狂気のごとく毎日生物の命を取るを、老母は憂《うた》てく思い、たびたび意見をすれども聞き入れず。さて九百九十九の命を取り、今一命に亀を捕えければ手足首を出さず。母は詮方《せんかた》なく、亀を助けて代りにこの母を殺せと言えば、孫右衛門心得、母に取り懸かると思いしが、そのまま正気を失う。老母も嘆き入りしが、たちまち本性となりて母に向かい、始終を物語る。かりにも母に手向かいし罪を免《ゆる》し給えかしとて、髪を剃り母に暇を乞い、廻国に出て、津の国天王寺西門《さいもん》の辺にて病死せりとぞ。亀の上に碑石を立つ、

これこの因縁なるべし。〔「説話2」〕

南方はこの話を評して、「田代某が行ないしというところは、人ならで虫、畜《けもの》を多く殺せしなれば、千疋切り百疋切りと言わんこそ適当ならめ」とおどけている。この奇妙な物語は、江戸時代相当に有名なものだったらしい。南方によれば、「田代氏が碑を建てたる当時、千人切りの名高かりしは、貞享四年〔一六八七〕板『男色大鑑』巻八に、『田代如風は、千人切して、津の国の大寺に石塔を立てて、供養をなしぬ。〔中略〕』〔といい、また〕貞享元年〔一六八四〕板『好色二代男』巻八〔にも〕、女郎どもに作らせし『血書《ちがき》は、千枚重ね土中に突っ込み、誓紙塚と名づけ、田代源右衛門と同じ供養をする』など見えたるにて知るべし」という。(15)

ところで、この一見いかにも純日本風な因縁話に見える「田代某千疋切り」の説話は、じつは古い仏教説話を下敷きにしているらしい。そのことは、「田代説話」(16)のもうひとつのヴァージョンを伝える文化二年〔一八〇五〕板の読本『絵本合邦辻《がっぽうがつじ》』〔速水春暁斎作・画〕という書の記述から推測することができる。さきの『浪花の梅』では、孫右衛門は母に「取り懸かり」かけて、そのまま気を失ってしまうが、その後「たちまち本性となりて母に向かう」という。つまり彼が失神していたのは、ほんの短い間だったようなのだが、『合邦辻』のヴァージョンでは、物語の同じ箇所で、田代弥左衛門が気絶したあと、(17)

母僧俗を請じ、百万遍を催す。念仏終わるに臨み、田代蘇《いきかえ》り、みずから地獄に往って閻王に誡《いまし》められし次第を語り、出家廻国して天王寺辺に歿しぬ。

というふうに書かれているという〔南方の要約による〕。さて、こうして「田代の母百万遍を催すに先だち」南方の引く『合邦辻』の記述によれば、(18)

檀寺の僧子細を聞いて、むかし班足王《はんぞくおう》千人の命を絶つべしと大願を発し*、九百九十九人を殺し、今一人になって、老母をもって員《かず》に充てんとす。すでに害せんとせし時、忽然と大地裂けて班足を陥る。老母驚き悲しみ、その髪を摑んで引き上げんとすれど、体すでに地中に落ち入り、髪のみ老母の手に遺《のこ》りし、と経文に説けり。弥左衛門も同様の罪によって、目前阿毘焦熱の苦を受くると覚ゆと言えり。

＊江戸時代に「斑足王」という名が相当に広く知られていた、ということは、川柳などにその名が現われることからも推測できる。ただし、これはカルマーシャパーダ王説話がそのまま知られていたからではなく、それに取材して新たに日本で作られた「玉藻前《たまものまえ》説話」が、能『殺生石』などを通して普及し、それを介して知られていたと考えられる。ここでは、九尾の狐が主人公である。石川一郎著『江戸文学俗信辞典』（東京堂出版、一九八九年）p. 99a-100b 項目「狐」によれば、「名高い三国伝来の九尾の狐は、殷の紂王の宮に入って妲己と称し、天竺に渡って斑足王をたぶらかして華陽夫人と化し、また中国に戻って周の幽王の妃褒以となる。さらに来朝して鳥羽院（あるいは近衛院とも）のもとに玉藻の前として現れ寵愛されたが、陰陽博士安倍泰成に見現されて下野の那須に飛び殺生石となった。後深草天皇の御代に玄翁和尚によって得度された。前記の話が謡曲や『玉藻前曦袂《たまものまえあさひのたもと》』など数多くの浄瑠璃、歌舞伎狂言・読本小説類に描かれた」という。これを主題にした川柳として、「斑足は四足に心まどはされ」（『俳風柳多留』一〇九・三〇）や「一国に三本あての尻つ尾なり」（同上、四〇・三六）などが挙げられている。玉藻前説話については、後述 p. 578-579 細注、p. 603 も参照。

# 4　アングリマーラ降伏譚

南方の指摘を待つまでもなく、読者はこの「檀寺の僧」の典拠が誤りであることに気づかれるだろう。斑足王、すなわちカルマーシャパーダ王は、千人の王を食おうとしたが、彼が老母を殺そうとした、というようなことは、どのヴァージョンにも見当たらない。では、このモティーフはどこから出てきたのだろう？　南方が言うとおり、「これその僧また著者が記憶の失にて、諸経説を混淆せり」。すなわち、地獄に堕ちかけた子どもの髪が母の手に残る、というモティーフは、南方によれば、『雑宝蔵経』（吉迦夜・曇曜訳、四七二年）の短い物語に基づき、一方、自ら老母を手にかけようとする、というモティーフは、有名な「アングリマーラ降伏譚」を元にしているという。

それぞれを南方の記述にしたがって見ることにしよう。まず[19]、

図16　アングリマーラの出家（ガンダーラ）

『雑宝蔵経』巻七[20]（巻九の誤記）に、子が母の美貌に着《じやく》し、病となり、母に推し問われてその由を告げしに、母、子の死せんことを怕《おそ》れ、「すなわち児を喚び、その意に従わんとす。児まさに床に上がらんとするや、地すなわち擘裂《さけ》て、わが子即時に生身陥入す。われ、すなわち驚怖し、手をもって児を挽き、児の髪を捉え得たり。しかしてわが児の髪は、今日なおわが懐中にあり。このことを感切し、このゆえに（外道法の中《うち》に）出家せり」。

（「説話3」）

南方によれば、地獄に落ちかけた子どもの髪が母の手に残る、というこのきわめて印象的なモティーフは、いまの『雑宝蔵経』の説話から、すでに奈良朝・平安時代に日本の説話に取り入れられているという。すなわち、『日本霊異記』中巻（第三話）と『今昔物語集』巻第二十（第三十三話）に載せる「武蔵人・吉志火麿《きしのほまろ》」の物語では、母とともに遠地に赴任して、郷里に残した妻を恋い焦がれ、母を殺してその喪に服せば妻のもとに帰れるだろうと考えた男が[21]、

前《すす》みて、母の項《うなじ》を殺《き》ら将《む》とするに、地裂けて陥る。母即《すなは》ち起《た》ちて前《すす》み、陥る子の髪を抱《うだ》き（中略）、猶《なほ》髪を取りて子を留むれども、子終に陥る……（『霊異記』、「説話4」）。

恋する女のためにもの狂いし、母を殺そうとするという物語は、たしかに「田代説話」に非常に近いものだろ

う。また、説話3と比較した場合、母子の近親相姦と母殺しとが互いに交換可能の関係にあるということも興味深い。しかし、「田代説話」の千人（千疋）を殺そうとして最後の一人にみずからの「老母」をあてようとする、というモティーフは、もうひとつ別の仏教説話――これも非常に有名な「アングリマーラ降伏譚」を下敷きにしていると考えられる(22)〔図16参照〕。この物語についても、南方の比類ない文体による要約を借りることにしよう(23)（〔　〕内は筆者の補足）。

指鬘《しまん》、梵語で鴦窶利摩羅〔Aṅgulimāla〕、略して央掘摩と書く。劉宋の世支那へ来たりしインド僧徳賢《グナバドラ》所訳『央掘魔羅経』(24)によれば、仏在世に舎衛城〔シュラーヴァスティー〕の北薩那村に梵種の貧女〔跋陀羅（Bhadrā）〕と名づくるあり。男児を産み、一切世間現《いっさいせけんげん》と名づく。少にして父死す。十二歳にして人相色力具足し、聡明弁才あり、〔摩尼跋陀羅（Maṇibhadra）〕といえる梵師に学ぶ。ある日師王の請いを受け、世間現に留守頼み出で往く。師の妻、年若く美人なりしが、世間現を見て染着《せんじゃく》し、たちまち儀軌を忘れ、前《すす》んでその衣を執《と》る。世間現、師の妻はわれの母に斉《ひと》し、如何《いかん》ぞ非法を行なわんとて、衣を捨ててこれを避く。かの婦欲心熾盛《さかん》にて、泣いて念ずらく、彼わが意に随わず、要《かなら》ず彼を殺し、さらに他の女を娶らざらしめん、と。すなわち「みずからその体を攫《つか》み、淫乱いよいよ熾《さか》んにして、みずから焼いて病となる」。女人得意の諂《いつわり》を行ない、その身を荘厳《かざり》たて、縄もてみずから縊り、足地を離れず。夫帰り来たり、刀もて縄を截《た》ち大いに叫んで誰が所為《しわざ》ぞと問う。婦答うらく、これ世間現、非法を行なわんとて、われに強逼《きょうふく》し、かく行なえり、と。夫〔摩尼跋陀羅〕かねて、世間現生まれし日、一切王種所有の刀剣おのずから抜け出で捲き屈んで地に落ちたる瑞相より推して、この人大徳力あるを知り、とても自分の手に及ばぬ奴と思いければ、何とかして自滅させやらんとて、世間現を招き、汝は悪人なり、所尊《めうえ》を毀辱《きじょく》せり、千人を殺して罪を除け、と命ず。世間現、天性恭順、師の命を重んず。すなわち師に白《もう》す、千人を殺すことわが志にあらず、と。師これを強いしかばやむをえず承諾す。師また告ぐ、一人を殺すごとに、その指を取って鬘《まん》〔首飾り〕と作《な》し、千人の指を首に冠りて還らば婆羅門となるべし、と。これより世間現を指鬘と名づく。すでに九百九十九人まで殺し、今一人で事済むべしと、血眼になって暴れ廻るところへ、その母、彼の饑《う》えたるを察し、みずから四種の美食を持ち送り往く。子、母を見て、わが母を千人の員《かず》に入れ、天上に生まれしむべしとて、剣を執ってこれを殺さんとす。その時世尊一切智もてこのことを知り、忽然指鬘の前に現ぜしかば、われ母の代わりにこの者を殺すべしと、斬り懸かりしも、仏神足〔不可思議な力〕もて斬られず、反って偈《げ》を説いて、母恩の大なるを暁《さと》し、指鬘を降伏して得道し、羅漢とならしむ。しかれども、多く人を殺せし報いによって、日夜血の汗、衣を徹せりという。玄奘の『西域記』[25]に、指鬘が母を殺さんとして、仏に降伏されし故蹟を観《み》たり、と記せり。『増一阿含経』〔中略〕巻三一[26]に、央掘摩千人切りを説くほぼ上文に同じく、その得道の後、われ賢聖に従って生じ、以来殺生せずと、至誠の言を持して、難産婦人を安産せしめたり、と見ゆ。罪深かりしだけ、なかなかの俊傑と思わる。〔「説話5」〕

まえの『雑宝蔵経』の説話（説話3）では、子が母に恋慕する近親相姦の話だったが、ここでは婆羅門の師の妻がその弟子に「染着」する設定に変わっている。しかし、「師の妻はわれの母に斉《ひと》し」ということばでも分かるとおり、インドでは上位の三カースト（バラモン、クシャトリヤ、ヴァイシヤ）、とくにバラモン種の男子は師に入門してイニシエーションを受けることで「二度生まれた」者（*dvija*）と言われ、その意味で師の妻と弟子の「不倫」は、社会的にはまさに母・子の近親相姦に相当することになる（後述p. 266も参照）。とすると、説話3とこの「アングリマーラ説話」は、内容的には決して無関係ではないと言えるだろう。説話3における母・子の近親相姦は、ここではいわば「師の妻＝母」と「弟子＝子」との「近親相姦」と、そして生母を子が殺害しようとする母殺しという二つのモティーフに分割されていると考えることもできる（説話4も参照）。母子相姦は、母子の間の過剰な接近であり、母殺しは母子間の過剰な乖離だが、その二つのモティーフは共に「母子関係」が問題になっていることを示している。一方、最初の「田代の千疋切り説話」との関連で言えば、「恋愛事件」→「千人（または千疋）切り」→「母殺し」という筋書きの類似から見ても、この「アングリマーラ説話」がもっとも近いものと考えられるだろう。*

*ただし「田代の千疋切り説話」で特徴的な、「娘の命を失わしめんと」して千匹の生き物の命を奪うというモティーフは、これだけでは説明できない。南方は「多くの動物を殺して人を呪詛することは真言の諸方にしばしば見え」る、と言い、さらに中国の「巫蠱《ふこ》の法」をこれに類似する呪法として述べている（南方、前掲稿 p. 451）。――中国の巫蠱の法については、澤田瑞穂著『中国の呪法』（平河出版社、一九八四年）p. 247-289, p. 488 などに詳しいが、「田代の千疋切り」をそれだけで説明することは難しいようである。また、南方が言う「真言の諸方」が具体的にどんな呪法を指すのか、残念ながら明らかにできなかった。識者のご教示を俟ちたい。

## 5　アングリマーラ降伏譚とカルマーシャパーダ神話

ところで、このアングリマーラを釈尊が改心させる物語は、仏典では非常に有名で、多くの経典にいろいろなヴァージョンが引かれているが[27]、なかでもわれわれの興味を惹くのは、パーリ語の『ジャータカ』No. 537と『六度集経』[28]および『賢愚経』の三つである。というのは、この三つのヴァージョンでは、さきに見たカルマーシャパーダ王説話が、このアングリマーラの前生譚として語られているからである。これはもちろん、アングリマーラの「千人切り」と、カルマーシャパーダ王が千人の王を捉えて食おうとする、二つのモティーフの類似に基づいているものと考えられる。では、この二つの説話は、どのようにリンクされているのだろう。ここでは『賢愚経』の例でそれを見てみることにしよう[29]。

『賢愚経』のヴァージョンでは、アングリマーラ（ここでは「鴦仇《おうぐ》摩羅《まら》」という音訳が当てられている）は、シュラーヴァスティー国のプラセーナジト王の大臣の男児として生まれたことになっている。幼少の頃から非凡の相を表わし、「千人力」の力をもっていたという。――さて、上述とほぼ同じ経緯を経て、鴦仇摩羅は、師の婆羅門の教えに従い（ここでは婆羅門は鴦仇摩羅の「千人力」を恐れて、「七日の内に千人の人の首を切り、その指を取って首飾りを作れば、死後、直接、梵天に生まれることができる」という偽りの「秘法」を教え、彼を陥れようとする）、九百九十九人を殺し、最後の一人として自分の母を斬り殺そうとする。――この時、世尊がそれを知って比丘の姿で現われ、鴦仇摩羅を改心させた。こうして仏に帰依し、「羅漢道を得た」鴦仇摩羅は、世尊とともに祇陀林へ向かったのだった……。

さてこの頃、国中の人々は鴦仇摩羅の噂を聞いてみな恐れをなし、とくに妊娠した人の妻も、あるいはけものたちの雌も、恐れのあまりお産ができなくなってしまっていた。一頭の象が子を産めないで苦しんでいるのを知って、世尊は鴦仇摩羅に、「往って、誓ってこう言いなさい。『私は生まれて以来、誰ひとり殺したことはない』と」と命ずる。鴦仇摩羅が「しかし、私は多くを殺してしまいました。どうして殺していないと言えるでしょう」と尋ねると、仏は告げて言う「聖法の中では、お前は生まれたばかりではないか」。そこで、鴦仇摩羅は世尊の命のとおりに衣服を整え、象のもとに往って誠言すると、〔人も動物も〕みな無事に子どもを産めるようになったのだった。

さてその時、プラセーナジト王は、鴦仇摩羅を討つために大軍を率いて祇洹へとやってきた（ここで、姿は醜悪だが美声の比丘の物語が挿入されているが、直接関係ないので省略する。後述p. 210-212参照）。王の用件を聞いて、世尊は鴦仇摩羅がすでに出家し、阿羅漢となったことを告げる。そして、鴦仇摩羅が多くの人を殺し、世尊が彼を降化したのが、これが最初ではなかったことを語る。そこで「カルマーシャパーダ王説話」が物語られるのである。過去世のカルマーシャパーダ王は今日の鴦仇摩羅であり、カルマーシャパーダ王に喰われた人々が今日鴦仇摩羅の犠牲となった九百九十九人であり、そしてそのカルマーシャパーダ王を改心させたスタソーマ王こそが今日の世尊にほかならなかった……。

こうして「カルマーシャパーダ王説話」が語られたのち、『賢愚経』ではさらにもうひとつのアングリマーラの前生譚が付け加えられている。「何の因縁によってこの多くの人々は、世々にわたって殺され続けたのか」という疑問に答えて、世尊は大略次のような説話を物語っている。(30)

昔、ヴァーラーナシー国のブラフマダッタ王（カルマーシャパーダ王説話の登場人物とは同名異人）には、二人の王子がいた。弟の方は、王位を継承できないので、仙人になるため、深山にこもって苦行に励んだ。しばらくして父王が没し、兄が王位を継いだが、その兄もあまりたたないうちに病で死んでしまった。こうして弟王子は、呼び戻されて王位に即くことになった。ところが、彼は昔から苦行ばかり積んで「欲事」についても何も知らなかったので、一度「女色」に近づくと逆にたちまちのめり込み、ついに国中の嫁に行く女はすべて、まず王に従ったのち、夫に従うように、という命令を出した。

ところが、それを嫌った一人の娘が、ある時突然、驚くべきことをしてのけた。公衆の面前で裸になり、立ち小便をしたのである。人々は口々にその振舞いを嘲ったが、娘が言うには「女が女の中にいて、何の恥ずべきことがあろう。この国の男は、王一人だけで、その他はすべて女なのだから」。この娘のことばに人々は恥じ入り、互いに語らって王を殺すことに決めた。そして王が城外の園の池で水浴びをしていたところを取り囲み、打ち殺してしまった（この場面設定は、カルマーシャパーダ王説話で王が殺される場面と同じである）。が、王は殺される直前に、この仇の人々を世々にわたって殺すことを誓ったのだった。〔「説話６」〕――こうしてこの王が、のちにカルマーシャパーダ王となり、また鴦仇摩羅となって、この仇の人々の生まれ変わりを殺し続けたのである。

## 6　清浄太子の翻意（初夜権の濫用1）

ところで、この最後の奇妙な物語は、じつはアングリマーラ説話の別のヴァージョン、『増一阿含経』（瞿曇僧伽提婆訳、三八四年）に詳しく語られたアングリマーラのもうひとつの前生譚、すなわち清浄太子の物語の焼き直しであろうと思われる。この物語もまた、南方熊楠のすばらしい要約によって紹介することにする。(31)

『増一阿含経』巻三一(32)に、仏、央掘摩の因縁を説く。迦葉《かしょう》仏在世ののち大果《だいか》王あり。その第一妃男子を生む。希有の美男たり、大力《だいりき》と名づく。八歳の時娶婦《よめとり》せよと勧むるに、幼なりとて辞す。また二十年経って勧めしも辞す。よって名づけて清浄太子という。父王国中に令して、よく太子をして五欲を習わしむる者あらば、千金と諸宝を与えんと宣ぶ。その時婬種と名づくる女あり、六十四変を明らめ尽せり。われこれをよくせんとて、王に請うて、内宮中に勅して随意《ままに》出入りを遮るなからしむ。その夜二時、女、太子の門側にあって哭く。太子ただ〔侍衛の〕一男児と寝室《ねま》にありしが、これを聞いて侍臣をして往って所由《わけ》を問わしむ。婬女報《こた》えて、夫に棄てられこの次第、また盗賊を畏れて哭く、と言う。よって侍臣をしてこの女を象厩《ぞうや》中に置かしむるに、また哭きしかば堂後に置く。ここでも哭く故、太子みずから尋ねけるに、女は単弱《かよわき》故、きわめて恐《おそ》怖《ろし》くて哭く、と答う。「太子告げていわく、わが床の上に上がれば畏るることなきを得べし、と。この時、女人は黙然として語らず、またふたたび哭《な》かず。この時、女人すなわち衣装を脱《ぬ》ぎ、前《すす》みて太子の手を捉《と》って挙げ、おのれが胸の上に著《お》く。即時に驚覚し、漸々として欲想を起こす。すでに欲心を起こせば、すなわち身これに就《つ》く」。さて明旦、太子、父王のところへ詣《いた》る。顔色常に殊《かわ》れるを見、問うてその故を知り、父王大いに悦び、何の願いあるぞ、と問う。太子いわく、わが所願を述べて、大王中《なか》ごろ悔いずんば啓《もう》すべし。王いわく、決して中ごろ悔いじ、と。「太子、王に白《もう》す、大王は今日、閻浮《えんぶ》提《だい》内を統領し、みなことごとく自由なり、閻浮提の里内にて、もろもろのいまだ嫁《とつ》がざる女《むすめ》は、まずわが家に適《ゆ》き、しかる後に嫁がしめよ、と」。これより国内の処女《おとめ》、すべてまず太子に詣《いた》り、しかるのち嫁する定制《おきて》となる。須蛮《すまん》と名づくる長者女《もちまるむすめ》年ごろになり、太子に詣るべきはずのところ、裸跣《はだかあし》で衆中を行きて恥じず。衆人《みなみな》、これは名高き長者《もちまる》の娘、云何《いかん》ぞ裸で人中を行く、驢《うさぎうま》と何ぞ異ならんと嘲る。女いわく、われ驢たらず、汝らことごとく驢なり、女が女を見て相恥ずることやはある、城中の生類ことごとく女人《おんな》なり、清浄太子一人が男なり、われ太子の門に至らば衣装を着るべし。諸民相謂《かた》るらく、この女の説通り、われらみな女にて清浄太子のみ男なり、われら今日男子の法を行なうべしとて、兵装して父王を見、太子、国の常法を辱しめたれば、王か太子か、いずれか一人を殺さんと願う。この時父王偈《げ》を説けるは、「家のために一人を忘れ、村のために一家を忘れ、国のために一村を忘れ、身のために世間を忘る」、太子を汝ら随意《かって》にせよ、と告ぐ。諸人、太子を縛りて城外に将《つ》れ出し、殺さんとせる時、太子誓願して、われ来世必ずこの怨を報ずべし、また真人《しんじん》に値《あ》い、速やかに解脱を得ん、と。人民みなともに瓦石もて太子を打ち殺す。その時の王は今の央掘摩の師、婬女は師の妻、その時の人民は今央掘摩に殺されたる八万人、その太子は今の央掘摩なり、と（「説話7」）。

## 7　曠野鬼神の前生譚（初夜権の濫用2）

ところで、これと同工異曲の説話は、さらに曠野鬼神（Āṭavaka）の前生譚として、『雑宝蔵経』巻第八（第九十七話[33]）および『根本説一切有部毘奈耶』（義浄訳、七〇二または七〇三年）巻第四十七[34]にも語られている。さきにも、ハーリーティーとともに「難化衆生」の例として現われたこの曠野鬼神とは、中国密教を経て、日本では「大元帥明王」として知られるようになり、国難にあたって皇室を護持する大元帥法の本尊として重要な役割を果たすようになるが、古代インドではまだ釈尊に降伏される鬼神の一人に数えられているにすぎない[35]。曠野鬼神

**図17　六面八臂大元帥明王**（小栗栖本様、「東寺大元明王図像」）

はまた、パーンチカとともに毘沙門の配下の鬼神としても知られていた(36)〔図17、18参照〕。

ここではまず南方の要約によって『根本説一切有部毘奈耶』の物語の前半を紹介し、次にその後日談をテクストに基づいて付け足すことにしよう。南方は前に引いた文に続けて、こう書いている(37)。

これに類せる話『根本説一切有部《うぶ》毘奈《びな》耶《や》』四七巻にあり。ただし、央掘摩に関係なし。いわく、仏、王舎城にありし時、千人力の壮士、〔マガダとコーサラの間の〕曠野の賊を平らげ〔そこに曠野城と名づくる〕新城を築き(38)、人多く住み、繁盛せる謝意を表せんとて、住民娶る者、必ずこの大将を饗し、次に自分ら宴すべしと定む。一人、妻を娶るに貧しくて飲食を弁ずるあたわず、すなわち新婦をして将軍の室に入らしめ、おわって始めてこれと婚す。将軍大いに歓び、爾来諸民これを恒式とす。後日新たに嫁せんとする女《むすめ》あり、念《おも》うにこの城民久しく非法を行ない、自妻をまず他人に与う、何とぞこの俗を断たんとて、裸で衆中に立小便す。衆これを咎めしに、別嬪平気で答うらく、これ何の恥かあらん、国民すべて女人で、将軍独り男子たり、将軍の前でこそ、裸と立小便を恥ずべけれ、汝ら女同然の輩の前で、何の恥かあるべき、と。衆これを然りとし、〔ともに謀りし〕後、〔池で水浴びせる〕将軍を〔斬り〕殺せしに、その霊〔暴悪薬叉〕となり、毎日一人ずつ食い大災をなせしを、仏往って降伏せり、となり。『雑宝蔵経』巻七〔巻八の誤記〕の載すところもほぼこれに同じ（「説話8－a」）。

この仏による降伏の物語は、南方の要約がないので、『根本説一切有部毘奈耶』のテクストに基づいて述べることにしよう。

さて、こうして人々に斬り殺された将軍の霊は、曠野叢林に住む「暴悪薬叉」となって付近を猛烈に荒らし回り、人々はたまりかねて毎日一人を籤で選んで鬼神に捧げることに決めた。こうして選ばれた人は、家の門にそれを示す札を懸けられ、家主自身、またはその子どもが曠野鬼神に喰われに行くことになっていた。さてその頃、ある長者が百神に祈願してやっと一人の子どもを授かったが、子どもが生まれたその時に、門に人身御供に選ばれた札が懸けられた。夫婦は嘆き悲しんだが、詮方ない運命と諦め、子どもを鬼神の棲む森へ送っていった。そうして帰ってきて高楼に登り、神々に子どもの護持を祈った。——世尊は、それを知って曠野へと赴き、かの暴悪鬼神に会って漸々に法を説き、彼を改心させた。こうして仏に帰依した曠野鬼神は、人身御供にされていた嬰児を仏に手渡し、仏はその子を長者夫婦に手渡したので、子どもは「曠野手」と名づけられたのだった……。

**図18　曠野鬼神降伏説話**（左下に釈尊に子どもを手渡す曠野鬼神、右下に子どもの両親が描かれている。ガンダーラ彫刻、２世紀前半。ラホール博物館所蔵）

ところで、この最後の部分は、『雑宝蔵経』のヴァージョンではこんなふうに書かれている。(39)「〔こうして〕仏に帰依した〔曠野鬼神〕は、仏の弟子となり、〔先に人身御供に挙げられていた〕子どもを手にとって仏の鉢の中に置いた。それゆえ、この子どもは『曠野手』と名づけられたのだった……」（〔説話８－ｂ〕）。

さて、ここに見た三つの説話（説話6〜8）が同じ基本的ストーリーに基づいていることは一目瞭然だろう。王や権力者に婚前の娘を貢いで処女を与えるという風習は、いわゆる「初夜権（*ius primae noctis*）」として知られ、南方によれば「欧州のみならず、インド、クルジスタン、アンダマン島、真臘（カンボジア）、占城《チャンパ》、マラッカ、マリヤナ島、アフリカおよび南・北米のある部にもかかる風俗ありし」というほど、広く行なわれたものだった。事実、南方の引く『カーマ・スートラ』（七篇二章）は、

全く王者、臣民の妻娘を手に入れる方法を説きたり。その末段にいわく、アンドラ民の王は、まず臣民の新婦を試むる権力あり。ヴァツァグルマ民の俗、大臣の妻、夜間、王に奉仕す。ヴァイダルブハ民は、王に忠誠を表せんとてその小婦《よめ》を一月間、王の閨に納《い》る。スラシュトラ民の妻は、王の好みのまま、単独《ひとり》また群《むれ》でその閨房に詣《いた》るを例とす。

といい、こうした風習が実際インドで行なわれた可能性を示唆している。(40)

このような王の「性的暴虐」に対抗して、これら三つの説話では、一人の娘が公衆の面前で性的恥辱を忍び、そのことによって人々の反抗を煽動する、というきわめて印象的なモティーフが語られている。このモティーフは比較説話学上、とくに興味深い問題を提供する。というのは、十五世紀のユダヤ教の文献・ミドラッシュに、マカベア戦争の発端に関連してこれとほとんど同じエピソードが現われていることが知られているからである。(41)さらに同じモティーフは、中世イギリスの有名な「ゴダイヴァ夫人（Lady Godiva）伝説」でも変形して用いられているように思われる。

＊

伝説によれば、ゴダイヴァ夫人は、十一世紀イギリスのコヴェントリ市の領主、レオフリック伯爵の奥方だ

った。レオフリック伯は住民に酷税を課して、人々は困窮の極みにあった。夫人は、夫に税を軽くするようにとりなしたが、彼は「お前が裸で馬に乗りコヴェントリの町を一周したら願いを聞いてやろう」と言ってとりあわない。ゴダイヴァ夫人は、意を決して夫の無体な要求をのみ、そのことば通りにした。市民たちは、夫人のなさけに感激して、家々の窓や戸を閉め、夫人の姿を見ないようにした。ところが、仕立て屋のトムという男が一人だけ、彼女の裸を覗き見して、たちまち眼がつぶれたといわれている[42]（これが「覗き見トム」Peeping Tom という語のいわれであるという）。

こうして、五世紀頃の仏教説話に現われた驚くべきモティーフが、中世にはヨーロッパの果てにまで旅していたと考えることができるのである。

## 8　パーリ語の曠野鬼神降伏神話

さて、カルマーシャパーダ王説話から曠野鬼神の降伏譚まで、われわれの説話探究の道筋は、出発点から大きくずれてきてしまったように感じられる読者もあるだろう。ところが、ここで曠野鬼神降伏を伝えるもうひとつのヴァージョン——しかもパーリ語の比較的後期の文献によるヴァージョンを加えると、じつはこの道筋がひとつの大きな円環を描いているものだったことが明らかになるのである。五世紀半ばのブッダゴーサに帰されるいくつかの注釈書は、アーラヴァカ Āḷavaka 鬼神、すなわち曠野鬼神の降伏について、次のような物語を伝えている（パーリ語の *āḷavaka* はサンスクリットの *āṭavaka*「＝ジャングル、未開拓の荒れ地、曠野〔に棲む者〕」に相当する）。

アーラヴィー Āḷavī 国のアーラヴァカ王は、ある日森に狩りに出かけて鹿を深追いし、従者たちからはぐれてしまった。そうして王宮へ戻る道すがら、一本のバニアン（菩提樹）の木の根元で体を休めた。ところが、その木は、鬼神（*yakkha*）たちの王からその下に来るものは誰でも喰ってよいという許可を得ていたアーラヴァカ鬼神の棲処だった。いまにも鬼神の餌食になりかけた王は、毎日ひとりの人間を供物として差し出すという約束をして、やっとその毒牙から逃れることができた。

はじめは国の囚人たちが犠牲になったが、じきに牢獄も空になり、その後は領民の家族からひとりずつ子どもが選ばれて鬼神のもとに運ばれることになった。人々は鬼神の姿を見ただけであまりの恐怖にバターのように溶けてしまい、また領地の妊婦たちはすべて遠くに避難していった。こうして十二年が経ち、ついに領地にはただひとり、王の最愛の息子だけが残った。それでも自分の命を惜しんだ王は、太子の体を美しく着飾って、森の鬼神のもとに運んでいった。——この時、すべてを見通す世尊がそのことを知って、鬼神のもとに赴き、種々の方便を用いて彼を改心させた。こうして仏に帰依したアーラヴァカ鬼神は、犠牲に差し出されていた王の息子を仏に手渡し、仏がさらに王に手渡したので、その子どもは（「手」を意味する）*hattha*（sk. *hasta*）の語をとって Hatthaka Āḷavaka（「曠野手」）と名付けられたのだった[43]……（「説話９」）。

王が森に狩りに行くという始めの場面設定、王の約束や子喰いのモティーフ、さらに「十二年」という数字などは、すべてカルマーシャパーダ王説話と関連づけられるものである。一方、「妊婦」の言及はアングリマーラ説話とのかかわりを暗示するものと言えるし、「曠野手」の名は漢訳の曠野鬼神説話との直接的な結びつきを示していると考えられるだろう。ここでは、王自身は子喰いの王ではないが、王の狩猟（生類の殺害）が鬼神による子どもの殺害に結びつく、という意味では、この王と鬼神はほとんど一体のものであると言える（だから王と鬼神は同じ名前である）。説話１から説話９に至るまで、すべてはひとつの大きな神話的思考体系の円環のなかに結晶し、散らばった、表象の星座群だったのである。

| | | |
|---|---|---|
| [1] | カルマーシャパーダ王説話（アングリマーラ前生譚 a） | 王の狩猟→子喰い→住民による殺害→千人王狩り→改心 |
| [2] | 田代の「千疋切り」説話 | 恋愛事件→千疋切り→母殺し未遂→改心 |
| [3] | 『雑宝蔵経』 | 母子相姦未遂→子　地獄へ堕ちる／母　出家 |
| [4] | 吉志火磨物語 | 妻の元へ帰ることを欲し、母殺し（未遂）→子、地獄へ堕ちる |
| [5] | アングリマーラ降伏譚 | 千人力→師の妻による誘惑→千人切り→母殺し未遂→改心（難産→安産） |
| [6] | アングリマーラ前生譚 b | 兄　俗世→死／弟　苦行（仙人）→俗世（王）→女色→住民による殺害 |
| [7] | アングリマーラ前生譚 c | 「清浄太子」→「淫女」による誘惑→女色→住民による殺害 |
| [8] | 曠野鬼神　前生譚 | 千人力→女色→住民による殺害 |
| | 曠野鬼神　降伏譚 | 人喰い→改心→子どもを仏に手渡す（鉢に入れる） |
| [9] | アーラヴァカ鬼神降伏譚 | 王の狩猟→鬼神、国民（子ども）を喰う→仏による降伏→子どもを手渡す |

**表 1**

## 9　古代インドの仏教信仰と「死と再生のイニシエーション」

さて、こうしてひとつの神話的表象体系の輪郭が明らかになったところで、それがどのような意味をもっていたか、考えてみることにしたい。とはいっても、神話の「解釈」にはあらゆる角度からのアプローチが可能であり、どれひとつをとってもそれで神話の「意味」が尽きるというわけではない。ここではただ、古代インドにおける仏教信仰の歴史という視点に限って、ひとつの「解釈」を試みることにしよう。

まずは「表1」に挙げた、説話1から9までのあらすじを見ていただきたい。このように全体を見渡してみると、ほぼすべての説話に共通した大きな枠組みがあることが明らかになるだろう。すなわち、（「吉志火磨物語」＝説話4を除いた）すべての説話は、

主人公の幸福な状態→大きな罪→（死）→改心

という構図にのっとっていると考えることができる。ただし、この基本構図がもっとも明確に現われているのは説話5（アングリマーラ降伏譚）であって、それ以外の場合は多少とも修正して考える必要がある。まず、説話1（カルマーシャパーダ王説話）については、「住民による殺害未遂」のエピソードは、むしろ実際に殺害された→そしてカルマーシャパーダは死の直前の「邪願」によって「羅刹王」として新たに生まれ変わった、と考えた方がこの構図によく合致するだろう。その意味では、説話2（田代の千疋切り説話）の「失神」の場面も「死」に相当すると考えられる。また説話3（母子相姦の説話）では、主人公が母と子に分割されている——すなわち、「子の地獄堕ち」と「母の改心」は、いわば同じ主人公の連続した状態と見るべきだろう。次に説話6と7のふたつのアングリマーラ前生譚は、それぞれ「住民による殺害（主人公の邪願）」で終わっており、当然説話5（アングリマーラ降伏譚）につながるものと考えなければならない。それと同様、説話8-a（曠野鬼神前生譚）は同説話8-b（曠野鬼神降伏譚）に結びつくことになる。最後の説話9（アーラヴァカ鬼神降伏譚）は、（説話3の場合と同様に）主人公が王と鬼神とに分割されていると言うべきだろう（事実、この二人は同じ「アーラヴァカ」という名で呼ばれている）。

このように考えれば、各説話の「大きな罪」に当たるモティーフ——すなわち「子喰い」「母子相姦」「初夜権の行使」（「女色」）など——は、すべて同等の意味をもっていると考えることができる。いわば、子喰い＝食行動に関する規範の逸脱（一種の過剰）は、初夜権の行使や母子相姦、すなわち性行動に関する規範の逸脱（過剰）に対応していると言うことができるだろう（「千人王狩り～千疋切り～千人切り」および「母殺し未遂」は、この最初の「大きな罪」に対してふりかかった狂気＝一種の罰に当たるとも考えられる）。

説話6および7は、過度の苦行または「清浄」が、過度の「女色」に逆転するという特徴的な構造をもっている。これは多くのインド神話、とくにシヴァ神に関する神話に現われるひとつの基本構造[44]だが、これはさらに一般化して、「性行動に関する（プラスまたはマイナスの）過剰／逸脱」の表現と解釈することもできるだろう。またそれと同様に、すでに見たように、母子の過剰に接近した状態を意味する「母子相姦」は、母子の過剰に乖離した状態＝「母殺し（未遂）」に対応するということも指摘しておかなければならない。

さて、このように見てくると、この一連の説話群のなかでとくに特徴的かつ完全な形態をもっているのは、説話5の「アングリマーラ降伏譚」であると考えられるだろう。これは、「バラモンのイニシエーション」対「仏への帰依＝出家」という対立を核にして、明瞭な「死と再生」という構造のもとに成り立っている。文化人類学の研究でも明らかにされている通り、一般にイニシエーション儀礼においては、イニシエートされる者は最初に厳しい試練を経て、その後はじめて新たな集団に合体されることになる。[45]そしてこの試練から合体へという過程が、多くの場合、象徴的に「死と再生」の過程と見なされている。説話5では、「出家」が最終的な「再生」に相当し、婆羅門の師への入門から母殺し未遂に至る全過程が象徴的な「死＝試練」の過程に当たっていると考えることができる。この説話では、「出家＝再生」のイメージは、仏に帰依したアングリマーラが難産で苦しむ象（または人間の女）を助け、新しい命を生まれさせるというモティーフによって意識的に強調されている。*

*『央掘魔羅経』（巻第一）のヴァージョンでは、仏に帰依するアングリマーラが「火に触れて手を振り回し、泣き叫ぶ一歳の嬰児のような」（原文「爾時央掘魔羅即捨利劍、如一歳嬰児捉火即放振手啼泣」）と形容され、その「再生」のイメージがさらに強調されている。T. II 120 i 520b21–22.

しかし、さきに見たこの説話群全体に共通する基本構図を考え合わせると、こうした「死と再生」という構造は、じつは説話5だけでなく、（説話4を除いた）他の七つの説話すべてにも、大なり小なり当てはまると考えられる。「千人切り」にかかわる物語は、すべて基本的に、ある種のイニシエーション的状況における「死と再生」の構造にのっとっていると考えられるのである。

もっとも、説話5が実際に形成された過程は、むしろ逆だったのかもしれない。というのは、――少し想像をたくましくして考えると――アングリマーラとは元来、（ハーリーティーなどと同様に）インドの土俗信仰で祀られていた恐るべき鬼神で、恐ろしいからこそ（すなわち難産をもたらしうる鬼神であるからこそ）安産を祈願する神であったとも考えられるからである。この安産の鬼神を仏教に〈取り入れる〉際に、「正法における再生」を強調するために考え出されたのが、この説話であったのかもしれない。

一方、説話8‐b（および9）の最終場面（曠野鬼神が仏に人身御供に出された子どもを手渡す、または仏の鉢に入れる場面）については、別の推測をすることができる。アングリマーラが「難産／安産」を司る鬼神であったとすれば、曠野鬼神は生まれた子どもを「殺し／守る」鬼神だったのではないか。この鬼神に子どもの安全を祈願するには、子どもを彼の「申し子」にすること、つまり彼に子どもを犠牲として（いわば人身御供として）捧げることが前提とされていたと考えることも可能である。とすれば、この鬼神が、自分に捧げられていた子どもを仏の鉢の中に入れた、ということは、子どもを仏の「食物」として捧げた、ということ、つまり最終的には（親が）子どもを仏の「申し子」とすることによってその安全を祈願した、ということを意味しているのではないだろうか。

仏の鉢の中の子ども、というモティーフは、当然、同じ仏の鉢の中に隠されたハーリーティーの末子のモティーフを想起させる。仏の鉢は、仏が外道のカーシャパ三兄弟の一人、ウルヴィルヴァー‐カーシャパの毒龍をその中に入れて降伏した例（たとえば『四分律』巻第三十二）でも明らかな通り、一種の降伏の道具としての意味をもっていたと考えることができる[46]（「鉢」については神話モティーフ索引「鉢」参照）。一方、曠野鬼神が子どもを仏に手渡した、という場合には、前章で見た、カーリー女鬼に赤子を食われそうになって仏のもとに逃げ、「この子を差し上げますから、命だけは助けてやって下さい」と言って子どもを仏に差し出した母の物語を思い出すことができる（前述 p. 128 参照）。ここでも、この子どもはいわば仏の「申し子」として捧げられ、それによって仏の神力によって守護されたと考えられる。

ハーリーティー説話の最後には、仏に帰依したハーリーティーが、自分の子ども達をみな寺に住まわせ、ラージャグリハの町の母たちがそれを見習って、同じように子ども達を寺に預け、育ててもらった、というエピソードが語られていた（前述 p. 109 参照）。これは、おそらくインドのバラモン社会で一般に行なわれた、バラモン種の少年の師への入門と修行期間に対応して、仏教社会で現実に行なわれた風習を反映した記述であると考えることもできるだろう（これと似た習慣は、東南アジアの仏教国で近代に至るまで行なわれていた）[47]。古代インドの子ども達にとって、これは一種の寺子屋的な（教育制度としての）意味と同時に、宗教的イニシエーションとしての意味をも併せもっていたのではないだろうか。

「子喰い」を主要なテーマのひとつとし、安産の祈願や世尊（あるいは仏教寺院）への子どもの「奉献」といったモティーフを含んだこの一連の説話群は、このような古代インドの仏教社会における現実と信仰とをかいま見させてくれるものとも考えられるのである。

**注**

（1）『仁王経疏法衡鈔』v. Z. XLI 115 rec°a4-b17 参照。

（2）望月信亨著『仏教経典成立史論』（京都、法藏館、一九七八年〔初版・一九四六年〕）p. 425-441 参照。

（3）干潟龍祥著『本生経類の思想史的研究』、附篇「本生経類照合全表」（改訂増補版）（山喜房佛書林、一九七八年）p. 115a, ジャータカ No. 537; Et. Lamotte, *Le Traité de la Grande Vertu de Sagesse de Nāgārjuna*, I, p. 260-262 および p. 260, n. 1 に仏教の他のヴァージョンのリファレンスが挙げられている（p. 261 注に K. Watanabe, "The story of Kalmāṣapāda", *Journal of Pāli Text Society*, 1909, p. 236-310 という論文が挙げられているが、残念ながら筆者未見）。また同じ説話の別のヴァージョンはヒンドゥー教の文献にも見られる。R. N. Saletore, *Encyclopaedia of Indian Culture*, New Delhi, Bangalore, Jalandhar, Sterling Publishers, 1981-1985, II, p. 657-658 は『マハーバーラタ』I, 176, 35 and *sq.* や『ヴィシュヌ・プラーナ』を挙げている。また Hopkins, *Epic Mythology*, p. 182-183; 菅沼編『インド神話伝説辞典』p. 122b も参照。

（4）『普明王経』は『六度集経』の第四十一話 Tt. III 152 iv 22b16-23a21 に、『獅子断肉経』は『仏説師子素駄娑王断肉経』T. III 164 392a6-c24 に当たる。『六度集経』については Edouard Chavannes, *Cinq cents Contes et Apologues extraits du Tripiṭaka Chinois*, reprint, Paris, Adrien-Maisonneuve, 1962, I, p. 143-148 の仏訳も参照。

（5）『仁王経』、「旧訳」T[tt]. VIII 245 ii 830a26;「新訳」T[tt]. VIII 246 ii 840b7.

（6）上注4参照。

（7）望月、前掲書 p. 432-434 参照。

（8）『仁王経』、「旧訳」T[tt]. VIII 245 ii 830a21-b27;「新訳」T[tt]. VIII 246 ii 840b5-c8.

（9）『賢愚経』Tt. IV 202 xi 425a18-427a5.

（10）大正蔵第十六巻 No. 671-672.

（11）『入楞伽経』T. XVI 671 viii 563a24-25;『大乗入楞伽経』T. XVI 672 vi 624a3-4.

（12）D. T. Suzuki, *The Laṅkāvatāra Sūtra*, London, 1932; reprint 1968, p. 216 参照。また『入楞伽経』T. XVI 671 viii 565a6.

（13）南方熊楠著『南方熊楠全集』II（平凡社、一九七一年）p. 445-455.

（14）南方熊楠稿、同上書、「千人切りの話」p. 445. ——『狂歌絵本・浪花の梅』は陰山白縁斎編。

（15）南方、同上稿 p. 447.

（16）「帝国文庫」四十九編所収。

（17）南方、同上稿 p. 446.

(18) 南方、同上稿 p. 448-449. なお南方は「班足王」と書くが、「班」と「斑」はここでは同意。

(19) 南方、同上稿 p. 449.

(20)『雑宝蔵経』第百九話 Tt. IV 203 ix 492b29-c16.

(21) 南方、同上稿 p. 499；遠藤嘉基・春日和男校注『日本霊異記』（岩波日本古典文学大系、七〇、一九六七年）p. 178-183；山田孝雄・忠雄・英雄・俊雄校注『今昔物語集』四（岩波日本古典文学大系、二五、一九六二年）p. 196-197.

(22) アングリマーラ降伏譚については、Etienne Lamotte, *Le Traité de la Grande Vertu de Sagesse de Nāgārjuna*, III, [Publications de l'Institut Orientaliste de Louvain, 2], Louvain, Université de Louvain, Institut Orientaliste, 1970, p. 1542, n. 1；赤沼智善編『印度仏教固有名詞辞典』〔増補訂正附〕（京都、法藏館、一九六七年）p. 39a-41a にさまざまなヴァージョンのリファレンスが挙げられている。

(23) 南方、同上稿 p. 449-450.

(24)『央掘魔羅経』T. II 120 i 512b16-521a2.

(25)『大唐西域記』Ttt. LI 2087 vi 899a21-b3；水谷眞成訳『大唐西域記』p. 184a-b.

(26)『増一阿含経』T. II 125 xxxi 719b20-720b26 and *sq.*

(27) 上注22参照。

(28) *Jātaka*, PTS, vol. V, p. 456 and *sq.*；『六度集経』Tt. III 152 iv 23a25-b13 and *sq.*

(29)『賢愚経』Tt. IV 202 xi 423b6-424c27.

(30)『賢愚経』Tt. IV 202 xi 427a5-b29.

(31) 南方、同上稿 p. 452-453.

(32)『増一阿含経』T. II 125 xxxi 721c3-722c19.

(33)『雑宝蔵経』Tt. IV 203 viii 486c26-487c16.

(34)『根本説一切有部毘奈耶』T. XXIII 1442 xlvii 883c28-885a6 and *sq.*

(35) 前述 p. 119；『法宝義林』VI, p. 610-640, "DAIGENSUI (MYOO) 大元帥（明王）" [R. Duquenne 稿] 参照。

(36) Duquenne 同上稿、p. 621a-b 参照。

(37) 南方、同上稿 p. 453-454. 南方の要約の原文は、むしろ『雑宝蔵経』のヴァージョンに基づいている。ここでは、『根本説一切有部毘奈耶』のテクストに合致するように細部を改変したことをお断りしておく。

(38) この冒頭部分に関しては後述 p. 192 も参照。
(39) 『雑宝蔵経』Tt. IV 203 viii 487b19-20.
(40) 南方、同上稿 p. 454-455.
(41) Duquenne, *art. cit.*, p. 619a 参照。
(42) *Encyclopeadia Britannica*, 一九五七年版、s.v. Godiva 参照。
(43) Duquenne, *art. cit.*, p. 614a-615a に *Suttanipāta* 注釈、I, 217 *sq.*; *Saṃyutta-Nikāya* 注釈、I, 316-337; *Aṅguttara-Nikāya* 注釈、I, 388-393 および IV, 114 を引く。曠野鬼神降伏の物語には、ほかにも多くのヴァージョンがある。Duquenne, *art. cit.*, p. 613b-621a 参照。『大般涅槃経』では、仏ははじめ曠野鬼神に法を説いて諭そうとするが、「暴悪・愚癡・無智」の鬼神は聞こうとしない。それを見て仏は「大力鬼」となって鬼神を脅かし、そうして彼を降伏する。「如来は衆生を調伏せんがため、こうした種々の方便を用いる」という。T. XII 374 xvi 460c1-24; T. XII 375 xv 703a6-b1 参照。これは、『大日経疏』における荼吉尼降伏の神話を想起させる、密教的降伏の論理の先駆例として興味深い。また、『出曜経』のヴァージョンでは、降伏された曠野鬼神が、今後何を食って生きていけばいいかを尋ねるのにたいして、仏は、死者の血を吸うように、と答える。Tt. IV 212 ii 672b29-673b10. これも『大日経疏』の荼吉尼降伏神話を想起させる。
(44) W. Doniger O'Flaherty, *Asceticism and Eroticism in the Mythology of Śiva* 参照。
(45) アルノルド・ヴァン・ジェネップ著、秋山さと子・彌永信美訳『通過儀礼』(思索社、一九七七年)参照。
(46) 『四分律』T. XXII 1428 xxxii 793b16-c6. また玄奘の『大唐西域記』Ttt. LI 2087 viii 918a2-11; 水谷眞成訳 p. 272a-b も参照。
(47) Paul Lévi, *Buddhism: a 'Mystery Religion'?*, New York, Schoken Books, 1968, p. 4-6 などを参照。

# Ⅳ　異形の仏弟子たち

**本章の主な登場人物**

マハーカーラ長老（パーリ語『長老偈』および注釈書）

在家信者マハーカーラ、およびその前生（パーリ語説話文学）

マハーカーラ長老およびその前生（漢訳律蔵文献）

ガナ／ガネーシャ

ピンドーラ（賓頭盧）尊者（「老母ナンダー」）

ガヴァーンパティ尊者

異形の羅漢たち

**主な典籍**

パーリ語『長老偈』（紀元前三世紀？）および注釈書（紀元後五世紀ころ？）

『十誦律』（四〇四〜四一五年頃訳）／『根本説一切有部毘奈耶』（義浄訳、七〇二または七〇三年）

パーリ語『ダンマパダ注釈』（五世紀ころ）

『五分律』（五世紀前半訳）

『分別功徳論』（後漢失訳）

『根本説一切有部毘奈耶薬事』（義浄訳）など

# 1 仏弟子マハーカーラ長老

## A 『長老偈』

「福の神」大黒天と恐ろしい忿怒の形相の摩訶迦羅天との「異同」の問題から始まったわれわれの探索行も、いつのまにか大黒と鬼子母の関係、そして子喰いの羅刹王カルマーシャパーダや千人切りのアングリマーラの説話などに話題がずれていったようである。このへんでもう一度、大黒＝マハーカーラに戻って考えてみることにしたい。もっともこの章で見ていく「マハーカーラ」は神の名ではなく、人間の名前である。にもかかわらず「マハーカーラ」と呼ばれる人物をめぐるいくつかの説話は、神格としてのマハーカーラと明らかにある種の本質的な関係をもっているということも分かってくるはずである。

ところで、ヒンドゥー教ではマハーカーラという神はいつごろから文献に現われるようになったのだろう。インド学の専門でないので正確なことは言えないが、先に見たモニアー‐ウィリアムズの辞書では『マハーバーラタ』（前四世紀～後四世紀頃）の用例が挙げられていたことを御記憶の読者もおられるだろう。もちろんこれが初出例とは限らないが、シヴァ神やヴィシュヌ神を至上神として崇めるいわゆるヒンドゥー教そのものが盛んになってきたのがだいたい紀元一世紀前後のことと思われるから、この用例はおそらく相当に早い例のひとつと考えていいと思う。とすると、じつは仏教の文献ではそれと同じ、あるいはもっと古くマハーカーラの語が用いられた例が知られているのである。多くの仏教経典のなかでももっとも古い部類に属するパーリ語の『長老偈 *Thera-gāthā*』は、仏弟子の感興のことばを詩句の形で集めたもので、中村元氏によれば、個々の詩句はおそらく紀元前五世紀末から前三世紀半ばのあいだに成立したと考えられている[1](ただし中に後世に挿入された箇所はあったと考えられる。以下の一節も後世のものであった可能性は否定できない)。そのなかに「マハーカーラ」と呼ばれるひとりの長老が詠んだという次の詩句が伝えられているのである[2](中村元訳)。

　このカーリー女は、色が黒く、体格は大きく、鳥のような容姿をし、一つの腿の骨を砕いては、他の腿の骨を砕き、一つの腕を砕いては、他の腕を砕き、それらをつなぎ合わせて乳酪を盛る器のようにして座っている。

　無知であって、生存の素因をつくる愚鈍な人は、繰り返し苦しみを受ける。それ故に、明らかに知る者は生存の素因をつくるな。わたしはもはや頭を砕かれて臥したくはない。

この詩句がなにを意味するのか、これだけでは明瞭ではない。が、五世紀のダンマパーラによる注釈書によれば、マハーカーラ長老は、ある日、火葬場で「不浄観」(pāli *asubha-bhāvanā*; sk. *aśubha-bhāvanā* 肉体の不浄を観ずる観法、とくに墓場、火葬場で死体が徐々に腐敗し、白骨に変わっていくさまを観想し、煩悩を制する修行法)を修していた時に、カーリーと呼ばれる墓守り女が、焼かれたばかりの若く美しい女性の骨を砕いて、乳酪(ヨーグルトの一種)を盛る器のような形にして置いたのを見て、はじめて「生存の素因をつくる」愚かさを悟り、阿羅漢の位を得たのだと言われている[3]。『長老偈』は一般に、多少とも実在した仏弟子のことばを伝えたものと考えられている。しかし、そのなかの少なくともあるものは、むしろ神話的キャラクターの人間化されたものと言うべきだろう。いまの詩句を語ったというマハーカーラ長老、すなわち墓場に住して死体を観想するマハーカーラ長老は、これまでに見てきたシヴァ教的な神格としてのマハーカーラと非常に近いものと思われるし、また同じ火葬場で死体の骨を砕く「烏のように黒い」墓守り女カーリーも、明らかにシヴァ教的な「時と死の女神」カーリー女神と直接結びつけられるものに違いない。

## B　律蔵文献

ところで、この『長老偈』に出てくるマハーカーラ長老のことを頭に置きながら漢訳仏典を見ていると、興味深いことに律蔵文献のなかにそれとまったく同名のマハーカーラ長老（漢訳では「長老摩訶迦羅」、「具寿大哥《か》羅《ら》」などと綴られる）と呼ばれる仏弟子の物語が伝えられていることを発見する。しかも、この両者の行動の驚くほどの類似を見るなら、これはおそらく同一人物について語られたものであるに違いないだろう。ただ、『長老偈』では仏教的修行の一つとして記されていた（とはいっても決して気味のいいものではなかった……）マハーカーラ長老の行動が、ここでは一転してなにやらひどく不気味な様相を帯びてくるのである。

この説話は、後秦の弗若多羅（Puṇyatara）などによって訳された『十誦律』（四〇四～四一五年頃？）と義浄訳の『根本説一切有部毘奈耶』、そして同訳の『根本説一切有部苾芻尼《ひっしゅに》毘奈耶《びなや》』（八世紀初頭）の三つのテクストに載せられている。[4]『十誦律』は、漢訳仏典のなかで「摩訶迦羅」の語が用いられたもっとも古い例のひとつとして特筆すべきであり、一方『根本説一切有部毘奈耶』は三つのうちで一番詳細なヴァージョンを伝えるものである（とくに「具寿大哥羅」の前生譚は他のヴァージョンには見られない）。最後の『苾芻尼毘奈耶』は、たんに『根本説一切有部毘奈耶』の物語の簡単な要約であって内容的にはあまり見るべきものはない。ここでは、もっとも詳しい『根本説一切有部毘奈耶』のヴァージョンに基づき、適宜『十誦律』のヴァリアントも加えながら、物語を要約することにしよう。

釈迦牟尼仏がシュラーヴァスティー城のジェータ林に居られた頃のこと――。仏弟子のマハーカーラ長老は、墓場（sk. *śmaśāna* 死体置き場 - 火葬場）で修行して、街の人々が死者の供養のために置いていった鉢や衣を用い、死者の供え物の食物を食べ、死体のかたわらで眠ることをつねとしていた。死人が多い時は長老は肥って街中に乞食に出ることもなくなり、逆に死人が少なくなると痩せ細って街に乞食に行くのだった（『十誦律』では「この比丘は身体肥大であり、脂ぎって血肉強壮、多力であった」とのみ言う）。そうした様子を見ていた街の城門の門番がひそかに思うには〈この男が聖者というのは真っ赤な嘘で、じつは死人の肉を喰らって生きているのではないか〉。

そうしているうちに、街に住んでいた一人のバラモンが死んで葬式が行なわれ、妻や娘が墓場までついて来て、死体が荼毘に付されるということがあった。その様子をマハーカーラ長老がじっと覗いているのを見つけた娘が「なんと、あのマハーカーラ長老というのはまるで死体を後生大事にしている片目の烏（原文「瞎烏」）のようだわ」と口走った。そのことを伝え聞いた世尊は、「かの娘は我が高徳の声聞弟子にいわれのない悪口を吐いた故に、今後五百生のあいだ片目の烏として生まれることになろう」と宣べたのだった。

さて、そうしたことがあった後、街の人々は城門の門番とも語り合い、マハーカーラ長老はどうやら死人の肉を喰っているのではないか、一つみなで行って確かめることにしよう、と話が決まった。そしてなかの一人を死人に仕立てて偽りの葬式を行ない、祭食の団子などとともに車に乗せて墓場に曳いていった。偽の死体になった男は、長老に食われることを恐れて、「もしあいつが襲ってきたら、急いで助けにきてくれ」と頼み込み、仲間もみな「承知した」と受け合った。

一方、そうとは知らないマハーカーラ長老は、死体が曳かれてくるのを見て、団子を食べる期待に胸をふくらませながら墓場までついていった。偽葬式の一行は、そこに偽の死体を置いたまま草むらに隠れてことの成り行きを見守っている。ところがそこに、一頭のジャッカル（野干 sk. *śṛgāla/sṛgāla/śivā*）が現われて祭食を横取りしようと近づいてきた。マハーカーラ長老はあわててジャッカルを追い払いに飛び出していく。一方、それを見た偽死体の方は「喰われちまう、喰われちまう」と大声を上げ、草むらに隠れた仲間も棒や杖を振り上げて駆けつけてきた。そうして長老を問い詰めて「なんと、お前は聖人の外見をしていても、じつは人喰いの大悪人ではないか」。長老がいくら「ただジャッカルを追い払おうとしただけだ」と申し開きしても、人々の疑いはなかなか晴れるものではない。「街ではみんな、お前が人喰いだと噂しているぞ。これは他の比丘たちにも知らせなければならない」と言い残して、長老を墓場に置いたまま、ばらばらと帰っていってしまった。

こうしてこの事件が世尊の耳に入り、そのことをきっかけにして、世尊は比丘たちに「不受食」（在家の人から布施として直接受け取ったのではない食物）を食することを禁じたのだった。

このあと、物語はこのまま終わって、比丘の食物についての細かい規則が長々と連ねられている。そのなかでわれわれが注目すべきなのは、『十誦律』にいう「不浄食」を食べてはならないという規則、とくに「残宿不浄食（＝食べ残し）を食することは軽罪に値し、人肉を食うことは重罪に値する」という一節だろう。そのあと、『根本説一切有部毘奈耶』には他のテクストにはないマハーカーラ長老の前生譚が述べられている。

さて、世尊がこれらの規則を定めたのち、比丘たちはマハーカーラ長老が多くの修行を積んで阿羅漢果を得たにもかかわらず、なにゆえあらぬ罪によって人々に誹謗されることになったのか、疑問に思って世尊にその理由を尋ねた。それに答えて、世尊はマハーカーラ長老の次のような前生譚を物語ったのだった。

過去世においてヴァーラーナシーの街の近くに希尚と呼ばれる独覚(5)が居られたことがあった。街の外に住む古い仙人の住居に仮寓して、街に乞食に行く時には、いつも数え切れない天の神々があとに従っていくのだった。――さてその頃、街の墓場のあたりに死体の肉を喰って生きるひとりのヤクシャが住みついていた。ところが、希尚独覚が街に乞食に出かけるたびに、その近辺を通り過ぎ、つき従ってくる天の神々の威勢を恐れてヤクシャは遠くに避難しなければならなくなった。しかも彼が逃げているあいだにジャッカルなどの動物が来て、死体の肉を横取りしていってしまう。そこでヤクシャは一計を案じ、独覚の鉢にこっそり死人の手を入れて、それが人々に見つかるように仕向けた。計略は的中して、街では、あの出家はいつも人肉を喰っている、という噂でもちきりになる。独覚はそれを知って、ヤクシャが無知のゆえに苦報を受けることを憐れに思い、彼の前で様々な「大神変」（大いなる奇跡）を現わした。ヤクシャはそれを見てはじめて改心し、みずから独覚の鉢のなかの手を取り除いて、街の人々に罪を告白し詫びたのだった。

その時のヤクシャが今のマハーカーラ長老である。彼は悪心によって聖なる独覚を誹謗したために、その後いつまでも無実の罪で誹謗されることになったが、心から悔い改めたゆえに、五百生ののち私（釈迦牟尼仏）に遇って出家し、諸煩悩を断じて阿羅漢となることを得たのである……。

仏弟子マハーカーラ長老とは、ただ墓場に住んで死体の不浄を観ずるだけでなく、死体の肉を喰らうと噂されるような不気味な雰囲気をまき散らしていたのだった。このマハーカーラ長老と、曠野に住んで人間の「人黄」を喰らうという恐ろしい女鬼の群れ、茶吉尼衆を率いる『大日経疏』の摩訶迦羅天、あるいはやはり墓場に住んで、不用意にやってくる人間の生き血を吸い、生き肉を喰らいつくすという『仁王経疏』の摩訶迦羅・大黒天神との類似は、誰の目にも明らかだろう。

しかも、『長老偈』のなかで、マハーカーラ長老を悟りに至らせるカーリー女が「黒く、烏のような容姿」と表現されていたのにちょうど呼応するかのように、『根本説一切有部毘奈耶』のテクストにはマハーカーラ長老自身が「片目の烏のよう」と形容される一節がある（しかも彼をそのように「誹謗」したのは女性であり、彼女が「五百生のあいだ」片目の烏として生まれるだろうと語られている）。さらに、このマハーカーラ長老の前生譚で、独覚の「鉢」が重要な役割を果たすということも（そういえば、『長老偈』の墓守り女カーリーは、死体の骨を「乳酪を盛る器」のような形に並べたというが、これもまた一種の「鉢」と言えるだろう）、ハーリーティーの帰仏縁起や曠野鬼神の降伏説話における仏の鉢のモティーフとの関連を暗示する興味深い材料と考えていいのではないだろうか。

ところで、いまの説話のマハーカーラ長老の最大の特徴は、墓場で拾った鉢を用い、同様の衣（これを漢訳では糞掃衣《ふんぞうえ》［sk. *pāṃsu-kūla*］という。「糞掃」は *pāṃsu*〔「塵土」の意〕の音写という）を身に着け、供え物の食物を食べ、死体のかたわらで眠るという極端な行法であった。仏教教団の内部でこうした修行法が実際に行なわれた可能性を否定することはできないが、おそらく通例のことではなかったと思われる。それに反して、これはまさにシヴァ教の修行のもっとも顕著な特徴だったのである。M・ビアルドー氏によれば[6]、

> シヴァ教の行者（ヨーギン）は〔中略〕、なによりももっとも極端な不浄を追求することによって特徴づけられていた。これは彼らが、その信仰する神と同じく、「浄」と「不浄」という対立の彼岸に達していることを表わすものだった。火葬場で拾った襤褸を身にまとい、あるいは素裸で、または火葬の灰を身体にすりつけ、残食を食し、髑髏の容器で飲み物を飲んだりするのである……。

こうした明らかにシヴァ教的な行法が、五世紀初頭に漢訳された仏教文献に現われているということ自体が、シヴァ教の歴史、あるいはインド宗教全般の歴史にとって興味深い事実であると言えるかもしれない。

## 2 墓場の仏教・墓場の宗教

ここまで読んでこられた読者は、最初の『大日経疏』に見た荼吉尼の群れが棲むという「曠野」や『仁王経疏』の「ウッジャヤニー国の国城の東のシュマシャーナ(墓場)と呼ばれる林」、あるいは『不空羂索神変真言経』に記述された「鬼神」が棲む墓場、そしていまのパーリ語『長老偈』とその注釈、ならびに漢訳された律経典における「マハーカーラ長老」が跳梁する「墓場」が、すべて同じある特殊な「宗教的場」を構成するものであることに気付かれただろう(神話モティーフ索引「墓」参照)。そこでは、人の心臓を喰う女鬼や生き血や生肉を喰らう鬼神、「珍宝」が詰まった宮殿を隠し持つヤクシャやヤクシャ女、「世間の吉凶事」を語り出す死人の頭などが群がり騒ぎ回り、腐乱し、白骨化していく死体の様相を観想して修行する苦行者が、墓に供えられた祭食の団子を食って暮らしている。——田中純男氏の論文「古代インドの墓地」[7]は、こうしたインドの墓場のあり方について、きわめて示唆に富む文献を挙げている。以下、その一部を引用しよう。

『屍鬼二十五話(ヴェーターラ・パンチャヴィンシャティ)』の記す墓地の光景を見ることから始めよう。そこは火葬の火が燃えさかり、「無数の人骨、骸骨や頭蓋骨がおぞましく散らばっており、醜悪な亡霊や屍鬼が喜び勇んで群がって来て墓地を取り囲んで」いて、ジャッカルたちが「ゴロゴロと大声で叫んで」いるところである[8]。またプレータやヴェーターラの他にヨーギニーあるいはダーキニーたちがあちこちから集まってきて群れをなしているところでもある[9]。「火葬の薪の煙のような闇で閉ざされた」森の中に位置し、祖霊の住まうところである。このおぞましくおどろおどろしい光景が『屍鬼二十五話』の設定している墓地である。ここではヴェーターラなる呪法が修される。黒月の第十四日の夜、白い骨の粉末でマンダラを描き、マンダラ内部を血で覆い、その四方には血で充たされた瓶を置き、灯明は人間の脂肪で燃やされ、供物が供えられ、その傍らには火が焚かれている。そういう場所で、そのマンダラの中央に死体を置き、その死体の中に、修行者はマントラの力をもって偉大な屍鬼（ヴェーターラ）を呼び寄せ、「まず頭蓋骨の水鉢に盛った清浄な人間の血液で屍鬼に閼伽水を手向け、それから花を播き塗香をして、人間の眼球を火にくべて焼香し、また人間の供物を供え」、供養する。屍鬼はこれに満足すると、供養するもののいかなる願いをもかなえるという。(10)

『屍鬼二十五話』は十一世紀後半、ソーマデーヴァがまとめた『カター・サリット・サーガラ』に出る一挿話で、この二十五話を聞いたヴィクラマケーシャリンという人物が、この話を語った老バラモンから呪法を学んで、ウッジャイニーの墓地で修し、屍鬼を満足させることに成功するという構成になっている。(11)『カター・サリット・サーガラ』はグナーディヤ作の『ブリハット・カター』を簡略化したものといわれる。グナーディヤは紀元三世紀以前に実在し、ウッジャイニー、カウシャンビー付近で活躍したとされるが、『屍鬼二十五話』がもとからこの原本に含まれていたとは考えられていないようである。ただヴェーターラ呪法については、五―六世紀の人であるヴァラーハミヒラがその占星術の書『ブリハット・サンヒター』で言及し、マントラの助けによって死体を再び起き上がらせる呪法と説明しているという。(12)先の呪法の内容はソーマデーヴァの時代のタントラ一派に修された行であるとしても、その前身はすでに五―六世紀に存在していたことになる。

さらに、その『カター・サリット・サーガラ』(13)には、

火葬場とヴェーターラ、シヴァ神との密接な関係を示す挿話があり、その火葬場はウッジャイニーにあり、マハーカーラと呼ばれている。(14)「そこには、夕方の供物の人肉が豺のために食い荒らされて散らばっていましたし、其処彼処には屍体を焼く火が燃えさかり、その光にあたりは照らし出され、怖ろしいヴェーターラ

の拍つ掌の音が響き渡って、そのさまは真っ黒な夜の神の宮殿さながら」という光景が広がり、(15)『屍鬼二十五話』の描写と軌を一にする。マハーカーラという名の墓地は『鸚鵡七十話』の第四十二話にも出、そこにある一本のシャールマリー樹に二人の鬼（ピシャーチャ）がいると語られている。(16)

このように、インドの五、六世紀以降の文学に現われる墓場のイメージは、五世紀初頭ころからの仏教経典に見られる墓場のそれと非常に類似し、しかも、不空に遡ると思われる『仁王経疏』の釈文に、「墓場の摩訶迦羅大黒天神」が棲む、と書かれていたウッジャイニーの墓場は、まさにそれ自身が「マハーカーラ」と呼ばれる墓場であったことが判明する。また、内容的には五、六世紀以降のものと思われる『屍鬼二十五話』の墓場の記述に、「プレータやヴェーターラ、ヨーギニーあるいはダーキニーたち」が棲む、と書かれていたことも、これまで見てきた仏教文献に合致するものである。さらに、墓場で屍肉をあさるジャッカルが重要な役割を果たしていることも注目に値する。ジャッカルは、サンスクリットでは *śṛgāla/sṛgāla* という語のほかに *śivā* という呼び方もあるが、これは、Śiva の女性形で、シャークタ派ではジャッカルがシヴァのシャクティ（配偶女神、すなわちパールヴァティー）であると考えられることが多かったという（Stephen Hodge 氏の私信による御教示による）。

こうしたインドの墓の問題は、インドにおけるタントラ的宗教の起源というより大きな問題とも関わってくる。これに関連して興味深いのは、津田眞一氏が、仏教に限らないインドにおけるタントラ的宗教の成立の基盤として、土着的な「尸林の宗教」(17)の存在を仮定しておられることである。これについては、田中公明氏の『性と死の密教』の記述を引用しよう。

〔髑髏の首飾りなどを着ける〕このような獰猛な女神たちのスタイルは、『理趣広経』の後半部に説かれるヘールカの前身、金剛火焰日輪の曼荼羅にはじめて出現し、『サマーヨーガ』を経て、後期の母タントラにまで継承される。このような悪魔的な図像は、ヒンドゥー教のタントラにも多数出現するので、母タントラが中世インドの民間宗教から受け継いだものと思われる。

このように中世のタントリズムには、ヒンドゥー教、仏教、ジャイナ教という宗教の枠を越えて、共通の要素が数多く見られる。そこで津田眞一博士は、これらの宗教の共通の基盤となる土着宗教の存在を仮定し、これを「尸林《しりん》の宗教」と名づけた。この土着宗教は、歴史的には何の文献も遺さなかったが、後に成立した各宗教のタントラ文献には「尸林」（シュマシャーナ）つまり中世インドの葬場で繰り広げられた、黒魔術的な秘儀の残滓が見られるからである。

これに対してA・サンダーソン教授は、仏教の母タントラは、ヒンドゥー教シヴァ派のタントラ——サンダーソン教授は、シャークタ派もシヴァ派の一種に分類する——を剽窃することによって、成立したと主張する。

サンダーソン教授は、一連の研究によって、後期サンヴァラ系を代表する『チャクラサンヴァラ』が、ヴィドヤーピータ系のシヴァ派タントラを剽窃していることを確認した。[18]……

田中公明氏は、津田氏の「尸林の宗教」仮説を発展させ、現代のネパール宗教にかんする知見や『サルヴァブッダサマーヨーガ・ダーキニージャーラサンヴァラ』（＝『サマーヨーガ・タントラ』）などの初期の母タントラにもとづいて、中世インドにおけるこうした宗教のあり方を推測しておられる。それによれば、[19]

かつて中世インドに栄えた「尸林の宗教」でも、尸林には、地主の女神が祀られていた。そしてこの土着宗教がヒンドゥー教に組み入れられると、尸林に祀られた女神たちは、シヴァ神の妃カーリーやドゥルガー、またその配下の母天たちと同一視されるようになった。

そしてこれらの女神の祀堂は、巫女によって祀られていたらしい。彼女たちは、祀堂に祭られる女神の供養を主たる任務としていたが、しばしば尸林を舞台に、死体や血液を用いる黒魔術的な秘儀を行なったようである。彼女たちは、後述する性瑜伽の技法に長じているところからヨーギニー（瑜伽女）、また黒魔術的な秘儀によって霊力を獲得したところからダーキニー（荼吉尼）とも呼ばれた。〔中略〕

このような巫女の制度は、現代のカトマンドゥ盆地では見ることができない。しかし西ネパールの奥地では、現在から五十年ほど前まで、「デボキ」と呼ばれる巫女の制度が存在していた。

そして彼女たちは、両親によって幼少期に神に捧げられ、神と結婚する儀礼が行なわれた。〔中略〕西ネパールのデボキは一生独身を貫かねばならなかった。

しかしながらデボキは、神と結婚することで、一種の社会的ステイタスを確保していたらしい。かつてデボキ制度が行なわれていた地方の人々の話によれば、彼女たちが村人の家に来ると、女神が来たといって歓迎され、食事や衣服を布施されることもあったという。このような習慣は、タントラ文献において、女性とくにダーキニーを敬い、決して軽蔑してはならないと、繰り返し強調されることを想起させる。

デボキは、一生神に仕え、世俗的な結婚は認められなかったが、祀堂に参拝に来る男性と、密かにあるいは公然と性的関係を結ぶことがあったといわれる。そして彼女たちに女児が産まれると、父親の出自に関係なく、子供は母親によって神に捧げられ、デボキとして一生を送ったといわれる。〔中略〕

西ネパールの事例において、デボキの産んだ女児が、父親の出自に関係なく、デボキの地位を保つことができたという事実は、かつてインドに栄えたタントリズムにおいて、ダーキニーたちが一種の母系社会を形成していたという事実を想起させる。

ダーキニーやヨーギニーなどをこのように「尸林」＝墓場で女神に仕えた巫女的な宗教者とする考えは、先にホッジ氏の見解として述べたダーキニーの起源にかんする考え方と非常に近い（前述p. 124-126）。ただ、この「尸林の宗教」仮説は、インド-チベットにおける後期密教、とくに八、九世紀以降の『サマーヨーガ・タントラ』などに見られる宗教思想の背景として想定されているのにたいして、ホッジ氏の説は、より古い時代から（ガンガーダラ遺跡で発見されたダーキニーについて語る碑文は四二四年に遡る）それに類似した宗教性が存在した、とする点で異なっている。しかし、たとえば上に見た『十誦律』が五世紀初頭に訳されていること、漢訳仏典における「ダーカ／ダーキニー」の語の例が六世紀初頭に見られること（前述p. 147の菩提流支訳『入楞伽経』参照）などを考えると、ホッジ氏が、ダーキニーの出現を四世紀半ばの初期グプタ朝によるカリンガ地域の征服／占領と関連づけて考えていることは、うなずける見解であるように思われる。

仏教に限らないインドのタントラがどのように成立したか、という問題は、きわめて魅力的な問題で、多くの説がありうるが、上の田中氏の論述に挙げられた「尸林の宗教」説とサンダーソン説は、おそらく現在の二つの代表的な説と思われる。「尸林の宗教」説は、ある意味で古くからの説をより大胆、かつ精密に焼き直したものとも言えるだろう。ここで重要なのは、「土着の宗教」という部分である。すなわち、タントラは「アーリヤ系」の正統的ブラフマニズムに対抗する、あるいはそれとは別の「土着の」（たとえばドラヴィダ系の民族、または「未開部族」などの）宗教を基盤にして起こったもので、それが最終的にはインドの宗教思想全体を覆い尽くしてしまった、といった考え方が昔からあって（後述p. 268-269参照）、それを「尸林の宗教」という形で定式化したところにこの見解の新しさがあると言えるだろう。

それにたいして、サンダーソン説は、タントラは基本的にシヴァ教から発したものであり、それはヴェーダ宗教の一異端であって、バラモンを中心とした社会の高い階層から出てきたと思われる、というところに特色があるようである。これは、ストリックマン氏も（多少の違いはあるが）賛成している見方で[20]、「アーリヤ宗教対土着宗教」というインド宗教思想史の古い考え方に対して、非常に新しい視点を与えるものである。

筆者自身は、インドの宗教思想史の専門家ではないので、文献を挙げて自説を展開することはできないが、全体としてはサンダーソン説に傾く。インド宗教史を、それ自身に対して外部的な要素である「アーリヤ宗教」や「土着宗教」というような本質主義的なカテゴリーによって説明するよりも（そもそも一般的な「土着宗教」というものが歴史的にどういうものであったのかを明らかにするのは、ほとんど不可能である）、歴史的に把握できるインドの宗教史内部のダイナミズムによって説明することができれば、その方がより説得的だと思われるからである。

しかし、サンダーソン説の弱点は、古い時代のタントラ、あるいは「プロト・タントラ」の時代のシヴァ教の文献の歴史が、おそらく非常に特定しにくい、ということ、また、シヴァ教から仏教へ、という一方的な影響関係をあまりに強調するところではないか、と思われる、ストリックマン氏は、仏教の「プロト・タントラ」的文献（たとえば「観世音普門品」などを含む『法華経』の後半部分にとくに明確に見られるような「現世利益」の思想や、それに対応する各種の儀礼的要素など）は、（遅くとも）三世紀ころから存在し[21]、シヴァ教のシャイヴァ・アーガマと呼ばれる一群の聖典の最古の文献とほぼ同時代であることを指摘して、シヴァ教のタントラ思想と仏教のタントラ思想が並行して発展したと考えている[22]。

筆者自身としては、インド宗教全体のタントラ化を推進したのは、シヴァ教だけではなく、仏教がその重要かつ積極的な主体の一つだったのではないか、と考える。仏教やブラフマニズムは、基本的にインテリ層が主導した宗教思想運動であり、そのうちの一部の「反主流派的」（？）かつ先鋭な要素が仏教タントラやシヴァ教的な傾向を準備していったのではないだろうか。そうした中で、ある時期に、ある種の「土着宗教／民間宗教」的な要素が、シヴァ教と（タントラ化していく）仏教の両者に混入し、それが両者のタントラ化を促した、という可能性も、(歴史的にその内容が特定できるかぎりにおいて) もちろん充分考慮すべきだろう。

そこで重要になるのが、「墓場」という場所だったように思われる。あとでも何度も繰り返すことになるが、インドの正統的宗教思想(ブラフマニズム)において、もっとも重要な観念(の一つ)は「浄/不浄」の対立であり、その「浄/不浄」体系の中で、もっとも極端な「不浄」に属するのが「死」であり、「墓場」だった(「性」も「不浄」の要素、危険な要素になりうる)。仏教は、古い時代からその墓場をあえて修行の場所として選んだ。そこには、ある種の(正統的権力機構の中心に位置しない)エリートの、正統的・社会規範的な観念体系に対する意図的な反逆のようなものがあったと考えられるだろう。それとちょうど同様の「正統的観念体系に対する反逆」が、シヴァ派を特徴づけるものではないか、そしてそれゆえにシヴァ派も極端な「不浄」をあえて選び、墓場を修行の場として選んだのではないか、とも思われる。――ただし、これはたんなる個人的、あるいは社会的なルサンティマンの問題というより、(その要素も含んでいるかもしれないが) より一般的な「世俗社会からの離脱者」としてのヨーガ的・解脱志向的宗教思想の傾向によるもの、と言った方がいいだろう。

仏教の修行者とシヴァ教の修行者は、非常に古い時代以来、「墓場」という修行の場で出会い、そこでさまざまな観念の交流がありえたのではないだろうか。墓場はまた、四世紀後半ころから(?)アウトカーストの巫女などの民間宗教者の集まる場所でもありえた(この点については、ホッジ説に近づく)。そして、こうした仏教とシヴァ教的潮流に民間宗教的要素が混合し、儀礼的・哲学的には仏教、またはシヴァ教的な体系の中にまとめ直されて出現してきたものが、七、八世紀以降のタントラとして現われてくるのではないだろうか。

紀元前後から八世紀くらいまでのインドの宗教思想の文献(とくにある程度年代的に特定できる文献)がもっとも大量に残っているのは、明らかに漢訳の仏教文献である。その中の「墓場」のイメージを詳しく調査して、インド・プロパーの資料とつきあわせることができれば、こうした仮説にいくらか肉付けすることもできるのではないかと思われる。

## 3　在家信者マハーカーラとその前生譚

ところで、パーリ語の仏典にはマハーカーラという神格は一度も現われないようだが、前述の『長老偈』のマハーカーラ長老とは別に、もうひとりのマハーカーラと呼ばれる人物が登場する。[23] いまも見たように仏典に現われるマハーカーラ長老が、シヴァ教的な神格としてのマハーカーラと（とくに漢訳仏典との比較を通して）深いかかわりをもっているのだとすると、この新たなマハーカーラ——シュラーヴァスティーの在家の仏教信者マハーカーラ——の物語も看過するわけにはいかないだろう。

五世紀頃に書かれた『ダンマパダ注釈』には、次のような説話が語られている。

これも世尊がシュラーヴァスティー（パーリ語ではサヴァッティ）のジェータ林に居られた時の話である。マハーカーラと呼ばれる在家の信者が、ある時斎戒（八戒を守り、説法を聞き、僧尼に飲食の供養をする在家の行事）を守るため、寺院で一夜徹夜して説法を聞き、翌朝早く寺院の池で顔を洗っていた。ところがその同じ夜、街のある家に盗賊が入り、品物を盗んで逃げ出した。家主は物音に驚いて盗賊に気付き、あわてて追いかけていく。一方、賊の方も必死に逃げて、寺院の池で顔を洗っていたマハーカーラのそばを通り過ぎ、盗品を放り出して姿をくらませてしまった。そこに追ってきた家主が馳せつけて、マハーカーラを見るなり「この盗賊め」と打ちかかり、ついに打ち殺してしまったのだった。

寺院の比丘たちが朝起きて、外に出てみるとマハーカーラの死体がそこにころがっている。驚いて釈尊に事件を知らせ、信心深いマハーカーラがなにゆえこのような悲惨な目に遭わねばならなかったか教えを乞うた。それに答えて世尊が語ったには——、昔、ヴァーラーナシー（ベナレス）の国の国境近くに盗賊が巣くう森があって、通り過ぎる旅行者たちを難儀させていた。そこで国王はある兵卒を選んで部下を与え、その森の入口に住まわせて、旅行者を護衛して森を通過させる任務を与えた。さて、ある日のこと、若く美しい妻を連れたある旅行者の一行がそこに通りかかり、森の門番に任ぜられた兵士は、たちまちその妻の美しさに魅せられてしまった。そこで彼はある姦計を思いつき、「今日はもう遅くて森を通ることはできないから、一夜私の家に泊まっていくように」と勧めた。旅行者の一行は、しぶしぶこの勧めに従ったのだが――。

さて、この森の門番の家には一個の高価な宝石が秘蔵されていた。門番は、夜中にこっそりその宝石を旅行者の荷物のなかに隠し入れ、明け方になってわざとがたがた音をたてて、「盗賊が入った！」と騒ぎ立てた。部下の兵士たちに旅行者の荷物を調べさせると、案の定、大切な宝石が出てくる。こうして森の門番は、「親切に家に泊めてやったのに、なんと、家宝の宝石を盗んでいこうとは」と、ついにその旅行者を打ち殺してしまったのである。過去世においてこの卑劣な殺人を行なった兵士が、いまの世のマハーカーラに他ならない。彼がこんにち、無実の罪で殺されたのも、その悪業の報いだったのである(24)……。

この哀れなマハーカーラ長老の前生譚との類似は、まさに一目瞭然だろう。ヴァーラーナシーの墓場に住むヤクシャが希尚独覚の鉢に死人の手を隠し入れて独覚をおとしいれようとしたのと同様に、森の番人も旅の男の荷物のなかに高価な宝石を隠し入れたのだった。五世紀のパーリ語の説話と、数世紀後の漢訳仏典に現われた物語と――、この二つを直接結び付ける歴史的なリンクは、おそらくどこにも存在しないだろう。にもかかわらず、「マハーカーラ」「マハーカーラ」という同じ名前の登場人物が両者に共通している。この驚くべき現象を理解するには、「マハーカーラ」という名前自体に、こうした物語を生み出す特殊な力、一種の「種子」が秘められていたと考える以外にない。

一方、いまの在家の信者マハーカーラの前生譚の冒頭部分は、前章で見た『根本説一切有部毘奈耶』のもうひとつの説話、すなわち「曠野鬼神の前生譚」の冒頭部分とも関連しているようにも思われる。それによれば、「世尊が王舎城に居られた頃」マガダとコーサラのあいだに「大曠野処」(「曠野」はジャングル、森、荒れ地の意)があって、五百の盗賊が住みつき、商いでそこを通過する旅行者を難儀させていた。その盗賊の群れを退治するためにマガダ国のビンビサーラ王によって選ばれた「千人力の壮士」が、後生の曠野鬼神だったという。[25]この千人力の壮士が、いわゆる「初夜権」を濫用して罪に堕ちたのと同様、『ダンマパダ注釈』の森の番人もまた、他人の妻の美しさに惑わされて恐ろしい罪を犯してしまったのだった。先の『根本説一切有部毘奈耶』のマハーカーラ長老の説話との比較で考えるならば、マハーカーラ長老(またはその前生のヤクシャ)は祭食の団子(または死人の肉)を食べたいという食欲のゆえに過ちを犯したが、いまの『ダンマパダ注釈』の森の番人は性欲に身をまかせたために道を誤った、と言うことができる。とすると、ここでもまた(前章で見たのと同様に)「食行動の逸脱」と「性行動の逸脱」が互いに対応し合うという図式が成り立っている。

また、恐るべき盗賊の住む森/曠野の番人は、いわばある聖域の境を守る守護者という意味をもつだろう。この「森」は、「摩訶迦羅 - 大黒天神」が棲むというウッジャヤニー国のシュマシャーナ(奢摩奢那、尸林)とも、またダーキニーの棲み処の「曠野」とも通じるものである。在家の信者マハーカーラの前生が、この「森の番人」だったと語られていることは、寺院 - 聖域の守門神としてのヒンドゥー教/仏教のマハーカーラの性格に見事に対応する。さらに、仏弟子マハーカーラ長老を屍体喰いと疑ったのが、「城門の門番」であったということも、マハーカーラという象徴に結びつく「境界性」を示すものと言えるだろう。「門番」/「守門神」は、聖域(神の住む森、曠野、寺院)と人々の日常の場(町の生活の場)の境界線上に立ち、両者の間の交通を司るとともに、二つの領域を隔てるものでもあると考えられる。

さらに、いまの『ダンマパダ注釈』のマハーカーラ説話では、「盗み」のモティーフが重要な役割を果たしているということも、興味深い点のひとつである。というのは、これまでに見てきたとくに重要なテクストのいくつかで、盗みのモティーフは（表面的には明確でなくとも）大きな意味をもっていたと考えられるからである。まず『大日経疏』の荼吉尼降伏神話では、荼吉尼が六カ月後に死ぬ人の心臓を取る、すなわち盗んで喰う、と言い、また『仁王経疏』の摩訶迦羅大黒天神の配下の鬼神たちも、交易に来た人間の生き血と生肉を（一種の詐欺的な契約によって）取る＝盗み喰うと言う。そしてまた、鬼子母＝ハーリーティーも、ラージャグリハの街のこども達を攫って＝盗んで喰ってしまう女鬼だったと考えられるのではないか。こうして見ると、この一連の神話群には、盗みのモティーフが見え隠れしながら重要な伏線となっているようにも思われてくる。このことが、大黒天をめぐる信仰にどのように反映されてくるか、また後で詳しく検討することになるだろう。

## 4 異常な肥満／異常な痩軀

ところで、日本で一般に知られている大黒天の最大の特徴のひとつは、その体軀が異常に肥満した太鼓腹の姿に描かれるということである。これがいったいどこから来たのかという問題は、一見簡単そうに見えて、じつは日本の大黒天信仰に関するもっとも複雑な問題のひとつであって、いくつもの角度から考えていかなければならない。実際、中国から日本にもたらされた仏典で、（神格としての）マハーカーラが肥っていると書かれたものは、筆者の知るかぎり一つもないし、また日本で製作された（袋をもった）大黒像も、平安時代から中世初期に至るまでは、むしろ細身の体格に作られているのである。この問題を直接考察するのは後回しにしなければならないが、それに関連して、先ほどの『根本説一切有部毘奈耶』のマハーカーラ長老説話には、非常に興味深いモティーフが含まれていた。というのは、墓場で拾った供え物の残りを食べるというマハーカーラ長老は、「街に

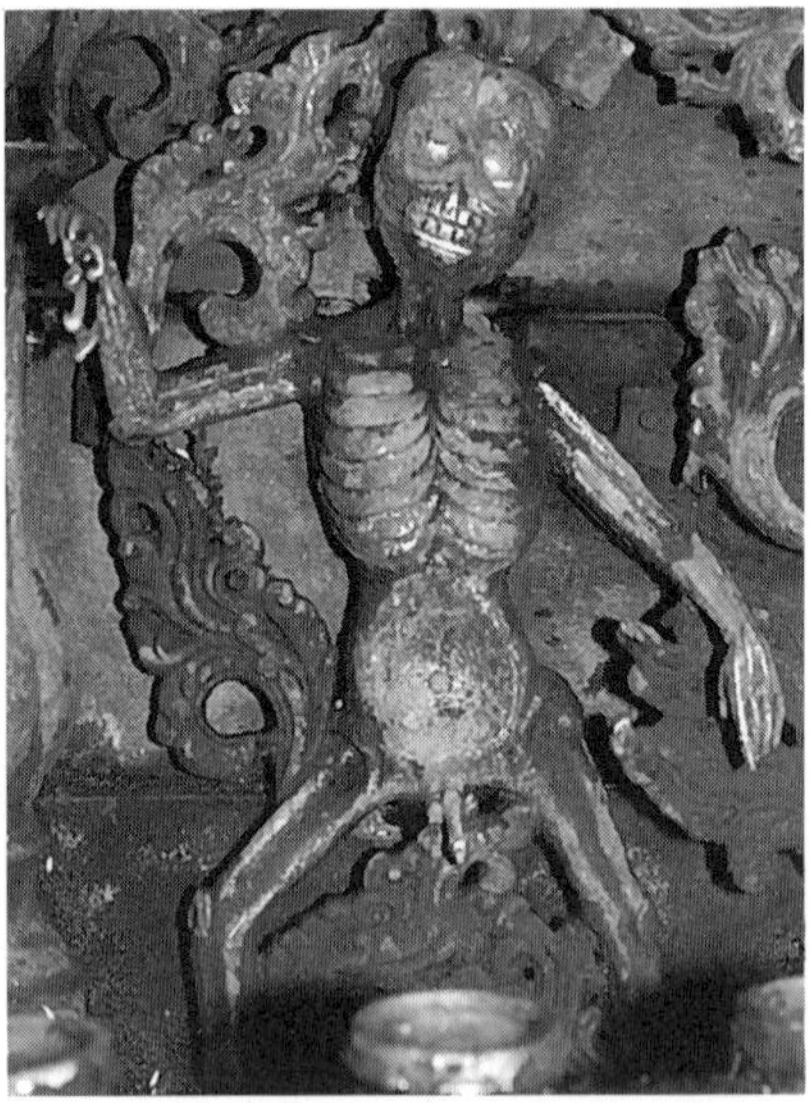

図19　骸骨神（ネパール）

図20　ブータ（ネパール）

死者が多い時には肥り、少なくなると痩せてしまう」と書かれていたからである（『十誦律』では、ただ、いつも肥って身体頑強である、と書かれていたが、これも同様に重要である）。

異常な肥満と異常な痩軀という対比は、なによりもヒンドゥー教の、とくにシヴァ神に関連した神話や図像のコンテクストのなかで理解されるべきものと思われる。先にヒンドゥー教におけるマハーカーラについて述べた時に、シヴァの眷属としての二臂のマハーカーラが異常に肥満した姿で形象されることがあると書いたのを御記憶の読者もあるかもしれない（前述p. 79）。さて、同じシヴァの眷属に属する鬼神、または怪物のなかにはブリンギン（Bhṛṅgin この名はおそらくある種の蜂を意味する *bhṛṅga* という語と関係付けられるだろう）と呼ばれる骸骨の姿をした神格と、クシュマーンダ（Kuṣmāṇḍa 瓢箪の意）という異常に肥って背の低い（多くの場合は複数の）神格がいて、並び描かれることがある[26]（**図19、20**のネパール、カトゥマンドゥ市旧王宮の近くのガネーシャ神の祀堂の外面に祀られた骸骨神〔カンカーラ Kaṅkāla〕

られている。(27)

とブータの像がそのよい例と言えるだろう）。骸骨神ブリンギンについては、プラーナ文献に次のような神話が伝えられている。(27)

昔、シヴァ神が神妃パールヴァティーとともにカイラーサ山の山頂にいた時、諸々の神々や仙人たちが二神を礼拝しに来たことがあった。神々や仙人たちは皆、二神のまわりを巡って二神を同時に礼拝したが、ひとりブリンギン仙人はシヴァだけを礼拝した。パールヴァティーはそれを怒ってブリンギンに呪いをかけ、仙人はたちまち血と肉をすべて失って骸骨だけの姿になってしまった。シヴァは、ブリンギンが立つこともできないのを見て哀れに思い、三つ目の脚を与えて立てるようにしてやり、ブリンギンは歓喜の舞を舞った。しかし、こうして自分の呪いの効果が失われたのを見て、パールヴァティーは新たに苦行（*tapas*）を積み、（ブリンギンが夫神だけを礼拝できないように）夫神と一体となって、両性具有の形（アルダナーリーシュヴァラ）になることを獲得した。ところがブリンギンは、今度は黄金虫の形に姿を変え、一体となっている両神の合わせ目に穴を開けて、シヴァ神だけのまわりを巡って礼拝した。パールヴァティーもついに彼の熱意に感嘆して、彼を許したのだった……。

シヴァ神と異常な痩身との関係は、漢文仏典にのみ伝えられたある奇妙な神話にも見出すことができる。そこでは、シヴァ神の別名の一つ「シャンカラ（Śaṃkara「繁栄をもたらす者」の意。「商羯羅」と音写する）」という名が「骨鎖天」と訳されると述べられている。「シャンカラ」を「骨鎖」と訳すのは明らかに無理があるのでこの神話にはいろいろ問題があるが、物語の内容から見て、これが極度の苦行によって痩せ衰えた神を表わしていることはたしかである。この「骨鎖天」の物語には、漢文仏典にもうひとつの異系統のヴァージョンがあり、また「骨鎖」の語が、中国のとくに興味深い仏教説話のなかで、別の意味で用いられることがあるが、そのことについては、また章をあらためて述べなければならない（第二巻、神話モティーフ索引「骨鎖」参照）。

**図21　ヤクシャ**（ピタルコーラ出土、前2世紀頃）

**図22　クベーラ**（アヒチャトラ出土、2世紀）

さて、先ほどの「骸骨仙人」ブリンギンに対応するシヴァの眷属、「瓢箪」という意味の名をもつクシュマーンダは、異常に短身で太鼓腹の姿に描かれ、また「壺のような（大きな？）睾丸をもつ」とも言われているが、この神格についての特別な神話はあまり知られていないようである。しかし、一般にシヴァの眷属であるガナ（鬼神の「軍衆」）やブータ（「悪鬼」）、あるいはヤクシャなどの鬼神の類は、太鼓腹の小人形に形象されるのが常で（**図21、22**参照）、その意味ではクシュマーンダは、そうしたシヴァの眷属衆の形態をとくに誇張して表現したものとも言えるだろう。これらの鬼神類は、ヨーロッパのノーム（*gnome* 地の精、多く宝物を隠しもつという）などと同様、大地的な力と暗い神秘を秘めた、一種の妖精と考えることができる。事実、シヴァの息子神の一人、象頭の神ガネーシャ（Gaṇeśa または Gaṇapati この名は両方とも「ガナ衆の主、大将」を意味する）自身が、クシュマーンダと形容されることもある。[28] 象頭の神が異常に肥っていたとしても、なんの不思議もないだろう。さらに、前に見たように、ヒンドゥー教におけるマハーカーラそのものが、「ガナの大将」、すなわちいまのガネーシャとまったく同様に、ガネーシャまたはガナパティと形容されることがあるという指摘も、ここで思い出しておかなければならない（前述p. 79参照）。一方、ガネーシャの兄弟神であるスカンダは、精悍な戦闘神として表象されることが多く、この二神も「肥満／痩身」という対照をなしている。このように、シヴァ神話圏の周辺には、怪物的な肥満神と怪物的な痩身神が大きな役割を果たしていると考えることができる。

## 5　空腹／大食の仏弟子――ピンドーラ尊者

**図23　賓頭盧尊者**（日本、近世）

ところで、肥満と痩身という二つの特徴は一見相反したものと思われるが、考えてみると「空腹（飢え）――大食」という要素によって結び合わせることができる（ただし「痩身」は自発的な苦行のイメージにより密接にかかわっており、大食との関係は希薄かもしれない）。たとえば、いま挙げた太鼓腹のガネーシャも供え物の団子（サンスクリットでは *modaka* 普通「歓喜団」と漢訳される。種々の味を混ぜて作った甘い餅菓子の一種）[*29] が大好物の大食漢であることで知られている。では、仏教神話の方では、この「空腹／大食」というイメージに当てはまる神格は見つからないだろうか。そうして見ていると、意外なところに思いもかけぬ奇妙な人物――、神話的人物像が浮かび上がってくる。こんにち、日本の禅寺の本堂などで「だまって坐っていて、誰にでも頭や肩、腰などをなでられて、そこの病気をなおす神さまにまでなっている」賓頭盧《びんずる》尊者＝ピンドーラがそれである(30)（道端良秀著『羅漢信仰史』）〔図23参照〕。

＊ *Modaka* は語根 *MUD*-「喜ぶ、愉快である」の派生語で、漢訳「歓喜団」はその語意にもとづく。インドにおける *modaka* については、Paul Courtright, *Gaṇeśa. Lord of Obstacles, Lord of Beginners*, New York-Oxford, Oxford University Press, 1985, repr. 1989, p. 112-114 も参照。

前に、義浄の『南海寄帰伝』によるインドの仏教寺院における大黒天信仰の記事を引用した時に、インドで在家の信者が僧を招いて斎を施す時に、施主は「はじめに聖僧に食物を供え、次に僧衆に配り、最後に呵利底母（ハーリーティー）に供物を捧げる」と書かれていたのを思い出していただきたい（前述 p. 88 参照）。ここで「聖僧」と呼ばれていたのが、その賓頭盧尊者だったのである(31)。

賓頭盧尊者は、中国では晋代の有名な僧、道安（三一二～三八五年）の夢に「頭白く眉毛長い西域僧」の姿で現われ（四世紀後半）、その時代以来、寺院の食堂の上座に賓頭盧の座を設けるようになったと伝えられている。しかし慧簡（五世紀半ば）訳の『請賓頭盧法』には、「天竺では」法会の時に「賓頭盧頗堕誓阿羅漢を請じ」、「願わくは我が請を受け、この食卓に〔坐したまえ〕」と祈り、「新屋を作るときは」、ここに「止宿したまえ」と祈り、さらに「衆僧を請じて澡浴するときは」、「願わくは我が請を受け、ここに洗浴したまえ」と祈る、と述べられており（唐の『大唐内典録』によれば、『請賓頭盧法』は二世紀後半の安世高によってすでに訳されていたという。これが事実とすれば、『請賓頭盧法』はもっとも古い漢訳仏典の一つに数えられるだろう）、また、僧伽婆羅訳『阿育王経』（六世紀前半）には、アショーカ王が催した法会の上座に「頭髪白皓……眉毛が顔を覆うほど長い」ピンドーラが坐したと書かれていて、これらの記述からも、法会の上座にピンドーラ尊者を請じることは、古い時代からインドでも行なわれていたことが明らかである(32)。

十一世紀初頭、中国で編集された道誠の『釈氏要覧』（一〇一九年）によると、

中国の寺院ではまず（鬼子母神の）鬼廟を建て、次に（十八伽藍神または土地神を祀る）伽藍神廟を建て、次に賓頭盧廟を建てる。すなわち今の堂中の聖僧がそれである(33)。

というが、ここでも賓頭盧とハーリーティーが寺院を守る護法神として結び付けられていることが分かるだろう。

さて、この賓頭盧尊者がなぜとくに寺院の食堂に祀られるようになったかを考えるには、まず彼の名前自体の意味を見なければならない。賓頭盧の原名は（パーリ語でもサンスクリットでも同じ）ピンドーラ Piṇḍola というが、この名は「丸い塊、（食物の）一口、（祖霊に供える）団子（の類）、祭餅」などを意味するピンダ *piṇḍa* という語に由来する。さらに *piṇḍoli* あるいは *piṇḍolika* という語は「食物の残り、残食」を意味するという(34)。事実、パーリ語の『ダンマパダ注釈』には、ピンドーラは食物（*piṇḍa*）を愛したために出家した、とまで書かれている(35)。ピンドーラ尊者は、なによりも「飢えた」、それゆえ大食漢の仏弟子だった。

このピンドーラは、仏滅後も涅槃に入らず、弥勒仏の出世まで正法を護持して各地を巡る、と言われた「十六羅漢」の筆頭に数えられ、仏教的な終末のヴィジョンに深くかかわる尊格だが、仏典の伝えるところでは、釈尊在世時代から、いわくつきの人物だったと言われている。まず、彼自身が語ったピンドーラ尊者の前生譚を見てみよう。

義浄訳の『根本説一切有部毘奈耶薬事』によれば、ピンドーラは次のように語ったという。

私は昔、ある貴い家に生まれ、父母のもとで自由に暮らしていた。父は私に家計を任せ、両親の面倒を見るように命じたが、私はいつも吝嗇《りんしょく》な心で一杯で、兄弟姉妹や召使たちに、衣食も与えなかった。またある時、母が食べ物を求めた時にも、吝嗇の心から与えず、悪口を吐いて「瓦や石でも食べたらいい」と言ったのだった。この悪業の力のために私はその後、大地獄に堕ち、大熱や黒縄などの地獄で多くの苦しみを受け、

そうしてやっと人間のあいだに生まれ変わった後も、悪業の力によっていつも瓦や石を食い、飲食時には決して満腹することなく、常時飢えと渇きに苦しめられたのだった〔中略〕。いまの最後身において、人間のあいだに生まれて出家し、無上等正覚の大導師に親事して、ついに阿羅漢となることを得、生の熱病から癒えて清涼を獲得した。世尊は、私が煩悩を除いたあかつきには、〔正法を〕獅子吼する者のうちで第一の者となることを予言してくださった。しかし、神通力を得たいまでも、なお瓦や石を食わずにいられないのである。このように、たとえ百劫を経ても、業の力が消え去ることはないのである(36)……。

さて、このようにいつも空腹で「瓦や石」まで食わずにいられないというピンドーラ尊者はまた、釈尊在世中は神通力を現わすことが得意な阿羅漢だったという。なかでも有名なのは、多くの経典に伝えられている栴檀の鉢を神通力で取ったという物語で、ピンドーラはこの事件のために世尊から叱責され、閻浮提から去るように命じられたと伝えられる。ここでは、『十誦律』のヴァージョンを簡単に要約しておこう。

昔、釈尊がラージャグリハ城に居られた時、ジョーティカ居士という有名な金持ちがいた。このジョーティカに、ある客人が海外から持ちかえった非常に高価な栴檀を贈り物にした。ジョーティカは早速それで一個の鉢を作らせ、瓔絡の袋に入れて高い象牙の杭の上に懸け、「もし梯子や棒などを用いずにこの鉢を取ることができる沙門や婆羅門がいたら、そのままこの鉢を進呈しよう」とふれまわった。プラーナ・カーシャパやマスカリー・ゴーサーリプトラなどの六師外道の師たちは、みなその鉢を欲しがったが、神通の力がないため、頭を振って去っていった。

さて、ピンドーラ長老は、その話を聞いて早速マウドゥガリヤーヤナ長老のもとに行って相談した。マウドゥガリヤーヤナ長老に「正法を獅子吼する者のうちで最高と言われる君が、自分で取ってきたらいい」と言われたピンドーラは、さっそくジョーティカ居士の家を訪れ、威儀を正して訪問の意を告げた。ジョーティカは長老の立派な様子を見て喜んで迎え入れた。ピンドーラは禅定に入ると、坐ったままなんの苦もなく手を伸ばして杭の上の栴檀の鉢を取ってしまった。居士は喜んで鉢を長老に進呈し、そのなかに米飯を一杯盛って、長老に御馳走した。得意になったピンドーラは、高価な鉢を持ちかえり、僧たちに見せびらかしていた。

ところがそのことを聞いた世尊は、比丘僧を集めてピンドーラにことの次第を問いただし、彼が大戒を受けていない俗人の前で過ぎた神通力を現わし、そのうえ「赤裸外道」のものである木鉢を取ったことを叱って、彼をしりぞけ、閻浮提に住すべからず、と命じられたのだった[37]……。

このエピソードには多くのヴァージョンがあるが[38]、スタン教授が引用するひとつのヴァージョンによれば、ジョーティカ居士が杭の上に懸けた鉢のなかには（ガネーシャの好物である）「歓喜団」が入れてあった、ともいう[39]。

さて、このピンドーラ尊者が得意としたいまひとつの神通は、巨大な石に乗って虚空を飛び回ることだった。いま見た栴檀の鉢の物語の別のヴァージョン（『四分律』）では、マウドゥガリヤーヤナの勧めを受けたピンドーラが、鉢を杭の上に懸けた居士の家に行くのに、

すなわち〔マウドゥガリヤーヤナとともに坐っていた〕巨石を合わせて虚空に身を躍らせ、ラージャグリハ城の上空を七回巡った。国人はみな東西に逃げ走り、石が落ちてくる、とわめきあった[40]。

と書かれている。これと同様のことは、世尊がアナータピンダダ（給孤独長者）の娘、スマーガダーの婚家に招かれた時にも起こった。ただしこの時には、ただ人々を驚かすだけではなく、より重大な結果を惹き起こしたのだった。竺律炎訳の『仏説三摩竭経』（三世紀前半）のヴァージョンによれば、

その時、世尊は千二百五十の比丘と五百の菩薩、そして諸天・鬼神を伴って虚空を飛び、スマーガダーの住

むプンダヴァルダナ国に赴いたのだが〔中略〕、ピンドーラ尊者は、ひとり山の上に坐って衣を繕うのに夢中になっていて、一行とともに行くことをすっかり忘れてしまっていた。そして、衣を縫っていた針を地面に刺したとたんにそのことを思い出し、あわててプンダヴァルダナ国をめがけて飛び立った。ところが、彼が坐っていた山が、針に縫いつけられたままピンドーラのあとについて飛んでいった。そして、そのありさまを見た一人の妊婦が、恐れと驚きのあまり、流産してしまったのである。

そのことを知った世尊は、ピンドーラがひとりの人間の命を損なったことを叱って、今後、仏や僧衆とともに食することを許さない、また弥勒仏が世に出るまで、涅槃に入ることも許さない、と言った。ピンドーラは師がこのように述べられるのを聞いてみずからを責め、菩薩や羅漢衆に別れを告げて、ひとり山のなかに入っていった(41)……。

妊娠した女性が、驚きや怖れのあまり、あるいはなにかの事件によって流産してしまう（または難産になる）、というモティーフは、仏教説話では少なくないようである。しかしいまの物語は、先に見たハーリーティーの前生譚、あるいはアングリマーラの改心後の物語を思い出させるもので興味深い（↓神話モティーフ索引「流産／難産」）。

このように、ピンドーラ尊者をめぐるエピソードには、彼が思わぬ問題を惹き起こしたとするものが多い。しかし、次の説話では（ひとつのヴァージョンによれば、同じように石に乗って空を飛び、神通力を誇示したにもかかわらず）彼の行ないは釈尊の教団にとって喜ぶべき結果をもたらしたという。この説話は『増一阿含経』（四世紀末）と『彌沙塞部和醯五分律《みしゃそくぶわけいごぶんりつ》』（五世紀前半）のふたつの経典によって伝えられている。ここでは主に『五分律』に基づき、〔　〕内に『増一阿含経』からも補って、要約しておこう。物語の舞台はまたもやラージャグリハ城である。

さてこの頃、カーシヤパ長老とマハー・マウドゥガリヤーヤナ長老、アヌルッダ長老、そしてピンドーラ長老の四人の大声聞が集まってラージャグリハの街の様子などについて話し合い、いまだに正法を信じない者がいるから、われらが行って彼らを仏法に帰依させよう、と語り合った。そうしてラージャグリハの人々を観察してみると、抜提（バドリカ Bhadrika）長者とその姉〔『増一阿含経』では難陀＝ナンダー Nandā と呼ばれる〕が、その対象としてふさわしいということになった。バドリカ長者〔とその姉〕は、大変な金持ちなのにひどく吝嗇で、乞食《こつじき》する者を寄せつけないように〔それぞれ〕家に七重の門を設けて〔門番を置き〕、食事時にはその門をすべて閉めさせるようにしていた。ところが〔ある朝〕、このバドリカ長者がひとりで餅を食べていた時に、まずアヌルッダ長老が〔地面をくぐり抜けて〕彼の目の前に現われ食を乞うた。長者はしかたなく餅をひとかけらだけ与えたが、心中ひどく不快に思い、門番を叱りつけた。そうして〔餅を食べ終わり〕魚を食べている時に、今度はカーシヤパ長老が〔同じようにして〕現われ、また一片の魚を得て帰っていった。〔長者はひどく怒って「幻術を使って世を惑わす禿頭沙門たちめ」とののしったが〕、それを見た彼の妻が、この二人の比丘は、それぞれ有名な豪族や分限者の子息で、富や誉れを捨てて出家したことを教え、〔この聖人たちを誹謗することは慎まなければならないと諭した〕。そうしているところに、最後にマハー・マウドゥガリヤーヤナ長老が虚空を飛んで長者の前に現われ、種々に法を説いて、ついに長者を改心させた〔長者は自分からマハー・マウドゥガリヤーヤナに多くの飲食を施し、今後いつでも僧衆に衣服・飲食・寝具・医薬を与えることを約束した〕。

さて、こうしてバドリカ長者を帰依させた三大声聞は、ピンドーラ長老に向かって、今度は君が〔ナンダー老母を〕帰依させる番だ、と告げた。ピンドーラは、長者の姉が餅を作っているところに〔地面をくぐって」現われ、彼女の前に立ってただ一心に鉢のなかを見つめた。が、老女は、そんなことをしても一片の餅も施したりはしない、と言う。それで長老は身体から煙を出してみせたが、それでも老女は布施することを拒否する。次には、身体から火炎を出し、あるいは虚空に飛んでみせ、空中で逆さになって吊り下がってみせるが、どんなことをしても、老女は頑として布施を拒み続けた。そこでとうとう、ピンドーラはラージャグリハ城外にあった大石のところまで行き、石とともに虚空に舞い上がって城の上空に戻ってきた。そして、老女の頭上にいまにも降りかかろうとすると、さすがの老女も「すぐに食物は用意するから、命だけは助けてほしい」と嘆願した。

しかし、ピンドーラが大石をもとの場所に戻して帰ってくると、老女はやはり餅を差し出すのが惜しくなって、やっとひとかけらだけの餅を布施した。ところが長老の手に入ったとたんにその餅の一片が大きくなって一個の餅になってしまう。どうせそんなことなら、と一個の餅を与えると、他の餅もくっついて長老の鉢に入ってしまう。取り返そうと鉢に手をかけると、今度は手まで鉢に貼りついて離れなくなってしまう。どうすることもできなくなって、老女はピンドーラに言われるまま、釈尊と僧衆が留まっていた寺院まで行き、持ってきた餅を世尊と千二百五十人の比丘たちに振舞った。ところが全員が満腹してもまだ余りが残っている〔その余りを貧者の群れに振舞っても、まだ余りが残っている〕。その残りをどうすればよいか世尊に尋ねると、世尊は虫などがいない浄水のなかに入れよ、と命じた。その通りにすると、熱した鉄を水中に投じたかのように、水が激しく沸騰してしゅーしゅー音をたてる。恐れおののいた老女が仏を礼拝して坐ると、仏は種々に法を説いて聞かせ、こうしてついにその吝嗇な老女も仏法に帰依したのだった(42)……。

この物語を読んで、即座に思い起こされるのは、もちろん『南海寄帰伝』が伝えるバンダナ寺における大黒神の奇跡だろう。ここでも「百人ばかり」の僧に足りるだけの食事を五百人の僧に与えたが、浄人の母が祀った大黒天の験力のおかげで「全会衆はみな腹一杯食べ、さらにその余りもいつもと変わりがなかった」……（前述 p. 90参照）。そういえば、ピンドーラの名も、「食物の残り、残食」を意味する *piṇḍoli* あるいは *piṇḍolika* という語に基づいていた。

もうひとつ、ここで注目すべきなのは「老母ナンダー」のことである。第一に、先のバンダナ寺の浄人の母も、当然「老母」だったということ（老婆のイメージはシヴァの神妃の忿怒相、カーリーを想起させる。↓神話モティーフ索引「老婆」）。そして第二に、ナンダーという名自体が、翻訳すれば「歓喜（女）」となり、それはハーリーティーの元の名（「歓喜薬叉女」）の原名とおそらく同一であるということ（↓神話モティーフ索引「歓喜（という語）」）。さらに、この「歓喜」という語は、中国以東の仏教でガネーシャ／ガナパティの別名として用いられた「歓喜天」を直接想起させるものでもある。(43) であるなら、この「老母ナンダー」がピンドーラに与えたという「餅」も、ガネーシャの好物であるという「歓喜団」（*modaka*）と関連するとは考えられないだろうか。一方、この「老母ナンダーの帰仏説話」でも、先のジョーティカ長者の鉢の説話でも、「鉢」が重要な役割を果たしていることは、ハーリーティーの末子を隠した仏鉢や曠野鬼神の降伏説話における仏鉢を想起させる。ピンドーラという名自体が、祖霊に供える団子、祭餅を意味する *piṇḍa* に直結していたのなら、彼をめぐる説話に「鉢」が登場するのも不思議ではないかもしれない（後に見るように、ジョーティカ長者の鉢の説話とナンダー老母の帰仏説話は、文殊菩薩と鉢について述べる説話に変形して用いられている。ピンドーラ尊者と鉢のかかわりがいかに本質的なものと考えられたかを示す例と言えるだろう。後述 II, p. 86 以下参照）。

ここで、整理のために、ピンドーラ尊者をめぐるこれらの説話や信仰と、これまでに見てきたその他の神話とが関連し合う「接続点」を表の形でまとめておこう（**表2**参照）。

これを一見しても明らかなとおり、ピンドーラは、シヴァ神話的なカーリーやガネーシャ、ガナ、マハーカー

| ピンドーラ | 他の神格 |
|---|---|
| 食堂の守護神 | 大黒天、ハーリーティーなど |
| 大食漢（肥満？） | ガナ、ガネーシャ、マハーカーラ長老、布袋和尚（後述）、日本型大黒（中世以降）など |
| 鉢 | ハーリーティー、曠野鬼神など |
| ナンダー（歓喜） | ハーリーティーの本名（歓喜夜叉女）、「歓喜天」（～ガネーシャ）、シヴァの雄牛ナンディンなど |
| 流産のモティーフ | ハーリーティー前生譚、アングリマーラ帰仏譚 |
| 老婆 | カーリー女神、バンダナ寺の「浄人の母」（大黒天奇跡譚） |
| 食物増加の奇跡 | バンダナ寺の大黒天 |
| 食物の残余 | バンダナ寺の大黒天、マハーカーラ長老、帰仏後のハーリーティーの子どもたちなど |
| 餅 | ガネーシャの好物・歓喜団、マハーカーラ長老の祭食の団子など |

表2

ラなどが占める〈表象空間〉と、仏教神話のハーリーティーやマハーカーラ、あるいはアングリマーラなどが占める〈表象空間〉とが重なり合う、われわれにとってもっとも重要ないわば「戦略地点」のひとつに位置していると言うことができる。ピンドーラという名の釈迦牟尼仏の弟子が、歴史のなかに実在したか否かは、いまの観点から見ればもはや重要な問題ではない。ピンドーラという核を中心にして結晶してきた様々な神話的モティーフ（神話素）の布置こそが、われわれの探究の対象になるものだからである。

こうして、七世紀末のインドで僧に斎を施す儀式を記述した『南海寄帰伝』の一節に現われる「聖僧」＝ピンドーラ尊者とハーリーティー、そしてマハーカーラの三神は、すべてある同一の神話圏の周辺に位置する神々だったことが明らかになってくる……。

## 6　牛神の仏弟子ガヴァーンパティ

さて、このピンドーラの伝説を新たな出発点にして仏教説話を見渡してみると、さらにほかにも興味深い「仏弟子」たちの姿がわれわれの視野に入ってくる。ここではまず、ガヴアーンパティ（憍梵鉢《きょうぼんは》提《だい》）と呼ばれるいっぷう変わった人物について見てみよう(44)。

　いま、象頭の神ガネーシャの中国・日本における別名として「歓喜天」という名が用いられることを述べたが、サンスクリットでそれに当たるであろう形、Nandaka あるいは Nandin という名は、シヴァの乗り物として有名な雄牛ナンディン（Nandin）の名を直接想起させる。ナンディンはシヴァの聖山カイラーサ山の門番といわれ、それゆえ多くのシヴァ教寺院の門の守護神としても知られている。ナンディンは一般には雄牛の形で描かれるが、時には牛頭の人間、あるいは（二臂または四臂の）人間の形で表現されることもあるという(45)。ところが、いくつかの点でピンドーラと興味深い類似を示す仏弟子ガヴァーンパティは、どうやらこの雄牛ナンディンとも結び付けられるように思われるのである。

　まず、ガヴァーンパティ Gavāṃpati という名を見てみよう。この名は「牛」を意味する *go* と、「主、長、支配者、王」などの意の *pati* から成り立っていると考えられる。この名の意味から見ても、ガヴァーンパティが、牛の神ナンディンと近い関係にあると考えられるだろう。また、ガヴァーンパティの名は、シヴァの重要な別名のひとつである Paśu*pati*（「家畜の主」の意）とも意味的に酷似している。事実、『マハーバーラタ』ではガヴァーンパティはシヴァの異名の一つとして現われているという(46)。

　漢文仏典ではガヴァーンパティの名は「牛主、牛王、牛司」などと訳されるほか、「牛跡」「牛王眼」「牛相」あるいは「牛哃」などの訳もあるという（『望月仏教大辞典』p. 618b による）。「牛王眼」「牛相」が何に基づくのか未詳だが、「牛跡」は時に「牛脚」とも綴り、Gavāṃpati の最後の *t* が有音化して Gavāṃpādi または Gavāṃpa*di* などと訛って伝えられた結果と考えられる(47)（*pāda* は「足跡」、*pada* は「足」の意）。この訳語は、金剛手菩薩の別名 Vajra-Guhyakādhipati（「金剛密主」）が「金剛密迹」と訳された例と考え合わせると興味深い（後述 II, p. 66–67 も参照）。

さて、最後の「牛呞」はガヴァーンパティの訳語というよりむしろその特徴を表わす語で、とくに重要である。「呞」という字はあまり見かけない珍しい字だが、（牛などの動物が食物を）「反芻」することを意味するという。[48]後漢代に訳された『増一阿含経』の部分的な注釈書『分別功徳論』によれば、

牛脚（ガヴァーンパティ）比丘はふたつのことのために世間にいられなくなった。すなわち、第一に彼の足が牛のひづめに似ているということ。第二に満腹すると食べ物を反芻するということである。〔中略〕もし外道のバラモンが、彼が反芻しているところをみたら、沙門たちは定められた時でない時にも食べたりすると噂して、誹謗の心を起こさせることになるだろう。そのために仏はこの比丘を上天に遣わし、（彼は帝釈天の宮殿にある）善法講堂で禅定に入ったのである。[49]

ガヴァーンパティのこの奇妙な習慣は、「過去世において他人の粟畑を通り過ぎた時、五、六粒の粟を口に入れながら地面に吐き出してしまったため」、五百生のあいだ牛に生まれてそれを償ったことの名残であるという。[50]ガヴァーンパティはまた、釈尊入滅の時に天宮にいてそのことを知らず、マハーカーシャパに遣わされたスボーディからはじめてそれを聞かされると、「世は空になった。私が戻ってなんになるだろう」と慨嘆し、いち早く涅槃に入ってしまったとも言われている。[51]

ピンドーラ尊者が「瓦や石を食べる」のと似たように、ガヴァーンパティ長老は一度食べた食物を「反芻する」。こうした特殊な食習慣のため、釈尊の教団が世の人々から誹謗される原因になる（あるいはその可能性がある）、ということに関しては、ガヴァーンパティは前に見たマハーカーラ長老に似ていると言えるだろう。また、そのために「世間にいられなくなった」ということは、ピンドーラ尊者が「閻浮提から（または僧衆から）追放された」というテーマを連想させる。さらに、ガヴァーンパティが、釈尊入滅の時にその場に居合わせなかったというモティーフは、同じピンドーラ尊者が、釈尊がプンダヴァルダナ国に赴いた時に同行しなかったとい

うエピソードと関連付けられるかもしれない。一方、ガヴァーンパティが釈尊入滅後にすぐさま入滅したということは、ピンドーラが「弥勒仏出世の時まで」涅槃に入ることを禁じられたというモティーフのちょうど逆転した形であるということも指摘しなければならない。

ガヴァーンパティは、中国や日本では民衆的な信仰の対象になったことはなかったようである。しかし、ビルマ（ミャンマー）のモン Mons 族やタレン Talaings 族の仏教では、ガヴァーンパティは Gavompade という名で知られ、もっとも広く信仰された「聖者」のひとりだったという。とくに興味深いのは、パガン近くのある寺院で、ガヴォーンパデとガネーシャの二神が互いに背中合わせで一対として祀られている銅像が発見されていることである。この二神は、それぞれが両手で眼を覆っている姿に表現されていたという(52)。ナンディンやパシュパティなどのシヴァ神話的な神格と仏弟子ガヴァーンパティとの関係は、その名前から見ても明らかなものであったにもかかわらず、インド仏教以来、そのことを明言した文献はひとつも存在しなかった。それがインドから遠く離れたビルマの地で、こうした図像の形であらためて「再発見」されているのである……。

## 7　空腹／醜悪な仏弟子たち

いまのガヴァーンパティとは別に、ピンドーラ尊者の伝説はある一群の「仏弟子」たちの物語を連想させる。以下、この奇妙な仏弟子たちの物語を簡単に要約しておこう(53)。

［1］レークンチカ（Lekuñcika）尊者は、過去世において実母に七日間食物を与えず、飢えで死なせた罪のために地獄に堕ち、新たに人間に生まれた時には恐ろしく醜悪な容貌と悪臭を放つ身体で生まれた。成人したのちも、つねに飢えに苦しめられ、満腹したことがなかった。彼は、沙門が乞食して鉢一杯に食を得ているのを見て

出家したが、自分で乞食してもいつもほんの少ししか得ることができなかった。ある日、たまたま仏塔を掃除した後、乞食に出るとはじめて充分な食を得ることができ、その後仏塔の掃除を日課とするようになった。ところが、ある朝寝坊してそのことを知らなかったシャーリプトラ長老が仏塔を掃除してしまい、その後シャーリプトラはじめ多くの兄弟子たちがいくら努めても、(彼らが代わりに乞食してきた食物が鳥に奪われたりして)まったく食を得られなくなってしまった。こうして七日間飢えに苦しんだ末、レークンチカ尊者は、慚愧のあまり僧衆のまえで砂を食い、水を飲んで涅槃に入ってしまった[54](呉の支謙訳『撰集百縁経』による)。

[2] ローサカ・ティシヤ(Losaka-Tisya)尊者は、シャーリプトラ長老の弟子だったが、ある時、乞食をしてもまったく食を得られなくなってしまった。シャーリプトラやマハー・マウドゥガリヤーヤナなどが代わりに乞食に行っても、せっかく得てきた食べ物が鳥に奪われたり泥に変わってしまったりする。最後に釈尊みずからローサカ・ティシヤに食を与え、ついに食べることができた[55](鳩摩羅什訳『大智度論』など)。

[3] スヴァーガタ(Svāgata「善来」の意)尊者は、過去世においてひとりの襤褸をまとった沙門を見て悪口を吐いたため、その後、五百生の間(あたかもシヴァ教の行者のように)麻の襤褸をまとい、手には割れ瓦(または髑髏(sk. *kapāla* は両方の意味がある))を持ち、身体は癩に覆われ、塵芥のなかに寝て、つねに飢えに苦しめられ、人々からは「悪来」と罵られていた。最後に釈尊の僧衆が乞食をして多くの食を得ているのを見て仏に出家することを乞い、仏に「善来」(「よく来た」)と言って許され、正法を教えられて「火界定(火炎を放つ禅定)第一」と言われるようになった[56](竺法護訳『仏五百弟子自説本起経』など)。

[4] ラクンタカ・バドリカ(Lakuṇṭaka Bhadrika また Rāvaṇa Bhadrika, Lāvaṇya Bhadrika などの名があるが、同一人物である)尊者は、過去世において、ある仏塔の建設を見て、それが大きすぎ金がかかりすぎると悪口を吐いたが、その後その塔に鈴を献納したため(あるいは別の過去仏の世にカッコー鳥となって生まれ、そ

の仏の徳を美しい声で讃えたため）、釈尊の世には恐ろしく醜悪な（太鼓腹の）小人の姿で生まれたが、すばらしい美声をもち、「妙声第一」と言われるようになった[57]（『根本説一切有部毘奈耶薬事』など）。

これらの物語が、すべて複雑な関連で互いに（またピンドーラ尊者やマハーカーラ長老の伝説にも）かかわり合っていることは、一見して明らかだろう。以下、とくに興味深い点をいくつか挙げるなら――、

○レークンチカとローサカ・ティシヤはシャーリプトラとの関係で結び合わされており、また同じレークンチカとラクンタカ・バドリカは仏塔との関係でかかわっている。

○レークンチカとローサカ・ティシヤ、そしてスヴァーガタは三人とも（ピンドーラと同様に）飢えに苦しめられる仏弟子である。

○レークンチカはまた、ピンドーラのように過去世において母を飢えさせたために、その報いでみずからもたえず飢えに苦しむようになったという。

○スヴァーガタの出家前の姿は、マハーカーラ長老の墓場での修行の姿を彷彿とさせる（これはシヴァ教行者の修行の様相をモデルにしているかもしれない）。

○最後のラクンタカ・バドリカ尊者は（ピンドーラがつねに飢えに苦しめられていたにもかかわらず「獅子吼第一」と称されたのと似て）、醜い太鼓腹の小人であるにもかかわらず、多くの仏弟子のなかで「妙声第一」と讃えられるようになった。このラクンタカ尊者の物語が、前の章で見たアングリマーラの説話のなかにも挿入されていたということも興味深い事実である（前述 p. 156 参照）。また「妙声」（*mañjughoṣa, mañjusvara* などの語で表わされる）というモティーフは、文殊菩薩の最大の特徴のひとつでもあるが、この文殊菩薩自身が（ピンドーラと同様に）寺院の食堂に祀られていたということも、注目に値するだろう（前注31参照）。

## 8　神話モティーフのコンビナトワール

こうしてマハーカーラ長老からラクンタカ・バドリカ尊者に至るまで、この異様な仏弟子たちの伝説を一巡してみた時、第一に気付くのは、これらの人物が実在の人間というよりも、明らかにある種の神話的キャラクターの表現であるということである。仏弟子たちを対象にした信仰は、インド・中国から日本へと伝わり、十六羅漢や十八羅漢、あるいは五百羅漢の信仰としてこんにちまで続いている。それぞれが極端に「個性的」で、ほとんど醜いまでに誇張された表情を表わすこれらの羅漢たちは、仏教がこの世の「人間的な、あまりに人間的な」種々相を「ありのままに」受け入れ、「ありのままに」聖化するということの、ひとつの表われであるというふうに言われることが多い。が、ここで見てきた異様な仏弟子たちの物語が、こうした羅漢信仰のひとつの源流であるとするなら、これらの人物は「人間的」であるというよりもむしろ「神話的」であり、(あるいはユング風に言うなら)「アーキタイパル」な表象の表現なのである。

そのことは、たとえば最後に挙げた一群の比丘たちについてみても明らかだろう。レークンチカやスヴァーガタなど、これらの「尊者」たちを「唯一の原型」に還元することには無理があるし、かといってそれぞれを独立した個性と考えることも不可能である。これらの伝説は、いくつかの核を中心にして、様々な神話的モティーフが、いわば化学反応的に——種々の配分や組合《コンビナトワール》せのもとに——結晶して生みだされた結果であって、その背景にあるのは、きわめて具体的な(たとえば飢えや醜悪な容貌などの)要素に対するきわめて抽象的な、ほとんど代数的とも言えるような思考の操作なのである。

これらの古い仏教聖者たちの伝説を見渡した時に、もうひとつ指摘すべきなのは、そのなかに驚くほど多くの「純インド的」、あるいはヒンドゥー教的要素が含まれているということだろう(ここで見てきた説話群の場合に、そうした要素の大部分にシヴァ神話的な傾向が強く感じられるのは、おそらくわれわれの選択によることであって、必ずしも仏教神話全体の本質的傾向とは言えないだろう)。

仏教がインドという現実のなかで生まれ育ってきたという事実を思い出してみれば、これはあらためて言うまでもない、自明のことなのかもしれない。が、ひとつ注意しておくべきなのは、「純インド的」とか「ヒンドゥー的」と言ったとたんに、すぐさま「土俗的」で「未分化」な、いわば「土着の心性」と決めつけてしまいがちな考え方が、正しいとは言えないということである。もちろんヒンドゥー教はインドに特有なものであるし、また神話的思考は多くの場合、無意識のレヴェルの思考である。にもかかわらず、その神話的思考は一般にきわめて純度の高い抽象的思考であり、また、ヒンドゥー教はある種の非常に整合的な世界観のうえに成り立っている。仏教を生きた歴史のなかに取り戻すためには、なによりもまず、それを「インドという現実」のコンテクストに置き直すことが肝要だろう。仏教神話の森に分け入っていくうちに、われわれはいつのまにか「インドという現実」のただなかにまぎれこんでいたのだった……。

**注**

(1) 中村元訳『仏弟子の告白』(岩波文庫)「あとがき」p. 296 参照。

(2) *Thera-gāthā*, II, 151-152, 中村訳 p. 51 による。

(3) *Thera-gāthā* 注釈 I, 271; また *Dhammapada* 注釈, I, 66 *sq.* (英訳 Burlingame, *Buddhist Legends translated from the original Pali text of the Dhammapada Commentary*, I, p. 185-187 (「若く美しい女性の死体……」という記述はここに現われる)); G. P. Malalasekera, *Dictionary of Pāli Proper Names*, London, published by Pali Text Society, Luzac & Company, 1960, II, p. 483, I, p. 588 参照。Liz Wilson, *Charming Cadavers. Horrific Figurations of the Feminine in Indian Buddhist Hagiographic Literature*, Chicago and London, The University of Chicago Press, 1996, p. 91-93 and notes 48-57 [p. 223-224] はこの説話を詳しく分析している。これが「女性の死体」であることは、女性の身体についての

仏教のきわめて特徴的な観念を示している。女性のエロティックな身体は、身の毛もよだつ醜い死体となったときに、はじめて（男性の）宗教者を解脱へ導くものとなりうる。

（4）『十誦律』T. XXIII 1435 xiii 95c25-96b10；『根本説一切有部毘奈耶』T. XXIII 1442 xxxvi 825a25-827b11；『根本説一切有部苾芻尼毘奈耶』T. XXIII 1443 xiv 981b12-982a3 参照。

（5）独覚の名「希尚」のサンスクリット原名は不詳。「希尚」とは音写だろうか、それとも翻訳だろうか。識者の御教示を乞いたい。

（6）Madelaine Biardeau, "Le sacrifice dans l'hindouisme", *in* M. Biardeau et Charles Malamoud, *Le Sacrifice dans l'Inde ancienne*, Paris, P.U.F., 1976, p. 100.

（7）田中純男稿「古代インドの墓地」、田中純男編『死後の世界――インド・中国・日本の冥界信仰』（東洋書林、二〇〇〇年）p. 2-37；以下の引用はp. 3-4.

（8）原注1：上村勝彦訳『屍鬼二十五話』（東洋文庫）平凡社、一九七八年 p. 4.

（9）原注2：『屍鬼二十五話』p. 18.

（10）原注3：『屍鬼二十五話』p. 223-224.

（11）原注4：『屍鬼二十五話』p. 288.

（12）原注5：『屍鬼二十五話』p. 288-290.

（13）田中純男、前掲論文 p. 5-6.

（14）原注10：岩本裕訳『カター・サリット・サーガラ』（一）、岩波文庫、（一九五四年）一九八九年 p. 56；同（二）（一九五七年）一九八九年 p. 10.

（15）原注11：『カター・サリット・サーガラ』（二）p. 113.

（16）原注12：田中於菟弥訳『鸚鵡七十話』（東洋文庫）平凡社、（一九六三年）一九七〇年 p. 237.『鸚鵡七十話』の成立年代を七―一二世紀とすることについては、p. 349 参照。

（17）田中公明著『性と死の密教』、春秋社、一九九七年 p. 74-75.

（18）Shin'ichi Tsuda, "A Critical Tantrism", Memoirs of the Research Department of Tōyō Bunko, 36 (1978), p. 167-231；津田眞一著『反密教学』、リブロポート、一九八七年、参照。Alexis Sanderson 氏のこの問題にかんする業績は公表されていないようだが、Michel Strickmann, *Mantras et mandarins. Le bouddhisme tantrique en Chine*, [Bibliothèque des Sciences Humaines] Paris, Gallimard, 1996, p. 26, n. 18 [p. 418] は、一九九〇年五月にハンブルグで行なわれたセミナーのタイプされた原稿 Alexis Sanderson, "Evidence of the Textual Dependance of the Buddhist Yogānuttaratantras on the Tantric Śaiva Canon" を参照している。

（19）田中公明、前掲書 p. 79-82.

（20）Michel Strickmann, *op. cit.*, p. 39-41 参照。

（21）Michel Strickmann, *op. cit.*, p. 53 参照。

（22）Michel Strickmann, *op. cit.*, p. 22, p. 26 参照。

（23）Malalasekera, *Dictionary of Pāli Proper Names*, II, p. 483-484 参照。

（24）Malalasekera, *Dictionary of Pāli Proper Names*, II, p. 484 ; Burlingame, *Buddhist Legends translated from the original Pali text of the Dhammapada Commentary*, II, p. 359-362 参照。

（25）前述 p. 160 および『根本説一切有部毘奈耶』T. XXIII 1442 xlvii 883c28-885a6 and *sq.* 参照。

（26）M.-Th. de Mallmann, *Les Enseignements iconographiques de l'Agni-purāṇa*, p. 70 and n. 5-7 参照。

（27）Doniger O'Flaherty, *Asceticism and Eroticisme in the Mythology of Śiva*, p 307-308 に Rao, *Elements of Hindu Iconography*, II-1, p. 322-323 を引いて記述されている。また J. N. Banerjea, *The Development of Hindu Iconography*, p. 553 and n. 1 も参照。Bhṛṅgin はシヴァによる Andhaka asura 降伏の神話にも別の形で現われることがある。後述、第七章参照。

（28）以上、Mallmann, *Agni-purāṇa*, p. 66, 69-70, 110 参照。

（29）日本の密教における「歓喜団」については、『阿娑縛抄』TZ. IX 3190 cxlix 480c17-481a1 ;『覚禅鈔』TZ. V 3022 cv 448a14-27 などを参照。

（30）道端良秀著『羅漢信仰史』（大東名著選・3、大東出版社、一九八三年）p. 27. 以下、賓頭盧の神話に関しては、おもに Stein, "Gardien de porte", p. 24-26 による。また Marcel Hofinger, *Le Congrè du Lac Anavatapta*（*Vies des saints bouddhiques*）, I, *Lēgendes des Anciens*（*Sthavirāvadāna*）, [Bibliothèque du *Muséon*, vol. 34], Louvain, Université de Louvain, Institut Orientaliste, 1954, p. 212 and *sq.* も参照。なおピンドーラおよび十六／十八羅漢の信仰については、S. Lévi et Ed. Chavannes, "Les Seize Arhat protecteurs de la loi", *Journal Asiatique*, juil.-août et sept.-oct. 1916, p. 5-50, p. 189-305 が古典的研究だが（ピンドーラについてはとくに p. 205-275）、残念ながら参照できなかった。また J.

Przyluski, *La Légende de l'empereur Aśoka*（*Aśoka-avadāna*）, [Annales du Musée Guimet, XXXI] Paris, 1923, p. 68-97 も重要だが筆者未見。

（31）「聖僧」と呼ばれるのは、一般に賓頭盧尊者だが、そのほかに文殊菩薩もまた同じ称号で呼ばれることがある。この点については後述 II, p. 123 以下参照。さらに、釈迦牟尼仏が最初に化度した弟子として知られる憍陳如（阿若憍陳如 Ajñāta-kauṇḍinya）も時に僧堂の「聖僧」として祀られることがある。これについては後述 II, p. 125 参照。

（32）『請賓頭盧法』Tt. XXXII 1689 784b7-16 以下；『阿育王経』Tt. L 2043 iii 139c15-140a6 以下参照。安世高訳の『請賓頭盧法』については『大唐内典録』Ttt. LV 2149 i 223b10 参照。また、玄奘訳の『大阿羅漢難提蜜多羅所説法住記』Tt. XLIX 2030 13a19-22, b16-24 以下も参照。『望月仏教大辞典』「聖僧」の項 p. 2675b-2676a；道端良秀著『羅漢信仰史』p. 29-32, p. 41 参照。

（33）『釈氏要覧』Ttt. LIV 2127 iii 303b15-16 and *sq.*――なお Stein, "Gardiens de porte", p. 25 によれば、ピンドーラは、すぐれた智慧の持ち主としても知られており、外道と論争して勝利すると言われているという。それゆえ賓頭盧はまた寺院の講堂に祀られることもあるという。

（34）『漢訳対照梵和大辞典』；Monier-Wiliams および Stein, "Gardiens de porte", p. 25 による。

（35）Malalasekera, *Dictionary of Pāli Proper Names*, II, p. 203, and n. 10 参照。賓頭盧尊者の名は、詳しくは Piṇḍola Bharadvaja という。漢訳では、賓頭盧 Piṇḍola は「乞、洛、不動」などと訳され、頗羅堕 Bharadvaja は「捷疾、利根、重瞳」などの訳があるという。『望月仏教大辞典』、項目「賓頭盧頗羅堕」p. 4333c による。

（36）竺法護訳『仏五百弟子自説本起経』T. IV 199 192b5-28；『根本説一切有部毘奈耶薬事』T. XXIV 1448 xvi 80b17-c15；また Hofinger, *Le Congres du Lac Anavatapta*, p. 212-215 参照。

（37）『十誦律』T. XXIII 1435 xxxvii 268c12-269b5 による。

（38）仏陀耶舎訳『四分律』（五世紀前半）T. XXII 1428 li 946b16-c24；仏陀什および竺道生訳『彌沙塞部和醯五分律』T. XXII 1421 xxvi 170a12-17；竺仏念訳『鼻奈耶』（四世紀半ば）T. XXIV 1464 vi 877b3-c21 and *sq.*,『分別功徳論』Tt. XXV 1507 iv 43b2-14（以上『望月仏教大辞典』p. 4334a による）；パーリ語の *Vinaya-Piṭaka*, II, p. 110 and *sq.*; *Jātaka*, IV, p. 263 and *sq.*; *Dhammapada* 注釈、III, p. 201（以上、赤沼智善編『印度仏教固有名詞辞典』p. 504；Malalasekera, *Dictionary of Pāli Proper Names*, II, p. 203 and n. 6 による）など。

（39）Stein, "Gardiens de porte", p. 25 参照。残念ながらこの典拠は確認できなかった。

（40）『四分律』T. XXII 1428 li 946c5-7 参照。
（41）『仏説三摩竭経』T. II 129 845a4-20.
（42）仏陀什および竺道生訳『彌沙塞部和醯五分律』T. XXII 1421 xxvi 170a17-c24；また瞿曇僧伽提婆訳『増一阿含経』T. II 125 xx 646c29-649b10. なお、『五分律』のヴァージョンでは、この物語はピンドーラが柱の上に掛けられた「牛頭栴檀の鉢」を神通を現わして取った物語に続いて語られており、ピンドーラは吝嗇な「ナンダー老母」を正道に帰依させたにもかかわらず、釈尊の叱責の対象となっている。これは、このヴァージョンのナレーションの不備によるものと思われる。逆に言うなら、このヴァージョンは、この物語のオリジナルな形を伝えるものではないと考えられるだろう。
（43）ガナパティの別名としての「歓喜天」については、後述、第二巻第五章第一節A、参照。
（44）ガヴァーンパティについては J. Przyluski, *Le Concile de Rājagṛha. Introduction à l'histoire des Canons et des sectes bouddhiques*, [Buddhica, Ire série, tome II], Paris, Paul Geuthner, 1926–1928, p. 239–256；Stein, "Gardiens de porte" p. 26–27 参照。
（45）M.-Th. de Mallmann, *Agni-purāṇa*, p. 66–67；また前述 p. 80 も参照。
（46）Przyluski, *Le Concile de Rājagṛha*, p. 242 and n. 1 に *Mahābhārata*, VII, 9526, 9540；VIII, 1451；XIII, 1186 を引く。
（47）J. Przylusik, *Le Concile de Rājagṛha*, p. 240–241 参照。
（48）『諸橋大漢和辞典』II, p. 921c, No. 3426 参照。
（49）後漢失訳『分別功徳論』Tt. XXV 1507 iv 40c21-24 and *sq.*；Przyluski, *Le Concile de Rājagṛha*, p. 115, p. 240 参照。
（50）Stein, "Gardiens de porte", p. 26 による。また『法苑珠林』Ttt. LIII 2122 xxvi 478c12-15（安世高訳『処処経』T. XVII 730 527a2-5を引き、ガヴァーンパティが「七百世の間」牛に生まれたために食物を反芻するという）；lvii 719b24-26（「『無量寿経』に依れば……」粟の種を地面に落としたために「五百世の間牛に生まれた」というが、『無量寿経』にはそのような記述はない。おそらくその注釈書などによるものだろう）；赤沼智善編『印度仏教固有名詞辞典』p. 199a-200a などを参照。
（51）『分別功徳論』T. XXV 1507 iv 40c25-41a5；Przyluski, *Le Concile de Rājagṛha*, p. 114-115 参照。
（52）Przyluski, *Le Concile de Rājagṛha*, p. 241-242 参照。また Stein, "Gardiens de porte", p. 26 によれば、同様の像はタイでも発見されているという。
（53）以下では主に基づいた典拠のみを挙げる。その他のリファレンスについては Lin Li-kouang〔林藜光〕, *L'Aide-mémoire*

*de la Vraie Loi*（*Saddharma-smṛtyupasthāna-sūtra*）. Recherches sur un Sūtra Développé du Petit Véhicule, [Musée Guimet, Bibliothèque d'Etudes, t. LIV] Paris, Adrien-Maisonneuve, 1949, p. 278-290 ; Hofinger, *Le Congrès du Lac Anavatapta*, p. 272-275（ラクンタカ・バドリカ尊者について〔とくに p. 274, n. 1〕）; p. 215-218（スヴァーガタ尊者について）などを参照。

（54）『撰集百縁経』T. IV 200 x 251b29-252b16 参照。

（55）『大智度論』Tt. XXV 1509 xxx 278c2-10 による。また Malalasekera, *Dictionary of Pāli Proper Names*, II, p. 792-794 参照。パーリ語の前生譚によれば、ローサカ・ティッサは過去世において或る阿羅漢に充分に食事を与えなかった報いとして、こうした不幸を経験したという。Etienne Lamotte, *Le Traité de la Grande Vertu de Sagesse de Nāgārjuna*（*Mahāprajñāpāramitāśāstra*）, Tome II, [Bibliothèque du *Muséon*, vol. 18] Louvain, Institut Orientaliste, 1949, réimpression 1967, p. 932 and n. 1 に『大智度論』巻第三十のローサカ・ティシヤ尊者の物語が仏訳されている。また道略集『雑譬喩経』Tt. IV 207 525b9-19（No. 11）も同じ説話の一ヴァージョンである。Chavannes, *Cinq cents Contes et Apologues extraits du Tripiṭaka Chinois*, T. II, p. 22-23 の仏訳参照。

（56）『仏五百弟子自説本起経』T. IV 199 192b28-193a12 ; 義浄訳『根本説一切有部毘奈耶薬事』T. XXIV 1448 xvi 80c16-81b3 参照。

（57）パーリ語の *Saṃyutta-Nikāya*, II, p. 279 ;『根本説一切有部毘奈耶薬事』T. XXIV 1448 xvii 89c12-90a11 ;『仏五百弟子自説本起経』T. IV 199 200a22-b21 ; 竺仏念訳『出曜経』T. IV 212 xxi 722a2-13 参照。

# V 不浄の神・炎の神

## 本章の主な登場人物

「大力夜叉」
大力金剛／大力明王／ウッチュシュマ／烏芻澁摩明王（火頭金剛、穢跡金剛）
大力宝蔵神／ジャンバラ
鬼子母／パーンチカ／クベーラ
火の神アグニ
スカンダ（クマーラ）
ヤムナー／ヤマ（閻魔）
劫末のカーラ／黒の火のルドラ

## 主な典籍

『大仏頂首楞厳経』八世紀初頭、偽経
『大日経疏』
『出生一切如来法眼遍照大力明王経』宋代の法護訳
『悲華経』四一九年、曇無讖訳
『バガヴァッド・ギーター』（紀元二〇〇年以前？）第十一章

## 1　「大力夜叉」をたずねて

日本の福神・大黒天からはじまって、ハーリーティー（鬼子母）やカーリー女神、カルマーシャパーダ、アングリマーラ、さらにマハーカーラ長老やピンドーラ尊者の説話など、すでに多くの神話や神格がわれわれの視野のなかに入ってきた。この章では新たにもう一人、これまでとはだいぶおもむきの違った風変わりな密教尊格に登場してもらうことにしよう。その糸口になるのは、ここでも意外なほど目立たない小さなディテールである。

以前、マハーカーラとハーリーティーの関係を探った時に、『白宝抄』の「訶利帝法雑集」に、『大日経疏』の意」に基づいて「この歓喜母（＝鬼子母）は多聞天（＝毘沙門天）（が住む場所？）におり、北方の五百大力夜叉大将の母である」と書かれていたことを御記憶だろうか（前述p. 105参照）。いま注目したいのは、この「大力夜叉」ということばである。「大力」とはいったい何を意味しているのだろう。

最初の手続きは、まず『白宝抄』が引いていた『大日経疏』そのものに当たってみることである。しかし、『白宝抄』がわざわざ「『大日経疏』の意」と書いていたことからも予想されるとおり、その該当箇所と思われる「入漫荼羅具縁品」の釈文には、胎蔵曼荼羅の最外院の北門に「毘沙門天王を置き、その左右に摩尼跋陀羅〔……などの〕夜叉八大将ならびに訶栗底母〔ハーリーティー〕と功徳天女〔シュリー女神〕を置く」ことが述べられているだけで、[1]「大力夜叉」の語は見えていない。そもそも『白宝抄』の「大力夜叉大将」という表現自体、たんに「力の強い、強大な」夜叉の大将という意味の修飾語であって、それ以上の詮索は不必要なのかもしれない。が、それでも念のために、例によって大正蔵の索引（主に密教部）や諸尊法の聖典などを調べてみることにする。

簡単な調査の結果はむしろ否定的で、ハーリーティーの子どもの夜叉たちをとくに「大力」と呼ぶ慣用的な語法は見当たらないようである。――ただ、こうして調べていく過程で、いくつかの興味深い事実を発見することができる。以下にそれを列挙していこう。

○唐代、青龍寺の義操が著した『胎蔵金剛教法名号』によれば、「大力金剛」の名は「香象」と「火頭」に与えられるという。[2]

○『大日経』、「入漫荼羅具縁品」では何耶掲利婆（ハヤグリーヴァ＝馬頭明王）が「大力持明王」と呼ばれている。[3]この場合の「大力」はおそらく修飾的な意味で使われていると思われる。

○『一切如来金剛三業最上秘密大教王経』（これは後期密教の無上瑜伽タントラの父タントラ系を代表する『秘密集会タントラ』*Guhya-samāja-tantra* に相当する）では、「大力大忿怒明王」と呼ばれる尊格が数箇所に現われる。[4]大正蔵が注記する『秘密集会タントラ』の梵本との照合では、「大力明王」は Mahābala に対応する（*bala* は「力」の意）。またとくにその巻第四の一節では、大力大忿怒明王は阿閦（Akṣobhya）如来と関連づけられているが、その関連は『秘密集会タントラ』に近い『瑜伽大教王経』や『幻化網大瑜伽教十忿怒明王大明観想儀軌経』でも確認することができる。[5]

○さらに、この『秘密大教王経』には「薬叉王大力宝蔵神」という神名が現われているが、[6]同じ「大力宝蔵神」という名は『聖宝蔵神儀軌経』にも見ることができる。[7]「宝蔵神」という名は、『秘密大教王経』と『秘密集会タントラ』の梵本との照合によってJambhalaの訳名であることが判明する。

○次に、『出生一切如来法眼遍照大力明王経』と題された経典は、その名のとおり「大力明王」という尊格を中心にして説かれたものだが、この「大力明王」は、経文のなかで「塢龜濫麼大力明王」と記されており、またその長大な真言のなかに「鳴〔嗚の誤記〕龜濫麼二合骨嚕二合引駄」(Ucchuṣma-krodha)という語が現われていることからも明らかなとおり、(8) ウッチュシュマ(Ucchuṣma)、すなわち「烏芻濫摩《うすさま》明王」の別名であると考えられる(*krodha*は「忿怒」の意)。事実、このウッチュシュマ明王は、他の経典では多くの場合「大威力烏樞瑟摩明王」(T. XXI 1227)、あるいは「大威怒烏芻濫摩」(T. XXI 1225)などと呼ばれており、この「大力」は「大力」(Mahābala)に、「大威怒」はおそらく「大忿怒」(Mahākrodha)に当たるものと考えていいだろう。

**図24　穢積金剛図**(『別尊雑記』)

○このことをちょうど裏付けるように、不空の弟子、慧琳による『一切経音義』の「除穢忿怒尊」という項目には、次のように注記されている。

旧訳には不浄金剛、あるいは穢跡金剛などと名付けるが、ともに拙訳であり、正しくない。〔中略〕また火頭金剛とも名付けるが、これも正しい訳ではない。〔中略〕梵語の烏芻濫摩の義を訳して言えば「穢悪を焚焼する」ことを意味している。この聖者は深浄大悲をもって穢れに触れることを避けず、衆生を救い護るのである。〔中略〕また〔この烏芻澁摩は〕梵名を「摩賀麼羅」〔Mahābala〕ともいう。唐〔のことばで〕言えば「大力」である。すなわち熾しい炎のごとくの大慈力をもって、穢悪の生死業を焼き除くゆえに「大力」と名づけるのである。(9)

こうして、全体として見ると、「大力」がたんなる一般的な形容語として用いられることは意外なほど少なく、大部分の場合は特定の尊格に固有の修飾語であると考えられる(10)〔**図24**参照〕。

## 2 ウッチュシュマ＝ジャンバラ

以上の簡単な調査で、「大力」という名前を中心として、「火頭」や「烏芻澁摩＝ウッチュシュマ」「宝蔵神＝ジャンバラ」などの神名が浮かび上がってきた〔香象や馬頭明王〔すなわち馬頭観音〕、阿閦如来も決して無関係ではないと思われるが、ここではひとまず措いておくことにする〕。ではこれらの神名は互いにどんな関係にあるのだろう。手始めに、『望月仏教大辞典』で「烏芻澁摩明王」の項目を引いてみると、ウッチュシュマの名は「穢跡、穢積、或は不浄潔と訳し、又火頭金剛、穢跡金剛、不浄金剛、受觸金剛などの称あり」と書かれている。

つまり「火頭」または「火頭金剛」とはウッチュシュマ明王の別名〔または翻訳名〕なのであって、であるなら先の『胎蔵金剛教法名号』が「火頭」と「大力金剛」を対応させていたのは当然のこととして理解できるだろう。

一方の宝蔵神については、日本の辞書類はほとんど有益な情報を与えてくれない。事実、中国－日本では、この神格はほとんど知られていないと言っていいほどマイナーな存在である。しかし、インドやチベットの密教図像関係の書物を開いてみれば、たちまち意外な収穫を得ることができる。たとえば、フランスの図像学者マリー

―テレーズ・ド・マルマンの『タントラ仏教図像学序説』の「ジャンバラ」の項(11)から、いまとくに必要な部分だけを拾い上げるなら――、

○ジャンバラは、時にパーンチカとも呼ばれ、また北方の守護神クベーラ（ヴァイシュラヴァナ＝毘沙門天の別名）とも同一視されることがある。

○ジャンバラ Jambhala という名の語義は明確ではないが、その語源は「咬みつく、破壊する」などを意味する *JABH-* または *JAMBH-* という語根に由来するという。それゆえ *jambha* は歯や牙、顎などを、*jambhaka* は人喰い鬼を意味し、また Jambhakā は妊婦を守護する人喰い女鬼の名前であるという（こうした特徴は言うまでもなくハーリーティーを連想させるものである）。が、同時に *jambhara* または *jambhin* はレモンの木の意味で、事実 Jambhala 神はレモンの実を持つことでも知られている。これは富や豊かさ、あるいは多産性の象徴で、短身矮軀、太鼓腹の姿に描かれることとも併せてクベーラとの関連を裏付けるものでもある。

○ジャンバラは一面二臂または三面六臂で黄色に描かれることが多いが、黒、または青の忿怒形に描かれる場合には「ウッチュシュマ」と名づけられる。

図25　チベットの白のジャンバラ神

であるなら、このジャンバラに、ウッチュシュマと同様「大力」の語が冠せられるのも不思議ではないだろう（図25参照）。しかも、ジャンバラが（ハーリーティーの夫神である）パーンチカの「別名」であり、さらにクベーラ＝毘沙門とも同一視される

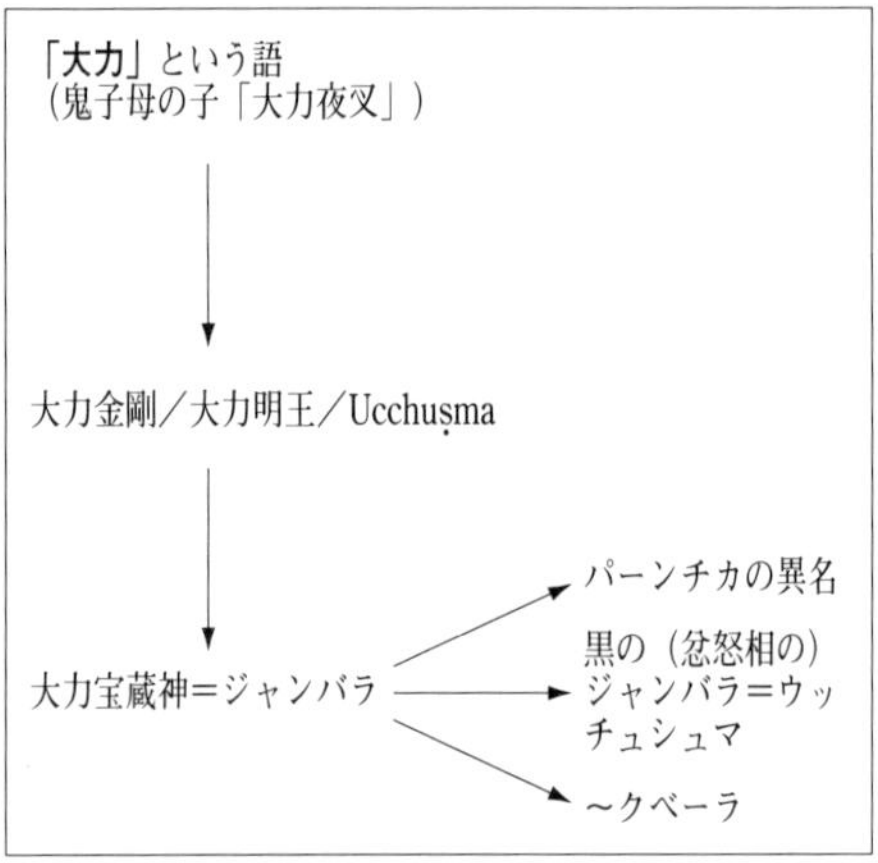


図26

というなら、『白宝抄』がハーリーティーの子どもたちを「大力夜叉」と呼んだのも、あるいはまったくの偶然ではないかもしれない〔図26参照〕。

この点はともかくとして、いまの新情報に勇気づけられてさらに探索を続けることにする。先に挙げた『出生一切如来法眼遍照大力明王経』には、多数の敦煌写本を含むチベット語訳があり、F・A・ビショッフがそれらを併せて研究した書物を出版している。その序論の部分(12)によると、

○*Kriyāsaṃgraha* と題される密教儀礼書（十三世紀以前）には、大力 Mahābala は大黒 Mahākāla とともに寺院の入口の右側に安置すべし、と書かれているといい(13)、また、

○一一〇〇年ころの後期密教曼荼羅の集成書 *Niṣpannayogāvalī* によれば、降三世明王の曼荼羅では、Mahābala と Mahākala は同一視されている(14)、という。

○さらに、モニアー＝ウィリアムズの梵英辞書およびビショッフによれば、『アタルヴァ・ヴェーダ』には Ucchuṣma-rudra と呼ばれる一種の悪鬼の名前が現われるといい、また同じ語はシヴァ教の一派の呼称であるともいう(15)。

パーンチカやクベーラ＝ヴァイシュラヴァナときわめて近い関係にあり、（寺院の入口というもっとも興味深い場所で）マハーカーラ＝大黒と同一視され、さらにヴェーダ時代以来のシヴァの別名ルドラとも直接結びつけられるという――、これだけの材料がそろえば、このジャンバラ＝マハーバラ＝ウッチュシュマという尊格をた

だ見過ごすわけにはいかないことが分かってくるだろう[16]。

## 3　不浄と火の神

もっともこの「ジャンバラ－マハーバラ－ウッチュシュマ」を単純に同じ尊格と言えるかどうかは、必ずしも明確ではない。たとえばマルマン氏は、ウッチュシュマをジャンバラの一形態として扱っているが、マハーバラには別の項目を当て、さらにマハーバラと同一視されるマハーカーラは、通常のマハーカーラとは区別されなければならないという注意書きを付け加えている。が、このように仏教神格や尊格を「同じ」か「区別すべき」かというふうに考えること自体、じつはそれらを実体として考えていることの現われであって、神話研究の観点からは、そうした見方は極力避けるべきだと思われる。そもそも神格や尊格は、実体ではなく観念の表現なのだから、たとえばいまのジャンバラ－マハーバラ－ウッチュシュマやマハーカーラ、ハーリーティーなども、すべて互いに深く関連し合う観念であると考え、それぞれの関連のあり方を明確にしようと努めることの方が、実り多い議論を期待できるのではないだろうか。

さて、いまはジャンバラやマハーバラについてはひとまず措いて、ウッチュシュマに焦点を絞って考えてみよう（ジャンバラについては、神格索引「ジャンバラ」参照）。

日本の仏教では、このウッチュシュマ神＝烏芻澁摩明王は必ずしも知られていない尊格ではない。烏芻澁摩明王とは、津村淙庵の『譚海』（一七八八年頃成立）に、

うずさま明王と云は、雪隠の守護神也。禅家の雪隠に安置してあるは此本尊也。たとへば人家に病者有て、枕上にて祈禱をするに、病者大小便を其席にてする時は、行者うずさま明王の呪を誦しをれば、不浄を除て穢にならぬ也、仏法の自在成事如レ此。

というとおり[17]、日本の密教寺院や禅宗の寺院の厠に必ず祀られている厠の守護神なのである。そして、このことはすでに、ウッチュシュマが「不浄」の観念と密接に関係していることを示していると考えられるだろう。

そもそもこのウッチュシュマ Ucchuṣma という奇妙な名前は、何を意味しているのだろう。ふたたびモニアー・ウィリアムズの辞書によれば、Ucchuṣma は「○○の上に、外に」を表わす前置詞 *ud-* と、「乾く、乾かす」を意味する語根 ŚUṢ に分解され（動詞 *uc-chuṣ-* < *ud-*ŚUṢ は「乾かす、乾く」の意）、『タイットリーヤ・サムヒター』や『アタルヴァ・ヴェーダ』などの古典的文献では「（火が）はぜるパチパチという音を出す者」、すなわち火の神アグニを指すという。先に、シヴァ神のもっとも基本的な形の一つとして、劫末に世界を焼き尽くす「黒の火のルドラ」Kālāgni-rudra があることを見たが（前述 p. 79 参照）、もし、ウッチュシュマがアグニの一形態であるのなら、ウッチュシュマとマハーカーラがある場合に結び付けられることも、よく理解できるだろう。

が、それと同時に、辞書を見ているとUcchuṣma の項目のすぐそばに、それとよく似た *ucchiṣṭa* という語があることに気がつく。これは前置詞 *ud-* と語根 ŚIṢ-（「残す」）から成り立つ過去受動分詞で、「口から吐き出した食物の残り」、「口や手に食べ物の残りがついている者――すなわち儀礼的に不浄の者」「犠牲または食物の残り」などを意味し、たとえば *ucchiṣṭa-gaṇapati* または *ucchiṣṭa-gaṇeśa* は「口のなかに食物を含んだまま祈禱する者によって崇拝されるガネーシャ」（「口を清めた者によって崇拝されるガネーシャ」*śuddha-gaṇapati* の反対語）を意味するという[18]。言語学的に正確な語源として Ucchuṣma と *ucchiṣṭa* を結びつけることはできないが、言語の実際の使用のなかでは、Ucchuṣma のコノテーションのなかに *ucchiṣṭa* の意味が混入したということは充分ありうるのではないだろうか。

一方、同じ尊名の漢訳をみると、「火頭金剛」という訳名は（先の『一切経音義』はこれを単純に誤訳と決めつけているが）「火または炎のような頭」という比喩的な意味よりも、むしろ字義通りに「火の頭、すなわち炎の先端」という即物的な意味として取れば、「火のはぜるパチパチいう音」というUcchuṣmaの語源的な意味を含意した興味深い訳と考えられるだろう。が、その他の漢訳名、たとえば先に見た穢跡や穢積、不浄潔、あるいは穢跡金剛、不浄金剛、受觸金剛などの名は、明らかに「不浄」の観念に結びついており、そのことから類推すると *ucchiṣṭa* の語義が何らかのかたちで Ucchuṣma に混じり合った結果の解釈であると考えていいのではないだろうか。

　これらの漢訳名のうち、「穢積」という名は、じつは日本の文献以外にはほとんど見当たらず、中国文献では多くの場合は「穢跡」と書かれている。[19]「積」は「跡」と同じ発音（呉音読みでは「じゃく」）なので、「穢積」はあるいは「穢跡」から訛って派生したものと考えることもできるかもしれない。ところが、それにもかかわらず、チベット語訳ではこの「穢積」とちょうど同じ「不浄物の堆積」を意味するSme-brtsegsという語が、Ucchuṣmaの訳語に当てられているという。[20]日本とチベットという、一見まったくかけ離れたふたつの文化で、おそらくまったく別の過程を経て、完全に一致する解釈が行なわれたという――、これはそうした驚くべき事例のなかのほんの一例にすぎない。

　もうひとつの「穢跡」（「不浄物の跡、足跡」の意？）の名については、前章で見たVajra-guhyakādhipati「金剛密主」の名が「金剛密迹」と訳されたのと同様（「跡」と「迹」は同字）、ここでも一見理解しがたい「跡」という字が使われていることに注目しておきたい。この理由に関しては、後の章でさらに触れることになるだろう（後述II, p. 66–67参照）。

## 4 「多淫人」／降伏神

さて、ウッチュシュマはどちらかというと後期密教で重要な役割を果たす尊格で、中国の仏典では、この尊格について述べたものはあまり多くない。そのなかで、ここでとり挙げておくべきなのは、ひとつは『大日経疏』の大自在天降伏に関する一節、もうひとつは『大仏頂首楞厳経』に見られる「火頭金剛」という名の由来譚である。

まずこの後者から見ていこう。『大仏頂首楞厳経』は密教部に収録されていながら、むしろ禅宗で珍重された重要な経典だが、じつは八世紀初頭の中国で作られた偽経であることが知られている。その巻第五で、驕陳那《きょうじんな》五比丘や優波尼沙陀《うぱにさだ》、香厳《きょうげん》童子などの仏弟子・菩薩・天部にまじって、烏芻瑟摩が自身の過去生を振り返り、証知した境界を述べる箇所がある。それによると――、

> 過去世において、烏芻瑟摩は特別に貪欲な性質の持ち主だった。その時、空王と呼ばれる仏が世に出て、「多淫人は猛火聚（猛火のかたまり）を成す」ことを説き、百の死体の四肢を観じることを彼に教えた。その教えに従って、彼は「もろもろの〔体内の〕冷気・暖気の神光を内に凝らし、多淫心を化して智慧の火と成す」ことに成功した。それゆえに、諸仏は彼を「火頭」と呼ぶ。こうして彼は「火光三昧の力をもって阿羅漢心を成し、大願を発して、諸仏成道の時、力士となって魔怨を降伏する」ことになった[21]、という。

これは言うまでもなく「火頭」という名を説明するために、いわば「後知恵的」に作られた中国製の神話と考えられるが、にもかかわらず、ここで過去世における烏芻瑟摩の「多淫心」が強調され（これは言うまでもなく「不浄」の要素に相当する）、またその「多淫心」と「智慧火」、すなわち性的行動の逸脱（過剰）と火の要素とが対応するものとして語られているのは興味深い。この対応は、反対物の対立というより、一方から他方への変

**図27　不動明王による大自在天降伏**（熱海美術館蔵、12世紀末）

**図28　降三世明王による大自在天降伏**（醍醐寺蔵、12世紀末）

質、転換と考えられるべきだろう。また、この転換の過程で、マハーカーラ長老の物語ですでにおなじみの「死体の観想」＝「不浄観」が重要な役割を果たしていることにも注目しておきたい。さらに、その結果として記された烏芻瑟摩の「火光三昧」は、上述のスヴァーガタ＝善来長老の物語で、出家した善来が「火界定第一」と言われた、と述べられていたことを想起させるものでもある。

　一方の『大日経疏』の大自在天降伏神話は、インドから（善無畏三蔵から一行禅師に）直接伝えられたもので、ここではウッチュシュマと具体的な「不浄物」との関係が強調されている。この大自在天降伏の神話は、基本的に『金剛頂経』の「降三世品」に基づいたもので、密教教理の観点からはきわめて重要な意義があるが、物語のあらすじそのものは非常に単純である。大日如来が初めて成道した時、大自在天（＝シヴァ神）は、「慢心」のゆえにみずからを「三界の主」と称し、如来の招集に応じなかったが、忿怒相を現わした仏教尊格（『金剛頂経』では金剛手菩薩、『大日経疏』では不動明王）によって踏みにじられ、「降伏」されて、後に正法を護る尊格として生まれ変わった、という[22]〔**図27**、**28**参照〕。この物語は、『金剛頂経』では長大な章に長々と語られているが、『大日経疏』のヴァージョンはその簡潔な異説で、その重要な部分にウッチュシュマが登場する。

仏が始めに正覚を成した時、三界の衆生はすべて大集会に集まったが、大自在天だけは「心慢のゆえに召命に応ぜず」、「我は三界の主である。我より尊い誰が我を召することができようぞ」と考え、さらに「かの持呪者〔*vidyādhara*＝呪術師〕たちはあらゆる穢れを畏れるという。〔ゆえに〕今、我は一切の穢汚物を化作して四面を囲み、そのうちに住することにしよう。〔そうすれば〕彼らの行なう呪術に何ができようか」と考えた。——その時、「不動明王は仏の教命を受けて彼を召じたが、その〔穢汚物の壁〕を見て、すなわち受觸金剛（これはすなわち不浄金剛である）を化〔作〕し、彼に命じてそれを取り去らせた。この時、不浄金剛はたちまちそのすべての汚物を喰い尽くし、彼〔＝大自在天〕を仏のところに引き連れてきた。〔ところが、大自在天はまだ改心せず〕『汝らは夜叉の類であり、我は諸天の主である。どうして汝らの命令に従うことができようか』と述べ、そのまま逃げて帰ってしまった。」——こうしたことが七回繰り返され、最後に不動明王は仏命を請けて、「大自在天の頭頂の半月の上に左足を乗せ、右足をその妃〔＝ウマー女神〕の頭頂の半月の上に乗せて」二人を踏みにじり、降伏したのだった[23]……（以上、要約）。

大自在天降伏の神話は、チベットでは大きな発展をとげ、多数の異説があって、そこではウッチュシュマが重要な役割を果たしている[24]。だが、中国‐日本に伝えられた仏典では、このコンテクストでウッチュシュマが登場するのは『大日経疏』以外にはほとんど見られない[25]。

一方、ウッチュシュマと火の関係は、このテクストだけでは明瞭ではないが、彼を「化作」したという不動明王自身が、もっとも明確な「火の尊格」「智慧火の尊格」であることを考えれば、その関係はここですでに含意されていると言えるだろう。「不浄物を食う」ということは、ここではそれを「智慧火」で焼き、清浄なものに変質させるプロセスを指していると考えるべきである。

また、いまの物語を先の『大仏頂首楞厳経』の神話と比較すれば、「多淫心」すなわち性的行動の逸脱と、「不浄食」＝摂食行動の逸脱（異常）という二つの神話的要素が対応関係にあるという、すでにおなじみの図式がここでも繰り返されていることが分かるだろう（↓神話モティーフ索引「逸脱行動／逸脱行動の対応関係」）。

## 5　料理とウッチュシュマ

さて、これらの神話を頭に入れたうえで、もう一度「火頭」という名に戻って考えてみたい。というのは、辞書（『諸橋大漢和辞典』）を引くと、「火頭」という語は、中国語では「炊事などの賤役に服する者。炊夫」という意外な語義があることが判明するからである。その用例として引用された『南史』は七世紀後半の著作だから、唐‐宋代、密教経典が訳された時代以前に存在したことになる。ウッチュシュマの訳語としての「火頭」の語にも、こうした意味が（少なくともコノテーションとして）含まれていたと考えるのが自然だろう。

たしかに、なにものかを火によって（利用可能な状態に）変質する、というプロセスが、料理の観念とかかわっていることは、それ自体としては不思議ではない。しかし、ウッチュシュマについて述べた文献に、そうした観念を明瞭な形で見出すことができるだろうか。普通に漢文仏典を読むだけでは、その関連を発見することはほとんど不可能だろう。ところが、ここに大変ありがたいことに、先に見た『出生一切如来法眼遍照大力明王経』のチベット語訳および漢訳の研究があって、そのおかげで、探していたことばをこの経典に見出すことができるのである。

宋代の法護訳の『大力明王経』は大正蔵で全体で七ページ足らずの短編だが、この種の密教経典の例にもれず、長大な真言（呪文）がいくつも説かれて、全文のほぼ半分近くが梵語（といっても古典的梵語ではなく、その俗語的形態）の呪文の音写で占められている。「曩謨引囉怛曩二合怛囉二合夜引野曩莫入室戦二合拏嚩日囉二合播引拏伊摩賀引薬叉細曩引鉢多伊[26]……」といった音写字の羅列が、句読点なしに延々と続くこうした呪文は、たとえ梵語を熟知していたとしても正確に復元することは非常に困難であり、普通は読みとばしてしまうほかない。しかし、この『大力明王経』に限っては、ビショッフ氏がこれらの呪文部分をチベット語訳と詳しく照合し、一字一字をサンスクリットの音節に復元してそれをフランス語訳にするという、驚くべき忍耐を要する作業をしてくれているために、その意味の大部分を理解することができるのである（たとえばいま挙げた最初の真言の冒頭部分は“Namo ratna trayāya, namaś caṇḍa Vajrapāṇaye mahā-yakṣa senāpataye...”と復元され、「三宝に帰依し奉る。夜叉軍の偉大なる大将軍、恐るべき金剛手に帰依し奉る……」と訳すことができる）[27]。『大力明王経』の真言には、この種の呪文の通例どおり、あらゆる種類の尊名が挙げられ、それらの尊格が「魔怨」を打ち砕くように、「破壊せよ」、「殺戮せよ」などというあらゆる威嚇的な要請のことばが連ねられているが、そのなかに、通例のこうした呪文には見られないと思われる「鉢左！　鉢左！」という語が多く繰り返されていることに気付く。これは梵語“Paca!　Paca!”に当たり、すなわち「（火を用いて）料理せよ！」ということを意味しているのである[28]。

ウッチュシュマとは、ただすべての不浄物を喰い尽くす火の神、炎の神であるだけでなく、火を用いて「料理する（煮る、焼く、炙るなど）神」、火を用いて不浄なるものを清浄なるもの、清浄な聖なるものに「料理し」、変質させる神だったのではないか。——とすれば、「火頭」という訳語には、「炎の先端」という字義通りの意味と同時に、先に予想したとおり「（卑賤な）炊夫」という意味も含まれていたと考えてもいいのではないだろうか。

また、この「不浄を聖化する料理人」であるウッチュシュマ神が、日本の密教寺院や禅宗寺院では厠の神、すなわち「排泄」をつかさどり、排泄の不浄を浄化する神と考えられたことは、非常に興味深い現象と思われる。

＊

ここまで見てくると、ウッチュシュマをめぐる各種の観念、あるいは神話的テーマの輪郭が相当明確に浮かび上がってきたと言えるだろう。

それらを簡単にまとめてみるならば、

○「火」「炎」の要素――火による「料理」の観念。

○不浄（物）との親近性。一方では「多淫」、すなわち性の過剰としての「不浄」、他方では「食物の残り」（？）や（日本においては）排泄物との関連。

○さらに、すべてのもの、とくに不浄物を呑み込む、喰い尽くすというテーマ。

この三つの項目に分かれた神話的テーマは、より単純化すれば、すべて「火」と「食すること」にかかわっていると言える。このことは、インドの宗教思想における「火」の観念に関する知見によって、さらに明確に理解できるようになる。M・ビアルドー氏の優れたインド宗教思想の概説論文「ヒンドゥー教における供犠」によると、いまウッチュシュマの呪文のなかに現われた *PAC-* という語根は、「火によって料理する」という意味と同時に、「作物、果実などの熟成」「食したものの消化」という意味をも含んでいるという[(29)]。

そして、それより以前に、神々に犠牲を捧げる祭祀をすべての宗教生活の中心に置くインドにおいては、「火」の観念はなににもまして重要な意味を有していた。火の神アグニは「神々の口」であり、祭祀の火にくべられた犠牲の供物は、火を通して天に昇り、神々を養う食物となる。火は、祭祀の火であると同時に、（作物、果実を熟成させる）太陽の火であり、料理と消化の火であり、また気息の火、知識・智慧の火でもあるという(30)。

ウッチュシュマ神話のコンテクストでいうなら、火によって「料理」することと、（呑み込んで）「消化」すること、そして「知覚し・智慧を働かせる」ことは、すべて同じ「火」の観念によってくくられ、それはさらに神々への捧げ物というもっともすぐれて宗教的な、「聖なる行為」と直接結びついているのである。日本の護摩の本尊である不動明王が、火の神であると同時に「智慧火」の神であるということも、この関連から考えれば容易に理解できるようになるだろう。先に見たように、ウッチュシュマとは本来祭祀の火の神アグニの異称であった。であるなら、仏教におけるこの神が、不浄物を「呑み込んで」消化＝浄化し、同時にそれを「料理し」、さらに「智慧火」、あるいは「大慈力」（前述の慧琳による『一切経音義』）の火によって聖化する神であることも、ごく自然なことではないだろうか。

## 6　出産の守護神ウッチュシュマ

ところで、日本におけるウッチュシュマ＝烏芻澁摩明王の信仰で、もうひとつ忘れてはならないのは、密教の修法で、烏芻澁摩明王が安産を祈る神として重要な役割を果たしていたということである。そのことは、基本的には「ウッチュシュマと不浄との親近性」という関連から説明できるだろう。以下では、この点に関して漢訳の密教経典から日本に至るまで、順を追って見ていくことにする。

唐初、六五三～六五四年頃に阿地瞿多（Atikūṭa ?）によって訳された『陀羅尼集経』は、ウッチュシュマについて述べたおそらくもっとも古い文献のひとつである。その巻第九に集められたウッチュシュマの印や呪文の最後には、烏芻澁摩法についての結論とも言うべき「烏樞沙摩呪法効能」と題された一節があり、その末尾に次のように書かれている。

もろもろの法はすべて穢れに染まることを許さないが、ただ烏樞沙摩金剛法だけは、穢れていても、清浄であっても、禁制の〔及ぶ〕ところではない。〔もちろん〕諸貪・諸染から離れられれば、その法の効能はさらにすぐれている。〔烏樞沙摩呪法の〕効能のすべてについて詳論することは不可能である。(31)

さらに同じ『陀羅尼集経』巻第九の「烏樞沙摩解穢法印」という一節には、「解穢法」の印と呪が説かれたあと、その効能について次のように書かれている。

もし、呪法を行なう者が、死体や婦人の出産、あるいは六畜〔羊・山羊・牝牛・牡牛・駱駝・驢馬〕の出産で血潮が流れる場面などに出会って種々の穢れを帯びた場合には、すなわちこの〔烏樞沙摩解穢法の〕印を結び、解穢呪を唱えるべきである。この印・呪によってただちに清浄を得、行なうところの呪法はことごとく効験があるだろう。さもなければ〔穢れによって〕行法は失験して、逆に〔行者は〕害をこうむり、顔面に瘡を生じるのである。〔それゆえ〕解穢神呪は決して忘れてはならない。(32)

あらゆる不浄を許容するという烏芻澁摩法特有の融通性は、密教行者にとってはとくに重要なものと考えられたに違いない。いま引用した二つの文章が、日本の諸尊法の聖典に多く引かれているのは、そのためだっただろう（たとえば『白宝抄』(33)）。なかでも、出産にかかわる「不浄」に烏芻澁摩法が有効であるという指摘は、現実に貴人の婦人の安産を祈禱したり、難産の場合にはその出産を助けたりする機会が多かった密教僧に、強い印象を与えたものと思われる。同じ『白宝抄』には、『陀羅尼集経』の二番目の引用文のすぐあとに、「智云はく」（智証大師円珍のことか）として、その内容をさらに具体的にイメージ化した次のような文が引かれている。

もし行者が出産の場所に赴く時には、この尊の印明に住すべきである。さもなければ、〔ある種の〕鬼がかの産血を行者の口に塗り、そのために呪法が成し難くなるのである。しかし、この尊の印明によって、鬼はこうしたことができなくなる。さらに、この印明によって産婦を加持すれば、障害なく安産できるであろう。(34)

呪法の成就を妨げる「鬼 - 不浄物」がウッチュシュマによって除去される、という発想は、あるいは『大日経疏』の大自在天降伏神話に基づいたものかもしれない。が、ここにはそれに加えて、ウッチュシュマをとくに安産を助ける神とする観念が明記されている。――こうしてみれば、真言宗の有名な諸尊法集成『覚禅鈔』の「烏樞瑟麼法」の巻で、烏芻澁摩による安産法の記述に多くの行が割かれているのも不思議ではないだろう。(35)

さらに天台系密教の最大の諸尊法集成、『阿娑縛抄』の「烏樞沙摩法」の巻の冒頭では、烏芻澁摩による安産法の事例が長々と列挙されている。(36) それによると、慈恵大僧正良源（九一二～九八五年）が最初に「〔烏樞沙摩〕変成男子法」を修したが、その後この法の実修は一時中断され、阿弥陀房静真(37)によって復活されたという。その他、円融房良真(38)やその弟子、南勝房仁豪(39)、院照阿闍梨(40)、行厳律師(41)……など、貴人のためにこの法を修した人々の名前が連ねられている。さらにこの記事によれば、「白河院中宮御懐妊之時」にこの法を修して「皇子〔堀河院〕誕生」とか、「保延五年〔一一三九〕九月二日、三位殿のために三七〔＝二十一〕日修し、近衛院御誕生」、あるいは「仁平三年〔一一五三〕三月、中宮御産〔のため〕御修法」など、この法の実修によって「御誕生」した皇子なども少なくないという。

ここで興味深いのは、『阿娑縛抄』の原文では、この特殊な烏樞沙摩法が「変成男子法」と記されていることである。一般に「変成男子法」というのは『法華経』「提婆達多品」の龍女成仏の物語に発したもので、女性に生まれたものが来世に男子に生まれ変わることを目的としたものだったが、この場合の「変成男子法」は、より直接的・現世利益的に、すでに妊娠した胎児が、体内で女子から男子に「変成」することを目的とするものだった。(42) こうして見ると、日本の中世初期の天台密教では、烏芻澁摩明王はたんに安産を祈願する神という以上に、男女の性の転換・決定にも効験を有する神と考えられたものと思われる。

この天台の「烏枢沙摩法」に関連して、さらに注目すべきなのは、『阿娑縛抄』によれば、この法を修する時は、「訶利帝母の壇」も加えるべきであること——つまり、ウッチュシュマと同時にハーリーティーも付随的に祀るべきであると明記されていることである。『阿娑縛抄』が引く「南師」によれば、「その故は、件の母は、小児を護る徳有る」からである、という。(43) ウッチュシュマとハーリーティーとの関連は、もちろん日本の密教僧がただ勝手に発明したものではない。唐代の阿質達霰訳『大威力烏樞瑟摩明王経』巻上に、すでに「壇の中央に仏、その左傍に金剛手菩薩とその使者、金剛鉤明妃」などを描き、「次に右に青い棒を持ち、夜叉や阿修羅衆、ならびに訶利帝母およびその愛子〔プリヤンカラ〕などを侍従とした烏樞瑟摩明王……」を描くべし、という文が見られるからである。(44)『阿娑縛抄』そのものがこの文を引いていることからも明らかなとおり、日本の密教僧は、これに基づいたうえで、安産法というコンテクストのなかで、ウッチュシュマとハーリーティーの親近性を再発見したと考えるべきだろう。

われわれはハーリーティーの子どもの夜叉たちが、日本の中世の文献に「大力夜叉大将」と書かれていたことから出発して、ウッチュシュマ信仰の問題に注目してきたわけだが、こうしてはからずも同じ日本中世の文献に、ウッチュシュマとハーリーティーを直接結びつけ、その親近性を強調するものを見出すことができるのである。

## 7　ウッチュシュマとヴァジュラクマーラ（金剛童児）

ところで、ウッチュシュマを安産法に結びつける要因は、じつは「不浄との親近性」だけではなかったかもしれない。というのは、『阿娑縛抄』、「烏樞沙摩法」の巻の一番始め、ウッチュシュマの訳名・異名を列挙した部分に、烏芻澁摩は「亦た穢積金剛と云ふ」「亦た受觸金剛と云ふ」などという記述と並んで、

**図29　金剛童子**（『図像抄』）

　亦た「金剛児」と云ふ

という思いがけない「異名」を見つけることができるからである。[45] もしウッチュシュマ自身が、なんらかの意味で「児童」「子ども」の観念とかかわっているのなら、それは、この尊格が「子ども」「子どもの出産」の場面で重要な役割を果たすことのもうひとつの理由と考えることもできるのではないだろうか。

　ウッチュシュマの異名のひとつに「金剛児」という名があったことは、『阿娑縛抄』だけでなく、たとえば『白宝口抄』や『白宝抄』『覚禅鈔』などでも確認することができる。[46] しかし「金剛児」の名は、大正蔵の密教部や事彙部の索引にも見当たらず、何に由来するのか明らかではない。ただ、弘法大師空海の著作『五部陀羅尼問答偈讃宗秘論』の一節に、

　誰を金剛妻と呼び、誰を金剛母と呼び、誰を金剛児と呼び、誰を金剛女と呼ぶか。——調染〔Vajra-rāga＝金剛愛菩薩〕を金剛妻とし、麼麼鶏〔Māmakī〕を金剛母とし、烏芻〔ウッチュシュマ〕を金剛児とし、商羯〔Vajra-śrikhalā＝金剛商羯羅＝金剛鎖菩薩〕を金剛女とする。[47]

と書かれた文があり、おそらくこれが直接の典拠になったものと考えることができる。[48]

　密教尊格のなかにはこの「金剛児」という名に非常に近い「金剛童子」、すなわちVajra-kumāraと呼ばれる尊格があるが、一見したところ、中国‐日本の密教では、ウッチュシュマと金剛童子＝ヴァジュラ・クマーラが

同一視された形跡はないようである〔図29参照〕。――ところが、ここでもチベットの伝承が思いがけない助け船を出してくれる。というのは、チベットの大自在天降伏神話に現われるウッチュシュマは、まさしくヴァジュラ・クマーラと呼ばれることがあるからである。(49) たとえ口伝による伝承という可能性を考慮しても、空海が後世のチベットに伝えられた思弁をなんらかの形ですでに知っていたということは、いかにも考えにくい。にもかかわらず、ここにもまたチベットの伝承と日本の伝承が、まったく不可解な過程を経て一致するという明らかな事実がある。われわれとしては、いまはこうした事実をただ確認しておく以外にないだろう。

## 8　「子喰いの神」

### A　スカンダ

ところで、いま見た「ヴァジュラ・クマーラ」という名の「クマーラ」という語は、「童子」「子ども」を意味する梵語で、ヒンドゥー教ではシヴァ神の息子スカンダがクマーラという別名で呼ばれることが知られている（「クマーラ」は、本来童貞の若者、少年を意味する）。(50) このスカンダが、ウッチュシュマをめぐるもうひとつの観念、すなわち「すべてのものを喰い尽くす」という神話的テーマにかかわる別のヴァリエーションを提供してくれる。

ウッチュシュマは「あらゆる不浄物を喰い尽くして浄化する炎の神」だが、同時に（とくに日本では）安産法の本尊であり、その関連でハーリーティーとも結びついていた。ところが、このハーリーティーも、もとは「生まれた子どもを喰い尽くす」恐るべき子喰いの女鬼であって、その意味では「喰い尽くす」という観念と無関係ではなかった。――さて、いま新たに登場したヒンドゥー教の「童子神《クマーラ》」スカンダは、非常に複雑な神格だが、この神もまた「子どもを喰う」と信じられていたのである。スカンダ神話の詳細についてはまたのちに触れるこ

**図30　クマーラ像**（パーラ朝、8～9世紀）

とになるから、ここではそのいくつかの特徴だけを挙げることにする〔**図30**参照〕。

スカンダの誕生については、叙事詩『マハーバーラタ』にいくつかの複雑な異説があるが、どの場合も祭祀の火の神アグニが重要な役割を果たしている。ある場合には、ルドラ＝シヴァが一滴の精液を火（＝アグニ）のなかにこぼし、アグニがそれをガンジス河（女神ガンガー）に移した結果スカンダが生まれたといい、別の場合には、ルドラと同一視されたアグニ自身が、六人のリシ（仙人）の妻に化けた女神スヴァーハーと交わってスカンダを生ませたという。[51] アグニブー Agnibhū（「アグニから生まれた者」）、パーヴァキ Pāvaki（「〔清浄なる〕火の子」）などというスカンダの異名は、この神が祭祀の火と密接な関係をもつことを表わすものである。

さて、このスカンダはまた、グラハ *graha*、すなわち「捉える者」「捕捉者」の首領であるといい、また彼自身がグラハと考えられることもあったという。グラハとは病気や災厄を送る悪鬼、病魔であり、とくに子どもを病気にして奪う、一種の「人喰い、子喰いの病魔」としてイメージされた（ハーリーティーも当然グラヒー〔グラハの女性形〕に数えられるし、また先にダーキニーとの関連で見たヨーギニーなどもグラヒーの一種と考えられる）[52]。『インド神話伝説辞典』によれば、スカンダは「子供の病気の原因となる犬に似た悪魔の首長とされた」といい、また「健康を奪う者というところから盗人の神といわれる。そこで、盗人はスカンダプトラ〔*skanda-putra*〕（スカンダの息子）と呼ばれるという」。そのことから逆に、ヒンドゥー教では、子どもを病魔から守るために、スカンダが崇拝されることもあると言う[53]（子喰いのハーリーティーが、後には子宝を与える神になったのと同様に、これらの神は、害をもたらすものであると同時に、つねにその特定の害から信仰者の身を守る機能をもっている。こうした両価性《アンビヴァレンス》は、宗教学上の一種のコンスタントと言えるだろう）。

中国‐日本の仏教では、スカンダの名は通常「韋駄天」と音写され、スカンダ＝韋駄天が、逆に盗人の夜叉を捉えるという神話が行なわれている（後述、第二巻第二章第二節、参照）。いずれにしても、ここには「人喰い」「子喰い」のイメージと「盗み」のテーマがダブって現われていることに注目しておかなければならない。

さて、中国では、スカンダ＝韋駄天は仏教寺院の門房の神として有名であり（多くの場合は、巨大な太鼓腹を抱え呵々大笑する民俗的仏教神「弥勒」（＝布袋）と、若くすらりと背の高い軍神形の韋駄天が対をなしている）、さらに日本においては、韋駄天は、

**図31　韋駄天像**（萬福寺蔵、范道生作、1662年）

中国風の甲冑を着て合掌する立像であり、合掌した両腕の上に剣を横にしてささげ持つ姿に特色がある。この像をまつれば食事の不自由なしとして、禅宗寺院の厨房に安置された例が多く、著名な作例に京都泉涌寺、京都萬福寺、鎌倉浄智寺所蔵のものなどがある（『世界宗教大事典』（平凡社、一九九一年）、「韋駄天」p. 170b）。

という（**図31**参照）（スカンダ／韋駄天につ

いては、第二巻第一章以下で詳しく扱うことになる)。

さらに付け加えるなら、スカンダの別名「クマーラ」は、仏教では文殊菩薩の別称としても知られている。文殊菩薩は、大乗仏教の菩薩群のなかで、もっとも顕著な「童子神」的性格をもっていると言うことができる。そして、この「クマーラ」マンジュシュリーもまた、おそらくインド以来、ピンドーラ尊者と並んで「聖僧」と呼ばれ、仏教寺院の厨房の神として祀られたのである(前述、IV-n. 31 および後述II, p. 123 以下参照)。

火の神アグニと深い関係にあり、「子喰いの神」であると同時に「盗人の神」でもあり、また仏教寺院の門神、または厨房の神でもあるという——、これだけ材料がそろえば、このスカンダ=韋駄天も当然われわれの探究の対象にならねばならないことが分かってくるだろう。

### B ヤムナー女神

さて、いま見た「子喰い」のイメージは、先にシヴァ教寺院の門神としてのマハーカーラに関連して触れたことがあったヤムナー河の女神ヤムナーにもかかわっている。

すでに述べたように、ヤムナー女神は四臂のマハーカーラとともにシヴァ神を祀った寺院の門の左側に安置され、その右側に置かれた(人間の姿に描かれた)シヴァの眷属ナンディンとガンジス河の女神ガンガーの対とともに門の守護をするという。この場合、右側の二神は柔和相(*śānta*)を表わし、左側の二神は忿怒相(*krodha*)を表わす(54)。

ガンガーは多くの場合、すべてを呑み込む海の怪獣マカラを乗り物とし、一方のヤムナーは、ヴェーダ時代以来、宇宙創成のテーマと深くかかわる動物、亀に乗った姿で表現されるという。さらに、ガンガーは「白の(輝く）河」と形容されるのに対して、ヤムナーは「黒の河」と言われる。[55] ヤムナーは、またヤミーとも呼ばれ、ヴェーダ神話では最初の人間ヤマの双子の姉妹としても知られている。[56] ヤマは、最初の人間であり、最初に死を経験したもの、ということから、ヒンドゥー教では死の神ヤマ（仏教の「閻魔」）となり、「死の時」を含意する「時の神」カーラ Kāla とも同一視されるようになった。[57] このカーラが「マハーカーラ」の「カーラ」（黒または時の意）に対応することは言うまでもない。そしてこのことを考えれば、ヤムナーがマハーカーラと対にされることも、理解しやすくなるだろう。

さて、ヒンドゥー教の信仰ではヤムナーもまた、「子喰いの女鬼」であり、グラヒーの一種であると考えられたという。[58]「黒の河」の女神ヤムナーは、「黒の女神」カーリーと似て（また仏教のハーリーティーなどとも似て

**図32**　**荼吉尼、死鬼**（『胎蔵図蔵』）

**図33**　**稲荷大明神**（日本、近世）

**図34　焰摩羅王**（現図胎蔵界曼荼羅）

……）、人喰いの女神だったのであり、だからこそ忿怒相のマハーカーラとともにシヴァ教寺院の門神として祀られたと考えることができる。

さらに、死の神ヤマが時の神カーラと同一視されたということは、意外にも、インドから遠く離れた日本の胎蔵曼荼羅におけるマハーカーラ＝摩訶迦羅天とダーキニー＝荼吉尼衆、およびヤマ＝夜摩天（閻魔）の位置関係を考える時にも、重要な手がかりを与えてくれることになる〔**図32**、**33**参照〕。もし、胎蔵曼荼羅の摩訶迦羅と荼吉尼衆が、第一章で見た『大日経疏』の荼吉尼降伏神話に基づいて描かれたものなら、この両者はとなり合わせに配置されるのが当然と思われるだろう。ところが、胎蔵曼荼羅成立の各段階を表わす資料（『大日経疏』の「阿闍梨所伝漫荼羅図位」、法全の『玄法寺儀軌』や『青龍寺儀軌』、『摂大儀軌』や『広大儀軌』、また『胎蔵図像』や『胎蔵旧図様』など）や「現図胎蔵曼荼羅」そのものを調べてみると、摩訶迦羅と荼吉尼衆はほとんどつねに別々に描かれ、とくに現図では摩訶迦羅は東北角の伊舎那天および毘那夜迦などのシヴァ的性格の天部と並び、一方の荼吉尼衆は黒暗天 Kāla-rātri（「世界破滅の恐怖の夜」＝Durgā 女神の一形態。神話的には、カーリー女神とほぼ同一視できる）などとともに南方の閻魔天のそばに配置されていることが分かる（多くの場合、七母天もこの近辺に配置される）〔**図34**参照〕。以下、やや煩雑になるが、各資料における摩訶迦羅と荼吉尼衆および閻魔天の配置を確認しておこう。第一に指摘しておかねばならないのは、『大日経』そのものの中には、摩訶迦羅も荼吉尼も現われていない、ということである。それゆえ、これらの尊格は、『大日経疏』以下

の阿闍梨の考えによって曼荼羅内に配置されることになった。すなわち、(59)

○「阿闍梨所伝漫荼羅図位」では、四人の荼吉尼 *ḍākinī* と四人の荼伽 *ḍāka* が四人の「雑宝蔵神」(Jambhala ?) と「童男菩薩」(Kumāra ?) の間に挟まれ、北方の最外院、東北角、伊舎那護法神の近くに置かれる。一方、摩訶迦羅は南方の閻魔天の西南側、毘那夜迦の隣に置かれる。閻魔天の東側には、夜黒天、童男菩薩、七母天などが配置されている。

○『玄法寺儀軌』および『青龍寺儀軌』では、南方外院の西側に、閻魔天が黒暗天、七母、黒夜 (Kāla-rātri ?)、死后、妃に囲まれ、その西側に荼吉尼が配置される。摩訶迦羅天は毘那夜迦とともに北方最外院の東端、東北角・伊舎那天の脇に置かれる。

○『摂大儀軌』では、南方の閻魔天の東に七母、黒夜 (暗夜) 神が並び (荼吉尼衆はここでは省かれている)、東北角の鬼首伊舎那の脇に惹也天 Jayā、摩訶迦羅神、歩多 *bhūta*、烏摩妃、頻那夜迦天が配置される。

○『広大儀軌』では、南方の閻魔羅天を囲んで、西に七母、荼吉尼、東に閻魔后、暗夜天が並び、東北角の伊舎那の脇には歩多鬼だけが控えている (摩訶迦羅天、毘那夜迦天は省かれている)。

○『胎蔵図像』では、摩訶迦羅は南方・閻魔王の東側に、毘那夜迦と並んでおかれ、荼吉尼衆は北方・毘沙門天の東側に配置される (その東側、東北角の伊舎那天および烏摩爾耶天女〔Umā ?〕の北側には遮悶拏 Cāmuṇḍā、焰弭那 Indrāṇī、驕摩嚧 Kaumārī など七位の神格が置かれている。これらは七母が、南方、閻魔天の眷属の位置から伊舎那の方に移ってきたものである)。

○『胎蔵旧図様』では、荼吉尼衆は第四重の南側、東南角近くに置かれ、摩訶迦羅と毘那夜迦は閻魔天のすぐ西側に配置されている。また、それよりやや西側に、伊舎那天が置かれる。さらに、第二重の南側にも、南東に摩訶迦羅が、南西に毘那夜迦が置かれる (第二重には、荼吉尼衆は見えない。また七母天はその一部が第二重と第四重の南側に配置されている)。

○最後に、「現図胎蔵曼荼羅」では、最外院、南方の焔摩羅王の隣に黒暗天女が、その西側に荼吉尼衆が置かれ、七母天は二つのグループに分かれて、一方は南方、東南角近くに、一方は西方、西南角近くに置かれる。摩訶迦羅と毘那夜迦は、北方、東北角に、伊舎那妃の隣に並べられている。

こうして見ると、荼吉尼と閻魔(ヤマ)、黒暗天(カーララートリ~カーリー女神)、七母などが一つのグループとして考えられ、摩訶迦羅と毘那夜迦は、別の(シヴァ神の一形態である)伊舎那天に近い一グループをなしていることが分かるだろう。しかしこの一見理解しがたい配置のしかたも、もし、ヒンドゥー神話の知見に基づいて、

[1]ヤマ=閻魔天がカーラと同一視され(黒暗天~カーリーが閻魔天の配偶女神的な位置におかれていることが、それを示している)、

[2]ダーキニー=荼吉尼衆が、同じ「人喰い女鬼」として(ヤマの双子の姉妹である)ヤムナー(や七母天など)と近い関係にあり、

[3]マハーカーラ=摩訶迦羅が「大いなる時の神」として「死の神」ヤマと結びついているのだとしたら、胎蔵曼荼羅におけるこれらの神々の奇妙な配置も、こうした神格同士の複雑な親近関係(神話的構造)を表現する非常に巧妙な手段であると考えることができるだろう。

## 9 「すべてを喰い尽くす火炎」——金剛薬叉明王

「すべてを喰い尽くすもの」としてのウッチュシュマのイメージから出発して、ヒンドゥー教の「子喰いの神」、グラハやグラヒーとしてのスカンダやヤムナーについて見てきたが、ここで、もう一度、中国‐日本の密教にお

ける「すべてを喰い尽くすもの」のイメージに戻って考えてみることにしたい。

日本密教の国家宗教的性格をとくに顕著に示す重要な儀礼のひとつに、毎年正月の八日から七日間、天皇の身体安穏と国家の安泰・繁栄を祈願して行なわれる「後《ご》七日《しちにち》御《み》修《し》法《ほ》」という儀式がある。この儀式では、隔年に修される金剛界法と胎蔵界法のほかに、息災・増益の護摩や五大明王法、十二天法、聖天法などが修される（『世界宗教大事典』p. 656a）。このなかの「五大明王法」は、基本的に不空三蔵による『仁王経儀軌』や同じ不空の『補陀落海会儀軌』[60]に基づき、中央に不動 Acala、東に降三世 Trailokyavijaya、南に軍荼利（Amṛta-Kuṇḍalin、西に大威徳 Yamāntaka、北に金剛薬叉 Vajra-yakṣa の各明王を配置するもので、すでに唐代にそれらの明王を周囲に配した五鈷鈴（「五大明王鈴」）が作られていることからも分かるとおり、古い伝統を有するものと考えることができる[61]〔**図35**参照〕。——ところで、この五大明王のなかの「金剛薬叉明王」は、『摂無礙経』の記述ですでに「不空成就仏の忿怒身である。〔中略〕また穢積金剛を不空成就仏の忿怒身とする〔こともある〕。〔中略〕穢積とはすなわち烏芻澁摩菩薩である」と注記されているとおり[62]、ウッチュシュマと交換可能であると考えられている。事実、智証大師円珍が唐から持ち帰った「五大明王図像」では、金剛薬叉の代わりに烏芻澁摩明王が描かれていたといい、日本の台密の「五大明王」は、それに従って烏芻澁摩が金剛薬叉の位置を占めることが伝統になっている（『望月仏教大辞典』p. 1244c–1245a）。

**図35　五大明王鈴**（唐代、東京国立博物館蔵）

図36　金剛夜叉明王（『別尊雑記』）

それでは、烏芻澁摩と同一視された、あるいは交換可能と考えられた金剛薬叉とは、どのような尊格なのだろうか(63)。

金剛薬叉明王は、なによりもまず「すべてを喰い尽くす」神である。台密の伝統でとくに重視された『金剛峯楼閣一切瑜伽瑜祇経』（これは中国製の偽経であろうと言われている(64)）の末尾には、「大金剛焔口降伏一切魔怨品」という章題で金剛薬叉法について述べた箇所がある。それによれば、

金剛大薬叉と名付けられる仏がいる。〔この仏は〕ありとあらゆる悪の有情・無情物を呑啗《どんたん》し、三世の一切の悪の穢觸・染欲心をすみやかに除盡し、余すところなく呑啗する〔仏である〕。〔中略〕〔この尊はまた〕金剛食と名付けられ、すべての摧伏のことを主宰する〔尊である〕(65)。

という。――「焔口」すなわち「炎の口」といい、「一切悪有情・無情等物を呑啗して」、「穢觸・染欲心」を「除盡」するといい、あるいは「金剛食」と名付けるという――、これを見るだけでも、この尊格がウッチュシュマと同等視されたことがうなずけるだろう。これと同様に、不空の『仁王般若陀羅尼釈』によれば、

金剛薬叉菩薩は、「金剛」の意味はすでに釈したとおりであり、「薬叉」は、「威猛」の意、また「盡」の意である。十六金剛智普賢行のうち、第十五智を「金剛盡智」という。〔すなわち〕金剛薬叉の智牙によって、一切の煩悩と随煩悩〔煩悩および付随的煩悩〕を食啗し、余すところなく〔食い〕尽くすのである(66)。

と書かれている。すべてを呑み尽くす巨大な口と鋭利な牙が、金剛薬叉の最大の特徴なのである〔図36参照〕。

ところで、中世日本の諸尊法集成には、この金剛薬叉について、次のようなきわめて興味深い口伝を記したものがある。たとえば、『白宝口抄』によれば、

口伝に云う。〔金剛薬叉は……〕不空成就仏の教令輪である。あるいはまた釈迦の所変であるとも言う。『悲花経』によれば、

釈迦は因位において〔＝仏果に至る以前、菩薩であった時〕大薬叉となり、三乗菩薩〔の菩提心〕をいまだ発していなかったものを啗食した（云々）という。

また〔同じ『悲花経』によれば〕、

釈尊は、劫末において、人間の寿命が十歳になった時、大薬叉と現じて、一切衆生を余すところなく呑啗した。この時薬叉は、「菩提心を発した者は食うことができぬ」（云々）と言い、それゆえ人々は薬叉の難を免れるために、初めて菩提心を発し、菩提心を発しなかった者は天に昇ったという。〔中略〕

これはすなわち釈尊の〔衆生に対する〕最後の利益である。このことは、『悲花経』に出ている。また〔ここに言う〕釈尊と不空成就仏が同一体であることは、異論なく知るべきである。(67)

この口伝が引用する『悲花経』とは、四一九年、曇無讖《どんむしん》によって訳出された『悲華経』を指している。これを繙いてみると、語句は違うが、たしかにいまの伝承の典拠となった部分を見出すことができる。以下にこれを意訳してみよう。

無量阿僧祇劫の過去、この仏土は「珊瑚池」と名付けられ、劫名を「華手」といって、仏は世に出ず、世界は五濁に染まっていた。私〔＝過去世の釈尊〕はそこに「善日光明」という名の帝釈天として生まれ、閻浮提を観ずるに、諸衆生は悪法ばかり行なっていた。そこで私は、見るも恐ろしい夜叉像と化して閻浮提の

人々のまえに下り現われた。人々はみな私を見て恐れをなし、「なにをしようとするのか、すみやかに答えたまえ」と問うた。私はそれに答え「ただ飲み食いすることを欲するのみである」。人々がまた「なにを食おうと欲するのか」と問うたのに対して、私は答えた「ただ人を殺し、その血と肉を食おうとするのである。汝ら、もし寿命のあるかぎり不殺戒や正見を持し、また菩提心ないしは声聞・縁覚心を発するならば、私は汝らを食うことはないだろう」。――このように述べ、私は人間を化作してその〔肉〕を食い、かつ〔その血を〕飲んだ。衆生は私のその姿をみてさらに激しく恐れ、ことごとく寿命のあるかぎり不殺戒を受け、正見を持し、あるいは菩提心を、あるいは声聞・縁覚心を発した。私はこのようにして、閻浮提の一切衆生に十善を修行し、三乗に住することを勧めたのだった(68)……。

『白宝口抄』の口伝では、釈尊がこうして大薬叉として現われるのは「劫末人寿十歳時」のことであると言われていたのが、その典拠である『悲華経』では「過去無量無辺阿僧祇劫」のことになっている。しかしこれは、インドの宇宙論的思想の観点から見れば、むしろ『白宝口抄』の方が直観的に正しい表現を見つけているように思われる。というのは、ここに語られた「一切衆生」を喰い尽くす大ヤクシャの神話は、ブラフマニズムの宇宙論による劫末の大災厄の神話を、ほとんどそのまま仏教化したものと考えられるからである。

一般にもよく知られているとおり、ブラフマニズムの正統的宇宙論によれば、宇宙はブラフマーによって創造され、ヴィシュヌによって維持され、シヴァによって消滅されるという。滅亡の時になると、宇宙はまず百年間の大火災に覆われて、あらゆるものが焼き尽くされる。そのあと、また百年間の大洪水が世界を覆い、宇宙はただひとつの大洋となって、その底に棲まう宇宙蛇シェーシャ Śeṣa（この名は「残余」を意味する。焼き尽くされた宇宙の「残余」と考えることができる）の上に横たわったヴィシュヌ‐ナーラーヤナが眠り続け、新たな宇宙期（カルパ＝劫）の創成を準備するのである。

この宇宙壊滅の大火災は、インドの宗教思想的な観点からは、宇宙全体の火による供犠の祭祀であり、同時に世界全体が至上神の体内へと吸収される過程であると考えることができる。供犠の祭祀に供せられる犠牲の動物が、まさに供犠に供せられるということ自体によって「解脱」にいたる――と、ブラフマニズムは主張する――のと同様に*、こうして神の体内に吸収される宇宙は、そのことによって（「残余」の部分を除いて）窮極的な救済＝解脱に到達するのである（宇宙創造は、逆に至上神の体内からの世界の展開の過程である）(69)。

*この点については Biardeau, "Le Sacrifice dans l'hindouisme", p. 38, p. 54（『マヌ法典』V, 35-44）を引く。渡瀬信之訳『サンスクリット原典全訳　マヌ法典』（中公文庫、一九九一年）p. 166-167 参照）を見よ。また、供犠と解脱、至上神への吸収などのモティーフについては、*ibid.*, p. 114-117, p. 132, p. 142（『マハーバーラタ』II, 45, 25-27 を引く。クリシュナはいとこのアスラ・シシュパーラ Śiśupāla を円盤の一撃で斬首する。人々は、シシュパーラの精気 *tejas* が屍体から遊離してクリシュナに礼をし、クリシュナの体内に吸収される様子を目撃する）; p. 146-151; p. 151, n. 3, などを参照。

さて、インド宗教思想の古典中の古典、『バガヴァッド・ギーター』は、クル族の王パーンドゥの五王子の第三子、勇猛なるアルジュナと、その親友にしてヴィシュヌ神の権化であるクリシュナとの対話という形で展開されるが、その第十一章で、アルジュナがクリシュナにその至上神としての「不滅なる本体」を示すように懇願する場面がある。そこでアルジュナの前に幻出されたヴィシュヌの形相は、まさに劫末において宇宙全体を大火災のなかで呑み込んでいく恐るべき火の神の様相を呈する（これはヴィシュヌの変身とされているが、表象の内容は、明確に、劫末の破壊神としてのシヴァを表わしている）。その姿に恐れ戦慄するアルジュナのことばを、辻直四郎氏の訳によって以下に引用しよう。

多口・多眼・多臂・多腿・多足にして多腹・多くの牙突きいでて恐しき卿〔クリシュナ＝ヴィシュヌ〕の強大なる形相を見て、大臂者〔クリシュナ〕よ、もろもろの世界は愕然たり。われもまた然《しか》り。

……牙突きいでて恐しく、劫火（*kālamala* 劫末の火）に似たる卿の口を見て、われ方所を弁ぜず、逃るる所なし。〔中略〕

またドリタラーシュトラのかの全王子ならびに国王の群〔など……、いままさに始まろうとするバラタの戦いで滅び去る運命にある無数の勇者たち〕は、ともどもに、

急ぎて卿の口に入る、牙突きいでて恐しき。或る者は頭微塵に砕けて、〔卿の〕歯間に懸かりて見ゆ。

あたかも河川の幾多の激流、海に向いて奔走するがごとく、かくかの人界の勇者たち、炎立つ卿の口中に入る。

あたかも飛蛾が全速力をもちて燃ゆる火中に入り、〔みずから〕死を招くがごとく、正にかく世界もまた全速力をもちて卿の口に入り、〔みずから〕死を招く。

卿は一切方において全世界を呑噬《どんぜい》しつつ、燃え立つ口をもちて舐め尽くす。卿の恐しき火炎は、全世界を光明もて満たして熱す。〔中略〕

恐しき形相をもつ卿は、そも誰なりや、われに告げ給え。〔中略〕

この懇請に応えてクリシュナは告げる。

聖バガヴァットは言えり。

われは「時」（Kāla 死、運命）なり。強大なる世界の破壊者なり。もろもろの世界を破壊すべくここに出動せり。(70)

*

この恐怖すべき劫末の至上神の姿が、まさに「カーラ」、すなわち「時間／黒の火のルドラ」（Kālāgni-

**ウッチュシュマ／烏芻澁摩明王**

- マハーカーラと対の門神／ある場合にマハーカーラと同一視される

- 不動明王（「智慧火」の明王）の化身／大自在天を降伏する

- Ucchuṣma-rudra 悪鬼／シヴァ教の一派
  - （*ucchiṣṭa* 不浄？）
- 火の神アグニ（～「黒の火のルドラ」）

- 不浄：「多淫」を「猛火聚」に転換する
  - ：不浄物を「呑み込む」
  - ：「雪隠の神」
- 料理（降伏）の神
- 安産法（鬼子母と結び付けられる）

- 「金剛児」～ヴァジュラ・クマーラ
- クマーラ（童子）～スカンダ
  - 子喰い／子どもの守護
  - 盗人神
  - 供犠の火アグニとスカンダ誕生神話
  - 韋駄天：厨房の神／門神

- 子喰いのヤムナー女神
  - ：ヤマ／閻魔（～カーラ「時」の神）姉妹

- 「喰い尽くすもの」としての金剛薬叉明王
- 劫末の大火災／世界の供犠
- カーラ／「黒の火のルドラ」

**表 3**

rudra）の姿であり、『悲華経』の大夜叉として現われた釈尊の姿であり、金剛薬叉の戦慄すべき姿であり、あるいはまたマハーカーラの形姿を借りて曠野‐屍林に出現し、ダーキニーの群れを喰い尽くした大日如来の姿……であることは、もはや言うまでもないだろう。それはまた、言うまでもなく、すべてを喰らい尽くす「黒の時の大女神」カーリーの姿でもある。さらに「全宇宙を喰らい尽くす」菩薩のイメージは、もっとも古典的な大乗経典の一つである『維摩詰所説経』にも現われている。維摩詰によれば、「不可思議解脱に住する菩薩」は、「十方世界に存在するあらゆる風を吸い込み、身体に何一つ害を受けることがない。〔中略〕また、十方世界の劫末における大火災の時、一切の火を腹中に呑み込んで、何一つ害を受けることがない」という。(71)「すべてを喰い尽くす神」は、その恐るべき「炎《ほむら》立つ」口と牙によって、その燃え盛る消化の烈火によって、すべてを浄化し、救済に至らせる神なのであった〔表3参照〕。

日本の密教に見られる異様な明王像は、こうしてヒンドゥー教最大の聖典の記述によって、見事に——あたかも劫末の猛火に照らし出されたかのように——あかあかと照らし出されるのである。

## 注

(1)『大日経疏』Ttt. XXXIX 1796 v 634c14-21.

(2)『胎蔵金剛教法名号』Ttt. XVIII 864B 205c19 ; 206a21.

(3)『大日経』T. XVIII 848 i 7a18-21 ; また『摂大儀軌』Ttt. XVIII 850 ii 72b28-c3 など。

(4)『一切如来金剛三業最上秘密大教王経』T. XVIII 885 iii 486b5 ; iv 490c21-491a2 ; vii 508b23 など。

(5)『瑜伽大教王経』T. XVIII 890 ii 567a2-13 ; また『幻化網大瑜伽教十忿怒明王大明観想儀軌経』T. XVIII 891 586c16-587a10 参照。

(6)『秘密大教王経』T. 885 vi 500a7-14.

(7)『聖宝蔵神儀軌経』T. XXI 1284 i 351a21.

(8)『出生一切如来法眼遍照大力明王経』T. XXI 1243 i 208a28 ; 209c18-19.

(9)『一切経音義』Ttt. LIV 2128 xxxvi 545c22-24.

(10) なお胎蔵曼荼羅の金剛手院に置かれた大力金剛は、金剛薩埵の侍者で、おそらくウッチュシュマの分身と考えられるが、ここではとくに重要とは思われないので考察の対象としない。『望月仏教大辞典』p. 3456a-b 参照。

(11) M.-Th. de Mallmann, *Introduction à l'Iconographie du Tântrisme bouddhique*, [Bibliothèque du Centre de Recherches sur l'Asie Centrale et la Haute Asie, vol. 1] Paris, 1975, p. 195-197.

(12) F. A. Bischoff, *Contribution à l'étude des divinités mineures du bouddhisme tantrique. Ārya Mahābala-nāma-mahāyānasūtra tibétain* (*Mss de Touen-houang*) *et Chinois*, [coll. Buddhica. Première série : Mémoires. Tome X], Paris, Paul Geuthner, 1956, p. 6, p. 7 et n. 2.

(13) ビショッフは *Kriyāsaṃgraha*＝Bya ba bsdus pa（Rgyud 'grel, LXII, fol. 297b）を引く。*Kriyāsaṃgraha* の年代については、Ryūgen Tanemura［種村隆元］, *Kriyāsaṃgraha of Kuladatta, Chapter VII*, Tokyo: Sankibō Busshorin, 1997, p. 10 参照（インターネットのメーリング・リスト Buddha-L, 25 Mar 1998 における苫米地等流氏のご教示による。苫米地氏に感謝したい）。なお、Stein, "Gardiens de porte", p. 22 によれば、あるチベットの十七世紀の歴史書に、チベットの最初の王の代（六五〇年ころ）に、ラサの寺院の門は、右の Vajrapāṇi（金剛手）、左のウッチュシュマによって守護されていたという。

(14) ビショッフは B. Bhattacharyya, *Niṣpannayogāvalī*, Gaekwad's Oriental Series, vol. CIX, Baroda, 1949, p. 44 を引く。

(15) Monier-Williams, *A Sanskrit-English Dictionary*, *s.v.*; Bischoff, *op.cit.*, p. 10 参照。

(16) ウッチュシュマ＝烏芻澁摩明王については、拙稿 N. Iyanaga, "Récits de la Soumission de Maheśvara par Trailokyavijaya", p. 693-698 [p. 693, n. 117] も参照。

(17) 津村淙庵『譚海』（『日本庶民生活史料集成』第八巻「見聞記」、三一書房、一九六九年）p. 195b.

(18) *Ucchiṣṭa* については、Charles Malamoud, *Cuire le monde. Rite et pensée dans l'Inde ancienne*, [coll. Textes à l'appui], Paris, Editions La Découverte, 1989, p. 13-33, "Observations sur la notion de «reste» dans le brahmanisme" が詳しい考察を行なっている。

(19) 筆者の知るかぎり、中国伝来の文献としては後引の『摂無礙経』だけが「穢積」というつづりを使っている。しかし大正蔵の刊本は日本の刊本または写本に基づいているので、「積」の字は日本人による誤記かもしれない。後注63参照。

(20) R. A. Stein, *Annuaire du Collège de France*, Résumé des cours de 1972-1973, p. 465; 1973-1974, p. 511 参照。

(21)『大仏頂首楞厳経』T[tt]. XIX 945 v 127a26-b4.

(22) この重要な神話については、第一部「方法論的序説」注9に引いた文献参照。

(23)『大日経疏』Ttt. XXXIX 1796 ix 678c25-679a12; 第一部「方法論的序説」注9に引いた拙稿（La soumission de Maheśvara...）p. 690-699 参照。

(24) R. A. Stein, *Annuaire du Collège de France*, Résumé des cours de 1972-1973, p. 465-466; 1973-1974, p. 511, p. 513-514. また、N. Iyanaga, "Récits de la Soumission de Maheśvara par Trailokyavijaya", p. 707, n. 144 も参照。

(25) ただし、『底哩三昧耶不動尊聖者念誦秘密法』T[tt] XXI 1201 i 13a19-15a14 は、『大日経疏』の該当箇所をほとんどそのまま引用しており、ウッチュシュマも同じコンテクストで現われる。また『穢跡金剛説神通大満陀羅尼法術霊要門』は、中国製の偽経と思われるが、ここでも似たコンテクストでウッチュシュマによる「梵王」の降伏が物語られている（T[tt]. XXI 1228 158a10-b24 ; Iyanaga, "Récits de la Soumission de Maheśvara par Trailokyavijaya", p. 696-697 注参照）。——一方、『白宝抄』TZ. X 3191 1060a19-24 は「不動・降三世が第六天魔王を降伏しようとしたとき、魔王は、不浄城郭を構えてその中にこもり、仏の教勅を聞くことを拒んだ。〔仏は〕穢積金剛を遣わして彼を降伏・成仏せしめた。それゆえ、穢積金剛は不動・降三世の智力の及ばざるところの対治が可能なのである」、という伝承を伝えている。ここでは、魔王が大自在天の代役になっている。これは日本密教の口伝によるものと思われる。

（26）『出生一切如来法眼遍照大力明王経』T. XXI 1243 i 208a5-7.

（27）Bischoff, *op.cit.*, p. 81 参照。

（28）『大力明王経』T. XXI 1243 i 209a16, b22-23, 210a1, 210b17-18 ; ii 213c1 ; また Bischoff, p. 89, 92, 93, 96, 102 も参照。

（29）Madelaine Biardeau, "Le sacrifice dans l'hindouisme", M. Biardeau et Charles Malamoud, *Le Sacrifice dans l'Inde ancienne*, p. 22 and n. 2 参照。

（30）M. Biardeau, *op.cit.*, p. 22 ; p. 90-99 参照。

（31）『陀羅尼集経』T. XVIII 901 ix 866c23-26.

（32）同上 T. XVIII 901 ix 863b9-13.

（33）『白宝抄』TZ. X 3191 1059a15-19 ; 1060a15-18.

（34）同上 TZ. X 3191 1059a23-26.

（35）『覚禅鈔』TZ. V 3022 lxxxvi 299b14-304a3.

（36）『阿娑縛抄』TZ. IX 3190 cxxxiv 404b28-406a7.

（37）皇慶（九七七～一〇四九年）の師匠に当たる人。良祐撰『三昧流口伝集』Tttt. LXXVII 2411 ii 34a による。

（38）一〇二三～一〇九六年。『望月仏教大辞典』第六巻「仏教大年表」による。

（39）一一二一年没。同上「仏教大年表」による。

（40）行厳のほぼ同時代の人。「智泉房」。覚範の弟子、聖昭の師。院昭とも書く。『遮那業学則』Tttt. LXXVII 2419 278a19-21 ; 279a 参照。

（41）永承頃（一〇四六～一〇五三年）の人。鷲尾順敬編纂『日本仏家人名辞書』（増訂三版、東京美術、一九六六年）による。

（42）山本ひろ子稿「龍女の成仏——『法華経』龍女成仏の中世的展開」、『変成譜——中世神仏習合の世界』（春秋社、一九九三年）p. 260-261および注17参照。

（43）『阿娑縛抄』TZ. IX 3190 cxxxiv 409a10-14；『覚禅鈔』TZ. V 3022 lxxxvi 303a28 にも同様の記事がある。

（44）『大威力烏樞瑟摩明王経』T. XXI 1227 i 143a5-9.

（45）『阿娑縛抄』TZ. IX 3190 cxxxiv 404b4.

（46）『白宝口抄』TZ. VII 3119 cxiv 90b14, 17-21；『白宝抄』TZ. X 3191 1057b22；1062c9, 12-13；『覚禅鈔』TZ. V 3022 lxxxvi 304c22-26.

（47）『五部陀羅尼問答偈讃宗秘論』Tttt. LXXVIII 2464 13c26-29；調染＝金剛妻＝Vajra-rāga＝金剛愛菩薩については、たとえば頼瑜記『金界発恵抄』Tttt. LXXIX 2533 ii 129b7-25 参照。

（48）『覚禅鈔』では「金剛児」は蘇婆呼童子を指すという。TZ. V 3022 lxxxvi 304c22-26；また同 xcvi 377b7-20, 380a19-b1 では金剛児＝蘇婆呼童子を金剛童子と同一視している。この問題はここでは未詳のまましばらく措くことにしよう。

（49）R. A. Stein, *Annuaire du Collège de France*, Résumé des cours 1972-1973, p. 465；1973-1974, p. 514 参照。

（50）Madelaine Biardeau, “Skanda. Un grand dieu souverain du sud de l'Inde”, *Dictionnaire des Mythologies*, II, p. 440 a 参照。

（51）詳しくは後述、第二巻『観音変容譚』第一章・第二、三節、参照。

（52）L. Renou et J. Filliozat *et al.*, *Inde Classique. Manuel des Etudes Indiennes*, I, 2nd éd. Paris, Adrien Maisonneuve, 1985, §1023, p. 497；M. -Th. de Mallmann, *Agni-purāṇa*, p. 18 参照。

（53）『インド神話伝説辞典』p. 18；Biardeau, *art. cit.*, p. 439b-440a, 440b-441a 参照。

（54）M.-Th. de Mallmann, *Agni-purāṇa*, p. 202 and n. 9；p. 68 参照。

（55）「黒の河」ヤムナーについては Biardeau, “Gange. Gaṅgā/Yamunā, la rivière du salut et celle des origines”, *Dictionnaire des Mytholgies*, I, p. 442b-444b 参照。

（56）L. Renou et J. Filliozat, *Inde Classique*, I, §527, p. 275 参照。

（57）Hopkins, *Epic Mythology*, p. 107-108 参照。

（58）M. -Th. de Mallmann, *Agni-purāṇa*, p. 180, n. 6；p. 20 参照。

（59）「阿闍梨所伝漫荼羅図位」については『大日経疏』Ttt. XXXIX 1796 vi 639b, c；『玄法寺儀軌』Ttt. XVIII 852A ii 122 a9, b17-19；123c10-11；Ttt. 852B ii 139a12, b22-23；140b25-26；『青龍寺儀軌』Ttt. XVIII 853 iii 160c7, 161a24-26；162

b14-15；『摂大儀軌』Ttt. XVIII 850 ii 77c8-17, 78a14-22；80a10-28；『広大儀軌』Ttt. XVIII 851 ii 104a25-b27；105b16, b29-c3；『胎蔵図像』TZ. II 2977 268, fig. 239, fig. 240, 269, fig. 243, fig. 245, 291, fig. 296；293, fig. 299-302, 294, fig. 303-304, 295, fig. 306；『胎蔵旧図様』TZ. II 2981 509, fig. 61；547, fig. 176, 548, fig. 179, 551, fig. 195, 553, fig. 199；「現図胎蔵界曼荼羅」、『大悲胎蔵大曼荼羅』TZ. I 2948 773, fig. 240-241, 778, fig. 253-255, 805, fig 372-373, 804, fig. 374-375 などを参照。これらの天部の胎蔵曼荼羅における位置については、石田尚豊著『曼荼羅の研究』（東京美術、一九七五年）図版篇 p. ii-x の図、および研究篇 p. 155-156, p. 183-184, p. 186, p. 207-209, などを参照。Kāla-rātri については、Alain Daniélou, *Le Polythéisme hindou*, p. 429-430 参照。Kāla-rātri のイメージは、いわば「宇宙大に抽象化されたカーリー女神」と考えていいように思われる。

（60）『仁王経儀軌』T[tt]. XIX 994 514a20-515a7；『補陀落海会儀軌』T. XX 1067 130a5-9 参照。

（61）『密教大辞典』p. 618c-619a；石田尚豊著『曼荼羅の研究』、研究篇 p. 91-92 参照。

（62）金剛薬叉はまた金剛牙 Vajra-daṃṣṭra 菩薩とも呼ばれ、さらに摧一切魔 Sarva-māra-pramardin 菩薩とも同一視される。が、これらの関連については、ここでは省略することにする。

（63）『摂無礙大悲心大陀羅尼経計一法中出無量義南方満願補陀落海会五部諸尊等弘誓力方位及威儀形色執持三摩耶幖幟曼荼羅儀軌』T. XX 1067 130a8-9「金剛薬叉（不空成就仏忿怒。自性輪即可是寂静身。又穢積金剛為不空成就仏忿怒。自性輪金剛業也。穢積即烏芻澁摩菩薩也）」。

（64）三崎良周『台密の研究』（創文社、一九八八年）p. 137-140 参照。

（65）『金剛峯楼閣一切瑜伽瑜祇経』T[tt]. XVIII 867 ii 268c7-10, 19.

（66）『仁王般若陀羅尼釈』Ttt. XIX 996 522b7-10.

（67）『白宝口抄』TZ. VII 3119 cxi 81a2-17；また『白宝抄』TZ. X 3191 1017c22-25 も『悲花経』の同じ箇所を引く。

（68）『悲華経』T. III 157 x 229a17-b4；同経の異訳 T. III 158 vii 284c9-23 に相当する。

（69）M. Biardeau, "Cosmogonie purāṇique", *Dictionnaire des Mythologies*, I, とくに p. 239a-241b 参照。

（70）*Bhagavad-gītā*, XI, 23-32；辻直四郎著『バガヴァッド・ギーター』（インド古典叢書、講談社、一九八〇年）p. 186-189. M. Biardeau, "Le sacrifice dans l'hindouisme", p. 131-132 に同じ箇所を引用する。

（71）『維摩詰所説経』T. XIV 475 ii 546c18-21；Etienne Lamotte, *L'Enseignement de Vimalakīrti*（*Vimalakīrti-Nirdeśa*）, Bibliothèque du Muséon, vol. 51, Louvain, Publication Universitaire, 1962, p. 255-256 and n. 15 参照。

# Ⅵ インドの宗教思想と仏教神話

**本章の主な登場人物**

シヴァ

ヴィシュヌ

大女神

**本章の主な典籍**

『マヌ法典』

『バガヴァッド・ギーター』

中世日本の諸尊法聖典に引かれていた金剛薬叉明王にまつわる奇妙な神話は、ヒンドゥー教の宗教思想をリファレンス系として照らし合わせた時に、その意味がもっとも明瞭なものとなった。あるいはまた、ウッチュシュマ明王を特徴づける各種の神話的要素も、同じヒンドゥー教の祭祀の火をめぐる表象に照合することによって、はじめてある統一的な理解が可能になった。としたら、これと同様の解釈を、これまでに見た他の仏教神話にも試みることはできないだろうか。本章では、新たな神話の探索はひと休みして、すでに見てきたいくつかの神話の要素をこの新しい角度から見直してみることにしたい。

## 1　「宗教社会」としてのヒンドゥー世界

考えてみれば、仏教は本来インドという場所に生まれ、そこで発展してきたのだから、仏教神話がインドの宗教思想を背景にした時にもっとも理解しやすいということは、ほとんど自明のことと言うべきだろう。にもかかわらず、こうした発想が一般にほとんど見られないのは、あるいはこのインドの宗教思想自体が、われわれにとってあまりに縁遠く、かつ分かりにくいものだからなのかもしれない。実際、インドの宗教思想は、われわれが通常抱いている宗教の概念から見ると、まったく異質な、異様なものと感じられるだろう。逆に言うと、われわれは普通、仏教をあまりにも身近に感じていて、それがきわめて異質な世界のなかで生まれ育ってきたということをすっかり忘れているのである。[*]「ヒンドゥー教世界の原型」という副題をもった著書『マヌ法典』を書かれた渡瀬信之氏は、インドの宗教に関して次のように書いておられる。

インドの宗教を見る場合、わたしたちが日本において宗教を見ている常識は通用しない。宗教はたんに精神的な信仰もしくは信条の領域に止まらない。たとえばヒンドゥー教の場合、その教義を心の糧とし、その神々を信仰するのがヒンドゥー教徒なのではない。ヒンドゥー教は信仰と生活実践を一体化している宗教である。しかもそうした信仰と生活は、ヒンドゥー教世界に特有の社会制度、法律、倫理道徳の体系と不可分である。このような意味で、ヒンドゥー教はいわゆる「宗教社会」を形成する。同じことは中世にインドを支配し〔た……〕イスラム教社会についても言える。ヒンドゥー、イスラムの両宗教の対立は、二つの本質的に異質な宗教社会の対立であると言ってさしつかえない。(1)

＊それゆえ、仏教神話を理解しようとする者は、インド宗教や社会に関する最低限の知識を持つべきだろう。『バガヴァッド・ギーター』(前掲、辻直四郎訳):『マヌ法典』(前掲、渡瀬信之訳):J・A・デュボア著、重松伸司訳注『カーストの民——ヒンドゥーの習俗と儀礼』(「東洋文庫」、平凡社、一九八八年):Louis Dumont, *Homo hierarchicus. Essai sur le système des castes*, [Bibliothèque des Sciences Humaines], Paris, Gallimard, 1966 (邦訳ルイ・デュモン著、田中雅一・渡辺公三訳『ホモ・ヒエラルキクス』みすず書房、二〇〇一年):M. Biardeau (序説、注4に挙げた各書) などが必読の書と言えるだろう。

同様に、前田専学氏によれば、

……ヒンドゥー教は個人個人によって意識された信仰の体系であるというよりも、むしろ宗教的な観念や儀礼と融合した社会習慣的性格を多分にもっている。〔中略〕ヒンドゥー教は複雑多様な複合体であって、いわゆる〈宗教〉という言葉の意味を逸脱している。〔中略〕ヒンドゥー教は、キリスト教などが排他的性格をもっているのと対照的に、途方もないほどの包摂力をもち、あらゆるものを吸収し、成長する。ヒンドゥー教は高度の神学や倫理の体系を包括しているばかりではなく、カースト制度やアーシュラマ（生活期）制度をはじめ、人間生活の全般を規定する制度、法律、習慣などを内包している。ヒンドゥー教は宗教というよりもむしろ生活法 a way of life であるといわれるのも、以上のような性格に由来している。という（平凡社『世界宗教大事典』、項目「ヒンドゥー教」）。

こうした「社会制度、法律、倫理道徳の体系と不可分」の、あるいは「人間生活の全般を規定する」まさにもっとも徹底して「社会化」された宗教というものを、われわれは一般には体験できない――、あるいは意識化できない。日本を例にとれば、たとえば被差別民に対する差別は、多くの場合いわば「社会的無意識」のなかに埋没した一種の未分化な宗教性（人によってはそれを「天皇教」、あるいは「日本教」と呼ぶかもしれない）に基づいていると考えることができるだろう。これに対してヒンドゥー教のもっともきわだった特徴のひとつは、このような他の多くの社会では無意識のプロセスに属するであろう個人の社会的態度や日常的反応にいたるまで、すべてが徹底して明文化され、明確な理論として規範化されていることと言ってもいいかもしれない。

こうした明文化、規範化にとくに重要な役割を果たしたのは、紀元前六世紀頃から始まって近代にいたるまで、営々と書き続けられたダルマ・スートラおよびダルマ・シャーストラ関係の文献である（そのなかのもっとも重要なものが、いわゆる『マヌ法典』として知られている）。これらは「法」（ダルマ）という語がかぶせられているが、ここで言う「法」とは（社会的・政治的な権力による強制力を伴った）「法律」という意味よりも、宗教的な「規範‐理法」の意味に解されるべきである。たとえば『マヌ法典』は、「人々、厳密に言えば当時（紀元一世紀前後）の支配層であるバラモンと王、とりわけ前者の生涯にわたっての行動および生活の在り方を説く百科全書的な様相を呈する」（渡瀬信之、前掲書 p. iv）。こうした「ダルマ文献」によって、個人（とくにバラモンに属する者）の生活は、カースト（ヴァルナ）の規定からはじまって、誕生の瞬間から死の瞬間まで、そしてもちろん「死後の生命」にいたるまで、すべてが宗教的規範によって「理論化」されている。さらに、毎日の生活

が、起床から就寝にいたるまで、まさに二十四時間、徹底して規範化されている。たとえば（渡瀬氏によれば(2)）、バラモンの

家長の一日は、日の出前のブラフマ・ムフールタと呼ばれる時刻に目覚めることによって始まる。目覚めるとまずダルマ（なすべき正しい事柄とそれから結果する果報）とアルタ（実利に係わる事柄）について、またそれらに伴うかもしれない身体的な汚れについて、そしてさらにヴェーダの真義について思いを巡らす。起床後、排泄を済ませた後、太陽が昇り切るまで出来るだけ長時間、心を集中し、立ち尽くして朝のサンディヤー〔夜と昼の接合、薄明〕を崇める。

ここでは、朝目覚めてから心に思うこと、行なうことが、すべて（排泄にいたるまで！）明確に定められている。われわれがふつう経験している社会であれば、こうした日常のこまごまとした行動は、せいぜい非宗教的な「行儀」や「礼儀作法」あるいは「風習」の範疇に属すると考えられるだろう。ところが、ヒンドゥー教においては、少なくとも理論上は、人間のあらゆる行動は、ひとつ残らず宗教的な「儀礼」の意味を有しているのである。それと同じ次元で、たとえば黄金泥棒の罪を犯した者は、（たとえば）

森で樹皮をまとい、バラモン殺しに規定される十二年間の苦行を贖罪として実行する。

ことが課せられ、また師の妻との姦淫を犯した者は、（たとえば）

燃え立つ金属製の女像を抱き、死んで清められる。〔あるいは〕自ら男根と睾丸を引き抜いて両手に持ち、死の女神ニルリティの方角（西南）に倒れるまで直進する。命絶えて清められる。(3)

という。* このように残酷な「刑罰」がどこまで現実に行なわれたかどうかは分からない。が、いずれにしても、こうした規定は、他の社会では当然法律（とくに刑法）の範疇に属するだろうが、ヒンドゥー教の理論では、こ

れもまた道徳的または社会的な「罪に対する罰」というより、むしろ罪の行為によって付着した汚れ－不浄を清め－祓う宗教的儀礼に属するものと考えられるのである。インド的な観念においては、祭祀も、あるいは不浄も、明確にある種の（不可視の）物質的実体と考えられている。

＊これはもちろん死刑に相当するが、輪廻思想を基本としたインドの考え方では、個人の最終的な「終わり」が意図されているというより、罪によって混乱し、汚された世界秩序の回復と、（個人の）輪廻のなかでの「清め」が重視されていると言うべきだろう（なお、「師の妻との姦淫」というテーマはアングリマーラの説話でも重要な役割を果たしていた。上述p. 153–154参照）。

このように、人間のあらゆる行為が宗教的な意味を帯び、しかもそれが細部にいたるまで規範として明文化され、意識化されているということは、逆に言えば、あらゆる行為がそうした規範から逸脱する可能性があるということを意味しているとも言えるだろう。それゆえ、先にヒンドゥー教社会の最大の特徴のひとつとして挙げた、個人の社会的態度や日常的反応がすべて明文化されているということは、同時に、その明文化された規範－理論と人々の現実の生活とが、つねに乖離する傾向があるということ、またそうした「理論と現実」のあいだのギャップがつねに許容され、妥協が図られる可能性が残されているということを含意しているとも言えると思う。

インドの宗教思想について考える時は、このような基本的特徴を頭に入れておく必要がある。たとえば、前章で見たように、飲み食いすること、消化すること、あるいは性にかかわる行為、態度など、われわれにとっては一見「宗教」と呼ばれる事柄とはほど遠いように感じられる日常的な「茶飯事」も、インド的な思考の枠組みにおいては、明確な宗教的意味を帯びていると考えなければならないのである。

＊

一般に、インド宗教の歴史は、「アーリヤ人の宗教」対「土着民（ドラヴィダ系の人々）の宗教」の対立と混淆の歴史、という形で図式化されることが多い。ここで「アーリヤ人の宗教」というのは、ヴェーダの宗教や、正統的ブラフマニズムであり、北方的、インド‐ヨーロッパ的で、男性的、「理性的」な宗教であるのに対し、一方の「土着民の宗教」は、いわゆるヒンドゥー教の異端的セクトの宗教や地域的な民俗信仰によって代表されるものであり、南方的、アジア的で女性的、熱狂的な性格をもつことを特徴とする、と考えられる。こうした説をひとことで（極端に簡略化、あるいは戯画化して）要約するなら、たとえば次のように言えるだろう。すなわち、インドでは有史以前から（インダス文明に遡る？）「土着民の宗教」が行なわれていたが、後に北方からインド‐イラン系の侵入者がヴェーダの宗教をもたらし、その後数千年の歴史の中で、両者は対立と混淆を繰り返しながら発展していった。しかし、最終的には女性的、熱狂的な「土着民の宗教」が男性的、理性的な「アーリヤ人の宗教」を呑み込み、包含していって、その結果、中世以降現代に至る「無歴史の」「停滞する」インド世界を作り上げてきた（タントラにおける大女神信仰のような「堕落した」宗教形態が、こうした女性的で熱狂的な「土着民の宗教」の勝利を表わすものである……）。*このようなインド宗教史観は、一見歴史的・実証的であるように見えながら、じつは歴史的には証明不可能な本質規定（「アーリヤ人の宗教」はインド‐ヨーロッパ的、「理性的」であり、「土着民の宗教」はアジア的で女性的である、とするような本質規定）に基づいている。さらに、その本質規定には、一方ではヨーロッパ中心主義的で近代主義的な、そして同時に（日本人の）自宗教‐自文化中心主義的な、一種の無反省な差別意識さえ含まれていることは、少しでも距離をとってみる者の目には明らかだろう。

＊仏教は、この図式の中では正統的ブラフマニズムに対する異端でありながら、もっとも北方的でもっとも理知的な宗教であるという、一種の例外的な位置づけがなされる。しかし仏教も、インドでは結局、非理性的な「土着民の宗教」に呑み込まれ

て（タントラ化して）しまった。だが、その仏教の最良の部分は、中国を経、日本に移入されて、そこでもっとも深遠な哲学となって花開いたのである――、というのが、日本仏教を「最終目標」とした目的論的なインド宗教史観の典型的な図式であると考えられる。

われわれは、こうしたインド宗教史の図式から離れて、ヴェーダ時代からこんにちに至るまでのインド宗教の歴史（そこには、当然仏教も、例外としてではなく、インド宗教そのものの一つの形態として含まれなければならない）を、一つの一貫した歴史現象として見る見方を学ばなければならない。インド宗教の歴史は、「アーリヤ的なもの」とか「土着民的（ドラヴィダ的）なもの」というようなインド宗教の歴史の外から持ち込まれる説明原理に頼ることなしに、インド宗教自体に含まれた矛盾や対立、あるいは求心力の展開の歴史として理解されなければならないはずである。このような視点からのインド宗教史の見直しは、筆者の知るかぎり、まだ始まったばかりだが、たとえばM・ビアルドー氏による「供犠」の観念を中心とした研究（とくに論文「ヒンドゥー教における供犠」など）は、旧来の歴史観を一気に書き換えるような画期的な成果を挙げているように思われる（ただし、仏教の歴史は、いまだにインド宗教史の一部として研究されることはほとんどないようである。このことは、インド宗教学にとっても、仏教学にとっても、きわめて不幸な事態だと言わざるをえない）。以下の叙述でも、われわれはこうした立場から、できるかぎり単純な歴史主義を避けて、インドの宗教思想について概観してみたい[4]。

## 2　インド宗教思想の原像

### A　「供犠による秩序」

さて、こうした前置きをした上で、それではインドの宗教思想は、どのような意味で仏教神話の理解を助けう

**図37　ホーマによる供犠**

るのだろう。ここではまず、インド宗教の根本的な傾向と思われるものを（とくにM・ビアルドー氏の前掲論文など、信頼できる概説書・論文を出発点として）ごく簡単に略描して、そのあとでいくつかの個別の問題に焦点を絞って考えることにしよう。

ヴェーダ時代からおそらく現代に至るまで、インドの宗教思想と生活のなかでもっとも中心的な位置を占めたのは、神々への祭祀、とくに供犠による祭祀の儀礼であったと考えられる〔**図37**参照〕。人間が神々に供犠を捧げることによって、神々は「神の食物」を得ることができる。その贈与の見返りとして、神々は地上に適当な雨を降らせ、そうして人間の社会生活が保証され、宇宙の聖なる秩序＝ダルマが保たれるのである。[5]「贈与とその見返り」という絶えることのない因果関係が、世界の秩序の根本に置かれる。たとえば『バガヴァッド・ギーター』(3, 10–12, 14) によれば――、

プラジャー・パティ（Prajāpati「造物主」）は、かつて祭祀とともに生類（prajā）を創造して言えり。これによって繁殖せよ、これをして汝らの願望する如意

牛（kāmadhenu）たらしめよ。
これをもって神々を養え。それらの神々をして汝らを養わしめよ。たがいに養いつつ汝らは、最高の幸福を得べし。
祭祀により養われて神々は、汝に所願の享楽（bhoga 主として食物）を与うべし。彼らにより与えられたる〔食物〕を、彼らに〔供物として〕与えることなく享受するもの、彼は実に盗賊なり。〔中略〕
万物は食物より生じ、食物の生成は雨より起る。雨は祭祀より生じ、祭祀は行作より生ず（辻訳 p. 64-65）。

しかし、その「供犠による世界秩序」の体制には、最初からひとつの重大な困難《アポリア》が含まれていた。秩序は、本来あらゆる暴力の否定であるはずである。換言すれば、すべての秩序を乱す要素は「暴力」的なものと考えられる。にもかかわらず、供犠という行為は、必然的に犠牲に捧げられる動物または植物の命を絶つという暴力を含まざるをえない。また、そうした直接的暴力以前に、供犠を捧げる者は、自分自身に属する何物かをみずからの意志によって放棄し、それが破壊されることを受諾しなければならない[6]。このように本来自己に属するものを失うこと自体が、ある意味では一種の暴力であると言うことができる。ヴェーダ時代の祭祀においては、犠牲に捧げられる動物は、供犠を捧げる者〔祭主〕自身の「身代わり」と考えられていた可能性がある。また実際に、戦士が戦闘の前にみずからを大女神に犠牲に捧げる約束をし、勝利を得たあとに自殺するといった例も存在した[7]。ことばを換えるならば、「贈与‐被贈与」の因果関係は、つねに相互的な関係であるはずなのに、にもかかわらず、その出発点にある最初の贈与は、「被贈与の見返り」ではない、いわば一種の「無償の行為」であり、それゆえに因果的な秩序の体制の外側の行為という意味をもちうるのである。

供犠による秩序の体制は、この根本的な困難のゆえにつねにある限定を帯び、かつある危険を含むものだった。

この限定、あるいは危険が、儀礼的に言うなら「不浄」の領域に当たると考えることができる。「不浄」の領域は、なによりもまず、あらゆる暴力や混乱の要素に結びついている。「人間および動植物を含めてすべての生命あるものに危害を加える」(8)（渡瀬）ことは、聖なる秩序を乱し、汚れを生み出す原因である。不浄の領域はまた、空間的には、「文化化‐秩序化」されていない場所、たとえば森林や荒れ地（「曠野」）、山など、また誰にも属していない四つ辻や村境などであり、そこに住まうもの、たとえば野獣や鬼神、猟師、猟師に属する犬、盗賊などが同様に「不浄」で危険な、「恐るべきもの」と見なされる。また、人間の生活する場所でも、たとえば生と死の境い目の場所（ということは「文化」と「自然」の境い目の場所とも言える）、つまり出産の場所である産室と死の場所である火葬場‐墓場は、もっとも危険な「不浄」に満ちた場所である。さらに、人間の生物的‐社会的生活そのものも、「浄／不浄」の対立によって秩序づけられる。生物的生活のあらゆる廃棄物、とくに排泄物はもっとも強烈な「不浄」を帯び、また社会的にはカースト制の秩序からはずれたもの（アウト・カースト）が危険な「不浄」を帯びたものと考えられる。

しかし、逆に言うと、人間が生物として、また社会的存在として生きるかぎり、こうした不浄や暴力、「恐るべきもの」といった要素は避けることができないものであって、「供犠による秩序」の体制は、それらの要素を体制全体から排除するのではなく、むしろそれらを浄化して聖なる秩序のなかに組み込み、さらにそうした要素の積極的参加なしには、秩序の維持自体が不可能であることを表わす象徴的機能をもっていたと考えるべきである。

とくに社会的秩序を守ることを生来の職能とするクシャトリヤ（王、戦士階級）は、いわば暴力を本来の生業とするものだった。それゆえ、儀礼を実行するのはバラモンの役割だが、そのバラモンの最大の「顧客」すなわち供犠のもっとも重要な祭主は、クシャトリヤだった(9)。バラモンはクシャトリヤに守護され、クシャトリヤはバラモンの行なう儀礼によって聖なる秩序のなかにみずからの位置を得る。バラモンは聖性に直結するものとして社会の最高位に立つが、クシャトリヤもまた（そして他のヴァルナに属する者も同様に）秩序全体の一員として不可欠の機能をもっている。カースト制社会は、（ブラフマニズムの主張によれば）たんに上位の者が下位の者を支配-「差別」する制度ではなく、ヒエラルキー的な秩序のなかで、すべてが相互依存的な関係を保って生きる社会だったと考えるべきである。『マヌ法典』（IX, 322）が言うとおり、

> ブラーフマナなくしてクシャトリヤは栄えない。クシャトリヤなくしてブラーフマナは栄えない。ブラーフマナとクシャトリヤは、互いに結合したときに、この世においてもあの世においても繁栄する。[10]

## B 「ダルマ体制」の内と外――苦行者の世界

正統的ブラフマニズムの「ダルマ体制」は、このように神々と人間との「贈与-被贈与」関係の上に成り立ち、それゆえに一種の永続的な行為（業＝カルマ――「カルマ」はあらゆる行為を指すが、とくに宗教的儀礼、供犠を意味する）[11]とその結果（果報）の因果関係を前提するものだった。渡瀬氏も書かれているとおり[12]、当時の伝統的なブラフマニズムの世界、バラモンの間には、人間は聖賢リシ［*ṛṣi*］、神々および祖霊の三者にたいして生得的に債務（リナ［*ṛṇa*］）を負っており、人生はその債務の弁済に充てられねばならないという基本的な人生観があった。そして聖賢リシに負う債務はヴェーダを学ぶことによって、神々に負うそれは供犠によって、祖霊に負うそれは子孫（息子）を得ることによって、それぞれに弁済されると考えられた。実際に、家と子孫の繁栄を願い、ヴェーダを学び祭式儀礼を行ない、神々に供物を捧げ、それによって不死あるいは死後の天界を願うというのが当時までの標準的な生活スタイルであった。

この関係においては、贈与する者はなんらかの見返りを求めてそれを行なうことが前提されている。将来の幸

福であるか、たんに早死にしないことであるか、いずれにしても、この行為と結果の因果関係の永続性は、未来を企図する欲望によって支えられるものである。換言するなら、あらゆる人間はこうした欲望と行為の連鎖のうちに捉えられているとも言うことができる。ただ、ここで重要なのは、この連鎖を意識化することは、その内部に「捉えられている」かぎりほとんど不可能だということ、つまりそのためには、その因果関係の外に立って、それを全体として対象化できる視点が必要だということである。このように、「ダルマ体制」全体の外に立ってそれを「輪廻と業」の世界として対象化する者が現われたということが、古ウパニシャッド時代（前七世紀前後）以降のインドの宗教思想の状況を革命的に変化させることになる（より正確には、「ダルマ体制」そのものが実際に確立したのは紀元前後のことと考えられるから、この二つの思想は並行して発展したと言うべきだろう）。「ダルマ体制」における中心的な人間像が、（バラモンの）家長であるのに対し、ヨーガ的な禁欲‐苦行主義に基づいたこの新しい宗教思想の主要な担い手になるのは、「家」を捨て、祭祀の火を捨てて、いわば「ダルマ体制」の社会の外で苦行する出家者、「世捨て人」、「遁世者」（*saṃnyāsin*）である。「ダルマ体制」内部では、人間が望みうる最高の宗教的目的は、死後天界に生まれてあらゆる幸福を享受することだが、ヨーガ的な苦行を生活の中心にすえる苦行主義的宗教においては、輪廻そのものが苦の世界と見なされ、その因果的世界からの最終的な脱出、すなわち解脱が窮極的な目的とされる。ウパニシャッド哲学では、世界の唯一の根本原理、絶対者としての「ブラフマン‐アートマン」の観念が生み出され、あらゆる欲望と行為の連鎖を断ち切って、自己とブラフマンとの同一性を認識することによって、最終的な解脱が可能になると考えられた。『ブリハドアーラニヤカ・ウパニシャッド』（4, 4, 7）において、ヤージュニャヴァルキヤ仙は次のように説いている。

彼の心を拠としている欲望のすべてが解き放たれるとき、死を運命づけられている人間は不死となり、この世においてブラフマンに到達する。(13)

狭い意味でのヴェーダ時代以後、インドの宗教はつねにこの「ダルマ体制」に基づいた正統的ブラフマニズムの思想と、それに対立する苦行主義的な「解脱主義」を、二つの柱として発展してきたと言える。現世主義的ブラフマニズムと超俗的解脱主義、祭祀（供犠）中心主義的なブラフマニズムと精神主義的な解脱主義、カースト体制（およびその基盤となる「浄／不浄」の対立）に基づくブラフマニズムと、カースト制を無視し、「浄／不浄」の対立を「超越」する方向性をもつ解脱主義、ヒエラルキー的社会の中で、相互依存関係の一員として生きるブラフマニズム内部の人間と、その外に立って「個」として生きようとする解脱主義の人間、あるいはまた行為（業）とその結果（果報）の因果関係のなかで生きるブラフマニズムとその因果関係そのものからの離脱を図る解脱主義、――このような対立点を列挙すれば、この両者はまさに相入れることのない対極をなしたように思われるだろう（言うまでもなく、仏教は基本的にはこの後者の「解脱主義」的な潮流に属していた）。にもかかわらず、現実の歴史のなかではこの二つは、ただ競合‐敵対したのではなく、むしろ弁証法的に互いに刺激し合い、混合し合い、さらに（いわば「ハレ」～解脱主義と「ケ」～ブラフマニズムのように）相互補完的な関係を保ちながらつねに新しい形態を生み続けてきたと考えるべきである。こうした混合や相互補完的な関係は、つまりは正統的「ダルマ体制」の代表者であるバラモン自身が、解脱‐出家主義的な理想をみずからのものとして取り入れていった結果、可能になったと考えることができる。

事実、バラモンを主な対象としたもっとも代表的な正統派の文献『マヌ法典』では、人間の一生は「学生期」と「家長期」のあとに「林住期」と「遍歴期」（これが人生の四つの「アーシュラマ」〔人生期〕に当たる）が訪れるとされており、その人生後半の時期に、業‐輪廻の世界から逃れ、最終的な解脱へいたる道が（少なくとも理論的には）用意されていた。同じ『マヌ法典』は、人間の最高の理想は、死後「ブラフマンの世界」に到達することであるという。この「無比の帰着点」「最高所」が、「具体的にどのような世界であるかについては語られないが、そこは少なくとも不滅ないしは不死の、そこに到達したならば二度とこの世には戻らない世界であった」（渡瀬、前掲書 p. 53）。

「この世に二度と戻らない」という理想自体が、解脱主義的な理想と相通じるものであることは明らかだろう。あるいはまた、祭祀の火を捨て「ダルマ体制」の外に出た解脱主義の苦行者は、「殺生」によって生じる不浄を浄化する手段をもたず、それゆえあらゆる動植物を害することを最大限の注意をもって避け、清浄な生活を志向しなければならなかった（こうした考え自体はそもそも「秩序〜非暴力〜浄／不秩序〜暴力〜不浄」という、ブラフマニズム自体の基本理念から発展してきたものと考えることができる）。さらに解脱主義者たちは同時に、「ダルマ体制」内部で問題となる善行・悪行の区別が、最終的には人間を輪廻のなかに縛りつけるものにすぎないとして、そうした善・悪、「浄／不浄」の区別を超越しようとする傾向ももっていた。解脱主義の「清浄志向」と「浄／不浄の彼岸」に立とうとする傾向とは、必ずしも矛盾するものではない（後述も参照）。この解脱主義者の非‐殺生主義（*ahiṃsā*）や、それに基づく非‐肉食主義は、そのままバラモンの価値体系にも取り込まれていった。さらに、ヴェーダやブラーフマナの段階ではあまりにも繁雑だった供犠の儀礼そのものが、正統ブラフマニズムのなかで徐々に簡素化され、内面化‐精神化されて、解脱主義的な精神主義に近づいていったことも考慮に入れることができる[14]。

が、こうしたさまざまな個別的な理由以上に、そもそも解脱主義的な理想自体が、一部のバラモン層の人々によって生み出されたものであり、バラモンたち自身が「ダルマ体制」の外に出て、解脱を目指して苦行する人々を、ある意味でのみずからの理想の姿と考えたということが、重視されなければならないだろう。

### C　「信愛《バクティ》の宗教」

このようにしてバラモンが徐々に解脱主義的な苦行者に近づき、清浄で平穏な生活を目指すにつれて、それ以外の者（とくにクシャトリヤ）は逆にそれまで以上に暴力‐不浄の要素を一方的に担わせられることになり、解脱からは遠ざからなければならなくなる。紀元一世紀前後から大きな宗教‐思想運動になっていったいわゆる「信愛」（バクティ *bhakti*）の思想は、こうした困難を解決するために生み出されたある種の普遍主義の運動だったと考えられる。ここでは、バラモンからシュードラ、そしてアウト・カーストの者にいたるまで、すべての人間が、絶対的至上神を至心を尽くして「信愛」することによって解脱に到達する可能性が与えられることになる。

先に見たように、ヤージュニャヴァルキヤ仙は、「この世においてブラフマンに到達する」ために、すべての欲望からの解放を説いていた。それに対して、「ダルマ体制」を代表する『マヌ法典』は、次のように答える。

〔人間が〕欲望（カーマ）を本質としていることは褒められない。しかしこの世において、欲望がない状態というのはありえない。実に、ヴェーダの学習も、ヴェーダに規定される行為〔祭祀〕の実行も、欲望によって生じる。(II, 2)

欲望のない者の行為などこの世のどこを探しても認められない。なにをしようともそれはすべて欲望のなせることである。(II, 4)

それら〔欲望によって生じる行為を〕正しく行なう者は不死なる神々の世界を獲得する。またこの世においても、思念したとおりにいっさいの欲望を獲得する。(15)(II, 5)

『マヌ法典』は、こうして欲望に対する否定的態度には一歩譲りながら、結局は欲望と行為を肯定し、それによって「ダルマ体制」の維持を図った。行為＝儀礼《カルマ》の体系に基づくブラフマニズムと、「祭祀の火を捨てる」解脱主義とのあいだのこの根本的な対立に対して、「信愛」運動のもっとも重要な文献のひとつである『バガヴァッ

ド・ギーター』は、きわめて巧妙な解決を見出している。辻直四郎氏の解説を引用するなら――、

輪廻が業によって起こり、業が行作に基づき、悪行のみならず普通善行とされるものまで、業果を招くとすれば、できうる限り俗世の行作を断つに如くはない。〔中略〕しかし残りなく行作を棄て去ることは不可能であり、人はこの世において、一瞬間でもまったく無行作であることはできない。〔中略〕しかしバガヴァッド・ギーターは行作の背後に情意の活動の潜むのを見逃さない。〔中略〕バガヴァッド・ギーターは輪廻の真因を欲望に求め、これを離れ、結果の利害を度外視する本務の遂行は、行作にして無作に等しく、このような行為は輪廻を惹起しないと断じて、これを「超作」(niṣkarmya)と称し、この修行をカルマ・ヨーガと呼んで、解脱への一道とした。(16)

ここに言う「本務」(*svadharma*)とは、それぞれのカーストに課せられた、社会的 - 宗教的義務(たとえばバラモンは「自制・苦行・知識・信仰」など、クシャトリヤは「勇敢・堅忍・布施・支配」など)(17)を意味する。『バガヴァッド・ギーター』のコンテクストでは、いま始まろうとする同族戦争の罪悪を恐れて逡巡するアルジュナ王子に対し、至上神ヴィシュヌの化身クリシュナは「正義の戦争はクシャトリヤ階級の本務であると言い、これを避ければ、自己の本務と名誉とを放棄して〔逆に〕罪悪を犯すことになる。ゆえに苦楽・得失・勝敗を平等視して奮起せよと諭す」(辻直四郎氏(18))。

同族の者が血を血で洗い、殺し合う戦争は、殺生をもっとも恐るべき汚れとして忌み嫌う一般的(バラモン的)道徳からすれば、何よりも避けねばならないことだったはずである。にもかかわらず、もしこれが神が定めた正義の(すなわちダルマに基づいた)戦争であるなら、自己の利益を度外視し、またすべての「浄/不浄」を平等視して、ただ神への絶対の「信愛」の心からこれを遂行することこそが、クシャトリヤたる者の「本務」であり、これこそがまた真の解脱への道である――と、『バガヴァッド・ギーター』は説いた。ここでは、すべて

の（「本務」による）行為《カルマ》が、神へ捧げられる無欲の供犠（＝カルマ）であり（それによって正統ブラフマニズムの理念が救われる）、同時に解脱主義の苦行者が理想とする「無作」そのものに相当するという。『バガヴァッド・ギーター』はこのことを次のように説く。

この世は祭祀のための行作〔*karman*〕を除く行作の繋縛《けばく》を受く。執着を離れて、このための行作（祭祀）をなせ、クンティー夫人の子〔アルジュナ〕よ。行作はブラフマンより生ずるものと知れ。ブラフマンはアクシャラ（akṣara「不滅」、最高原理としてのブラフマン）より生ず。故に一切の遍満するブラフマンは常に祭祀に安立す。故に執着なく、常になすべき行作をなせ。何となれば、執着なく〔義務的〕行作をなす人は、最高なるもの（para すなわちブラフマン）に達す（解脱）。我に一切の行作を捧げ、最高我（adhyātma「自我」）を専念し、願望なく、我欲（nirmama）なく、苦熱（jvara 心労）を去りて戦え。信仰ありて（śraddhāvat）邪念なく（anasūyat）、わが教説を実行する人々、彼らもまた行作（善悪の業《ごう》）より解放せらる[19]（辻直四郎訳）。

こうして、「浄／不浄」の対立に基づく俗世の価値体系を認めながら、そのままその俗世の外に立つ解脱主義の理想を実現するという、ほとんどアクロバティックな思想の統合が行なわれたのである。ここでは、ブラフマニズムによる祭祀の宗教が、解脱主義的な価値体系のなかで再解釈され、さらにそれが普遍的次元にまで引き上げられている。大乗仏教の興隆と並行するこうした「信愛」の宗教から、人格神としてのシヴァ神を、あるいはヴィシュヌ神を至上神として信仰する各種の宗派が生まれ、現代にいたるヒンドゥー教の基盤が築かれていったと考えられるだろう。

## 3 供犠・供犠としての食事・供物の残余

さて、ここに見てきたインドの宗教思想の一方の柱である供犠の宗教は、ビアルドー氏のことばを借りれば、宇宙の「あらゆる存在、とりわけ目に見えるような関係でつながれていない存在同士を聖なる絆で結び合わせるもの」であり、「宇宙のあらゆるカテゴリーの存在とあらゆる部分とが、相互依存的な関係にあることの確認」であるという。[20] 宇宙のすべての存在がそれぞれ他の存在を必要とし、他の存在に生かされながら、他の存在を生かしている――こうした壮大な（そしてある意味で現代のエコロジー思想にも似た）ヴィジョンを象徴するのが供犠という行為であり、それは具体的には捧げ物、とくに食物の捧げ物という形をとって表わされる（この相互依存の関係こそが、カースト制社会を成り立たせた基本理念でもある）。

ヴェーダ時代の供犠は、ヤジュニャ *yajña* と呼ばれ、ホーマ（*homa* 漢訳仏典では「護摩」と音訳される）と呼ばれる火祭りを内容としていた。これは「本質的には火坑の前での動物供犠である。しかし動物の血ばかりでなく、牛乳やバター、乳酪、穀物も火中に投じられた。動物の肉、脂肪であれ、穀物であれ、供物は火中より煙りに乗じて天の神のところに届けられると考えられていた」[21]。ここで「神々の口」または「バラモンの口」とも呼ばれる火の神アグニが、供犠の儀礼で中心的な役割を果たしていることに注目しておこう。こうして、煙りとなった捧げ物を吸い込んで、神々が養われることになる。火によって焼かれ、変質されたものは、いうならば俗なるこの世から聖なる世界に「転送」されるのである。一方、火に焼かれた捧げ物の残りは、祭祀に参加した祭主と祭司とが、ともに食することになる。これはたんなる「共食」（*communion*）の儀礼というよりも、むしろ捧げられた供物を残らず神に送り届けることが重視されていたからだと考えられる。というのは、（前章でも見たように）体内での食物の消化も、火、すなわちアグニの作用のひとつと考えられ、それゆえ食物を食すること自体が供犠の儀礼の一部と考えられたからである。[22]

ヴェーダ時代のこうした儀礼は、後のブラフマニズムの時代にも簡素化されて継承された。一般にインドでは、食べ物の食べ残しは〔容易に想像できるように〕もっとも「不浄」なもののひとつと考えられた。にもかかわらず、正統的ブラフマニズムにおいては、『マヌ法典』が言うように、

家長とその妻は、〔招かれた〕バラモンと家族と家族の使用人すべてが食べ終えてから、その後に残りを食すべし。(III, 116)

家長は、神々、聖賢リシ、人間、祖霊、家の守護神を敬って後に、〔彼らに捧げられた供物の〕残りを食すべし。(III, 117)

己のために料理するものはまさに罪を食べる。なぜならば、供犠の残り物こそ善き人々の食べ物であると規定されているからである。[23] (III, 118)

という。同じ『マヌ法典』はまた、

聖賢リシ、祖霊、神々、ブータ〔すべての生あるもの〕、賓客アティティは家長たちに〔食を〕期待している。〔家長はこのことを〕知って彼らに対して〔なすべきことを〕なすべし。[24] (III, 80)

と書いて、これらの聖なるものたちに供物を捧げる「五大祭」について詳しく述べている。この「五大祭」については、渡瀬氏の記述にしたがってその概略を記しておこう。[25]

「五大祭」は、家長たるものが毎日行なわねばならない家庭祭式であった。日々の家庭の食事そのものが、宇宙の秩序を維持し、また日常の家事のなかで知らずに殺している小生物の「殺生の罪」を清めることを目的とした、もっとも重要な宗教儀礼とされたのである。「五大祭」は、その名のとおり五つの供犠に分かれている。

［1］ブラフマ・ヤジュニャ＝聖賢リシに捧げられる供犠――ヴェーダの独唱または教授によってヴェーダをブ

ラフマンに捧げる。ここでは、ヴェーダの聖句を発語すること自体が供犠の儀礼と考えられている。これは基本的には、人間の気息が供犠の炎の機能をもちうるからと考えていいだろう(26)。

［2］ピトゥリ・ヤジュニャ＝祖霊に捧げられる供犠――食べ物、水、牛乳、根、果実を祖霊に捧げる。この時、最低一人でもバラモンに食事をもてなす。

［3］デーヴァ・ヤジュニャ＝神々に捧げられる供犠――料理した食べ物の一部を取り、それらを火に投じて、アグニ、ソーマ、「いっさいの神々」（ヴィシュヴェー・デーヴァース）などの神々に献供する（ホーマ）。

［4］ブータ・ヤジュニャ＝守護神・生き物・精霊に捧げられる供犠――食べ物の一部を地面または空中に投じて（バリ）、方角の守護神、家の守護神、いっさいの生き物、さらに犬や最下層のアウト・カーストの人々（チャンダーラ）、鳥や虫などにも供物を捧げる。

［5］ヌリ・ヤジュニャ＝人間に捧げられる供犠――最後に、アティティと呼ばれる前の晩に訪れて一夜の宿をとった特別の訪問客のバラモン、またこの時間に訪れるだろう乞食の苦行者や学生（ブラフマチャーリン）などに食事をもてなす供犠が行なわれる。

家長の夫婦が食事するのは、こうしたすべての供犠がすみ、さらに家族のもの、使用人が食べ終えた後である。彼らの食べ物は、「供犠の残り」（*yajña-śiṣṭa*, または *yajña-śeṣa*）であり、それこそが「善き人々の食べ物」だったのである。

この「五大祭」とならんで、重要な家庭祭式とされたのは、いわゆる「祖霊祭」（*śrāddha*）だった。これについても、渡瀬氏の記述にしたがって簡単に述べておこう(27)。「祖霊祭は、簡単に言えば、息子と孫と曾孫が、死んだ父と祖父と曾祖父の三代の祖霊に米で作られるピンダと呼ばれる団子を献供し、かれら祖霊に見立てられる三人のバラモン招待客を供応する祭式儀礼である」。「五大祭」は毎日行なわれるが、祖霊祭は一年に三回、あるいはそれ以上、定期的に行なわれるという。祖霊祭で大きな役割をもつ団子「ピンダ*」（*piṇḍa*）は、「ピンダを共有する者」を意味する「サピンダ」という語が、曾祖父から曾孫までの「一族」を指すことでも分かるとおり、インドの社会単位を象徴する重要な意味をもっていた。

＊この語は、すでに見たようにピンドーラ尊者の名前にも現われていた。またマハーカーラ長老の物語に見えた、葬式用の「祭食の団子」の原語も、おそらく「ピンダ」に相当するだろう。「ピンダ」という語自体は「丸い塊」を意味する。前述p. 199および後述II, p. 25参照。

さて、この祖霊祭には、しかるべき資質の三人のバラモンが招かれる。彼らはそれぞれ死んだ曾祖父、祖父、父に対応し、これら先祖の霊は「招かれたバラモンに風のように付きしたがっている」という。

祖霊祭の当日には、まず清浄な場所に客たちの座席を用意し、「祭主はかれらの許しを得て火に供物を献供し、アグニ、ソーマ、ヤマの各神を満足させる。この神々への献供は祖霊祭の初めと終わりに祖霊祭を守護する形で行なわれる」。その後、供物の残りで三個のピンダを作り、それぞれのてっぺんの部分を切り取って、「このものに祝福あれ」と言いながらバラモンたちに供する。次いでバラモンたちに盛大な料理を勧め、食事が終わると、食べ物の残りを地面に置かれたクシャ草の上に撒く。これは、死んで火葬に付されない者、あるいは家柄の良い妻を捨てた死者などの分け前であるという。

五大祭や祖霊祭など、これら一連の儀礼を見ても明らかなとおり、ここでは食事をすること、あるいは客に食事を与えること自体が、神々や精霊、そして人間やいっさいの生あるものへ供犠を捧げることにほかならない。それと同時に注目しておきたいのは、バラモンや乞食する苦行者などに食事を与えてもてなすこと、あるいはよりー般的に、こうした人々に贈り物（布施）をすることが、そのまま供犠の一形態であり、もっとも基本的な宗教儀礼と考えられたことである。古典的な観念によるなら、食事の時間に突然訪れる賓客は、人間に利益をもたらすために地上に現われた神にほかならないという。また供犠の儀礼の観点から見れば、彼らは供物を預かって儀礼を実行する祭司の役割を果たすと同時に、食物を「消化の火」によって聖なるものへと転化させる火＝アグニとしての機能も果たしていると考えることができる。(28)

＊

ここまでくれば、前章までに見てきた多様な仏教神話の大多数が、なんらかの意味で「食すること」にかかわっていたことが（神話モティーフ索引「食」参照）、決してたんなる無意味でも偶然でもなかったことが理解されてくるだろう。「食すること」は、それ自体がインドにおいてはもっとも重要な宗教的行為のひとつだったからである（そういえば「マハーカーラ」の名を構成する *kāla* という語自体が、「臨終の時」などの意の他に「一日二回の食事の時間」という意味ももっていたことも思い出しておこう。前述 p. 77参照）。

なかでも、第一章で見た義浄の『南海寄帰伝』が記述する、仏教の在家の信者が僧衆を招いて斎を施す儀式は（前述 p. 88以下参照）、明らかにいま挙げた「五大祭」のうちの「ヌリ・ヤジュニャ」、あるいは祖霊祭といった儀礼と同様の儀礼であると考えられる。ここで、施主が僧衆に食物を配分する前後に「聖僧」（すなわちピンドーラ尊者）と鬼子母に供物を捧げると記されているのは、祖霊祭の前後にアグニやソーマ、ヤマなどの神に供犠を捧げるのと似た意味をもっていたと言えるだろう。一方、こうして供応される僧衆は、祖霊祭で「祖霊が風のように付きしたがってくる」三人のバラモンと同様に、あるいは「人間に利益をもたらすために地上に現われ、食事時に訪れる神」と同様に、まさに聖なるものとしての価値をもっていたに相違ない。

このことは、同じ義浄の『南海寄帰伝』が述べている大黒天の奇跡譚（僧院に突然訪れた五百人の僧に、大黒天に祈ったために充分な食事を出すことができたという物語）には、さらによく当てはまると言える。そして、この神話で、五百人の僧に「いつものとおりの食べ物を配ったところ、全員が満腹し、さらにその残りも平常と変わりがなかった」と、わざわざ食物の残りにまで言及している理由も、インドの食事儀礼における「残食」の重要性を参照すれば、充分に納得できるようになるだろう。

同様のことは、当然、食物の残り（残食）について述べる他の神話に関しても言えるはずである。なかでも、ピンドーラ尊者が仏法に帰依させたという吝嗇な「老女ナンダー」の物語で、ナンダーがピンドーラの神通力に強制されて、しかたなしに釈尊と「千二百五十人の比丘衆」に施した餅が、「全員が満腹した後も余りが残り、さらに貧者たちに施した……」と述べられていたのは（前述 p. 204）、まったく同じコンテクストで理解できるようになる。

一方、仏法に帰依したハーリーティーの子どもの夜叉たちが、「残食や不浄食」を欲し世尊がそれを許した、という物語（前述 p. 109）は、先に見た「ブータ・ヤジュニャ」の「バリ」の献供と似た意味をもっていたと考えられる。それとは別に、マハーカーラ長老が墓場で修行し死者の供え物を食った、という物語（前述 p. 178-179）は、そのために彼が人肉喰いと誤解された、という部分に結びつくことを考えると、むしろ当時の仏教教団が、シヴァ教的な極端な修行の形態に対して警戒を強めていたことを表わすものとも思われる。しかし、同じ物語で「不受食」を食することが禁止されているのは、在家の信者が、布施（斎）を比丘に直接手渡す＝献供することが、明らかに一種のブラフマニズム的な供犠の行為に相当する宗教行為と考えられたということを示しているに違いない。

食事時に訪れる苦行者、乞食者への喜捨がきわめて重要な宗教行為と考えられていたということは、先の吝嗇な老女ナンダーとその弟バドリカ長者が、乞食者を拒んで食事時に家の門を閉めさせていた、という物語（前述 p. 203）や、バラモンに施しをする約束をして、羅刹王カルマーシャパーダに捉えられ、その約束が果たせなくなることを殺されること以上に恐れたスタソーマ王の行動（前述 p. 145）などを理解するためにも、大きな手助けになってくれる。

## 4　供犠としての火葬

ブラフマニズムにおける供犠や「供犠‐食物の残り」に関する宗教的観念は、これまで見てきたいくつかの仏教神話に現われた墓場や死体のイメージにもある新しい光を当てるものかもしれない。ブラフマニズムの観念によれば、死体の火葬は、死者の身体そのものを犠牲として神に捧げる供犠の祭祀であるという[29]。この場合の「供犠」は、火＝アグニ神に直接「生《なま》の死体」を食物として献供する意味と、死者を火によって「料理‐浄化」して天界に「生まれ変わらせる」（「転送する」）ことができるようにするという二つの意味をもっていた。死体を食物として食うアグニ神は、「生肉を喰らう」（*kravyāda*）荒々しく恐るべき神格として表象され、一方同じ死体を「料理」して天界に送るアグニ神は、「萬物を知る」（*jātavedas*）祭祀の火神と考えられた[30]（この二つの火は「自然／野生」の恐るべき火と「文化化された」料理‐供犠の火と言うこともできるだろう）。こうして死体が犠牲に捧げられた後、残った灰の一部は、ガンジス河に流されなければならないという（宗教的観念として、インドではすべての川が最後にはガンジス河に合流すると考えられた。それゆえ、インドの火葬場はつねに川の近くに置かれているという）。「救済の大河」ガンジス河に運ばれた死体の灰は、このようにしてついには（宇宙蛇シェーシャ Śeṣa（この名は「残余」を意味する）の棲むという）大洋に――個的なアートマンが宇宙的ブラフマンに融合するように――流れ込むのである[31]。

前章でも見たとおり、劫末の世界の大火災は、宇宙全体の供犠の祭祀であり、その「供犠の残余」（*yajña-śeṣa*）が大蛇シェーシャとなって世界期の夜に大海で眠るヴィシュヌ神を支えると考えられていた。世界期の朝に神が目覚め、新たな宇宙が展開されていくとき、その基体となるのが、シェーシャの体内に残されていた「世界の残余」である。[32] 逆に言うなら、劫末の大火災の神話は、宇宙大に拡大された葬送（火葬）の儀礼であると考えることができる。

仏教神話に言う、ダーキニーやヤクシャの類が棲まう墓場とは、ただ不浄で不吉な場所であるだけでなく、ある恐るべき供犠の祭祀が営まれる場所でもあった。人喰いの鬼神が、血まみれの醜悪な様相を呈しながら、時に、宇宙全体を呑み込んで最終的救済へと導いていく至上神の姿を想起させることがあるように、墓場や死体のイメージも不浄だけには終わらないある特殊な聖性が含まれていたと考えられるのである。

## 5 「浄／不浄」の彼岸——シヴァ信仰の表象群

火葬の儀礼に現われる「生肉を喰らう」恐るべき火神アグニと、「萬物を知り」すべてを浄化し、聖化する炎としての火神アグニという、火神の二つの様相は、ヒンドゥー教の二大神とされたヴィシュヌ神とシヴァ神のあり方に深いかかわりがある。すでに見たように、シヴァはヴェーダ時代以来、「野生の火」「恐るべき火」としてのアグニ神と深いかかわりにあった。

ヴィシュヌ神とシヴァ神は、いわゆるシャークタ派（性力派）が崇める大女神とともに、ヒンドゥー教の勢力を二分（または三分）する最大の至上神であり、そのため一般には、これら二神は本来互いに無関係のものと考えられ、その対立と競合の歴史のみが強調される傾向が強かった。しかし、ヴェーダ時代以来のインドの宗教思想の一貫した流れのなかで見ると、これら二神の信仰は、むしろこの宗教思想が最初から内包した二つの構造的‐相互補完的要素を神話的に表象するものとして、互いに深く有機的にかかわりながら発展してきたと考えるべきである。[33]

簡単に結論から述べるなら、ヴィシュヌ神は、「供犠による秩序」の積極的・肯定的側面を表わし、逆にシヴァ神は供犠が不可避的に伴う危険で「恐るべき」要素を象徴すると言うことができる。この二神はともに火神アグニと同一視されるが、ヴィシュヌが聖なる秩序を生み出し、維持する、いわば「文化化する」供犠の火であるのに対して、シヴァは最大の注意を払わないと手がつけられなくなる、猛威を振るう危険な火――しかしその参加を求めねば、秩序そのものがありえないような「野性の火」を表わしている。(34) シヴァとヴィシュヌはまた、両者とも解脱主義的な苦行者に崇められる「至上のヨーギン」(ヨーガ行者)として表象されるが、ヴィシュヌが解脱主義の清浄と平安を志向する傾向を代表するのに対して、シヴァはいわば「浄/不浄の対立の彼岸」に位置し、むしろ過激に不浄を追求することによって「この世的」な世界とその価値体系を一挙に超越しようとする荒々しい力を表わしている。さらに、正統的ブラフマニズム対「異端的」な解脱主義、という対立のなかで言うなら、ヴィシュヌはどちらかといえば正統派的な(それゆえ現世主義的な)傾向に属し、シヴァは「異端的」-セクト的な方向を表わすと言えるだろう。しかし、シヴァは、「この世的」価値を激しく否定する苦行的傾向を本質としながら、同時に「この世」が必然的に含むあらゆる不浄な、または危険な要素(たとえば出産やとくに死、病気、動物などの「殺害」、性にかかわること、アウト・カーストや女性など「不浄」と見なされるものにかかわること)を積極的に肯定し、それをみずからのうちに取り込んでいく傾向ももっていることも指摘しなければならない。

こうしたヴィシュヌとシヴァの二大神に対して、大女神は「生産し活動する世俗性」にもっとも近い神格である。ヴィシュヌは、聖なる供犠として世俗世界の秩序を生み出し、それを維持する神だが、大女神はむしろその世俗世界の日常的かつ卑俗な(不浄と近い関係にある)活動そのものを表象する。しかし同時に、大女神は、「解脱主義」的な「寂静」の観念の正反対の極に位置するがゆえに、逆に、「浄/不浄の対立の彼岸」を志向するシヴァ教的な超越主義にとって、まさにもっとも過激に追求すべき至上の価値を体現する神でもありうる。六、七世紀以降のヒンドゥー社会できわめて重要な位置を占めたいわゆるタントラ的な異端（とくにシヴァ教的、または「シャークタ派」的異端）は、こうしたシヴァ教的解脱主義に特有の逆説を、とくに先鋭的な形で表現したものと考えることができる。タントラもまた、バクティの運動と似た意味で（救済の対象にカーストや性別を問わないという意味で）一種の普遍的救済宗教の運動だった。しかし、バクティ運動が世俗の価値をヨーガ的解脱の価値に昇華・変換させる方向性をもっていたのに対して、タントラはむしろ苦行者の世界の過激な超越主義をそのまま世俗の世界に持ち込もうとする運動であったように思われる。「浄／不浄の対立」に基づいた世俗の価値体系は、故意に不浄を追究する価値の逆転によって打ち砕かれ、解脱は理論的にはあらゆる人間に到達可能なものになるが、同時に実際に聖性の核心に踏み込むことができるのは、特殊な聖別（イニシエーション）を通過した限られた人間（個人）だけになる。その意味で、タントラは世俗の世界と苦行者の世界の境界を破るものであると同時に、イニシエートされた個人を中心にした一種の「密教」的な性格をもっていると言えるだろう。(35)

ヴェーダ時代のシヴァの名、ルドラ Rudra は、正確な語源は知られていないが、多くの文献で「泣く、叫ぶ」を意味する *RUD*- という語根と関係づけられて解釈されている。(36) いずれにしてもルドラの名は「恐るべき名」として知られている。ルドラはまた、古くから「パシュパティ」（Paśupati）という名でも呼ばれることがある。*Paśu* は「家畜」または「犠牲の動物」を、*pati* は「主」を意味する語で、この名から見ても、ルドラが供犠の儀礼と深いかかわりがあることが想像できる。

ルドラ神は、すでにヴェーダ時代から、供犠の儀礼のなかできわめて特殊な位置と機能をもっていたと考えることができる。* ブラーフマナ文献の記述によれば、供犠の儀礼が神々を天に昇らせた時、ルドラは一人あとに残され、激怒して彼らのあとを追ったという。事実、供犠の儀礼においても、火にくべて、直接神々に捧げられる犠牲のなかで、ルドラに捧げられるのは最後の「残り」の部分であるという（それゆえ彼はVāstavya「残されたものの神」とも呼ばれる）。こうして、神々への献供が終わった後、犠牲の動物は切り分けられるが、その時には、その動物を殺す時に「傷つけられた」部分（実際にはできるかぎり血を見ることを避けるため、窒息させるか絞殺するので、この用語はシンボリックな意味しかもっていない）が最初に切り取られ、それが「ルドラの取り分」ということになる。この部分は最大限の注意をもって取り扱われ、祭式を取り仕切る祭司が、「我は汝をアグニの口によって食す」と唱えながら、噛まずに呑み込まなければならない。(37)

＊ルドラを「暴風雨や雷を表わす自然神」とするような見方は、十九世紀以来の進化論的宗教史観に基づいたものであり、そのまま受け入れることはできない。L. Renou et J. Filliozat *et al.*, Inde Classique, I, §638, p. 322も参照。

供犠の儀礼におけるルドラ－シヴァのこうした特殊性は、後のヒンドゥー教の儀礼でも見ることができる。一般にシヴァまたはヴィシュヌ神の神殿では、信者が供物を持ち寄り、あるいは祭司がそれを準備して、神の食事が捧げられる。が、現実には、神に献供された供物の残りは祭司の食事に供されるか、あるいは神の「恩寵」（*prasāda*）として信者に配られることになる。ここでもヴェーダ時代の供犠と同様に、献供されたものをすべて捧げ尽くさねばならないという観念が働いており、そのため、「消化の火による供犠」が行なわれると考えることができる。ところで、ヴィシュヌ神の場合は、この供物の残りは祭司たちが食することによって問題なく処理されるが、シヴァに捧げられた供物は*nirmālya*と名付けられて（これは「供物の残余」を意味するが、同時に「身支度・化粧の〔ために使ったものの〕廃棄物」をも意味する）、非常に危険視されるという。一般には、この供物の残りはチャンダ（またはチャンデーシャ、チャンディケーシュヴァラともいう）という、シヴァの眷属として知られた「荒ぶる神」に捧げられるという（*caṇḍa*は「獰猛な、残忍な、怒り狂った〔者〕」を意味する。また*caṇḍāla*はもっとも忌み嫌われるアウト・カーストの呼称でもある）。とはいっても、実際にはそれでもこの供物は残されたままになっているので、結局は祭司が食することになるのだが。[38]

こうした儀礼を見ても、ルドラ‐シヴァが供犠の宗教のなかできわめて特殊な位置を占めていたことが理解されるだろう。このことは神話の次元でも確認することができる。たとえば、シヴァ神をめぐるもっとも名高い神話のひとつによれば、シヴァはブラフマーの息子、ダクシャが、彼を除いたすべての神々を招いて催した盛大な供犠に乱入してそれを粉々に打ち砕き、ついにブラフマー神になだめられて、供犠の祭祀に加わることを約束させた上で、怒りを鎮めたという。あるいは、宇宙創成の時に、雌鹿となったみずからの娘と交わろうとした供犠の神プラジャーパティを弓矢で傷つけたというルドラ神の古い神話、さらにまた、近親相姦を犯そうとした供犠の神ブラフマーの第五の頭をシヴァが切り落とす、という神話でも、シヴァは供犠そのものが不可避的に含むであろう暴力性を表象していると言える。[39]それゆえ彼は「供犠による秩序」のもっとも外側に追いやられるが、にもかかわらずその積極的な参加を求めずには、「供犠による秩序」自体が成立しないのである。

ヤジュル・ヴェーダには、ルドラの百の形態に捧げられた讃歌が含まれている（「シャタルドリヤ」*Śata-rudriya*）。それによれば、ルドラが家畜や野生の動物に危害を加えることがないように、この神には植物の献供だけがなされるという。ルドラが怒りを静め、その恐ろしい弓矢を用いないように、あるいはその弓矢を人々を苦しめる病に向けるように、祈りが捧げられる。ルドラは山や森、茂み、街道、畑、あるいは戦士や盗賊などの主であり、彼自身が「彷徨するもの」「破壊者」「殺害者」と呼ばれる。あらゆる群をなして破壊するもの、たとえば軍隊や将軍、猟師、猟犬の群などが、ルドラの支配の下にある。[40]あるいはまた、『シャタパタ・ブラーフマナ』(4, 20, 1) によれば、ルドラの息子バヴァやシャルヴァ（これらはルドラ‐シヴァ自身の名でもあり、その分身と考えられる）は、森のなかを「(肉を) 切り裂く狼」のように駆け回る、とも言う。ルドラは、ここではまさにすべての恐怖と危険と「不浄なるもの」を司る神であり、それゆえにこそ、そうしたものから身を遠ざけるために、祈り頼らねばならない存在なのである。[41]

シヴァ神は、すでに中期ウパニシャッドの時代（前三〇〇年前後？）から、明らかに解脱主義的なコンテクストで、ヨーガの至上神として尊崇されていた。中村元氏は次のように書いておられる。[42]

『シュヴェーターシヴァタラ・ウパニシャッド』によると、唯一なる神が一切のものを支配している。絶対者は最高ブラフマン（paraṃ brahma）と称せられるが、それは支配者（preritṛ）と経験の主体（bhoktṛ 個我）と経験の対象（bhogya 環境としての世界）の三者として現われている。支配者は唯一神で、大主宰神（Maheśvara）とも呼ばれ、ルドラ（Rudra）ともシヴァとも名づけられ、幻力（māyā）によって全宇宙を創造するから、幻師（魔術使い）に譬えられる。〔中略〕ところで人が純粋な心情を以てこの神に信愛（bhakti）を捧げ、専ら主宰神を念じてその本性を知るならば、主宰神の恩寵にあずかり、一切の束縛を脱し、解脱に到達するといい、内観的ヨーガ（adhyātmayoga）の実践を説いている。[43]

人里離れた森や山の主シヴァは、まさに世捨て人が崇敬する神であり、それゆえ彼の支配下にある領域では社会内の秩序を構成する「浄／不浄」の対立そのものがそもそも存在しない。この神は至上の苦行者であって、その苦行から生み出される熾烈な「熱」（*tapas*）は、（供犠の火が破壊的な力をもちうるのと同様）世界全体を焼き尽くす威力をもつと言われる。シヴァを崇拝する苦行者たちは、（すでにp. 181で述べたように）あらゆる「不浄」なるものを追求して、「浄／不浄」の対立に基づくこの世＝輪廻の世界からの離脱を図ろうとする。事実、神話では、シヴァ自身が猟犬を引き連れ、血に染まった獲物を担ぐ猟師の姿で、あるいは酒の瓶を頭上にのせ、四匹の犬をしたがえたアウト・カーストの人間の姿で現われることさえあるという（これこそが、インドの社会通念としての表象体系の中で、もっとも卑しく、恐れられ、忌み嫌われるものの典型的な形だった）。[44] シヴァ信仰のこうした側面は、世俗的な価値体系をそっくり逆転させて、ひたすら不浄なもの、恐るべきものに聖なるものとしての価値を認めようとした後世のタントラ（とりわけその極端な形態、いわゆる「左のタントラ」）の宗教と深いかかわりがあると考えることができる。

＊

インドの宗教思想におけるシヴァ神をめぐる、こうした複雑きわまりない――が同時にきわめて特徴的な――表象群が、シヴァの一形態であるマハーカーラ（大黒天）について語る仏教神話、またそれを糸口にした時に「芋蔓式に」手繰り寄せられてくる他の仏教神話を理解しようとする時に、欠かすことのできない重要なバックグラウンドを与えてくれるのは、考えてみれば当然のことだろう。これまでに見てきた、そして後の章でも検討することになるもろもろの仏教神話に、なぜあれほど執拗に、墓場や死体、「曠野」、人肉喰い、森、森での狩猟、盗み、鬼神の類、性的逸脱、不浄物を食う……などのモティーフが繰り返し現われるのか――。整然とした秩序に守られた「ダルマ体制」社会の周縁部に蠢く不気味なもの、恐怖に満ちたもの、にもかかわらずなにか異様な魅力の輝きを放つもの（それは鬼神たちの「隠された財宝」の輝きかもしれない、あるいはむしろ身も凍る恐怖の彼方にある「絶対的解脱」のみが密かに放つ輝きかもしれない……）、そうした心をざわめかせる表象の数々が、これらの神話の核に埋め込まれていたからこそ、われわれはそこにある共通した旋律とそのヴァリエーションの響きを聞き分けることができるのではないだろうか。

**注**

（1）　渡瀬信之著『マヌ法典――ヒンドゥー教世界の原型』（中公新書・九六一、中央公論社、一九九〇年）p. i–ii.

（2）渡瀬、前掲書 p. 99.

（3）渡瀬、前掲書 p. 176. 渡瀬訳『マヌ法典』p. 377（XI, 102, XI, 104-105）参照。

（4）以上については、拙稿「他者としてのインド」、『現代思想』一九九四年六月号（特集「インド的なるもの」）p. 172-186も参照されたい。

（5）M. Biardeau, “Le sacrifice dans l'hindouisme”, p. 21-22 ; p. 23-24参照。

（6）M. Biardeau, *op.cit.*, p. 19参照。

（7）Biardeau, *loc.cit.* ; また p. 134参照。

（8）渡瀬、前掲書（中公新書）p. 132.

（9）M. Biardeau, *art. cit.*, p. 28参照。

（10）『マヌ法典』渡瀬訳 p. 336 ; 渡瀬、前掲書（中公新書）p. 28参照。カースト制のこうした特徴については、L. Dumont, *Homo hierarchicus*（前掲書 p. 264細注）を参照。

（11）M. Biardeau, *Clefs pour la Pensée hindoue*, [coll. Clefs] Paris, Seghers, 1972, p. 33, 84参照。

（12）渡瀬、前掲書（中公新書）p. 36-37.

（13）渡瀬、同書 p. 50の訳による。

（14）M. Biardeau, “Le Sacrifice dans l'hindouisme”, p. 65-73参照。

（15）『マヌ法典』渡瀬訳 p. 40-41 ; また、渡瀬、前掲書（中公新書）p. 51参照。

（16）辻直四郎著『バガヴァッド・ギーター』p. 377.

（17）辻、同書 p. 384.

（18）辻、同書 p. 384.

（19）『バガヴァッド・ギーター』（3, 9 ; 15, 19, 30-31）辻訳 p. 63-64, 65, 66-67, 70.

（20）M. Biardeau, *art. cit.*, p. 20. また上述、p. 270-271に引用した『バガヴァッド・ギーター』（3, 10-12, 14）も参照。

（21）辛島昇・奈良康明著『インドの顔』（「生活の世界歴史」五、河出書房新社、一九七五年）p. 162.

（22）M. Biardeau, *art. cit.*, p. 22 ; p. 139-140 ; また前章 p. 236「火は、祭祀の火であると同時に、（作物、果実を熟成させる）太陽の火であり、料理と消化の火であり、また気息の火、知識・智慧の火でもあるという」も参照。ブラフマニズムにおける「残り」「残食」の概念については、前章 V-n. 18に引いた Charles Malamoud の論文がもっとも重要である。

(23)『マヌ法典』渡瀬訳 p. 97（傍点筆者）。また M. Biardeau, *art. cit.*, p. 48およびp. 44；渡瀬、前掲書（中公新書）p. 100参照。また『バガヴァッド・ギーター』（3, 13）には次のように書かれている。「祭祀の残饌《ざんせん》（供物の残余）を食らう善人は、一切の罪悪より解放せらる。されど自己のためにのみ調理する悪人は罪垢《ざいく》を食らう」。辻訳 p. 65.

(24)『マヌ法典』渡瀬訳 p. 92. また渡瀬、前掲書（中公新書）p. 88参照。

(25) 渡瀬、前掲書（中公新書）p. 99–105；また『マヌ法典』III, 67–121（渡瀬訳 p. 90–98）；M. Biardeau, *art. cit.*, p. 41–43参照。

(26) M. Biardeau, *art. cit.*, p. 66以下参照。

(27) 渡瀬、前掲書（中公新書）p. 107–116；『マヌ法典』III, 122–286（渡瀬訳 p. 98–122）参照。

(28) M. Biardeau, *art. cit.*, p. 27–28 and *sq.*；またとくに p. 50参照。

(29) M. Biardeau, *art. cit.*, p. 38；また p. 116も参照。

(30) Charles Malamoud, "Les morts sans visage. Remarques sur l'idéologie funéraire dans le brâhmanisme", in G. Gnoli et J.-P. Vernant, *La Mort, les morts dans les sociétés anciennes*, Cambridge Univ. Press, Combridge-London, 1982, p. 444–445参照。*Kravya* は「生肉」「腐肉」を意味し、たとえば *kravya-mukha*（「*kravya* の口」）は「狼」を意味する。

(31) M. Biardeau, "Cosmogonie purāṇique", Bonnefoy éd., *Dictionnaire des Mythologies*, I, p. 241b 参照。

(32) M. Biardeau, *ibid.*, また Sacrifice, p. 116–117参照。

(33) M. Biardeau, "Le Sacrifice dans l'hindouisme", p. 89 *sq.*参照。

(34) M. Biardeau, *art. cit.*, p. 90–91参照。

(35) タントラについては、L. Dumont, Homo *hierarchicus*, p. 341–346（邦訳、p. 330–352）がとくに興味深い考察を展開する。

(36) Alain Daniélou, *Le Polythéisme hindou*, p. 299–300参照。

(37) M. Biardeau, "Le Sacrifice dans l'hindouisme", p. 93–94；また J. Gonda, *Les Religions de l'Inde* [trad. française par L. Jospin], I, [coll. Bibliothèque historique. Les Religions de l'Humanité, Paris, Payot, 1962, p. 109；Jacques Scheuer, "Sacrifice. Rudra-Śiva et la destruction du sacrifice", *in* Y. Bonnefoy, éd., *Dictionnaire des Mythologies*, Paris, Flammarion, 1981, II, p. 417a–419a；Charles Malamoud, "Observations sur la notion de «reste» dans le brahmanisme" p. 17–18, n. 20；Stella Kramrisch, *The Presence of Śive*, p. 58–65も参照。

（38） M. Biardeau, *art. cit.*, p. 104-105参照。

（39） M. Biardeau, *art. cit.*, p. 118, n. 1；また同論文 p. 93-95；p. 100-101も参照。さらに Doniger O'Flaherty, *Hindu Myths*, p. 118-125（ダクシャの供犠の破壊）；p. 29-31 and p. 116-118（プラジャーパティの近親相姦）；Stella Kramrisch, *The Presence of Śive*, p. 315-319（ダクシャの供犠の破壊）；p. 6-7, etc.（プラジャーパティの近親相姦）なども参照。

（40） ラーマクリシュナ・G・バンダルカル著、島岩・池田健太郎訳『ヒンドゥー教——ヴィシュヌとシヴァの宗教』（せりか書房、一九八四年）p. 298-300参照。

（41） M. Biardeau, *art. cit.*, p. 95-96；Gonda, *op.cit.*, p. 107；p. 110-111参照。

（42） 中村元著『インド思想史』（岩波全書、岩波書店、一九五六年）p. 85.

（43） この文はまた、「信愛」（*bhakti*）という語が、こうした意味で初めて使われた初出例でもある。M. Biardeau, *art.cit.*, p. 78-79参照。

（44） M. Biardeau, *art. cit.*, p. 99-100参照。

# Ⅶ　日本密教の摩訶迦羅天像と盲目のアスラ・アンダカの神話

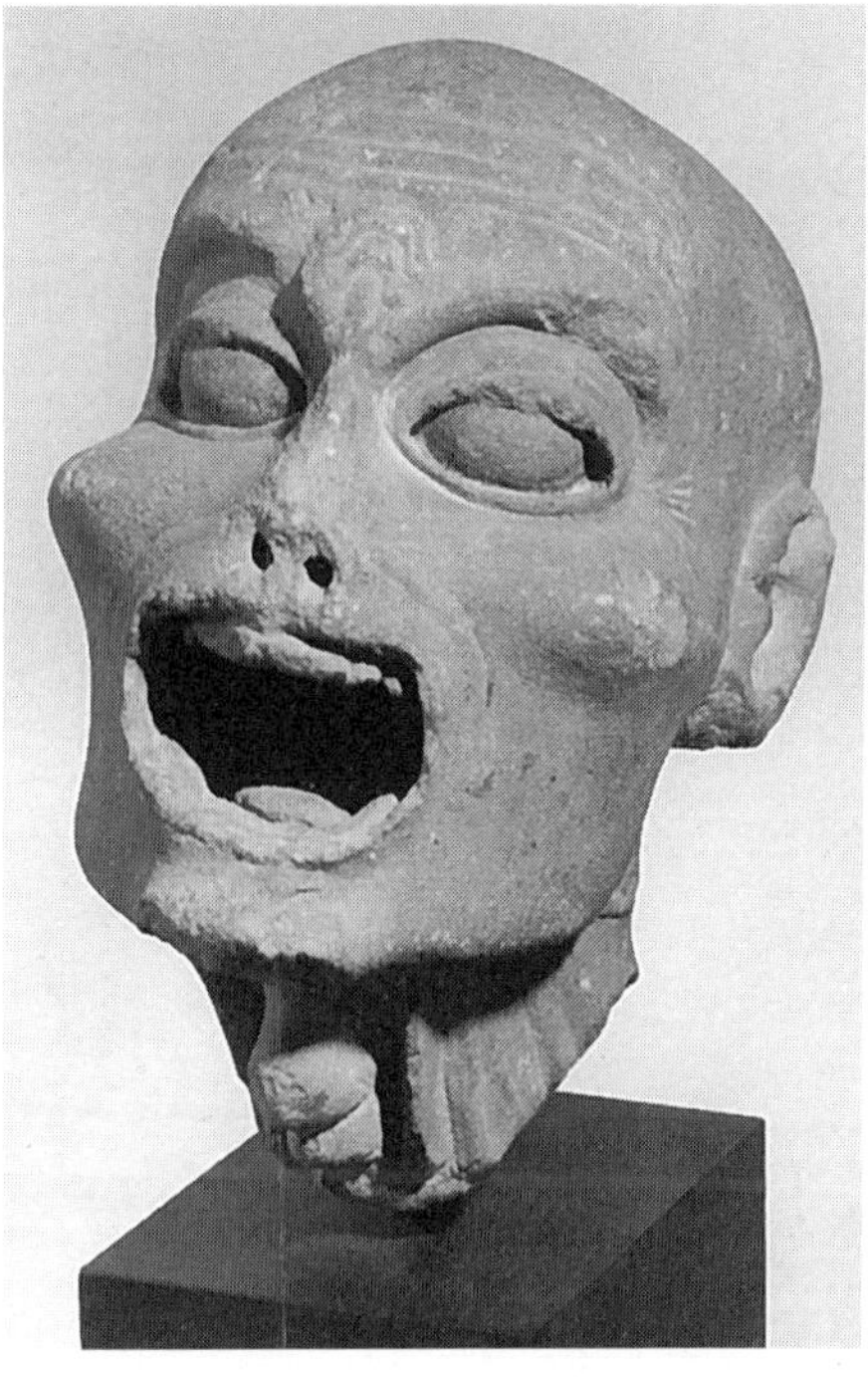

## 本章の主な話題

日本に伝わった摩訶迦羅忿怒像の図像
胎蔵曼荼羅の図像／『四種護摩本尊及眷属図像』の図像／『理趣経』、「諸母天曼荼羅」の図像
『慧琳音義』の摩訶迦羅図像
敦煌・中央アジアの摩訶迦羅図像

アンダカ・アスラ降伏神話
シヴァ（マハーカーラ／カーラ - バイラヴァ）
パールヴァティー
アンダカ・アスラ
七母天

アンダカ・アスラ降伏の図像
ヨーゲーシュヴァリー／カーリー女神
ダーキニー

シヴァ神話および図像における象／羚羊

パリの「Matali-djin」

七世紀も終わりころ、中央アジアをはるばると旅してインドの聖地を訪れた義浄は、仏陀入滅の地、クシナガラの仏教寺院の厨房に祀られていた小さな黒い神像に興味をそそられ、それにまつわるひとつの奇妙な奇跡譚を書き止めていた。その小さな神像が、ヒンドゥー教の至上神・シヴァの一異型、マハーカーラを表わすものだったこと、そしてそのマハーカーラをめぐるいくつかの仏教神話から出発して、ハーリーティー（鬼子母神）やパーンチカ、ウッチュシュマ（烏芻澁摩明王）、金剛薬叉明王などの仏教神格、あるいはアングリマーラやピンドーラ尊者（賓頭盧尊者）などの伝説的人物の神話が次々と浮かび上がり、それら全体がひとつの大きな神話的思考の構造体となって流れ渦巻いていること、さらに、そうした神話的思考の構造の底流には、つねにインドに特有の宗教思想が存在していること――、これまでの六章で、われわれはそうしたことを見てきた。

ここでわれわれはインドそのものにはいったん別れを告げて、しばらくのあいだ、探究の舞台を仏教文化が及んだ東の果て、日本に移すことにしよう。とは言っても、もちろんインドの神話世界からすっかり目を離そうというわけではない。ただ、これまではおもにインドそのものの資料、もしくはインドに遡る資料を探究の直接の出発点にしてきたのに対して、以下の数章ではむしろ日本の仏教信仰、とくに日本で特殊な発展をとげたと思われる大黒天の信仰や図像を糸口にして、新たな展開を求めていこうということにすぎない。話の大筋はむしろ、日本の信仰体系のなかに深く根を下ろし、そこで大きく変貌していったはずの大黒天をめぐるさまざまな信仰が、それが確かな事実であるにもかかわらず、なおかつ遠くインドや中央アジアなどの信仰や神話などに照らし合わせることによって、始めてその意味が明瞭なものになっていく——、ということになるはずである。

もっとも本章では、まだその第一段階として、日本の大黒天像の中でももっとも強くインド的な色彩を残した、密教の摩訶迦羅像の源流を尋ねることが、主要な目的となるだろう。

## 1　日本の大黒天の四つの像容

さて、日本のマハーカーラ＝大黒天信仰を調べるにあたって、とくに有効と思われるひとつの方法は、その図像的な特徴の由来や意味をひとつひとつ解きほぐしていくことである。

喜田貞吉の古典的研究「大黒神像の変遷」によれば、(1)

古い神像の今日に存するもの、その数決して少なしとはせぬが、なかにも大黒神像ほど多いものはほとんど他に類がなかろうと思われる。大阪阿弥陀池の大黒屋小林林之助君は、先代以来大黒像を蒐集して、その数実に千数百体に及んだと言われている。この外に数百乃至一千余体の大黒像を集めた人は、なお少なくないのである。

という。実に、日本の大黒天信仰の最大の特徴は、その神像の数の多さであると言っても過言ではないかもしれない。おそらく大黒天こそは、日本でもっとも数多くの神像が作られた神格なのである。これだけ数が多いとすれば、その図像のヴァリアントも、細かく考えれば、ほとんど無数にあって当然だろう。が、非常におおざっぱに分類するなら、日本の大黒天像はおもに以下の四つの形に分けて考えることができる。(2)

［1］胎蔵曼荼羅の最外院および『理趣経』曼荼羅の「諸母天曼荼羅」に描かれた忿怒相の「摩訶迦羅天」座像。すでに述べたように、この図像は三面六臂、前の二手では剣を横たえ、次の手は、右に小さな人間を髪をつかん

**図38　明寿院・大黒天半跏像**（天台系の形）

**図39　床几に坐った大黒天半跏像**（覚禅による）

で持ち、左に山羊（または羚羊）の角をつかみ、後ろの二手は、左右で象の皮を背に披《かぶ》るように拡げた恐るべき形相の忿怒相で、その起源は明らかにインドのシヴァ神の一異型としてのマハーカーラにあると考えられる〔上図**3**参照〕。日本では、この形の摩訶迦羅‐大黒像は、狭い密教の内部で知られただけで、一般にはほとんど普及しなかった。またこの形の大黒像は、曼荼羅や図像集に描かれることは多かったが、その彫像はきわめて例外的にしか作られなかったことにも注目しておこう（忿怒相の彫像の作例については後述参照）。

［2］第二は喜田貞吉が「南海寄帰伝式の半跏像」と呼んだ座像[3]。これはおもに天台系の寺院に祀られた小像で、武神の装束をつけ、左手に宝棒、右手に金嚢を持つ形に作られている〔図**38**参照〕。右手に金嚢を持つところと、（岩座または臼型の）台座に坐って左足を半跏に組み、右足を下におろしている点は、明らかに義浄の『南海寄帰伝』の記述（前述 p. 89-90）に基づいたものと考えられるが、

全体を武神形に作るなどその他の特徴に関しては典拠が明確ではない。この形の彫像が残されているのはほとんど天台系の寺院に限られ、一般にはあまり普及したとは言えない。この形態は、先の忿怒相の場合とは逆に、大部分が彫像であり、描画されたものは非常に少ないと思われる。*

＊『覚禅鈔』TZ. V 3022 cxiii fig. No. 369には、義浄の記述をそのまま図像化したものと思われる奇妙に写実的（人間的？）な像が載せられている。これはまったく例外的な図像で、おそらく覚禅もしくは彼に近い真言僧が恣意的に描いたものだろう。〔図39参照〕

［3］第三に挙げるのは袋を背負った平服の立像。この形の像は、平安時代以来作られたが、とくに中世以降、ほとんどすべての日本の大黒天像がこの姿に作られたと言えるほど、圧倒的な人気を博した。これが一般に知られた大黒天像であり、まさに日本の福神としての大黒天信仰を一身に象徴する姿と言うことができる（以下ではこの形の大黒像を仮に「日本型大黒」と呼ぶことにしよう）。この形は、それ自体大きな歴史的変遷を経てきている。一般に平安時代から中世初期の平服立像は、体軀はむしろすらりとした長身で、忿怒相とは言えないまでも眉をひそめ、いかめしい表情をしたものが多いが〔図40参照〕、中世以降、次第に短身矮軀になり、ついには満面に笑みを湛え、巨大な太鼓腹を抱えた福神特有のほとんど奇形に近い形態になる（この形をとくに示すには「日本型・福神型大黒」という呼称を用いたい）。もっともよく知られた像容は、頭にはいわゆる「大黒頭巾」をかぶり、左手に大きな袋を肩に担ぎ、右には「打出の小槌」を持って、二個の俵の上に「両足を踏んまえて」立った姿だろう〔上図2参照〕。この形態は、もっとも広く普及したものだが、そのすべての特徴を明記した明確な典拠は存在しない。

そのこともあって、この形にはまさに無数の異型がある。なかでここでひとつだけ記しておきたいのは、いわゆる「走り大黒」の像容である〔図41参照〕。「走り大黒」は、一般の大黒像が俵の上に両足を揃えて立っている

図40　大黒天立像（観世音寺蔵）

図41　走り大黒（泉涌寺雲竜院蔵）

のに対して、乗り物なしに左右の足を軽く交差させ、歩き出しているように見える（「走り大黒」というよりもむしろ「歩き大黒」、あるいは「旅姿大黒」とでも言った方が、そのイメージによく合うかもしれない）。「走り大黒」という名称は、一般にはあまり知られていないが、この形態の大黒は意外に多く作られたものと思われる（後述II, p. 708およびII, p. 734以下参照）。

［4］最後に挙げるのは、いわゆる「三面大黒」として知られる大黒、毘沙門、弁才天の三神を合体させた像容（**図42**、**43**参照）。これも基本的には、いまの袋を背負った日本型大黒天の一変形と考えることができる。たとえば延暦寺の末寺、「近江坂本」の大林寺に祀られた高さ約五寸の三

図42　三面大黒（『仏像図彙』）

図43　三面大黒天立像（蓮聖寺蔵）

面大黒は、喜田貞吉によれば、[4]

　荷葉の上に二個の俵を置き、その上に立ったもので、正面の大黒天は右手槌を持ち、左手に袋を背負って〔いる〕。その向かって右は毘沙門天で、鉾と宝珠とを持ち（普通の毘沙門天は宝塔を持つ）左は弁才天で、宝棒と鍵とを持っている。

という。この形態の像は、おそらく室町時代末期ころから、おもに天台系や日蓮系の寺院を中心に祀られるようになったものと考えられる。中川善教氏は、『大黒天神考』のなかで、この三面大黒について次のように書いておられる[5]（後述p. 616以下も参照）。

　……三面とは云うても〔この三面大黒は〕初に出した現図曼陀羅の三面六臂の摩訶迦羅天とは別で、全く日本で考案された新様式の大黒天である。〔中略〕方々にこの類の像の尊崇されているのを見るから、かなり広く行われたもののの如くであるが、あまり古い像も見あたらぬようであるから、的確にこれ〔＝その起源〕

を知ることはできないが、中央の大黒天が『神愷記』所説の像〔＝先の「日本型大黒」。後述参照〕に拠っている点よりして、室町頃に考案製作されたものかと思われる。〔中略〕一見して明らかな如く、福神としての大黒天と毘沙門天と弁才天を合体して三位一体の理想の福神を作り上げたものだろう。

が、果たしてそれほど簡単に、これを中世日本人の恣意的な思いつきだけに帰せられるものであるかどうか――、より詳しく見ていく必要があるだろう。

## 2 忿怒相の摩訶迦羅天――その図像の起源

これら四つの形式の日本の大黒天像のうち、もっとも重要なのは言うまでもなく第三の、いわゆる「日本型大黒」の形である。しかし、それを構成するさまざまな要素――たとえば肩に背負った袋や足下の俵など――がどこからきたのかを探るためにも、他の三つの形態についても考えてみなければならない（ただし以下の記述では、第二の「武装座像」については独立の項目を立てる必要はないだろう）。

本章ではまず、密教に特有の忿怒相の摩訶迦羅像の由来を探ってみることにしたい。この忿怒相の摩訶迦羅天は、上の四つの日本の大黒天像のうちで明らかにもっともインド的、または「大陸的」な香りを保っており、インドから日本へ、われわれの探究の舞台を橋渡しするのに格好の材料であると言える。

事実、この三面六臂の摩訶迦羅天の図像は、胎蔵曼荼羅の多くの尊像のなかでも、比較的典拠が明確なもののひとつである。――先に見た良賁の『仁王経疏』は、偽経『仁王経』の「新訳者」（すなわち新たに編集し直した当事者）不空三蔵の教えに基づいたものだったが（前述p. 94以下）、同じ不空の直接の弟子だった慧琳が編集した厖大な仏典語彙集『一切経音義』（普通『慧琳音義』と呼ばれる）には、問題の『新訳仁王経』の語句を説明した部分があり、その中に「摩訶迦羅」の語を釈した一節がある。これはつまり、良賁の『仁王経疏』の「摩訶迦羅大黒天神」について書いた記述とならんで、マハーカーラに関する不空の教説をほぼそのまま伝えた貴重な記録と考えられるだろう。そして、胎蔵曼荼羅や『理趣経』の「諸母天曼荼羅」の摩訶迦羅天の図像は、その『慧琳音義』に記述された摩訶迦羅の図像をほぼそのまま受け継いだものと思われるのである。

『慧琳音義』巻第十「三蔵大広智不空訳『仁王護国般若波羅蜜多経』下巻」によれば、(6)

摩訶迦羅は梵語なり。唐にては大黒天神と云ふなり。(7)大神力有りて、寿《いのち》は無量千歳、八臂にして、身は青黒雲色なり。〔前の〕二手の懐中には横に一の三叉戟を把り、右の第二手は一の青羖羊を捉り、左の第二手は一の餓鬼の頭の髻《もとどり》を捉る。右の第三手は剣を把り、左の第三手は羯吒《かつた》冈迦《もうか》(*khaṭvāṅga*)を執る(是は梵語なり。一の髑髏の幡《はた》〔の意〕なり)。後ろの二手は各々肩の上に於てともに一の白象の皮を張り、披る勢ひの如し。毒蛇を以て髑髏を貫き穿ち、以て瓔珞となす。虎牙上に出で、大忿怒形を作し、雷電煙火を以て威光〔＝光背〕となす。身形極大にして、足下には一の地神女天有り、両手を以て〔摩訶迦羅の〕足を承けるものなり。

ここに記述された八臂の摩訶迦羅像と、胎蔵曼荼羅の三面六臂の像が、互いに酷似していることは一見して明らかだろう。両者のあいだの違いは、

［1］現図胎蔵曼荼羅の摩訶迦羅像は座像だが、慧琳の記述では座像か立像かが明確でないこと（ただ、「足下に」地神女天が置かれていることから見ると、立像と考えたほうが自然かもしれない。後述も参照）。

［2］慧琳の摩訶迦羅像が八臂であるのに対して、現図曼荼羅の図像は六臂であること。それに従って、持ち物にもいくつかの異同がある。慧琳の像では右の第三手と左の第三手が持つ剣と「カトゥヴァーンガ」（先端に髑髏を貫いた槍の一種。〔**図44、45**参照〕）が、曼荼羅の像では左右の第一手が持つ、柄の先に三叉戟が付いた剣に統合されている。

〔3〕慧琳の記述では、摩訶迦羅天の面の数については書かれていない（おそらく一面であると考えていいのだろう）が、曼荼羅の図では三面になっていること。
〔4〕両方の第二手の持ち物の位置が逆転していること〔慧琳では「青羖羊」が右、「餓鬼」が左。曼荼羅の図では反対である〕。
〔5〕最後に、慧琳の言う「両手を以て〔摩訶迦羅の〕足を支える」という地神女天は、曼荼羅の図にはまったく現われていないこと。
——の五点だけである。

日本の真言宗の伝統では、この現図胎蔵曼荼羅の摩訶迦羅天像とまったく同じ形の摩訶迦羅天像が、『理趣経』曼荼羅のなかの「諸母天曼荼羅」の中央に描かれることになっている(8)〔**図46**参照〕。この『理趣経』の「諸母天曼荼羅」は、〔不空の『理趣釈』によれば〕

中央には摩訶迦羅を描き、七母天を以て囲繞する。〔……この〕七母天とは、〔害天母（Raudrī）、毘紐天母

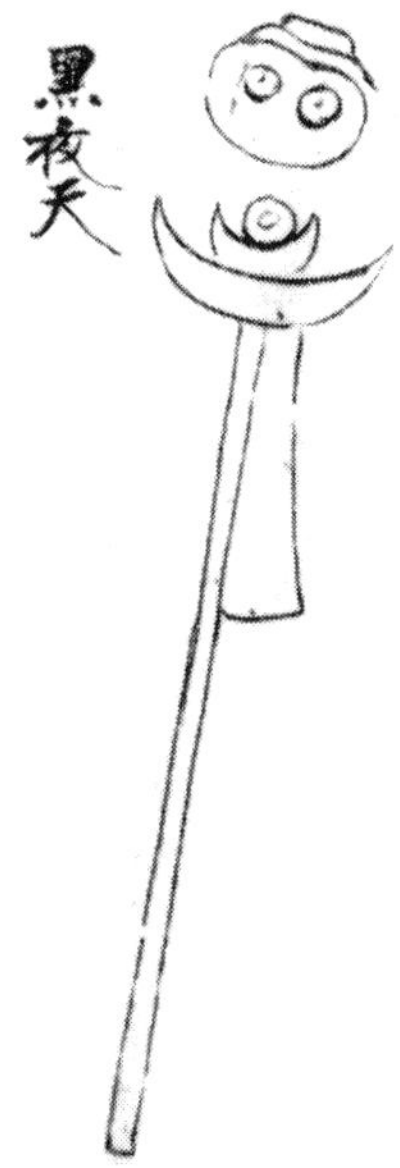


**図44　大悲胎蔵三昧耶曼荼羅の「黒夜天」の標示**

**図45　チベットの「カトゥヴァーンガ」**

図46　『理趣経』曼荼羅のなかの「諸母天曼荼羅」

(Vaiṣṇavī)、童子天母(Kaumārī)、黒天母(Kālī)、大黒天母(Mahākālī)、飲食天母(Bhakṣaṇī)、羅刹天母(Rākṣasī)のほかに〕梵天母(Brāhmī)を併せて、八供養の菩薩を表わす。ものであるという。(9)

真言宗に伝えられた『理趣経』曼荼羅は、伝承によれば宗叡が八六六年(または八六七)に中国から請来したものだという。ただ、現存している宗叡請来の唐・咸通五年(八六四)書写の『理趣経尊位曼荼羅図』は、諸尊の曼荼羅中の位置を尊名で示すだけで、図像そのものは描かれていない。(10)日本では、早い時期から「諸母天曼荼羅」の中央に胎蔵曼荼羅の摩訶迦羅天と同じ形の尊像が描かれたことは事実だが、こうした事情を考えれば、実際にはこの像容は胎蔵曼荼羅の摩訶迦羅天図像を元にしたもので、『理趣経』、「諸母天曼荼羅」の尊像はむしろそこから引き写されたコピーと考えるのが自然だろう。――しかし、この問題についても、われわれはインドの神話を参照することで、まったく別の推測をすることができるはずである（後述参照）。

もうひとつ、いまの現図胎蔵曼荼羅や「諸母天曼荼羅」の摩訶迦羅天の図像と非常に近い関係にあるのは、弘法大師空海の弟子、智泉が八二一年に写したといわれる『四種護摩本尊及眷属図像』に描かれた一面六臂の摩訶迦羅天の座像である(11)〔**図47**参照〕。ここでは、摩訶迦羅は両方の第一手で三叉戟を横に持ち、右の第二手は羚羊の角を、また左の第二手は一種のねじ曲がった宝棒をつかんでいる。そして、左右の第三手は、背後に象の皮を披るように拡げている。慧琳の言う「餓鬼」はここには見当たらないが、そのかわりに、尊像の後ろに旗がついた棒状のもの（これはおそらくカトゥヴァーンガに相当するだろう）を持った鬼神様の人物が侍者として立っている。

**図47　一面六臂の摩訶迦羅天座像**（『四種護摩本尊及眷属図像』）

現図胎蔵曼荼羅も、この『四種護摩本尊及眷属図像』も、また宗叡が請来したという『理趣経』曼荼羅も（ただしこれには図像そのものは載せられていない）、オリジナルはほぼ確実に唐代中国に遡るものと考えられるから、この形式の摩訶迦羅天像は少なくとも中国以来の伝統と言っていいだろう*。

＊ただ不思議なことに、胎蔵曼荼羅成立の各段階を表わすその他の中国伝来の図像資料〔『胎蔵図像』と『胎蔵旧図様』〕では、摩訶迦羅天はより単純に、右に剣、左に髑髏杯を持った一面二臂の座像の形になっている（石田尚豊著『曼荼羅の研究』p. 155-156参照）。

この形式をさらに単純化したものが、不空訳の別の経典『金剛恐怖集会方広儀軌観自在菩薩三世最勝心明王経』の割注(12)にある、

大黒天は象の皮を披り、一方の先端に人間の頭を、もう一方の先端に羊の頭を貫いた槍を横にして持つという四臂（？）の像容に当たると考えることができる。この割注は、おそらく不空自身が書いたものであり、しかもそこに記された像容は、基本的に慧琳の記述による摩訶迦羅天像と同じ系統に属するものである。ということは、逆に言えば、この短い割注は、慧琳の摩訶迦羅天像が不空の教説に直接基づいたものであることの傍証であるとも言えるだろう。

＊

では、さらに遡って、中国で描かれた摩訶迦羅天の図像はどうだろう。実際には、中国そのもので作られた摩訶迦羅天像の遺品は（元代以降の、チベット仏教のもの以外は）現在まで、まったく知られていないようである。ただ、敦煌で発見された絵画や、その他の中央アジアのオアシスの遺品のなかに、いくつかの摩訶迦羅天を描いたものが残されている。筆者の管見に入ったかぎりでは、敦煌出土の図像資料に六つ（ただしそのうちの二つは、摩訶迦羅であるかどうか明確ではない）、そしてベゼクリクの壁画に二つの摩訶迦羅天像を見出すことができる(13)。このすべてについての詳しい記述は、参照した文献に当たっていただくことにして、ここではそのうちの敦煌遺品の二つを簡単に見ておこう。

松本栄一著『敦煌画の研究』、「附図一八八b」（＝本書・図48。唐末から宋初の間の敦煌遺品）に挙げられた摩訶迦羅天像は、一面六臂の立像。髑髏を瓔珞として首から懸け、猪鼻（？）をもち、前の左右二手では槍を横に持って、その両端に痩せ細った餓鬼様の二人の人物が貫き通されている。次の二手は、それぞれ一本の槍を縦に持ち、最後の二手は背後に象の皮を披るように拡げ、足下には一匹の大蛇を踏んでいる。一方、「太平興国六年六月十五日」（＝九八一年）の年号が付された巨大な千手千眼観音立像と三十二眷属を描いた絹本着色画では、中央の観音像の向かって左側に、足下に大蛇を踏んだ一面八臂の摩訶迦羅天立像が描かれている（画面では、この尊像の横に「迦毘羅神」、すなわちKapila と記されているが、これは明らかに摩訶迦羅天の誤りである。これは、この画像の作者が密教の専門的な知識に詳しくなかったことを表わしていると考えられるだろう）。前の二手は身体の前で三叉戟を横につかみ、次の二手はそれぞれ後ろ手に縛られた餓鬼様の人物の髪をつかんで持っている。さらに、横に出た二手は左右に一本ずつの三叉戟を縦に持ち、最後の二手は背後で象の皮を拡げて身体に披る形に描かれている。(14)

**図48　猪鼻？　背後に象皮を持つ摩訶迦羅像**
（唐末期から宋初期の間の敦煌遺品）

これらの例でも明らかなとおり、この時代の中央アジアの摩訶迦羅天像のほとんどすべてに共通する特徴は、背後に両方の手で象の皮を披るように張り、剣や槍、三叉戟などの武器を持っていることであり、またいくつかの場合には、慧琳（＝不空）の言う「餓鬼」に当たる人物が描かれていることである。というよりも、こうした特徴をもった尊像が摩訶迦羅天像として確実に同定できるのである。

このように見ていくと、少なくとも八、九世紀頃の中央アジア以来、摩訶迦羅天の像容は、ほとんどつねに背後に象の皮を張り、「餓鬼」のような小人物を手に持つ、または槍などの先に刺し貫いている忿怒相の姿が伝承されてきたと考えることができるだろう。

## 3 「アンダカ・アスラ降伏神話」――インドのマハーカーラ像

ところで、ここで興味深いのは、いまの慧琳（＝不空）の図像や日本の『理趣経』‐胎蔵曼荼羅の図像の系統に属するこの一連の像容が、先に見たインドのシヴァ教石窟寺院に置かれたシヴァ‐マハーカーラの像とも酷似していることである〔前述 p. 78〕。すでに述べたように、長沼賢海が引用する「ドーソン氏の印度神話の古典辞書」によれば、
エレファンタの石窟寺院では、この〔マハーカーラの〕形式のシヴァは八臂の姿で表わされている。一手は人の形をつかみ、別の一手は剣または祭儀用の鈴を持つ。他の二手は後ろで太陽の光線を遮るヴェールを拡げている。他の二手は欠損している。〔残りの二つの手の持ち物についての記述は欠けている。〕
という〔後述も参照〕。そしてさらに興味深いことに、この形態のシヴァ神は、一般に「アンダカ・アスラ降伏の相」（*Andhakāsura-vadha-mūrti*）として知られているという(15)。シヴァ神によるアンダカ・アスラ降伏の物語は、複雑な神話だが、多くの点で非常に重要なので、ここで少し詳しく見ておくことにしたい(16)〔図49～51参照〕。
その昔、シヴァ神が苦行に励んでいた時、神妃パールヴァティーが戯れて夫神の三つの眼を手でふさいだことがあった。シヴァ神の眼は、太陽と月と火であり、それゆえこの三つの眼がふさがれたあいだ、世界はすべての光を失って真っ暗になった。そしてこの闇の中から「アンダカ」（「盲目」を意味する）という名の恐

図49　エレファンタのアンダカ・アスラ降伏像

図50　エレファンタのアンダカ・アスラ降伏像

ろしく醜い一人の男子が生まれた。シヴァはこの息子が将来悪行をなし、彼の母（＝パールヴァティー）を欲するということを予知したが、アスラ王ヒラニヤークシャ（Hiraṇyākṣa「黄金の眼」の意）の願いを聞き入れて、彼をこのアスラ王に養子として与えた。その後アンダカは真の親を知らぬままに成長し、みずからの肉を裂き、血を絞って火に捧げるという恐るべき苦行を行なって、ついには骨と皮だけの骸骨のような身体になった。この時、アンダカの苦行の力に恐れをなしたブラフマー神が現われ、彼に望みのものを与えようと約束をした。はじめ、アンダカは永遠の不死を願ったが、それが叶えられぬことと知ると、世界の中でもっとも優れた女が彼の母となってくれるように願い、もし彼がその母となるべき女性を（性的に）欲するような時には、即座に死ぬであろうと誓った。ブラフ

**図51　アンダカ・アスラ降伏像**（ベナレス大学蔵）

マー神はこの奇妙な願いを聞き入れた。こうしてアンダカは強大なアスラ王となって神々を脅かし、ありとあらゆる望みのものを手に入れるようになった。ところがある日、彼はシヴァとパールヴァティーが愛を交わしている場面を目にして、パールヴァティーに対する激しい欲情に「目がくらんで」しまった。こうしてアンダカはみずからの「死」へと向かうことになった。

アンダカはパールヴァティーを奪うため、アスラの軍勢を率いてカイラーサ Kailāsa 山（別のヴァージョンではマンダラ Mandara 山ともいう）のシヴァ神を攻め立てたが、シヴァはアスラ軍をたちまち打ち破り、アンダカを三叉戟で刺し貫いた。しかしアンダカの傷口から滴る血が地面に触れると、そこから何千もの新たなアンダカが湧き出してきてシヴァに戦いを挑んだ。シヴァは、アンダカの血が地面に触れないようにするために、鉢にそれを受けとめ、それでもまだ流れ落ちるアンダカの血を止めるために、みずからの口からヨーゲーシュヴァリー（Yogeśvarī「ヨーガ主女」）と呼ばれるシャクティ（神の活動的エネルギー、神妃）を生み出した。また他の主だった神々も、シヴァを助けてアンダカの血を受け止めるために、それぞれのシャクティを生み出した。それが、ブラフマーニー、マヘーシュヴァリー（Maheśvarī）、カウマーリー、ヴァイシュナヴィー、ヴァーラーヒー（Vārāhī）、インドラーニ、そしてチャームンダー（Cāmuṇḍā）のいわゆる「七母天」（*sapta-mātṛkā*）と呼ばれる女神たちである（「七母天」については前述p. 114も参照。そこでは、ハーリーティーが七母天のグループと関連づけられていた）。

こうしてアンダカはシヴァに成敗され、その三叉戟に刺し貫かれたまま、千年のあいだ、彼の第三の眼から発せられる火に焼き尽くされて、ついには骸骨のように痩せ細った身体になった。が、このようにしてその罪を焼き尽くされたアンダカは、改心してブリンギンという名のシヴァ神の熱烈な崇拝者となり、シヴァと同様の第三の眼と青い首、そして（苦行者の）乱れた髪を与えられて、シヴァの軍衆「ガナの大将」（*gaṇeśatva*；*gaṇapati*――これらの「称号」は言うまでもなく象神ガネーシャ自身の「名前」でもある）となって、ガネーシャやスカンダなどとともに、シヴァとパールヴァティーの息子神として認められるようになった。

シヴァ神によるアンダカ・アスラ降伏の神話は、二大叙事詩の中ですでに言及され、その後多くのプラーナ文献によって語り伝えられている。その中でとくに興味深いのは、『クールマ・プラーナ』や『ヴィシュヌダルモーッタラ・プラーナ』などのヴァージョンの中で、アンダカを倒すシヴァが「カーラバイラヴァ Kālabhairava（＝黒～時の恐怖神）」、「カーラアグニルドラ Kālāgnirudra（＝黒～時の火のルドラ神――これは一般には、劫末の宇宙の破壊神としてのシヴァを表わす名称である）」、また時には「マハーカーラ」という名前で呼ばれていることである。これを見ればドーソンが、エレファンタの「アンダカ・アスラ降伏の相」のシヴァ神を「マハーカーラの相のシヴァ」として記述したことも、決して故ないことではなかったと考えられる。

この複雑怪奇な神話については、多くのコメントが可能だろう。ここではただ、その中のいくつかの点に注意を引いておくことにしたい。

第一に興味深いのは、この神話におけるアンダカと、有名なギリシアのオイディプース（エディプス）神話とて、アンダカはその名からして「盲目」であると言われている。

オイディプースが自分の母を妻としてしまったことの結果として（みずから両目を抉って）盲目になったのと似の類似性である。オイディプースと同様に、アンダカは生みの親に捨てられ、みずからの出自を知らないままに母子相姦を犯しそうになる（ヴァージョンによっては、アンダカは近親の者からパールヴァティーがみずからの母であることを教えられるが、それでも彼はシヴァに降伏されるまではそのことを認めようとしない）。しかも、

一方、「眼」のモティーフは、この神話全体のライトモティーフとも言える重要な役割を果たしている。アンダカはそもそもシヴァ神の眼（とくにその「第三の眼」）が隠されたことから生まれ、「盲目」と名づけられた。そして彼は「黄金の眼」という名のアスラ王のもとに里子に出され、おのれの父母の性愛の場面を「見て」*、母に対する欲情に「目がくらんで」しまう。そして最後には、父の第三の眼の炎に焼かれて生まれ変わり、みずから第三の眼を与えられることになるのである。[17] インド神話、とくにシヴァに関係した（または性愛に関係した）神話における「眼」のモティーフは、たとえば「千手千眼観音」の問題ともかかわって重要な意味をもつことを指摘しておこう（『ハリヴァンシャ』のヴァージョンによれば、アンダカは何千もの眼と何千もの手足をもって生まれたが、盲目の人のようにあたりを歩き回り、そのために人々に「アンダカ」と呼ばれたという。[18] これは明らかに千手千眼観音菩薩との関係を連想させる。千手千眼観音菩薩における「眼」のモティーフについては後述、第二巻『観音変容譚』第十一章第二～三節も参照）。

＊このモティーフは、もちろんフロイト的なエディプス・コンプレックスそのものと関連して興味深いが、同時に、シヴァ神話における重要なモティーフの一つでもある。シヴァとその神妃の性愛は、もっとも深く「隠されねばならない」ものであり、それゆえシヴァ教の最奥の秘教を暗示するものでもある。第二巻、神話モティーフ索引「秘教と性愛」も参照。

一方、アンダカとシヴァの戦いのエピソードには、すでに見たことのあるモティーフがいくつか含まれている。

そのひとつは、流れ落ちるアンダカの血を受け止めるためにシヴァが差し出した「鉢」である。釈尊がハーリーティーの末息子プリヤンカラをそのなかに入れて隠した鉢、曠野鬼神が人身御供に出されていた子どもを釈尊に捧げるために入れた鉢、マハーカーラ長老の前世のヤクシャが、希尚独覚を陥れるために死人の手を入れた鉢、さらにピンドーラ尊者が神通力で取った高い杭の上に掛けられていた栴檀の鉢など、「鉢」のモティーフはこれまでに見たいくつもの神話の中で重要な役割を果たしていた（↓神話モティーフ索引「鉢」参照）。「鉢」のモティーフは、食事や乞食-托鉢にかかわると同時に、「降伏」のテーマとも深い関係を持っているように思われる。

さらにアンダカ・アスラが「改心」した後のブリンギンは、先に見た「骸骨仙人」ブリンギン（前述 p. 195）と同一人物であることも指摘しておかなければならない。ブリンギンは両方の物語で、熱烈なシヴァの崇拝者であり、またシヴァとパールヴァティーの性的結び付きを阻害しようとする者であるということを特徴としている。その結果として、いまのブリンギンは「第三の眼」を与えられ、先の神話ではブリンギンは「第三の脚」を与えられた。これらは両者とも性的な意味合いを含んでいると考えられるかもしれない。(19)

もうひとつ、このアンダカの血に関連してすぐさま連想されるのは、カーリー女神の出生について語るヒンドゥー教の神話である。以前にも見た『女神の偉大さ（*Devī-māhātmya*）』（六世紀頃）によれば、カーリー女神は、ドゥルガーがアスラ・ラクタビージャ（Raktabīja「血を種とする者」）と戦っていた時、ドゥルガーの顔面から生まれたという。ラクタビージャは、アンダカとちょうど同じように、その傷口から流れた血から自分と同等の力を持った分身が無数に現われるという恐ろしい魔力をもっていた。それを見たカーリー女神は、巨大な口を開け、その血から生まれた怪物たちを飲み込み、さらにアスラの傷口から流れ出る血を飲んで、ドゥルガーを勝利に導いたという（前述 p. 126–127）。とすると、このカーリー女神は、シヴァによるアンダカ・アスラ降伏の神話におけるヨーゲーシュヴァリーや「七母天」たちとちょうど同じ役割を果たしたことになる。ヨーゲーシュヴアリー女神とは、そもそもカーリー女神と同一の神格だったと考えられるのではないだろうか。

## 4　アンダカ・アスラ降伏の図像

さて、それでは、この神話は、図像的にはどのように表現されているだろう。ラオの『ヒンドゥー教図像学概説』[20]は、エレファンタとエローラの石窟寺院から、（七～八世紀頃の）三つの作例を挙げているが、それらはすべて図像的にはほとんど同じ形に作られているという（上図49～51も参照）。比較的保存状態の良いエローラのダシャアヴァターラ石窟（第十五窟）の例ではシヴァ神は、左足を上げて小さな鬼神（おそらくアンダカの血から生まれた小アンダカ）を踏みつけ、右足を伸ばした、きわめてダイナミックな半身の姿勢で立っている。腕は全部で八本、前の二手は三叉戟を斜め左上方に構えて、その先端にアンダカの身体を刺し貫き、もうひとつの左手は髑髏杯を持ってアンダカから流れ出てくる血を受け止めている。シヴァの他の手は、太鼓（*damaru*）と剣（*khaḍga*）を持ち、背後の二手は一種の光背の形に張った象の皮を拡げ、最後の一手は人差し指を伸ばした威嚇（*tarjanī*）の印を結んでいる（エレファンタの例では前の二手が取る武器は欠損していて明確ではないが、三叉戟または槍を持ち、その先端にアンダカが刺し貫かれていると考えられる。それ以外の手は、背後の二手が象の皮を拡げ、右の一手は剣を、左の二つの手はアンダカの血を受ける鉢と鈴を持っている。残りの一手は欠損している）。一方、このシヴァ神のかたわらには、極端に痩せ細り、頭頂に弁髪の輪を飾った、カーリー女神と同じ形に作られたヨーゲーシュヴァリー女神が、地面にしゃがんで一個の鉢を差し出し、アンダカの身体から滴り落ちてくる血を受けている。そして、このヨーゲーシュヴァリー女神の頭上近くには、生肉の分け前を得ようと待ちかまえる半人半鳥のダーキニーが飛び回っている。さらに、このヨーゲーシュヴァリー＝カーリーの右横には、蓮華座に脚を組んだパールヴァティーが、恐怖の表情で眼前の戦いの進行を見つめている。

すでに述べたように、アンダカ・アスラ降伏の神話のいくつかのヴァージョンでは、シヴァ神はカーラ、バイラヴァ、またはマハーカーラとも呼ばれている。なかでも図像的にとくに重要なのは、『ヴィシュヌダルモーッタラ・プラーナ』（第五十九章）の次の一節である。

〔このシヴァ神は〕黄褐色の丸い眼で、巨大な太鼓腹をもち、拡がった大きな鼻と牙が突き出た恐るべき忿怒の相に描かれねばならない。彼は髑髏の瓔珞を身に帯び、恐怖をまき散らす様相を呈し、身体中に蛇の装飾をまとっている。彼はまた上着として身体にまとった象の皮と蛇〔の装飾〕によってパールヴァティーを恐れさせる。その〔身体の〕色はたっぷりと雨を含んだ雲の色であり、様々の武器を持った多くの手が〔身体を〕取り巻いている。〔中略〕（右腰を突き出して）半身になった場合には、この相〔のシヴァ神は〕「バイラヴァ」と呼ばれ、正面を向いた場合には「マハーカーラ」と呼ばれる。(21)

この短い文章によって、われわれはヒンドゥー教におけるマハーカーラが図像的・神話的にバイラヴァにきわめて近い存在であることを知ることができる。(22) 同時に、その身体の色が「雨を含んだ雲の色」と記述されていることは、カーリダーサの有名な叙情詩『雲の使者』*Meghadūta* の中で、ウッジャイニーのマハーカーラ寺院のシヴァ神が、「夕暮れ時の雷を含んだ雲」に喩えられていることに対応し、(23) また、摩訶迦羅－大黒天の身体の色を「青黒雲色なり」とする先の慧琳（＝不空）の記述とも符合する（ウッジャイニー／ウッジャヤニーのマハーカーラについては、不空の教えに基づいた『仁王経疏』や『カター・サリット・サーガラ』、また『鸚鵡七十話』にも言及されていた。地名索引「ウッジャイニー」参照）。あえて「自然主義的」解釈をするなら、マハーカーラとはなによりも「嵐を含んだ黒雲」の神格化であったと言うこともできるかもしれない。さらに、このマハーカーラ相のシヴァ神が、「拡がった大きな鼻」をもっているということは（本来は激怒の形相を表現するものだったろうが）、先に見た敦煌の猪鼻（？）の摩訶迦羅天像を思わせるものでもある。

こうして見てくれば、このヒンドゥー教の「アンダカ・アスラ降伏の相」は、前述の慧琳（＝不空）の記述による摩訶迦羅天像と、いくつかの重要な点で明らかに対応していると考えることができるだろう。慧琳の記事では、この摩訶迦羅天が座像か立像かが明確でなかったが、ヒンドゥー教の図像と照らし合わせてみれば、これはほぼ確実に立像だったと考えられる。これらの図像のシヴァ－マハーカーラは、両者とも八臂で、いくつかの持ち物こそ異なっているが、前の二手で三叉戟を持ち、後ろの二手で象の皮を拡げるというとくに重要な特徴において完全に一致している。とすれば、慧琳の記述に言う「餓鬼」とは、（不空自身はおそらく知らなかった、あるいは意識していなかったと思われるが）ほかならぬアンダカ・アスラに当たるものだったと考えられるのではないだろうか。

さらに、この「アンダカ・アスラ降伏の相」の図像を見れば、先ほどの推測どおり、ヨーゲーシュヴァリー女神とカーリー女神とは、まさに同一の女神を表わしていたということが明らかになる。そして、血に餓えた半人半鳥のダーキニーは、このヨーゲーシュヴァリー－カーリーのまわりを飛び回っているのだった。――これはそのまま、曠野－墓場で人間の生の心臓を喰らおうとして飛び回る『大日経疏』のダーキニーを彷彿とさせる姿である。

一方、このカーリー女神が「黒の女神」であること、インドの神話的象徴体系においては、肌の黒い女性神はつねに「大地」を連想させること（前述 p. 129–131）、さらにいまの「アンダカ・アスラ降伏の相」のなかで、カーリー女神がシヴァ神の足元でうずくまっていること――を考え合わせれば、慧琳の摩訶迦羅天の図像で、摩訶迦羅天の足を両手に受けて支えているという「地神女天」は、まさしくカーリー女神に当たると推測できると思われる（敦煌の図像では、摩訶迦羅はこの「地神女天」の代わりに大蛇を足下に踏んでいる。蛇もまた大地性を表わすものと考えられるだろう）。

さらに付け加えるなら、アンダカ・アスラ降伏の神話におけるカーリー＝ヨーゲーシュヴァリー女神と他の「七母天」の役割を考えれば、『理趣経』の「諸母天曼荼羅」の中央に描かれた六臂のシヴァ＝マハーカーラとそれを囲む八女神の図は、明らかに「アンダカ・アスラ降伏の相」の一種のヴァリエーションと考えることができる。(24) そして、もしそうであるなら、日本に伝えられた忿怒相の摩訶迦羅天像の淵源は、このヒンドゥー教の「アンダカ・アスラ降伏の相」にほかならないと言うことができるし、また、胎蔵曼荼羅や『四種護摩本尊及眷属図像』に描かれた摩訶迦羅天像は（先の想定とはちょうど逆に）、『理趣経』の「諸母天曼荼羅」を元にして、そのコピーとして作られたものと考えられるのである。*

＊先に述べたように、現存最古の（宗叡請来の）『理趣経』、「諸母天曼荼羅」は、唐代中国に遡るが、ここには図像そのものは描かれていない。中国以来の伝統が確かな摩訶迦羅忿怒相の図像は、胎蔵曼荼羅および『四種護摩本尊及眷属図像』のそれにかぎられている。しかし、もしこの系統の図像が『理趣経』、「諸母天曼荼羅」に基づいて描かれたのなら、当然『理趣経』、「諸母天曼荼羅」のそれも中国に遡ると考えなければならないだろう。

また、それと並んで思い出しておきたいのは、胎蔵曼荼羅における閻魔天とその周辺に位置する神々である。先に見たように（p. 246–248）、胎蔵曼荼羅の成立過程を表わす資料に当たると、胎蔵曼荼羅・最外院南方を司る閻魔天（死の神・ヤマ）の周囲には、ほぼつねに七母天や黒暗天（Kāla-rātri「世界破滅の恐怖の夜」）。神話的にはカーリー女神とほぼ同等と考えられる）、そして屍体を喰らう荼吉尼衆が描かれていた。この構成は、上に見てきたアンダカ・アスラ降伏神話の図像的構成にきわめて近似しており、基本的に同等のものと考えられる。そして、そのことはまた、この位置での閻魔天が、アンダカ・アスラを降伏するシヴァ＝マハーカーラと神話的に非常に近いものと考えられた可能性をも示唆していると思われる。

## 5　象皮の問題

では、インドから日本まで通じて、この一連のシヴァ-摩訶迦羅像に共通したもうひとつの重要な特徴、すなわち「象の皮を披る」という特徴は、どのように説明できるだろう。――この問題については、二種類の考察が可能である。まずシヴァの図像一般（とりわけアンダカ・アスラ降伏神話におけるシヴァ-マハーカーラ）が象皮を披る理由について考え、その後で、マハーカーラと象皮の関係について、別のより特殊な推測を試みることにしよう。

シヴァは、前章で見た『ヤジュル・ヴェーダ』のルドラへの讃歌（*Śatarudriya*）の中で、すでに「動物（＝象）の皮をまとう者」（*kṛttivāsa*）として知られていたという。(25) このことはまた、仏教を通じて中国にも伝えられていた。有名な「三蔵法師」玄奘の弟子、普光による『阿毘達磨倶舎論』（*Abhidharma-kośa*）の注釈『倶舎論記』（六六四年頃）は、「自在天」（Īśvara）すなわちシヴァの諸相について述べて、(26)

> 〔自在天は〕険悪事をなすがゆえに「険」と名付け、衆生を割裁するゆえに「利」と名付ける。衆生を焼くことを「能焼」と言い、畏るべき姿を表わすことを「可畏」と言う。恒に苦具をもって衆生を逼害《ひつがい》するがゆえに「恒逼害」と言う。またある時には、血肉や髄を好んで喰らうがゆえに「ルドラ」すなわち「瀑悪」と名付けられる。これは大自在天の異名である。大自在天にはなべて千の名があるが、こんにち世に行なわれているのは六十に過ぎない。〔中略〕仏法の中で説く摩醯首羅天（Maheśvara）は三眼八臂で身長は一万六千ヨージャナ〔一ヨージャナ＝約七または九マイル〕あるという。〔……また〕「可畏・恒逼害」とは、龍〔*nāga* ここでは「蛇」を意味するだろう〕をもって人間の髑髏を貫き、それを頭頂にかけ、あるいは龍〔＝蛇〕をもって腕を飾り、また象を殺してその皮を取り、血を塗って裏返しにしてそれを披ることをそのよう

に言うのである。

と書いている。また、先ほど以来、中国に八臂のシヴァ－マハーカーラの像を伝えたと者として注目してきた不空の翻訳による、きわめてヒンドゥー教的な色彩の濃い密教経典『速疾立験魔醯首羅天説阿尾奢法』は、次のような三眼十八臂のマヘーシュヴァラ像を記述している。

魔醯首羅天は三眼で頭には瓔珞で荘厳した冠をかぶり、その頭冠の上には〔中に〕仏が〔描かれた〕半月がある。首は青である。〔全部で〕十八臂の手には種々の器杖を持つ。龍〔＝蛇〕を紳線〔＝帯〕とし、角を絡めて〔身体を〕飾る。また血を塗った象の皮を披っている。(27)

一方、ヒンドゥー教でも、シヴァ神による象殺しの神話はいくつも知られている。たとえば、ラオが引く『クールマ・プラーナ』によれば、

昔、カーシー（ヴァーラーナシー）でバラモン達が瞑想の行に励んでいた時、あるアスラが象の形に変身して現われ、彼らを悩ませたことがあった。バラモン達は「（動物の）皮を披った主神」（Kṛttivāseśvara）と呼ばれるリンガのまわりに集まって神の助けを乞うた。それに応えてそのリンガからシヴァ神が現われ、象のアスラ（Gajāsura）を殺してその皮を剝ぎ、みずからの上半身を飾る衣服としたという。(28)

さらに興味深いことに、シヴァによる象殺しの物語は、アンダカ・アスラ降伏神話の一つのヴァージョンにも現われている。

アスラ王となって数々の苦行を積んだアンダカは、絶大な力をもつようになり、神々を苦しめるようになった。神々がカイラーサ山のシヴァに助けを求めに行ったちょうどその時、アンダカはパールヴァティーを奪おうとしてカイラーサ山に現われた。シヴァ神はアンダカを懲らしめることを決意して立ち上がり、ヴァースキ、タクシャカおよびダナンジャヤと呼ばれる名高い蛇〔龍〕を帯や腕飾りとして身に着け、闘いに備え

た。――その時、アンダカに味方するニーラ（Nīla「青」の意）という名のアスラが、シヴァを殺そうと企んで、象に姿を変えて近づいてきた。その変身を見破ったカイラーサ山の門神ナンディンは、シヴァの激怒から生まれたというヴィーラバドラ Vīrabhadra と呼ばれる軍神にそのことを知らせ、ヴィーラバドラは（象の天敵である）ライオンの形に変身してニーラを殺し、その皮を剝いでシヴァに捧げた。シヴァはこの象の皮を身にまとい、蛇の飾りを着け、恐るべき三叉戟を振り回してアンダカの軍勢との闘いに出立したという(29)……。

　この物語ではヴィーラバドラ（この忿怒相の神はシヴァの化身であり、その神像は多くの七母天、または八母天の像の脇に、ガネーシャとともに置かれている）が象のアスラ（*gajāsura*）を殺したことになっている。しかし他の神話（『ブリハドゥダルマ・プラーナ』*Bṛhaddharma Purāṇa* におけるガネーシャの誕生の神話）では、たとえばシヴァがその邪視によってパールヴァティーの子ガネーシャの頭を落としてしまったのち（ガネーシャは生まれた時は美しい顔をもった「正常な」子どもだった）、怒り狂う妻をなだめるためにナンディンを遣わして、この牛神がインドラ神の乗り物として有名なアイラーヴァタ象を殺し、その頭を持って来て、ガネーシャの首にすげ替えたことが語られている(30)。こうした例を見ても分かるとおり、シヴァ神（またはその直接の眷属）による象殺しの神話には多くのヴァージョンがあり、どれひとつとして決定版と言えるようなものはない。ということは、逆に言えば、最初にあったのはたんにシヴァが象の皮をまとうという図像的なアイディアであって、各種の神話はむしろそれを説明するために後から作られたものと考えることもできるかもしれない。

　が、その象‐アスラの皮を披ったシヴァ神像（Gajāsura-saṃhāra-mūrti）についてとくに興味深いのは、多くの場合、その形態のシヴァが一本の象の牙を手に持っていることである(31)。それにちょうど対応するかのように、シヴァの「子神」象頭のガネーシャには、一本の牙が欠けている。このガネーシャの特徴に関しても様々な神話による説明が行なわれているが[32]、この場合にも基本にあったのは図像的なアイディアであって、神話による説明は二次的なものにすぎないように思われる。こうして見ると、シヴァが披った象の皮は、象神ガネーシャと深い関係があると考えることもできるだろう。象皮を披ったシヴァ像は、いうならばシヴァ神の象一般、とくにガネーシャに対するある種の基本的な敵対関係を表わしたものと言うこともできるのではないだろうか[33]。

とは言っても、ヒンドゥー教や仏教（とくに密教的仏教）神話におけるこのような「敵対関係」は、つねに一種のアンビヴァレント（両価的）な意味をもっていることにも、注意しておかなければならない。ある神格$A$が他の神格$B$と敵対する――たとえばシヴァがアンダカに敵対し、あるいは降三世明王が大自在天（＝シヴァ）に敵対する、というような場合、この二つの神格はつねに基本的に「同質」の性格をもっていると考えなければならないのである。

しかし、マハーカーラと象皮の関連については、じつはもうひとつ別の推測をすることもできるように思われる。その出発点になるのは、先に引いたドーソンが、マハーカーラが披っている象皮を「太陽の光線を遮るヴェール」と表現していることである。これにちょうど応えるかのように、敦煌の千手千眼観音・三十二眷属の画像に描かれた摩訶迦羅が持つ象皮についても、それを記述するヴァンディエ－ニコラ氏および共著者たちは、「顔の高さまで挙げられた左右の手で、彼（＝摩訶迦羅）は背後にピンク色の布（象の皮？）を持ち、それで太陽を隠している[34]」と書いている。こうした記述が何に基づいたものかはまったく分からない。が、その根拠が何であるにせよ、マハーカーラが持つ象皮が「日の光を遮る」ものであるという記述には、ただ見過ごすわけにはいかない、興味深いヒントが含まれているように思われる。

第一に、アンダカ・アスラの神話そのものについて見ても、「日の光を遮る」ということは、アンダカ・アスラが、シヴァの眼が隠されて世界が光を失った時に生まれ、また彼自身が光を奪われた「盲目」であるということと関連づけられるだろう。しかしそれよりさらに興味深いのは、すでに見たように、カーリダーサと『ヴィシュヌダルモーッタラ・プラーナ』、そして慧琳（＝不空）という、時代的、あるいは空間的に非常にへだたった文献の中で、マハーカーラが（日の光を遮るであろう）「青黒雲」「雷を含んだ雲」と関連づけられているということである。そして、インドの象徴体系では、「象」＝ナーガ *nāga*（あるいは *gaja, hastin, mātaṅga* などともいう）は「龍／蛇」を表わすと同時に、地上に雨をもたらす「雲」を表象するものとしても知られている。神々の王インドラが乗り物とするアイラーヴァタ象は、「アブラ‐マータンガ」Abhra-mātaṅga すなわち「雲‐象」という名で呼ばれることもあるという。そしてインドラ自身は、「メーガ・ヴァーハナ」Megha-vāhana、すなわち「雲を乗り物とする者」としても知られている[35]。

H・ツィンマーが引く『マータンガリーラ』の神話によれば、象は太初において翼をもち、雲のように天空を自由に行き来していたという。その象たちが翼を失ったのは、昔、ヒマーラヤの北で、ある年老いた仙人が人々に説法していた時に、近くの巨木の枝に数頭の空飛ぶ象が戯れてとまり、重みに耐えかねた枝が折れて集まっていた人々が押し潰されて、怒った仙人が象たちを呪ったためであるという[36]。神々の王インドラが「雲‐象」アイラーヴァタを乗り物とし、雨を降らせる王であったのと同様に、人間の王も象、とくに白象を「転輪王の七宝」の第二として珍重し、そしてまた地上に雨を降らせる王でもあった。雨を降らせる「雲‐象」は、インドの王権を表わすもっとも重要な象徴のひとつだったのである[37]。

もしもマハーカーラが嵐を含んだ暗雲に擬せられるものであるなら（ヴェーダ時代のルドラも「暴風」と関連づけられていた）、そして「雲」と「象」がインドの象徴体系の中で密接に結び付けられているのなら、このマハーカーラが、「日の光を遮る黒雲」にも似た、殺された象の皮を背後に披ることは、なんらかの神話的論理的な必然性を帯びているのではないだろうか。

## 6 「黒羚羊」のテーマ

先に述べたように、八、九世紀以来の中央アジアから日本に至るまで伝えられてきた摩訶迦羅像は、
[1] アンダカ・アスラまたはその変形と思われる「餓鬼」様の小人物を手に下げる（または槍、三叉戟などの先端に貫く）こと、
[2] 象の皮を背にまとうようにして持つこと、
[3] 三叉戟、槍、剣などの武器を持つ忿怒相であること、
などの共通の特徴をもっていた。そして、これらの特徴は、いま見たようにほぼすべてヒンドゥー教のアンダカ・アスラ降伏の神話によって説明されると考えることができる。（さらに、慧琳（＝不空）の記述にあった、摩訶迦羅天の足を支えるという「地神女天」も、同じアンダカ・アスラ降伏の図像に現われるヨーゲーシュヴァリー＝カーリー女神との関連で説明できると思われる。）

が、それでは中国＝日本に伝えられた慧琳（＝不空）系の摩訶迦羅像に見られるもうひとつの大きな特徴——すなわち「餓鬼」〜アンダカを持つ手の反対側の手がつかんでいる羚羊は、どのような意味をもっていたのだろうか。ヒンドゥー教のアンダカ・アスラをめぐる神話や図像には、羚羊はまったく現われないようである。その意味では、不空を経由して伝えられた図像は、ヒンドゥー教の伝統に忠実ではなかったと考えるほかないだろう。が、その反面、シヴァ神の神話では、羚羊は非常に重要な役割を果たしていることが知られており、またその図像でも頻繁に現われている〔図52参照〕。ルドラ＝シヴァをめぐるもっとも古い神話のひとつに、黒い羚羊（*kṛṣṇa-mṛga*）に変身してみずからの娘と交わろうとした創造神プラジャーパティを、ルドラが矢で射て、傷つ

けたという物語がある(38)（これは『シャタパタ・ブラーフマナ』1. 7. 4などに語られているが、その原型は、インド最古の文献『リグ・ヴェーダ』にまで遡ることができる）。これは「荒ぶる猟師」としてのシヴァについてのもっとも重要な神話のひとつであり、のちにはシヴァは黒羚羊の皮を衣とするとさえ言われるようになる。プラジャーパティは原初の宇宙の創造者であると同時に、供犠の儀礼そのものを体現するもっとも重要な神格である。原初の創造者は、創造するために不可避的にみずからの産み出した者（「娘」）と交わり、近親相姦を犯さなければならない。が、それは供犠そのものが供犠による秩序（＝ダルマ体制）から逸脱し、野生の世界に逃れ出てしまうことを意味する。供犠の儀礼に含まれた危険で野生的な側面を表象するルドラは、秩序の回復を願う神々の懇請を受けて、まさに「野生的」な方法でプラジャーパティを秩序の世界に引き戻し、そのことによって地上における創造を可能にしたのである。

**図52　羚羊を持つシヴァ神**（10世紀後半、タミルナドゥ）

不空（＝慧琳）が、シヴァ－マハーカーラの「アンダカ・アスラ降伏の相」にこの黒羚羊のモティーフを加えたのは、あるいはたんに彼（ら）の恣意的な創意に従っただけだったのかもしれない。ただ、ここで興味深いのは、アンダカ・アスラ降伏の物語が「息子→母」の近親相姦の物語であるのに対して、プラジャーパティを傷つけるルドラの物語は「父→娘」の近親相姦の物語だということである。しかも、ルドラ－シヴァ－マハーカーラは、この両方ともの場合に、近親相姦を妨げる中心的な役割を果たしている。神話レヴェルにおけるこの見事な対照性が、図像においても、右手の羚羊（〜プラジャーパティ）vs 左手の「餓鬼」（〜アンダカ）（『理趣経』の「諸母天曼荼羅」や胎蔵曼荼羅の図像ではその逆）という形で表現されているのは、あるいはたんなる偶然ではないと考えることもできるかもしれない。

## 7　パリに渡った摩訶迦羅忿怒像

インドから日本まで——、マハーカーラ＝大黒天の図像は、タントラをはじめとしたヒンドゥー文化の新しい展開に沸き立つインドから出発して、八、九世紀の中央アジアと中国の熱い空間をくぐり抜け、そして平安朝の日本にまでたどり着いた。この驚くべき伝播の歴史の中でもっとも重要な役割を果たしたのは、言うまでもなく不空を中心としたインド密教の正統的な継承者であるに違いない。が、たとえば敦煌やベゼクリクなどに見られる図像は、おそらくそうした正統的な（文献による）伝達とは直接の関係なしに作られたものと考えることもできるだろう。そもそも不空自身が、たとえばエローラやエレファンタのシヴァ＝マハーカーラの図像を見たことがあったか、あるいはアンダカ・アスラ降伏の神話を正確に知っていたかどうか、という疑問には、（もちろん確定的な答えはありえないが）全体的な印象としては否定的にならざるをえない。にもかかわらず、たとえば不空＝慧琳の摩訶迦羅天図像の足下に大地女神が置かれること（この点に関しては別の視点からの考察も必要である。次章を参照されたい）、あるいはこの摩訶迦羅天が黒羚羊を手に持つことなど、ヒンドゥー教図像の観点からは逸脱と思われる要素まで含めて、極東に伝えられた摩訶迦羅天忿怒像は、ある種のきわめて一貫した神話的論理に貫かれていたと考えることができる。

インドから日本へ至る過程で起こったもっとも大きな変化は、立像であったはずの不空＝慧琳の図像が、中国－日本の『理趣経』の「諸母天曼荼羅」や胎蔵曼荼羅では座像に変わり、インドの「アンダカ・アスラ降伏の相」のシヴァ－マハーカーラ像が有していたきわめて躍動的な形態が、どちらかというと静的な形を取るようになったということかもしれない。が、こうして日本にまで渡り、大きく変化をとげた摩訶迦羅忿怒像は、十九世紀末の時代に至っても、まだそのインド的－ヒンドゥー神話的起源を想起させるある種の「神話的論理」をその体内に秘めていた。

先に述べたように、この忿怒相の摩訶迦羅天像は、密教の内部でのみ知られたもので、一般にはほとんど普及しなかったし、またその彫像の例もきわめて少ない。古い文献では、『覚禅鈔』や『白宝抄』『白宝口抄』などに、般若寺および東寺に、六臂の摩訶迦羅像があることが記されており、これはおそらく忿怒相の摩訶迦羅の彫像だったと思われる。(39) しかし現存している三面六臂の忿怒相の摩訶迦羅像は、筆者の管見に入ったかぎりでは、わずか三例しか知られていない。そのうちの一例は、京都、平等寺蔵の江戸時代の作で、これは滋賀県立琵琶湖文化館の特別陳列『大黒天と弁才天』（一九九一年三月一日～二十四日）に参考作品として挙げられた。(40) 次の一例は、東京、板橋区の安養院にあるもので、これは筆者が知るかぎり写真などの形で公表されたことはない（これはおそらく明治以後の作だという）。そして、最後の一例は、意外なことにパリの東洋美術品を集めたギメ博物館に展示されている。これは台座の裏に江戸末期のもっとも優れた仏師の一人、松本良山の銘があり、美術的にも貴重なものだという*（図53参照）。

この像はそれ自体数奇な運命をたどった。この像は、おそらく明治初期、廃仏毀釈の嵐が吹き荒れていた時代に日本を訪れたリヨンの実業家エミール・ギメが購入し、フランスに持ち帰ったものだったと考えられる。一八九七年版の『ギメ博物館小案内』にはじめてその写真が掲載されたが、その後、まったく行方不明になり、一九

**図53　摩訶迦羅忿怒像彫像**

九一年、ギメの日本仏像コレクションが新たに展示される直前まで、紛失されたものと信じられていた。ところが、ちょうどその時、この失われたはずの貴重な彫像がナントの装飾芸術博物館の倉庫に眠っているのが発見され、パリの展示に加えることができたのである（残念ながら、その時には背後の象皮が失われていた）。

＊こうした像が江戸時代以降に作られたことは興味深い。江戸時代の仏教には、たとえば慈雲尊者・飲光による悉曇学の復興に見られるような、「（インドの、あるいは仏教の）原点に還ろう」とする一種の復帰運動があったのではないだろうか。それと同時に、江戸時代にはいわゆる「鬼形鬼子母」の像が作られたことも（**図54**参照）、忿怒相の摩訶迦羅彫像が作られたことと無関係ではないかもしれない。これは、江戸時代独特の一種の怪奇趣味の表現であるとも考えられる。——しかし、この怪奇趣味も、源流をたどれば仏教、とくにタントラ的仏教にさかのぼるものであるかもしれない。

ところで、この像は、先の一八九七年版の『ギメ博物館小案内』に、正しく「シヴァ‐マハーカーラの像」として載せられているが、その日本名はなぜか「Matali-djin」と記載されている。これはおそらく、ギメが日本でこの像を購入した時に、日本人の売り手から（誤って？）教えられた名前なのだろう。しかしこの名前には、たんに廃仏毀釈時代の日本人の無知だけに帰することはできない、ある神話的な響きが含まれている。ここでMatali-djinというのは、おそらく「摩多哩神」というような語を写したものと思われるが、それは明らかにサ

図54　江戸時代の鬼形鬼子母

ンスクリットの「マートリ」*mātṛ* すなわち「母」の語の音写であるに違いない[41]。なにゆえに日本のマハーカーラ‐摩訶迦羅天の名が、「七母天」(*sapta-mātṛkā*) の語を構成する *mātṛ* という語に置き換えられたのか——。そこには、言うまでもなく『理趣経』「諸母天曼荼羅」における摩訶迦羅と七母天(または八母天)との深いかかわりが作用していただろう。しかしさらに遡るなら、そこには、アンダカ・アスラを打ち倒した時のシヴァを助けたヨーゲーシュヴァリー／カーリーをはじめとする神々のシャクティ＝神妃の群れと、シヴァ‐マハーカーラ自身との密接な関係を想起させる、遠く微かな痕跡を認めることもできるように思われる(日本の摩訶迦羅‐大黒天が、「摩多哩神」、すなわち *mātṛ* と結び付けられたのには、さらにいくつかの重要な隠されたリンクがある。この問題についてはのちに詳しく検討しなければならないだろう〔後述 p. 570以下、および XII-n. 45, 46参照〕)。

こうして古代インドに発したあるきわめて特殊な神話的思考の種子が、摩訶迦羅忿怒相の図像に孕まれて、煌めくように様々に変化し、意想外の形を取りながら、中央アジアから中国を経、日本にまで至り、そしてついには遠く二十世紀末のパリにまで運ばれていったのである。

**注**

(1) 喜田貞吉稿「大黒神像の変遷」p. 167-168.

(2) 日本の大黒天の図像については、長沼賢海、喜田貞吉、中川善教の諸論著(以上、前述「プロローグ」n. 9 参照)、山下立稿、滋賀県立琵琶湖文化館の特別陳列『大黒天と弁オ天』解説（一九九一年三月）、Bernard Frank, *Le Panthéon bouddhique au Japon－Collections d'Emile Guimet*, p. 210-213などが基本的な参考文献として挙げられる。なお、拙稿「Daikokuten 大黒天」*Hōbōgirin* VII（「プロローグ」注８参照）も参照されたい。

（3） 喜田、同上論文 p. 169-177参照。

（4） 喜田、同上論文 p. 191.

（5） 中川善教著『大黒天神考』p. 56-57.

（6） 『慧琳音義』Ttt. 2128 x 366b14-17. 読み下しについては喜田貞吉稿「大黒神考」p. 200も参考にした。

（7） この文は前引の『仁王経疏』の冒頭部分（「言摩訶者、此翻云大。言迦羅者、此云黒天也。上句梵語、下句唐言」）に当たる。前述 p. 95参照。

（8） たとえば『覚禅鈔』TZ. V 3022 cxiii 524b21 and fig. 372などを参照。

（9） 『理趣釈』Ttt. XIX 1003 ii 616a23-24, a26-27；かぎかっこ内の補足はチベット語訳『理趣経』による。栂尾祥雲著『理趣経の研究』p. 341, p. 339参照。

（10） 『理趣経尊位曼荼羅図』TZ. XII 3239 953 *sq.*, 968. また佐和隆研著『白描図像の研究』（京都、法藏館、一九八二年）p. 114も参照。

（11） 『四種護摩本尊及眷属図像』については佐和、同上書 p. 101-102参照（「……この一巻の内容は首尾一貫したものではなく、端裏書にもいう如く、智泉が諸種の請来品より自分のために蒐集したものではないかと考えられる」）。また、石田尚豊著『曼荼羅の研究』p. 4-5, p. 218b-223b も参照。

（12） 『金剛恐怖集会方広儀軌観自在菩薩三世最勝心明王経』T. XX 1033 11c15-17.

（13） 松本栄一著『敦煌画の研究・図像篇』（東方文化学院東京研究所、一九三七年）本文p. 728-731 and fig. 185-186；p. 249-251 and fig. 40-41；図版 pl. 162, pl. 167, pl. 174, pl. 188b；pl. 82；N. Nicolas-Vandier avec le concours de Gaulier, Leblond, Maillard et Jera-Bezard, *Bannières et peintures de Touen-houang conservées au Musée Guimet*, [Mission Paul Pelliot, XIV], Paris, Adrien-Maisonneuve, 1974, p. 207-215, 11-14；Pl. 103, 6参照。

（14） 松本、同書 p. 729-730；p. 669-674；Nicolas-Vandier *et al., op. cit.*, p. 209-210.

（15） この点に関しては法藏館編集部の林美江氏に御教示いただき、貴重な文献をお貸しいただいた。深く感謝する次第である。

(16)　アンダカ・アスラ降伏の神話については、W. Doniger O'Flaherty, *Asceticism and Eroticism in the Mythogy of Śiva*, p. 190-192 ; Id., *Hindu Myths*, Penguin Classics, 1975, p. 168-173 ; Stella Kramrisch, *Manifestations of Shiva*, p. 50 : Pl. 42（アンダカ・アスラを槍で突き刺すシヴァ）; p. 51 : Pl. 43（降伏されたアンダカ／ブリンギンの頭部）; Id., *The Presence of Śiva*, p. 374-383 ; p. 456-457 ; Charles Dillard Collins, *The Iconography & Ritual of Śiva at Elephanta*, New York, State University of New York Press, 1988, p. 57-65とくにp. 61-62（*Kūrma Purāṇa* におけるアンダカ・アスラ降伏神話では、シヴァは "Śaṃkara Kālabhairava", "Kālāgnirudra", "Kālabhairava"などと呼ばれる）; Index, p. 318a, "Śiva Slaying the Demon Andhaka" ; T. A. Gopinath Rao, *Elements of Hindu Iconography*, I-2, p. 379-382 ; II-1, p. 192-194 ;『インド神話伝説辞典』p. 43b-44b などを参照；なお栂尾、前掲書 p. 341, n. 4によれば、この神話はチベット語訳の Buddhaguhya による『大日経広釈』にも引かれているという。

(17)　Doniger O'Flaherty, *Asceticisme*, p. 192 ; *Hindu Myths*, p. 17参照。

(18)　Collins, *op.cit*., p. 59参照。

(19)　Doniger O'Flaherty, *Asceticism*, p. 307-308参照。

(20)　Rao, *Elements of Hindu Iconography*, II-1, p. 193-194.

(21)　Collins, *op.cit*., p. 63による。

(22)　S. Kramrisch, *The Presence of Śiva*, p. 278は「マハーカーラの神話的形象はバイラヴァである」という；同書 p. 272, 284-286, p. 297も参照。

(23)　Collins, *op.cit*., p. 56-57参照。

(24)　このことはすでに、栂尾、前掲書 p. 340-341が、Rao を引いて論じている。

(25)　J. N. Banerjea, *The Development of Hindu Iconography*, p. 233-234, p. 487参照。

(26)　『倶舎論記』Ttt. XLI 1821 vii 139c26-140a3, 140a6-7, 140a11-13.

(27)　『速疾立験魔醯首羅天説阿尾奢法』T. XXI 1277 330a4-7；大正蔵のテクストの「寫及」ではなくヴァリアントに従って「象皮」と読む。

(28)　Rao, *ibid*., II-1, p. 150.

(29)　Rao, *ibid*., I-2, p. 379-380.

(30)　Doniger O'Flaherty, *Hindu Myths*, p. 266-268 ; Vīrabhadra については Rao, *op. cit*., I-2, p. 388-389 ; *ibid*., II-1, p. 182

sq. も参照。

(31) Rao, *ibid*., II-1, p. 150–156参照。

(32) R. A. Stein, "Porte (Gardien de la), *in* Yves Bonnefoy, *dir.*, *Dictionnaire des Mythologies*, II, 抜き刷り p. 8–9；日本の大聖歓喜天も一本の牙が欠けている。

(33) Wendy Doniger O'Flaherty, *Hindu Myths*, p. 262は、シヴァによる象殺しの神話と、シヴァとガネーシャのある種の敵対関係の間に関連があることを示唆している。――この点については、のちにより詳しく見ることにしたい。神話モティーフ索引「象」も参照。

(34) N. Nicolas-Vandier *et al.*, *op.cit*., Texte, p. 209；ベルナール・フランク教授のご教示によれば、同様の記述は、後引の一八九七年版の『ギメ博物館小案内』*Petit Guide illustré du Musée Guimet*, Paris, 1897 p. 209 (?) にも見えるという。

(35) Monier-Williams, *s.v.* abhra ; megha.

(36) H. Zimmer, *Mythes et symboles dans l'art et la civilisation de l'Inde*, traduit par M.-S. Renou, Paris, Payot, 1951, p. 105 and n. 1 (*Mātaṅgalīla*, I)；『インド神話伝説辞典』p. 3も参照。

(37) Zimmer, *ibid*., p. 101–108, とくに p. 106–108. シヴァ神に殺されて皮を剝がれた象と「雲」との関連を示すもうひとつの材料として、象に変身してパールヴァティーを横取りしようとしたニーラ・アスラを殺し、その皮を剝いだシヴァの神話と図像を挙げることができる。その図像では、シヴァ神は神妃パールヴァティーとともに、空に浮かんだニーラ象の皮の上に坐っている。そして、この形のシヴァは「雲に乗る者」Jīmuta-vāhana と呼ばれるという。Stella Kramrisch, *Manifestations of Shiva*, pl. 26〔第二巻、図46〕, pl. *P*-31, pl. *P*-9 : p. 188, 196, 168–169参照。

(38) Doniger O'Flaherty, *Asceticism*., p. 114–117 ; Biardeau, "Sacrifice", p. 94–95 ; Stella Kramrisch, *The Presence of Śiva*, p. 6–7 ; p. 40–43, p. 336–340 ; Id., *Manifestations of Shiva*, p. 104 and *sq.*などを参照。――なお、前述VI-n. 39も参照。

(39) 『覚禅鈔』TZ. V 3022 cxiii 522c20–22；『白宝口抄』TZ. VII 3119 cliii 292c23–25；『白宝抄』TZ. X 3191 1137a8–11参照。

(40) 山下立『大黒天と弁才天』、参考図像一二。

(41) B. Frank, *Le Panthéon bouddhique au Japon*, p. 207–209, No. 125 and fig. 55〔ギメ博物館以外の二例についても、ここに記されている〕；中川善教著『大黒天神考』p. 7–10および p. 9の図、参照。――仏師・松本良山については、久野健編『仏像事典』(東京堂出版、一九七五年) p. 468a 参照。

# Ⅷ 「鼠毛色」の袋の謎——大黒の袋1

## 本章の主な話題・モティーフ

鼠と俵
大国主命
日本型大黒天図像の起源
兜跋毘沙門天
大地女神／功徳天（シュリー女神）／弁才天（サラスヴァティー女神）
クベーラ／ジャンバラ／ウッチュシュマ
鼠とマングース／財布

## 主な典籍・図像

『大黒天神法』（神愷・十世紀半ば？）
『要尊道場観』（淳祐・八九〇～九五三年）
観世音寺・大黒天立像
東寺・兜跋毘沙門天像
『大宋僧史略』（賛寧・九七八～九九九年）
敦煌その他中央アジアの兜跋毘沙門天図像

日本の胎蔵曼荼羅の最外院に描かれた摩訶迦羅天の図像は、遡り遡りしてその起源を尋ねれば、おそらく中世インドのシヴァによるアンダカ・アスラ降伏の神話にまでたどり着くものだった。が、言うまでもなく、この図像は日本のほとんどだれもが知り、慣れ親しんでいるあの福神・大黒天の像――大きな袋をかつぎ、俵の上に乗ったあの大黒天の像――とは、似ても似つかぬ、忿怒の形相もあらわな荒神を表わすものだった。

この恐るべき忿怒神が、どのようにしてあのいかにも親しみやすい太鼓腹の福神に変わることができたのか、あるいは、忿怒相の摩訶迦羅が「オリジナル」で、太鼓腹の大黒はそれが変化したものと言えるのかどうか、そもそもこの二つのまったく異なる様相を示す神が、どのような意味で「同じ神」であると言えるのか――、考えてみれば、こうした疑問が、ここまで探究の旅を続けてきた最初の出発点だった。このへんで、あらためて日本の福神・大黒天そのものの姿を検討してみることにしたい。

その過程で、もっとも重要なポイントのひとつになるのは、前章で見た不空＝慧琳による摩訶迦羅忿怒相の図像に現われていた「地神女天」の行方である。不空＝慧琳の記述では、八臂の巨大な摩訶迦羅天立像の足下に一人の地神女天がいて、その両足を支えているはずだった。それが、日本に伝わるあいだに摩訶迦羅天自身が座像に変わるとともに、足下の地神女天の姿もすっかり消え去ってしまっていた。彼女はいったいどこに行ってしまったのか。そもそもこの地神女天の正体は（前章ではわれわれはこの女神とカーリー女神の関係を推定したが）何だったのか――。こうした疑問を頭の片隅に置きながら、日本の福神・大黒天について考えてみることにしよう。

## 1　大黒と鼠・大黒と俵

ところで、この日本の福神としての大黒と切っても切れない関係にあるもののなかに、「大黒の使い」鼠がある。たとえば「古事類苑」(1)が引用する享保十六年(一七三一)刊の『雅筵酔狂集』(雑)には、

大黒の白鼠を猿のやうに舞し給ふ所の絵に

初春に舞してまはるそれよりもまさるめでたき白鼠かな

という祝い歌が載せられている。鎌倉時代後期以降(十四世紀ころ)に成立したという『源平盛衰記』に、平清盛の出世について述べた箇所ですでに「鼠ハ大黒天神ノ仕者也、此人(=清盛)ノ栄花ノ先表タリ」と書かれているから(2)、この時代には、鼠を大黒天の使いとする信仰が定着していたと考えていいだろう(3)。

そもそも大黒と鼠の関係は、きわめて「俗信」的な色合いが強いもので、大正蔵に収録されたような「正統的」な仏教書では、それについて言及したものはほとんど見当たらない。筆者が見つけたかぎりでは、ただひとつ、前にも何度か引用した諸尊法聖典のひとつ、『白宝口抄』の「大黒天神法」の巻に、この関係について触れた箇所があり、いろいろな教義的理由づけをした後で*、

これらの義により、常に(=一般に)鼠は大黒の使者であると言われる。

と書かれている(4)。『源平盛衰記』の成立年代は十四世紀ころという以上に明確には特定できないが、『白宝口抄』は一二五八~一三四一年の間に書かれたと考えられるので、「大黒と鼠」の関係は、遅くとも一三四一年以前には成立していたと考えることができる。

＊『白宝口抄』TZ. VII 3119 cliii 290c23-291a4に次のように書かれている。「鼠者、是十二時中子時也。子夜半合宿際義也。

**図55　足元に白鼠を配した福神・大黒**（明治期の引札）

理智和合不二暗体之位。此処諸仏自証極位。衆生本有體也。即依正萬法能生位。浄菩提心如意宝形體也。又摩訶迦羅天胎蔵外院居此方。是子方也。此方不空成就作業故、以鼠為作業袋色歟。又十二神将中、子神毘佉羅本地釈迦如来也。此神佉羅者黒暗義。故大黒神相応鼠歟。釈迦尊𑖮字風輪故、黒色方也。見三種悉地軌、依此等義、常鼠是云大黒使者也〔云々〕」。

この大黒と鼠の関係は、その後もいわゆる「俗信」の中で長く生き続け、現代にまで至っている。たとえば鈴木棠三著『日本俗信辞典——動・植物編』によれば、

広島県下では、ネズミは大黒さんの使だから、ネズミのいる家には火難はないという。埼玉県大宮市でも、同様にネズミは大黒様のお使で、火事になりそうな家にはすみつかず、すみついても火事の前にはそれと知っていちはやく逃げてしまう、といっている。〔中略〕

〔また〕広島県では、ネズミは大黒さんのお使であり、白ネズミを飼えば福が来るという。『和漢三才図絵』に、白ネズミは多くはないが、人はこれを福神とし、かつ大黒天の使という、と述べ〔ている〕。

という(5)。また大黒と鼠の関係は、農村などの年中行事で、大黒祭りを「子《ね》祭り」＊(6)（または甲子《かっし》祭）として、旧暦十一月＝子の月の初子《はつね》の日に行なう習慣があること、あるいは明治頃の引札などに、福神としての大黒の足元に白鼠を配したものがあることなど(7)〔**図55**参照〕、様々な方向に拡がりを見せている。

＊明治十八年（一八八五）、松江に生まれた筆者の祖母の生前の話によれば、「子祭り」の日は子どもが主人公の日で、大黒様に黒豆を供えて祀ったという。

日本では、大黒と鼠の関係はこのように広く普及した信仰であるのに、筆者の知るかぎり、インドや中国の資料では、この二つを関連させたものは見当たらないようである（チベットに関しては知るところがない。識者の御教示を俟ちたい）。一般に鼠は、現代でも決して好まれる動物ではないが、農耕を生活の基盤としていた古代や中世の社会では、いなごなどの害虫とともに、作物を盗み、食い荒らすものとしてもっとも忌み嫌われた動物だった。[8] それがなぜ福の神・大黒と結びつけられるようになったのだろうか――。

*

たとえば、先ほどの大黒の足元に白鼠を配した明治期の引札を紹介した荒俣宏氏は、この鼠について、簡単に「台所あるいは米に関連して、大黒さまの遣いとされている動物だ」と書かれている。[9] これは、敷衍して解釈するなら、ほぼ次のような考えに基づいていると言えるだろう。すなわち、ある時代から、日本における大黒は、忿怒の相がほとんど忘れられ、世人に福をもたらすめでたい神として信仰されるようになった。そこで日本での富の象徴とされる米俵の上に大黒を立たせる像が作られるようになった。米俵と鼠は元来の性質上、非常に近い連想で結ばれている。鼠を大黒の使いとするのは、いわば鼠に食われてもあり余るほどの富（米）を大黒が与えてくれる、といった信仰に基づいているのだろう……。つまり、この考え方では「大黒と鼠」の関係は「大黒と俵」の関係に基づいた、二次的なものということになる。

この推論は、一見非常に自然なものと思われるが、その正しさを証明するためには、少なくとも俵の上に乗った大黒像が、鼠を大黒の使者とする信仰以前に存在していたことが明らかにされなければならない。一般に図像史料の年代を細かく決定することは難しいが、たまたま製作者による銘が記された像なども存在する。大津市の聖衆来迎寺に祭られた大黒像には、「暦応二年（一三三九）三月十一日建立畢」の墨書銘があるが、これは俵に乗った大黒像としてはもっとも古い部類に属するだろう。[10]しかし『源平盛衰記』とこの聖衆来迎寺の像の年代を比較する限りでは、「大黒と鼠」の関係の方が「大黒と俵」の関係以前に成立していたという可能性も出てきそうである。一方、文献史料で「大黒と俵」の関係に言及したもっとも古いものは、（筆者の知るかぎり）「大黒と鼠」についても述べていた前引の『白宝口抄』である[11]（ここでは鼠と俵のほかに、袋、槌、剣、輪宝、宝珠が大黒に関連づけられている）。こうして見ると、『白宝口抄』の成立年代、つまり一二五八～一三四一年頃の時代（鎌倉後期から「建武の中興」を経て南北朝が始まる時代）は、福神としてのいわゆる「日本型」大黒のイメージが固まってきた時代と考えていいのかもしれない。

## 2　大黒と鼠――江戸時代の学説

いずれにしても、これらの材料だけでは、「大黒と鼠」と、「大黒と俵」のどちらが一次的であるかを決定することはできない。

では「大黒と鼠」に関して、昔の学者たちはどのように考えていたのだろうか。江戸時代の考証学者は、次の三つほどの説を提起していていたようである。まず、日本の歴史民俗学の原点ともいうべき喜多村信節の名著『嬉遊笑覧』（一八三〇年）巻第七には、[12]

> 大己貴命《おほなむちのみこと》《だいこき》を大国主神《おほくにぬしのかみ》《だいこく》とも申すを大こくと称し、牽合したりとかや。この神、袋を負給へる事、また鼠の仕へまつりしことなど、『古事記』に出たり。〔……また〕『聖宝蔵神経』に、「宝蔵神、身《からだ》黄色にして二臂三面、頂《あたま》に宝冠を戴き、右手に海甘子を持ち、左手には鼠嚢を持つなり」とあり、鼠嚢などいふは似かよひたれど、全体相違せり。殊に黄色なるをいかで大黒といふべき。

と書かれていて、大黒と鼠の関係を、

［1］大黒天と大国主命との習合に基づく、とする説と、
［2］『聖宝蔵神経』という経典にいう、宝蔵神が左手に持つ「鼠嚢」による、とする二つの説が挙げられている。(13) しかし、この宝蔵神は身体が黄色いというので、大黒との類似は著者自身が否定している。

一方、「古事類苑」が引く『七福神考』（山本時亮編、山田直温校、寛政十年〔一七九八〕刊のものと思われる）によれば、(14)

或記云、大黒は北方子《ね》の神《かみ》なる故に、子の日をもて祭り、子祭《ねまつ》りといふ、子は十二支のはじめにて、甲は十干のはじめ故に、甲子《かつし》の日に祭るなり、〔中略〕世俗に大黒神の使者は鼠なりといふ。

というもうひとつの説が述べられている。つまりこの、

［3］の説では「大黒＝北方の神→十二支の子《ね》の神→鼠」という関係が想定されているわけである。

これら三つの説は、それぞれに非常に興味深いものだが、どれをとっても、それだけで充分とは言えそうにない。順序を逆に［3］から見ていくことにしよう。大黒を北方の神とする説は、インドや中国に遡る文献ではどこにも見当たらないようである。ただ、日本では、古い時代に円仁（七九四～八六四年）が『金剛頂経』の冒頭に見える「大黒」という語を注釈して、

金剛薬叉は北方の菩薩である。北はすなわち黒色であり、それ故に〔金剛薬叉明王が〕「大黒」に当たる。

と書いている箇所がある。(15) これは一見、教理的なつじつまを合わせるためのたんなる牽強付会のように思われる。しかし、すでに見たように金剛薬叉明王の神話は明らかに摩訶迦羅‐大黒天の「神話圏」に部分的に重なる要素を含んでおり、その意味では円仁のこの見解は、こうした神話的関連の「深層」を何らかの方法で〔無意識的に？〕示唆したものとして非常に興味深い。この円仁のテクストはたとえば『阿娑縛抄』にも引かれているし

（前注15参照）、また『白宝口抄』も大黒と鼠の関係について述べた前引箇所で、胎蔵曼荼羅外院の摩訶迦羅天が「子《ね》の方角」＝北方に配されることに注意を引いている[16]（実際には、胎蔵曼荼羅外院の摩訶迦羅天は東北角に位置している）。これを見ても分かるとおり、日本では古い時代から「大黒～北方」という連想が存在したことは確かである。しかし、だからといってそれが「大黒↓鼠」の関係に直結するとは考えにくいだろう。

次に、［2］にいう「宝蔵神」の名を題名に含む経典は大正蔵に二つ収録されているが（第二十一巻No. 1283宋・法天訳『宝蔵神大明曼拏羅儀軌経』、No. 1284同上訳『聖宝蔵神儀軌経』）、そのどちらにも「左手に鼠嚢を持つ」という文章は見当たらない（これはリファレンスの間違いで、じつは上引の文章は別の経典にある。後述参照）。

最後に残った［1］の説は、三つの説の中でもっとも有力なものと感じられるに違いない。『嬉遊笑覧』も言うとおり、『古事記』の有名な神話によれば、大国主命は、兄弟の「八十神《やそかみ》」とともに稲羽の八上比売《やがみひめ》を「婚《よば》はむ」ために旅をした時、袋を負い、兄弟神の従者《ともびと》として彼らに従ったといい、また後に「根の国」に下って様々な試練に遭い、燃えさかる野の中で「出でむ所を知らざる間に、鼠来て云ひけらく、『内は富良富良《ほらほら》、外は須夫《すぶ》須夫《すぶ》』」。この鼠のことばに、大国主が「其処《そこ》を踏みしかば、落ちて隠《かく》り入りし間に火は焼け過ぎ」助けられたと語られている[17]。「袋」と「鼠」という、「日本型」大黒天のもっとも特徴的な二つの要素が、ともに大国主神話にも現われているとすれば、「日本型」大黒天の成立を大国主との習合によって説明しようとする考えが出てくるのも当然のことだろう[18]。しかし、実際には大黒と大国主の習合がどの時代にまで遡るかは、非常に複雑な問題で、簡単に結論を出すことはできない。この問題についてはまたあらためて考えなければならないが、現在の段階で言えるのは、

［1］中世のある時期から大黒と大国主は確かに習合されたということ（文献上確認できるもっとも古い例は、おそらく『塵袋』の一節である（後述p. 562参照）。これは鎌倉時代後期、文永～弘安年間〔一二六四～一二八八

年頃〕の作だという[19]。

［2］しかし最古の「日本型」大黒が成立したのはおそらく十世紀半ば頃であって〔後述参照〕、確認可能な「大黒‐大国主」の習合よりほぼ三百年も以前のことと考えられる。したがってこの習合を最古の「日本型」大黒の成立の原因とする必然性はまったくないと思われる。

［3］「袋」と「鼠」という「日本型」大黒と大国主の両者に共通する特徴は、むしろその習合が成立していく過程で、何らかの補助的な役割を果したことはありうるが、その基本的な動機とはおそらく無関係だったと考えられる。

「大黒と鼠」の関係は、一見すればたんなる俗信であって、「正統的仏教」の観点からは、取るに足りないものとして顧みられないのが普通だろう。一方、俗信を直接の研究対象にする場合は、「正統的仏教」に属する史料はあまり重視されないかもしれない。しかし、ここまで見てきたことだけでも、「大黒と鼠」という俗信は、意外に根が深いものらしいということが分かってくる。この俗信の由来を見極めるためには、まず最古の「日本型」大黒そのものを検討することが、最優先されなければならないようである。

## 3　偽書『大黒天神法』の大黒天図像

現存する日本最古の大黒天像は、滋賀県愛知郡秦荘町の金剛輪寺〔松尾寺〕明寿院〔天台宗〕に祀られた半跏像であると考えられている〔上図38参照〕。この制作年代はほぼ十一世紀に遡ると言われているが[20]、これは前章で見た日本の大黒天図像の第二の「南海寄帰伝式の半跏像」の部類に属するもので、大袋を背負ったいわゆる「日本型」大黒ではない。現存最古の「日本型」大黒は、福岡県太宰府の観世音寺に伝えられた有名な古像である

（上図40）。これは山下立氏の記述によれば、

藤原時代に遡る、明寿院像と並ぶ大黒天の古像。（中略）左肩に袋を負い、右手に拳印を結ぶ（中略）。幞頭をかぶり髪を逆立てた頭部、眉に皺を寄せた晦渋な面貌、ほぼ六頭身の体軀など、きわめて異国風で（中略）ある。衣文は細部を略して簡潔に仕上げる反面、面相は非常に写実的に表現している。平服立像形大黒天像の最古、最優秀作といえる。

という。[21] 喜田貞吉が引く『太宰管内志』は、『筑陽記』という書を引用して、この像を、

阿弥陀（堂）一宇、額弘法大師筆弥陀名号也。云々。大黒天立像六尺。

と記しているという。[22] 喜田貞吉はこの像の制作年代について、「弘仁（八一〇〜八二四）末か藤原初期（九世紀半ば頃）のものであろう」という説を掲げ、中川善教氏は「藤原中期（九世紀後半頃）の作と推定されている」と書いている。[23] しかし、山下立氏がこの像を「明寿院像と並ぶ古像」と書かれていることから見ても（山下、同上）、この二つの推定年代はどちらもやや早過ぎるように思われる。明寿院の半跏像と同様に、これも十一世紀、あるいはむしろ十世紀半ばから十一世紀初頭あたりの制作と考えるのが妥当だろう。

筆者は美術史についてはもとよりまったく不案内だから、この十世紀半ばから十一世紀初頭という数字も、もちろん観世音寺像自体の美術史的な分析から出てくるのではない。ただ、「日本型」大黒天の図像について書かれた最古の文献の年代から見て、この時代以前にこの形態の像が制作されたことは考えにくいと思われるのである。以下に、このことを順に説明してみよう。

＊

日本における大黒信仰のもっとも基本的な典拠に、大正蔵（第二十一巻）に収録された『大黒天神法』という

書がある（No. 1287）。全体で三ページたらずの短編だが、大黒に関して書いた日本の学僧でこれを引用しないものはないほど有名な書である。そして、その前半の短い一節に記述された大黒天の図像が、一般に「日本型」大黒天図像のもっとも古い典拠となったと信じられているのである。

## 4 『大黒天神法』の著者

この『大黒天神法』は複雑な問題を含んだテクストである。第一に、これには「嘉祥寺神愷《じんがい》記」という著者名が付されており、またその本文中に、写本、または異読によっては「吾が唐朝」と書かれた箇所がある（他の写本、あるいは異読ではたんに「吾が朝」または「吾が当朝」と書かれている。**対照表**参照）。この嘉祥寺という寺院名は、中国隋代の有名な三論宗の学僧、吉蔵（五四九〜六二三年）が住した浙江省会稽の仏教寺院の名前として広く知られている。その上、本文に「吾が唐朝」ということばがあれば、これが中国唐代の僧によって書かれたものと考えられたのも当然だろう（たとえ別の読みに従って「吾朝」または「吾が当朝」と解しても、本文では「五天竺並びに吾朝、吾が当朝」とならべて書かれており、「インド・中国」という意味に理解するのが自然である）。事実、五、六十年ほど前までは、一般にこれは唐代中国から請来された経典と考えられていた。――ところが、この同じ嘉祥寺という名前の寺が京都の伏見にもあったことが知られており[24]、しかも本文の文章はとても中国のものとは思われないぎごちない漢文で書かれている。さらに、その中には「烏帽子《えぼし》」とか「狩衣《かりぎぬ》」など、日本固有のことばがあって、これもこの「経典」が日本製のものであることの明確な証拠と言うことができる。

日本と中国の「嘉祥寺」の混同は別にしても、「五天竺並びに吾が（唐）朝、吾が当（唐）朝」という書き方から見ると、著者は明らかにこれを中国製のものと見せかけようとしたと思われ、その意味ではこれはまさに「偽経」と呼ぶべき書物であるだろう[25]。著者の神愷という人物は、これ以外では知られていない。しかし伏見の嘉祥寺が九世紀末頃から一時期、仁和寺の末寺だったこと、『大黒天神法』が引く『大日経』の注釈が一般に真言宗で使う『大日経疏』であること（天台宗ではふつう『大日経義釈』を使う）、またその本文で真言宗の学僧淳祐の著作が重要な役割を果たしていること（後述参照）などから考えて、おそらく真言宗に属した僧侶と考えていいと思われる。(26)

## 5　『大黒天神法』の異本と典拠

大正蔵に翻刻された『大黒天神法』は一一七三年の奥付のある流布本だが、同時に一〇八〇年と一一三四年の年号のある二つの写本が校合されている（以下、最古の一〇八〇年写本を異本A、次に古い一一三四年写本を異本Bと呼ぶことにする）。これらはそれぞれ長さも（部分的には）内容も異なる異本で、とくに内容に相違がある後半部分は、すべて他の経典・儀軌などからのほぼ逐語的な引用によって成り立っている（表4に見るように、この後半部分自体が「古典的」典拠の列挙と、大黒天神法の次第および梵語の諸天讃の二つの部分に分けられる）。その多くはわれわれがすでに何度も引用した『大日経疏』や良賁の『仁王経疏』、『南海寄帰伝』など、中国伝来の摩訶迦羅‐大黒天に関する基本的な仏典だが、中には日本の真言宗や天台宗の有名な学僧――たとえば安然（八四一～八八九年以後、天台宗）の『瑜祇経疏』（＝『金剛峰楼閣一切瑜祇経修行法』Tttt. LXI 2228）、淳祐（八九〇～九五三年、真言宗）の『石山七集』（TZ I 2924）、さらに皇慶（九七七～一〇四九年、天台宗）の儀軌書（これは『阿娑縛抄』によって『谷記』という名で引用されているが、いまは散逸して伝えられていない）などからの引用も含まれており、これが日本で作られた偽書であることのもうひとつの証拠にもなっている。とくに皇慶の『谷記』からの引用は、もっとも古い異本Aには見られないもので、この異本Aの元になった原本が『谷記』の流布以前（または遅くとも皇慶の死以前、すなわち一〇四九年以前）に書かれた可能性を示唆していると考えることもできる。(27)

これら三つの異本すべてに共通する冒頭部分は、後半部分のようなたんなる逐語的な引用集ではなく、一見よりオリジナルな記述であるように見える。ところが、これも詳しく検討してみると、ほんの十行ばかりの例外を別にすれば、すべて大黒天に関する他の典拠に基づいて書かれていることが分かるのである。——まずは少し長くなるが、この部分のテクストの全文を挙げてみよう（数字は後述のコメントの番号）。

[1] 大黒天神とは大自在天の変身なり。
[2] 五天竺並びに吾朝〔または「吾が唐朝」〕の諸伽藍等、みな安置するところなり。
[3] 有る人の云はく、大黒天神は堅牢地神の化身なり。
[4] 伽藍にこれを安んじて毎日炊《かし》ぐところの飯の上分をこの天に供養せば、
[5] 夢中に誓うて語る詞の中に曰く、
[6] もし吾れを伽藍に安置して日々に敬い供ぜば、吾れ寺の中に衆多の僧を住せしめて、毎日必ず千人の衆を養わん。
[7] ないし、人の宅にもまた爾《しかり》なり。もし人、三年心を専らにして吾れを供ぜば、われ必ずここに来たつて、供ずる人に世間の富貴《ふうき》を授与し、ないし官位爵禄、惟《おもい》に応《かの》うて悉《ことごと》く与えん。
[8] 吾が体をば五尺に作れ、若《も》しは三尺、若《も》しは二尺五寸にても、また通じてこれを免す。
[9] 膚《はだ》の色、悉く黒色に作し、頭に烏帽子《えぼし》を冠らしむ、悉く黒色なり。袴を著けしむ、駆り褰《かか》げて垂れず。狩衣を著けしめ、裾《すそ》短く袖細し。右の手、拳に作して右の腰に収めしむ。左の手に大袋を持せしめ、背より肩の上に懸けしむ。その袋の色は鼠毛色に為せ。その垂れ下がる程、臀の上に余る。
[10] この如く作りおわつて大衆の食屋《じきおく》に居《すえ》て礼供せば、堂屋房舎、必ず自然《じねん》の栄《さかえ》聚集し、湧出せん。
また若《も》し人、常に吾が呪を持念し、四季に大いに餚饍酒羹飯食ないし百味を備えて、五更の時をもつ

て、衆多の人に知らしめずして吾に供ぜば、決定《けつじょう》して富を与えん。

[11] その呪に曰く。
「唵密止密止舎婆隷多羅羯帝娑婆訶」。

印は、二手内縛して二地二水を舒《の》べ、来去する是なり。

供養印は常途法を用う。

[12] 礼供の人は、必ずこの神に父母の想いを成せ。三宝に於ては外護を成し、衆人に於ては父母と成るが故なり。
余久しく天竺の土風並びに吾が当朝〔または「吾が唐朝」〕の土風を聞く。諸寺にこの天を安ず、豊饒に非《あら》ざること莫《な》し。これに因り、後輩の疑いを断ぜんが為に、野客夢の事をもつて引き尋ねてこれを貽《のこ》す。

[13] 大黒天神法。
師云はく。「これ最も秘密なり。不入室弟子に伝授すべからず。千金をもつてしても伝ふ莫《な》かれ、努力努力。」

[14] 讃（諸天讃）。
種子𑖦（摩）(28)。

第一章を思い出していただければ、このテクストが全体として何に基づいて発想されたものか、一目で理解されるだろう（付録の**対照表**を参照）。すなわち、ここに引いた文章のうち、[2]、[4]、[6]、[8]、[10]は、すべて、義浄の『南海寄帰伝』に述べられたインドの仏教寺院における大黒天の供養に関する記事を直接・間接に下敷きにしたものであることが明らかである（その他に[7]、[12]の文にも『寄帰伝』の影響を認めることができる)。たとえば、『寄帰伝』では大黒に祈って五百人の僧を養うことができたという奇跡譚が述べられているが、今のテクストの[6]の部分では五百人が倍増されて千人になっている。あるいは、同じ『寄帰伝』では二、三尺の大黒の彫像のことが記されているのに対して、ここ([8])では五尺、または三尺、または二尺五寸の像を作れ、と書かれている。これだけでも明らかなとおり、『大黒天神法』の大黒は、なによりもまず『寄帰伝』の大黒と同様に仏教寺院の守護神であり、また食物と富貴を与える福神として記述されているのである。

では『寄帰伝』以外にこのテクストで典拠とされているのは何だろうか——。

[1]の「大黒天神とは大自在天の変身なり」という文章は、明らかに良賁の『仁王経疏』が言う「大黒天神は摩醯首羅変化の身なり」をほとんどそのまま引用したものである。

では[3]に言う「堅牢地神」は何に当たるだろうか。ここまで、われわれは中国伝来の大黒天に関する典拠をほぼ網羅的に調べてきたが、その中で大黒と大地神を直接関連づけたものは、前章で見た『慧琳音義』の「地神女天」すなわち、八臂の摩訶迦羅天の足下で、「両の手を以て〔その〕足を承けるものなり」と言われた「地神女天」以外にはなかった。このテクストが言う「堅牢地神」こそは、慧琳=不空の「地神女天」が日本に来て「変化」した姿と考えるべきだろう。「地神女天」が明らかに女神であるのに対して、「堅牢地神」は、この名前だけでは性別が明確でない。これは、中国‐日本的な土地神のイメージがインド(‐中央アジア)的な大地女神のイメージと重なった結果と考えられるかもしれない。しかし、仏教の堅牢地神は一般にプリティヴィー Pṛthivī に対応し、女神として表象されている(たとえば『金光明最勝王経』、「王法正論品」には「この時、堅牢という名の大地神女が大衆の中から起ち上がり、仏の足を頂礼した……」という)[29]〔下図72も参照〕。

さて、「日本型」大黒の図像を考える上でもっとも重要なのは、言うまでもなく[9]の、烏帽子、狩衣を着けて、大袋を持った大黒を描く一節である。しかもここには、その大袋の色を、「鼠毛色」に作らねばならないという、何とも奇妙な記述がある。これはこれまで「日本型」大黒の図像を記す最古の文章と考えられ、偽書『大黒天神法』の中のもっとも重要でオリジナルな一節だと信じられてきた。ところが、（大正蔵の索引を使って調べればすぐに判明するように）これもじつは、十世紀前半の真言宗の名僧、石山寺の淳祐（八九〇～九五三年）の『要尊道場観』にある文をまさに逐語的に引用したものなのである。同じ淳祐の『要尊道場観』からの引用は、上引のテクストの中の大黒天の呪や印などに関する記事（［11］および［14］）にも見ることができる。さらに、淳祐の『要尊道場観』および『石山七集』からの引用は、『大黒天神法』の後半部分にも見つかるので（前述、および**対照表**と**表4**参照）、著者神愷は淳祐の著作にとくに詳しかったものと思われる。

こうしてみると、実際に『大黒天神法』に固有の文章は、［5］の以下の記述を「神自身による夢の中のお告げである」とする文と［7］の「天神の霊験が寺院の僧だけでなく俗世間の人々にも及ぶ」とする文、［12］の著者による執筆の動機の説明、そして［13］の供養法の伝授についての注意の、合わせて四つの文章だけということになる（そのうちの［7］と［12］には、前述のとおり『寄帰伝』の影響が認めることができる）。中でも［7］の天神の霊験を世間一般にまで拡げた一文は、この書が書かれた当時の、呪術的な現世利益主義を中心とした時代思潮を反映したものであると同時に、後世における大黒天信仰の驚くべき発展の最初の出発点になったものと言えるだろう。

さて、このいささか面倒なテクスト・クリティックの手続きによって、われわれは、

（a）「日本型」大黒の図像を記述した最古の文献が、淳祐の死、すなわち九五三年以前に遡るということ、

（b）そしてそこですでに大黒の大袋と鼠が関係づけられていたこと、

（c）「嘉祥寺神愷記」による『大黒天神法』の最古の異本Aの原型は、九五三年前後から一〇八〇年までのあい

だ、より狭く区切るなら、おそらく九五三年頃から一〇四九年（＝皇慶の死）頃までのあいだに書かれたということ（これはまた、神愷の活動期間がほぼこの時代に当たるということでもある）、(d)同書の異本Bは、一〇八〇年、または一〇四九年頃から一一三四年までのあいだに書かれ、(e)また同書の流布本は一一三四年頃から一一七三年までのあいだに書かれたこと、を仮定することができる。

いずれにしても、こうして見れば「大黒と鼠」の関係は「大黒と俵」よりはるかに古いものであり、また『古事記』の大国主神話のように「大黒と袋」と「大黒と鼠」という二つの別の神話があるのではなく、大黒の袋そのものが、即、鼠に関係づけられるという、一見理解し難い奇妙な状況にあることが分かってくるだろう。

*

ここで「大黒と鼠」の問題は、「大黒と袋」の関係に直接だぶってくることになる。大黒が袋を持つということ自体は、義浄の『南海寄帰伝』に、この神が「金嚢」（金色の財布、またはお金を入れた財布？）を持ち小さな床几に坐る、と書かれた文に基づいたものに違いない。しかし、義浄のこの文によるだけでは、淳祐の『要尊道場観』（＝『大黒天神法』）の図像――そして「日本型」大黒の図像一般で、なぜこの袋がこれほど大きく、また肩にかつがれなくてはならないのか（筆者の知るかぎりでは、こうした巨大な袋を持ち物とした神は、他の仏教図像一般ではほとんど例がないように思う〔ただし後述、第十一章第二節A、参照〕）、さらに、なぜそれを「鼠毛色」に描けというのかを理解することはできない。

ここでは、とくにこの第二の疑問に答えるために、少々意外なところから論を進めてみよう。

## 6　大黒と大地女神——毘沙門天と大地女神と鼠

いまも見たとおり、『大黒天神法』の冒頭に言う「大黒天神は堅牢地神の化身なり」という「有る人」の説は、ほぼ確実に『慧琳音義』の、摩訶迦羅天の足の下に「一地神女天」があり、両手でその足を支えている、という記述に基づいて発想されたものと考えられる。

ところで、仏教の他の神像を探していくと、これとちょうど同じように大地女神の両手の上に支えられた有名な神像があることに気付く。それがいわゆる「兜《と》跋《ばつ》毘《び》沙門天《しゃもんてん》」である*（図56、57参照）。

*兜跋毘沙門、ならびにインドの毘沙門天一般について、以下の原稿を書き終えた後に、田辺勝美著『毘沙門天像の誕生——シルクロードの東西文化交流』（「歴史文化ライブラリー」81、吉川弘文館、一九九九年）が出版された。これは、新しい知見

図56　兜跋毘沙門（東寺）

図57　兜跋毘沙門図像（『四種護摩本尊及眷属図像』）

にもとづき、この問題全般について重要な学説を提唱するもので、今後の研究はこれを出発点とすべきだろう。残念ながら、本書ではほとんど利用できなかったことをお断りしたい。

兜跋毘沙門と呼ばれるのは、地下から半身を露出した大地女神の両手に両足を支えられ、手に宝塔と戟（あるいは宝棒）を持って直立する長身細腰の毘沙門像のことである。この「兜跋毘沙門」という名は、奇妙なことに中国の文献には見当たらず（ただしおそらくひとつの例外はある。次章p. 398参照）、日本にだけ伝えられているという。*またこの形の毘沙門像も、インドはもちろん比較的最近までは中国本土の遺品もほとんど知られず、古くは日本に遺されていたものだけが有名だった。

*松浦正昭氏（『日本の美術』No. 315「毘沙門天像」、松浦正昭、至文堂、一九九二年、p. 55）によれば、「……これら（八世紀末の中唐期に西域の安西楡林窟の第一五窟および第二五窟に描かれた兜跋毘沙門天像）はいずれも『斗祓』と呼ばれる西域風の甲と、手首まで覆う海老籠手を着け、両足を地天女や二鬼に捧げられて立つ姿を示す……」という。――この「斗祓」と

いう語も、当然「兜跋」と同じ原語を写した音写だろう。諸橋『大漢和辞典』には、「斗祓」は見えないが、「斗拔」という語が採取されており「山などのするどく峙つこと」と説明され、例文として『宋史』、「劉子羽伝」に「子羽以潭毒山形斗拔、其上寛平有水、乃築壁壘、十六日而成」という文が引かれている（V, p. 610c, No. 13489 : 105）。「斗祓／斗拔」は、おそらく兜跋毘沙門の姿から発想された語で、イラン風の荘厳で厳しいありさまを表現するものと思われる。

明らかに異国語の音写と思われる「兜跋」という語（この語の綴りは非常に不安定で、兜跋の他にも「兜鉢」「都拔」「都鉢」「堵鉢」「刀拔」などの異型がある[30]）の語源に関しては、これまで多くの仮説が立てられたが、R・A・スタン教授は、これをトゥルキスタン地域全般、とくにシルクロードのオアシス国として有名なホータン（于闐国）を指すトルコ語 Tubbat の音写であろうと考証された[31]。次章で詳しく述べるように、この形態の毘沙門が生まれてきた背景には、ホータン地方の伝説が決定的な役割を果たしている。Tubbat～兜跋という音写（または他の音写）の妥当性から見ても、またこの毘沙門の図像に現われている濃厚なイラン的‐中央アジア的影響から考えても、スタン教授のこの説は、長い間謎とされてきた「兜跋」の語源問題の最終的な解決と考えていいだろう。

兜跋毘沙門はそのほかにも多くの謎を含んでいる。イランからインド、中央アジア、チベット、中国などの多くの宗教表象を次々と巻き込みながら発展してきた兜跋毘沙門の形象には、仏教文化‐神話史のひとつの凝縮されたエッセンスを見ることもできるだろう。――が、この兜跋毘沙門自身の驚くべき歴史を詳しくたどるのは次章以降に回すことにして、ここでは「大黒と袋」と「大黒と鼠」の関係に焦点を合わせて、この特殊な毘沙門の図像や神話を材料に、手短に議論を進めることにしたい。

＊

兜跋毘沙門の形態や神話が、なぜ「大黒と袋」あるいは「大黒と鼠」の関係にかかわるのか、意外に思われる読者もおられるだろう。はじめから種明かしをすると、兜跋毘沙門は、
［1］いまも見たとおり、不空＝慧琳の八臂の摩訶迦羅天像とちょうど同じように大地女神の両手の上に支えられており、
［2］一方、「日本型」大黒と似たように、神話的にも図像的にも、鼠と深い関係があり、
［3］また図像的に袋と関係があり、
［4］しかもこの袋と鼠が互いに関係がある
という、まさに驚くべき条件をそなえていることが明らかになってくるのである。
以下、これらの点を見ていくことにしよう。

＊

［1］の兜跋毘沙門と大地女神の関係については、ここではただ、日本で作成されたと思われる二つの偽経に、兜跋毘沙門の足下の女神の名が、「歓喜天」と記されているということを述べておこう（詳しくは次章 p. 396参照）。「歓喜天」という名で最初に頭に浮かぶのは、もちろん象頭の神ガネーシャのことである。ガネーシャの名前は、中国‐日本では一般に「大聖歓喜天」、またはより単純に「歓喜天」として知られている（この名については後述、第二巻第五章第一節A、参照）。しかし同時に、これらの経典ではこの女神は「夜叉鬼」であると言われていることにも注意しなければならない。「歓喜」という名のヤクシャ女――？　そういえば、ハーリーティー＝鬼子母神の「本名」も、「歓喜薬叉女」というのではなかったか……（神話モティーフ索引「歓喜」という語、参照）。

マハーカーラ‐大黒とガネーシャの関係、そしてマハーカーラ‐大黒とハーリーティーの関係については、こ

れまでもたびたび注目してきた。そのガネーシャとハーリーティーが、「歓喜」という語を通じて、ここではどうやら兜跋毘沙門に関連づけられるように思われる。一方、兜跋毘沙門の足下の大地女神は、不空＝慧琳の摩訶迦羅天像の足下の大地女神に比すべき存在である。もしこの後者の大地女神が、前に想定したようにカーリー女神と関連づけられるものなら、カーリーとガネーシャ、あるいはカーリーとハーリーティーは、どちらも互いに近い関係にあり、ある一貫した神話的論理が作用していると考えることができる。こうした事実を見るだけでも、マハーカーラ－大黒と兜跋毘沙門の間には、何かただならぬ深いかかわりがあるらしいことが予感できるだろう＊〈**図58**参照〉。

＊一般のインド宗教史／仏教信仰史の常識から見ると、これらの神格を互いに無造作に関連づけることにはある種の違和感が感じられるかもしれない。不空＝慧琳の摩訶迦羅天像やガネーシャ、またはカーリーは明らかに密教的な信仰の層に属するのに対して、兜跋毘沙門やハーリーティーなどはより古い、（より「素朴な」？）古典的大乗仏教の信仰の層に属すると思われるからである。しかし、この考え方から見ると、「日本型大黒」は古典的大乗仏教の信仰の層に連なり、忿怒相の摩訶迦羅天は密教的信仰の層に属するもので、基本的に異質の信仰であるということになるだろう。日本の大黒天信仰を統一的な視点から理解しようとするわれわれにとって重要なのは、この二つの間にある種の（「神話論理」的次元の）連続性を見いだすことである。筆者としては、「古典的信仰の層」と「密教的信仰の層」という二つの歴史的な信仰の層の間の重要な相違を認めたうえで、そうした通時的解釈をひとまず「カッコに入れ」、共時的な視点から神話論理を分析するという方法が、もっとも重要であると考える。

| 摩訶迦羅忿怒像 | 兜跋毘沙門像 |
| --- | --- |
| 大地女神～カーリー？ | 大地女神＝歓喜天 |
| ハーリーティー＝歓喜薬叉女 | |
| ガネーシャ＝大聖歓喜天 | |

**図58**

図59　長寿院の大黒天半跏像（忿怒相）

## 7　護国の軍神・兜跋毘沙門——東寺の兜跋毘沙門

さて、［2］の兜跋毘沙門と鼠の関係は、護国の軍神としての毘沙門の神話の中に、とくに明瞭に現われてくる。

護国の軍神といえば、日本のもっとも有名な兜跋毘沙門像——すなわち現在京都の教王護国寺（東寺）の毘沙門堂に安置されている国宝の兜跋毘沙門天立像（上図56参照）も、本来は護国・救国の神として作られたという伝説が伝えられている。杲宝の『東宝記』によれば、この像は天慶二年（九三九）、平将門の乱の時に作られ、平安京の南に当たる羅城門の楼上に、都を守る鎮護の神として安置されたと言われているのである。その後、円融天皇即位の年（九六九年）の七月九日の台風によって羅城門が倒壊したあと、この像は東寺の食堂に移されたという[32]。

この毘沙門像が、のちに東寺の食堂に祀られたということは、われわれにはすぐさま、義浄の『南海寄帰伝』に語られたインドの仏教寺院の食堂における大黒天の祭祀を想起させる。では、都を守護するために城門の楼上に安置された、ということはどうだろう。これについてもじつは、ちょうど同じ様な大黒天像の実例を見つけることができる。彦根市の長寿院の大黒天半跏像（図59参照）は、江戸時代の作だが、滋賀県立琵琶湖文化館の特別陳列『大黒天と弁才天』の解説（山下立氏稿）によれば、長寿院は彦根城の鬼門に当り、本像はその楼門上に安置されている。楼門の扉を開けると、大黒天の眼が城を丁度見据えることになる。都の北方にあって、都を守護したという鞍馬寺毘沙門天などと同類の信仰により、造立されたことが窺える。

という。[33] この像は、半跏像で武装した忿怒相を現わしているが、にもかかわらず打出の小槌と大袋を持つ福神形に作られている。福神としての「日本型」大黒像が完全に定着した江戸時代に、無理に城の守護神として忿怒相の大黒を作ったために、こうした例外的な形になったと考えられるが、それは逆に、兜跋毘沙門と同様に、楼門上で都市や城を守護する軍神としての大黒の信仰が日本で存在していたことを証すると言えるだろう。

さて、東寺の毘沙門像に戻るなら、この像は、平将門の乱の時に（もちろん日本で）作られたという先の伝説にもかかわらず、じつはこんにちでは唐代の中国で製作され、のちに日本に請来されたものと考えられている。久野健編『日本仏像名宝辞典』は、この像は「作風もきわめて異国風であり、材も中国産の魏氏桜桃で、おそらく唐よりの請来品と考えられる。〔中略〕八世紀後半～九世紀初頭ころ唐において制作された像であろう」といい、[34] また、松浦正昭氏によれば、この像は「中国での例にならって平安新京の正門を守護するために、桓武朝の遣唐使が将来したもので、遣唐使の一員として中国から帰朝した最澄が、延暦二十四（八〇五）年八月に朝廷へ献じたと国史に記される唐仏像のうちには、この像のことも含まれていると思われる。中国産の桜材による大きな像で、現存する唐代木彫像で最大の作例でもある。〔中略〕的確に刻出された甲冑の細部や緊張感のみなぎる充実した造形にも、中唐彫刻が達した高水準の表現を指摘することができる」という。[35] 松本文三郎氏が「兜跋毘沙門攷」という重要な論文を書いた時代（一九三九年）には、兜跋形の毘沙門像は「支那本土にあってはいまだ一も発見せられない」と言われていたが、[36] じつは日本のもっとも名高い兜跋毘沙門像――美術的にも世界の現存の兜跋毘沙門像の中でもっとも優れた作品と目される――が、中国本土で作られたものと考えられるのである。

# 8 兜跋毘沙門と鼠

## A 中国唐代の毘沙門軍功譚

この東寺の毘沙門像が日本で作られたというのは伝説に違いないが、それが羅城門上に都の守護神として安置されたというのは、おそらく事実と考えていいだろう。というのは、都市の城門の上に兜跋毘沙門の像を置いて守護神とするのは、明らかに中国から移入された信仰と考えられるからである。これについては、宋代の賛寧（九一九～一〇〇一年）による『大宋僧史略』（九七八～九九九年）に「城闍天王」という条が設けられ、きわめて興味深い縁起譚が伝えられている（「闍」は「城上の重楼」または「城台」の意。「城闍天王」という語は城門楼上に置かれた〔毘沙門〕天王像を意味したと思われる[37]。城門の上に毘沙門像を安置するのは、じつはホータン以来の習慣である。次章p. 410に引く『慧琳音義』参照）。そして、この物語の中で、毘沙門と鼠の関係が語られているのである。すなわち（要約は主に頼富本宏氏の『中国密教の研究』によるが、一部改変した）、

唐の天宝元（七四二）年、玄宗の治世の時に、西蕃・大石・康居などの五国が、安西城（亀茲〔クチャ〕）を包囲した。この年の二月十一日、安西城からの使者が帝に救援の兵を請うてきたが、距離が遠くて派兵が間に合わない。そこで近臣の勧めに従って不空三蔵を召したところ、不空は『仁王経』の陀羅尼を二七遍（＝十四遍）誦した。と、たちまち殿前に神兵が現われた。玄宗が驚き怪しむと、不空は毘沙門天王の第二子独健が兵を率いて官軍を救出するという。果たしてその後四月に、安西から使者が奏上して言うには、不空が仁王経陀羅尼を誦した同じ二月十一日、城の東北三十里のところに、雲と霧がたちこめた中にすべて金の甲冑に身を固めた神兵が出現して、大いに敵兵を畏怖させ退散させた。また敵陣中では金毛の鼠が敵軍の弓弩の弦や武器などをかみ切って使用不能にさせた。さらに城楼の上に天王がその神形を現わしたので、そ

の姿を描き進上した、と言う。これ以後、各道節使や所在の州府に命じて城の西北隅に天王の形像を置いて供養せしめ、また寺院ごとに別院に安置せしめた。そのため、いまに至るまで、毎月の朔日（一日）には州府が香華や食饌を供え、歌舞を催して天王に差し上げる〔風習がある〕。これを称して「楽天王」と言う。またこれを「毘沙門」と号するのは、この天王が于闐国ともっとも深い因縁があり、いつもこの国に現われることが多いからである。于闐国は毘沙の部であるため毘沙門天王と言う。これはいわば「于闐国の天王」と言うのと同じようなことである。あるいはまた、観音菩薩がその居所に形を現わすのを「宝陀落観音」と呼ぶのとも同様である。[39]

この伝説は、すでに『僧史略』以前、不空に仮託された唐代の偽経『毘沙門儀軌』に、やや違った形で伝えられていた。[40]また『僧史略』の著者・賛寧は他の著書でもこの物語を引き、さらに同じ宋代の『仏祖統紀』や、ずっと後世の清代の趙翼による『陔余叢考』（一七九〇年自序）にも同じ伝説への言及があることから見ても、「城闍天王」＝兜跋毘沙門の信仰が、中国でいかに盛んに行なわれたかを知ることができる。[41]宮崎市定氏の詳しい考証によれば、中国固有の毘沙門天信仰は、玄宗皇帝時代（七一二～七五六年）ころから始まり、その後宋代を中心に民間に広く普及して、「天王」といえば毘沙門天王のことを指すようになったという。[42]

上の毘沙門奇跡譚には明確な年号、実在した人物や場所などが完備していて、いかにも史実であるかのような印象を与えようとした形跡を認めることができる。しかし実際には、次章で詳しく見るように、これを形成する要素はほとんどすべて玄奘の『大唐西域記』の中に（とくにホータン国建国の伝説の中に）見出すことができるのである。そして「毘沙門と大地女神」および「毘沙門と鼠」の関係は、すでにその中で明確に述べられていた。

## B　西域の図像

毘沙門と鼠の関係は、西域で発見された毘沙門の各種の図像（必ずしも「兜跋」形ではない）の中でもはっきりと現われている。松本栄一著『敦煌画の研究』によれば、トゥルファン地方の「壁画毘沙門天像の傍らに魔神撃退の為めの鼠が添えられた例が甚だ多く」、また同書 fig. 123–128に挙げられた「ベゼクリク壁画中に、犬の如き形で描かれて居るのは何れもこの鼠である」という。それらの壁画のうち、fig. 123–126の四つの壁画では「毘沙門天王像の近くに迦楼羅形の魔神が描かれ、捕縄を掛けられて天王の足下に翼を拡げたるものには鼠が襲ひかゝり（fig. 123, 124, 126）、天空に逃げんとするものには鷹の襲撃せんとするあり（fig. 124, 125）」、あるいは fig. 127–128は「雲中白馬に跨れる毘沙門天王を中心とし、それに諸眷属を加へて成れる壁画であつて、白馬の足下に疾走せる犬の如き形の獣は、即ち毘沙門天と関係深き『鼠』である」という[43]（**図60**、**61**参照）。

敦煌や、そこから遠くない安西萬仏峡石窟寺院で発見された兜跋毘沙門の図像にも、毘沙門と鼠の関係が明確に表現されたものがある。たとえば、敦煌で見つかった「大晋開運四年（九四七）七月十五日」の題記を有する版画では、中央に「大聖毘沙門天王」と傍記された毘沙門天が地神の両掌の上に直立し、その向かって左には華果を持つ女神（吉祥天または弁才天？）が、右には獅子の冠を戴いた乾闥婆（ガンダルヴァ）と羅刹（ラークシャサ）様の人物が描かれて、毘沙門を囲んでいる。この羅刹様の人物は右手にひとりの童子を載せており（これについては次章参照）、一方、乾闥婆は、右手に鼠様の小動物の首を持ち、左手には宝珠を捧げ持っている（これらの持ち物はこの図だけでは明瞭でないが、他の図と比較することによって判明する[44]）。これと同様、萬仏峡石窟（安西楡林窟第二十五窟前室東壁北側）で発見された光化三年（九〇〇）の作という兜跋毘沙門の壁画では、中尊の毘沙門像の向かって右に「弁才天女」と傍記された女神が立ち、左にはやはり獅子冠をかぶった乾闥婆様の

**図60　ベゼクリク壁画行道天王図**（トゥルファン地方の毘沙門天像の傍らに魔神撃退のための鼠が添えられた例）

**図61　ベゼクリク壁画行道天王図（？）部分**（同上）

人物が、左手に宝珠を持ち、右手には鼠を持って立っている[45]〔図62、63参照〕。

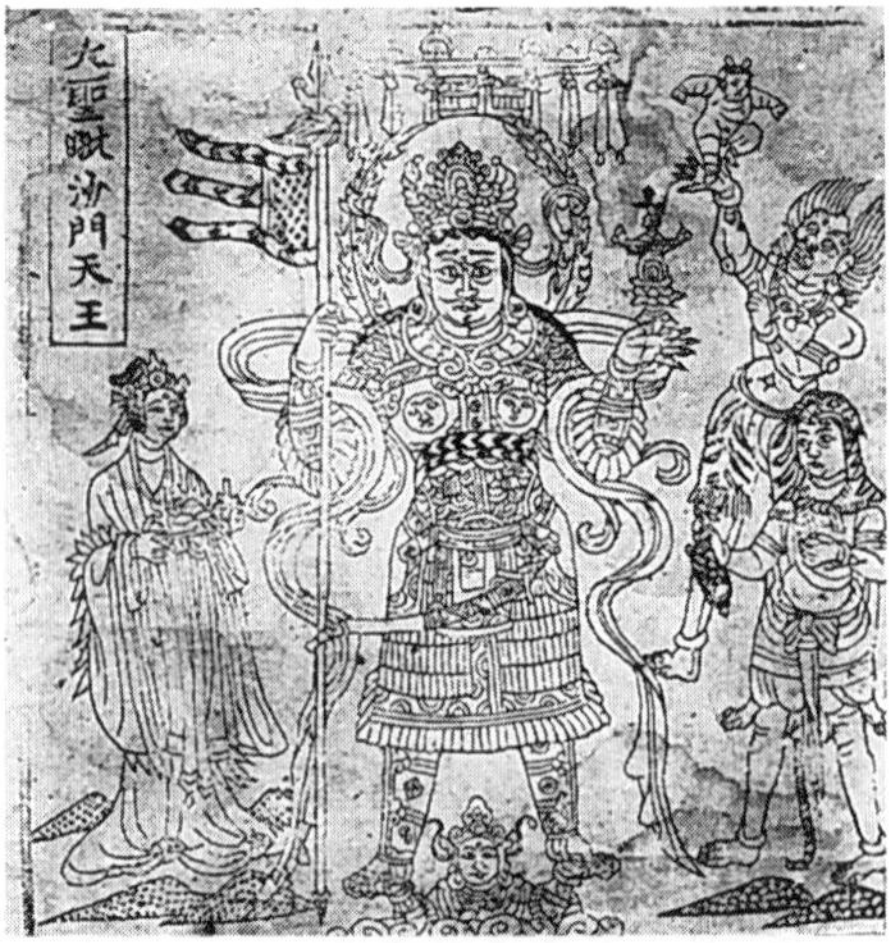


図62　大聖毘沙門天王（敦煌）

図63　兜跋毘沙門壁画（安西楡林窟第二十五窟前室東壁北側）

## 9　兜跋毘沙門と袋を持つ侍者

さて、これと比較して考えなければならないのは、同じく十世紀に敦煌で作られた釈迦仏を中心とした尊像図である。ここでは左端には兜跋毘沙門が描かれ、その脇に右手に財布（小袋）を持ち、小さな牙をむき出した灰色の小人物と、右手に花、左手には貝（?）を捧げ持ち獅子冠を戴いた乾闥婆（?）が配されている。一方、釈迦仏の右側には三面八臂の弁才天、さらにその隣には二臂の吉祥天と思われる尊像が描かれている[46]〔図64参照〕。とすると、この図像では、この灰色の小人物をとおして、前述の第［3］点（p. 358）、すなわち「兜跋毘沙門と

図64　釈迦仏を中心とした尊像図（敦煌）

袋」の関係が成立していると考えることができるだろう。

毘沙門天の脇侍として、一方では鼠を持った人物が立ち、他方では財布を持った人物が立っている。こうして見るならば、この財布と鼠は明らかに互いに対応していると考えるられるだろう。

「鼠」と「袋」がここで初めてつながった……（前述の第［4］点）。これはいったいどういうことなのだろう？

## 10　インドの「クベーラ神話圏」

この謎解きのためには、インド以来の毘沙門の信仰について、二、三の予備知識を押えておく必要がある（詳しくは後述、第十章、参照）。

「毘沙門」は梵語ヴァイシュラヴァナ Vaiśravaṇa（またはその訛った形 Vaiśramaṇa）の音訳で、一般には「多聞天」と漢訳される。ヒンドゥー教では、この神はふつうクベーラ（またはクヴェーラ Kubera, Kuvera）として知られており、ヴァイシュラヴァナはその異名のひとつである。クベーラは、北方の守護神であると同時にヤクシャ鬼神の総大将であり、また途方もない財宝の持ち主としても尊崇

**図65　パーンチカ**（またはクベーラ）**像**（タッカール出土、ラホール博物館蔵。王侯の形で杖槍を持ち、周りに子どもが配されていることから、王権と戦闘と多産を表わすパーンチカと見ることができる）

される。クベーラはまた、グヒヤカ *guhyaka*（「秘密鬼神」）と呼ばれる鬼神の一種の首領でもある。これらの鬼神は、大地を棲み処とし、地下に財宝を隠し持つ太鼓腹の不気味な小人という性格を併せもっている。これらのヤクシャやグヒヤカと同様、ヒンドゥー教のクベーラもふつう「太鼓腹をつき出したみにくい姿で〔皮製の〕財布と棍棒を手にした」形に描かれる（『インド神話伝説辞典』項目「クヴェーラ」p. 135a）。一方、仏教の東西南北の方角を守る「四天王」の一人ヴァイシュラヴァナとして表わされる時には、一般に上半身裸で頭にターバンを巻いた貴人形に作られるが、この場合には、普通は他の三天王との違いはほとんど表現されないことが多い[47]。本書ですでに馴染み深いハーリーティー＝鬼子母の夫パーンチカも、ヴァイシュラヴァナの配下のもっとも主だったヤクシャ大将の一人であり、図像的にはふつうクベーラと同様に財布や杖槍を持った、堂々とした貴人形に描かれる〔**図65**参照〕。

仏教ではまた、ヒンドゥー教的なクベーラに対応するものとしてジャンバラ（Jambhala）と呼ばれる神格〔漢訳では「宝蔵神」――上述 p. 224-225参照〕が信仰されている。このヤクシャ大将は、時にパーンチカとも呼ばれ（あるいはパーンチカと同一視され）、クベーラと同様、太鼓腹で黄色の身体を特徴としている。またジャンバラは、後期密教の（チベットなどに見られる）図像では、黒、または青の忿怒相に描かれることがあり、その場合には――これもわれわれには馴染み深い――「ウッチュシュマ」（Ucchuṣma）という異名で呼ばれる。

ヒンドゥー教のクベーラはシュリー＝ラクシュミー女神（Śrī-Lakṣmī）と深い関係があるが（このシュリー女神が、漢訳仏典では吉祥天または功徳天と呼ばれる）、仏教のジャンバラは、「財宝の持ち主（女神）」と同時に「大地（女神）」を意味するヴァスダーラー（Vasudhārā）という名の女神を配偶女神としているということも付け加えておかなければならない。(48)

さらに頼富本宏氏によれば、

〔インドの〕クベーラは必ずといってよいほど、寺院の入口付近に安置されている。この点は、ほぼ同様の図像で表現され、しかも一対の夫婦尊として入口付近に奉安される

（1）パーンチカ・ハーリーティー

（2）ジャンバラ・ヴァスダーラー

の尊格たちと併せてもう一度考え直す必要があるかもしれない。

という。(49)

こうして見ると、ヒンドゥー教のクベーラから始まって、パーンチカ、ヴァイシュラヴァナ（毘沙門天）、ジャンバラ（宝蔵神）、ウッチュシュマ（烏芻澁摩）が、すべて互いに非常に近い関係にある一連の神格であることが分かってくるだろう。また、これらの男神に対応して、シュリー＝ラクシュミー（吉祥天）やハーリーティー、あるいはヴァスダーラー（大地女神）などの女神群が、同じクベーラをめぐる「神話圏」に属していると考えることができる。

兜跋毘沙門に見られるような、軍神、戦闘神としてのヴァイシュラヴァナは、富と財宝を司る福神的な性格が強いこの一連の神々の中では、明らかに異質な存在である。図像的にも、クベーラやパーンチカ、ジャンバラ、

ウッチュシュマなどがほとんどつねに太鼓腹に描かれるのに対して、兜跋毘沙門が非常に細身の身体を特徴とすることは、この異質性を表わしていると言えるだろう。にもかかわらず、この形のヴァイシュラヴァナが神話的にも図像的にも大地女神と強い関係を保っているということは、この神がそれでも元来の「クベーラ神話圏」の周縁部に位置することを示している。

図66　宝石を吐き出すマングース

## 11　クベーラ－ジャンバラとマングース——「鼠嚢」

以上のことを頭に入れて、もう一度、先の敦煌や萬仏峡石窟の兜跋毘沙門の図像を見てみよう。そこでは兜跋毘沙門がシュリー（吉祥天）やそれに近いサラスヴァティー（弁才天）、あるいは大地女神などの女神と密接に関連づけられている。一方、その兜跋毘沙門の脇侍として配置された乾闥婆や羅刹様の人物、あるいは灰色の小人物などの男性神は、財布や童子などを持ち物としており、クベーラの財宝の神、子宝を授ける神としての本来の性格を、より直接的に表わしていると考えることができる。ここでは、言うならばクベーラ－ヴァイシュラヴァナが財宝神と軍神という二つの様相に分裂し、財宝神の方が脇役になって軍神を引き立てていると言ってもいいだろう。では、九四七年の敦煌版画や九〇〇年の萬仏峡石窟の乾闥婆〜クベーラは、なぜ財布の代わりに鼠（と宝珠）を持っているのだろう。

答えは、じつはきわめて簡単である。後期密教の図像では、クベーラは財布の代わりに宝石を吐き出すマングースを持つようになったのである。ふたたび頼富氏によれば、「マングースは蛇の天敵であるが、民間の俗信では、わき腹を押すと宝石を吐き出すと信じられていた。そういう意味では、これも財宝尊に恰好の持物といえよう」[50]。後期密教の図像では、クベーラと同様、（それと同一視された）ヴァイシュラヴァナも、またジャンバラも宝石を吐き出すマングースを持ち物としている[51]（**図66**参照）。そもそもクベーラが財宝神とされたことの背景には、金・財宝や宝石が大地の中に隠されている、大地の産物である、という観念が作用していたと想定することができる。そのクベーラがマングースや鼠と関連するのも、これらの動物が大地性を表象すると考えられたからではないだろうか（ただしインドのマングースが中央アジア以東の鼠と単純に同一視できるかどうかは明らかでない。一般にマングースは蛇の天敵であるだけでなく鼠の天敵としても知られている。マングースはサンスクリットでは *nakula* というが、以下に引く漢訳では「鼠」と訳されている[52]）。

クベーラは、インドの仏教では非常に古い時期から信仰されていたが、中国に伝わった文献でその名が現われることは、毘沙門に比べて非常にまれである*（またジャンバラに関してはだいぶ後代にならないと記述がない）。

**図67　左手に宝石を吐き出す鼠を持つ毘沙門天像**（中国、近世）

*宮崎市定氏は、宋の賛寧の『宋高僧伝』巻第三「訳経篇」の論に、経典の漢訳に種々の方法があることを記す中で、「第三に重訳と直訳の別あり。その直訳とは五印度の夾牒を直ちに東夏に持ち来りて訳すること。その重訳とは仏教が嶺北の楼蘭焉耆に伝わり、天竺語を解せざれば且く胡語に訳す。〔中略〕天王を印度にて拘培羅と言うを胡にて毘沙門と言うが如きこれなり」という文を引いて、ヴァイシュラヴァナがそもそも胡語＝イラン語であると推測された（宮崎市定、前掲稿 p. 191–192；『宋高僧伝』Ttt. L 2061 iii 723c18–22）。これは正確ではないが、サンスクリット経典に Kubera とあったところを漢訳で「毘沙門」と訳したということは、十分ありうるだろう。

しかし、クベーラ‐ジャンバラ‐ヴァイシュラヴァナがマングース（漢訳では「鼠」）を持ち物にするということは、宋代以後の漢訳仏典の中では確かに言及されているのである。

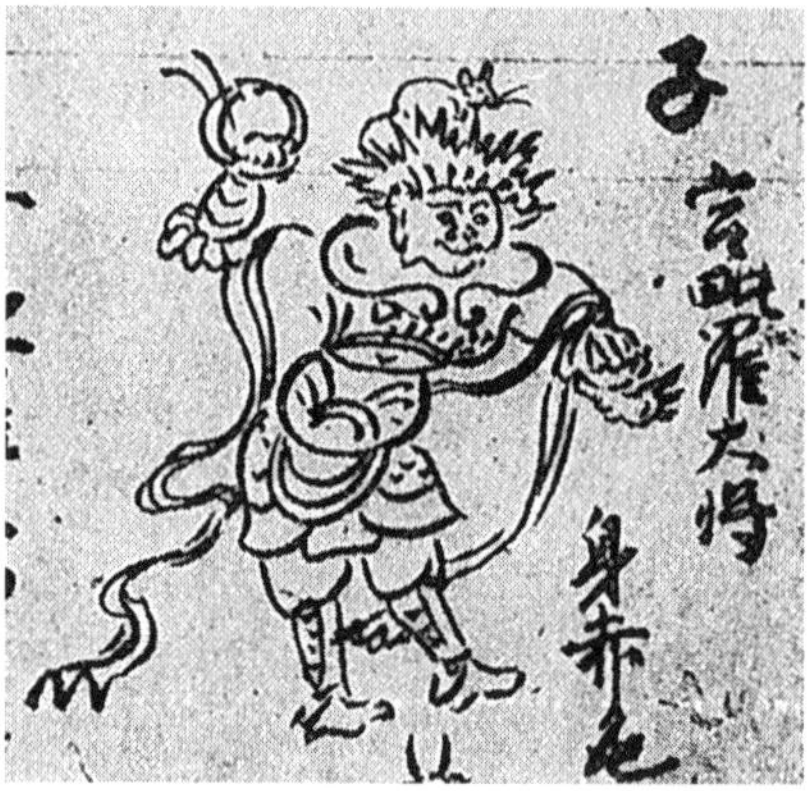

**図68　宮毘羅大将**（頭に鼠が描かれる）

すなわち、宋の法賢訳の『瑜伽大教王経』（九八七～一〇〇〇年頃）には――、

……大夜叉王、宝蔵神（＝ジャンバラ）と名づく。身黄色にして二臂三面、頂に宝冠を戴く。（中略）右手に海甘子を持ち、左手には鼠嚢を持つ

という文があり(53)（これが上引の『嬉遊笑覧』に、誤って『聖宝蔵神経』の文として引用されていた文である）、元朝時代の沙囉巴（十四世紀初頭）訳の『薬師琉璃光王七仏本願功徳経念誦儀軌供養法』には

北方（中略）矩毘羅《クベーラ》、その身《からだ》黄色にして鼠嚢を執り、青色の馬王座に乗坐す

と書かれ(54)、さらに下って清代の阿旺札什による『修薬師儀軌布壇法』には

北門中の多聞天王は、黄色にして宝鼠を持つ

という文も見られる(55)。また、元代中国の図像でも、毘沙門天は左手に宝石を吐き出す鼠を持っている（**図67**参照）。

さらに興味深いことに、クベーラと鼠の関係は、中世の日本でも知られていたと思われる形跡がある。いまも述べたように、クベーラの名前は漢訳仏典にはまれにしか見られない(56)。が、例外的に、クベーラは薬師如来の十二神将の筆頭として、「宮毘羅大将」という名ではよく知られていた。この十二神将の信仰は、中国起源の十二支の観念と結びつき（関口正之氏によれば）、「やがて十二神将は昼夜十二時をたえず護ると信じられるようになった」という。こうして「日本の平安時代以後の〔十二神将〕像の中には、武人の姿の頭上に十二支獣の一つを

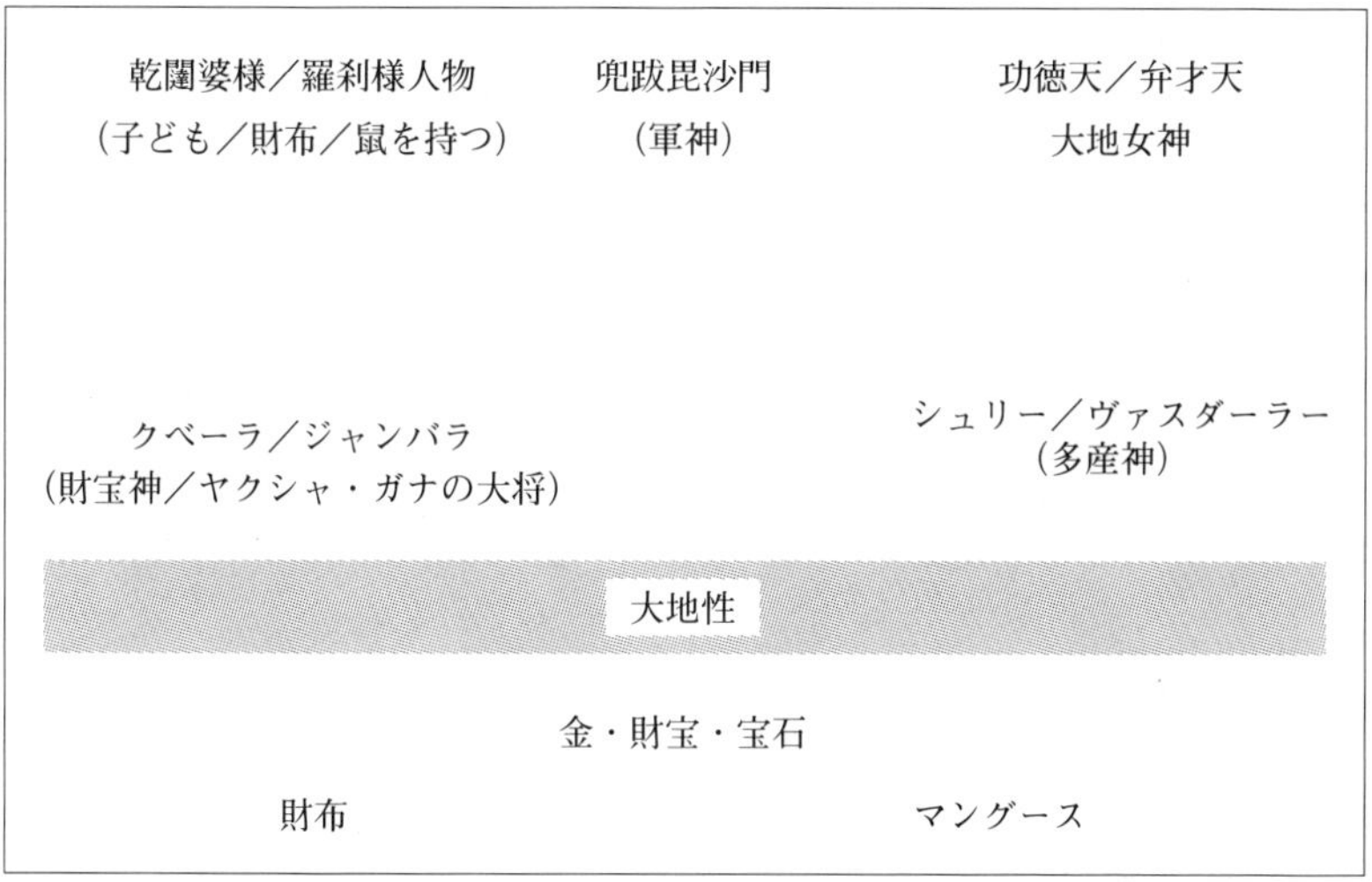


**図69**

のせたり、頭部を十二支獣とした獣頭人身の武将像であったり、武将像の台座に十二支獣の一つを表現した例などが知られる」という[57]。さて、こうした図像の中で、『覚禅鈔』巻第三（薬師法）が載せる十二神将の「世流布像」では、宮毘羅大将は十二支獣の内の子に当てられ、その頭上に鼠が描かれているのである[58]〔図68参照〕。この「世流布像」は、覚禅が「本文未だ見ず」と注していることからも察せられるとおり、日本で作られたものに違いない。また、クベーラと鼠が結びつけられたのは、クベーラ＝ヴァイシュラヴァナが北方の神であり、北方が十二支の「子」に当たることから発想されたのかもしれない。しかし、それにもかかわらず、インドでクベーラが鼠（～マングース）を持ち物としていることから考えると、これはたんなる偶然の一致として片付けるわけにはいかないだろう。ここでも、遠くインドや中央アジアで行なわれた信仰が、何らかの目に見えない「地下水脈」を通って中世日本の「俗信」の中に突然浮上してきたと考えることもできるのではないだろうか〔図69も参照〕。

図70　ジャンバラ（ビハール）

図71　ヴァスダーラー（東インド）

## 12　クベーラの袋／大黒の袋

中世日本の「俗信」、大黒天と鼠の問題から出発し、そのあと、大黒の袋を「鼠毛色」に作れ、と書いた十世紀半ばの日本の儀軌の奇妙なことばの意味を求めて、われわれは文献と図像の密林に分け入ることになった。中国、中央アジアからインドへ、そしてインドからまた中央アジアや日本へ——、大地女神や袋（財布）、鼠などのキーワードを手がかりにして「鼠毛色の袋」の謎を追い求めた探索行も、クベーラ－ジャンバラ－ヴァイシュラヴァナが持つ財布－マングース（鼠）に行き当ったところでひとまず立ち止まり、来た道を振り返ることができるだろう。

この長く曲りくねった道行のあいだに、われわれの探究の対象自体がいつのまにか微妙にズレてきたことに気づかれた読者もおられるかもしれない。たとえば、十世紀敦煌の釈迦牟尼仏を中心とした尊像図の中の、財布を持った小人物（～クベーラ？）を思い出していただきたい（上図64参照）。あるいはまた、バーネルジアの名著『ヒンドゥー図像の発展』に載せられた、インドの中世初期のジャンバラとヴァスダーラーの彫像を見てもよい。このジャンバラとヴァスダーラーは手が破損していて持ち物が明らかでないが、ジャンバラは「宝石を吐き出すマングース」を、ヴァスダーラーはコルヌコピア＝「豊饒の角」を持っていたと考えられている(59)（「豊饒の角」については後述も参照）（図70、71参照）。一見して明らかなように、これらの尊像が持つ財布（またはマングース～鼠）は小さな袋であって、「日本型」大黒が肩に背負うような巨大な袋ではない。この財布から連想されるのは、むしろ義浄の記述によるインドの仏教寺院の大黒天が持つ「金嚢」であろう。とくにインドのジャンバラは、義浄の大黒天と同様に半跏座像であること、またその配偶女神であるヴァスダーラーが、（義浄の記述の中で大黒天と密接に関連づけられていた）ハーリーティーときわめて近い関係にあること（次章p. 465-466およびX-n. 47も参照）を考慮に入れると、義浄が見た大黒天は、このジャンバラ（～クベーラ）とほとんど同じものだったと想像することもできるように思われる。

われわれははじめ、「日本型」大黒の巨大な袋について考えていたはずだったが、ここまでの到達地点で姿を現わしてきたのは、むしろ義浄が記述したインドの仏教寺院の護法神としての大黒だった。——とは言っても、中央アジアを中心とした武装した毘沙門、兜跋毘沙門について考えたことが、日本における大黒天像を考えるためにも、無駄だったわけではない。なぜなら、日本で信仰されたもう一つの大黒の形、すなわち天台系の寺院で主に祀られたいわゆる「南海寄帰伝式の半跏像」は、義浄が見たインドの大黒と同じように半跏座像であり、小さな「金嚢」を持っているのと同時に、まさに兜跋毘沙門と同様に武装しており、兜跋毘沙門の特徴的な持ち物のひとつである宝棒を手にしているからである。日本の天台系の大黒天半跏像とは、いわばインドのクベーラ－ジャンバラと、中央アジア以東の兜跋毘沙門とを重ね合わせたようなものだったに違いない。また、そうであるなら、この大黒天半跏像が持つ「金嚢」も、元来は「鼠毛色」に作られるものだったと考えることも可能かもしれない。

このことをちょうど裏付けるかのように、比叡山の光宗撰述の『渓嵐拾葉集』は、天台系寺院〔とくに比叡山の釈迦堂政所〕に祀られた大黒天について、

> 山門〔比叡山〕相承の大黒は本経儀軌に依らず、山家大師〔＝最澄〕の御感見の様に作り給へり。そのゆえんは、高祖大師我山開闢のとき、大地六種に震動して下方の空中に一人の老翁湧き出でり。その形、今の政所の大黒の相貌これなり。この形は即ちこれ堅牢地神なり。ゆゑに山家の御釈に云はく、〔中略〕「一人の老翁を安じて三千の徒衆を養育す」と。〔中略〕吾山開闢のとき、一人の老翁下方より湧出し、吾山の護持を致す。〔中略〕凡そ、大黒とは等流卑賤の形にして天鼓雷音の垂迹なり〔「等流卑賤」という表現については、後述II, p. 192参照〕。その本地と云はば、即ち一代教主の釈迦如来なり。又は三輪明神、和国に影現の形、即ちいまの大黒の相貌なり。本地に約するときには大黒なり。垂迹のときは山王即ち大黒なり〔三輪明神〜山王権現と大黒の同一視については、後述、第十二章第一節、参照〕。ゆゑに吾山大師、この尊を崇敬し給ふこと、かたがたに良く由あるなり。
>
> 山門大黒の事。示して云はく。山家〔比叡山〕に御相承の大黒は多聞大黒なり。ゆゑにその相貌、みな毘沙門の形のごとくなり。

と書いている*(60)。「山家に御相承の大黒は多聞……」すなわち多聞天＝毘沙門と重ね合わされて信仰されていた。インドや中央アジアにまで遡らなければ意味が明らかでないこうした関連が、ここでも遠くに忘れられたパズルの一片のように中世日本の文献に突然現われているのである。

＊ここでは堅牢地神が「老翁」の形で出現している。これは明らかに日本化された堅牢地神である。

大黒と毘沙門の関係は天台宗ではとくに意識されていたらしい。たとえば『山門堂舎記』の「十六院」の条には、比叡山根本中堂の大黒像を「多門摩訶迦羅」と書いた箇所があるし[61]（「門」の字は「聞」の誤記）、また『阿娑縛抄』巻第百三十六（毘沙門天王）には、「常師」と呼ばれる僧が、「毎月朔日、毘沙門、吉祥（天）、訶利底（ハーリーティー）、大黒天神および総供」のために「蠟燭五坏」を供えたことが記されている[62]（毎月一日の毘沙門天供養は中国以来の伝統だった。前述p. 363参照）。

クベーラ‐ヴァイシュラヴァナを中心とする一連の神格とマハーカーラ‐大黒が密接に結び付けられるということは、「日本型」大黒について考える場合にも考慮すべき要素のひとつである。とくに、クベーラ‐ジャンバラが太鼓腹であることと、「日本型」大黒が（中世以降）太鼓腹に描かれることは、無関係ではないだろう。また、クベーラ‐ジャンバラの太鼓腹は、「日本型」大黒のかつぐ袋が異常に大きく膨らんでいることとも関連づけられるかもしれない。

＊

それにしても、十世紀前半の淳祐の『要尊道場観』に大黒の袋を「鼠毛色に作れ」と書かれていることは、ただ不思議と言うほかない。淳祐が、宋代以降に漢訳された経典に、ジャンバラやヴァイシュラヴァナが「鼠囊」を持つと書かれていたことを知っていたはずはないし、また敦煌や萬仏峡の毘沙門図像を見たということもありえない。にもかかわらず、少なくともこうした知識が背景になければ、大黒の袋を「鼠毛色」に描くなどという奇抜な発想をすることは考えられないのである。文献や図像の裏側に何度も見え隠れする神話的思考の「地下水路」が、ここでもまた突然噴出していると考えるほかないのではなかろうか。

最後にもう一度吟味しておくべきなのは、本章の前半で触れた、「大黒と鼠」の関係を、

大黒＝北方の神→十二支の子《ね》の神→鼠

という関連によって説明しようとした江戸時代の説である。この説明は、そのままは受け入れられないが、にもかかわらずある種の真理を言い当てているとも考えられる。大黒天自身は北方の神ではないが、インドにおいて、すでに北方の守護神クベーラ‐ヴァイシュラヴァナと深いかかわりをもっており、そしてまたこのクベーラ‐ヴァイシュラヴァナは、中国的な十二支獣の観念とは無関係にマングース～鼠に結びつけられていた。それゆえ、上の図式は、

大黒→クベーラ‐ヴァイシュラヴァナ（北方の神）→鼠

と書き換えればいいことになる。同様のことはさらに、円仁の、

金剛薬叉→北方→黒色→大黒天

という連想の流れに関しても言えるだろう。「すべてを喰らい尽くす者」としての金剛薬叉とウッチュシュマとの神話的な親近性については、すでに詳しく見たとおりである（第五章 p. 249以下）。そしてこのウッチュシュマとは北方の神クベーラ‐ジャンバラの一形態にほかならなかった。この場合は、正しくは、

金剛薬叉→ウッチュシュマ～クベーラ‐ジャンバラ（北方の神）→大黒

とすればいいだろう。「大黒→……→鼠」の場合も「金剛薬叉→……→大黒天」の場合も、クベーラ‐ジャンバラ‐ウッチュシュマという「ミッシング・リンク」をあいだに入れるだけで、神話的論理の連鎖が見事に完結することになるのである。

そしてもちろん、「大黒と鼠」の関係が、このように「大黒神話圏」の遠い古層にまで遡るものなら、はじめに見た「大黒と米俵」の関係は、明らかにその「大黒と鼠」に基づいた二次的なものであると考えなければならないだろう。「大黒と俵」と「大黒と鼠」という、一見同じ日本の「俗信」のレヴェルに属するように思われるこの二つの関係は、こうした分析を通してみれば、まったく違う神話の層に遡るものと考えられるのである。

＊

前章まで主に見てきた、恐怖を撒き散らす神としてのシヴァ教的なマハーカーラ‐大黒と、この福神的な「クベーラ神話圏」に近いマハーカーラ‐大黒と――、問題はあらためてこの二つのあいだの関係に絞られてきた。そもそもこうした「クベーラ的」なマハーカーラ‐大黒は、どのような環境の中から生まれてきたのだろうか。次章以下では兜跋毘沙門の信仰の展開と起源に焦点を定めて、「クベーラ的大黒」の問題に別の角度からの光を当ててみることにしたい。

**注**

（1）「古事類苑」神祇篇・二（吉川弘文館、一九六七年）p. 1837.

（2）「古事類苑」同上巻 p. 1836-1837の引用による。村山修一著『習合思想史論考』（塙書房、一九八七年）p. 191-192にこの一節のコンテクストが要約されている。

（3）また比叡山の日吉神社には「鼠祠」と呼ばれる社があった。一五七七年の『日吉社神道秘密記』によれば、「鼠祠はこれ王子宮末社の内なり。子《ね》の神なり。仕者は鼠、本地は大日なり。御神体は鼠の面、烏帽子・狩衣の俗形なり……」という（「烏帽子・狩衣の俗形」は後述のように「日本型」大黒の特徴である）。さらに近世の『東海道名所図会』（巻第一）では「鼠祠（王子宮の西にあり、祭神大黒天）」と書かれており、この鼠神が大黒と同一視されているように思われる。「古事類苑」同上巻 p. 1837の引用による。村山修一、同上書 p. 96-97も参照。この鼠は、園城寺の僧・頼豪（一〇〇二～一〇八四年）の怨霊の化身で、比叡山の仏像、経巻を食い破ったという伝説が、中世、広く伝えられていた。「仏像・経巻を食い破る鼠」というモティーフは、日光・中禅寺の「走り大黒」の伝説（後述II, p. 734）とも連なるものである。山本ひろ子著『異神――中世日本の秘教的世界』（平凡社、一九九八年）p. 36-43 ; p. 53-54参照。

（4）『白宝口抄』TZ. VII 3119 cliii 290c21-291a4.

（5）鈴木棠三著『日本俗信辞典――動・植物編』（角川書店、一九八二年）p. 463c, 464a.

（6）小野重郎稿「大黒様」大島建彦編『大黒信仰』（雄山閣出版、民間宗教史叢書、第二十九巻、一九九〇年）収録 p. 266 *sq.*；大黒祭りは、昔は二月初子の日と十一月初子の日の二度にわたって行なわれた場所もある。大黒祭り、または子祭りに関しては後述 p. 535-536も参照。

（7）荒俣宏著『広告図像の伝説』（平凡社、一九八九年）、第八章「大黒マーク――家庭の絆は貯金から」p. 170-186. ――しかしより古い図像では、筆者の知るかぎり、大黒と鼠を同じ画面に描いたものは非常に稀なようである（しかし前引の狂歌からも明らかなとおり、こうした図像は存在した）。

（8）南方熊楠稿「鼠に関する民俗と信念」、『全集』I, p. 569-610参照。

（9）荒俣、前掲書 p. 180.

（10）中川善教著『大黒天神考』p. 46-47参照。

（11）『白宝口抄』TZ. VII 3119 cliii 291c24参照。

（12）喜多村信節著『嬉遊笑覧』（名著刊行会、一九七〇年復刻）下 p. 235-236.

（13）「海甘子」という語の意味は調べたが分からなかった。何らかの果物だろうか？　識者のご教示を乞いたい。

（14）「古事類苑」同上巻 p. 1835.

（15）『金剛頂大教王経疏』Tttt. LXI 2223 ii 33b9-10〔T. XVIII 865 i 207b22-c7 ; T. 882 i 341c2-17 ; sk. ed. 堀内寛仁著『（梵蔵漢對照）初會金剛頂經の研究・梵本校定篇』上（高野山、一九八三年）p. 14-22, §13-16への注釈〕。これはまた『阿娑縛抄』TZ. IX 3190 cxxxi 391b6〔長沼賢海著『日本宗教史の研究』p. 686-687に引用〕や曇寂の『金剛頂大教王経私記』Tttt. LXI 2225 vi 197a25-26などにも引用されている。

（16）『白宝口抄』TZ. VII 3119 cliii 290c27-28.

（17）『古事記』（日本古典文学大系一、岩波書店、一九五八年）p. 91, 97.

（18）喜田貞吉は「日本型」大黒の起源を大国主との習合によって説明している。「大黒神像の変遷」p. 180 ;「大黒天考」p.

206–213；中川善教氏も同じ意見である。『大黒天神考』p. 31–33；しかし長沼は、古い時代に大国主が袋をかついだ図像は存在しなかったと書いている。長沼賢海著『日本宗教史の研究』p. 647.

(19) 平凡社『大百科事典』（第九巻、一九八五年）p. 1079b–c 参照。

(20) 山下立著『大黒天と弁才天』p. 20a 参照。

(21) 山下、同書 p. 23c.

(22) 喜田貞吉稿「大黒神像の変遷」p. 178.

(23) 喜田、同上；中川『大黒天神考』p. 33.

(24) 『望月仏教大辞典』項目「嘉祥寺」I, p. 428c–429a 参照。

(25) これが偽経であることは現代では織田得能が最初に明らかにし、その後、喜田貞吉もそのことを確認した。しかし古い時代にもこの「経典」に疑いをもった者がいなかったわけではない。たとえば高野山の僧覚印は、一一六一年にすでに「神愷記の所説はまったく信用しがたい」（「神愷記所説、全不能信用」）と書いている。『事相料簡』Tttt. LXXVIII 2480 221a12–15；また『幸心鈔』Tttt. 2498 v 752b19–22；『異尊抄』Tttt. 2490 ii 600a10–16なども参照。

(26) 長部和雄著『一行禅師の研究』（神戸商科大学学術研究会、研究叢書・三、一九六三年）p. 260–261も参照。

(27) 皇慶の『谷記』からの引用は長沼、前掲書 p. 667–669によってはじめて明らかにされた。

(28) 『大黒天神法』Ttt[t]. XXI 1287 355b12–c11；読み下しについては中川善教、前掲書 p. 26–27も参照した。

(29) 『金光明最勝王経』T. XVI 665 viii 442a15–16；松本栄一著『敦煌画の研究』p. 426も参照。

(30) 松本、前掲書 p. 442参照。

(31) R. A. Stein, *Recherches sur l'épopée et le barde au Tibet*, [Bibliothèque de l'Institut des Hautes Etudes Chinoises, vol. XIII] Paris, P.U.F., 1958, p. 282–284（トルコ語 Tubbat（～Tüpüt など）という語自体は、本来はチベットを意味するという）；Phyllis Granoff, "Tobatsu Bishamon: Three Japanese Statues in the United States and an Outline of the Rise of this Cult in East Asia", *East and West*, New Series, vol. 20, 1-2, Roma, mars-juin 1970, p. 144–167；B. Frank, *Le Panthéon bouddhique au Japon*, p. 196–197 などを参照。——田辺勝美『毘沙門天像の誕生』p. 11–21はこの見方に反対し、「兜跋」は「都婆、塔婆」と同じで、ストゥーパ（仏塔、ときに「兜婆」と書かれることもある）を意味するだろうという。

(32) Granoff, "Tobatsu Bishamon", p. 146 and n. 8.

（33）山下、前掲書 p. 20c.
（34）久野健編『日本仏像名宝辞典』（東京堂出版、一九八四年）p. 299a-b.
（35）松浦正昭『日本の美術』No. 315「毘沙門天像」（至文堂、一九九二年）p. 56-57.
（36）松本文三郎著『仏教史雑考』（大阪、創元社、一九四四年）p. 274.
（37）頼富本宏著『中国密教の研究』（大東出版社、一九七九年）p. 147-148参照。
（38）唐代には于闐国を「毘沙 Vijaya 都督府」と称した。『アジア歴史事典』（平凡社、一九六一年）項目「ホータン」VIII, p. 309a 参照。
（39）『大宋僧史略』Ttt. LIV 2126 iii 254a23-b16；頼富、前掲書 p. 147-149参照。
（40）『毘沙門儀軌』T[tt]. XXI 1249 228b6-c1 et sq.；この儀軌は宗叡によって請来されているので、遅くとも彼の日本帰国の年＝八六五年には成立していたと考えられる。頼富、同上書 p. 152-153参照。
（41）頼富、同書 p. 149参照。
（42）宮崎市定稿「毘沙門天信仰の東漸について」、宮崎市定著、砺波護編『中国文明論集』（岩波文庫、青133−1、一九九五年）p. 176-218〔初出、一九四一年〕参照。
（43）松本、前掲書『敦煌画の研究』p. 456；p. 470-471；p. 456に次のように言う。「なほ別に和闐地方に於ては此の伝説〔＝『大唐西域記』によって伝えられた鼠の軍功譚〕に基づき鼠を神格化して寺壁或は木版に描いた実例がマヤクリク及びダンダン・ウイリクから発見せられて居る（Stein: *Ancient Khotan*, Pl. LXIII, Serindia, fig. 328, Pl. XII. 参照）」。後述 p. 409も参照。
（44）松本、同書 Pl. 120b；p. 412, 454-462；Granoff, "Tobatsu Bishamon", p. 159；fig. 21参照。
（45）松本、同書 Pl. 121c；p. 412-413, 454-462；Granoff, "Tobatsu Bishamon", p. 158；fig. 18；『日本の美術』No. 317「吉祥・弁才天像」根立研介（至文堂、一九九二年）p. 23, fig. 47.
（46）N. Nicolas-Vandier *et al.*, *Bannières et peintures de Touen-houang*, p. 18-19 and pl. 8.
（47）頼富本宏稿「財宝と武闘のほとけ――毘沙門天」、井ノ口泰淳・鳥越正道・頼富本宏編『密教のほとけたち』（人文書院、一九八五年）p. 203-205；松浦正昭、『日本の美術』No. 315「毘沙門天像」、所収、宮治昭稿「インドの四天王と毘沙門天」p. 85a-96b；田辺勝美、前掲書 p. 24-40も参照。
（48）Hopkins, *Epic Mythology*, p. 143；148；J. N. Banerjea, *The Development of Hindu Iconography*, p. 560参照。

（49）頼富「財宝と武闘のほとけ」p. 205.

（50）頼富「財宝と武闘のほとけ」p. 206.

（51）Mallmann, *Introduction à l'iconographie du Tâtrisme bouddhique*, p. 11 ; p. 196 and n. 4 ; p. 225 and n. 2, n. 6 ; p. 459 ; pl. IV, fig. 13.

（52）他の仏典では、*nakula* は「那倶羅虫」あるいは「黒頭虫」などと訳されているという。南方熊楠『全集』I, p. 499-500参照。榊亮三郎編『(梵蔵漢和四訳対校）翻訳名義大集 *Mahāvyutpatti*』（鈴木学術財団、一九七〇年）No. 4791では「大黄鼠」。『漢訳対照梵和大辞典』では「大黄鼠」の他に「鼠狼」、「黄鼠」、「諾拘羅」を出す。また平凡社『大百科事典』（一九八五年版 XIV, p. 246b-c）項目「マングース」によれば、「……インドマングースはヘビ退治やネズミ退治を目的として、ハワイ、ジャマイカ、沖縄などへ移入された。しかし、ヘビやネズミ以外にもその土地特有の小動物や家禽類をも襲うので、益獣と害獣の二面をもっていることがわかり、近年では移入されていない」という（今泉忠明氏稿）。——ホータンの鼠神については、後述、第九章第二節E、参照。

（53）『瑜伽大教王経』T. XVIII 890 ii 567a27-b1.

（54）『薬師琉璃光王七仏本願功徳経念誦儀軌供養法』T. XIX 926 48a27-28.

（55）『修薬師儀軌布壇法』T. XIX 928 66a9 ; 松本、前掲書 p. 454-455 ; p. 568-571参照。

（56）いくつかの例として『法宝義林』I, p. 81a 参照。

（57）『世界宗教大事典』関口正之氏稿、項目「十二神将」p. 887c-888a 参照。

（58）『覚禅鈔』TZ. IV 3022 iii 421, fig 20.

（59）J. N. Banerjea, *The Development of Hindu Iconography*, p. 559-560 and pl. XLVII, fig. 2 and pl. XLVIII, fig. 2.

（60）『渓嵐拾葉集』Tttt. LXXVI 2410 xl 634b3-8, 10-11, 15-16, 19-26 ; 同じ文は同書 Tttt. 2410 cviii 862b28-c9にも引かれている。

（61）『山門堂舎記』群書類従第二十四巻 p. 479 ; 長沼賢海著『日本宗教史の研究』 p. 703参照。——ただしこれは「多聞」と「摩訶迦羅」の二つの神を表わすのかもしれない。

（62）『阿娑縛抄』TZ. IX 3190 cxxxvi 421b17-19.

## 『大黒天神法』前半部分典拠対照表

| **『大黒天神法』**<br>嘉祥寺神愷記<br>（Ttt[t].XXI 1287 355b12-c11） | **対応する典拠** |
|---|---|
| ［1］　**大黒天神者、大自在天変身**也。 | 良賁（＝不空）**『仁王護国般若波羅蜜多経疏』**（Ttt. XXXIII 1709 iii. 1 490b2-3）：<br>……**大黒天神**、是**摩醯首羅**〔Maheśvara＝大自在天＝Śiva〕**変化之身**。<br>Cf.義浄**『南海寄帰内法伝』**（Ttt.LIV 2125 i 209b23-24）：<br>……莫訶哥羅、即大黒神也。古代相承云、是**大天**〔Mahādeva＝Śiva〕之所属…… |
| ［2］　**五天竺**並**吾朝**〔または「吾唐朝」〕**諸伽藍等、**皆所**安置**也。 | 義浄**『南海寄帰内法伝』**（Ttt. LIV 2125 i 209b20-23, c10-11）：<br>又復**西方諸大寺**処、咸於食厨柱側、或大庫門前、彫木表形……号日莫訶哥羅……<br>……淮北雖復先無、**江南多有置処**、求者効験、神道非虚。 |
| ［3］　有人云。大黒天神者、**堅牢地天**化身也。 | 慧琳（＝不空）**『一切経音義』**（Ttt. LIV 2128 x366b14, 16-17）：<br>摩訶迦羅。……足下有一**地神女天**、以両手承足者也。 |
| ［4］　伽藍安之、**毎日**所**炊飯**上分**供養此天**、 | 義浄**『南海寄帰内法伝』**（Ttt. LIV 2125 i 209b23-24, 25-27）：<br>……号日莫訶哥羅、即大黒神也。……。求者称情。<br>但至食時、厨家**毎薦**香火、**所有飲食随於前**。 |
| ［5］　誓夢中語詞此之中曰： | |

［6］　若吾安置伽藍、日日敬供者、吾寺中令住衆多僧。毎日必養**千人之衆**。

義浄『**南海寄帰内法伝**』（Ttt. LIV 2125 i 209b27-c9）：
曾親見、説大涅槃処般弾那寺。毎常僧食一百有余。春秋二時、礼拝之際、不期而至**僧徒五百、**臨中忽来。正到中時、無宜更煮。其知事人、告厨家曰、「有斯倉卒事如何」。于時一浄人老母。而告之曰。「此乃常時、無労見憂」。遂乃多燃香火、盛陳祭食、告黒神曰、「大聖涅槃爾徒尚在、四方僧至為礼聖蹤。飲食供承勿闕乏。是仁之力、幸可知時」。尋即総命大衆令坐。以寺常食次第行之。大衆咸足。其飡所長還如常日。咸皆唱善。諧天神之力。親行礼觐故、覩神容。見在其前食盛大聚、問其何意、報此所由。

［7］　乃至人宅亦爾也。若人三年専心供吾者、吾必此来。供人授与世間富貴乃至官位爵禄。**応惟悉与焉**。

Cf.**同上**（Ttt. LIV 2125 i 209b25, c10-11）：
**求者称情**。――**求者効験、神道非虚**。

［8］　吾体作**五尺、若三尺若二尺五寸**、亦得通免之。

**同上**（Ttt. LIV 2125 i 209b21-23）：
**……彫木表形。或二尺三尺**為神王状。座抱金嚢却踞小床、一脚垂地。毎将油拭、黒色為形。号曰莫訶哥羅……。

［9］　**膚色悉作黒色。頭令冠烏帽子悉黒色也。令著袴、駆褰不垂。令著狩衣。裙短袖細。右手作拳、令収右腰。左手令持大袋、従背令懸肩上、其袋之色為鼠毛色、其垂下程余臂上。**

淳祐『**要尊道場観**』（Tttt. LXXVIII 2468　ii 63b12-17）：
楼閣中有荷葉座。座上有ヌ摩字。字変成袋形。形変成大黒天神。**膚色悉作黒色。頭令冠烏帽、悉黒色也。袴令著、駆褰不垂。令著狩衣。裙短袖細。右手作眷**〔「拳」の誤記〕**、令収右腰。右手**〔「左手」の誤記〕**令持大袋、従背令懸肩上、其袋之色為鼠毛色、其垂下程余臂上。**

〔10〕　如是作畢、**居大衆食屋礼供者**、堂屋房舎必自然之栄。聚集涌出。又若人常持念吾呪、**四季大備餚饍酒羹飯食乃至百味**、以五更時、不知衆多人供吾者、**決定与富**。

義浄『**南海寄帰内法伝**』(Ttt. LIV 2125 i 209b20-21, b23-c9 ; c10-11)：
又復西方諸大寺処、咸於**食厨**柱側……号曰莫訶哥羅、即大黒神也。性愛三宝、護持五衆、使無損耗。**求者称情**。**但至食時、厨家毎薦香火、所有飲食随於前**。曾親見、説大涅槃処般弾那寺。毎常僧食一百有余。春秋二時、礼拝之際、不期而至僧徒五百、臨中忽来。正到中時、無宜更煮。其知事人、告厨家曰、「有斯倉卒事如何」。于時一浄人老母。而告之曰。「此乃常事、無労見憂」。遂乃多燃香火、盛陳祭食、告黒神曰。「大聖涅槃爾徒尚在、四方僧至為礼聖蹤。飲食供承勿闕乏。是仁之力、幸可知時」。尋即総命大衆令坐。以寺常食次第行之。大衆咸足。其飡長還如常日。咸皆唱善。讃天神之力。親行礼観故、覩神容。**見在其前食盛大聚**、問其何意、報此所由。——**求者効験、神道非虚**。

〔11〕　其呪曰。
**「唵密止密止舎婆隷多羅羯帝娑婆訶」印者。二手内縛舒二地二水、来去是也。**
**供養印者、用常途法。**

淳祐『**要尊道場観**』(Tttt. LXXVIII 2468 ii 63b20-22)：
**印（普印）**真言曰「唵摩訶迦羅耶莎呵」。
又印（或本）**内縛舒地水、来去是也**。
真言曰「**唵密止密止舎婆隷**二合**多羅羯帝莎呵**」。

〔12〕　礼供人者、必於此神成父母之想。**於三宝成外護、於衆人成父母故也**。
余久聞天竺土風並吾当朝〔または「吾唐朝」〕土風、諸寺安此天莫非豊饒。因之、**為断後輩之疑**、以野客夢事引尋貽之焉。

Cf. 義浄『**南海寄帰内法伝**』(Ttt. LIV 2125 i 209b25, c10-11)：
**求者称情**。——**求者効験、神道非虚**。

〔13〕 大黒天神法。
師云。「此最秘密也。不入室弟子不可伝授。千金莫伝、努力努力。」

〔14〕 **讃（諸天讃）。**
**種子𑖦**

淳祐『**要尊道場観**』(Tttt. LXXVIII 2468 ii 63b19 ; b12-13) :
**讃（諸天讃）。**
楼閣中有荷葉座。座上有**𑖦摩字**。字変成袋形。形変成大黒天神。

**表 4　大黒天神法 後半部分 典拠対照表**
Ttt〔t〕. XXI 1287 355c12-357c4

| 大正蔵・底本<br>享和二＝1802年刊長谷寺刊本[1] | 大正蔵・甲本<br>承暦四＝1080年写<br>高山寺蔵本＝A本 | 大正蔵・乙本<br>天承三／四＝1134/5年写<br>高山寺蔵本＝B本[2] |
|---|---|---|
| **各種典拠引用集** | | |
| 1］355c12-16　淳祐『石山七集』TZ.I 2924 ii.2 187c26-188a1(『石山七集』による胎蔵界曼荼羅の摩訶迦羅図像。ただし左右の次手の持ち物が逆) | この部分を欠く[3] | この部分を欠く |
| 2］c16-356a15『仁王経疏』Ttt.XXXIII 1709 iii.1 490a25-b14 | | |
| 3］356a15-16　『理趣釈』Ttt.XIX 1003 ii 616a12-13(以上、2典拠は『石山七集』TZ.I 2924 ii.2 188a1-20に引かれている) | | |
| 4］356a16-18　『石山七集』TZ. I 2924 ii.2 181a13-15(七母天のリスト) | | |
| 5］356a19-b13『大日経疏』Ttt. XXXIX 1796 x 687b18-c11 | | |
| 6］356b13-16　安然『瑜祇経疏』Tttt. LXI 2228 iii 501a18-21 | | |
| 7］356b16-17　『石山七集』TZ. I 2924 ii.2 187c26 | 以下欠く | |
| 8］356b17-c8　『南海寄帰伝』Ttt.LIV 2125 i 209b20-c12 | | |
| 9］356c9-10　淳祐『要尊道場観』Tttt. LXXVIII 2469 ii 63b20-22 (『摂大儀軌』Ttt. | | |

| | | | | |
|---|---|---|---|---|
| | | XVIII 850 ii 80a24-25参照) | 以下欠く | この部分欠く |
| 10] | 356c11 | 口伝云。常途法者、十八道。口伝云。 | | |
| 11] | 356c11-12 | 『仁王経』T〔tt〕.VIII 246 ii 840b7 | | |
| 12] | 356c12-13 | 『理趣釈』Ttt. XIX1003 ii 616a12-13(上の[3]参照) | | |
| 13] | 356c14-16 | 師云。「此最秘密也。不入室弟子不可伝授。千金莫伝、努努。」(対照表の[13]とほぼ同文) | | |
| **儀軌** | | | | |
| 14] | 356c16-357b20 | 皇慶『谷記』に基づく大黒天神法:『阿娑縛抄』TZ. IX 3190 clxv 524c17-20, 525a17-c7参照 | | |
| 15] | 357b20-c4 | 梵語の諸天讃（同じ諸天讃はたとえば寛助の『別行』Tttt.LXVIII 2476 vii 185b9-13や頼瑜の『秘抄問答』Tttt.LXXIX 2536 x 466c26-467a4などにも見える) | | |

**注**

(1)　大正蔵の底本は、享和二年＝1802年の刊本だが、その奥書の最古の年号は「承安三年〔1173〕二月十八日。於醍醐寺勝倶胝院之東坊。二箇日書写了」となっている(Ttt[t]. XXI 1287 357c9-10)。

(2)　乙本の奥書は「天承三年閏十二月二日於八條書之」(Ttt[t]. XXI 1287 357, n. 77)。「天承」は1131年に当たる元年しか存在しないが、おそらく長承3年＝1134年の誤記と思われる。しかし、冒頭の校合本についての注記では、「天承四年写高山寺蔵本」と書かれている(Ttt[t]. XXI 1287 355, n. 5)。ここでは仮に1134／1135年とする。

(3)　甲本では、この引用は儀軌の冒頭『大黒天神法』の題名の前におかれている。

# Ⅸ　兜跋毘沙門の神話と図像

## 本章の主な話題・モティーフ

兜跋毘沙門
足下の薬叉女（歓喜薬叉女）
堅牢地神
吉祥天・功徳天（シュリー＝ラクシュミー）
弁才天（サラスヴァティー）
スプンター・アールマティとシュリー＝ラクシュミー／サラスヴァティー
散支大将
ホータンの建国神話（1）（2）
ホータンの鼠神
兜跋毘沙門の冠中の鳥／肩の光背
王の栄光の鳥／ファロー神

## 主な典籍・図像

毘沙門関連雑密経典（八〜十二世紀ころ）
『金光明経』（五世紀初頭以前〜八世紀初頭）
『大唐西域記』（玄奘・六四六年）
東寺の兜跋毘沙門彫像／『四種護摩本尊及眷属図像』の兜跋毘沙門図像（九世紀前半）
大地女神に支えられたヴィシュヌ神
ラワク（ホータン）の軍神（三〜四世紀）

## 1　日本の摩訶迦羅 - 大黒天像と兜跋毘沙門の図像

日本の天台系寺院に祀られた大黒天の「南海寄帰伝式半跏像」は、明らかにインドの福神クベーラ - ジャンバラ像の流れを汲むものだった。が、そのクベーラ - ジャンバラと比較すると、天台系の大黒天図像にはいくつかの顕著な相違点を見出すことができる。すなわち、

［1］インドのクベーラ - ジャンバラ像の多くが上半身ほぼ裸体で太鼓腹であるのに対して、天台系の大黒像は武装した武神形で、いわゆる太鼓腹ではなく筋肉質の堂々とした巨軀であること、また、

［2］クベーラ - ジャンバラはふつう左手に金嚢を、右手にレモンの実を持った姿に作られるが[1]、天台系の大黒は多くは右手に金嚢、左手に宝棒を持っていること。

日本の天台系大黒に特有のこれらの特徴のうち、武神形であることと宝棒を持つことの二つは、明らかに中央アジア以来の兜跋毘沙門の形に基づいていると思われる。

一方、背中に巨大な袋を背負ったいわゆる「日本型」大黒の図像（これはおそらくもとは真言宗の系統に属するだろう）にも兜跋毘沙門の姿を連想させるものがある。というのは、最古の「日本型」大黒の作例である太宰府観世音寺の大黒像は、（後世の一般の「日本型福神型」大黒とは違って）非常に長身細身で、かつ忿怒相に近

い厳しい面貌をしているが、この二つの特徴もまた兜跋毘沙門に見出されるからである。

さらに、いまの二つの日本の大黒天は、伝承によれば両者ともなんらかの意味で堅牢地神に擬せられている（天台系の半跏像は「この形は即ちこれ堅牢地神なり」といい〔前述p. 376〕、また「日本型」大黒についても、「有る人」の説に「大黒天神は堅牢地神の化身なり」という〔前述p. 350〕）が、そのことはまた、兜跋毘沙門が大地女神の上に支えられていることと無関係ではないだろう。

しかし、いまの兜跋毘沙門と大地女神のかかわりについては、より直接的な類似は、不空＝慧琳の記述による八臂の摩訶迦羅忿怒相の図像に見出すことができる。すでに見たように、この摩訶迦羅像も、兜跋毘沙門とちょうど同様に大地女神の両掌の上に立つとされているからである。

こうして各種の尊像をその図像的な構成要素に分解して比較してみると、兜跋毘沙門像は、平安時代までに成立した日本の主要な三つの大黒－摩訶迦羅像（前述p. 300–303参照）のすべてとなんらかの交渉があったと考えることができる。とくに、天台系半跏像と「日本型」大黒は基本的に福神と考えられるのに対して、不空＝慧琳の摩訶迦羅像は一見して明らかに系統の違う忿怒の相を示している。それにもかかわらず、このまったく別系統の図像が、すべて兜跋毘沙門というひとつの神格の図像に関連づけられるということは、兜跋毘沙門が、日本的な大黒－摩訶迦羅天の図像と信仰が分化し、成立してきたひとつの主要なキーポイントに位置したことを示唆しているのではないだろうか（**表5**も参照）。

## 2　兜跋毘沙門の文献資料

### A　足下の大地女神

さて、前章でも述べたとおり、兜跋毘沙門はきわめて謎の多い神格である。ここではまず、文献資料と図像資

| | | | | |
|---|---|---|---|---|
| **ガネーシャ**<br>象頭<br>太鼓腹<br>鼠<br><br>〔歓喜天〕 | **クベーラ・ジャンバラ**<br>（主に）半跏像<br>太鼓腹<br>金嚢～マングース<br>〔ヴァスダーラー〕<br>（大地女神）<br>〔北方〕<br>〔夜叉大将〕 | **義浄の大黒天**<br>半跏像<br>太鼓腹（？）<br>金嚢<br>〔ハーリーティー〕<br>（「歓喜薬叉女」） | | **シヴァのアンダカ・アスラ降伏像**<br>立像<br>巨軀<br>象皮（背後）<br>忿怒相－武装<br>カーリー<br>〔七母神〕 |
| | **兜跋毘沙門**<br>立像<br>長身細身<br>武装（宝棒）<br>大地女神<br>（夜叉女「歓喜天」）<br>〔金嚢〕～〔鼠〕<br>〔北方〕<br>〔夜叉大将〕<br>〔盗み〕 | | | **不空＝慧琳の八臂の摩訶迦羅忿怒像**<br>立像（？）<br>巨軀<br>忿怒相－武装<br>象皮（背後）<br>大地女神<br>〔七母神〕 |
| | **中央アジア－中国－日本－チベットの毘沙門**<br>（主に）立像<br>巨軀<br><br>武装<br><br>〔北方〕<br>〔夜叉大将〕 | **日本の天台系寺院の大黒天半跏像**<br>半跏像<br>巨軀<br>武装（宝棒）<br>金嚢（鼠嚢？）<br><br>〔大地神（男神）〕 | **「日本型」大黒天立像**<br><br>立像<br>長身細見→<br>短身－太鼓腹<br>平服<br>大袋（背後）<br>（「鼠毛色」）<br>〔大地神（男神）〕<br>〔鼠〕<br>〔盗み〕 | **胎蔵曼荼羅の摩訶迦羅忿怒像**<br><br>座像<br>巨軀<br>武装－忿怒相<br>象皮（背後）<br><br>〔七母神〕 |
| | **日本の宮毘羅大将**<br>鼠<br>〔大将〕 | | | |

**表 5**

料に分けて、文献資料から検討していくことにしよう。

文献で見るかぎり、兜跋毘沙門について直接書き残された記述は驚くほど貧弱である。先に見たように、大蔵経に収録された中国伝来の経典で、兜跋毘沙門の名前（またはそれに相当する他の音写語）を明記したものはほとんど見当たらないし（ただし後述p. 398参照）、また、特殊な宝冠やイラン系の服装など、この神格に特有の図像的特徴について明確に述べたものもほぼ皆無であると言っていい。それでも文献資料で、一般の毘沙門像とは違う特殊な毘沙門像が存在したことをうかがわせるものがまったくないわけではない。というのは、いくつかの数少ない経典に「足下に夜叉鬼（または「鬼」、「薬叉女」など）を踏む」形態の毘沙門を記述した文章を見つけることができるからである。――ところが実際には、それらの経典自体が問題を含んでいる。以下、この足下の「夜叉鬼」に焦点を合わせてそれらの経文を見てみよう。

［1］まず、不空訳の『金剛頂瑜伽護摩儀軌』によれば、

北方毘沙門天は二鬼の上に坐して、身体には甲冑を着する。左手の掌に宝塔を捧げ、右手は宝棒を執る。身体は金色で、二天女が宝華などを持つ。

という(2)(ただしこれは座像なので、典型的な兜跋毘沙門とは言えないだろう)。

[2] 同じ不空の訳という『北方毘沙門天王随軍護法真言』では、

その神〔=毘沙門神〕の脚下には二薬叉鬼を作り、その身体はみな青黒色に作れ。

と書かれている(3)。

[3] またいまの『随軍護法真言』の姉妹編で、同じ不空訳と言われる『北方毘沙門天王随軍護法儀軌』には、

その神の足下には一薬叉女を作れ。足を組んで座り、〔その身体の色は〕みな青黒色にし、やや赤を加えよ。

と書かれている(4)(ただしこれも座像である)。

[4] 一方、般若斫羯囉(=智慧輪=Prajñācakra)訳の『摩訶吠室囉末那野提婆喝囉闍陀羅尼儀軌』という長々しい題名の経典には、

〔吠室囉末那=Vaiśramaṇa 天王は〕その脚下に三夜叉鬼を踏む。中央は地天、また歓喜天と名づけ、左側は尼藍婆、右側は毘藍婆と名づける。

という文章がある(5)。

[5] さらに金剛智の訳という『吽迦陀野儀軌』は、いまの経文を敷衍した内容である。

〔毘沙門天は……〕その脚下に三夜叉鬼を踏む。中央は地天、また歓喜天と名づけ、左右〔の夜叉鬼は〕使女である。左は尼藍婆女天であり、右は毘藍婆神王という(6)。

[6] 最後に興然(一一二〇～一二〇三年、真言宗)の『図像集』や承澄の『阿娑縛抄』、また中世比叡山の口伝を集めた『九院仏閣抄』に引かれた『大梵如意兜跋蔵王呪経』という経典(この経自身は散逸して伝わらない)で

は、「大梵如意兜跋蔵王」と呼ばれる神格の十種の「変現の相」のうち第七の相が「兜跋蔵王」であり、この神は、

毘沙門天王と同様の威徳自在をもち、身相面貌は忿怒降魔〔の相を現わし〕、吉祥円満にして無量の福智光明があり、兜跋国大王の形像を権現する。〔……この天王は〕威光を具足し、飛翼をもって天を飛翔する。

という。そしてこの兜跋蔵王神の足下には、

大地神女が自然に涌出し、蓮華を化生して、掌の上に大如意王の足を承ける。

と書かれている。[7]

## B 雑密文献の批判

これだけの典拠がそろっていれば、兜跋毘沙門の足下の地天女は、文献によって充分裏づけられていると考えられるかもしれない。ところが実際にはこれらの経典のうち、ある程度「由緒正しい」と言えるのは、はじめの『金剛頂瑜伽護摩儀軌』だけで、それ以外はすべて多少とも偽典と考えるべきものなのである。以下、順にそれらの経典について見てみると、

○まず、［1］の『金剛頂瑜伽護摩儀軌』は「不空訳」となっているが、実際には（他の多くの「不空訳」の経軌と同様）梵本からの翻訳というよりも、不空自身によって叙述・編集された儀軌と考えるべきものである。[8]

○次に、［2］と［3］の『北方毘沙門天王随軍護法真言』と『北方毘沙門天王随軍護法儀軌』は、おそらく八世紀後半頃に、不空の名に仮託して作られた中国製の偽経と考えられている。[9]

○［4］の『摩訶吠室囉末那野提婆喝囉闍陀羅尼儀軌』も、一般には中国製の偽経と言われるが、じつはそれすらも疑わしい。唐‐宋代密教の最大の権威の一人長部和雄氏はこの経について「本邦製の経文か」と書かれてお

り、平安後期に日本で作成された偽経と考えることも可能である(10)（同じ「訳者」による『聖歓喜天式法』［Ttt. XXI 1275］については後述II, p. 176も参照）。

○［5］の『吽迦陀野儀軌』は金剛智訳ということになっているが、これは『阿娑縛抄』が「法性房御作也」と記していることからも明らかなように、「台密の徒・法性房の作」であると言われている(11)。ここでいう法性房とは天台座主尊意（八六六～九四〇年）の号。この人物は、平安末期、十世紀前半の社会不安が渦巻く世情の中で、旱魃の折にはたびたび雨を祈り、菅原道真の怨霊騒ぎで醍醐天皇が病に臥した時は、宮廷に馳せて加持祈禱するなど、浄蔵などとならんで当時の天台密教を代表する呪術僧だった。尊意はまた、平将門の乱の時には宣旨を承けて四天王法を修したとも言われている(12)。前章で見たように、現在東寺に安置されている兜跋毘沙門像は、もと平将門の乱の時に作られ、羅城門の楼上に安置されたという伝説が残されているから（前述p. 360参照）、尊意がこの時に四天王法を修したということは、東寺の兜跋毘沙門像ともかかわってとくに興味深い事実である。なお、この『吽迦陀野儀軌』には、兜跋毘沙門の名を「都鉢主多聞天王」などと音写している箇所があることにも注目しなければならない(13)。

○そして最後の『大梵如意兜跋蔵王呪経』（［6］）は、『阿娑縛抄』に「かの兜跋経は新渡の経なり」と書かれていることからも推測されるとおり、おそらく十二世紀頃にはじめて日本に請来された中国製の偽経であると考えられる*(14)。が、もしこの経典が（たとえ後世であるにしろ）中国から渡来したことを認めるならば、われわれは少なくともひとつの重要な情報を手に入れることになる。一般に「兜跋」という語は日本の文献にしか現われないと考えられることが多いが、もしこの偽経が中国製のものなら、この語は遅くとも十二世紀頃には中国で使われていたと信じなければならないからである(15)。

＊なお『阿娑縛抄』の時代には他にも「新渡」の毘沙門天関係の経典があったようである。『阿娑縛抄』TZ. IX 3190 cxxxvi

419b1には「新渡大乗毘沙門経、三巻」への言及がある。また杲宝の『大日経疏演奥鈔』Ttt. LIX 2216 xv 161b24-25にも同じ経からの引用がある。さらに『大日経疏演奥鈔』xv 161b25-c16には『四天王本縁功徳経』や『四無量経』という経典からの引用がある。

いずれにしても、このように少し詳しい批判を加えてみると、兜跋毘沙門の足下の大地女神に関する文献的な典拠は、大部分が日本製か、または（中国で作られたとしても）後代の偽経であって、信用に足るものはほとんど皆無に近いとさえ言えそうである。もし、兜跋毘沙門の図像がまったく残されていなかったら、あるいは日本にしか残されていなかったら、そしてまた、もし「由緒の正しくない」文献の記述がすべて「後世の俗信」と決めつけられるとするなら、兜跋毘沙門の信仰自体がほとんどすべて「たんなる俗信」として等閑に付されてしまうことすらありえただろう。

しかし現実には、この信仰は図像的な資料によって、少なくとも三、四世紀頃の中央アジアにまで遡ることが明らかになる。とすると、兜跋毘沙門の足下の大地女神についてのこれらの文献資料も、――その成立年代や由来がどうであろうとも――あらためて注目すべきものになるだろう。

**表6**を一見すれば明らかなとおり、この足下の神格についての記述は文献によってまちまちであり、その数や性別、名前も一定しない。ただ興味深いのは、後代になればなるほど記述が詳しくなり、しかもある意味で正確になるということである（たとえばそれが大地神であり、かつ女神であることは、最後の『大梵如意兜跋蔵王呪経』ではじめて明確になる）。なかでも［4］と［5］で、「三夜叉鬼」の中央が「歓喜天」と名付けられていることは、ガネーシャやハーリーティーとの関連を示唆するものでとくに注目に値する（前章p. 358および神話モティーフ索引「歓喜」という語、参照）。またこの「歓喜」夜叉女を囲む尼藍婆と毘藍婆というヤクシャの名も、他の経典によって知られており、おそらくNīlāmbara（またはNīlāmbā?）とVilambāに復元することができる。[16]

| | |
|---|---|
| ［1］不空（八世紀後半） | 二鬼の上に坐す |
| ［2］中国製偽経（八世紀後半） | 足下に二薬叉鬼を作る |
| ［3］中国製偽経（八世紀後半） | 足下に一薬叉女を作る |
| ［4］中国または日本製の偽経（平安時代後期？） | 足下に三夜叉鬼を踏む。中央は地天、また歓喜天と名づけ、左側は尼藍婆、右側は毘藍婆と名づける |
| ［5］日本製の偽経（法性房尊意、十世紀前半） | 足下に三夜叉鬼を踏む。中央は地天、また歓喜天と名づけ、左右〔の夜叉鬼は〕使女である。左は尼藍婆女天であり、右は毘藍婆神王という |
| ［6］中国製偽経（十二世紀頃？） | 大地神女が自然に涌出し、蓮華を化生して、掌の上に大如意王〔＝兜跋毘沙門〕の足を承ける |

**表6　兜跋毘沙門と足下の大地女神**

［4］と［5］の二経典は、おそらくともに日本で作られた偽経と考えられるが、にもかかわらず、その内容の一部には、もっとも古い時代にまで遡る神話的関連が、ここでもまた「忘れられたパズルの一片」のように保存されていると考えることもできるのである。

### C　『金光明経』の毘沙門天と他の福神との関連

では、この兜跋毘沙門の足下の女神は、そもそも何に基づいて発想されたものなのだろう。ここでも、まだ文献資料の範囲内にとどまって、仏教経典を検討してみよう。

よく知られているように、毘沙門天の信仰は四天王の信仰に結びついており（現実には四天王信仰は毘沙門天信仰に帰結すると言ってもいいだろう）、その四天王信仰は、国家鎮護や現世利益の経典として、極東の各国できわめて重要な役割を果たした『金光明最勝王経』を最大の典拠としている。事実、先に引いた毘沙門天関係の各種の雑密経軌も、基本的にはみなこの『金光明経』を下敷きにして作られたと考えることができる。国家鎮護と現世利益というこの経の二面性は、「武神」であると同時に「福神」でもあるという毘沙門信仰を考える時に、重要なヒントを与えると言えるだろう。

『金光明経』はすでに四一四～四二一年頃に曇無讖 Dharmakṣema

（中央インドに生まれ、カシュミーラ、クチャを経て四一二年、中国・北涼に入る）によって訳されており、その梵語原本はおそらく四世紀頃に成立して徐々に発展したものと言われている。[17] 大正蔵には、この曇無讖訳（T. XVI 663）のほかに、隋の宝貴がおもに真諦訳（五五二年。散逸）にもとづいて編集した『合部金光明経』（五九七年。T. XVI 664）、さらに唐の義浄訳（七〇三年。T. XV 665）の三訳が収録されている。

さて、この経の（曇無讖訳本の）第六から第十までの五つの章（品）は、それぞれ四天王、大弁天（弁才天＝サラスヴァティー）、功徳天（＝吉祥天＝シュリー女神）、堅牢地神および散脂鬼神（Saṃjñāya-mahā-yakṣa）に当てられており、これらの神々が、『金光明経』を奉持する国王・人民を守護し、彼らに「安穏、大智及び所須の衣服等を得しめ、且つ此の経を広宣流布して永く断絶せしめざらんと誓ひしこと」を述べている（『望月仏教大辞典』項目「金光明経」II, p. 1354c）。――そして、その中の「堅牢地神品」で、堅牢地神（女神〔前述 p. 352 参照〕）が、次のような誓いを立てる場面がある。堅牢地神は、

大衆の中から立ち上がり、合掌して世尊に礼をし、「もし現在世または未来世にこの金光明最勝王経を流布する場所があれば、私は〔必ず〕そこに赴いてその流通を擁護し、またもし高座を敷いてこの経を説く説法師があれば、神力をもって本身を現わさぬままにその座所に〔往き〕、その足を頂戴して〔その人を支えるであろう〕」と誓った[18]（以上、義浄訳の『金光明最勝王経』による要約）。

「本身を隠して地下から説法者の座を支える」というこの堅牢地神の姿は、まさに兜跋毘沙門の足下の大地女神を連想させるものである。兜跋毘沙門像のもっとも重要な図像的特徴のひとつである大地女神の位置や形態は、直接的には『金光明経』のこの一節に基づいたものと考えて間違いないだろう。これは、本来、仏教では釈尊の降魔成道の場面で、釈尊が魔王に対して己の優位を証するものとして大地を「触地印」によって証人として指し示した、ガンダーラに見られる図像に基づいたものと考えられる*〔**図 72** 参照〕。

**図72　降魔成道の場面**（大地天女、ガンダーラ）

＊玄奘の『大唐西域記』には、仏陀伽耶の菩提樹の東側精舎に安置された仏像について、次のような記述がある。「〔この仏像が〕右手を垂れているのは、往時、如来が仏果を証しようとされるや、天魔が来て悩まそうとした。その時、地神は天魔がやって来ることを知らせ、地神の一人がまず出て来て仏の降魔を助けようとした。如来は、『汝ら憂え心配する必要はありません。私は忍耐力でかれらを降すこと確実である』と言われた。魔王は、『誰が証明しますか』と問うと、如来は手を垂れ地を指し、『ここに証人がある』と言われた。この時、第二の地神が躍り出して証明をした。それで今の像の手は昔垂れられた姿を模しているのである」（水谷真成訳 p. 264b–265a に基づく。『大唐西域記』Ttt. LI 2087 viii 916b1–6）。大地女神は、如来の真実、あるいはその威力を「証する」者として現われる。──しかし、それと同時に重要なのは、宮治昭氏の次の指摘である。すなわち「インドでは神がそこに立ったり、坐したりする座、あるいは乗（*vāhana* 生きものの座）は、その神の働きを助けたり、出自や属性を反映したりする」（宮治昭稿「インドの四天王と毘沙門天」（松浦正昭、『日本の美術』No. 315「毘沙門天像」所収）p. 89a）。このことは、降魔の相の釈尊と大地女神が、あるいは説法する僧と堅牢地神が、さらに兜跋毘沙門と大地女神が、何らかの神話論理的関係で結ばれていることを意味している。それはまた、のちに見るヴィシュヌ神とその足下の大地女神、あるいは降三世明王とその足下に降伏されているシヴァ—

大自在天／ウマー天后などの場合にも同様に言うことができる。

さて、いまも述べたように、『金光明経』の第六から第十までの章は、四天王と堅牢地神の他に、大弁天と功徳天および散脂鬼神の三神に当てられている。これらはすべて毘沙門天と深い関係にあり、重要な福神的機能をもった神々である。『金光明経』の堅牢地神について見たついでに、いまこれらの神々に関しても簡単に一瞥しておくことは、兜跋毘沙門の成り立ちを考えるためにも無駄ではないだろう。

クベーラ－ヴァイシュラヴァナとシュリー－ラクシュミー女神（功徳天＝吉祥天）のかかわりについては、前章でもすでに触れたが（p. 369）、義浄訳の『金光明最勝王経』（七〇三年訳）では、その関係が視覚的－図像的に非常に明瞭に表現されている。義浄によって訳された異本は、この部分では一種の雑密経のような構成を取っていて、多聞天王（＝毘沙門天）の呪文や図像の描き方、供養法などを述べ、さらにそうした供養に対して、多聞天王がどのような形で出現するかについてまで説いている（この一節については後述p. 464も参照）。それによれば――、

月の八日または十五日に、白氎布の上に木膠の雑彩で仏の形像を描き、その左側に吉祥天女を、右側に多聞天王と男女の眷属の像を作り、花を飾り、種々の名香を焚いて呪文を唱えよ。そのようにして供養する者があれば、多聞天は慈愛の心を生じて変身し、小児形あるいは老比丘形を現わし、手には如意末尼宝珠と金嚢を持って道場に入り、行者の願いをすべて叶えるであろう

という。(19)＊

＊杲宝の『大日経疏演奥鈔』Tttt. LIX 2216 xv 161b12-c28には毘沙門天と吉祥天の関係について（とくにこの二天が夫婦であるか否かについて）多くの引用が蒐集されている。とくに、ここに引かれた『四無量経』または『四天王本縁功徳経』（？）に

は、吉祥天が前世に「極好」という名の王女で、王国の周囲の四人の国王に結婚を申し込まれたが、あるとき突然「大海龍王」に攫われ、父王と四王の協力で助け出された、という伝承が伝えられている（前述p. 399の細注も参照）。この経典は、おそらく中国製の偽経と考えられるだろう。この伝承は、中世の『源氏物語』の古注釈にも取り上げられており、吉祥天と龍王、あるいは水との関連を示すものとして興味深い。田中貴子著『外法と愛法の中世』（砂子屋書房、一九九三年）p. 53-55参照。

この文章の前半の図像の記述は、前章（p. 366-367）で見た敦煌の釈迦牟尼仏を中心にした尊像図——仏の左側に眷属を従え大地女神の両掌に支えられた兜跋毘沙門天、右側に三面八臂の弁才天と二臂の吉祥天を配した尊像図——とほとんどぴったり照合する。[20] さらに同じ一節の後半に、行者の前に現出した老比丘形（?）の毘沙門天が「手に金嚢を持つ」と書かれていることも、前章以来のわれわれの関心に直接かかわる内容である。こうした例を見ると、十世紀前後の中国や中央アジアでは、経文にはただ「毘沙門天」「多聞天」と書かれたものを、図像的には兜跋毘沙門の形で現わした場合が多いように思われる（前章p. 364で見た、敦煌のもうひとつの兜跋形毘沙門天の像もただ「大聖毘沙門天王」と傍記されていた。「大聖」という称号については後述、第二巻第五章第一節B参照）。

一方、この敦煌の尊像図に見られるような弁才天と毘沙門天の関係は、『金光明経』によるかぎりあまり明瞭とは言えない。ただ、「四天王品」では、弁才天は吉祥天や堅牢地神、大自在天（マヘーシュヴァラ）、金剛密主（ヴァジュラパーニ）、訶利底母（ハーリーティー）などとともに四天王の眷属として名前が挙げられており、また「大弁才天女品」では、弁才天自身が人々に「最上智」をもたらすばかりでなく、「財宝を求める者には財宝を、名誉を求める者には名誉を」与えるであろうと誓う場面があり、毘沙門と同様の福神としての機能をもっていることを知ることができる[21]（弁才天と毘沙門の関係については後述も参照）。それと同時に、『金光明経』は、弁才天を「世界を領する那羅延」Nārāyaṇī すなわちヴィシュヌ妃と呼び、「母として世界を生み、勇猛にしてつねに大精進を行ない、軍陣においては常勝し、（中略）閻羅（ヤマ神）の長姉と現われてつねに青い山繭の衣をまとい、美醜ともに備えて、その眼目は見る者を怖れさせる……」と書いている。[22] ここでは、弁才天は文字通り「世界を生み出す」大母神として描かれており、美しく慈悲深い側面と恐るべき戦闘の女神という側面を兼ね備えた、きわめて「両価的《アンビヴァレント》」な性格を与えられている。しかも、一般に「ヴィシュヌ神妃」Nārāyaṇī と呼ばれるのがシュリー＝ラクシュミー女神であることを思えば、『金光明経』における弁才天が、一般に言われるようなたんなる河の女神、弁論の女神を越えた、一種の超越神的な女神として表象されていたことが想像されるだろう。

最後の散脂 Saṃjñāya 鬼神（または散脂大将ともいう）は、やはり非常に謎の多い神格であり、その梵名すら、写本によっては Saṃjaya と表記するものもあって一定していない。[23]『望月仏教大辞典』によれば、散脂大将は毘沙門天王の下の八大将の一であり、二十八部衆の総師であるという。また『大日経疏』には「半只迦は旧に散支と曰ふ」といい、不空訳の『大薬叉女歓喜母并愛子成就法』にも同様に「半支迦薬叉大将、昔、散脂と云ふは訛りなり」と書かれている。[24] こうした例からも明らかなとおり、散脂大将はしばしばパーンチカと混同されることがあり、それゆえにハーリーティー（鬼子母）の夫神とされることもあったという。毘沙門天王配下の夜叉群の大将として、パーンチカと散脂大将の二神は本来非常に似かよったタイプの鬼神だったと考えていいのかもしれない。

この散脂大将に関してはまた、中国＝日本では「父は徳叉迦、母は鬼子母神であり、功徳天を兄とする」（『望月仏教大辞典』）という奇妙な伝承が行なわれていた。[25] これは、もとをただせば非常に古い雑密経の一種、『七仏八菩薩所説大陀羅尼神呪経』（東晋〔三一七〜四二〇年〕時代の失訳経）の末尾近くにある、

鬼子母は夫の名を徳叉迦、長男の名を唯奢叉、中の子の名を散脂大将、末の子の名を摩尼抜陀耆首那抜陀といい、娘の名を功徳天という。

と書かれた一節に基づいたものと考えることができる(26)。これらのうち、徳叉迦 Takṣaka は有名な龍王の名であり、「娘の功徳天」は明らかにシュリー女神を指すものと思われるが、そのほかの唯奢叉と摩尼抜陀耆首那抜陀という名は（摩尼抜陀はおそらく Maṇibhadra だろうが）何を指すか分からない。だいいち、鬼子母の夫として龍王の名を挙げること自体がすでに理解しがたいことで、この一節はすべて中国で付加されたのではないかという疑いも出てくる（また、日本の伝承で、功徳天を「兄」、すなわち男性神とすることも、一見理解しがたいように思われる）。——が、たとえそうであったとしても、中国の信仰で古い時代から散脂大将が鬼子母や功徳天（吉祥天）と一種の「親族関係」で結ばれると考えられていたことは、われわれの観点から見れば決して無意味とは言えないだろう。

## D 「城闍天王」伝説の源流——ホータンの毘沙門天神話

兜跋毘沙門に特有の図像的特徴について直接書き残された文献は、筆者の知るかぎり、はじめに見た、足下の大地女神に関して述べた六つの雑密経（および間接的には『金光明経』の「堅牢地神品」の一節以外）にはどこにも見当たらないようである。中央アジアから日本まで、巨大な広がりを見せたはずの兜跋毘沙門の信仰について、文献的な証拠がこれほど少ないということは、むしろ驚くべきことのように思われる。

しかし考えてみると、前章で要約した『大宋僧史略』や唐代の偽経『毘沙門儀軌』に伝えられた「城闍天王」の物語（p. 362-363）は、兜跋毘沙門という名前こそ出さないものの、明らかにこの神格について述べたものと思われる。そのことは、日本の東寺に祀られた兜跋毘沙門が、この城闍天王とちょうど同じように平安京を守護するために羅城門の楼上に安置されたと伝えられていることによって（前章 p. 360）、いわば「逆照射」されると言えるだろう（後引の『慧琳音義』も参照）。

では、前章で予告した「城閣天王」伝説の構成要素とはなんだろうか。そのヒントは、じつはこの伝説そのものの中にすでに含まれていた。不空の呪法によって喚び出されたという護国の神将・毘沙門の奇跡譚は、唐帝国の西の要衝・安西城、すなわちシルクロードのクチャ国が西蕃などの胡国の連合軍によって攻撃されたことが発端になっていた。物語の舞台は明らかに西域に設定されているのである。

唐代の西域について書かれたもっとも有名な書物は、いうまでもなく玄奘の『大唐西域記』である。その『大唐西域記』のホータン国（＝瞿《く》薩《さつ》旦那《たんな》国《こく》）の条に、問題の城閣天王伝説を読み解くもっとも重要な鍵が隠されていた。玄奘が伝えるホータン国の豊かな伝説群の中で、ここで取り挙げるのは、ホータン国建国神話（[1]）と鼠神の軍功譚（[2]）の二つである。以下、順に見ていくことにしよう。玄奘によれば——、

[1]　ホータン地方はその昔、毘沙門天の領地であった[27]。アショーカ王の時代に、王の太子がタクシャシラーで（王の継室の姦計のために）両目を抉られた時、王の怒りを買った太子の補佐の宰相とその一族が雪山（ヒマーラヤ）の北方に追放され、獣を追い求めてこの地にやってきた。その同じ頃、東方の帝王の子も譴責を受けてホータンに流れつき、住みつくようになった。西方の一族と東方の一族はここで一戦を交え、東方の人々が勝利を収めて、負け残った西方の人々と共に国を作った。こうして彼らはこの地に住みつき、王を定め、都も完成して栄えていた。ところが、その王が年老いても子どもができない。そこで毘沙門に祈ると、神像の額が割れて赤子が出てきた。しかし、乳を飲まないので長生きしないのではないかと心配し、再び毘沙門の神祠に詣でて祈願すると、たちまち神祠の前の大地が隆起して、乳房のような形になった。神童はその乳を飲んでやがて成人し、国はますます栄えるようになった。この国の国名「瞿薩旦那（sk. Go-stana または Ku-stana）国」は「地乳」（大地の乳房）を意味するが、その名称はこのことに由来するのである[28]（*go* または *ku* は「大地」、*stana* は「乳」を意味する。後述参照）。また、同じ理由で、この国の王は

みずからを毘沙門天の後裔であると言っている。

［2］さて、この国の王城の西、百五、六十里の砂漠の中には、鼠が掘り出してできたという小高い岡状の塚がある。ここの鼠は大きさ針鼠のごとく、その毛は金色・銀色など珍しい色をしているという。ある時、匈奴がこの国に攻め入り、国は存亡の危機に瀕した。王は途方に暮れ、半信半疑のままこの塚で祭典を行なって、鼠に「もし神霊あるならば、軍を助けてくださるように」と祈願した。するとその晩、大きな鼠が王の夢に現われ、「明朝、合戦すれば必ず勝利するだろう」と述べた。王は勇気づけられて兵を整え、合戦に挑むと、匈奴軍の馬の鞍、人の衣服、弓の弦、甲冑の綴り糸など、およそあらゆる糸が鼠によって噛み切られてしまっていた。こうして匈奴軍は戦うことなく敗れ、ホータン王は、鼠の恩義に感じて祠を建て、祭りを行って、代々尊崇したのだった(29)〔以上要約〕。

この二つの興味深い神話のうち、はじめの建国神話に関しては、チベットの資料に微妙に違う異説が伝えられているという。兜跋毘沙門についてきわめて優れた論考を書いたフィリス・グラノフ氏は、F・W・トーマス訳の『リー国（ホータン）年代記』（九または十世紀以前成立）所載のホータン建国神話を、次のように要約している(30)。

［1－a］昔、アショーカ王が、妃とともにホータンの地を訪れたことがあった。そこで王妃は、ヴァイシュラヴァナが眷属を従えて虚空を飛んで往く姿を目撃し、その結果、懐妊した。王は生まれた子に王位を奪われることを恐れて、その地に捨てさせた。こうして置き去りにされた赤子の前に大地が乳房の形に盛り上がり、彼はその乳を飲んで育つことができた。その後、彼は秦の始皇帝の要請によって中国に連れていかれ、そこで育てられたが、最後にはシュリー〔吉祥天女〕を妻に娶ってホータンに帰還し、その最初の王となったのだった(31)。

図73　ホータンの鼠神

一方、鼠の軍功譚については、ホータンにほど近いダンダーン・ウイリクの遺跡から、玄奘が伝える神話の状況を描いた板絵の奉納額(六、七世紀のもの)が発見されている。ここには鼠の頭をした神の姿が描かれているという[32]〔図73参照〕。

## E　ホータンの毘沙門天と鼠神、大地女神

中国の唐・宋代の「城閣天王」伝説は、安西城が胡国の連合軍によって包囲されたのを、毘沙門天王の第二子独健が神兵を率いて救出し、さらに「金毛の鼠」が敵軍の弓弦などを嚙み切って官軍を助けたという物語だった。ここでは、いわば「救国の神」としての毘沙門だけが強調されていたと言うことができる。この城閣天王の伝説が、いまの『大唐西域記』の二つの物語を組み合わせ、とくにその［2］の「鼠の軍功譚」に基づいて作られたものだということは、これらを並べてみれば一見して明らかだろう。ホータンの伝説では「匈奴の軍勢」がホータンを襲った話だったのが、「城閣天王」伝説では、「胡国の連合軍」が安西城を包囲した物語になっている。しかし、いまの『大唐西域記』の二つの物語のうち、［2］の鼠の軍功譚では、国家鎮護がほぼ唯一のテーマになっているが、［1］の建国神話では、王権の継承を保証するというテーマ、あるいはまた、神に祈願して神童を得、大地女神の助け(「大地の乳房」)によってその子どもを養育するといった、ある種の豊饒のテーマが含まれていることに注目しなければならない。

唐代のホータンで、毘沙門天が守護神として尊崇され、また鼠神の信仰が行なわれて

いたことは、慧琳の『一切経音義』、巻第六十の「于闐」の条の注に、

胡語。国名である。安西の南一千二百里のところにある。この国には于殿という山があり、美しい玉の産地である。〔中略〕もろもろの胡人たちは、この国を呼んで豁旦《かつたん》とし、また地乳国と名づける。この国の境域に二位の天神がいる。一位は毘沙門天王であり、往来して于闐山頂にいる。また城中にも廟があり、七重の楼の上にいる。他の一位は天鼠神である。その毛は金色で光がある。鼠王神と名付ける。大きいのは犬くらい、小さいのは兎くらいである。たいへん霊験があり、福を求めるとすべて叶う。

と書かれていることからも明らかである[33]*。このテクストによれば、ホータンの毘沙門天は神廟の「七重の楼上」に安置されていたといい、毘沙門天の像を楼上に置く風習は、じつはホータン以来のものであったことが判明する。

*同じ慧琳の『一切経音義』の巻第十一にも「于闐」の条があり、その記述は微妙に違う。「彼の城中に毘沙門天の神廟あり。七層木楼、神は楼上に居り、甚だ霊験あり。その国界に牛頭山あり、天神時に来りて此の山に棲宅す」と書かれている（Ttt. LIV 2128 xi 375c18-19；水谷、前掲書 p. 396a, n. 2 の読み下しによる。また金岡照光稿、「タクラマカンを越えて」〔注28に引用〕p. 124-125参照）。ここで「牛頭山」というのは、『大唐西域記』に「牛角山」と記す Go-śṛṅga 山を指すものと思われる。とすると、『慧琳音義』巻第六十の「于闐／于殿山」は誤記だろう。宮崎市定氏は、日本の京都・祇園の牛頭天王の信仰は、もと毘沙門天の信仰であり、「牛頭」の名前はホータンの「牛頭山」に由来するだろうと推測されている。宮崎市定稿「毘沙門天信仰の東漸について」p. 214-216参照。傾聴に値する見解と思われる。——またチベットの文献でも、ホータンに多くの毘沙門天廟があったことが記されており、毘沙門天とシュリー女神や大地女神 Bhūmidevī との関係についても言及されているという。Granoff, *art. cit.*, p. 160-161, and n. 74-75参照。

中国の城闍天王の伝説では、「金毛の鼠」は毘沙門と完全に組み合わされており、いわば毘沙門の使いのような扱いになっているが、玄奘や慧琳のテクストで見るかぎり、この両者の関係はあまり明瞭とは言えない。毘沙門はインド以来、北方の守護神であり、それゆえインドから見た場合北方に当たる（「雪山の北方の」）ホータン

の建国の神とされたのは、おそらく仏教東漸に伴うものと考えるのが自然だろう(34)。一方、鼠神の方は、ダンダーン・ウイリクの板絵や玄奘、慧琳の記録から見て、本来はホータン土着の一種の大地神-土地神として崇められていた神格で（玄奘がこの鼠神について「塚の神」であると書いていたことを思い出そう）、毘沙門信仰との関連は後代につけ加えられた要素だったかもしれない。しかしその場合にも、インド以来のクベーラ-ヴァイシュラヴァナと大地性との深いかかわり、あるいは同じクベーラ-ヴァイシュラヴァナとマングースとのかかわりが、鼠神との新たな関連づけに重要な役割を果たしたのは間違いないだろう（前章p. 364および**上図60、61**でも見たとおり、中央アジアで発見された毘沙門の図像には、頻繁に巨大な鼠が描かれていた）。鼠は大地の神であり、それゆえ大地の中に隠された宝物の神だったとすれば、ヴァイシュラヴァナとの結びつきも容易に理解できる。

上に見たホータン建国神話でとくに興味深く思われるのは、毘沙門天と大地女神とのかかわりである。玄奘のテクストでは、この関連はたんに「大地が乳房の形に隆起した」という暗示的な形式でしか現われていない。またチベットの異伝では、シュリー女神の名前が出てくるが、このシュリー女神と毘沙門天、または大地女神の関係は、必ずしも明瞭ではない。しかし物語の筋から考えれば、毘沙門によって授けられた嬰児をみずからの乳房で育てる大地女神は、毘沙門の神妃に相当すると言ってもいいだろう。

ただ、ここでとくに注意しておきたいのは、「ゴースタナ」（大地の乳房）という国名に使われている「ゴー」*go* という語の多義性である。梵語 *go*（男女両性）は、一般に牛（雄牛も雌牛も含む）を意味すると同時に、「水」や「感覚器官」、あるいは（複数では）「家畜」や「太陽光線」、また（女性形では）「大地」「場所」「言論」「弁舌の女神＝サラスヴァティー（＝弁才天）」など、きわめて多様な語義があるという。ここで、*go* の語義の中に「大地」や「サラスヴァティーの別名」という意味があることは、きわめて注目に値する。

クベーラ-ヴァイシュラヴァナとシュリー女神の関係は、インド以来（仏教ではとくに『金光明経』によって）明確にたどることができるが、ホータンの伝説で毘沙門の神妃に相当するのは、たんにシュリーまたは大地女神というよりも、「シュリー的な大地女神」あるいは「シュリー的であり、かつサラスヴァティー的な大地女神」であると考えるべきなのではないだろうか。毘沙門に対してシュリー、サラスヴァティー、大地女神の三女神がほぼ同等の重みを持つような関係を想定することによって、はじめて先の敦煌の釈尊を中心にした尊像図の中で、この四者が並び描かれていることが理解できるようになるだろう[35]（同様に、萬仏峡石窟の壁画でも、毘沙門天のとなりに配偶女神としてシュリーではなくサラスヴァティー女神が描かれていた）。敦煌出土の千手観音・眷属図像の中でも、ある作例では「功徳天」（＝シュリー）と傍記された女神が、別の作例では「大弁才天女」と記されていることがある。松本栄一は、ここに言う「功徳天」は吉祥天（シュリー）の別号ではなく、「弁才功徳天」の略号かもしれない、と書いているが、ここでも、シュリーとサラスヴァティーは相互に入れ替え可能な価値をもっていたと考えるべきではないかと思われる[36]。

## 3　ホータンと毘沙門天信仰

こうして、兜跋毘沙門にかかわる文献資料を一通り見てきたところで、問題の焦点はあらためてシルクロードのオアシス国・ホータンに絞られてきたと言っていいだろう。そもそも「兜跋」という語自身がホータン地方を指すトルコ語 Tubbat に由来するものであり（前章 p. 357）、中国製の偽経『大梵如意兜跋蔵王呪経』に、兜跋毘沙門は「兜跋国――すなわちホータン国――大王の形像を権現する」と述べられており、そして（玄奘によれば）ホータン国王がみずからを毘沙門天の後裔であると自称していた――という諸々の事実を考え合わせれば、それも当然のことではないだろうか〔図74参照〕。

崑崙山脈の北側、タ―リム盆地南辺に位置するホータンは、有史以前から河床から採取される美しい玉を特産

**図74 「于闐国王」の図**（ホータン国王〔右下の人物〕の像は、盛唐から中唐期にかけて流行した、いわゆる「五台山文殊」の図像の中で多く描かれていた。ここに示すのは9世紀後半から末頃の敦煌の白描画における一例）

としており、東は中国、西はイランやイラクにまで輸出されて、この地域の豊かな富の源泉となったと言われている。またホータンは織物の原産地としても有名で、とくに中国から養蚕の技術を盗んで以来（三、四世紀頃）、麻布や絹布を多く産し、その美しい文様の敷物は後代に至るまで多くの国々で珍重されたという。ホータンは中国の記録に現われた紀元前二世紀の時代からすでに繁栄期にあり、その後長く東西交渉の主要な拠点のひとつとして栄えた。

ホータンには、他のオアシス国と同様、多様な民族が入り混じって暮らしていたと考えられるが、『魏書』西域伝于闐の条に「トゥルファン以西の諸国の人はみな深い目、高い鼻をしているが、ただホータンのみ甚だしく胡ではない。すこぶる華（＝中国人）に似ている」と書かれていることからも推察されるとおり、中国的要素がとくに多く混入していたようである（このことは先のホータンの建国神話にも表われていたと言えるだろう）。しかしその言語は、中世イラン語の一種で東イラン語とも呼ばれ、文化的 - 宗教的には、イラン的要素（ゾロアスター教）とインド的要素（仏教）が複雑に混淆した、独自の世界を築き上げていたと言われている。[37]

中央アジアのオアシス諸国は、多くは小乗仏教を奉じていたが、ホータンはトゥルファンなどと並んで、古い時代から大乗仏教がとくに栄えた地域だった。『梁高僧伝』によれば、魏の朱士行が二六〇年にホータンにわたって、『放光般若経』など多くの大乗経典を入手したという（ただし当時は、小乗教徒がこの地にいたことも記されている）。その時代以来、法顕の旅行の時（五世紀初頭）も、玄奘の旅行の時（七世紀前半）もホータンはシルクロードの大乗国として広く知られていた。『四分律』や『六十華厳』『大般涅槃経』の梵本は四世紀後半ころにホータンからもたらされ、さらに八世紀ころにも華厳や密教が盛んであったという。[38]インドから中国に仏教が移入される過程で、ホータンは一つの中継点としてとくに重要な役割を果たしたと考えられる。

深い色を湛えた玉が、あるいは見事な文様の敷物が、遠く砂漠を越え、大河を越えて旧大陸の各地に運ばれていったのと同様に、ホータン地方を中心に生まれた兜跋毘沙門の信仰も、中国へ、そして日本へと運ばれていったのだろう。ここではその跡をたどるために、あらためて兜跋毘沙門に関する図像資料を検討していくことにしたい。

## 4　兜跋毘沙門の図像資料

### A　その図像的特徴と作例の歴史

現在知られている兜跋毘沙門像の作例は、紀元三、四世紀頃のホータンのものから、十三、四世紀の中国のもの、あるいはさらに後代の日本のものまで、その数も少なくはないが、中でもっとも美しくかつ典型的と考えられる二つの作品は、奇妙なことに中央アジアでも中国でもなく、日本に残されたものである。もっとも、それらは日本で作られたものではない。そのひとつは前にも取り挙げた京都の東寺に安置された彫像であり、もうひとつは弘法大師空海の弟子・智泉が八二一年に写したといわれる『四種護摩本尊及眷属図像』に載せられた白描図像である〔上図56、57参照〕。その前者は、すでに見たように（前章 p. 361）、八、九世紀ころ唐で制作された像と推測されており、また智泉が書写した図像集の原本はおそらく空海が唐から請来したものと考えられる*（前述 p. 309および VII-n. 11も参照）。すなわちこの二つの兜跋毘沙門の図像は、両者とも西域文化を貪欲に吸収した唐文明の中心地から日本にもたらされ、保存されていたもので（それこそ日本が「アジアの博物館」といわれる所以である）、それゆえそれらが、当時のアジア世界のもっとも洗練された文化の香りをいまに伝えるものであっても何の不思議もない。

*ただし、智泉のこの白描図像と東寺の彫像との酷似を考えると、智泉が彫像を写したという可能性も否定できない。しかし、これと非常に似た図像は敦煌にも見いだされるので（たとえば Granoff, *art. cit.*, fig. 22のギメ博物館蔵の絹本図像）、智泉の図像も同様のものに基づいていると考えたほうが自然ではないだろうか。

この二つの像を見ながら、兜跋毘沙門の図像的特徴を簡単におさらいしておこう。これらの像を一見してもっとも強く印象に残るのは、その驚くべき「異国的‐西域的雰囲気」と言えばいいだろうか。より詳しく見るなら、それはこれらの像の固く正面を向いて直立し、見る者に迫るような姿勢、長身細身の体軀と強烈な威厳に満ちた顔の表情、身体全体を包み膝下までスカート状に拡がる特殊な鎧や腰に下げた長剣、また頭上の三面立ちの丈の高い宝冠（その正面には多く鳳凰が描かれている）や両肩から炎のように立ち上がる半月状の異様な光背など——から醸し出されるものと言えるだろう。これらの全体的な特徴は、ほぼすべてイラン的‐中央アジア的な文化によって説明することができる。比較の材料として、まず六、七世紀頃のクチャの壁画に描かれた当時のイラ

図75　クチャのイラン系武人

ン系の武人の姿を見てみよう〔図75参照〕。腰のくびれた厚いマント状の鎧や腰の長剣、両足を拡げて立った姿勢など、どれもが明らかに兜跋毘沙門像に見出されるものであり、[39]平安時代の日本に残された兜跋毘沙門の図像が、遠いシルクロードのオアシスや、そのさらに西側のイランの文化（ある種の砂漠の息吹……！）をそのまま極東の地に伝える貴重な遺産であることが理解されるだろう。

この二つの像から出発して、こんにちに残された兜跋毘沙門像の作例をひとわたりたどってみることにしよう。日本には、東寺の兜跋毘沙門以外にも、同じ京都の鞍馬寺や棲霞寺（清涼寺）のものなど、十世紀ころに遡る優れた作品が残されている。これらはすべて明らかに東寺の兜跋像を手本にして作られたものである。そのほか、日本には六十体あまりにのぼる兜跋毘沙門像の作例が知られているが、その多くが、兵庫県や鳥取県を中心に、十、十一世紀ころに作られたものだという。[40]しかし中世以降になると、毘沙門天の福神的な側面が強調されるようになり、それと同時に鎮護的性格の強い武闘神としての兜跋毘沙門信仰は次第に衰えていった。[41]室町時代以後には、「兜跋」の名を「刀八」と略記することもあり、さらに後代になると四面十二臂で、そのうちの八臂が八振りの刀を振りかざす異様な姿の「刀八毘沙門天」も作られるようになった[42]〔図76参照〕。この時代には、中央アジア以来の兜跋毘沙門天の信仰はほとんど忘れ去られていたのである。

一方、中国本土における兜跋毘沙門像の最古の作例は、おそらく雲崗石窟の第八窟に見られる五世紀に遡る石像がそれに当たるだろうと考えられている。そのもっとも重要な特徴は、鳥の翼の文様が刻まれたかぶりものをしていることだが（この点については後述参照）、足下に大地女神が彫られていたかどうか、などの決定的な点は、像があまりに損傷しているため明確には判定できない。もしこの例を別にするなら、次に古いのは中国西部・四川省・邛峡〔崍?〕の龍興寺に安置された隋末または唐初頃の製作にかかるもので、これは服装や宝冠、両足の間から顔を覗かせる小さな大地女神の存在など、兜跋毘沙門としての主要な条件をすべて備えている〔図77参照〕。――が、その後の中国本土の作例については、グラノフ氏は同じ四川省に九世紀、十～十一世紀、十四世紀のものをひとつずつ、そして雲南省の十二、三世紀の一例を挙げるだけで、それ以外にはほとんど知られていないのが現状であるらしい[43]。

**図76　刀八毘沙門天**（日本、近世）

**図77　兜跋毘沙門像**（四川省龍興寺）

しかし一歩中央アジアに足を踏み出すと、松本栄一の研究に挙げられたものだけでも敦煌に七、

図78　兜跋毘沙門天像（ラワク、3～4世紀？）

安西の萬仏峡石窟にひとつの遺品があり、そのほかにも少なくとも数例の興味深い作例が知られている[44]（その内のひとつは前述した釈迦牟尼仏を中心にした尊像図である。前章p. 366参照）。

敦煌以西のシルクロードの遺跡などには、兜跋毘沙門そのものの図像はなぜかほとんど見つかっていないようである（ただし一般の軍神形の毘沙門天図像は、決して少なくない）。しかし、兜跋毘沙門信仰の中心地であったはずのホータンでは、七世紀頃に遡る紙本墨画に、大地女神の両掌の上に支えられた神像の下半身が描かれた断片が発見されており、これが兜跋毘沙門に比定されている[45]。そしてもうひとつ、ホータン地方のラワクRawak塔遺跡で発見された石像がある。この像は、上半身が完全に破損して膝下の部分しか残っていないが、それでも明らかに兜跋毘沙門を表わしたものと考えることができる。グラノフ氏によれば、これはおそらく三、四世紀に遡る作で、兜跋毘沙門像の最古の作例と考えられるという。松本栄一はこの像について「地中より半身を露せる女形の地神（特に女性なる事を示さん為め乳房を大きく作り出して居る）に両足を支へられた直立姿の二等辺三角形式輪郭は、その長いイラン式衣服の制と共に、極東の兜跋毘沙門天像の先駆と見做すに充分なるものと言い得る」と記述している[46]〔**図78**参照〕。ホータンのこの石像によって、われわれはいわば兜跋毘沙門信仰の「発生現場」にまで往き着いたと言うことができるだろう。

## B　図像資料から見た兜跋毘沙門と大地女神

先にわれわれは兜跋毘沙門に直接かかわる文献を検討してきたが、いま列挙した図像資料からは何を知ることができるだろうか。

まず調べてみたいのは、兜跋毘沙門と大地女神および他の「夜叉鬼」の関係である。ホータンの最古の兜跋毘沙門石像では、大地女神は一人だけで小さく地中から上半身を現わしている。その乳房が大きく作られているのは、ホータンの毘沙門天に祈願して与えられた神童を、「大地の乳房」が育てたという神話に見事に対応したものと言えるだろう。これとちょうど同じ形の地中から上半身を現わした小さな大地女神の姿は、四川省・龍興寺の兜跋毘沙門にも見られるが、さらに興味深いのは北西インドの古代都市タキシラで発見された四臂のヴィシュヌ立像の足下にも、まさに同じ形態の大地女神が上半身を覗かせていることである[47]〔**図79**参照〕。先にも述べたように、シュリー‐ラクシュミー女神（＝吉祥天女）はインド神話ですでにクベーラ‐ヴァイシュラヴァナと密接なかかわりをもっているが、同時にヴィシュヌ神の神妃としても知られている。クベーラ‐ヴァイシュラヴァナから変化した兜跋毘沙門と、インドのヴィシュヌ神の両方に関連づけられた、同じ形の女神は、シュリー‐ラクシュミーのほかにありえないだろう。――インドの宗教思想の観点から考えるなら、ヴィシュヌと大地女神の組み合わせは、ほぼ次のように説明することができる。シヴァ神が「供犠による秩序」の周縁に位置する、荒々

**図79　4臂のヴィシュヌ立像**（タキシラ出土）

しく破壊的な力を表象するのに対して、ヴィシュヌ神は同じ「供犠による秩序」の中心部の積極的・肯定的な側面を現わしている（前述、第六章第五節参照）。これに対応して、シヴァの神妃が往々にして「すべてを喰らい尽くす」恐るべき女神であり、大地性がもつ「黒《カーラ／カーリー》」の、凶暴な様相を現わすのに対し、一方のヴィシュヌの神妃は、大地の無限の豊饒性、その「金色《こんじき》」の恵みの側面を表象する[48]（前述 p. 129-131も参照）。シュリーーラクシュミー女神は、まさに大地性のこうした輝かしい側面を表わすのにもっとも適した女神なのである。

ホータンの大地女神に関連してとくに重要なのは、ホータン語ではシュリー女神の名が Śśandrāmata と記されたということである。この名前はゾロアスター教の女神、スプンター・アールマティ Spəntā Ārmaiti（ヴェーダの Arámati に相当する）の名に基づいたものだという。イランのアールマティは信仰や精進を表わす女神だが、同時に「堅固な大地」の女神であり、豊饒の女神でもあった。岡田明憲氏によれば、アールマティは、「宗教的な『敬虔』あるいは『献身』」を表わすが、アヴェスタでは「『神聖なる』意のスプンタを付してスプンタ・アールマティと称し、大地の守護神として、さらには大地そのものとすら考えられていた」という。また「このアールマティは、その起源において地母神的性格が濃厚であった。しかし、のちのゾロアスター教では、この地母神的性格はアナーヒターが専ら代表し、アールマティは『貞節』といった、主として女性に特有な倫理的性格を担うようになった。そして、この地母神的性格からの離脱は、ザラスシュトラ自身によってなされていたのである。彼は、専らこのアールマティを、アフラ・マズダーの教えへの敬虔、または献身を示すものとして用いている。しかし、この女神の地母神的性格は、まったく消滅したわけではなく、後世のゾロアスター教では、アールマティは大地（地表界）を支配するものとされている」という。G・デュメジルによって明らかにされたインド‐ヨーロッパ神話の構造の、いわゆる「第三機能」（豊饒性、肥沃性、多産性）を表象するものとして、Ārmaiti はゾロアスター教の大女神アナーヒターと密接に結び付き、またインドのサラスヴァティー女神にも対応する女神であるという(49)。

サラスヴァティー（弁才天）は、一般に「河の女神」、「弁舌の女神」として知られているが、イランのアナーヒター女神も、本来は河の女神だった。インド・イラン共通の宗教的遺産を引き継いだヴェーダ宗教におけるサラスヴァティーは、何よりも「母なる神」であり、その尽きることのない乳房から乳や油、蜂蜜水などあらゆる良きものを湧き出させ、人間に与える女神だった。彼女はまた清浄なる女神、すべての敬虔な思念を司る「音＝ことば（*vāc*）」の女神であると同時に、英雄たちの勇猛なる妻として彼らに不可侵の保護を与え、彼女自身、魔神を打ち破る戦闘女神としても信仰された。ヴェーダ時代のサラスヴァティーは、「第三機能」を中心として、「第一機能」（宗教、祭祀）、「第二機能」（権力、戦闘）をも兼ね司る、一種の「全能の大女神」的な役割をもっていたのである(50)。後世のヒンドゥー教神話では、サラスヴァティーはおもにブラフマー神の娘であり妻として知られているが(51)、ヴェーダ時代のような重要性、とくに「豊饒の大女神」的な役割は弱まって、シュリー‐ラクシュミーがそれを引き継いでいったように思われる。そうした「古いサラスヴァティー」的な性格をより忠実に伝えたのは、むしろ大乗仏教、とくに『金光明経』などに見られるようなサラスヴァティー＝弁才天だったのではないだろうか（ここでは、大乗仏教の信仰自体が、インドを出発点としながら、あらためてイラン的な要素を巻き込んで発展したということを考慮してもいいかもしれない）*。

＊先に引用した『金光明経』の「母として世界を生み、勇猛にしてつねに大精進を行ない、軍陣においては常勝する」という記述は、サラスヴァティーに「母」～「第三機能」／「大精進」～「第一機能」／「常勝の軍神」～「第二機能」の三機能を与えるものと考えられるかもしれない。

ホータンのインド－イラン的要素の入り混じった宗教混淆の環境においては、シュリー女神は、Śśan-drāmata（~S̄pəntā Ārmaiti）という翻訳名からも明らかなように、「純インド的」なシュリー以上にその「大地性」と「多産性」が強調されていたし、またそれゆえに、いま述べたような「古層の」サラスヴァティー女神とも（ほとんど両者が混合するほどに）近い関係にあったと考えられる。＊ 大きな乳房を露わにしたホータンのシュリー－ラクシュミー～サラスヴァティー～大地女神は、たんに一般的な「豊饒の女神」という以上に、なによりも生殖の女神であり、また子育ての女神として表象されたと考えることができるだろう。

＊シュリー－吉祥天とサラスヴァティー－弁才天の二女神は、日本ではさらに密接に結びつけられるようになり、とくに平安後期以降は、以前に吉祥天が占めていた位置が弁才天によって継承されていくようになる（笹間良彦著『弁才天信仰と俗信』、雄山閣出版、一九九一年 p. 7-8 参照）。やや誇張した言い方をするなら、ヴェーダ時代のサラスヴァティーは、その後のインドでは影の薄い存在になったが、中世日本の「俗信」的な伝承の中で、はじめて「昔日の栄光」を見出した、とも言えるかもしれない。——たとえば、『覚禅鈔』巻第百九「吉祥天」には、「所現身」という条が設けられ「ある抄に云はく。吉祥天は三種の身を現はす。上根の（衆生の）為には大弁才天女形と現はれ、中根の為には大吉祥女形と現はれ、下根の為には功徳天形と現はる」と書かれており、弁才天が、吉祥天の「最上」の形とされている（TZ. V 3022 cix 486c2-5）。あるいは、十五世紀半ばの相国寺の禅僧・瑞谿周鳳は、弁才天の霊場として名高い厳島の縁起を座頭・城一から聞いて、厳島の明神、すなわち弁才天が「新夫・旧夫」の二人の夫をもち、「旧夫は乃《すなは》ち弥陀の垂迹、新夫は乃ち毘沙門の垂迹なり」という伝承があったことを書き残している。一般に「毘沙門の妻」と言われるのは吉祥天だから、ここでも弁才天が吉祥天とほとんど同一視されていたと考えられるだろう（瑞谿周鳳の日記『臥雲日件録』文安四年四月十七日条〔『大日本古記録』〕。田中貴子著『外法と愛法の中世』p. 61 and n. 15 [p. 71-72] の引用による）。

これにちょうど対応するように、敦煌およびトゥルファン地方で発見された毘沙門天のいくつかの図像では、侍者の羅刹または乾闥婆が、小さな子どもを掌の上に載せ、あるいは胸に抱いている例が見つかっている（前章p. 364および VIII-n. 44で見た「大聖毘沙門天王」と題された版画もその一例である）。松本栄一はこれについて、［1］義浄訳の『金光明経』の記述のとおり毘沙門天自身が「小児形」になって現われたもの（前述 p. 403参照）、［2］禅膩師、独健、那吒などの毘沙門天の太子の姿を表わすもの、［3］あるいはホータンの建国神話に語られた、毘沙門天に祈願して授けられた神童を表わすもの、という三つの解釈を提起している(52)。筆者としては、これらの嬰児は、生殖の大地女神と組み合わされた兜跋毘沙門が、（ホータンの神童に限らず）一般に子宝を授ける神であることを示すものと考えられるように思う。

地中から半身を現わした大地女神とヴィシュヌ神との関係は、先のタキシラの例だけでなく、ネパール出土の六、七世紀のヴィシュヌ立像でも見ることができる（ここでも大地女神の大きな乳房が強調されている）。そしてこの例でさらに興味深いのは、ヴィシュヌの足を支える女神の両脇に二人のヤクシャの像が彫られていることである(53)〔図80参照〕。――こうして、文献的にはおそらく日本で作られた二つの偽経にだけ「二夜叉鬼」として記された構図の原型が、インドの、しかもヒンドゥー教の図像に現われているのである。

**図80　ネパールのヴィシュヌ像**（6～7世紀）

日本の平安時代の兜跋毘沙門像では、ほぼ必ず中央の大地女神（歓喜天）の両脇に二夜叉鬼（尼藍婆と毘藍婆）がひかえていた。中国および敦煌の作例では、この二夜叉鬼は描かれている場合もいない場合もあって一定しない。たとえば、安西の萬仏峡石窟の壁画のように、中央には大地女神の代わりに横たわった夜叉鬼が踏みつけられているように見え、その両脇に通常の二夜叉鬼が描かれている場合もあるが[54]、敦煌の釈尊を中心とする尊像図では、明らかに中央の女神と両脇の夜叉鬼が描き分けられている。ホータンの二つの遺例や、中国・四川省の龍興寺の作品（六世紀末～七世紀）などの古い例では、中央の大地女神だけしか表わされていないので、あるいはこれが本来の形と考えられるかもしれない。――が、それ以上に注目すべきなのは、敦煌の兜跋毘沙門図像のひとつに、本尊の毘沙門天を支える大地女神とは関係なく、その左横に象頭の神ガネーシャが描き込まれていることである。ガネーシャと毘沙門は、チベットの文献などでは時に混同されることもあるほど、互いに近い存在であるという[55]。ガネーシャもまた、大地性や豊饒‐多産性を表わす神であり、その意味でもこの位置に描かれることは決してたんなる偶然ではないだろう。

ガネーシャの名は中国‐日本では多く「歓喜天」として知られている。平安末期の日本で作られたと思われる二つの偽経では、あたかもこの敦煌の図像を暗示するかのように、兜跋毘沙門の足下の中央の「夜叉鬼」が「歓喜天」と名付けられていた。――が、「歓喜天」という名の「薬叉女」（『随軍護法儀軌』前述 p. 396）から直接連想されるのは、もちろんハーリーティー＝歓喜薬叉女である。ハーリーティーが大地性と深い関係をもつことはすでに見たとおりだし（前述 p. 129–132）、また帰仏後のハーリーティーが子育てを守る女神として尊崇されたことも言うまでもない。さらに、ハーリーティーの夫神パーンチカは、毘沙門配下のもっとも重要な夜叉大将であるばかりでなく、神話的‐図像的にはクベーラ‐ヴァイシュラヴァナとほとんど同一視できるほどに近しい存在である（次章参照）。ハーリーティー自身と毘沙門との親近性については、中世日本の密教で、「毎月朔日、毘沙門、吉祥〔天〕、訶利底〔ハーリーティー〕、大黒天神および総供」のために「蠟燭五坏」を供える供養が行なわれることがあったことを先に述べたが（前述 p. 377 および VIII-n. 62）、『覚禅鈔』には、「法務房の云はく、理趣房の伝に、この〔鬼子〕母神は毘沙門の第三臣なり……」とあり、また『阿娑縛抄』では、さらに踏み込んで「訶利帝は毘沙門の眷属なり。或いは妹、或いは姪といふ説も之あり」と書かれた一節もある。[56] 先の日本の（？）偽経に言う「歓喜天」という名が、ガネーシャと関連づけられるものか、あるいはハーリーティーとかかわるものかは明らかではない。しかしどちらにしても、この命名が、重要な神話的関連を暗示するものであることは疑いないだろう。

### C　兜跋毘沙門と翼の付いた宝冠――「盗み」のテーマ

兜跋毘沙門の図像のもうひとつの顕著な特徴は、その頭上の特殊な宝冠である。この丈の高い冠の前面には、ふつう鳥の翼の装飾が施されている（雲崗石窟の五世紀の石像も翼のついたかぶりものをしていた）。これと同様の翼飾は、ササン朝ペルシアの帝王（ホスロー二世、バフラム二世、シャープール一世など）の浮き彫りやコインにも見ることができる[57]（**図81**参照）。また、『洛陽伽藍記』の巻第五に収められた宋雲と慧生の「西域巡行記」によれば、ホータンの王は「頭に鶏幘《けいさく》に似た金冠をかぶり、頭のうしろには二尺の生絹を垂らしていた[58]」といい、鶏頭のような形の冠をかぶっていたことが知られる。この図像的特徴もまた、明らかにイランに遡る要素として説明できるのである。

**図81　ペルシャ帝王の王冠の翼飾**（バフラム２世〔276～293年〕のコイン）

さて、日本に遺された兜跋毘沙門の作例では、この宝冠には鳳凰の形が描かれていることが多い。先に見た智泉筆写の図像や東寺の彫像では、宝冠の正面に小さく鳳凰が描かれているだけだが、兵庫県達身寺の一例では、ほとんど宝冠全体が鳳凰であるかのように表現されているという[59]。十二、三世紀の『覚禅鈔』は、これに関して次のような興味深い伝説を伝えている。

恵什〔十二世紀前半の真言宗の僧。有名な図像集『図像抄』別名『十巻抄』の著者と言われる〕によれば、毘沙門の頂上には鳳凰に似た鳥が〔描かれる〕という。これについて説いた〔典拠〕は、まだ見たことがない。ただ、例証になる〔次のような物語〕がある。天竺の于闐国にはある古いお堂があり、鳳凰を戴いた毘沙門像が安置されていた。ある時、このお堂を修理することになり、堂内の庭に宝物が埋められた。そこに一人の盗人がしのび入り、宝物を盗もうとした。と、その時、かの天王像の頂上の鳳凰が羽を打ち鳴らしたため、盗人は大いに驚いて宝物を取る暇もなく逃げ失せたのだった。このことは〔毘沙門天の？〕伝記〔＝伝説集？〕に注記されている。(60)

松本文三郎は、この文について「恵什の于闐国に於ける鳳凰の伝説なるものは如何なる伝記に本づくかは明らかならぬが、固より怪誕信ずるに足らず、又于闐国に鳳凰を堂上〔「天王の頭上」の誤り？〕に置いたというのもきわめて怪しむべきである」と書いている。(61)ところが、玄奘の『大唐西域記』の「迦畢試国」Kāpiśī の条を見ると、この物語にまさにそっくりの奇妙な伝説を見出すことができるのである。玄奘によると、迦畢試国の「大城の東方三、四里の北山の下に大伽藍がある」という。そしてこの

伽藍の仏院の東門の南に大神王像がある。その右足の下には地を掘って宝が蔵されている。〔中略〕近ごろある辺地の貪婪《よくばり》で凶暴な王が、この伽藍が珍宝を多く蔵していることを耳にし、僧徒を追いはらい、まさに発掘に従事しようとした。〔ところが〕神王の冠についている鸚鵡の鳥像が、なんと羽をバタバタさせて驚いて鳴きだし、大地はそのために震動した。王と軍人とは僻易して僵れ仆してしまい、しばらくしてやっと起き上がることができ、咎を陳謝し帰っていった(62)（水谷眞成訳）。

玄奘のこのテクストと、覚禅（または恵什）のテクストの関係は非常に微妙である。もし、覚禅または恵什がこの玄奘の伝説を直接参照したのなら、彼（ら）は「于闐国」と書かずに「迦畢試国」と書いただろうし、また

「鳳凰」とはせずに「鸚鵡」と書いただろう。それに玄奘のテクストでは、迦畢試国の無名の「大神王像」の物語であったものを、なぜ「于闐国の毘沙門天像」と書き換えることができたのだろう。この二つのテクストのあいだにきわめて緊密な関係があることは明らかだが、それは直接的な引用や参照ではなく、いまわれわれの目には触れない何らかのテクスト（あるいはある種の神話的思考の「地下水脈」？）が介在したと考えるほかないだろう。*

＊もし、この玄奘が伝える伝説の「迦畢試国の大神王像」が兜跋毘沙門像であるとするなら、兜跋毘沙門はホータン以東だけでなく、ヒンドゥークシュ山脈を越えた南側の、インド北西部にも存在したという結論を出さねばならないことになる。なお、次に述べる伝説の舞台・縛喝国はヒンドゥークシュ山脈の北側に位置する。

さて、迦畢試国のこの伝説では「大神王像」の名前は記されていなかった。しかし同じ玄奘の『大唐西域記』によれば、その迦畢試国から遠くない「縛喝国」（古代のバクトリア、現在のバルク）の大伽藍には「もとから毘沙門天の像があり、その御利益はあらたかで、冥々《めいめい》のうちに守護が加えられて」（傍点、彌永）いたという。この伽藍には多くの宝物があり、仏の歯牙なども蔵されていた。そのため諸国の君主たちはこれを手に入れようといつも狙っていたが、毘沙門天の霊験によって、それが防がれていたのである。最近もある突厥の王が、

その軍隊を率い伽藍を急襲し珍宝を奪おうとして、ここを去ること遠からざる所で軍を駐め野営した。その夜、毘沙門天が、「汝はどのような力があり、伽藍を破壊しようとするのか」と言って、長い戟で胸から背へ突き通す夢を見た。〔王は〕驚いて目がさめ、甚だ心を痛めた。そこで〔中略〕使を馳らせ僧徒たちに頼み、懺悔して謝罪を申し述べさせようとしたが、その返命もまだ届かないうちにはや命を落し死没してしまった。

という。(63) 迦畢試国の無名の「大神王像」の宝冠を飾った鳳凰は、寺院の宝物が盗まれるのを防ぐために翼をはば

たかせ、また縛喝国の毘沙門天王は、霊験を現わして盗賊を追い払った。インド北西部、または西域の毘沙門天は、――インドのマハーカーラやスカンダが、あるいはルドラ神がさまざまの形で盗みのテーマと結びついていたのと同様に――明らかに盗みのテーマと深い関係をもっていたと考えることができる。

フィリス・グラノフ氏は、玄奘のこれらの物語にかかわるものとして、さらにソグド語のマニ教文献に伝えられたある伝説の断片を引いている。それは盗賊に脅かされたひとりの帝王（ここでは帝王がKysrと表記されている。これは明らかにローマのカエサルCaesarの称号に基づいたもので、中央アジアのこの地にまでローマの影響が及んでいたことを示すものである）の物語で、その盗賊の一人は、王を欺くために、王権の守護神であるファルン（Farn）と呼ばれる神に姿を変えていたという（この先の物語は残念ながら文書が破損していて読むことができない）。――ところが、ここで現われるファルン神とは、クシャーナ王朝の宗教で重要な役割を果したイラン系の神・ファロー神（ΦAPPO）と同じ神であり、兜跋毘沙門と酷似した翼状の装飾が付いた兜をかぶる神として知られているのである(64)。

ところで、この翼の装飾が施された宝冠に似たかぶりものは、いまのファロー神や兜跋毘沙門だけでなく、チベットの名高い叙事詩の主人公であり、「軍神中の軍神」「軍神中の大王」と呼ばれるケサルGesar王の図像と、その叙事詩を物語る吟遊詩人たちの頭上にも見ることができる(65)。R・A・スタン教授によれば、ケサルはフロム〔Phrom〕の王となっており、北方と軍隊とを代表するものであった。ケサルという名前が〔先のマニ教の伝説におけるKysrという称号と同様に、古代ローマの皇帝の〕カイサル（シーザー）という称号からきており、フロムという名前がビザンチウム、ないしアナトリアのルーム国、すなわち古代の東ローマの名前に由来していることは疑いのないことである。

という(66)。ケサル王の物語は、地中海世界から中央アジアに至るまで、アレクサンドロス大王の伝説やイランの帝王の観念、アショーカ王やカニシュカ王の伝説などをすべて巻き込んだ壮大な歴史‐神話的な背景をもっている。アジアの秘境といわれたチベットは、まさにあらゆる文化が流れ込み混淆していく、ユーラシア諸文化の熱い坩堝でもあったのである。

北方の王であり「軍神中の軍神」と言われるケサルと毘沙門天王との接点は、この特殊なかぶりものだけではなかった。敦煌で発見された着色絹本の「行道天王図」に見られる騎馬の毘沙門天王の姿は、同じく騎馬の形で表わされるケサルの図像に酷似している(67)（図82、83参照）。さらに、ケサルは「如意宝珠の王」としても知られているが、これはなんと「如意宝珠の蔵の王」とされる「大梵如意兜跋蔵王」――すなわち中世日本の密教書に引用された中国からの「新渡」の偽経に記された兜跋毘沙門天の称号にぴったり照合するものであった(68)。兜跋毘沙

図82　行道天王図（敦煌）

図83　騎馬のケサル王（チベット）

門に関するもっとも後代の、もっとも「疑わしい」とされる典拠も、こうしてチベットの叙事詩と比較することによって、まったく新しい光を帯びて輝き出してくるのである。

### D　炎の光背――古代イランの「帝王」の観念

さて、兜跋毘沙門の図像のもうひとつの大きな特徴は、その両肩から炎のように立ち上がる半月形の奇妙な光背である。この光背にもまた、イラン系の帝王の観念と表象が色濃く反映されている。

この両肩から発する火炎に関連して参照すべきなのは、玄奘の『大唐西域記』に記された、カニシュカ王を主人公とした一伝説である。玄奘によれば、ベグラーム付近の「大雪山」という山の山頂に池があり、昔そこに一匹の強大な悪龍が棲んで近辺を荒し回っていたという。クシャーナ王朝の偉大な帝王カニシュカは、その龍を退治するために軍を率いて近づいたが、龍は暴風を起こし、石を飛ばして軍馬を恐怖に陥れた。そこで王は、

やむなく三宝に帰命して加護のあらんことを請う〔と……〕、たちどころに王の両肩に大きな煙と炎がたち起こり、龍は退き風は静まり、霧は巻き雲は開けた。(69)

カニシュカ王の両肩からたち起こる炎は、すなわち大王の無敵の武力と絶対的な威光を表象するものなのだった。

古代のさまざまな文化は、それぞれに多様な王権の観念を編み出したが、中でも古代イランの王権ほど超越的な――ほとんど超宇宙的なものとして表象された王権観念は多くないだろう。五世紀前半のイタリアのラヴェンナの司教ペトルス・クリソログス Petrus Chrysologus によれば、ササン朝ペルシアの帝王は、両足の下に天球の形象を踏んで玉座に坐ったという。こうして彼らは天そのものの上にたち、まさに神の位置に身を置いて世界を支配したのである。(70) 三世紀後半以降のローマ帝国の「帝王」の概念は、明らかにペルシアの帝王概念を模倣するものだった。ガレリウス皇帝（在位三〇五～三一一年）は、ローマ帝国にペルシア的な絶対主義が導入されね

ばならないと明言したという。[71] その古代イランの王権の継承は、先代の王から次代の王へと「(王権の)栄光、威光」がある種の「好運」として受け継がれることによって行なわれると信じられた。この「威光」は、一種のカリスマであり、あるいは「生命の光」であると同時に、具体的には強大な武力を伴った富をも意味していた。こうした「威光の好運」に恵まれることが、王者となる者の条件だったのである。これは王の身体から発する後光、あるいは炎として表現され、また神話的テクストでは多く鳥として表わされた（たとえば王が「王者としての威光＝好運」から見放されると、それは鳥の形をとって飛び去ってしまうこともあるという）。この「(王権の)威光」(＝「好運」)の観念が、古代イランでは $x^{v}$*arənah*, $x^{v}$*arr* あるいは *farr* という語で表現された。[72] 鈴木中正氏は、伊藤義教氏の研究を引いて、

……イランの古い伝統であるフワルナ huarnah は従来 swar（光る・輝く）の変化形として考えられたが、これは誤りで、光輪にほかならない。アヴェスター Avesta の Yašt 第一九章に、千の王者に君臨していたイマ Yima 王が罪を得て王位を失うと、王者のシンボルであったフワルナも彼を離れていくことが記されるが、これは光輪で、これを今日に伝わる実物をもって示すのが、西紀前五一九年作のビーソトゥン磨崖の浮彫りである。そこにみられるアフラ＝マズダ神が左手に持つ円環がフワルナを現し、神はこれをダリウス一世に授けようとしているのである。神自身も身に円環すなわちフワルナをまとい、それを本体とした左右翼と尾翼はワールガン鳥を現し、その羽毛はフワルナの放出する光芒を図式化したものである。かくのごとく光輪を王権のシンボルとする思考はイラン中世紀まで続いたという。

と書かれている。[73]* フワルナまたは *farr* フワルの観念は、ザラスシュトラの誕生の神話の中でも現われている。J・R・ヒネルズの記述によれば、ザラスシュトラの「存在の第一の部分『天上から送られた栄光（フワル）』は、太陽、月、星を経て、光明の世界から〔ザラスシュトラの母となる〕ドゥグドウの父の暖炉に達した。ここ

**図84　ファロー神のコイン**（クシャーナ朝）

で、栄光は永遠に燃える火に変じた。それから、栄光はドゥグドウの母の肉体に入り、その子宮のなかにいるドゥグドウ自身のなかに入った。ドゥグドウがこの栄光とともに生まれたとき、光明が彼女から放射された……」という。[74]——クシャーナ王朝の彫像やコインに刻まれたファロー神は、まさにこの *farr* の観念が具象化され、神として形象されたものである。ファロー神の図像は通常、翼のついた兜をかぶり、肩からは炎の光背が燃えたち、槍と楯、そして財布（！）をもち、さらに火を燃やす皿が脇に描かれるという[75]（**図84**参照）。——が、このファロー神と兜跋毘沙門、インドの毘沙門天、あるいはパーンチカなどとの関係については、また次章で考えることにしよう。

＊イマ王の神話は、クシャーナ王朝でも知られていたという。田辺勝美『毘沙門天像の誕生』p. 65によれば、フヴィシュカ王のコインの裏面に刻印されたイアムシュー神は、イマ王にほかならない。「この神はクシャン族の国王のような服装をし、猛禽の頭部を柄頭に飾った剣を帯び、ヘルメットを被り、左手に槍を持っている。注目すべきはその右手に一羽の鳥を止まらせている点である。〔中略〕この鳥こそが、〔ヤシュト第十九章である〕『ザムヤード・ヤシュト』で述べられているフヴァルナーにほかならない。その鳥がまだイマ王の手に止まっているところを見れば、イマ王がまだ堕落しない時の状態を描写したと解釈できよう」という。

それよりここであらためて注意を引いておきたいのは、先に見た中国の偽経『大梵如意兜跋蔵王呪経』に、兜跋毘沙門天が「威光を具足し、飛翼をもって天を飛翔する」と書かれていたことである（前述 p. 397）。これはあたかもファロー神そのものを記述したことばのように聞こえないだろうか……。

『覚禅鈔』には、毘沙門自身が鳥の形に変身して現われる奇妙な説話が伝えられている。覚禅が引用する「或記」によると——、

昔、ある大国に宝物を求める僧がいた。天上天下第一の如意宝珠を求めるために彼は五天竺をあまねく修行し、東天竺に至った。そこで彼は一人の洗濯女に出会った。沙門は「宝を求めるためにこの国に来たのだが——」と問うた。それを聞いた女は、口では答えず、その足が声を出して答えた。「ここから東方に行く大道の脇にひとつの大石があります。そこでしばらく止まっていてごらんなさい。一羽の鳥が来てあなたの膝の上に止まり、深い意義のあることばをさえずり、また糸を繋ぐでしょう〔ここの文意は明瞭ではない。原文は「一鳥来汝居膝上、喃甚深義、并繫絲」〕。鳥が私を尋ねてさえずったら、鳥と一緒に私のところへ来てください」。女の足の声〔のことばのとおりに〕行ってみると、鳥が膝の上に止まったので、それを抱いて女のところに帰っていった。女は喜んで沙門に「私は清浄な女人です。あなたは求道の沙門で、あなたの心が清いことを私はよく知っています。道を求め、糸を尋ね、また鳥の声を聞いたので教えましょう〔文意不明瞭。原文「教求道尋絲聞鳥声」〕。この鳥を導師にすれば宝のある場所に至ることができるでしょう」。女は〔こう言って（?）〕沙門に糸を与えた〔原文「女沙門与絲」〕。〔こうして沙門は〕教えられたとおり、鳥を前にして進んでいった。〔しばらく行くと突然〕四方に鉄山が現われ、先に進むことができなくなった。その時〔沙門は〕鳥の糸の声〔＝音?〕を尋ねると、〔それは〕非常に深い妙なる法門をさえずっていた〔原文「此時尋鳥絲声、喃甚深妙法門」〕。〔こうして沙門は〕釈迦や普賢、文殊、観音、弥勒などの〔おられる〕ところに行くことができた。そこに着くと観音〔菩薩〕が沙門にこう言った。「汝はまことに希有の者である。信心深い者であっても、ここに至ることはなかなか叶わない。法を求める志ある者でも、やっとここに来ることができるのである。〔先の〕洗濯女は私、すなわち

観音である。汝を導いた鳥は、すなわち汝が奉持したところの毘沙門天王にほかならない。四方を囲んだ鉄山は、汝の積んだ悪業の山である。四つの宝珠を与えるから、〔それを持って〕本国に還りなさい」。〔そもそも法の〕宝を得ることは至難の業だが、〔それも毘沙門〕天王を奉持しさえすれば必ず得ることができる。世間の財宝ならばなおさらである。[76]

この原文はおそらく中世日本の僧が書いたと思われる不器用な漢文で、文意はところどころきわめて不明瞭である。にもかかわらず、この説話がたんなる恣意的な作り話でないことは、これまで見てきた毘沙門天をめぐるさまざまな神話や図像、表象があらゆる方面から証している*（毘沙門と観音菩薩の関連については、後述、とくにII, p. 83-84および第二巻の神話モティーフ索引「男女神の関係」の「毘沙門／観音」も参照）。

＊この説話は、古代朝鮮仏教史の史籍『三国遺事』（一然、一三世紀末）巻第二「紀異第二」に見える観音菩薩をめぐる奇妙な説話を想起させる（Ttt. XLIX 2039 iii 996c3-23. 以下、村上四男撰『三国遺事考証』下之一〔塙書房、一九九四年〕p. 312-313の翻訳を引用する。なお、この説話の存在を御教示くださった東アジア仏教研究会の佐藤厚氏に感謝する）。

　むかし、義湘法師がはじめて唐から還ってきたとき、大悲観音菩薩の真身仏が、この海辺の洞窟の中に住んでいるという噂を聞き、それに因んで洛山と名づけた。そのわけは、西域で宝陁洛伽山のことを小白華と呼んでいるが、そこは白衣大師（観音菩薩）の真身仏が住んでいる処とされているので、この名を借りて洛山としたのである。〔中略〕

　後に、元暁法師があとを継いでこの地にきて瞻礼したいと願った。初め南郊にさしかかると、白衣を身につけた一人の女人が稲を刈っていた。師は戯れにその稲を所望するとこれに応じた女も戯れて、枯れた稲を取って寄こした。またすこし行くと、橋の下で月のもので汚れた下着を洗っている一人の女に出会った。師が水がほしいと頼むと、女はその穢れた水を汲んで呉れた。師はそれをぶっちゃけて捨て、あらためて川の水を汲んで飲んだ。そのとき野なかの松の上に一羽の青い鳥がとまっていたが、師に「休、醍醐和尚（お休みなさい。醍醐和尚さん）」と呼びかけたが、その姿はたちまち消えてしまった。その松の下には草鞋が片方だけぬぎ捨てられていた。やがて師が寺につくと、観音菩薩の座の下に、さきに目にした草鞋の片方があったので、それまでに遇ったのが聖女で、とりもなおさず真身仏だったのだと気が付いた。これが伝えられると、当時の人々はその松を観音松と呼ぶようになった。師はさらに聖なる窟に入り、なおも真身のお姿に接しようとしたが、風と浪が急に激しくなり、窟に入ることができずに立ち去った。

いまの説話は、さらに『渓嵐拾葉集』に載せられた次の毘沙門天（多聞天）の奇跡譚に照らし合わせたとき、いっそう強く興味を引くものになるだろう。『渓嵐拾葉集』は、「多聞天法成就の時、雀を以て吉祥相と為す事」として、このように書いている。

師の物語に云はく。孔雀は西天の瑞鳥なり。我朝の雀は孔雀の部類なり。悉地成就の時、必ず此の鳥影現するなり。されば、小川承証〔「澄」の誤記〕僧正〔『阿娑縛抄』の著者。一二〇五～一二八二年〕、関東に於て足利の祈禱の時、前裁〔前庭〕に葦毛馬に乗りて甲冑を著けし武士、頂上に雀を頂戴して出現けり。現身《うつしみ》に足利、咸《みな》見たるける間、使者を以て壇所に被二申遣一時、未だ言を発す以前に、僧正云はく。御前葦毛馬の現はれたる事にて候か、と被レ申けり。不可思議不可思議。此の事は、足利謀反の虚名ありて、既に可被レ誅けるに、即日被免けるとかや。甚深甚深。師云はく。都鉢毘沙門の宝冠の中に雀あり。吉祥瑞鳥の故なり。之を思い合はすべし(77)。

『覚禅鈔』や『渓嵐拾葉集』の説話の作者が、古代イランの $x^{v}$*arənah* の観念を知っていたことはありえないだろう。が、ここに物語られた毘沙門天は、まさに古代イランの文献に現われる $x^{v}$*arənah* と同様に、鳥となって天空を飛翔し、あるいは騎乗の武士の兜上の鳥となって武将に「幸運」をもたらし、さらにまた、古代インドのクベーラ神と同様に宝物の在処を知悉し、あるいはチベットの叙事詩の英雄ケサルが「如意宝珠の王」であるのと似たように、如意宝珠を人に与えることができるのである。

## 5　兜跋毘沙門の「未生以前」――クシャーナ王朝下の北西インドへ

日本からホータンまで――、われわれは兜跋毘沙門の信仰の源流を尋ねて、東アジアの諸文化の神話的表象の森に分け入ってきた。ホータンが兜跋毘沙門の誕生の地であることは、ほぼ間違いないだろう。しかしこの探索の結果分かってきたことは、ホータンで生まれた兜跋毘沙門の信仰が、それ自身すでにきわめて複雑な神話的表象の混淆の結実であるということだった。ここから先、探っていくべき方向は、いまや明らかである。古代イランとインドの文化が衝突し、入り混じって独自の文化を築き上げてきた場所——インド北西部——、時代的には、ホータン最古の兜跋毘沙門天像（三、四世紀）と同時代もしくはその少し以前、すなわちカニシュカ大王とその一族が治めたクシャーナ帝国（紀元後一～五世紀頃）——。

考えてみれば、このクシャーナ王朝下の北西インドこそは、大乗仏教の誕生と展開をめぐるもっとも重大な謎が秘められた場所だった。前章の終わりで行き当たった「クベーラ的大黒」の問題は、兜跋毘沙門信仰の「未生以前」——その誕生の「前史」をクシャーナ王朝時代の宗教混淆の世界に尋ねていく次章まで、宿題としなければならない。

## 注

（1）Marie-Thérèse de Mallmann, *Les Enseignements iconographiques de l'Agni-purāṇa*, p. 135参照。
（2）『金剛頂瑜伽護摩儀軌』Ttt. XVIII 909 923c19–20.
（3）『北方毘沙門天王随軍護法真言』Ttt. XXI 1248 225c11–12.
（4）『北方毘沙門天王随軍護法儀軌』Ttt. XXI 1247 225a15–16.
（5）『摩訶吠室囉末那野提婆喝囉闍陀羅尼儀軌』T[ttt?]. XXI 1246 219b27–28.
（6）『吽迦陀野儀軌』T[ttt]. XXI 1251 i 235a18–20.
（7）『図像集』TZ IV 3020 v 353c5–19；『阿娑縛抄』TZ. IX 3190 cxxxvi 418b24–29, c25–419a11；『九院仏閣抄』、群書類従 XXIV p. 582. ——この経によれば、大梵如意兜跋蔵王の十種の変現の相は［1］無畏観世音自在菩薩、［2］大梵天王、［3］帝釈天王、［4］大自在天王、［5］魔醯首羅天王、［6］毘沙門天王、［7］兜跋蔵王、［8］多婆天王、［9］北道星皇、

［10］牛頭天王、の十であるという。これらのうち、［4］と［5］は同じシヴァ神の異名Maheśvaraの翻訳と音写。［8］と［9］はおそらく道教的（?）な中国の星神の名と思われる。「牛頭」の語に関しては後注35およびp. 410細注も参照。

（8）長部和雄著『唐代密教史雑考』神戸商科大学学術研究会、研究叢書XIII 一九七一年 p. 186–187参照。

（9）長部、同書p. 157参照。

（10）『仏書解説大辞典』X, p. 275b–276c；長部、同書p. 157–159参照。

（11）『阿娑縛抄』TZ. IX 3190 cxxxvii 430a1–2；『密教大辞典』p. 130a–b；長部、同書p. 157参照。

（12）『行林抄』Tttt. LXXXVI 2409 lxvi 435a22–23；『望月仏教大辞典』IV, p. 3163c–3164a；村山修一著『本地垂迹』（『日本歴史叢書』33、吉川弘文館、一九七四年）p. 108, p. 113などを参照。なお松本文三郎著『仏教史雑考』p. 294–295は「法性房は高野山の僧で、寛元三年〔一二四五〕に没した」と書いているが、これは明らかに誤りであろう。

（13）『吽迦陀野儀軌』Ttt[t]. XXI 1251 i 236a11, 235a11, etc.; 松本栄一著『敦煌画の研究』p. 443–444参照。

（14）『阿娑縛抄』TZ. IX 3190 cxxxvi 418c22–23；松本文三郎、前掲書p. 293–294；松本栄一、前掲書p. 445参照。

（15）松本栄一、同書p. 445はこの点を指摘している。

（16）大正蔵索引、密教部・上X, p. 340c, p. 378a, p. 381c参照。

（17）水野弘元監修『新・仏典解説辞典』春秋社、一九六六年p. 98b–99b. この経は曇無讖以降、真諦、闍那崛多、義浄によって漢訳され、また漢文以外にも多くの言語に訳されているが、なかでホータン語の訳も発見されている。山田龍城著『梵語仏典の諸文献』（京都、平楽寺書店、一九五九年）p. 102 and n. 13参照。このことは、ホータンを中心とした中央アジアの毘沙門－四天王／福神信仰とかかわって興味深い。

（18）『金光明最勝王経』T. XVI 665 viii 440a18–25；440c12–15も参照；松本栄一、前掲書p. 425；Ph. Granoff, "Tobatsu Bishamon", p. 165 and n. 98参照。

（19）以上『金光明最勝王経』T. XVI 665 vi 431b13–c9による要約。なおこれとほとんど同じ文が不空訳の『毘沙門天王経』に借用されている。T. XXI 1244 215c13–216a16；また松本栄一、前掲書p. 453参照。

（20）松本栄一、前掲書p. 453が引く唐の梁粛の『壁画三像讃』序によれば、貞元元年〔七八五〕に会稽・龍興寺の僧、法忍と弟子達が、釈迦牟尼仏を中心にして右に吉祥天女、左に多聞天王を配した壁画を描いたことが記録されている。なお、敦煌の図像に、経文にはない弁才天が描かれていることについては前述p. 411–412, p. 420–422も参照。

（21）『金光明最勝王経』T. XVI 665 vi 429a14–20, c12–18；vii 436c2–6；松本栄一、前掲書p. 452–453参照。

(22) 『金光明最勝王経』T. XVI 665 vii 437a6, 9-12；田中貴子著『外法と愛法の中世』p. 67も参照。

(23) 『望月仏教大辞典』項目「散脂大将」II, p. 1527b-c；F. Edgerton, *Buddhist Hybrid Sanskrit Dictionary*, Delhi, Patna, Varanasi, Motilal Banarsidass, 1970 (Indian edition), p. 551a, 552b 参照。

(24) 『大日経疏』Ttt. XXXIX 1796 v 634c16-17；『大薬叉女歓喜母并愛子成就法』T. XXI 1260 286a14.

(25) 『望月仏教大辞典』同上ページ；なお中村元著『仏教語大辞典』では「吉祥天」の説明として「Mahā-śrī.〔中略〕福徳を授ける女神。もとインド神話の神であったが、仏教に入り、父を徳叉迦、母を鬼子母とし、毘沙門天の妃になったと伝えられる」と書いている。これには出典が挙げられていないので、直接は何を典拠にしたのか不明である。

(26) 『七仏八菩薩所説大陀羅尼神呪経』T. XXI 1332 iv 561a11-13；Noël Peri, "Hārītī la Mère-de démons", p. 39参照。宋代の行霆による『重編諸天伝』には、「『陀羅尼集』に云はく」として、「鬼子母の夫の名は徳叉迦、女《むすめ》の名は功徳天、黒暗女と名づく妹有り」という。『重編諸天伝』巻下 Z. CL 135ver°, a11-12；同書、巻上 Z. CL 134rec°, b6-8；同書、巻下 Z. CL 137ver°, b8-10；田中貴子、前掲書 p. 56なども参照。

(27) 『大唐西域記』Ttt. LI 2087 iii 884 c24-885b21；水谷眞成訳 p. 117-120参照。

(28) ホータンの国名については水谷、前掲書 p. 393a-b, n. 1が詳しい。また金岡照光稿「タクラマカンを越えて」中村元・笠原一男・金岡秀友監修・編集「アジア仏教史」中国編V、『シルクロードの宗教』（佼成出版社、一九七五年）所収 p. 122-123も参照。この国名は多くはKu-stanaと表記されるが、水谷氏によれば、玄奘の用字から見るとGo-stanaが意図されていただろうという。

(29) 『大唐西域記』Ttt. LI 2087 xii 943a25-b24, a23-24；944a21-b12；水谷眞成訳 p. 395-396, p. 399-400に基づく要約。玄奘のこの一節は唐代の華厳宗の学匠・澄観の『華厳経随疏演義鈔』（Ttt. XXXVI 1736 lxxvii 603b18-604a24 and *sq.*）に延々と引用されている。西域の地理と神話に関して、澄観のこの文章はとくに重要である。

(30) 以下、Granoff, *art. cit.*, p. 160 and n. 70参照（とくにF. W. Thomas, *Tibetan Literary Texts Concerning Chinese Turkestan*, London, 1935, p. 17を引用する）。

(31) 金岡照光、前掲稿 p. 125は、W. W. Rockhill, *The Life of Buddha*, London, 1907の第八章に収める『リー・ユル（ホータン）古代史』の所伝を次のように要約している。「アショーカ王の十三年、王子が、父王に憎まれて捨てられ、大地の乳により成人し、瞿薩旦那と呼ばれた。この王子は成人後支那の王の子として育てられたが、支那の王の実子たちから排斥され、一万の臣を従えて、コータンの地に至り、ここに居を定めた。そのとき阿育王の宰相耶舎［Yaśas］なるものが、王に憎まれ、七千人の臣をつれて、コータンに流れてきた。耶舎と瞿薩旦那は、一時争いかけたが、毘沙門天と吉祥天があらわれ、とりしずめたので和睦し、瞿薩旦那が王、耶舎が大臣となり、シナ人、インド人とともにこの地に住んだ」。——また水谷、前掲書 p. 396a, n. 3；p. 397b-398a, n. 3も参照。

(32) 水谷、前掲書 p. 400 and n. 2 and fig.；松本栄一、前掲書 p. 456参照。

(33) 『一切経音義』Ttt. LIV 2128 lx 706b5-8；段成式著、今村与志雄訳注『酉陽雑俎』IV（平凡社、東洋文庫４０１、一九八一年）p. 240-241, n. 1の翻訳参照。

(34) 金岡照光、前掲稿 p. 125-126参照。

(35) 梵語 ku（女性名詞）はたんに「大地」「土地」を意味する。ホータンの国名が Ku-stana ならば、いまの議論は当てはまらない。*Go* および *ku* の語義については N. Stchoupak, L. Nitti et L. Renou, *Dictionnaire Sanskrit-Français*, [Publ. de l'Institut de Civilisation indienne] Paris, Adrien-Maisonneuve, 1959, *s.v.* 参照。なお先の『慧琳音義』巻第十一〔前述 p. 410細注〕に、毘沙門天が「牛頭山」（あるいは玄奘の「牛角山」Go-śṛṅga）に「棲宅する」という記述があったが、この *go* もたんに「牛」の意味だけではなく、大地、あるいはサラスヴァティー女神となんらかの関係があったと考えることもできるだろう。

(36) 松本栄一、前掲書 p. 665；p. 673-674；p. 681, n. 8；Stein, "Porte (Gardien de la)" p. 17参照。

(37) 以上、『アジア歴史事典』VIII, p. 308b-309a, 項目「ホータン」「ホータン語」；金岡、前掲稿 p. 121-136（『魏書』の引用は同稿 p. 127b）参照。

(38) 金岡、前掲稿 p. 129-133参照。また『梁高僧伝』Ttt. L 2059 iv 346b12-c14参照。

(39) 松本栄一、前掲書 p. 427, p. 437, p. 451-452, and fig. 122；Granoff, *art. cit.*, p. 146 and n. 9；p. 149 and n. 17参照。

(40) Granoff, *art. cit.*, p. 150；また頼富本宏稿「財宝と武闘のほとけ——毘沙門天」p. 211-218も参照。

(41) 頼富本宏、同上稿 p. 219-221；日本の福神としての毘沙門天信仰については喜田貞吉稿「毘沙門天考」、同著『福神』所収、参照。

(42) B. Frank, *Le Panthéon bouddhique au Japon—Collections d'Emile Guimet*, p. 197, No. 116参照。

(43) Granoff, *art. cit.* p. 155-158 and fig. 11-17参照（邛峡〔崍?〕の龍興寺については、p. 155, n. 50に、佐々木剛三「兜跋毘沙門像についての一考察」、『美術史』38, vol. 10, 2, nov. 1960, p. 58を引く。——この地名の比定に関しては、東アジア仏教研究会の師茂樹氏にお世話になった。記して感謝する次第である）。——田辺勝美著『毘沙門天像の誕生』p. 12および p.

21に、北進一稿「兜跋毘沙門天の居ます風景」、『自然と文化』第五二～五八号、一九九六～一九九八年が引かれている（筆者未見）。とくに中国・四川省の作例については、北進一稿「四川省兜跋毘沙門天紀行」、『自然と風景』第五六号、一九九八年 p. 45-54参照。

（44） 松本栄一、前掲書 p. 417-462 ; Granoff, *art. cit.*, p. 158-161 and fig. 18-25参照。なお、中央アジアの毘沙門像の研究としてもうひとつ重要なのは Marcelle Lalou, “Mythologie indienne et Peintures de Haute Asie, I : Le Dieu bouddhique de la Fortune”, in *Artibus Asiae*, IX, 1946, p. 97-110だが、残念ながら参考にできなかった。

（45） 松本栄一、前掲書 p. 449 and fig. 120参照。

（46） Granoff, *art. cit.*, p. 155, p. 160 and fig. 13 ; 松本栄一、前掲書 p. 450 and fig. 121参照。

（47） Granoff, *art. cit.*, p. 155, p. 164 ; fig. 14 ; J. N. Banerjea, *The Development of Hindu Iconography*, p. 401-402 ; pl. XXI参照。

（48） 前述 p. 129-131に引用した M. Biardeau 氏の女神と大地性との関連についての一節を参照。

（49） J. Duchesne-Guillemin, *La Religion de l'Iran ancien*, [coll. «Mana», T. I, vol. 3] Paris, PUF., 1962, p. 197, p. 283 ; Mario Bussagli, “Royauté, guerre et fécondité, A Propos d'une monnaie kuṣāṇa”, *Revue de l'Histoire des Religions*, octobre-décembre 1951, p. 139-140, p. 142 ; 岡田明憲著『ゾロアスター教の悪魔払い』（平河出版社、一九八四年）p. 18 ; 同著『ゾロアスター教——神々への讃歌』（平河出版社、一九八二年）p. 22-23参照。

（50） Georges Dumézil, *Mythe et épopée*, I, L'idélogie des trois fonctions dans les épopées des peuples indo-européens, [Bibliothèque des Sciences Humaines] Paris, Gallimard, 1968, p. 106-107参照。

（51） たとえば『インド神話伝説辞典』p. 156参照。

（52） 松本栄一、前掲書 p. 457-462参照。

（53） Granoff, *art.cit.*, p. 164 ; fig. 31参照。

（54） 松本栄一、前掲書 p. 420-421 ; Granoff, *art. cit.*, p. 158 and n. 61参照。

（55） Granoff, *art.cit.*, p. 159 and n. 68参照（Lalou, 前掲論文および Alice Getty, *Gaṇeśa. A Monography on the Elephant-faced God*, Oxford, 1936への A. Foucher による序文 p. xxii-xxiii を引用する）。

（56） 『覚禅鈔』TZ. V 3022 cvii 460c7-8 ;『阿娑縛抄』TZ. IX 3190 cxl 442c26-27.

（57） 松本栄一、前掲書 p. 432-433 and *sq.* ; p. 810-811 ; Granoff, *art. cit.*, p. 166 and n. 104 ; Bussagli, *art. cit.*, p. 144 and

n. 1 ; R. A. Stein, *Recherchees sur l'Epopée et le barde au Tibet*, [Bibliothèque de l'Institut des Hautes Etudes Chinoises, vol. XIII] Paris, PUF., 1959, p. 396 and n. 135参照。

（58）『洛陽伽藍記』Ttt. LI 2092 v 1019a4-5 ; 入矢義高訳『洛陽伽藍記』p. 97a and n. 21（宋雲と慧生の西域・北インド行は、五一八～五二二年に行なわれた）; 松本栄一、前掲書 p. 437 ; Granoff, *art. cit*., p. 166 and n. 104 ; Stein, *Epopée*, p. 387 and n. 114参照。

（59）松本栄一、前掲書 p. 435. しかし『覚禅鈔』（TZ. V 3022 cxvii 534b28-29）および『図像集』（TZ IV 3020 v 351c18-19）が引く『普賢延命口決』には「北方多聞天は身色黄金にして、頭冠の上に赤鳥形あり、金翅鳥の如し」と書かれている。兜跋毘沙門の宝冠上の金翅鳥については R. A. Stein, *Epopée*., p. 289 and Index, p. 629a, *s.v. garuḍa*も参照。

（60）『覚禅鈔』TZ. V 3022 cxvii 534c2-7 ; 松本栄一、前掲書 p. 436も参照。

（61）松本文三郎、前掲書 p. 279参照。

（62）『大唐西域記』Ttt. LI 2087 i 874a6-11 ; 水谷眞成 p. 50a の訳による。これと同じ物語は玄奘の伝記『大唐大慈恩寺三蔵法師伝』にも出ている。Ttt. L 2053 ii 229a1-22 ; 慧立・彦悰著、長沢和俊訳『玄奘法師西域紀行』（東西交渉旅行記全集6、桃源社、一九六五年）p. 50-52 ; Ph. Granoff, *art. cit*., p. 161 and n. 78も参照。

（63）『大唐西域記』Ttt. LI 2087 i 872c4-22 ; 水谷、同書 p. 38b-39b の訳による。Granoff, *art. cit*., p. 161 and n. 77も参照。

（64）Granoff, *art.cit*., p. 165-166 ; p. 162-163 and n. 85 ; R. A. Stein, *Epopée*, p. 280, p. 289参照。

（65）Granoff, *art.cit*., p. 166 and n. 105-106 ; R. A. Stein, *Epopée*, p. 345-347 ; p. 288-289 ; p. 290-291 ; p. 386-387 ; p. 396参照。

（66）R・A・スタン著、山口瑞鳳・定方晟訳『チベットの文化』（岩波書店、一九七一年）p. 319 ; 同書 p. 310, p. 244も参照。

（67）松本栄一、前掲書、付図123b ; R. A. Stein, *Epopée*, 口絵参照。

（68）Stein, *Epopée*, p. 289 ; p. 275-276, p. 295も参照。

（69）『大唐西域記』Ttt. LI 2087 i 874c20-25 ; 水谷、同書 p. 53b の訳による。桑山正進訳『大唐西域記』（「大乗仏典」中国・日本篇9、中央公論社、一九八七年）p. 28-29 and n. 58 [p. 177-178] によると「カニシカ銘をもつ貨幣にみえる王像に焔肩が表現された例は多い」という。また Granoff, *art.cit*., p. 165 and n. 100 ; Stein, *Epopée*, p. 282 and n, 117-119も参照。

（70）Duchesne-Guillemin, *La Religion de l'Iran ancien*, p. 293参照。

（71）F. Cumont, *Les Religions Orientales dans le Paganisme romain*, 4e édition, Paris, Librairie Orientalist Paul Geuthner,

1963, p. 130 and n. 18［p. 274］参照。――ヨーロッパの王権概念、および帝国概念は、こうした古代イランの帝王の概念に大きな影響を受けていると言えるだろう。

（72） Duchesne-Guillemin, *op.cit.*, p. 39, p. 213-214, p. 339 ; Stein, *Epopée*, p. 282 and n. 117［=p. 312］; Granoff, *art.cit.*, p. 163 and n. 86参照。

（73） 鈴木中正稿「イラン的信仰と仏教との出会い」、宮田登編『弥勒信仰』（「民間宗教史叢書」第八巻、雄山閣出版、一九八四年）p. 234-235 and n. 7［p. 248］（伊藤義教著『ゾロアスター研究』、岩波書店、一九七九年 p. 374-388を参照する）。なお、この論文は鈴木中正著『至福千年運動の研究』（東京大学出版会、一九八二年）の部分である。

（74） ジョン・R・ヒネルズ著、井本英一、奥西峻介訳『ペルシア神話』（青土社、一九九三年）p. 202.

（75） Bussagli, *art. cit.*, p. 136 ; Granoff, *art.cit.*, p. 162-163 and n. 85参照。

（76） 『覚禅鈔』TZ. V 3022 cxvii 534a20-b8 ; Granoff, *art.cit.*, p. 166 and n. 107参照。

（77） 『渓嵐拾葉集』Tttt. LXXVI 2410 xxxviii 630a18-29.

# X クベーラの変貌

**本章の主な話題・モティーフ**

クベーラ‐ヴァイシュラヴァナ‐ジャンバラ（富・王権・大地性）
ガネーシャ／スカンダ
シヴァ／インドラ
四天王／転輪聖王としての釈尊
パーンチカ／ハーリーティー
ファロー／アルドクショー
大地女神の諸相
「クベーラ的大黒」

**主な典籍・図像**

ガンダーラのスカンダ／武人像
叙事詩文献（におけるクベーラ）
『金光明経』（における毘沙門天）
ガンダーラの四天王奉鉢像
ガンダーラの鬼形ハーリーティー

昔、平安京の羅城門の楼上に兜跋毘沙門と呼ばれる奇妙な武神の像が祀られていた。いつ、誰がそれを中国から請来してきたのか、正確には分からない。が、その異様な像容には、西域に憧れ、中央アジアの道を西へ西へと版図を拡げていった唐代中国文化のひとつの精髄が込められていたように見受けられる。中世日本の密教僧たちが伝えた口伝によれば、この像は「兜跋国大王」の姿をかたどったものだと言われていた（前述 p. 397, p. 412参照）。もちろん、当時の日本人にとって、「兜跋国」とはほかでは聞いたこともない、西域の彼方の一種の夢の国でしかありえなかっただろう……。

平安京の兜跋毘沙門からその「夢の兜跋国」、すなわちホータン国へ――。前章では、兜跋毘沙門像の足跡を遡り、その誕生の秘密を尋ねて、十世紀ごろの日本から三、四世紀の中央アジアのホータンまで、西方へ向け、「起源」へ向けて東アジアの図像と伝説の世界をさまよってきた。が、そのホータンの地でかいま見られたのは、そのさらに彼方に拡がるインドと西アジアの広大な世界につながっていく遥かな道筋だった。

ここで、われわれはあらためてインドに出発点を定めて、そこからホータンに向かい、ホータンあるいはそれ以前に合流する西アジア、イラン、そしてさらに遠方の地中海世界からの流れも含めて、東アジア世界を潤わせていく滔々たる表象の大河を探索していくことにしたい。中心になるのは、インドのクベーラの信仰と図像が変化していくさまを見守ることだが、その過程で、われわれは以前からの宿題であった「クベーラ的大黒」の発生の問題（前述p. 379；p. 436参照）にも新しい光を当てることができるだろう。

## 1　ホータンから「インドの入口」ガンダーラへ

が、そのインドの大地に足を踏み入れるきっかけとして、もう一度、ホータン地方のラワク塔遺跡で発見された兜跋毘沙門の石像（前述p. 418およびIX-n. 46参照）を振り返っておくことは無駄ではないだろう。先に見たように、この像は上半身が破損していて、下半身を包むスカート状に広がった独特の鎧と、拡げて立った神像の両足の間に上半身を覗かせる大地女神しか残されていなかった。前章では、これと同様の鎧を着けた、六、七世紀頃のクチャの壁画に描かれた武人像を比較の材料として挙げたが（前述p. 416参照）、じつはこのラワクの像にある意味でさらによく似た像は、インド北西部のクシャーナ朝の美術にも見出すことができる。たとえばガンダーラ地方のスルフ・コタルで発見されたあるクシャーナ王の像〔**図85**〕は、上半身が欠けているという偶然の条件ばかりでなく、スカート状の鎧の前面に彫られた文様にいたるまで、ラワクの兜跋毘沙門像に酷似している。さらに様式的にも、この像に見られる強い威厳と正面性は、ラワクの石像に限らず兜跋毘沙門の図像一般に共通す

**図85　クシャーナ王の像**

**図86　カニシュカ王像**

**図87　クシャーナ王の像**

るものであり、明らかなイラン的影響を反映したものである。このクシャーナ王の像に見られるグレコ＝イラン的な影響は、さらに中インドのマトゥラーで発見されたカニシュカ王像に〔図86〕も顕著に現われている。この像の場合は、スカート状の鎧だけでなく、腰に長剣を下げていることでも、兜跋毘沙門の図像に近いものがあると言えるだろう[1]〔図87〕。

図88　槍を持つ兵士

図89　カーフィル・コット出土のスカンダ像（フーシェによってパーンチカ像に比定された）

同じガンダーラで発見された古い彫刻の中には、他にも兜跋毘沙門像を連想させるものがある。たとえばチャトパット出土の三、四世紀頃の「槍を持つ兵士」の像は、頭にはインド風のターバンを巻いているが[2]、身体は明らかにイラン的な鎧に覆われ、他の一連の像と同様、両足を拡げ、正面を向いて直立している。その右手が持つ長槍もまた兜跋毘沙門の長槍（たとえば智泉書写の像〔前述、第八章・図57参照〕）を思わせるものであろう[3]〔図88〕。さらに、グラノフ氏が挙げるカーフィル・コット

図90　ホスロー2世の狩猟の場面

Kāfir Koṭ出土のスカンダ像〔図89〕（これは一時、フーシェによってパーンチカ像に比定されていたが、おそらくスカンダ神を表わしたものと考えられるという）も、いまの兵士像とちょうど同じように、頭にはターバンを巻き、身体はイラン風の鎧を着け、右手に長槍を持って直立している。このスカンダ像は、腰に長いバンドを着け、そこに長剣と短剣を下げているが、これもまた智泉による図像を始めとするいくつかの兜跋毘沙門像と共通する特徴であり、またクチャの武人像やササン朝ペルシアのホスロー二世の狩猟の場面を描いた銀皿にも見られるもので、明らかにイラン式の佩剣法を表わしたものと考えることができる(4)〔図90〕。

＊

兜跋毘沙門の誕生の地ホータンからその源流に向かってさらに一歩遡ると、最初に行き着くのは、前章の後半でも予想したとおり、クシャーナ朝下のインド西北部だった。インドのクベーラがここでどのような変貌をとげたのか、その変貌の過程にどんな要素がかかわったのか——。これらの問題を考えるためには、まずインドそのものにおけるクベーラ信仰について見ておかなければならないだろう。

## 2　ヒンドゥー教のクベーラ

### A　クベーラとガネーシャ／クベーラとスカンダ

ヒンドゥー教におけるクベーラは、何よりも富の神であり、黄金の神だった。富は地中から掘り出される黄金によって表わされ、クベーラ自身の身体が黄金色、すなわち恵みの大地の色であると考えられた。マハーラジャタ *mahārajata* と呼ばれる白く輝く黄金は、「クベーラの愛するもの」であり、「死すべき者に不死を授け、盲目の者の眼を開かせ、年老いた者に若さを与える」と言われたという。(5)

インドの諸宗教におけるヤクシャやその首領クベーラに関する詳細な研究を著したクマラスワミは、ヤクシャやクベーラの信仰が、本来非インド・アーリヤ的、非ヴェーダ的であり、「アニミズム」的であることを繰り返し述べている。(6) 事実、クベーラはヴェーダ時代の文献には現われることがないようである。(7) が、だからといって、クベーラの信仰が現実のインドの宗教（ヒンドゥー教）体系の中で重要な役割をもたなかったわけではない。インド＝ヨーロッパ神話学的な観点から言えば、クベーラは明らかに「第三機能」（すなわち富、豊饒）の領域に属し（ただし部分的には「第二機能」〔王権、戦闘・戦争〕的な側面を兼ねていた）、「現世利益」的で民衆の生活に密着した神だったと考えることができる。たとえばヒンドゥー教におけるブラフマー神が、至上神であると同時に非常に具体性の希薄な神格であったのに対して、クベーラは言わばその対極に位置する、きわめて具体的でかつ「卑俗」な神として信仰されたと言えるだろう。

ヒンドゥー教の図像では、クベーラは（他のヤクシャ一般と同様）ほとんどつねに短身矮軀で太鼓腹の姿に描かれる〔前述、第四章・図22参照〕。これはシヴァの眷属のガナ衆やブータなどと共通する特徴であり〔前述 p. 196も参照〕、これらの鬼神が、一般の神々より一段と低い半神的存在と考えられたことを表わしている。モニアー＝ウィリアムズの『梵英辞典』が引くサンスクリットの古辞書類によれば、「クベーラ」*kubera*（または *kuvera*）という語はそれ自体「遅い、鈍重な（者）」あるいは「醜悪な、奇怪な（身体）」を意味するといい、事実やや後代の文献ではクベーラは「三本足で歯が八本、一方の眼がやぶにらみで太鼓腹」という恐ろしく醜怪な身体をもつと言われたという。(8) この三本足という特徴は、ギリシアのプリアーポスと同様、明らかな性的な意味も含んでおり、それゆえクベーラは「結婚の神」としてカーメーシュヴァラ Kāmeśvara（「愛欲を司る神」）の名で呼ばれることもあった。(9)

太鼓腹の異様な姿の福神であり、時に愛欲の神としても祀られる——。クベーラのこうした特徴は、明らかに「ガナ衆の主」ガネーシャに結び付けることができる（ただしガネーシャはおそらくクベーラ以上に性愛に強いかかわりをもち、またクベーラでは強調されない「大食漢」という特徴をもっている）。事実、クマラスワミによれば、ガネーシャとクベーラは基本的に同価値の神と考えることができるという。しかし、単独の神として象頭のガネーシャ像が多く作られるようになったのは紀元四〇〇年以降のことであり、それより以前の『マハーバーラタ』では、ガネーシャと同義の「ガネーシャナ」Gaṇeśana、または「ガネーシュヴァラ」Gaṇeśvara という名はシヴァ自身の異名のひとつとして使われていたという(10)（ガネーシャ信仰の起源については後述、第十一章第六節も参照）。

一方、クベーラは、グヒヤカ *guhyaka* という名前の一群の精霊の首領としても知られており、クベーラ自身もその名に基づいて「グヒヤカーディパティ」Guhyakâdhipati（「グヒヤカの主宰者」）と呼ばれることがある。(11) グヒヤカは「隠す、覆う、秘密にする」などを意味する語根 *GUH-* の派生語で、クベーラの財宝を地中深く隠し守る一種の地霊（ノーム *gnomes*）的な小人を指すという。モニアー＝ウィリアムズは、この鬼神たちが山の洞窟（*guhā*）に住むためにこうした名前で呼ばれるようになったのかもしれないと書いている。ホプキンズによれば、グヒヤカは本来あらゆる隠蔽にかかわる精霊を指す一般名詞で、特定の精霊の一種を指す語として使われるようになったのは二次的だろうという。グヒヤカたちは「蜃気楼のように姿を消す」と言われ、ヤマ神の（黄泉の）国のすぐ近くを棲み処としている。『マハーバーラタ』の一節では、クベーラが一人のグヒヤカにある魔法の洗眼薬を持たせてラーマに贈り、そのおかげでラーマはすべての隠蔽されたものを見ることができるようになったという神話が語られている[12]（こうした「隠蔽」のテーマは、『仁王経疏』のいう「摩訶迦羅大黒天神」の配下の鬼神たちが「隠形薬」を持っていたという記述〔前述 p. 95参照〕、また『不空羂索神変真言経』にいう墓場の鬼神や毘沙門が隠し持つ「珍宝」の記述〔前述 p. 116参照〕を連想させるもので興味深い）。ところが、先のガネーシャの兄弟神に当たるシヴァの息子スカンダも、同じ語根 *GUH-* に基づいた「グハ」Guha（「秘密神」「神秘的な者」）という異名をもっており、クベーラ-グヒヤ Kubera Guhya と同様に、山中の秘密の場所に住んでいるという[13]。スカンダとクベーラの関係はこれだけではない。スカンダの侍者の中にはダナダ Dhanada（「施財者」）と呼ばれる者があるが、これはクベーラ自身の異名であり、またクベーラの眷属の名でもある。また同じスカンダの侍者のピンガークシー Piṅgākṣī（「黄褐色の眼を持つ者」）という名前〔後注18も参照〕も、クベーラ自身の異名として知られている。またそれとは逆に、クベーラの侍者の一人のアモーガ Amogha（「虚しくなすことのない者」）という名は、スカンダの異名でもあるという[14]。

## B　クベーラとシヴァ

いまも述べてきたとおり、クベーラはシヴァ神の二人の息子神ガネーシャおよびスカンダと——前者とは類似、後者とは対比という意味で——明らかな関係をもっている。が、それだけでなく、クベーラはいくつかの点でシヴァ自身とも近い存在と考えることができる。以下、主にホプキンズによる叙事詩神話の解説に基づいて、そうした例を挙げてみよう。

○クマラスワミによれば、インドの家庭祭祀について述べた古いグリヒヤ・スートラでは、クベーラの配下のヤクシャ衆は多くのブータ（この場合は「霊的存在」あるいは「精霊」一般の総称？）の類の一種として挙げられているという。ところが、「ブーテーシュヴァラ」Bhūteśvara（「ブータ衆の主」）という名称は、シヴァの異名のひとつとして知られており、またそれと同義の「ブーテーシャ」Bhūteśa という語は、『ラーマーヤナ』の一節ではクベーラ自身の呼び名にもなっている。(15)
○叙事詩の世界では、クベーラの眷属は多くは「身の毛もよだつヤクシャ衆」と呼ばれるが、そればかりではなく、人喰いの悪鬼ラークシャサ *rākṣasa*（羅刹）やピシャーチャ *piśāca*（毘舎遮）、また人を狂気に陥れるという半神的精霊ガンダルヴァ *gandharva*（乾闥婆）など、通常シヴァの身近にいて墓場を徘徊する恐るべき魔物たちもクベーラの眷属に属している。(16)
○クベーラの無限の富に満ちた宮殿は、シヴァの居所と同じ北方のカイラーサ山にあり、そこにはシヴァ神とウマー神妃のほかにラークシャサやピシャーチャ、ナンディーシュヴァラ Nandīśvara、そしてシヴァの乗牛がいるという。(17)
○クベーラの侍者の一人ピンガラ Piṅgala（「黄褐色の者」の意。これはハーリーティー〔鬼子母〕の末子の名であると同時に、ガネーシャの異名でもある）(18)は、「ルドラ神の友」であると言われる。またクベーラ自身が、昔、人間だった時に激しい苦行を積んだ結果、ブラフマー神によって「富の主となること、ルドラ＝シヴァの友となること、神となること、護世神の地位、ナラクーバラ Nalakūbara という名の息子を得ること、プシュパカ Puṣpaka と呼ばれる空飛ぶ見事な車を持つこと、そしてナイルリタ Nairṛta 鬼神の首領となること」という望みを叶えられたという。(19)事実、クベーラには「イーシャサキ」Īśasakhi（「イーシャ神すなわちシヴァ神の友」）という異名がある。さらに『マハーバーラタ』には、クベーラがある時アスラの師であるウシャナス Uśanas によってその富を盗まれ、盟友のシヴァ神に助けを求めたという神話が伝えられている。(20)
　これらの事実を積み重ねてみれば、クベーラは決してたんなる「おめでた尽しの福神」に止まるものではなく、シヴァ神とも連なる一種の恐るべき側面を備えていたことが理解されるだろう。クベーラの太鼓腹を突き出した醜い姿は、ある種の滑稽さを感じさせるが、それは同時にシヴァの眷属ガナの形姿そのものであり、その滑稽な矮軀がいつ急に、屍体を漁り、生肉をむさぼり、生血を啜る恐怖すべき悪鬼に変わるかもしれない……。クベーラはシヴァ神のような至上神ではなく、それゆえ全宇宙を焼き尽くし、喰らい尽くすような壮大な崇高さを備えてはいない。換言するなら、クベーラは「善悪の彼岸」には立っていないが、まさにそれゆえにその暗い悪鬼的な側面は、「黄金色」の表面の裏から不気味な影をちらつかせているように感じられるのである。

シヴァがブータ衆の主（ブーテーシュヴァラ）でありガナ衆の主（ガネーシャナ）であるのと同様に、クベーラはヤクシャ衆の主であり、時にブータ衆の主であるとも言われる。としたら、シヴァの一形態、またはシヴァの眷属の一人と言われるマハーカーラが、クベーラ自身、またはその同類ときわめて近い存在と考えられるようになるのには、それほど大きな距離はないと考えられるのではないだろうか。

### C　クベーラとインドラ（王権）

クベーラとシヴァは、言わば同じ家系に連なる者のような親近性を備えているが、クベーラにはそれとは別に「神々の王」インドラに関連づけられる側面がある。それはおそらく「財宝の神」「富の神」というクベーラのもっとも基本的な性格に由来すると考えられるだろう。

叙事詩の世界では、インドラは「黄金の雨を降らせる」と形容されることがある。[21] 雨を降らせて大地を潤すことは、インドの王権に課せられたもっとも重要な機能のひとつだったが（前述 p. 327 参照）、インドラはまさにその王権にもっともふさわしい神として表象された。クベーラは彼の無限の富を人間に惜しみなく振舞う「ダナダ」Dhanada（「施財者」）であることによって、インドラと同様に人民を黄金の雨で潤す「王中の王」（Rājarāja）と考えられたのだろう[22]（「ダナダ」や「王中の王」はクベーラのもっとも一般的な異名、または称号である）。事実、クベーラはリッディ Ṛddhi（繁栄、富、好運）を妻とすると言われ、またラクシュミー Lakṣmī（〔王の〕威厳、富、栄光）と結合するとも言われた[23]。

先にクベーラの財宝を守るグヒヤカ鬼神について述べたが、この「グヒヤカ」と同じ語根に基づく「グヘーラ」guhera という語は「鍛冶屋」を意味するという。この語からも連想されるように、クベーラは黄金を採掘し、精錬する作業と深い関係を持っていたと考えられる。そもそも黄金は火神アグニの子であると言われる。それは地中深く「深淵の蛇」アヒ・ブドゥニヤ Ahi Budhnya（これはプラーナ文献ではルドラ－シヴァの異名でもあるという[24]）によって守られており、火（アグニ）と風（ヴァーユ）とクベーラの力によって掘り出され、精錬されて人間の手に渡されるという。すべての黄金はクベーラの方角である北方からもたらされる。北方の高地で財宝を掘り出そうとする者は、まずヤクシャ王クベーラとその眷属、そしてルドラ－シヴァとその配下の者たちに肉や胡麻、そして花を捧げて供養しなければならない[25]。大地の神クベーラは、こうして人々に尽きることない物質的繁栄（シュリー śrī）をもたらす神であり、それゆえに理想の王の観念を体現するインドラと同様、ダナダ（「施財者」）、あるいはダナパティ Dhanapati（「財宝の主」）という称号を与えられるのである[26]（「シュリー」という語は「物質的繁栄」と同時に「〔君主の〕栄華・栄光」をも意味する）。

クベーラがインドラと近い関係にあること——たとえばインドラの庭園として有名なナンダナ Nandana（「歓喜園」）や美しい隠遁所ヴァスヴァウカサーラー Vasvaukasārā の持ち主であると言われることも、おそらくこの神がインドラ的な「理想の王」のひとつの側面を表わしているからだろう。クベーラは護世神（ローカパーラ *lokapāla*）としてインドラと組み合わせて語られることがあり、その場合には（北方ではなく）東方を守護すると言われている。マンダラ Mandara 山やガンダマーダナ Gandhamādana 山も、インドラとクベーラの共通の居所である。[27]

クベーラは王であるゆえに、王権に不可欠の武力を持つものでもある。クベーラはその配下のヤクシャたちと同様、棍棒を武器としており、ヤクシャの軍勢を率いて戦いに出ることもある。[28]――が、古典的な叙事詩の世界で見るかぎり、クベーラの武神としての側面が強調されることはほとんどないようである。クベーラの武神的な性格は、むしろこの神がある時期から北方の守護神として、世界の四つの方角を守る四護世神、すなわち南方のヤマ、西方のヴァルナ、北方のクベーラ、東方のインドラのグループに加えられるようになったことに由来しているのだろう（叙事詩の文献で見ると、四護世神のグループにクベーラが加えられたのは、他の三神より遅かったようである。[29]四護世神の一としてのクベーラは、もちろん仏教の四天王の一としてのヴァイシュラヴァナと深い関係がある）。東方を守護するインドラに代表されるように、これらの護世神はすべて戦闘の神でもある。[30]インドの理想の王、すなわち世界を支配する転輪聖王 *cakravartin* は、一種の神的な象徴を体現するものであり、東西南北のすべての方角を我がものとすることを条件としていた。東方の守護神インドラは王の「偉大さ」であり、南方のヤマは王の「自制」、西方のヴァルナは王の「美」、そして北方のクベーラは王の「富」を表わす。真の王者たるものは、これら四つの美徳を東西南北の護世神として、みずからの体内に具現しなければならないという。[31]＊四護世神の一として王権の観念に組み入れられ、世界の北方を守護する神とされた時、クベーラははじめて戦闘を司る武神の役割を果たすようになったと考えられるだろう。

＊中世日本の「即位灌頂」の儀礼では、「四海の水を新天皇の頂きに灌ぐ」いわゆる「四海領掌法」が中心的な役割を果たした（これが「輪王灌頂」と呼ばれた。阿部泰郎稿「宝珠と王権――中世王権と密教儀礼」、岩波講座「東洋思想」第十六巻、『日本思想』2、岩波書店、一九八九年所収 p. 145などを参照）。これは世界の四方角を一挙に我がものにする儀礼であり、その淵源はインドの転輪聖王（および一端は四護世神）の思想に求めることができる。『シャタパタ・ブラーフマナ』（V, 3, 4）によれば、インドの王の即位式では、地上界と天上界のあらゆる水が四つの瓶に集められ、新王の頭頂に灌がれるという。Paul

Mus, *Barabuḍur. Esquisse d'une histoire du bouddhisme fondée sur la critique archeologique des textes*, T. I et II, Hanoi, Imprimerie d'Extrême-Orient, 1935 ; reprint New York, Arno Press, 1978, p. 421 et n. 3〔*Śatapatha brāhmaṇa*, V, 3, 4＝SBE, XLI, p. 73-80 ; および A. Weber, *Rājasūya*, p. 33 *sq.* を引く〕参照。

## 3 「ガネーシャ的クベーラ」の「スカンダ化」としての兜跋毘沙門

先に、クベーラとガネーシャの関係について述べたが、それに関連してぜひ思い出しておきたいのは、敦煌で発見された兜跋毘沙門の図像のひとつに、足下の大地女神の横にガネーシャの姿が描き込まれたものがあったことである（前述 p. 424および IX-n. 55参照）。一方、クベーラとスカンダの関係に関しては、先に見たガンダーラのカーフィル・コット出土のスカンダ像が、多くの点で兜跋毘沙門の図像に酷似していたことが連想されるだろう。

クベーラ～兜跋毘沙門とガネーシャ、およびスカンダとの関係は、きわめて興味深い問題であり、クベーラ信仰の変容に関しても重要な示唆を与えるものと考えられる。**表7**を一見すれば明らかなとおり、クベーラは本来ガネーシャと非常に近い「太鼓腹の福神」のタイプに属する神だったが、兜跋毘沙門に変化していく過程で、いわば「スカンダ的」な痩身の戦闘神に変貌したと言うことができる。一方、シヴァとパールヴァティーの息子神としての「太鼓腹のガネーシャ」と「痩身のスカンダ」の関係は、ある意味で、先に述べたシヴァの眷属としての短身矮軀の肥満神と骸骨神の関係（前述 p. 194–197参照）にも比することができる。ただ、肥満神と骸骨神は、両者とも怪物的な容姿をしているが、ガネーシャとスカンダの対比の場合は、前者が怪物的であるのに対して、後者は「若く（Kumāra）凛々しい」武神として表象されたと思われる。が、いずれにしてもこの二人の息子神は、「肥満／痩身」「鈍重／敏捷」「福神／武神」などの対照的な特徴によって、互いに対比されるべき一対《いっつい》として、相補的な関係にあったと考えることができる*（後述 II, p. 24 *sq.* 参照）。

| クベーラ | 兜跋毘沙門 | スカンダ | ガネーシャ | 大地女神 |
|---|---|---|---|---|
| 福神 | 戦闘神 | 戦闘神 | 福神 | 豊饒神 |
| 太鼓腹 | 瘦身 | 瘦身 | 太鼓腹 | |
| 半怪物的 | 威厳に満ちた武神 | 若々しい武神 | 怪物的 | |

**表 7**

＊チベットのある儀軌は、ヴァイシュラヴァナを *brahmā-kumāra*（バラモン童子）という語で修飾しているという。これはヴァイシュラヴァナの「スカンダ的」な性格をよく表わすものである。Stein, "Porte (Gardien de la)", p. 17参照。

もしクベーラとガネーシャが同等のものとすれば、ヒンドゥー教における「スカンダ／クベーラ」の関係は、「スカンダ／ガネーシャ」の対照関係の一ヴァリエーションと見ることができるだろう。一方、敦煌の兜跋毘沙門図像の中でガネーシャが（大地女神の横に）描かれていることは、「スカンダ化したクベーラ＝兜跋毘沙門」対「（大地女神と同様の大地的な豊饒の神と考えられた）ガネーシャ」の対比として理解することができる。インドの福神クベーラは、中央アジアに移入される過程で「スカンダ的」戦闘神である兜跋毘沙門に変化していったが、なおかつ豊饒の神・多産の神としての機能を失わなかった。しかし、その形態が戦闘神的になった分、逆に図像的にも神話的にも「豊饒・多産」の側面が強調される必要が生じたと考えることもできる。兜跋毘沙門の足下につねに大地女神が描かれ、また神話的にも図像的にもシュリー女神またはサラスヴァティー女神といった豊饒の女神との関連が強調されるのは、そのためだったと言ってもいいだろう。そのように考えれば、敦煌の図像において、ガネーシャが大地女神の横に、いわば同価値のものとして並置されていたことは、非常に自然に理解できるのではないだろうか。

一方、ガンダーラ出土のイラン的な鎧を着けたスカンダ像が兜跋毘沙門と形態的な類似を示すことは、クベーラから兜跋毘沙門へ、という変貌が、「ガネーシャ的クベーラの〈スカンダ化〉」の過程として理解できるということの、ひとつの重要な傍証と考えられるだろう。――が、ここでさらに興味深いのは、このスカンダ像が、今世紀前半におけるガンダーラ美術研究の最高権威であったA・フーシェによって、「パーンチカ像」と比定されたことである。それがたとえ誤りだったとしても、この場面でパーンチカの名前が出てくることは、単純に見過ごすことはできない。後に述べるように、パーンチカこそは、クベーラの変貌の過程でもっとも重要な役割を果たした神格と考えられるからである。

## 4 仏教におけるクベーラ――転輪聖王の隠喩としての四天王

富や豊饒・多産の神として、ヤクシャ、グヒヤカなどの鬼神の首領として、そして（他の三護世神とともに）ある種の理想の王権を体現するものとして――ヒンドゥー教におけるクベーラはこのような神として信仰された。それではインドの仏教ではどうだっただろう。

仏教におけるクベーラ神は、富の神という以上に、何よりもまずヒンドゥー教の四護世神に当たる四天王の一として、すなわち理想の王権を構成するものとして信仰されたと思われる。ヒンドゥー教の四護世神のグループでは、クベーラはおそらく最後に加えられたと思われるが、仏教の四天王の中ではクベーラ＝ヴァイシュラヴァナがもっとも代表的な神であり、信仰の中心とされた。クベーラの最古の彫像は、紀元前一〇〇年ごろのバールフトの仏塔の欄楯（玉垣）の北入口の隅柱に、「クベーラ・ヤクシャ」という尊名の刻文を伴った浮彫り彫像として表わされている。同じ欄楯の南入口には増長天に当たる「ヴィルーダカ・ヤクシャ」が表わされており、他の二天王像は失われているが、東には持国天（Dhṛtarāṣṭra）、西には広目天（Virūpākṣa）が彫られていたにちがいないという〔**図91**参照〕。ヒンドゥー教の四護世神は（クベーラ以外は）ヴェーダ以来の神々だが、仏教の四天王はより土着的な神格であり、またヒンドゥー教の護世神の方位が比較的後代（五世紀以降のプラーナ時代）に至るまで確定しなかったのに対して、非常に古い時代から決定していた。[32] バールフトの例でも明らかなように、四天王の信仰は、仏教における土着の神々の信仰のもっとも古い層に属するものと思われる。
　サンチー東門の有名なヤクシーの官能的な像にも見られるように〔**図92**、**93**参照〕、インドの古い仏教寺院の門には、多くのヤクシャ像が彫られている。ヤクシャやヤクシニー（ヤクシー）は、古い時代から寺院や仏塔を守る守護神、守門神として信仰されていた。高橋堯昭氏の論考によれば、たとえばパンジャーブ州の Sanghol では、一九八五年二月、美しいヤクシャ・ヤクシー像の彫刻をほどこした石柱が何十本も発見されたという。これらは、仏塔を守護する神として彫られたもので、木の枝や実を握り、酒盃をかたむけている。高橋氏は、こうした寺院・仏塔を守護する守門神としてのヤクシャ衆が、次第に四方を守る四天王となり、また彼らの主神クベーラ-ヴァイシュラヴァナとして信仰されるようになったと推測されている[33]。事実、クベーラは先にも見たように、インドの多くの寺院で守門神の役割を与えられている*（前述p. 369参照。ヒンドゥー教のマハーカーラもヤムナー女神とともに寺院の門神として祀られた。前述p. 80；p. 244参照）。また、中国や日本の毘沙門天像が、多く宝塔を捧げ持っていることも、仏塔の守護神としてのクベーラという観点から理解できるかもしれない。

**図91　バールフトのクベーラ**
（前100年頃）

*クベーラやヤクシャ・ヤクシニーが守門神とされることは、あるいは彼らが「秘密」*guhya* を守る神であるということと無

関係ではないかもしれない。

古い仏教文学では、四天王は梵天や帝釈天とともに、仏陀の生涯のあらゆる重要な場面に姿を現わしている。いまこころみに、赤沼智善の『印度仏教固有名詞辞典』によるなら、四天王はたとえば、

○帝釈天や須夜摩天、大梵天などとともに兜率天の一菩薩（＝後の釈尊）に人界下生を勧め、

○摩耶夫人を伴って夢の中で雪山に入り、そこで彼女が太子（＝後の釈尊）を受胎し、

○摩耶夫人が太子を受胎したことを知って、ただちに王宮を守護し、

○太子誕生の時に帝釈天が天蓋を持ち、四天王は虚空にあって太子を恭敬し、

○太子出家の時に来たって太子を守護し、

○成道して仏陀となった釈尊が、鹿野苑ではじめて法を説き、憍陳如（Ajñāta-kauṇḍinya）などの五比丘が法眼を得た時、地神の讃嘆の声を聞いて四天王がそのことを三十三天に報じる……

など[34]、まさに釈尊の生涯の一歩一歩を守護し、その行ないを讃美する役割をになっている。

仏伝文学における四天王のこうした役割は、決してたんなる讃美のための文学的修辞ではなく、大きな宗教的意義をもっていた。世界の四つの方角を体現する四天王がすべて集合して讃嘆し、奉仕する対象は、物質界における世界を支配する転輪聖王か、さもなければ（同様に精神界の世界を支配する）仏陀以外にはありえないからである。四天王によって守護され讃美される仏陀は、こうして「精神界における理想の王権」を体現する者とされた。仏伝文学は、そうした意味でインドの王権思想のもっとも重要な結晶のひとつと考えることができる[35]。

前にも述べたとおり（p. 367-368）、インド仏教の図像で「四天王」の一人として表わされる時には、ヴァイシュラヴァナは一般に上半身裸で頭にターバンを巻いた貴人形に作られるが、この場合には、他の三天王との違いはほとんど表現されないのが通例である。

**図93　鳥籠をもつヤクシー像**（マトゥラー出土、２世紀頃）

**図92　サンチー東門のヤクシー像**（１世紀）

「王権・戦争・多産」と題された論文で、クシャーナ王朝下のインド‐イラン宗教混淆に関する重要な研究を発表したマリオ・ブッサーリによれば、仏教図像において四天王がほとんど同じ形で表現されるのは、とくに菩薩（太子）誕生直後の「七歩行」（とくにナーガールジュニコンダーの図像において）と、成道して釈迦牟尼仏となった直後の「四天王奉鉢」の二つのエピソードであるという(36)（ただしこれには後述のような例外もある）。この二つのエピソードは、両者とも釈尊の「転輪聖王性」をとくに強調するエピソードであると言える。誕生直後に両足で大地の上に立ち、七歩歩み、「四方を遍観して、手指を上下し是の如き語を作す。『此れ即ち是れ我が最後生の身なり、天上天下唯我独尊』」(37)と獅子吼する嬰児のシッダールタ太子の姿は、まさに世界のあらゆる方角を一挙に我がものにする転輪聖王の姿を表わすと言えるだろう(38)。

一方、成道直後の「四天王奉鉢」のエピソードは、古代インドの王の即位式を連想させるものでさらに興味深い。成道の後、釈尊は解脱の歓喜に浸ってひとり瞑想を続けた。そうして七日経った時、トラプシャ Trapuṣa とバッリカ Bhallika という二人の商人が通りかかり、釈尊がいまだ食していないことを知って蜜入りの麦焦がしを差し出したが、それを受け取る鉢がない。――以下、一例として、玄奘の『大唐西域記』の記述によるなら、そこへ四天王が四方からやって来て、それぞれ金の鉢を手にして献上したが、世尊は黙って受納されなかった。出家にはこのような器は不適であると考えられたのである。四天王は金の鉢を捨てて銀の鉢を奉った〔がこれも受けられず〕、このようにして〔次々に七宝の鉢を献上したが……〕、世尊は金鉢同様みな受納されなかった。四天王はそれぞれ御殿に帰り、石鉢の紺青に輝くものを奉持し、重ねて献上した。世尊は誰のものを受け取るというような差別をされないので全部受納され、次々に重ねて順次に一つの鉢とされた。それでその外側には四つの縁があるのである。

という(39)。こうして成道後の釈尊によって使われた鉢は、とくに「仏鉢《ぶつぱつ》」と呼ばれ、その後長い間、もっとも重要な聖遺物のひとつとして崇められ、強力な王の間で争奪されたとも伝えられたのだった。[40] 一見すればほとんど無意味な奇跡譚のように思われるこのエピソードも、古代インドの王の即位式の儀礼に照らし合わせて考えると、重要な象徴が隠されていることが見えてくる。すでに述べたように（p. 455の細注参照）、『シャタパタ・ブラーフマナ』によれば、インドで新しい王が即位する時には、地上界と天上界のすべての水が四つの瓶に集められ、その頭頂に灌がれるという。とすると四天王が奉献した四つの鉢は、ある意味でこの四つの瓶を暗示するものと言えるのではないだろうか。世界の四方を表象する四天王によって捧げられた四つの鉢を手のひと捻りでひとつに合わせる釈尊は、ここでもまた全世界を我がものにし、支配する神秘的な転輪聖王になぞらえられていると考えられるのである。

## 5　『金光明経』における二種のクベーラ――転輪聖王の守護神として／富の神として

「四つが一つになること」が、転輪聖王を暗喩するものとしての四天王の基本的な条件だった。仏伝芸術の中でも、釈尊の「転輪聖王性」がとくに強調される場面で、四天王が、それぞれの個性をほとんど区別されない形で表現されるのはそのためだったと考えられるだろう。――仏教では、その後もこうした伝統は継承されて、クベーラ‐ヴァイシュラヴァナは多くの場合、他の三天王とともに四天王の一として語られた。四天王により、またその代表者としてのヴァイシュラヴァナによって象徴されるのは、何よりもまず王権であり、それゆえその王権に伴う武力だったと考えられる。そうした状況は、インド以東の東アジア世界における四天王および毘沙門天信仰に決定的な影響を及ぼした『金光明経』でも基本的に変わりはない。

　先に見たとおり、この経典には梵本の他にも多くの言語への翻訳があり、複雑な発展をしたことが知られている。漢訳の『金光明経』、「四天王品」に限定しても、五世紀初頭の曇無讖訳、六世紀半ばの真諦訳、六世紀末の闍那崛多訳（この二つは六世紀末の宝貴編纂の『合部金光明経』T. XVI 664に収められて、一般の大蔵経には伝えられていない）、さらに八世紀はじめの義浄訳があり、それらを比較すると興味深いことが判明してくる。これらの訳の内容は基本的に同じもので、四天王が世尊に対して、将来もしこの「最勝経王」を尊崇する国王があれば、四天王がその王と彼の王国を「身を潜《ひそ》めて擁護し（中略）悉く安穏ならしめ、〔その王を攻撃する〕怨賊は〔無量無辺の薬叉諸神を率いて〕皆退散せしめん」と約束した、ということに尽きる(41)*（義浄訳）。ここでは、四天王はいわば「口を揃えて」世尊に語りかけており、それぞれの個別性はまったく無視されている。ところが、義浄による訳には、「四天王品」の末尾に曇無讖訳にはない一節が加えられており、そこではヴァイシュラヴァナ（多聞天）が独自に発言して「如意宝珠陀羅尼法」という「雑密的」な供養法を説いている(42)。先に引用した「手に如意末尼宝珠と金嚢を持った」明らかに福神的なヴァイシュラヴァナは、まさしくこの箇所に現われているのである（前述p. 403およびIX-n. 19参照）。――この変化が如実に示しているように、インドの仏教におけるクベーラ－ヴァイシュラヴァナは、四、五世紀までの段階では、主に四天王の一人として（すなわち王権と武力を象徴する神として）、その個別性をほとんど失ったまま信仰されていたが、七、八世紀以降になると富の神、福の神としての（より純粋にヒンドゥー教的な）側面がはっきりと強調されるようになったと考えられるのである。

＊『金光明経』は「諸経典の中の最も優れた経典の王」（最勝経王）であることが繰り返し述べられている（たとえばT. 663 ii 344b8-c11＝T. 664 v 385b19-c22；T. 665 vi 432a23-b23参照）。四天王がこの経典をとくに護持することは、あるいは『金光明経』自体の特殊な「転輪聖王性」を強調するためだったかもしれない。

このような変化の過程（すなわち四、五世紀までは仏教的な色彩に濃く染まった形で表象されていた神が、七、八世紀になるとあらためてヒンドゥー教的な色合いに染め直されて現われてくる、という変化の過程）は、おそらく仏教の他の神格に関しても多少とも認められるものと思われる。これはインド仏教自体の大きな変質に対応するとも言えるだろうし、さらに広く考えるなら、インドの宗教思想全般の変化にかかわるものとも言えるだろう。それは簡単には、インド仏教、またはインドの宗教文化全般の「タントラ化」の過程と表現してもいいかもしれないが、おそらくそれだけでは不十分な、さらに深く広い変化が起こったと考えるべきである。いずれにしても、『金光明経』のふたつの発展段階における四天王およびヴァイシュラヴァナの変化のあり方は、こうしたインドの宗教思想全体の大規模な再編成の過程を示す、もっとも明瞭な例のひとつと考えることができる。

## 6　クベーラとジャンバラ――その図像

が、仏教におけるクベーラ-ヴァイシュラヴァナの信仰の変遷を理解するには、これだけではまだ十分ではない。

第一に、七、八世紀、あるいはそれ以前から、言わば「再ヒンドゥー教化」し、あらためて富の神・福の神として信仰されるようになった仏教のクベーラは、ジャンバラという別の名前で呼ばれるようになる。漢訳された仏典でジャンバラの名前を確認できるものが非常に少なく、しかもほぼ宋代以降のものに限られるということ（前述 p. 224, p. 371-372参照）は、この神名が比較的後代になってから用いられるようになったことを示しているだろう。

ジャンバラの図像は基本的に二臂の半跏像で、太鼓腹の体軀、左手にマングースの皮で作られた金嚢（あるいは宝石を吐き出すマングース）を持ち、右手にはレモンの実を持つ姿に描かれる。その足元には、ジャンバラの宝物を表わす二人の侍者が置かれる[43]（あるいは宝物を入れた七つまたは八つの壺が並べられることもある）（図94参照）。一方、ヒンドゥー教の図像関係の文献には、クベーラの図像を記述したものがあるが（前注28のリファレンス参照）、実際の作例では（護世神のグループの中に現われる場合を除くと）クベーラが単独で表現される

**図94　ジャンバラ像**（中部ジャヴァ、９世紀頃）

ことは多くなく、またその大部分は文献の記述と一致していない。単独のクベーラの作例のいくつかは、ジャンバラとまったく同様に左手に金嚢、右手にはレモンの実を持つ[44]が、ほかにもたとえば右手に酒盃、左手に金嚢を持つもの[45]、あるいは右手に蓮華、左手にレモンの実を持つものなどの例がある[46]。こうしたヒンドゥー教のクベーラ像の作例の中でもとくに興味深いのは、マルデー Maldeh 出土の十、十一世紀頃のクベーラおよび配偶女神バドラー Bhadrā（これは仏教のジャンバラの配偶女神ヴァスダーラーに相当する）の像で、ここではクベーラはバドラーとならんで木の下のベンチに坐っており、二神がともに腕の中に赤子を抱いた形に表わされている[47]。

クベーラがその配偶女神とともに子どもを抱くということは、クベーラ神が多産の神であり、また結婚の神でもあることを考えれば、必ずしも不思議ではないかもしれない。しかし、子どもとの関連ですぐさま連想されるのは、クベーラ（あるいはクベーラとその配偶女神）以上に、ハーリーティーとパーンチカの夫婦神である。このマルデー出土のヒンドゥー教のクベーラ＝バドラー像は、おそらく仏教のハーリーティー＝パーンチカ像の影響の下に、赤子を抱くようになったと考えていいだろう。

## 7　ガンダーラの守護神としてのパーンチカ／ハーリーティー

紀元前四、五世紀、中インドの小さな新興教団として出発した仏教は、その後アショーカ王の帰依などを得て次第に勢力を増し、インド世界の中で大きな地位を占めるようになった。前一世紀前後から起こってきた新たな大乗仏教の運動の最大の中心地になったのが、ガンダーラなどの北西インドだった。その北西インドを起点として、紀元後一、二世紀頃から仏教はインドから溢れだし、東アジア世界全体を呑み込む巨大な宗教思想の潮流となっていった。クシャーナ王朝の首都プルシャプラ（今日のペシャーワル）からヒンドゥークシュ山脈を越えてホータンに至る地域は、いわゆる「北伝仏教」のもっとも重要な揺籃の地であり、その出発点だったと言うことができる。(48)――パーンチカとハーリーティーは、古来この北西インド地方の民衆の守護神として厚い信仰を受けていた神だった。

『根本説一切有部毘奈耶雑事』に載せられた鬼子母帰仏縁起では、パーンチカの父はパンチャーラ Pañcāla という名で呼ばれ、ガンダーラ地方を守護した薬叉とされている（前述 p. 106参照）。ところがこのパンチャーラという名は、本来北インドの一地方に住んだ好戦的な部族と彼らの国を指す名称だった。また『孔雀明王経』では、パーンチカ薬叉は「カシュミーラ国の極みに住み、五百の息子を持ち、大力の大軍を率いる。その長子はスカンダークシャ Skandhākṣa と呼ばれ、(49)チーナ Cīna 国に住む。またその他の兄弟たちはカウシカ Kauśika 国に住む」（傍点・彌永）と書かれている。(50)カシュミーラはよく知られた北インドの大国であり、チーナ国は（漢訳やチベット語訳の訳者たちはこれを「中国」の意味にとっているが）、北インドのある地域を指す地名である。また、カウシカ国はインドの東北に位置するクシカ Kuśika 国の訛りで、おそらくシルクロードのクチャを指すだろうという。

あるいはまた、『大方等大集経』、「月蔵分」では、パーンチカは、仏陀によってパンチャーラ国、または「震旦国土」（これも本来は中国ではなくヒマラヤ山脈の北側の地域チーナを指しただろう）を守護することを命じられている。[51] これらの例からも明らかなとおり、パーンチカは北インドまたはそのさらに北側の地域を守護する鬼神と考えられたのである。

小川貫弌氏の論文「パンチカとハーリティーの帰仏縁起」によれば、

> 元来、この〔パーンチカとハーリーティーの〕夫婦神は小児の病魔を擬神化した土俗神であった。しばしば流行蔓延して多数の死者をだす伝染病、疫癘の猖獗や天然痘を祟りや咎と神格化して、この神々を祀り懐妊・安産・育児や子女の病気平癒を祈願した、いわば疫神であり、疱瘡神であった。多数の愛児にとりまとわれて、並座したパンチカとハーリティー夫妻がたがいにむつまじく私語する構図の彫刻こそ、子福ものの倖せな家庭の理想像である。国境の都城ガンダーラの人々は、この夫婦神の彫刻にみるごとく、この神々にわが子を求め、子女の病気平癒を願い、家庭の幸福を祈念したのである。[52]

パーンチカとハーリーティーの夫婦神がこの地方でいかに広く崇敬されたかは、フーシェがその名著『ガンダーラのギリシア-仏教芸術』に、この二神の彫刻を（並座像・単身像合わせて）二十点以上も集めていることからも知ることができる。[53] 事実、ハーリーティーの信仰は、他のほとんどすべての古い信仰がイスラームの侵攻の後に消え去ってしまったのちにも、唯一現代に至るまでガンダーラ地方に生き続けていたという。[54]

仏教文献に見られる神話では、ハーリーティーの帰仏縁起は有名だが、パーンチカはその中でハーリーティーの夫神として名前が挙げられるだけで、彼独自の役割はほとんどないにひとしいように思われる（前述 p. 132参照）。またそれ以外のコンテクストでも、パーンチカはヴァイシュラヴァナ配下の鬼神大将というほかは、文献上ではとくに重要な位置は与えられていないようである。にもかかわらず、ガンダーラの仏教彫刻で見るかぎり、

# X クベーラの変貌

パーンチカの単身像はハーリーティーに劣らず多くの作例があり、大きな尊崇の対象とされたことがうかがわれる。

先の小川貫弌氏の論考によれば、元来ガンダーラの土俗神をギリシャの神像の表現様式をもって創作したのは、パンチカ男神とハーリーティー女神の並坐する形相であった。多数の愛児を伴う夫妻神の並坐の彫刻を原型として、その浮き彫りから丸彫りへと進化し、石材と奉安の場所の関係から二神別々に彫刻することも起こっている。〔中略〕ガンダーラにおける二神の坐位は、向かって左側に右手に杖槍をもつ夫神のパンチカを、その右側に左手にピンガラを抱くハーリーティー母像を彫刻するのが並坐像の一般例であった。
(55)
という。

パーンチカ像は、一般に（太鼓腹というよりも）威風堂々とした体軀であり、頭には細かい細工の宝冠をかぶった貴人の形に表現される。ガンダーラの多くのパンチカ像の中には、左手に槍、右手に金嚢を持ち、膝元に遊ぶ幼児を配した単身像も存在する。またハーリーティーも、豊満な胸に末子ピンガラを抱いて乳を含ませるだけでなく、時に右手に吉祥果の柘榴を握ることもある。ラホール博物館蔵のタッカール出土の有名なパンチカの単身座像は、すべてのガンダーラ芸術の中でも最高傑作のひとつと言われ、ギリシアのゼウス神をも思わせるような威厳に満ちた像容で、一九〇三年にJ‐Ph・ヴォーゲルによってクベーラ（＝パーンチカ）神に比定さ
(56)
れるまでは、一般にインド‐スキタイ人の王の姿をかたどったものと考えられていた〔前述、第八章・図65参照〕。
(57)
このことからも想像できるように、ガンダーラのパーンチカ神は、少なくともある時期から、たんなる理想の家庭の夫を表わす以上に、明らかに「王権」を表象する神格として表わされたと考えることができる。パーンチカ単身像に多く見られる杖槍は、王の武力を表わしたものだし、その金嚢は王の富・財力を表現する。この金嚢を

持物とすることで、パーンチカはたんにガンダーラという一地方の土俗神から、汎インド的なクベーラ‐ヴァイシュラヴァナと結びつけられる可能性をもつようになったと考えられる。

## 8 「イラン系パーンチカ／ハーリーティー」——ファロー／アルドクショーの並座像

ガンダーラには、パーンチカ／ハーリーティーの並座像と酷似したもう一組の男神‐女神の並座像があることが知られている。ペシャーワル博物館蔵のサフリー・バフロール出土の像では、多くのパーンチカ／ハーリーティー像と同じく、向かって左に男神が、右に女神が置かれている。逞しい男神は頭に翼の飾りが付いたかぶりものをつけ、右手には先端の丸い杖（一種の牧童の杖）を持ち、左手には細長い金嚢を持っている。一方、その左の豊満な容姿の女神は、左手に木の芽やつぼみ、果物などを一杯に入れた大きな「豊饒の角」（*cornecopia*）を抱えている。この男女神像と、一般のパーンチカ／ハーリーティー像との唯一の顕著な違いは、女神の持ち物と（ハーリーティーは一般に末子ピンガラを胸に抱く）、両神の周りに子どもの姿が見当たらないということだけでしかない。にもかかわらず、この男女二神の像は、パーンチカ／ハーリーティーではなく、クシャーナ朝のイラン系の神ファロー **ΦΑΡΡΟ** とアルドクショー **ΑΡΔΟΧρΟ** を表わしたものなのである[58]〔図**95**、**96**参照〕。

これらの二神は、それぞれに違うニュアンスをもった二つの「好運」の観念を神格化したもので、イラン宗教の中でもすでに近い関係にあったが、直接「夫婦神」として一対にされて祀られることはなかった[59]。クシャーナ王朝下の西北インドで、この二神がこのように結び合わされたのは、明らかにパーンチカ／ハーリーティーの二神並座像の影響によるものと考えられるだろう。さらに、興味深いことに、これとほとんど同じ形の男女二神の並座像が、ローマ時代のガリア〔＝フランス〕の遺跡からも発見されている。男神と女神の位置はちょうど逆だが、男神が槍と金嚢を持ち、女神が豊饒の角を持っていることまで一致している[60]。

図95　チャルサッダ出土のファロー／アルドクショー並座像

図96　タフティ・バイ出土のファロー／アルドクショー並座像

さらに、田辺勝美氏によれば、ファロー神像（アルドクショーとの並座像、またはコインに刻印された像）の特徴の多くは、ギリシアのヘルメース神、およびローマのメルクリウス神に遡るものであるという。

> ヘルメース神は、しばしばペタソスないしピロスという帽子（ヘルメット）を被っている。この帽子（ヘルメット）には一対の鳥翼が付いている場合もある。さらに、このような鳥翼は、頭部そのもの、両足ないしサンダルにもついている。また、ヘルメース神の持物の代表的なものはカドケウスないしケーリュケイオンという伝令杖である。これは本来、羊を遊牧する牧童の杖であったのであろう。〔中略〕
>
> さらに〔中略〕ローマ帝政時代のメルクリウス神（ヘルメース神〔中略〕）はしばしば手に革袋（金嚢、財布）を持っているが、これはコイン経済の発展によって富が羊などの現物でなく、コインによって算定されていたからであろう。〔中略〕
>
> また、ヘルメース神やメルクリウス神は、ラミスないしパンダメントゥムという小型の外套を身につけているが、これは神々の仲間の印であるという。〔中略〕

以上述べたヘルメース神やメルクリウス神の図像の特色で、

**図97　パーンチカ／ハーリーティー／ファロー・アルドクショー像**（タフティ・バイ出土、2世紀）

クシャン朝のファッロー神のそれに共通するのは、鳥翼、帽子（ヘルメット）、カドケウスの杖、革袋（金嚢、財布）、クラミス（パンダメントゥム）であろう。

という[61]。——ガンダーラから広大なイラン高原を越えて、パックス・ロマーナが華やかだった地中海世界まで、文化的距離は驚くほど近かったのである。

パーンチカ／ハーリーティーとファロー／アルドクショーというこの二種類の二神並座像は、本来まったく別の起源の神格を表わしたものだが、現実には、両者ともガンダーラの民衆的な守護神として尊崇された[62]。高橋堯昭氏は、おそらく仏教徒はこれらの神像をすべてパーンチカ／ハーリーティー像として、イラン系の住民はファロー／アルドクショー像として、そしてヒンドゥー教系の人々はクベーラ‐ラクシュミー像として信仰したと考えていいだろう[63]、という。それゆえ、この二種類の像の間には、両者の間の差異を埋める一種の過渡的な作品も存在する。たとえば、大英博物館蔵のタフティ・バイ出土の二神並座像では、向かって右の女神は〔高橋堯昭氏の論考によれば〕、

ギリシャ・ローマ風なコスチュームに包まれた豊満な肉体をもち、〔……その左手に〕果物の萌え出ずる角をもち、その角自体木の芽でおおわれている。一方〔左の男神〕は富の美味酒の大盃を持ち、肩の〔後ろから顔を覗かせた〕従者が銭袋をにぎっている。明らかにファローとアルドクショーの像だが、膝の所に子供

がまつわりついている所に、〔ハーリーティー〕神話〔の名残り〕が見られるという[64]〔図97参照〕。

それとは逆に、ペシャーワル博物館蔵のサフリー・バフロール出土の別の二神並座像では、女神は豊饒の角の代わりに小さな赤子を抱いており、二神の周りには十数人の子どもたちが戯れている。これは明らかにパーンチカ／ハーリーティーを表わした像だが、女神が（？）木の芽の髪飾りをつけているところにアルドクショー像の影響を見ることができるという[65]。

図像的な特徴から見るならば、ハーリーティーが人間の生殖における豊饒や子育てを守る守護女神であるのに対して、アルドクショーはむしろ〔野生の果物などと作物の両方を含んだ〕植物相における豊饒の観念を強調する女神であると考えられるだろう。

## 9　インド‐イラン宗教混淆におけるファローとアルドクショー

ファロー神はすでに述べたように、イラン的な「王権に伴う好運としての威光‐栄光」の観念をそのまま神格化したものだった〔前述p. 430-432参照〕。高橋堯昭氏によれば、ファロー神の像は「銭袋をもつものと、身体から火を出し、火の皿をもつもの」の二つの形があったという。「そもそもファローは〔中略〕火の神であった。ペルシアでは古来火をたいて祈り雨水をもたらし、乾いた牧草地を潤す〔ことが〕帝王の務めであった。砂漠では灼熱の太陽が時として物凄い雨量をもたらす経験から、火こそ萬物の生命の源と信ぜられ、火が水、即ち富を呼ぶものとされて来た」という。それと同時に、この神は国家の富や秩序を統率する王者を象徴する機能ももっていた。この「統率の神・武の神としての面」[66]が、最終的には四天王、そしてその主神としてのヴァイシュラヴァナとの「習合」関係の遠因になるのである。

図98　アルドクショーのコイン

一方、そのファローの隣に置かれた女神アルドクショーは、イランの女神アシ・ヴァヌヒー Aši vaŋuhī（＜*Ṛti(š)vahvī［～*Ṛti ＞ *av.* Aši ＞ *Middle Iranian* Art］）すなわち「善き分け前＝好運」の女神に対応する神であり、大地的な多産、豊饒を象徴する神格だった[67]〔**図98**参照〕。この女神の最大の特徴である「豊饒の角」は、ギリシアの運命の女神テュケー Τύχη（ローマのフォルトゥーナ Fortuna）の持ち物として有名なもので、クシャーナ王朝のコインではシヴァの神妃 OMMO（＜*Ammā～Umā）や（古代バビロニアの女神ナナー Nanaa の流れを汲む）ナナイア NANAIA などにも見られ、またそれとちょうど同じ形の豊饒の角は、グプタ朝のコインではシュリー＝ラクシュミーの像にも見ることができる。それと同時に、さらに興味深いことに、フヴィシュカ王のコインでは、オエーショーOHϸO（＝Īśa）と名付けられたシヴァが OMMO（＝Umā 女神）と対にされたもの、そして同じ OHϸO が NANAIA 女神と対にされたものも発見されているという[68]。

アルドクショーの原型であるイランのアシ女神は若者の守護神であると同時に生殖の女神であり、また人々を病気から守り、植物と人間を守護するとも言われる（後述 II, p. 618-619 ; p. 625-627も参照）。一方、アルドクショーの図像の影響のもとに豊饒の角を持つようになったインドの女神シュリー＝ラクシュミーは、何よりも富と繁栄の神であり、また大地女神＝「萬物の母」としても尊崇された。グプタ朝のコインでは、シュリー＝ラクシュミーはシヴァの神妃ドゥルガー＝アンビカー Durgā-Ambikā と同様に、ライオンの上に坐った形で表わされることがある（Ambikā は「母」の意。ドゥルガーの別名のひとつでもある）。ライオンを乗り物にするという点では、先のクシャーナ朝の NANAIA 女神も同様であり、同様の特徴は、さらに遡ればラス・シャムラ[69]（シリア）の豊饒と多産の大女神アシュタルト Aštart やミュケーナイ時代のアルテミスにも認めることができる。これは、宗教史学的には、いわゆる「ポトニア・テーローン」πότνια θηρῶν（「野獣を統べる女神」）と呼ばれるタイプの女神で、険しい山地で動物たちを狩り、また動物たちの交合、出産、繁殖を司る女神とも言われ、大地の豊饒性を表わすと同時にある種の野性的な近よりがたさや戦闘のイメージをも表象すると考えることができる[70]（ギリシア神話のアルテミスが、戦闘の女神であり、また厳しく男性を拒否する処女神として表わされることも思い出しておこう）。ナナー（〜NANAIA）女神はまた、ソグドでも信仰されたことが、銘文をもつソグドのコインから明らかであるという。宮治昭氏によれば、「ナナーの女神の系譜は古くメソポタミア時代まで遡り、ヘレニズム以降土着の女神と様々に混淆するが、日月との結びつき、および愛と戦闘の神としての性格は長く存続する。ソグドのナナーは、クシャーン貨幣に現われるナナ〔中略〕――頭上に三日月をつけ、二臂で棍棒を持つ。獅子座に坐す場合もある――の図像と繋りがあることは間違いないが、ソグドでは四臂をとって日月を持つ点に特徴がある。この女神は戦闘と愛、すなわち殺戮（死）と新たな生を司る神格を有している。ナナーは、ヒンドゥー教図像においてドゥルガーと混淆することはすでに指摘されているが、ソグドにおいて葬送儀礼と結びつくのも、この女神の神格からして充分理解される」という[71]（これらの神々に関しては、後述II, p. 615以下も参照）。

## 10 「パーンチカ－ファロー習合体」と中央アジア以東のヴァイシュラヴァナ――兜跋毘沙門の誕生

ここで新たに登場した多くの神々の間の複雑な関係は、表の形で図示すれば、比較的簡単に整理できるだろう。**図99**でまず注目していただきたいのは、立方体の前面に並べた女神たちの類似性である。ここに現われる女神たちは、それぞれにニュアンスは異なるものの、すべて同じ大地母神のタイプに属していると考えられる。この一連の女神たちは、基本的に、動物および植物（野生の植物・作物）の多産、豊饒、（人間の）愛と生殖を保証し、

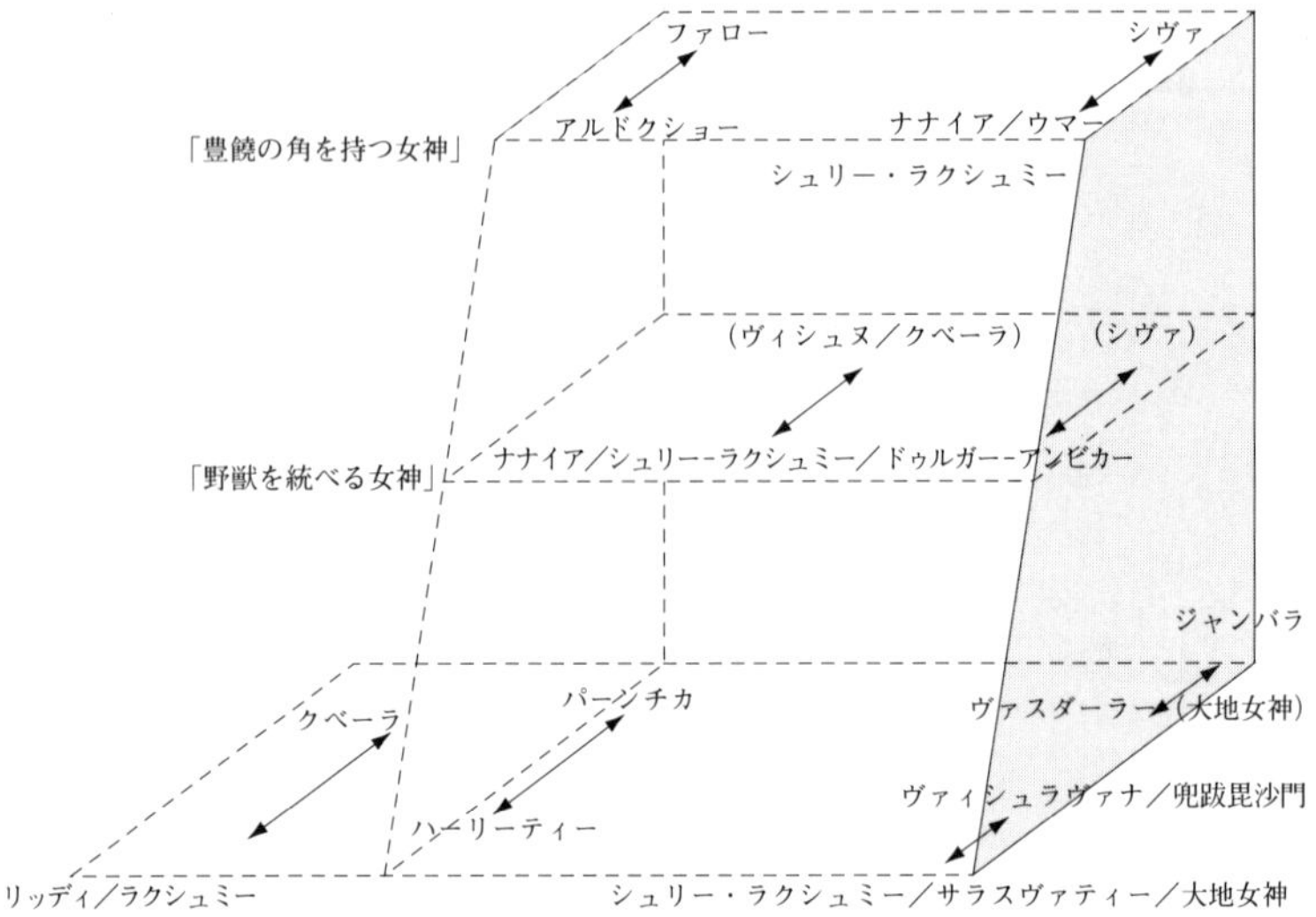


**図99**

子宝を授け、子育てを守護する「母なる大地性」のイメージに満ちている。それは、一方では、シュリー-ラクシュミーやヴァスダーラーのように、より純粋に官能的な「豊饒」を表わし、もう一方では、ナナイアやドゥルガーのように、大地性の暗い面、戦闘や死、殺戮と結びついている（ハーリーティーは、この二つの側面のちょうど中間の、両価《アンビヴァレント》的な位置にあると言えるだろう）。

　そして、これらの女神たちが基本的に類似した神話的表象の様々な側面・ニュアンスを表わしているとすれば、彼女たちに対応する配偶男神も、当然ある特定の神話的表象のタイプに属していると考えられるはずである。それは単純に言えば、王権の観念を中心として「富」と「武力／戦闘」を両極とする、ある広がりをもつ表象の構造と言えるだろう。それぞれの神格は、この「富」と「武力」の両極の間の特定の場所に位置する。これら男神と女神の関係は、微妙に揺れ動いている。男神に戦闘的な側面が強く現われている場合に、女神もまた戦闘の女神、殺戮の女神という性格を前面に出していることもあるし（たとえば「シヴァ／ナナイア」の組み合わせ）、逆に、戦闘的な男神が、豊饒性を強調した女神と組み合わされる場合（ヴァイシュラヴァナとシュリー‐ラクシュミーなど）もある。

たとえば、ヒンドゥー教のクベーラの場合は、一方では「怪物」的な側面ももつが、基本的には「富」や「繁栄」のイメージがもっとも強く現われており、これは仏教におけるジャンバラに直結していく。一方、パーンチカはハーリーティーとともに子育てを守る神として信仰される時は、明らかに個人的・家庭的な富と幸福を司る神と考えられるが、単身像として祀られる場合には、クベーラよりも王権と武力の観念に近い位置にあり、その傾向はイラン系の「帝王の威光」を表わすファロー神と「習合」することによってさらに強められる。逆にファローは、パーンチカとの「習合」によって財布を持つようになり*（?）、またハーリーティー／パーンチカの並座像の影響の下に豊饒の女神アルドクショーと並び祀られることにより、「帝王の威光・武力」というイメージとともに、財宝神／福神的な性格を示すようになる。

＊田辺氏は、ファローの財布は、ローマのメルクリウスに遡るものと考えておられるようである（前述p. 471‐472参照）。しかし、インドのクベーラ像が古い時代（紀元前一世紀ころ？）から金嚢を持っており、またクシャーナ朝時代にもこうした像が頻繁に見られること（田辺勝美、前掲書p. 186‐187参照）から考えると、パーンチカの財布は、クベーラのそれによったものと考えることも可能と思われるし、ひいてはファローの財布もパーンチカとの「習合」にもとづいたと想定することもできるのではないかと考えられる。

このような王神‐武神的でイラン的、かつ北方的な「パーンチカ‐ファロー」の影響は、インドのクベーラ自身にも、いわば「逆輸入」された形で現われている。七～十世紀頃の『ヴィシュヌダルモーッタラ・プラーナ』が記述するダナダ（＝クベーラ）の特殊な図像では、ダナダは、四臂の座像で、二本の右手には宝棒と槍、左には宝石と壺を持ち、左膝の上に神妃リッディを載せ、そして身体には北方人の着る衣服と鎧をまとい、口髭をつけて口の両端には牙が見えているという[72]。そしてもちろん、ホータンで成立し、中央アジア以東の東アジア世界で拡まった兜跋毘沙門天の信仰も、明らかにこうした王神‐武神的な「パーンチカ‐ファロー習合体」の延長線

**図100　四天王奉鉢の場面**（毘沙門天、向かって左側２人目）

上にあると考えることができるだろう。

このことがまさに、前章以来見てきた兜跋毘沙門の表象に含まれる多くの顕著なイラン的要素――その図像の強烈な「前面性」、鎧や佩剣法などの服制、翼の装飾が付された冠、両肩から立ち上がる半月形の光背など――を説明すると考えることができる。

兜跋毘沙門の「未生以前」の原型が、クシャーナ朝下のガンダーラ地方に見出されるということは、前述のイラン風の鎧を身に着けた（フーシェによってパーンチカ像と比定されたこともある）スカンダ像ばかりでなく、（フィリス・グラノフ氏が指摘したとおり）同じガンダーラで発見された三世紀の「四天王奉鉢」のエピソードを表わす彫刻におけるヴァイシュラヴァナ像によっても確認することができる（**図100**参照）。ここでは、通例とは違って（前述p. 462-463参照）、ヴァイシュラヴァナは他の貴人形の三天王とは明らかに異なった、個性化された形で表現されている。まずその衣服に注目してみよう。それは明確にイラン風のものであり、しかも先に見たサフリー・バフロール出土のファロー／アルドクショーの並座像におけるファロー神の服装に酷似していることが分かる（衿の形の類似にはとくに驚くべきものがある）。さらに、このヴァイシュラヴァナの頭上には、そのファロー像の頭上にあるのとまさに同様の、翼の装飾が付された冠を見出すことができるのである。[73]

パーンチカがファローと習合したことは、ファロー／アルドクショーとパーンチカ／ハーリーティーの両並座像の類似によって明らかだが、ここではパーンチカだけでなく（四天王の一として通常もっとも非個性的に表わされるはずの）「四天王奉鉢」の場面のヴァイシュラヴァナ自身が、ファロー神と明らかに習合していることが確認できるのである。イラン的な「帝王の威光」とそれに伴う強大な武力を体現するファロー神と習合したヴァイシュラヴァナ――。それがヒンドゥークシュ山脈を越えてホータンにたどり着いた時、さらにイラン的な装いを濃くした兜跋毘沙門天に変身したことは、もはや明らかであろう。

さらに一歩踏み込んで見るなら、兜跋毘沙門が足下に必ず大地女神を伴い、またシュリー－ラクシュミーやサラスヴァティーなどの女神と密接にかかわること、またその図像に頻繁に嬰児の姿が描かれることは、この神格が構成されていった過程で、ファロー／アルドクショーやパーンチカ／ハーリーティーといった男女一対の「夫婦神」が深いかかわりをもったことに由来していると考えられる（とくにハーリーティーは子宝、子育ての観念と不可分である）。

「パーンチカ－ファロー習合体」の影響は、もちろん中央アジア以東の一般の毘沙門天（および四天王）の信仰にも明確に反映されている。インドのヴァイシュラヴァナは、四天王の一として、すでにある程度は守護神的、武神的性格を帯びていたが、その図像はガンダーラなどでも一般の貴人の形であって、武装することはなかった。ところが、敦煌の（兜跋毘沙門以外の）一般の毘沙門天図像に顕著に見られるように、また中国や日本、そしてチベットの毘沙門天図像でも明らかなように、中央アジア以東の毘沙門天は、（兜跋毘沙門の痩身の体軀とは違

図101　敦煌の渡海毘沙門

って）威風堂々とした威丈夫であり、分厚い鎧を身に着けた王者‐武神として表象されている（図101参照）。インドの短身矮軀のクベーラや、あるいは四天王の一として非個性的な貴人像の形で表わされたヴァイシュラヴァナが、そのままこうした武神に変身したことはほとんど考えられないだろう。この変貌の過程を理解するには、たとえば先に挙げたラホール博物館蔵のパーンチカ単身座像に見られるような、強烈な威厳に満ちたイラン的な「王者‐武将」としての「パーンチカ‐ファロー習合体」が介入したことを想定する以外にないと思われるのである。(74)*

*田辺勝美著『毘沙門天像の誕生』p. 78-163は、ガンダーラの釈尊の出家踰城《しゅつけゆじょう》図（シッダルタ太子が城から抜け出て出家する場面を描いた図像）の浮彫りに描かれた、イラン系の合弓《あわせゆみ》をかつぎ、頭部には一対の鳥翼をつけているクシャン族王侯風の武装した男子像に注目し、これが、ファローが仏教神格化されてヴァイシュラヴァナと呼ばれたものであることを、多くの興味深い論拠を挙げて論証されている。これは画期的な成果で、高い説得力をもつが、残念ながらここでは充分に取り入れることができなかった。なお、その論拠に、多くの地中海世界の作品との比較が用いられていることは、とくに重要である。ただ、このヴァイシュラヴァナとインドのクベーラとの関係が否定されていることには疑問が残る（たとえば「四天王奉鉢」図で両者が同じ位置に描かれていることは、両者が信仰者にとって同等のものとみなされたことを意味するのではないだろうか）。

## 11　インド＝イランの宗教混淆と「クベーラ的大黒」

さて、ここでもう一度図99を見ていただきたい。いまの一連の神々の関係の中に、シヴァ神が現われているということは、（義浄の記述に見られるような）いわゆる「クベーラ的大黒」が出現した宗教史的な条件が、まさにクシャーナ王朝におけるインド＝イランの宗教混淆的環境の中にあったことを示しているとは考えられないだろうか。この表で見るとおり、シヴァ神と対にされたナナイアやウマー女神は（そしてその影響のもとに、グプタ朝のシュリー＝ラクシュミーは）、クシャーナ朝のコインでは、アルドクショーとちょうど同じように豊饒の角を持つ女神として表わされていた。そのことは、逆に言えば、シヴァ自身がファローやパーンチカ、あるいはクベーラときわめて近い関係にあったということを示唆していると言えるだろう。

シヴァとこの一連の神々との近親性は、さらに別の方面からも確認することができる。ファロー／アルドクショーやパーンチカ／ハーリーティーの並座像などが多く発見されたサフリー・バフロールのマウンドCで、非常に特異なハーリーティーの立像が発見されているからである。これは一般の「慈母」の姿のハーリーティーとはまったく違い、口の両端に牙を現わして、人間の子どもを喰らう人喰い夜叉女の「本性」を露《あらわ》にした四臂鬼形のハーリーティー像である。このハーリーティーは、いくつかのパーンチカやクベーラ像と同様に、ひとつの手に酒盃を持ち、そしてもうひとつの手にはシヴァ神のもっとも特徴的な武器である三叉戟を持っている(75)。これは、ハーリーティー像でありながら、同時に（酒盃を持つことにおいて）パーンチカ＝クベーラとの関連を示唆するものであり、そして（鬼形であり三叉戟を持つことにおいては）シヴァ神を示唆する像でもある、いわば三神（または四神）が三（四）重写しにされた、宗教史的にきわめて貴重な彫像と言えるだろう。ハーリーティー像の中にパーンチカやクベーラが「写し出され」、さらにシヴァ神が「写し出される」。ということは、シヴァ神自身が、これらの神々とまさに同じコンテクストで語られたということを意味していると考えられるだろう。

シヴァ神と大地女神が密接な関係にあることは、カーリーやウマーがシヴァの配偶女神とされていること、あるいは不空＝慧琳による摩訶迦羅像の足下に大地女神が配されていることからも明らかだが、このことはさらにまったく別の意外な方面からも追認することができる。シヴァの名前は、漢訳仏典では一般に「大自在天」（*sk.* Maheśvara）または「自在天」（Īśvara）と訳される（音写では「摩醯首羅」）。ところが、『長阿含経』、「世記経・忉利天品」の一節に、他ではまったく例のない「地自在天」という奇妙な訳名を見つけることができる。[76]

**図102　金剛界曼荼羅の地神**（東北角・三日月を頂く）

次に、日本の真言宗の現図金剛界曼荼羅の中央、いわゆる「成身会」には、四方の角に地神（東北角）・風神（西北角）・水神（西南角）・火神（東南角）の四神が配置されるが、そのうちの東北の地神は明らかに女神の形であるにもかかわらず、頭上にシヴァ神のもっとも特徴的な標幟《ひょうじ》のひとつである「三日月の冠」を戴いている[77]〔**図102**参照〕。——この二つの事実は、一つひとつをとれば、ほとんど問題にもならない断片的・例外的事例として見過ごされてしまうだろう。ところが、密教の八方、十方、または十二の方角を守る護世天のうち、東北角は一般にイーシャーナ Īśāna（伊舎那天）すなわちシヴァ神の一形態に当てられており、しかもヒンドゥー教では、この方角はイーシャーナ神だけでなく、時に大地女神 Pṛthivī に当てられることもある、ということが知られているのである。[78] この新しい要素が加わることによって、先の二つの「断片的事例」がまったく新たな意味を帯びてくる。シヴァは、たんに大地的な色彩の濃いウマーやカーリーなどを配偶女神とするばかりでなく、あるコンテクストではシヴァ自身が大地女神そのものと交換可能な場合すらあると考えられるのである。

## 12　「クベーラ的大黒」とシヴァ――シヴァの変貌／大地女神の変貌

ここであらためて、義浄の『南海寄帰伝』によるインドの仏教寺院の大黒天像を思い出してみよう。義浄はこう書いていた。「西方の大きな寺には、食厨の柱の側や倉の門の前に二、三尺の木に彫刻した神王の像が置いてある。金の巾着〔金嚢〕を持って小さな床几に坐り、片足を地に垂らした形である。この像はいつも油で拭いているので、真っ黒になっている。これは莫訶哥羅、すなわち大黒神と呼ばれる神である。古来伝えて言うには、この神は大天（Mahādeva〔シヴァ神の異名〕）に属するといい、本来〔仏教の〕三宝を愛して五〔種類の僧〕衆を護り、彼らに損害が及ばないようにしているという。彼に求める者は、〔必ず〕その願いが叶えられるのである……」（前述p. 89参照）。

先にわれわれは、この義浄の記述する大黒天が、じつはインドのジャンバラ-クベーラとほとんど同じものだっただろうと述べた（前述p. 375参照）。事実、アリス・ゲッティーによれば、こんにちネパールでマハーカーラと呼ばれている神像は、ジャンバラ-クベーラと同じ形であり、そしてこれら二神のもっとも大きな特徴である（宝石を吐き出す）マングースを手にしているという。ゲッティーは、それゆえこの神がマハーカーラ（大黒）と名付けられたのは、その神像が油で拭かれたために黒かったということに基づいただけであって、本来「この命名自体が一種の誤りであり、〔この形の〕マハーカーラとクベーラはじつはまったく同じ神を指しているとも考えられる」と書いている(79)。

これと基本的に同じ考え方は、小川貫弌氏の論文にも見ることができる。小川氏によれば、義浄の記述した大黒神は「ガンダーラにおこった財宝神パンチカが、中インドに入りまったく〔インド風に〕帰化して、変容した形像である」という。「ガンダーラからマトゥーラに伝わったパンチカは、この地方の土俗の信仰をあつめていた財神のクベラと同一視されて、パンチカの造像にみる表現は次第にクベラ風に彫刻されていく。この財神クベラこそ、財嚢をもつパンチカのインドに伝播し帰化した姿である。これがグプタ朝の時代に大黒神、または大黒天と呼ばれるものである……[80]」。

義浄の言う大黒神（すなわち仏教で祀られた大黒神）は、じつはインドのクベーラとまったく同じ神であるという――。これは一見、きわめて説得力のある説明かもしれない。また事実、ネパールのマハーカーラは、クベーラ‐ジャンバラと完全に同化したものかもしれない。が、もしこの結論を単純に受け入れるなら、この大黒神とそれ以外の（忿怒相の、シヴァの一形態としての）マハーカーラとは、本来何の関係もないということになるだろう。としたら、義浄自身が、この大黒神が「大天――すなわちシヴァ神――に属する」と明記していることは、どのように説明できるだろうか。またもし、「大黒」という名が、この神の像が油で拭かれたために黒かったということだけに基づいているなら、（木像を油で拭けば黒くなるだろうが）ネパールなどに見られる石像の大黒神の場合はどうなのだろうか[81]。

ここまでのわれわれの記述からも明らかなとおり、マハーカーラ‐大黒天は、仏教のもっとも古い時代の文献（たとえば『長老偈』）からすでに、明らかに「シヴァ的」な要素（墓場や死体など）と関連づけられており、恐怖すべき雰囲気を漂わせていた。密教的なマハーカーラ（たとえば『大日経疏』の摩訶迦羅天）だけが「シヴァ的」なのではない。むしろ、こうした「シヴァ的」な恐怖すべきものとしての性格は、（義浄の記述する大黒神以外の）ほとんどすべての時代のすべての仏教文献におけるマハーカーラ‐大黒に共通するとさえ言えるのである。

「クベーラ的大黒」をたんに「誤った命名の結果」とするだけでは、問題の解決にはならないだろう。本章後半で見てきたようなクシャーナ王朝下の北西インドにおける宗教混淆のコンテクストにおいて、シヴァはあくまでもシヴァであり続けながら、なおかつパーンチカ－ファローに緊密に接近し、そしてそのパーンチカ－ファローとの「習合」を通して（再度「インド化／グプタ朝化」して）クベーラ－ジャンバラに接近－習合したと考えるのがもっとも自然ではないだろうか。

この場合にも、配偶女神としてシヴァと対にされた女神の役割が決定的に重要だったと考えられる。仮に**図99**によるなら、アルドクショーや（グプタ朝の）シュリー－ラクシュミーが持つのと同様の、豊饒の角を持ったナナイアやウマー（ウマーはシヴァの多くの神妃の中でもとくに優雅・穏和な側面を表わしている）に配されたシヴァは、富の神・財宝の神としてのクベーラ－ジャンバラに近づく可能性がもっとも高かったと考えられる[82]。一方、「野獣を統べる女神」としてのドゥルガー－アンビカーの夫神とされたシヴァは、忿怒の相をあらわにする（たとえばアンダカ・アスラを降伏する）恐るべき様相により近かったと言えるだろう（ドゥルガーは、本来ギリシアのアルテミスと同様に、山に住む処女神であり、シヴァの暗黒の面を表わす。前述p. 84, 318などの『デーヴィー・マーハートミヤ』の主人公もドゥルガーである[83]）。

シヴァ自身が穏和な「富の神」〜仏教寺院の守護神としての相と、恐怖すべき忿怒神としての相の二つの様相に分裂した、その複雑なプロセスの分岐点にあったのは、大地女神の二つの相だったと言うこともできるだろう。穏和な「クベーラ的大黒」に対応する大地女神は、兜跋毘沙門の足下の（ハーリーティーを連想させる「歓喜天（夜叉女）」という名でも知られる）大地女神に相当するだろうし、他方の忿怒相の（不空－慧琳による八臂の）マハーカーラの足下の大地女神は、（カーリー女神とも近い関係にある）ドゥルガー－アンビカーの相を表わすものと言えるのではないだろうか。

こうして、「クベーラ的大黒」の発生の問題は、一～五世紀頃の西北インドという特殊な宗教的‐神話的状況の中で、はじめて充分に理解できるものになると思われるのである。

## 13　北西インドのシヴァ信仰

ところで、インドを訪れた中国僧侶や高官の記録を調べていくと、ここに展開してきた考察の傍証となりそうな、いくつかの興味深い事実を挙げることができる。それは、インドの北部から「中央アジアの入り口」にいたる地域における根強いシヴァ信仰である。クシャーナ朝時代のコインにOMMO（＝Umā女神）やNANAIA女神と対にされたオエーショー、すなわちシヴァ神が描かれたものがあったことは先に述べたとおりだが、その時代からほぼ五百年後の玄奘の西域・インド行（六二九年に長安を出発、六四五年に帰国）の記録でも、この地域におけるシヴァ信仰の盛んなありさまが頻繁に描かれている。玄奘の『大唐西域記』を邦訳した水谷眞成氏によれば、『西域記』にしばしば現われる「天祠」という語は「摩醯首伐羅Maheśvara即ち大自在天を祀るほこらを指すのが普通」であるという。(84)『西域記』に記録された「天祠」をすべてシヴァ信仰の証拠とみなせば、七世紀前半のインドにおけるシヴァ信仰は、非常に広汎な拡がりをみせていたと考えられるが、その中でもとくに「塗灰外道（すなわちパーシュパタ派）」など明確にシヴァ教と認められる宗派について述べる個所を拾い挙げ、地図でその位置を確認してみると、そのほぼすべてがインド中央部より北（最南の箇所はヴァーラーナシー、すなわちガンガー河沿岸のこんにちのベナレス、あるいはこんにちのアーメダバードに当たるインド西南岸に近いマーラヴァであると思われる）に位置し、とくに多くがカーピシー、プシュカラーヴァティー、ヴァルシャプラ（またはパルシャプラ）、ウッディヤーナなどのインド北西部、あるいはシンドゥー（インダス）河流域に沿った（こんにちのハイデラバードなどに近い）ランガラ、ピータシャイラ、アヴァンダ、「阿点婆翅羅国」と記される

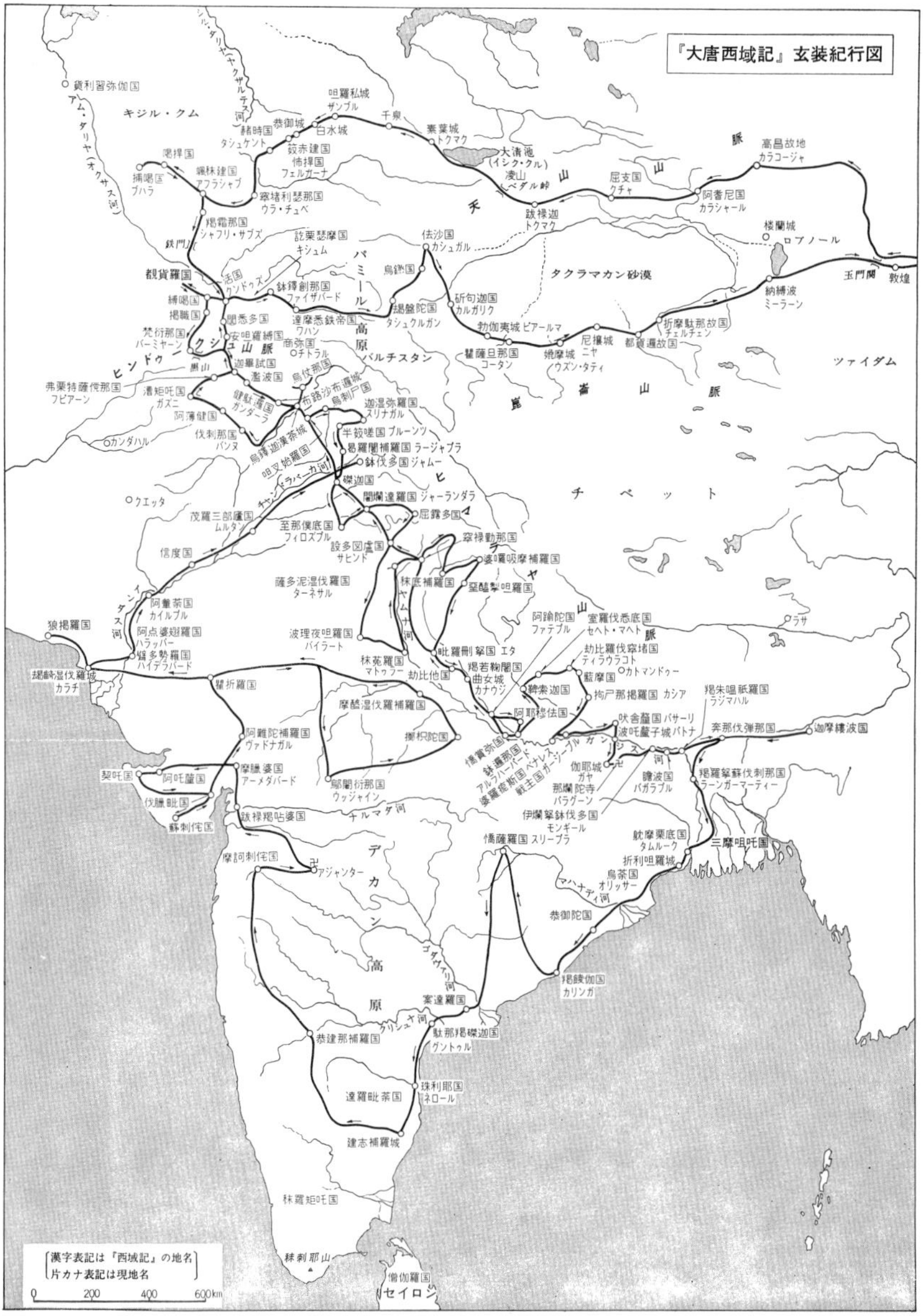


**図103　玄奘の西域・インドにおける行程**（7世紀前半のインドにおけるシヴァ信仰の様相を示す）

こんにちのカラチ近辺に当たるアウドゥンバラ（?・）など西インドの海岸近くの地域に集中していることが分かる[85]〔図103参照〕。

また、玄奘の時代から百年ほど遡る『魏書』の波斯伝には、「俗に火神、天神に事う」とあり、長沢和俊氏が「火神は拝火教（ゾロアスター教）であり、天神は大自在天 Maheśvara」であると書かれていることから、六世紀頃のササン朝ペルシアの東方領域の中央アジアでもシヴァ神の信仰が行なわれていたことが推測される[86]。またこれに呼応するように、五一八〜五二一（または五二二）年に中国からガンダーラやウッディヤーナ（現在のスワート地方）に旅した宋雲・慧生などの記録『宋雲行紀』（『洛陽伽藍記』所収）のエフタル国にかんする記述に、「〔彼らは〕仏法を信ぜず、多くは異神を崇拝していた。生き物を殺しては食べ、器には七種の宝玉製のものを用いた」（入矢義高訳）という文があり[87]、これもおそらくシヴァ信仰、もしくはそれに準ずるヒンドゥー教、または中央アジアの信仰と考えられる。

さらに興味深いのは、同じ『宋雲行紀』に、ウッディヤーナ（またはガンダーラ?・）のこととして、次のような奇妙な説話が伝えられていることである。すなわち（入矢義高氏の訳による[88]）——、

〔ウッディヤーナ国の王城の西南五百里に位置する善特山の*〕山中には昔の五百羅漢の禅牀がある。南北に二列に向かいあって坐ったところで、順々に真向かいになっている。〔そこには〕大きな寺があり、僧徒二百人がいる。〔シッダールタ〕太子が飲んだ泉水の北にも寺があり、〔その寺へは〕いつも驢馬数頭に食料を山の上に運ばせたが、追い立てる人は随《つ》いていないのに、ひとりでに往復した。寅《とら》の刻に出発して午《うま》の刻に到着し、いつも中食の時刻に間に合った。これは塔の護り神の湿婆僊《シヴァせん》がそうさせたのである。

＊原文「善持山」。入矢義高氏の訂正による。桑山氏によれば、「『洛陽伽藍記』〔に収められた『宋雲行紀』〕は〔中略〕『慧生行伝』、『宋雲家記』、『道薬伝』を材料に楊衒之が宋雲行歴を編集したものであり、同じスワート中にみえる『西南五百里の善

持山』も『西域記』ではガンダーラの中心地にある弾多落迦山（檀特山）に当ろう。とくに『洛陽伽藍記』（＝『宋雲行紀』）の烏場国（ウッディヤーナ）記事には混乱があり、すべてを烏場のこと、あるいは現スワート地方のこととして鵜呑みにすることは危険である」と書かれている（桑山、前掲書 p. 219, n. 102；また『西域記』のいう弾多落迦山は現在のメハ＝サンダ Mekha-Sanda に比定されている。同書 p. 207–209も参照）。弾多落迦山は、古くは「檀特山」と書かれ、普通 Daṇḍaloka（「刑罰処」の意）と復元されている。しかしこれはあるいは Dantaloka（「歯／牙の処」）と解釈されるべきかもしれない。であるとすれば、「善持山（善特山）」は「善牙山」の誤記とも考えられる。R. Duquenne, "Pérégrinations entre l'Inde et le Japon", p. 214–215 and n. 57–58参照。

昔、この寺に沙弥《しゃみ》がいて、いつも灰の掃除をしていたが、彼が禅定に入った時に、維那《いのう》（寺務を総轄する役僧）が彼を引っぱったところ、思いがけず皮もろともに骨まで離れてしまったので、湿婆僊が沙弥に代わって灰掃除をしたが、そこに国王は湿婆僊のために廟を建て、その姿を絵にして金箔を貼っている。

「これは塔の護り神の湿婆僊がそうさせたのである」という文の原文は「此是護塔神渥婆僊使之然」で、「渥婆僊」が直接に「シヴァ」の音写であるかどうか、明確ではない。しかし「渥婆」はおそらく「湿婆」の誤記で、それに近い「湿縛」、または「湿嚩」が *Śiva* の音写として用いられることは皆無ではないから、[89] これをシヴァ神を表わすものと考えることは可能だろう。*

* 「渥婆」に続く「僊」はおそらく「仙人」の「仙」の意で用いられているものと思われる（Edouard Chavannes, "Voyage de Song yun dans l'Udyāna et le Gandhāra (518–522 p. C.), *Bulletin de l'Ecole Fançaise d'Extrême-Orient*, III, 1903, p. 414 and n. 10は "le ṛṣi Wou-p'o, divinité protectrice de ce stūpa..."（この塔の守護神である渥婆仙）と訳している〔p. 379–441〕）。また、もしこの記事の筆者が、これが仏典における「大自在天」に当るシヴァ神であることを理解していれば、おそらく必ず「大自在天」もしくは「摩醯首羅天」などと書いたと思われるから、この筆者はそのことを知らなかったと考えるべきであろう。なお、入谷訳、注58［p. 110b］によれば、この記事に見える驢馬のことは『魏書』の烏萇国の条と、『法苑珠林』五二に引く『西域志』にも特筆されているという。

また次に記された「灰を掃除する沙弥」にかんする部分の原文は「此寺昔日有沙彌。常除灰。因入神定、維那輓之。不覺皮連骨離。渥婆僊代沙彌除灰處……」というもので、これも文意は明瞭とは言えない。しかし、いずれにしても「灰を掃除する沙弥」と、その「骨が離れてしまったこと*」、そして「渥婆僊」がその沙弥に代わって灰を除いたということが問題になっていることは理解できるだろう。長沢氏はこれに関連して注を付し、「灰を除くは灰を塗るの誤りかもしれない。インドのヒンドゥ教の一派に塗灰〔パーシュパタ派〕の徒がおり、シヴァ神を祭っている」と書かれている。(90)「除」の下に「土」がつけば「塗」という字に非常に近いし、また事実シヴァ信仰と「灰」は密接な関係にあるから、この推測は可能かもしれない。

*禅定に入った沙弥の体を引っぱったところ、「皮もろともに骨まで離れてしまった」(長沢氏は「皮は連なっていたが骨が離れてしまった」と訳されている)というモティーフは、後に見る「骨鎖」のモティーフを想起させるものである(第二巻第十一章第二節C、参照)。これも何らかの意味でシヴァ神話圏に連なるモティーフと考えることができそうである。しかしこれが具体的にどういうことを意味しているのか、明確ではない。

いずれにしても、こうした記述は、「渥婆僊」が「シヴァ」を指すという仮定の状況証拠とすることはできるだろう。そしてもしこの仮定が正しければ、これは、六世紀はじめの北西インドの仏教寺院に「護塔神」としてシヴァが祀られていたことの記録と考えられ、われわれの探究にとってきわめて重要な記事であると思われる。

さらに興味深いのは、いまの「除灰」の沙弥の物語の前に、この「護塔神」の奇跡のゆえに、山中の寺にロバによって食事が「自然に」運ばれ「つねに中食に間にあう」と述べられていることである。これは、物語の構造からいえば、七世紀の終わりに義浄によって記述された中インド・クシナガラの護法神「莫訶哥羅・大黒神」の奇跡とほとんど同じものと言えるのではないだろうか。さらに、「山中の寺に食物を運ぶ」奇跡、という点に注目するなら、この物語は後世、とくに中世日本で盛んに行なわれた「飛鉢」の奇跡の説話(たとえば『信貴山縁起絵巻』のそれなど)を想起させるものでもある。後に詳しく見るように(第二巻、神話モティーフ索引「飛鉢」参照）、「飛鉢」の奇跡のモティーフは、多く毘沙門天（またその眷属としての護法童子）や韋駄天（中国において）、あるいは千手千眼観音とも深い関係にあるが、毘沙門＝ヴァイシュラヴァナや韋駄天＝スカンダは、本章で主要な役割を果たしたものであり、また（第二巻『観音変容譚』で詳述するように）観音菩薩の信仰も西暦紀元後数世紀の北西インドと切っても切れないかかわりをもったものだった。さらにこれらの神格はすべて、多少ともシヴァ神話圏の周辺に位置するものと考えることができる。[91]

『宋雲行紀』の記述では、この仏寺の「護塔神」としてのシヴァ（？）がどんな姿であったのか、明確ではない。しかしそれが僧侶の「食物」とかかわりあったものとすれば、おそらく豊饒神・クベーラと近い性格のものとして表象されたと考えても大きな間違いはないだろう。すなわち、六世紀はじめにはクベーラ的な仏教寺院の護法神としてのシヴァの信仰が、北西インドの辺境で広まっていたという推測も可能なのである。*

* Yamabe Nobuyoshi 山部能宜, *The Sūtra on the Ocean-like Samādhi of the Visualization of the Buddha. The Chinese and Indian Cultures in Central Asia as Reflected on a Fifth Century Apocryphal Sūtra*, A Dissertation Presented to the Faculty of the Graduate School of Yale University in Candidacy for the Degree of Doctor of Philosophy, May 1999, UMI Dissertation Information Service (UMI Number : 9930977), p. 377–426は、五世紀初頭にトゥルファンで作成されたと考えられる『仏説観仏三昧海経』に、「自在天身根」すなわちシヴァのリンガについて述べる個所（T. XV 643 viii 686a26–687a11）があることに注目して、中央アジアにおけるシヴァのリンガを強調した図像の存在を指摘している。それによれば、敦煌莫高窟に五三八〜五三九年に遡る壁画があり、また、ホータンのダンダーン・ウイリクでも八世紀の画像が残っているという（同書 p. 393–399 and fig. III, 4–5参照）。

このように考えてくれば、西暦紀元前後から玄奘の時代（七世紀半ば）にいたるまで、北西インドから「中央アジアの入り口」を覆う広い地域でシヴァ信仰が大きな広がりを見せていたこと、とくに六世紀はじめ頃からはシヴァ神自身がすでに仏教寺院の「護塔神」として信仰され、僧の食事ともかかわり深いものと考えられたこと、そしてそうした信仰が、遅くとも七世紀頃には中インドにも逆輸出され、義浄の記述によってこんにちに伝えられた、という大きなヴィジョンを描くことができるのではないだろうか。

## 14　仏教東漸の二つの時期

インドのクベーラは、何よりもまず富の神、福の神として信仰された――、にもかかわらず、中央アジア以東では、ほぼつねに強大な軍勢を率いた鎮護国家の武神として信仰された（ただ、例外的に中世以降の日本の毘沙門は、図像的には軍神の形を保ちながら、現実には、軍神というよりも富をもたらす福神として信仰された。このことを見ても、とくに中世以降の日本仏教の「隠されたオリジナル」を再発見する能力には驚くべきものがある）。他方、インドのマハーカーラは、本来、基本的にシヴァの忿怒相を表わしたものだが、それが室町時代以降の日本ではほとんど純粋な福神として信仰されている。仏教文化圏全体の規模で考えると、クベーラ－ヴァイシュラヴァナとマハーカーラの信仰の間には、ある種の奇妙な（「逆比例」とも言えるような）対応関係を見出すことができるように思われる（**表8**参照）。

そのクベーラ－ヴァイシュラヴァナの変貌を考える時も、また「クベーラ的大黒」の問題を考える時も、われわれは、紀元一、二世紀頃、仏教がはじめてインドから溢れ出し、東アジア世界に向けて流れ出していった過程で、クシャーナ王朝下の西北インドを通過せざるをえなかったということをあらためて思い起こさなければならない。そこは遠く古代オリエントや古代地中海世界から、そしてもちろんイランから、あらゆる宗教的－神話的表象が流れ込んで、インドを起点とした表象の群と衝突し、互いに渦巻き、混合して、新たな形態を作り上げていった世界だった。東西交渉の要衝の地ガンダーラは、ユーラシア諸民族の「民族の坩堝」であったと同時に、あらゆる神話的表象が沸き立ち混じり合わされる熱い「表象の坩堝」でもあった。東アジアに流れ出していった

| | インド | 中央アジア以東 | 日本仏教 |
|---|---|---|---|
| クベーラ／ヴァイシュラヴァナ | 福神 | 戦闘神 | (福神) |
| マハーカーラ | 忿怒神 | | 福神 |

表8

仏教は、この特殊なフィルターを通り抜けて変貌した仏教だった。というよりも、こうしてインドから溢れ出た仏教は、それ自体がこの「表象の坩堝」の産物だったと考えるべきである。仏教はたんにインドの産物ではない――、ユーラシア諸民族全体の神話的思考の遺産でもあったことをあらためて知らなければならない。

そして、このガンダーラの仏教が、五世紀以後、エフタル族の侵入によって衰退していった頃から、インドの宗教は全体として巨大な再編期に入り、そして七、八世紀から、あらためてより純粋にインド的、かつタントラ的な色彩を帯びた仏教が、中央アジアから中国、日本、そしてチベットへと浸透しはじめたのである。

＊

仏教東漸の二つの時期は、アジア全体の大きな時代の趨勢にも影響されていた。簡単に言うならば、紀元前後から五世紀以降に至るまで、中央アジアのシルクロードの世界は、基本的にイラン的‐西アジア的文化の影響下にあった。中国の大地を潤し、朝鮮半島を経て日本にまで流れ込んだ〈仏教文化の基層〉の部分は、すべてこうした西アジア的‐中央アジア的フィルターを通して変貌した仏教――、行く先々の土地で徐々に新しい要素を取り入れ、それぞれの土地に適応していった仏教だったと考えなければならない。われわれがこんにち、仏教の尊格として広く親しんでいる阿弥陀も、観音も、弥勒や文殊などの仏・菩薩も、あるいは毘沙門や鬼子母などの神々も、地中海世界から古代オリエントまでを同じ地平に含みこむ壮大な諸文化の混淆の上に成り立ったものと考えるべきである。そうした流れが一時期、やや途絶えがちになり、そのあいだに中国の仏教が中国化していき——そうして、（小林太市郎氏のことばを借りるなら）「七世紀の中葉以後、アラブ人の勃興のために中央アジアのイラーン系諸国が衰微して、グプタ朝の印度文物が直接唐に流入するようになったことは東洋史上の著しい事実で、その影響は広くまた深く波及した」[92]。この「唐代新仏教」の最大のヒーローは、一方では玄奘であり、もう一方では不空だった。この二人の仏教は、一方は難解な術語に満ちた哲学体系であり、もう一方は呪術的仏教で、およそ異質なものだったが、その両者に共通するのは、一種異様なエグゾティシズムの輝きだったと言えるだろう。幽遠・華麗で怪奇に満ちた仏教の文物が、西方への憧れに胸躍らせた唐代中国で一世を風靡し、空海の天才、そしてその他の一連の入唐僧の天才によって日本にまでもたらされたのだった。

しかし、そうして新たに流れ込んできたエグゾティックな仏教も、隆盛を極めたのは一時期で、中国でも、日本でも、それまでにそれぞれの文化の中にしっかりと根付いていた〈基層仏教〉の中に呑み込まれ、逆にその〈基層仏教〉自体を変質させていった。とくに日本においては、インドから朝鮮半島に至るまでの巨大な距離を越え、一世紀から六世紀までの歴史を経てきた仏教文化の蓄積が、飛鳥時代以降、一気に流れ込んできていたことに由来する、ある種のパースペクティヴのずれを考慮しなければならない。

仏教の文物について考える場合、重要なのは、それ（たとえば日本の平安時代の大黒天……）が、こうした大きな流れの中で、どこに位置し、どのような変化を経てきたものかを考えることである。たとえば義浄が見たインドの「クベーラ的大黒」は、それ自体は明らかに「グプタ朝的仏教」に属するものだが（『金光明経』に、財布を持ったヒンドゥー教的なクベーラ‐ヴァイシュラヴァナが現われるのは、義浄の翻訳が最初だった。前述参照）、そうした「クベーラ的大黒」が成立した背景には、西北インドの（イラン的影響下にあった）宗教混淆が大きな役割を果たしたのだった（『南海寄帰伝』の記述における大黒と鬼子母の関係がそのことを示している）。

日本にこの大黒天信仰を根付かせるのに最大の貢献をしたのは、密教経典に属する偽経『大黒天神法』であって、そのことは、この信仰がグプタ朝から唐代中国へ、そして平安朝日本へと直結する仏教東漸の第二期の流れにのって移入されたものであることを意味している。しかしその信仰の内容は、基本的に一種の福神信仰で、その意味では必ずしも「グプタ朝的」ではなく、むしろ、〈基層仏教〉に容易に溶け込む種類のものだった……。日本に大黒天の信仰が驚くほど広く、深く浸透したことの背景には、このような事情があったと考えることができるだろう。

こうした複雑で重層的な文化の流れの構造の中で、さまざまな神話的表象が生み出され、変型し、新たな形態を産出していく……。次章でも、われわれは「日本型大黒」の袋の形の意味を求めて、また新たな角度から問題を追究してみることになるだろう。

**注**

（1）宮治昭稿「ガンダーラの彫刻」、樋口隆康監修『パキスタン・ガンダーラ美術展図録』、（東京展・一九八四年二月二十五日〜五月六日、西武美術館）日本放送出版協会発行、所収、p. 133-134 and fig. 23-24；Madeleine Hallade, *Inde. Un millénaire d'art bouddhique. Rencontre de l'Orient et de l'Occident*, Fribourg（Suisse）, Office du Livre, 1968, p. 33 and fig. 21［p. 34］and 135［p. 188］参照。

（2）古代インドのターバンはウシュニーシャ *uṣṇīṣa* と呼ばれ、一般に王族や貴族の一種の冠として用いられた（仏典ではウシュニーシャは「肉髻」と漢訳される。仏の頭の頂上の髻の形の肉を表わす）。また紀元前後の仏教遺跡の彫刻などでは、王族や商人、農民、象使い、軽業師などがさまざまなターバンを用いたことが知られるという。平凡社『大百科事典』一九八五年 IX, p. 367a 参照。

（3）樋口隆康監修『パキスタン・ガンダーラ美術展図録』p. 80, No. IV-12および p. 169（解説）。

（4）Phyllis Granoff, "Tobatsu Bishamon：Three Japanese Statues in the United States and an Outline of the Rise of this Cult in East Asia", fig. 10 and p. 149 and n. 17（A. Foucher, *L'Art gréco-bouddhique du Gandhâra*, II, Paris, 1918, p. 123 and fig. 373を引用する）；松本栄一著『敦煌画の研究』p. 429-434ならびに fig 114参照。

（5） E. W. Hopkins, *Epic Mythology*, p. 142, p. 144, p. 146-147参照。

（6） Ananda Coomaraswamy, *Yakṣas*, Part I and Part II, reprint New Delhi, Munshiram Manoharlal, 1971, I, p. 2-3, p. 36-37 : II, p. 1-2,などを参照。

（7） A. A. MacDonell, *Vedic Mythology*, first ed., Strassburg, 1898 ; reprint Delhi, Motilal Banarsidass, 1974の索引には、クベーラの項目はない。

（8） Monier-Williams, *A Sanskrit-English Dictionary*, p. 291c ; R. A. Stein, "Porte（Gardien de la）: un exemple de mythologie bouddhique, de l'Inde au Japon", p. 13参照。E. Washburn Hopkins, *op. cit*., p. 147によれば、こうした特徴は叙事詩の段階ではまだそれほど明瞭には現われていないという。漢訳仏典でも、六世紀の僧伽婆羅訳『阿育王経』では、クベーラ（鳩鞞羅）を「不好身」と訳している。Tt. L 2043 vi 150b14-15. なお『インド神話伝説辞典』p. 136a および索引 p. 11aによれば、クベーラには「よくない身体を持つもの、みにくい身体のもの」という意の「クタヌ」Kutanu という異名があるというが、この語は手近のサンスクリット辞書では確認できなかった。

（9） Hopkins, *ibid*., p. 148参照。

（10） Coomaraswamy, *op. cit*., Part I, p. 7〔Schermann, *Dickbauchtypen in der indischen Götterwelt*, Jahrb. as. Kunst, I, 1724などを引く〕；また Banerjea, *The Development of Hindu Iconography*, p. 356 ; Robert L. Brown, "Introduction", *in* Robert L. Brown, *ed., Ganesh. Studies of an Asian God*, [Suny series in Tantric Studies] Albany, State University of New York Press, 1991, p. 6, p. 7-8 and n. 20-21（ガネーシャとジャンバラに関連して）；A. K. Narain, "Gaṇeśa : A Protohisotory of the Idea and the Icon", *in ibid*., p. 22（『マハーバーラタ』における Gaṇeśana/Gaṇeśvara という名について）, p. 26 and n. 90（アマラーヴァティーの象身のヤクシャ像〔紀元一世紀〕）；M. K. Dhavalikar, "Gaṇeśa : Myth and Reality" *in ibid*., p. 58-59（クベーラとガネーシャの関連）；James H. Sanford, "Literary Aspects of Japan's Dual-Gaṇeśa Cult" *in ibid*., p. 319-320, n. 25（ガネーシャとヴァイシュラヴァナの関連〔とくに日本において〕）なども参照。

（11） この名は仏教では金剛手菩薩の名前としても知られている。前述 p. 207参照。

（12） Hopkins, *op. cit*., p. 147-148, p. 144参照。

（13） Hopkins, *op. cit*., p. 148, p. 229-230参照。

(14) Hopkins, *op. cit.*, p. 144-145. さらに『アグニ・プラーナ』によれば、都市の北方には「ヤクシャの寺院とグハの寺院」を建立しなければならないという。Banerjea, *The Development of Hindu Iconography*, p. 338参照。
(15) Coomaraswamy, *op. cit.*, Part I, p. 5 and n. 2 ; *ibid.*, Part II, p. 3 ; Hopkins, *ibid.*, p. 142も参照。
(16) Hopkins, *ibid.*, p. 143参照。
(17) Hopkins, *ibid.*, p. 143 and p. 61参照。
(18) 後述 p. 532-533参照。またクベーラ自身が、シヴァとウマーの愛の場面を見たために「片目が黄褐色になった」（Ekākṣipiṅgala）と言われている。Hopkins, *ibid.*, p. 142参照。
(19) Hopkins, *ibid.*, p. 144, p. 142参照。
(20) Hopkins, *ibid.*, p. 147, p. 180 ;『インド神話伝説辞典』p. 135b, p. 136a 参照。
(21) Hopkins, *ibid.*, p. 146参照。
(22) Hopkins, *ibid.*, p. 142, p. 144参照。
(23) Hopkins, *ibid.*, p. 143 ; リッディはまた、シッディ Siddhi（成功、成就）とともにガネーシャの妻とされることもある。Lawrence Cohen, "The Wives of Gaṇeśa", *in* Brown, *ed.*, *Ganesh*, p. 117, 130, 134参照。
(24)『インド神話伝説辞典』p. 31a 参照。
(25) Hopkins, *ibid.*, p. 146 ; また Coomaraswamy, *ibid.*, Part I, p. 9 and n. 2も参照。
(26) Hopkins, *loc.cit.*参照。
(27) Hopkins, *ibid.*, p. 139, 142, 151参照。
(28) Hopkins, *ibid.*, p. 143-144. ヒンドゥー教の図像関係の文献でも、クベーラは一般に棍棒を持つと言われており、また時に忿怒の表情に描かれることもある。Banerjea, *op.cit.*, p. 339, p. 528-529 ; Gopinath Rao, *Elements of Hindu Iconography*, II-2, p. 533-537参照。
(29) Hopkins, *ibid.*, p. 149-152参照。
(30) Hopkins, *ibid.*, p. 149参照。
(31) Hopkins, *ibid.*, p. 150, p. 64 ; Banerjea, *The Development of Hindu Iconography*, p. 520参照。
(32) 松浦正昭『日本の美術』No. 315「毘沙門天像」所収、宮治昭稿「インドの四天王と毘沙門天」p. 85-89参照。
(33) 高橋堯昭稿「パンチカとハーリティーに見る仏教の包容性とその基盤」、日本仏教学会編『仏教と神祇』（京都、平楽寺書店、一九八七年）所収 p. 52-53. ——サンチー東門のヤクシー像については、たとえば中村元編著『ブッダの世界』（学習研究社、一九八〇年）p. 354, fig. 5-9 ; Hallade, *Inde. Un millénaire d'art bouddhique. Rencontre de l'Orient et de l'Occident*, p. 58, fig. 37参照。

（34） それぞれのエピソードの出典はすべて赤沼智善編『印度仏教固有名詞辞典』復刊（京都、法藏館、一九六七年）p. 121a-bに挙げられている。

（35） P. Mus, *Barabuḍur* 参照。

（36） Mario Bussagli, "Royauté, guerre et fécondité. A Propos d'une monnaie kuṣāṇa", *Revue de l'Histoire des Religions*, octobre-décembre 1951, p. 146-147参照。

（37） 『根本説一切有部毘奈耶雑事』T. XXIV 1451 xx 298a9-11 ;『望月仏教大辞典』p. 4901a 参照。

（38） P. Mus, *op. cit.*, p. 420-423, p. 483-491参照。

（39） 『大唐西域記』Ttt. LI 2087 viii 917c9-17 ; 水谷眞成訳 p. 270b-271a の訳による。

（40） A. Foucher, *La Vie du Bouddha d'aprés les textes et les monuments de l'Inde*, Paris, Payot, 1949, p. 184-189 ;『望月仏教大辞典』p. 4476c-4477c ; 水谷訳、同書 p. 41a-b, p. 82b-83b, p. 364b and n. 8 ; 桑山正進訳『大唐西域記』、「大乗仏典」中国・日本篇 9（中央公論社、一九八七年）p. 194-197参照。

（41） 『金光明経』T. XVI 663 ii 341b13-c3＝T. 664 v 382c3-21 ; T. 665 vi 427c6-27.

（42） 『金光明最勝王経』T. 665 vi 430c5-432a7参照。

（43） M.-Th. de Mallmann, *Introduction à l'Iconographie du Tântrisme bouddhique*, p. 196-197 ; Banerjea, *The Development of Hindu Iconography*, p. 559-560 and Pl. XLVII, fig. 2 ;『ギメ東洋美術館』（「世界の美術館」14、講談社、一九六八年）Pl. 31（p. 159-160も参照）：中部ジャヴァの九世紀頃のジャンバラ像。

（44） Mallmann, *Les Enseignements iconographiques de l'Agni-purāṇa*, p. 135 and n. 14参照。

（45） Coomaraswamy, *op. cit.*, I, Pl. 14, fig. 1 ; *ibid.*, II, Pl. 4, fig. 2 ; Barnerjea, *op. cit.*, Pl. XIV, fig. 2（および p. 344）も参照。

（46） Coomaraswamy, *op. cit.*, II, Pl. 6, fig. 1参照。

（47） Coomaraswamy, *op. cit.*, II, Pl. 6, fig. 3（および II, p. 73）参照。

（48） Etienne Lamotte, "Sur la formation du Mahāyāna", *Asiatica, Festschrift F. Weller*, Leipzig, 1954, p. 377-396参照。

（49）　Sylvain Lévi, "Le Catalogue géographique des yakṣa dans la Mahāmāyūrī", *Journal Asiatique*, 1915, fasc. 1, p. 51；また p. 101, p. 120-121も参照。

（50）　チーナ国は、玄奘の『大唐西域記』に「至那僕底国」Cīna-bhukti と名付けられた場所で、現在のパンジャーブ地方のフィロズプルに近い地域を指すと考えられている。ここには、カニシュカ王の時代に、中国から送られた人質が住んでいたと言われていた。「チーナ」の名は、この人質の出身地に由来するという。Ttt. LI 2078 iv 889b14-27；水谷訳 p. 140b-141a；E. Lamotte, "Mañjuśrī", T'oung Pao, XLVIII [1960], livr. 1-3, p. 3 and n. 8, p. 86参照。しかしあるコンテクストでは、「チーナ国」はチベットの西部を指す場合もある。R. A. Stein, *Recherchees sur l'Epopée et le barde au Tibet*, p. 271 and n. 77 [p. 308] 参照。『孔雀明王経』のコンテクストでは、こうした地名はむしろ半神話的な意味に解されるべきかもしれない。

（51）　『大方等大集経』T. XIII 397 lv 364c27-29, 368c8-13参照。

（52）　小川貫弌稿「パンチカとハーリティーの帰仏縁起」、宮崎英修編『鬼子母神信仰』所収 p. 25-26参照。

（53）　同上 p. 26. 小川氏は他の出版物や図録などのものも含めて、全部で三十点あまりのパーンチカとハーリーティー像を採集されたという。

（54）　A. Foucher, *La Vieille route de l'Inde de Bactres à Taxila*, [Mémoires de la Délégation archéologique française en Afganistan, Tome I], vol. II, Paris, Les Edition d'Art et d'Histoire, 1947, p. 254 and n. 3〔Foucher, "Notes sur la Géographie ancienne du Gandhâra", *BEFEO*., I, 1901, p. 347などを引く〕, p. 255-256参照。

（55）　小川、同上稿 p. 26, p. 29参照。

（56）　小川、同上稿 p. 25, p. 29参照。

（57）　J. Ph. Vogel, "Note sur une statue du Gandhāra conservée au Musée de Lahore", *BEFEO*., III, 1903, p. 149-163（とくに p. 151-152）参照。この像については、小川、同上稿 p. 27-28；高橋堯昭、同上稿 p. 62 and fig. 9も参照。

（58）　Granoff, *art. cit*., p. 162-164 and fig. 26；高橋、同上稿 p. 48-49 and fig. 2；Hallade, *op. cit*., p. 99-100 and fig. 70：Charsaḍḍa 出土のファロー／アルドクショー並座像。

（59）　Bussagli, *art. cit*., p. 143参照。

（60）　A. Foucher, "The Tutelary Pair in Gaul and in India", *The Beginnings of Buddhist Art*, translated by L. A. Thomas and F. W. Thomas, reprint Varanasi-Delhi, Indological Book House, 1972, p. 139-146；Pl. XVII, 1-2, XVIII, 1-2参照。

（61）　田辺勝美著『毘沙門天像の誕生』p. 68-70.

（62） Foucher, *art. cit* 参照。

（63） 高橋堯昭、同上稿 p. 49-50参照。

（64） 高橋、同上論文 p. 49参照。——敦煌の兜跋毘沙門の図像でも、脇侍の灰色の人物が財布を持っていたことを思い出しておこう。

（65） 高橋、同上論文 p. 49-50；また小川貫弌、前掲論文 p. 24-25参照。

（66） 高橋、同上論文 p. 51参照。

（67） J. Duchesne-Guillemin, *La Religion de l'Iran ancien*, p. 240, p. 203-204（イランのAśi女神はインド-ヨーロッパ神話学の観点からインドのバガ Bhaga 神に相当すると考えられている）；Bussagli, "Royauté guerre et fécondité", p. 132；M. Hallade, *op.cit.*, p. 36, fig. 25にアルドクショーのコインがある。——ただし、伊藤義教氏は、アルドクショーはイランのスプンター・アールマティに当たるという（前述 p. 420-421参照）。伊藤義教著『ペルシア文化渡来考』（ちくま学芸文庫）筑摩書房、二〇〇一年 p. 192-195参照。しかし、表象の内容からいえば、アシであってもアールマティであっても、ほぼ同様の大地女神的な意味をもっていたと考えてよさそうである。

（68） Bussagli, *op.cit.*, p. 132-133, p. 141 and n. 1；Banerjea, *The Development of Hindu Iconography*, p. 126-127, p. 135-136.

（69） Bussagli, *op.cit.*, p. 138-139, p. 151；また呉茂一著『ギリシア神話』（新潮社、一九六九年）p. 105参照。

（70） Francis Vian, "Les Religions de la Crête minoenne et de la Grece achéenne", *in* H.-Ch. Puech, *dir.*, *Histoire des Religions*, [Encyclopédie de la Pléiade] I, Paris, Gallimard, 1970, p. 468. アルテミスについては、呉、前掲書 p. 102-112参照。

（71） 宮治昭著『涅槃と弥勒の図像学——インドから中央アジアへ』（吉川弘文館、一九九二年）p. 544（注64にG. Azarpay, "Nanā, the Sumero-Akkadian Goddess of Transoxiana", *Journal of the American Oriental Society*, vol. 96, No. 4, 1976, p. 536-542を引く）参照。

（72） Banerjea, *op.cit.*, p. 339；Gopinath Rao, *op.cit.*, II-2, p. 536；L. Renou, Littérature sanskrite, [Glossaires de l'Hindouisme, fasc. 5] Paris, Ad. Maisonneuve-Neuchatel (Suisse), Delachaux et Niestle, 1945, p. 145a 参照。

（73） Granoff, *art.cit.* p. 162-164およびfig. 26, 29；田辺勝美、前掲書 p. 37-51参照。

（74） Bussagli, *art.cit.*, p. 142-148参照。

(75) 高橋、同上稿 p. 51-52およびfig. 7参照。「鬼形鬼子母」は、江戸時代の日本でも作成された。前述p. 332および図**54**参照。

(76) 『長阿含経』T. I 1 xx 133a5-6；これを引用した『法苑珠林』Ttt. LIII 2122 iii 291a7では通常どおり「自在天」になっている。

(77) たとえば醍醐寺本の『金剛界曼陀羅（成身会）』TZ. I 2963 1016 fig. 34参照。

(78) 『望月仏教大辞典』p. 2335c-2337c；Hopkins, *op.cit.*, p. 149参照（なおヒンドゥー教では月神ソーマが東北角に当てられることもある。同上参照）。

(79) Alice Getty, *The Gods of Northern Buddhism*, Tokyo, Charles E. Tuttle, 1962, p. 160-161（"It seems possible [...] that he [=Mahākāla] is merely the result of a misnomer : in other words, that Mahākāla and Kuvera are one and the same divinity"), p. 158；また J. Ph. Vogel, *art.cit.*, p. 161は、「マガダ系のクベーラの形態はネパールに残されており、そこで忿怒相のマハーカーラの形と二つに分かれて表わされるようになった（このマハーカーラという異名は、すでにガンダーラでクベーラに与えられていたものだった）」（"Le type magadhien [de Kubera] s'est conservé au Népâl, où il s'est doublé, en prenant la forme terrible de Mahā-Kāla, surnom déjà attribué au dieu du Gandhâra. [note 4 : J. Burgess, *Ajaṇṭā Paintings*, Planche XXIV]"）と書いている。またフーシェもこれと同様に、義浄の言うマハーカーラは、神像が油で拭かれて黒かったゆえにつけられたパーンチカ／クベーラの異名であるという。A. Foucher, *L'Art gréco-bouddhique du Gandhâra*, II-1, Paris, 1918, p. 105 *sq.*, p. 110-111参照。また B. Frank, *Le Panthéon bouddhique au Japon*, p. 208a-b も参照。

(80) 小川貫弌、前掲論文 p. 49参照。

(81) 神像を油で拭くこと、あるいは浴油は、ある種の福神を祀る特殊な儀礼であったとも考えられる。この点については後述、第十一章第九節、参照。

(82) これはまた鬼形ハーリーティーの像の中に「写し出された」シヴァとも同等の位置にある。ここで、義浄の大黒神が、ハーリーティーと対になるものとして関連づけられていたことも思い出しておかなければならない。

(83) 『インド神話伝説辞典』p. 95a-b；p. 225b-227a 参照。

(84) 水谷訳『大唐西域記』p. 15a, n. 2参照。

(85) 拙稿 "Daijizai-ten 大自在天", *Hōbōgirin*, VI, p. 730b-731b にリファレンスを挙げたが、ここで主なものを繰り返しておく。Kāpiśī：『大唐西域記』Ttt. LI 2087 i 873c21-22；水谷訳 p. 47b and n. 8-11；桑山訳『大唐西域記』〔抄訳〕p. 172, n. 52；

Puṣkalāvatī : ii 881a11-12；水谷訳 p. 90a；桑山訳 p. 203-205, n. 82-83；Varuṣapura（Paluṣapura?）: ii 881c1-7；水谷訳 p. 95a-96b；桑山訳 p. 206-209, n. 86；p. 209-210, n. 91（この地名「跋虜沙城」をPaluṣapuraと復元することについてはRobert Duquenne, "Pérérinations entre l'Inde et le Japon : du «Mont en Tête d'Eléphant» et d'autres montagnes sacrées", *Bouddhisme et cultures locales. Quelques cas de réciproques adaptations*, Actes du colloque franco-japonais de septembre 1991, [coll. Etudes thématiques, 2], Ecole Française d'Extrême-Orient, Paris, 1994, p. 214 and n. 53参照）；Jālaṃdhara : iv 889c17-19；水谷訳p. 142a；桑山訳p. 253-254, n. 147；Ahicchatra : iv 893a1-2；水谷訳p. 157b；Kapitthikā : iv 893a20-21；水谷訳 p. 158b；Kānyakubja : v 896a-6-9；水谷訳 p. 169b；Vārāṇasī : vii 905b5-11；水谷訳 p. 215a-b；Mālava : xi 935c12-13；水谷訳 p. 351b；Maheśvarapura : xi 937a18；水谷訳 p. 360b；「阿点婆翅羅国」: xi 937c23-25；水谷訳 p. 364a；Laṅgala (?) : xi 938a7-8；水谷訳 p. 365a；Pītaśaila : xi 938b5；水谷訳 p. 367a；Avaṇḍa (?) : xi 938b18；水谷訳 p. 367b；Varṇu : xi 938c6；水谷訳 p. 368b；桑山訳 p. 255-257, n. 152などを参照。なお地図は水谷訳の折り込み地図に従った。

(86)『法顕伝・宋雲行紀』、長沢和俊訳注（「東洋文庫」一九四、平凡社、一九七一年）p. 185, n. 8参照。「波斯」が指す地域については、桑山訳『大唐西域記』p. 127, n. 1も参照。

(87)『洛陽伽藍記』Ttt. LI 2092 v 1019c5；入矢義高訳『洛陽伽藍記』p. 98b の訳による。長沢和俊訳注、同書 p. 173も参照。

(88)『洛陽伽藍記』Ttt. LI 2092 v 1020b27-c5；入矢訳 p. 100b による。長沢和俊訳注『法顕伝・宋雲行紀』p. 183も参照。また桑山、前掲書 p. 214-215に、『宋雲行紀』の以下の文を要約して、次のように述べる。「『洛陽伽藍記』は、〔ウッディヤーナの〕国城の西南五百里、善持山中に、除灰する沙弥が三昧境に入り、代ってシヴァが灰掃除をしたことを記念し、国王がシヴァ廟を建立し、その形像をえがいたことを記している。シヴァ神廟は大寺の中にあり、大寺にはもちろんストゥーパがあったわけであるが、シヴァ神が護塔神であったこともまた記されている」。

(89) たとえば大正蔵・索引、「密教部・上」T.Index X 214c 参照。

(90) 長沢訳注、同上書 p. 190-191, n. 40.

(91)『宋雲行紀』についての以上の記述は、NiftyServe の Patio「宗教文化の知的探求」において一九九八年五月七日、00922番の発言で述べたことに基づいている。『宋雲行紀』の記事に注意を引いてくださった杉浦等氏に感謝する。

(92) 小林太市郎稿「唐代の大悲観音――ならびに本朝における千手信仰の起源について」、『小林太市郎著作集』第七巻「仏教芸術の研究」（京都、淡交社、一九七四年）所収 p. 84参照（同論考は、速水侑編『観音信仰』〔民衆宗教史叢書・七、雄山閣、一九八二年〕p. 39-136にも収録されている）。

# XI ガネーシャの太鼓腹——大黒の袋2

**本章の主な登場人物・モティーフ**

「日本型」大黒
布袋和尚／サンタクロース／大国主命
象皮の袋？
マハーカーラ忿怒像の背後の象皮
象と鼠／ガネーシャと鼠
ヴィナーヤカ／西北インドの象神／ガネーシャ
ガネーシャ／クベーラ／ハーリーティー／ピンガラ
巾着／大根／浴油儀礼

**主な典籍・図像**

『白宝口抄』巻第百五十三
義浄訳の『仏説譬喩経』
鼠の乗り物に乗るガネーシャ
聖天の巾着・違い大根
双身毘沙門天

## 1　西北インドの文化混淆——神話表象の東西交渉

紀元一世紀から五世紀頃までの西北インドの高地——。そこはインドの辺境であり、またイランの辺境でありながら、同時に旧大陸に散らばった多種多様な文化が入り乱れて混じり合う、ひとつの世界の中心だった。クシャーナ朝のコインでオエーショーOHÞO と命名されたシヴァ神に配されたナナイア NANAIA 女神には、古代オリエントの豊饒の女神ナナー Nanaa の姿が映しだされているし、同じナナイア女神の持つ豊饒の角のモティーフは、ギリシア‐ローマの好運の女神テュケー‐フォルトゥーナに遡るものだった。ガンダーラの土俗神パーンチカとハーリーティーの並座像にかたどって作られたファロー／アルドクショーの並座像は、イラン宗教における二神の「インド化」した姿だが、驚くべきことに、それとほとんど同じ形態の男女二神の並座像が、ローマ支配下のガリア（フランス）でも多く作られていた。

ギリシアやローマから、ガリアから、あるいはバビロニアなどの古代オリエントから、そしてもちろんイランから、ありとあらゆる宗教的‐神話的表象がこの北西インドの大地に流れ込み、インドそのものの表象と合流し、燦めくような新しい大河となって、中央アジアへ、東アジア世界へと流れ出していった……。

考えてみれば、これは決してそれほど驚くべきことでも不思議なことでもない。たとえば法隆寺の金堂を見て

図104　イラン宗教の大女神アナーヒタ

も、正倉院の宝物を見ても、古代世界がひとつであり、その西と東の端がきわめて活発な交流によって結びつけられていたことを実感することができる。古代西北インドにより近づけて言うなら、アレクサンドロス大王の遺産を継いだオクサス河流域のバクトリア王朝は、東西交渉の中心地に直接ギリシア文化を持ち込んだし、紀元前二世紀には、そのバクトリア王朝の流れを汲んだいわゆるインド‐グリーク王朝が、パンジャーブ地方に成立していた。この地域の歴史は、それ自体が巨大な文化混淆の所産だったのである。

たとえば、バクトリア地方で発見された銀盃には、前章で問題になったのとちょうど同じ、豊饒の角を抱えた豊満な女神の姿が彫り込まれたものがあるが、これはイラン宗教の大女神アナーヒターを表わしたものだという[1]〔図104参照〕。あるいは紀元前一〜紀元後一世紀頃のガンダーラ地方の出土品のなかには、アポローンとダプネーを表わした化粧皿やアプロディーテーをかたどったブローチ、あるいはエジプトの小児神ハルポクラテースの像など、多くの明らかにギリシア的な様式の作品が発見されている[2]〔図105〜107参照〕。

そもそも、クシャーナ朝の世界とは、何よりもガンダーラ美術によって象徴される世界だった。ガンダーラの美しい彫刻が一般に「ギリシア‐仏教様式」と呼ばれ、そこにギリシアやローマ、あるいはパルティアなどの多様な芸術様式やモティーフが混ざりあっていたことは、いまでは周知の事実だろう。美術史の世界では、何世紀にもまたがり、驚くばかりの距離によって隔てられた世界の芸術様式が、互いに交差し、混合しあって新たな様式を生み出していくことは、ほとんど常識の範囲のことになっている（たとえば中世ヨーロッパのロマネスク芸

図107　エジプトの小児神ハルポクラテースの像

図105　アポローンとダプネーを表わした化粧皿

図106　アプロディーテーをかたどったブローチ

術の装飾は、古代オリエントのシュメール芸術に基づいたものであることが知られている……)[3]。それと同様のきわめて広汎な交渉と混合が、宗教的・神話的表象の世界でも起こりうることは、考えてみれば当然だろう。にもかかわらず、たとえば日本の陰陽道で信仰される大将軍神(京都の西陣や東山には、いまも有名な「大将軍社」がある)が、もとをただせば中央アジアと中国を通過して変容したガンダーラ地方の守護神パーンチカ‐ファロー神の後裔であり[4]、さらにその遠い親戚に当たる神格の彫像が、ローマ時代のガリアにも見出される――というようなことは、一般にあまりにも知られることが少ない。それは、一見して類似や近親関係が明らかな図像資料に対して、宗教・神話的表象に関する文献資料を読み取る作業がきわめて困難であり複雑であるからだろうが、同時に、こうした領域におけるわれわれの想像力が、こんにちに至るまであまりにも限定されており、貧困だったからでもあるのではないだろうか。

## 2 「日本型」大黒の大袋

### A 「大袋を担いだ神」の類型論

ところで、この遠い西北インドの表象の森にわれわれが迷い込んだのも、思い返してみれば、日本の一般の大黒天像が肩に背負う巨大な袋の由来と意味を考えることが出発点になっていたのだった(前述p. 354参照)。

先に見たとおり、いわゆる「日本型」大黒の図像のもっとも顕著な特徴は、この肩に背負う大袋である。この袋は、十世紀に遡る淳祐(八九〇~九五三年)の著作『要尊道場観』の中で、すでに鼠と関連づけられていた。この「鼠と袋と大黒」という奇妙な三題噺の由来を追い求めて、われわれはホータンの兜跋毘沙門やインドのクベーラ‐ヴァイシュラヴァナに行き当たり、そして最後にはガンダーラ地方の「パーンチカ‐ファロー習合体」や、これらの神々を取り巻く多くの女神たちの群を見てきたのだった。しかしこうした探索の末に明らかにできたのは、はじめの意図とは違って、義浄が記述したインドの僧院における「大黒神」、すなわち「クベーラ的大黒」の姿の由来であり、これは日本で言うならば天台系寺院に祀られる「南海寄帰伝式の半跏像」の原型に当たるものだった。すなわち、この大黒は、左手に宝棒、右手に小さな金嚢を持ち、片足を垂れて坐る形であって、巨大な袋を肩にかついで立つ、一般に普及した「日本型」大黒とは違うものだった。

では、この「日本型」大黒の袋はいったいどのような意味をもち、どこからきたものなのだろう。

ことばを換えて言うなら――、先にわれわれは「日本型」大黒の袋は、

［1］なぜ「鼠毛色」に描けと言われるのか、そして、

［2］なぜこの袋はこれほど大きく、また肩にかつがれなくてはならないのか、

という二つの問題を提起した。そのうちの第一の疑問は、インドの「クベーラ的大黒」を見出したことで、一応の解決を得たと考えられるが、二番目の疑問は、まだ何の答えもないままに残されている。事実、このような大きな袋を持った神格は、中国の伝説的僧で、日本では大黒とともに七福神の一に数えられる布袋和尚以外には、東アジアの広い仏教世界を見回しても、（少なくとも仏教信仰の範疇では）ほとんど類例がないように思われる。しかも、その布袋和尚自身も、一般に見られる図像では大きな袋を脇に置き、その上によりかかって坐るような形に描かれており、その点を考慮するなら、「日本型」大黒の姿は他に例のないきわめてユニークな形態であると言うべきだろう。

あえて、これと似た像容の神格を挙げようとするなら、われわれはまったく別の方向に目を向けなければならない。荒俣宏氏が指摘されているように、「日本型」大黒と同様の大袋を背中に背負っている神格（神話的人物）としてすぐに想起されるのは、現代のサンタクロースの像容だからである。(5) もちろん、サンタクロースと「日本型」大黒の図像の間には、歴史的にはいかなる関係もありえない。しかし、宗教‐神話的表象の類型という観点

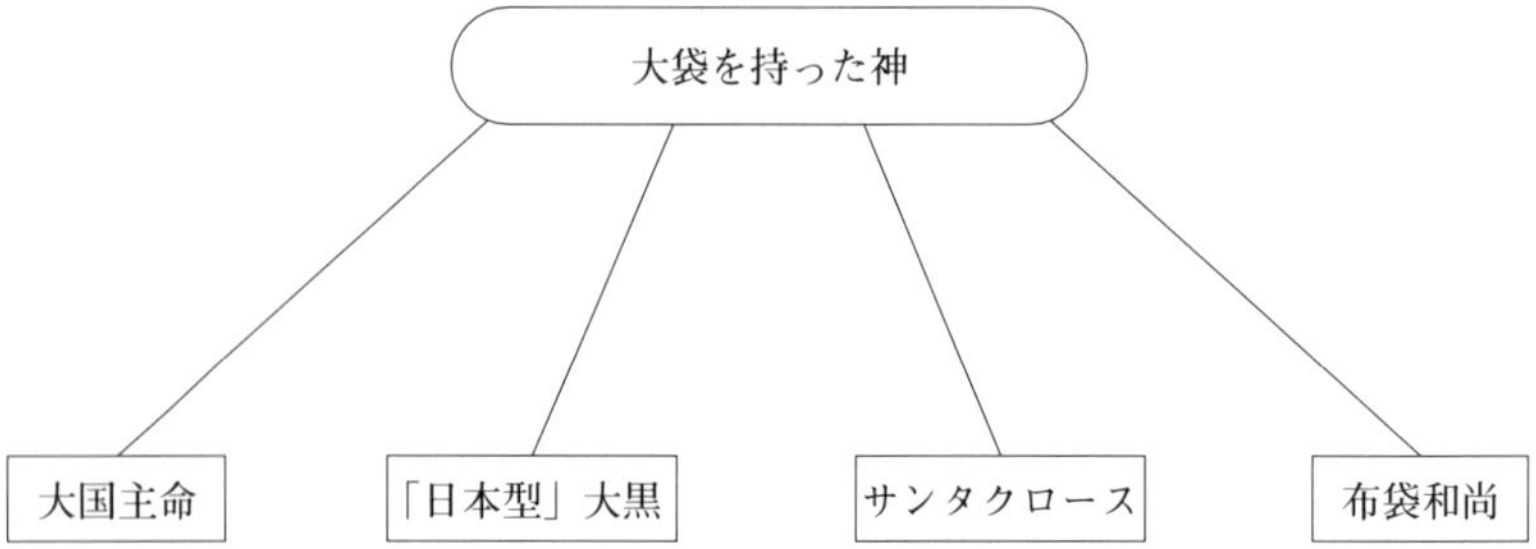


図108

から見ると、この両者の比較は決して無意味ではない。サンタクロースと「日本型」大黒は、両者とも大袋を背負っているばかりでなく、（少なくとも後世の「日本型」大黒について言えば）両者とも同様に異常に肥満した太鼓腹の姿に描かれ、また同様に満面に笑みを湛えて人々に福をもたらす「福神」として表象されている。この二神はまた、ある種の卑俗性とユーモアをそなえた「民衆的神格」という点でも一致している。このような類似から推して考えるなら、「日本型」大黒の袋に入っているのは、サンタクロースの場合と同様に、民衆に与えるための贈り物（財宝）であると類推できるだろうし（大黒の袋の「内容物」については後述も参照）、また袋を背負いトナカイのそりに乗って子どもに贈り物を配るサンタクロースが、一種の「旅をする神」「遊行神」であることから、「日本型」大黒もなんらかの遊行神的性格を持ち合わせるかもしれないとも考えられるだろう。さらに、これらの特徴は、すべて、同様に大袋を持った布袋和尚とも共通していると思われる。サンタクロースと大黒は大袋を肩に担ぎ、一方の布袋は、一般的な図像では大袋に寄りかかってあぐらをかいている。

　大黒とサンタクロース、そして布袋のほかに、もう一人の大袋を持つ神として考慮しなければならないのは、日本神話の大国主命である。稲羽の八《や》上《がみ》比《ひ》売《め》を「婚《よば》はむ」ために旅をした大国主命は、サンタクロースや大黒と同様に「大袋を肩に担ぐ」神だった。この大国主命も、言うまでもなく「旅する神」であり、また兄弟の「八《や》十《そ》神《かみ》」に従者として従う、ある種の賤民的な属性を帯びた神でもあった（後述II, p. 705以下参照）。こうして見ると、「大袋を担いだ（持った）神」は、明らかにひとつの普遍的な表象類型（ユング的な意味での「元型《アーキタイプ》」と言ってもいいかもしれない）を形成しているように思われる。——そして、このような類似を見ることによって、われわれは「日本型」大黒の大袋が、この神格の性格を決定するのにいかに重要な役割を果たしたかを理解することもできるだろう（図108参照）。

とは言っても、もちろんこのような類型上の比較は、大黒の図像の歴史的変遷をたどろうとするわれわれの目的にとっては補助的な意味以上のものはない。——では、あらためて、「日本型」大黒は、なぜこのような巨大な袋を、背中に背負うようになったのだろうか。

## B　近世以来の説明とその限界

はじめに断っておかなければならないが、この新しい、もっとも重要な疑問に対して、ここでは残念ながら、詳しい歴史的展開をたどった説明を提起することはできない。『要尊道場観』の言う「鼠毛色の袋」の由来に関しては、前の三章の叙述は、すべてを実証できるものではないにせよ、歴史的経緯を追って一歩一歩「起源」に向かって遡る形態をとることができた。しかし「日本型」大黒の袋の大きさや、なぜそれが背中に背負われるのか、という問題については、以下に述べる試論は、それよりもはるかに「共時的」な分析に基づいており、それゆえさらに仮説的な性格のものにならざるをえない（この問題は今後別の角度から追求されるべきであり、新たな文献や図像資料を考慮に加えることによって、以下の仮説の信憑性がより強められることもあるだろうし、あるいはまったく別の解決が見出されることもあるだろう）。——というより、この仮説の一番の「効用」は、それを起点にして、われわれにとって最大の関心事である「大黒神話圏」に、また新たな、思いがけない展望が開けてくることにある。その意味では、この探究も決して無駄ではないと思われる。

＊

さて、大黒の袋の由来に関しては、少なくとも江戸時代以来、何人かの学者が説明を試みているが、それは基本的に、前に引いた喜多村信節の『嬉遊笑覧』の記述（前述p. 343参照）からも想像できるとおり、大黒天の袋の形は大国主命との習合に由来する、というものだった。たとえば、十八世紀前半（一七三〇年頃）の日蓮宗の僧・日栄は、その著書『修験故事便覧』巻第四（大黒天神の弁）に次のような説を挙げている（著者自身は仏教に属する者として、こうした説の論破を試みているが、必ずしも成功しているとは言えない）。

問、此の頃、神書の講を聞きしに、世間に勧請する大黒天は、我が朝の大己貴《おほなむち》命なり。此の神を大国主《おほくにぬし》命と名づけ、又は大国玉《おおくにたま》命と名づく。大国と大黒と音同じ。この故に無知の釈氏、訛転して日域の地神を月氏の天神と教へ、普ねく崇敬せしむる事、謬りの甚しきなりと。実に爾かなりや、〔中略〕

問、講者の曰はく、大己貴命を葦原醜男と名づけ申すことは、色黒く形ち醜きの証なり。旧事記に事《ことや》八十《その》神と大己貴命いろへいろ（兄弟）の二神、各々稲羽の八上姫を婚らんと欲ふの心ありて、ともに稲羽に行くとき、大己貴命、袋を負ひて僕と成り、従ひ行き玉ふことあり。是れ袋を負ふの証なり。殊に帽巾《ぼうきん》より衣服に至るまで天竺の容体にあらず、皆な和服なり。故に世間に崇拝せる大黒の像は、吾が大己貴命たること明けしと、是れ亦た爾かなりや。[6]

これと同様の見解は、近‐現代にまで引き継がれている。たとえば喜田貞吉は「大黒神像の変遷」で、

この〔「日本型」大黒の〕像においては、服装その他大体和風となって、甲を着し、天冠を戴ける、寄帰伝式のものとは全く趣を異にしている。ことに彼〔「寄帰伝式の半跏像」〕にありて小嚢を把したはずのものが、これにあっては大袋を背負う形と改まっている。これはもっとも注意を要するもので、これけだし当時既に

大黒天をもって我が大国主神に附会したことの証拠となるべきものである。すなわち大国主神が袋を負うて、八十神のお供をしたという形を表わしたものと解せられるのである。[7]

と書いており、中川善教氏もこれとほぼ同様の意見を述べておられる。[8]――これに対して明確な異議を唱えているのは、筆者の知るかぎり、「我が国古来より斯くの如き〔袋を負ひ給へる〕大国主の神体なかりしや必せり」と書いた長沼賢海以外にはないようである。[9]

しかし実際のところ、もし淳祐や太宰府観世音寺の大黒神像の時代、すなわち十世紀半ばから後半以前の時代に遡る負袋形の大国主神像の存在が明確に示されないかぎり、この説明は論拠に乏しいと言わざるをえないだろう。筆者自身は、残念ながら中世以前の大国主の神像はひとつも見たことがないし、そもそも〈仏教‐神道〉的なコンテクスト（あるいは「神仏混淆」的なコンテクスト）における大国主神の信仰自体が、少なくとも十四、五世紀に至るまで、全体に非常に希薄だったのではないかと考えている。事実、たとえば、天台系の中世日本の〈仏教‐神道〉的信仰‐教義の集大成とも言うべき比叡山・光宗の『渓嵐拾葉集』（十四世紀前半）には、（大正蔵の索引によるかぎり）大国主の名はただ一度、たんに『日本書紀』の神話を要約する箇所に現われるだけのようだし、[10]真言宗関係では、「真言宗全書」の索引には、やはりただ一度だけ大国主の名が挙げられ、該当箇所（一七四四～一七六四年頃の瑞宝撰『安流伝授紀要』巻第二十五）では、大国主尊の本地は薬師如来である、と書かれているにすぎない。[11]これはまた、『古事記』と『日本書紀』における大国主神話の扱いの違いとも関係しているかもしれない。全体に大国主神話は、『古事記』には詳細な記述があるが、『日本書紀』ではおもに国譲り神話しか述べられていない。[12]もちろん、大国主が大袋を担いで八上比売のもとに旅した物語、あるいは根の国で野火の難に遭い、鼠に助けられる物語など、江戸時代に大黒と大国主を結びつける根拠とされた物語は、『古事記』にしか記載がない。ところが、『古事記』は一般に近世にいたるまで（とくに本居宣長によって大きくとりあげられる以前は）ほとんど人々の関心の的になることはなく、逆に『日本書紀』は古代末期以来、多くの解釈や注釈の対象とされた。そのことを考えるなら、（国譲り神話以外の）大国主神の神話が近世以前に広く知られなかったのは当然のことかもしれない。

すでに述べたように、大国主と大黒の習合を明確に証する文献が現われるのは、十三世紀半ばの『塵袋』が最初であり、しかもそれはたんなる語呂合わせ的な連想でしかなかったと思われる（後述 p. 562 も参照）。とすると、大黒の大袋を大国主との習合によって説明することは、年代的にやはり相当の無理があると言わざるをえないだろう。ここでもどうやら、われわれは発想の転換を計らなければならないようである。

### C　摩訶迦羅忿怒像の背後の象皮

その発想の転換のきっかけとして、まず中世日本の真言宗の文献に見られる一文を取り挙げることにしよう。十四世紀前半の亮尊による『白宝口抄』巻第百五十三（大黒天神法）には、大黒の三昧耶形（諸尊の特徴的な持ち物。密教の道場観の基礎であり、諸尊を象徴する意味をもっている）である袋に関連して、次のように書いた箇所がある。

問ふ。ある伝に云はく、象皮の袋を以て三形（＝三昧耶形）と為すと。本説有りや、如何。

答ふ。本説いまだ撿せず。〔ただし〕六臂像は象皮を持ちて背後の帳と為す。これに依りて鼠毛色の袋を改めて象皮の袋と為すか[13]（原文「之依改鼠毛色袋為象皮袋歟」）。

すなわち、当時の真言宗に行なわれていたある異説によれば、大黒の大袋は「象皮の袋」である、その根拠となる経軌を見いだすことはできないが、「六臂像」の背後に帳《とばり》のように張られた象皮を「鼠毛色の袋」の代わりに袋の形にして使ったのかもしれない、というのである。

これにちょうど対応するかのように、『白宝口抄』とほぼ同時代に成立した『渓嵐拾葉集』には、大黒天の像容を記述する中で、はじめに『神愷記』(『大黒天神法』)の通常の図像を引用し、次に、

或は袋の色白、象皮を以て袋と為す也。(14)

という説を記した箇所がある。

『白宝口抄』の言う「六臂像」とは、胎蔵曼荼羅や理趣経曼荼羅に描かれた忿怒相の摩訶迦羅像で、中国伝来のいわば由緒正しい図像を指している。すでに詳しく見たように、この六臂像の背中に「帳」のように張られた象皮は、そのモデルになったと思われる慧琳＝不空の八臂の摩訶迦羅天図像や、敦煌やベゼクリクを初めとする中央アジアの図像など、古い摩訶迦羅像にほとんどつねに見られるものであり、さらにそれら仏教の摩訶迦羅像の原型と考えられるヒンドゥー教の「アンダカ・アスラを降伏するシヴァ神」の図像でも重要な特徴のひとつだった(神話モティーフ索引「象皮」参照)。一方、マハーカーラは、カーリダーサの『雲の使者』や『ヴィシュヌダルモーッタラ・プラーナ』、あるいは慧琳＝不空の図像などで、「夕暮れ時の雷を含んだ雲」、「雨を含んだ雲の色」、「青黒雲色」などと喩えられており、このことは、「雲」と「象」が密接に結びつけられたインドの象徴体系を考慮に入れると、大きな意味をもつように思われる。マハーカーラ自身が嵐を呼ぶ黒雲に喩えられるとするなら、そのマハーカーラが背に被る象の皮も、太陽の光線をさえぎる「雲／象」を象徴するものかもしれない(前述 p. 326–328 参照)。——この推測の是非は別としても、インドから日本に至るまで、マハーカーラ‐大黒とこの背中の象皮はつねに一貫して密接な関係にあり、そのことを考えるなら、『白宝口抄』や『渓嵐拾葉集』が、「日本型」大黒の背中の大袋を摩訶迦羅忿怒相の背中の象皮と関連づけて考えようとしたのは、決して突飛な発想ではないことが理解されるだろう。

これら中世日本の文献に見える異説では、象皮の袋は、「鼠毛色」の袋の一種の代替物として用いられたと考

えられているようである。しかし、もしもそれを逆転させて、「日本型」大黒が背負う大袋が、摩訶迦羅忿怒像の背中の象皮に基づき、それが変容した形であるとするなら、われわれの問題は、いわば一挙に解決することになる。この摩訶迦羅像の象皮は、はじめから背中に帳のようにかぶせられたものであり、また背中全体を覆うほど巨大なものだからである。そのことはまた、福神としての「日本型」大黒と、ヒンドゥー教的起源が明らかな恐怖すべき大神、忿怒形の摩訶迦羅とが互いに無関係の別の神ではないという、われわれの基本的な仮説にも合致するもので、とくに考慮に値すると思われる。

## 3 「鼠と象」——ガネーシャと鼠の神話

『白宝口抄』のテクストは、一般の「鼠毛色の袋」とここで言う「象皮の袋」の二つが、いわば交換可能と考えられる場合がありうることを示唆していた（「これに依りて鼠毛色の袋を改めて象皮の袋と為すか」）。「象」と「鼠」がこのように入れ替わりうる、あるいはきわめて近い関係で結ばれているというのは、いったいどのような状況なのだろう。

ここでまず思い起こされるのは、象と鼠が同じコンテクストで現われるある興味深い仏教説話である。義浄訳の『仏説譬喩経』は、次のような物語を伝えている(15)。

あるとき、一人の旅人が曠野で一頭の「悪象」に襲われた。必死で逃げて、空井戸があるのを見つけ、脇に生えている木の根に摑まり、井戸の中に隠れた。ところがそこに黒と白の鼠が現われて、木の根を齧り始めた。また井戸の周囲には「四毒蛇」がいて旅人を狙っている。さらに下にも毒龍がいて食いつこうとしている。旅人は大いに恐れながら、摑まっている木の根を見ると、そこに蜜が垂れているのを見つけた。彼はその蜜を五滴舐めた。木が揺れて蜂が舞い上がり、旅人を刺した。また野火が拡がり、木を燃やし始めた。

これらはすべて譬喩である。曠野は無明長夜の喩であり、象は無常の喩である。井戸は生死の喩であり、木の根は命根の喩である。黒白の鼠は昼夜を表わし、四毒蛇は四大を、蜜は五欲を、蜂は邪思を、野火は老病を、また毒龍は死を表わす。ゆえに、人は常に生老病死を恐れ、五欲に呑み込まれるのを避けねばならない……。

この経典は、全部で六百五十字ほどの非常に短いものだが、さまざまな興味深い問題を含んでいる。第一に不思議に思われるのは、これほど印象深い物語であるのに、その類話が漢訳仏典やパーリ語仏典の他の説話集などに（簡単な調査では）ほとんど見いだせないことである（ただし一つだけ、偶然に見つけた類話が『賓頭盧突羅闍為優陀延王説法経』にある。T. XXXII 1690 787a19-28 参照）。次に、それにもかかわらず、驚くべきことにこの物語は中世ヨーロッパにキリスト教の聖人伝説として伝えられた仏陀伝、『バルラームとヨアサフ』に現われている。『バルラームとヨアサフ』は、『ラリタヴィスタラ』などの仏伝文学がウイグル語のマニ教文献に伝えられ、アラブ語訳を経て、グルジア語に訳されてキリスト教化され、さらにギリシア語、そしてラテン語にも訳されて、ヨーロッパで広く知られるようになったものだった。この物語の原話は『マハーバーラタ』やアヴァダーナ文学にも見られるという。これをグルジア語からフランス語訳したアニー、およびジャン＝ピエール・マエ氏の注によれば、この物語の原話は『マハーバーラタ』やアヴァダーナ文学にも見られるという[16]。また、同じ物語の異伝は、ジャイナ教の経典 *Samarādityakathā* にも伝えられており、さらにヴェトナムの仏典にも見られるという。一方、ヨーロッパでは、おそらくペルシアのスーフィ神秘主義の文献に拠ったと思われるベルナルダン＝ド＝サン・ピエールの『インドの小屋』（*La Chaumière indienne* 一七九〇年刊）に、「虎に追われる人」という形に変化して現われている。また、トルストイの『懺悔』（一八七九～一八八一年）に見られる異伝は、彼に重要な影響をあたえたという『バルラームとヨアサフ』に基づいたものと考えられる。さらにひるがえって、同じ物語の異伝は、近代インドの神秘主義宗教家、ラーマクリシュナ（一八三四～一八八

**図109　鼠を乗り物とするガネーシャ**
（前図7「シヴァの家族」の部分）

六年）の著作にも見られるという[17]。

この寓話では、象は「無常」を、黒と白の鼠は「昼夜」を表わすという（グルジア語『バルラームとヨアサフ』のヴァージョンでは、象は「人の子を追いかける死」の寓意であるという）。これらはともに「時」の様相であり、マハーカーラの「カーラ」＝時間と無関係ではない。その点を考慮するなら、この物語は「大黒《マハーカーラ》」と「象」と「鼠」を関連づける一つの契機となりえたかもしれない。

とはいっても、この寓話では「象」と「鼠」は、「毒龍」や「蜂」など、他の動物の中の要素として現われており、その二つだけにとくに焦点が当てられているわけではない。その意味では、そして大黒＝マハーカーラとの関係がより本質的であるという意味では、むしろヒンドゥー教の象頭神ガネーシャとその乗り物の鼠がより直接的にわれわれの興味を引く。

ヒンドゥー教の神話や図像では、象頭の神ガネーシャは、鼠を乗り物にしていることが知られている（図109参照）。たとえば、ルード・ロチャーが引用する『ブラフマヴァイヴァルタ・プラーナ』*Brahmavaivarta Purāṇa*（3.13.12cd）によれば、ガネーシャの命名式に招かれた神々は、それぞれ贈り物を捧げたが、なかで大地女神ヴァスンダラー Vasundharā（ジャンバラの配偶女神ヴァスダーラーと同じ）は、鼠をガネーシャの乗り物として贈ったという[18]。ガネーシャと鼠の乗り物については、次のような滑稽味にあふれた神話も伝えられている。T・A・G・ラオが引用するプラーナ文献によれば——、ある日のこと、ガネーシャは信者が供えた好物の菓子「歓喜団」(*modaka*)を腹一杯に詰め込み、鼠の乗り物に乗って家路に急いだ。日はすでに暮れていて、暗い道を鼠はつねにもまして重たくなった主人を乗せ、やっとのことで歩いていた。ところがその時、道の真中に巨大な蛇が横たわっているのに出食わし、鼠はびっくりしてつまずいて、背に乗ったガネーシャを放り出してしまった。その拍子にガネーシャの太鼓腹が裂けて、なかの歓喜団が道一杯に散らばった。ガネーシャは辛抱強くそれを拾い集め、またおなかにしまい直して、腹の裂け目から歓喜団がこぼれ落ちないように、道に横たわっていた蛇をベルト代わりに太鼓腹の周りに締め、鼠に乗って出発しようとした。ところが、その一部始終を空から見ていた月〔男性〕とその妻の二十七の星宿たちが、あまりのおかしさに大声で笑い出した。ガネーシャは大いに怒って自分の牙を一本折って月に投げつけ、そのために月はすっかり光を失ってしまった。

　夜が真っ暗になって困り果てた神々は、ガネーシャに願い出て、怒りを解いてくれるように頼み込んだ。神々の丁重な態度に気を良くしたガネーシャは、月に対する呪いを和らげ、そのために、月の光はいまのように満ち欠けするようになったのであるという[19]……。

ガネーシャと鼠の関係は、ヒンドゥー教だけでなく、チベットの仏教タントラでも知られていたようである。たとえば、チベット語で伝えられた『聖ガナパティ欲金剛本誓讃』*'Phags pa Tshogs kyi bDag po Chags pa rDo rje'i Dam tshig gi bsTod pa* と題されたテクストには、三頭六眼のガナパティの図像が記されており、そのうちの一頭は象、一頭は鼠、一頭は猿の形であるという[20](チベットにおけるガネーシャと鼠の関係については、後述も参照)。

　また、興味深いことに、鼠は、サンスクリットでは *mūṣaka* と呼ばれ、この語は「盗み」を意味する語根 *MUṢ-* と結びつけて考えられた(サンスクリット *ākhu* も鼠またはもぐらの意。*Ākhuga* あるいは *Ākhuratha*

〔「鼠に乗る者」の意〕はガネーシャの別名として用いられる〕。「盗み」のテーマがシヴァ神話圏で重要な意味をもち、とくに仏教におけるマハーカーラ‐大黒の神話でもしばしば現われることは、これまでにもいくつかの例を見てきたが、その同じテーマは、ガネーシャの鼠とも関連づけられているのである。アラン・ダニエルーが引用する『バガヴァット・タットゥヴァ』*Bhagavat tattva* の解釈によれば、ある種のコンテクストではガネーシャ自身が「鼠‐盗人」に喩えられることがあるという。

> 鼠は誰もが尊崇すべき栄光ある乗り物である。永遠の智慧に基づいて〔人々はガネーシャを〕「鼠を乗り者とする者」と呼ぶ。語根 *MUṢ-* は「盗むこと」を意味する。盗みは、あらゆる名称と形態の霊魂である不可視の偉大なる存在〔ガネーシャ〕の生業である。すべての名称と形態の原因として、彼はあらゆる歓喜のなかにあり、またあらゆる歓喜を享受するものである。自我の慢心によって迷わされた者のみが、そのことを悟ることができない。〔ガネーシャは〕すべて歓喜するものであり、われわれのうちに盗人のように隠れ住む完全なる自在主〔＝アートマン〕である。人間を〔完全に向けて〕衝き動かす〔このガネーシャこそが〕「鼠」と呼ばれるのである。(21)

象頭の神が鼠を乗り物にするという奇抜な発想は、いったいどこから出たものだろう。——これは、最大の動物を最小の動物と組み合わせることによって生み出される、一種の滑稽の効果をもっているが、それだけでなく、象の習性に関する（インドに限らない）ある種の民俗的な観察に基づいているのかもしれない。南方熊楠が、ガネーシャと鼠に関連して記すところによれば、

> 明治二十四、五年のあいだ、予、西インド諸島にあり、落魄して象芸師につき廻った。その時象が些細な蟹や鼠を見て、いたく不安を感ずるを睹《み》た。そののち『五雑俎』に、象は鼠を畏る、とあるを読んだ。また『閑窓自語』を見るに、享保十四年〔一七二九〕、広南国より象を渡しし術を聞きしに、「この獣きわめて鼠

をいむゆえに、舟の内に程を測り、箱のごとき物を拵え鼠をいれ、上に綱をはりおくに、象これをみて鼠を外へ出ださじと、四足にてかの箱の上をふたぐ。これに心を入るるゆえに、数日船中にたつとぞ。しからざれば、この獣水をもえ〔得〕たるゆえに、たちまち海を渡りて還るとなむ」とあり。〔中略〕かく象がいたく鼠を嫌うゆえ、〔中略〕今日インドで象頭神ガネサが鼠にのるところを画き、むかしギリシアのアポロ神がクリノスより献じた年供《ねんぐ》を盗んだ鼠を射殺したので、その神官が鼠に乗る体を画いたと同意と考う。[22]

という。

この点はともかくとして、もし「日本型」大黒の「鼠毛色の袋」と摩訶迦羅忿怒像の「象皮」との間になんらかの関係があると仮定するなら、「マハーカーラ‐大黒神話圏」に近いところでそうした「鼠」と「象」のかかわりを説明しうるのは、ガネーシャとその乗り物の鼠の関係が最有力候補であることはたしかだろう。

## 4　インド宗教における象神信仰の展開

とはいっても、ガネーシャが鼠の乗り物に乗るようになるのは、ヒンドゥー教の歴史の中でもおそらくあまり古い時代には遡らないと思われる。いま、その年代を特定する資料は見出せないが、少なくとも「日本型」大黒の図像が成立した十世紀以前にインドにおけるガネーシャと鼠の関係が確立していたとする証拠は手もとにないし、また中国・日本の聖天信仰にも、鼠との特別の関連を示唆するものは見当たらないようである。もし、「日本型」大黒が背負う「鼠毛色」の大袋が何らかの意味でガネーシャと鼠に関連すると仮定しても、そこに直接的な歴史的展開を認めることは、論理的に無理があるだろう。可能性として考えられるのは、歴史的により古い段階で、

○インドのガネーシャとマハーカーラが関連していたこと（これは、両者ともシヴァ神話圏の重要な要素である

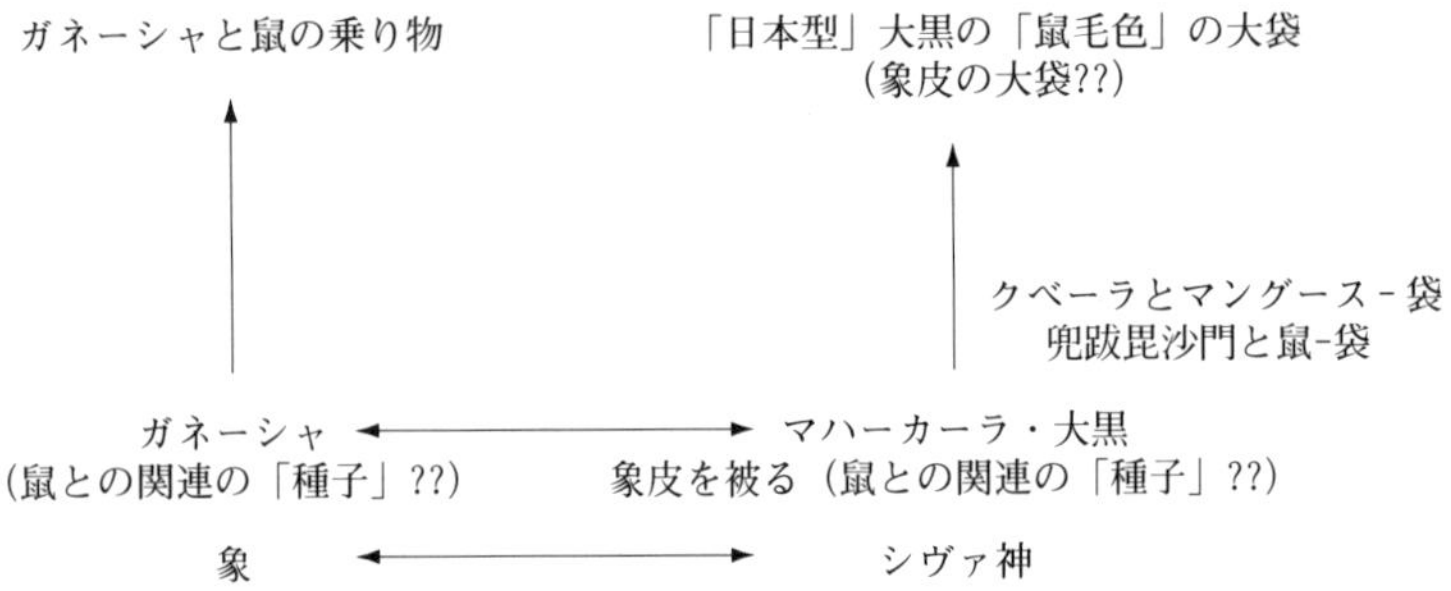


図110

ということから、すでに明らかである)、

○ガネーシャの神話像には、後に鼠を乗り物とするようになる「鼠との関連」が、いわば潜在的な「種子」として内包されていたこと、

○マハーカーラにも、そうした潜在的な「鼠との関連」が(ヴィールスが伝染するのと同じように)ガネーシャとの関連をとおして「伝染」していたこと(「南海寄帰伝式の半跏像」の大黒と鼠との関連は、クベーラとマングースまたは兜跋毘沙門と鼠との関連から派生したもので、いまの問題と直接的にはかかわらないが、間接的には無関係ではないだろう)

というような状況があり、一方のガネーシャはそのままインドに残って鼠を乗り物とするようになり、他方のマハーカーラは、クベーラ/兜跋毘沙門などともかかわりながら中央アジア、中国を経て日本にまで移入され、その段階で、本来は背後に広いマントのような形でまとっていた象皮が「鼠毛色の」巨大な袋に変形した、というような変化の過程である(図110参照)。こうした隔たった地域における並行的な神話イメージの変化・展開は、歴史的に証明することは多くの場合ほとんど不可能だが、各種の具体的な神話像の変形を理解するためにはきわめて重要な要素であり、可能性としてつねに考慮すべきものと思われる。

　このように歴史の各段階を踏んで明確な証明をすることが困難、または不可能であるような仮説を考える場合、重要なのは、それにかかわりうる周辺の問題をなるべく多く検討して、最初の仮説の蓋然性をいくらかでも高めていくことだろう。いまの課題について基本的に重要なのは、シヴァと象との関係、そして（インドにおいても、あるいはその他の地域においても）マハーカーラ‐大黒とガネーシャの関係であると思われる。

ここでまず考えておきたいのは、摩訶迦羅忿怒像（あるいは「アンダカ・アスラを降伏するシヴァ神」の図像）が背後に被るようにして張っている象皮を、なんらかの意味でガネーシャと結びつけられるかどうか、という問題である。もしそれが不可能ならば、ガネーシャ（～象）とその乗り物の鼠という関係が明らかであっても、摩訶迦羅忿怒像の象皮と、「日本型」大黒の「鼠毛色袋」とを関連づけるという仮説の基本的な論点も、成立が困難になるだろう。

この問題について考えるには、先に検討したヒンドゥー教の神話と図像におけるシヴァ神と象の関係にまで立ち戻らなければならない（p. 323 以下参照）。前述のとおり、シヴァ神の図像の中には、象の皮を被り、あるいはそれを敷き物にした形の像が多く現われる。その象皮の由来を説明する神話にはさまざまなヴァリエーションがあるが、基本的にはそれらはすべて、象の形に変身した魔物（アスラ）を、シヴァまたはその直属の配下が退治し、その皮を剝いで背中に被る一種の上着にした、あるいは敷き物にした、というものと考えることができる。

一方、ガネーシャをめぐる多くの神話の中で、ガネーシャはシヴァを父とすることなしにパールヴァティー一人によって生み出され、シヴァからさまざまな迫害を受けたことが物語られている。たとえば、以前に見た『ブリハドゥダルマ・プラーナ』のヴァージョンでは、シヴァは生まれたばかりのガネーシャをただ見ただけで、その首を落としてしまったと言うし（前述 p. 325 参照）、別のより新しいヴァージョンでは、シヴァはガネーシャが自分の娘ウシャー Uṣā と遊んでいる様子を見て激怒し、その頭を切り落とした、あるいは、ガネーシャが神妃パールヴァティーと交わったことを知ってその男根を切り落とした、とも語られている。事実、現代のベンガル地方のドゥルガー女神（パールヴァティーの別名）の祭典では、大女神ドゥルガーを表わすバナナの木「カラ・

ボー」Kala Bo が「ガネーシャの新妻」として表象されるという。[23]

そもそもヒンドゥー教の歴史の中で、象頭の神ガネーシャの信仰が明確に現われてくるのは、紀元四〇〇年以降というむしろ驚くほど遅い時代であって（前述 p. 450 および X-n. 10 参照）、その起源に関しては、多くの学説が錯綜している。ここではそれらの説の詳細に立ち入る余裕はないが、全体として見るなら、ガネーシャ信仰の起源はほぼ次のように説明されると言っていいだろう。

すなわち、ガネーシャのもっとも頻繁に使われる別名のひとつであるヴィナーヤカ Vināyaka という語は、*すでに『マーナヴァ・グリヒヤ・スートラ』*Mānava Gṛhyasūtra*（紀元前二世紀頃?）に、ある一群の怪物的な恐るべき障碍神の呼び名として現われている。ここでは、ヴィナーヤカは人間に取り憑き、その活動を妨げたり悪夢を送り付けたりする一種の悪霊であり、適当な儀礼を執り行なってなだめ、味方につけなければならない存在と考えられている。こうしたヴィナーヤカをめぐる信仰は、その後『ヤージュニャヴァルキヤ・スムリティ』*Yājñavalkya smṛti*（紀元後一、二世紀?）では、より発展した形で現われてくる。以前は一群の怪物的存在であったヴィナーヤカが、そこでは（シヴァの神妃である）アンビカー女神の息子であるという唯一の「ヴィナーヤカ神」に集約されている。このヴィナーヤカ神は、また「ガナパティ」とも呼ばれ、明らかにルドラ神に関連づけられている。さらに、ここではヴィナーヤカ神をなだめるために、大根（*mūlaka*）や歓喜団（*modaka*）など、後世のガネーシャの儀礼で欠かせないものとなった供物を捧げることが定められている。――しかし、こうした古い時代のヴィナーヤカ神が、象頭の神と考えられたという証拠は、これらの文献にはどこにも見つからない。

*サンスクリット *vināyaka* の原義は「指導者」「案内者」であって、漢訳では「導師」「善導」ときには「如来」などと訳されている。『マーナヴァ・グリヒヤ・スートラ』などに現われる怪物的な *vināyaka* は「誘惑者」（悪の、あるいは恐怖の方向に「導く者」）の意に解せるという。「障害を取り除く者」という意味での *vināyaka* は、ガネーシャの別名として用いられたと考

えられる。Robert Duquenne, "Pérégrinations entre l'Inde et le Japon : du «Mont en Tête d'Eléphant» et d'autres montagnes sacrées", p. 211-212 ;『漢訳対照梵和大辞典』p. 1220b 参照。

一方、それとは別に、「黒のヤジュル・ヴェーダ」に属する『マイトラーヤニーヤ・サンヒター』*Maitrāyaṇīya Saṃhitā* や『タイッティリーヤ・アーラニヤカ』*Taittrīya Āraṇyaka* などには、「象面の」(*hastimukha*)、あるいは「曲り鼻の」(*vakratuṇḍa*) 神への讃歌が載せられており、非常に古い時代からある種の象神への信仰が存在していたことを知ることができる。また、西北インドのカーピシーを中心とした地域からは、象の頭の形を刻印した紀元前一世紀に遡るインド‐グリーク王朝のコインがいくつも発見されており、ここにも古い時代から象神の信仰があったことがうかがわれる。このカーピシーの象神については、後代の玄奘の『大唐西域記』にも、次のような伝説が記されている。

〔迦畢試国の王城の〕西南に比羅娑洛〔Pilu-sāra〕山（唐に象堅という）がある。山神が象の形をしているから象堅というのである。むかし如来が存世のとき、象堅神が世尊と千二百人の大阿羅漢をおまねきしたことがある。山の頂には大きな堅い岩があり、如来はそこに座をされて神の供養を受けられた。(24)

西北インドにおけるこうした象の形の山神の信仰は、後のガネーシャ信仰のひとつの重要な出発点になったと考えられるだろう。事実、ガネーシャを表わしたと見られる最古の彫刻のいくつかは、クシャーナ朝時代のマトゥラーから発見されたもので、インド‐グリーク王朝以来の西北インドの象神信仰を反映したものと考えられるという説もある。(25)

こうした事実を積み重ねてみると、インドには、古代からある種の象神の信仰が存在していたが、そうした信仰が次第に、一種の悪霊ではあるが、同時に儀礼によって「善神」にも変わりうる、きわめて両価的《アンビヴァレント》な性格の「障碍神」ヴィナーヤカの信仰と重なることによって、それ自身両価的なガネーシャ‐ヴィナーヤカの信仰に発

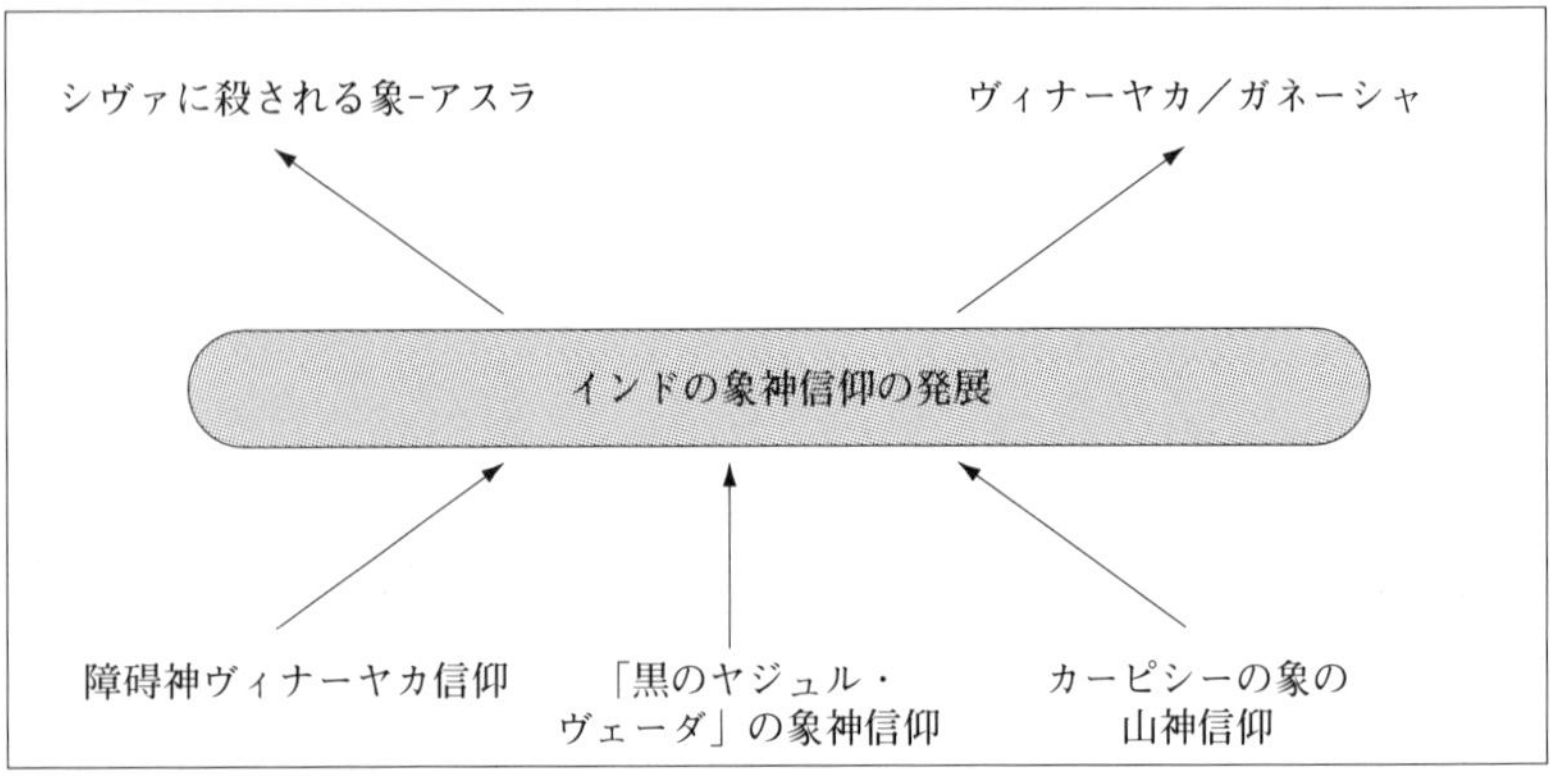


図111

展していったと考えることができるだろう。善神としてのガネーシャは、のちにガーナパトゥヤ派の主神に祀られるまで地位を高めていくが、同時に恐るべき障碍の象神ヴィナーヤカ‐ガネーシャの信仰も途絶えることなく続いていく。シヴァ神に殺され、皮を剥がれる象形のアスラの神話は、本来このような象神‐障碍神信仰の発展の過程で生まれたと考えられるだろうし、またシヴァ神によるガネーシャ迫害の物語も、同じ象神をめぐる両価的な信仰の展開というコンテクストで理解されるべきものと言えるだろう。

インドにおけるこのような象神信仰の発展を考えるなら、シヴァに殺される魔物としての象‐アスラと、パールヴァティーの「息子」の象頭のガネーシャとが、後世においてもある種の関連を保ち続けたとしても、不思議ではないと思われる。先に、象‐アスラの皮を被ったシヴァの図像の多くが、一本の象の牙を手にしており、一方、ガネーシャも、多くの図像で一本の牙が欠けた形で描かれていることを述べたが（前述p. 325参照。前述の、月に怒って自分の牙を投げつけたガネーシャの神話は、この図像的特徴の由来を説明する神話のひとつである）、これはまさに、象‐アスラとガネーシャの信仰とが、基本的にある共通の「ルーツ」から生まれ出たことを示唆するものと考えられるのではないだろうか〔図111参照〕。

## 5　ガネーシャとマハーカーラ／ガネーシャ（聖天）と巾着

以下では、「日本型」大黒の袋と摩訶迦羅忿怒像の背後の象皮、そしてガネーシャという三つの項のあいだになんらかの関連を想定する上の仮説を側面から補強するようないくつかの事例を、インドや日本など、時間的・空間的に隔たった地域から挙げてみることにしたい。

まず第一は、後期の仏教タントラにおけるある種のマハーカーラ像の例で、そこではマハーカーラは（一般の忿怒相のマハーカーラと同様に）背後に象の皮を被るのと同時に、足の下に象頭のヴィナーヤカを踏みつけている。しかもさらに興味深いことに、このマハーカーラの足下のヴィナーヤカは、一方の手に花を持ち、もう一方の手には髑髏盃か、または鼠を持っているという。[26]ガネーシャが手にする鼠は、クベーラの手中の銭袋＝マングースを想起させるものでもある。この場合のガネーシャは、あるいはクベーラと特別に近い関係の財宝神的な価値をもっているのかもしれない。

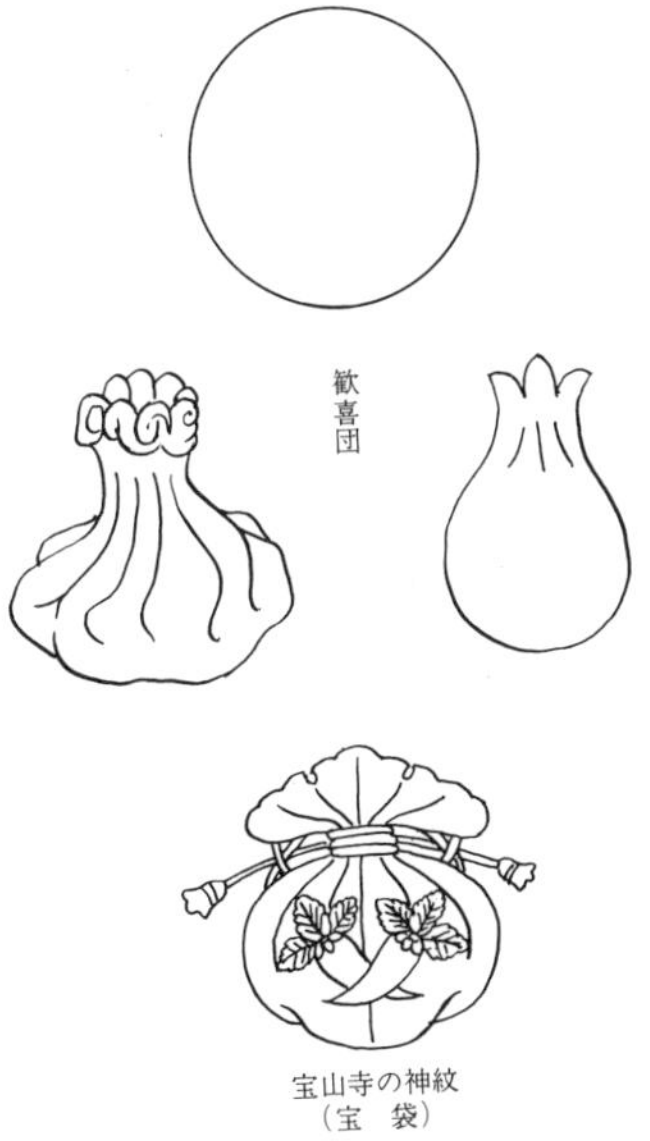


図112　聖天の巾着

一方、これとは別に、ガネーシャはヒンドゥー神話で鼠と結びつけられるだけでなく、日本の聖天（＝大聖歓喜天＝ガネーシャ）の「俗信」的な図像においては、袋に直接的に関連づけられている。すなわち、日本の聖天を祀る有名な寺院では、本尊を表わす「シンボルマーク」として、いわゆる「違《たが》い大根」のほかに、巾着の図が描かれることが知られているのである[27]（図112参照）。笹間良彦氏によれば、東京・浅草の待乳山聖天宮のパンフレットには、「〔聖天さまの〕巾着（砂金袋）は財宝で商売繁盛を現わし、聖天さまの信仰のご利益の大きいことを示されたのであります」と書かれているというが、笹間氏自身は、これとは別に、聖天の好物と考えられた歓喜団（*modaka*）の形が次第に巾着に変化したものだろうと推測されている。(28) 聖天を表わすというこの巾着は、形としては「日本型」大黒の大袋よりもむしろ「南海寄帰伝式の半跏像」の大黒が持つ小さい「金嚢」に近いものであり、また、クベーラ-ヴァイシュラヴァナが手にする「金嚢」とは違って、鼠（またはマングース）と関連づけられることもない。しかし、それにもかかわらず、日本の仏教徒が聖天（ガネーシャ）と袋の間になんらかの関係を見出したということは、ガネーシャとマハーカーラ、ひいてはガネーシャと「日本型」大黒の大袋との関連を考える場合に、無意味なことではないだろう。

## 6　大黒の袋の中身——大黒の袋と布袋の袋、ガネーシャの太鼓腹

ガネーシャと「日本型」大黒が持つ袋との関係は、さらに別の角度から見た場合にも確認されるように思われる。

そもそも、「日本型」大黒の大袋の中にはいったい何が入っているのだろうか。この点に関して明確に述べた文献は、残念ながら多くはない。しかし、たとえば『渓嵐拾葉集』には、いわゆる「大黒飛礫《つぶて》《ひりやく》の法」（これについては後述II, p. 712-714参照）に関連して述べた中に、次のような一節を見出すことができる。

ある碩学の真言師が、大黒の法を行ずるところを見るに、その本尊〔大黒天〕は、例の袋の中に如意宝珠を入満し、〔それを〕取り出し取り出しつつ十方の行者に授与し給うさまを体とする〔と言い、その形を〕造立した。この〔如意宝珠の形が〕飛礫に似ているのである……(29)〔傍点・彌永〕。

これと同様に、室町時代末期に遡ると思われる狂言『恵比須大黒』には、シテ（大黒）の次のような台詞がある。

> 其時大黒進み出で、一大三千世界の宝をこれに入れ置きたる、袋を汝に取らせつゝ、尚も宝を打ち出す、打出の小槌も汝に取らせ、是迄なりとて恵比須大黒、帰らんとせしが尚も所の福天にならんと、〳〵、此所にこそをさまりけれ(30)〔傍点・彌永〕。

また、こうした狂言が作成されたのとほぼ同じ時代（十五世紀末頃）の禅宗の僧・萬里周九（または集九、瑞九）の詩文集『梅花無尽蔵』には

> 摩訶葛《まかから》剌神。永く国家をして春ならしめ、槌を下して三宝（仏・法・僧）を護り、嚢の中には七珍（七つの珍宝、数え方に幾通りもあるが多くは金・銀・瑠璃・頗黎・硨磲・珊瑚・瑪瑙）を納む〔傍点・彌永〕。

とあり(31)、さらに中川善教氏が引く慶長五年（一六〇〇）書写の大黒天を祀る祭文には、

> 夫れ大黒天神は釈尊の化身衆生の因体なり。爰を以て鼠色《そしき》の烏帽子を着し、袴を垂れ下し、一切の福徳を袋に入れ肩に懸け、臼の辺に住して残食を稟《う》け、人信ずること有らんば、小槌の福を打出し与え給う。況や定業六月先に茶吉尼、人の命を奪うに、大黒天神彼の障難を除き、還つて命ち永く成すなり(32)〔傍点・彌永〕。

と書かれている（ここで大黒が「残食を稟《う》け」ると書かれているのは、非常に興味深い。「残食」については前述も参照。またここでは大黒の烏帽子が「鼠色」であると言われていることにも注目したい）。

こうした中世後期から末期にかけての文献で見るかぎり、「日本型」大国の袋に詰められているのは、「如意宝珠」にしろ、「一大三千世界の宝」にしろ、「七珍」にしろ、あるいは「一切の福徳」にしろ、つまりすべての福徳の源であり、大黒天はそれをまさにサンタクロースのように、惜しみなく人々に分け与える福神と考えられていたと言っていいだろう。

一方、ガネーシャの巨大な太鼓腹は、そもそも形態的に一種の「袋」を連想させるが、こうした「日本型」大黒の袋の中の「内容物」は、中国における布袋和尚の袋の中身や、インドのガネーシャの太鼓腹の中身と酷似し

ている。スタン教授によれば、

布袋和尚は、その布の袋の中にあらゆるものを詰め込むという。この袋は無尽蔵の袋であり、そこには三千世界のすべてが詰められている。彼は信者から供せられたあらゆるものを食べ、その残り（ハーリーティーが残食を食べることを想起しておこう）を袋に詰め込んでおく。彼はまた（つねに飢えた大食漢であると言われた仏弟子ピンドーラ尊者と同じく）捨てられた塵芥や石、瓦などもかまわず食べたという。こうして自由自在に生きた布袋和尚はまた、「歓喜自在」であるとも言われるが、この表現は、「〔大聖〕歓喜天」〔Nandin ?〕と呼ばれるガネーシャや、その好物だという「歓喜団」〔*modaka*〕を想起させるものでもある。同様の特徴は、また奇妙なことに、インドのガネーシャをめぐる信仰においても見ることができる。ガネーシャを主神として崇めるガーナパトゥヤの人々にとっては、象神ガネーシャの好物の菓子〔歓喜団〕は「命の種子」を意味するものであり、その太鼓腹の中には、全宇宙の人間の命の種子であるところの何百万もの菓子が詰め込まれている、という。一方、中国においては、弥勒あるいは布袋の袋は、あらゆる過去世の種子である「元気」を詰めたものと考えられ、それゆえその袋が「気母」と呼ばれることがあるのである(33)〔傍点は原文による〕*。

*ここで、布袋和尚が「信者から供せられたあらゆる食物を食べた」という記述は、先の『根本説一切有部毘奈耶』などに説かれた「マハーカーラ長老」が、「不受食」、すなわち「信者から供せられたのではない食物」を食べた、というテーマのちょうど逆に当たるもので、注目に値する。前述p. 177-179参照。またピンドーラ長老については前述p. 199-200参照。布袋の袋については、金文京氏の次の文も参考になる。「小説『西遊記』の第六六回で、魔法の搭包《おびぶくろ》によって孫悟空を苦しめた妖怪、黄眉大王の正体は、弥勒に仕える黄眉童子であり、搭包はもと弥勒の後天袋子またの名は人種袋であった。ここでの弥勒は笑和尚と呼ばれており、すでに布袋の姿であったろう。また弥勒信仰を背景にした北宋の王則の乱を題材とする小説『平妖伝』では、この弥勒の袋は先天一気を包んだ気母であるとされる。先天、後天は易《えき》の用語であるが、万物を生み出す気の母で人の種

の入った袋だというのだから、これはおそらく母親の子宮の比喩であろう」(金文京稿「弥勒と布袋——中国民衆の弥勒像」、月刊『しにか』、一九九五年十月号・特集「東アジアと仏教・二『弥勒と世界救済の思想』」p. 46a-b)。なお布袋‐弥勒と「歓喜」という語の関連については、後述II, p. 696-697参照。また、ガネーシャの好物「歓喜団」*modaka* が「命の種子」を表わす、ということについては Laurence Cohen, "The Wives of Gaṇeśa", *in* R. L. Brown, *ed.*, *op. cit.*, p. 120-121 and n. 24も参照。

こうして、「日本型」大黒の袋について、その形態を考えても、あるいはその「内容物」の表象を考えても、われわれはいわば「知らず知らずのうちに」インドの象頭の神ガネーシャまたは日本の聖天にたどり着いてしまっている。このことは、インドのガネーシャと「日本型」大黒、またはより一般的に仏教のマハーカーラ‐大黒とが、どこか非常に深いところで類似した、あるいは「通底」し合う神格であったことを意味しているように思われる。

## 7　仏教神話におけるガネーシャの位置（予備的考察）

大黒とガネーシャの関係は、おそらく仏教におけるマハーカーラ‐大黒の神話と信仰のもっとも核心的な部分に触れる問題であるように思われる。とくに日本の短身矮軀の福神型大黒と、中世インド以来の巨大な太鼓腹を抱えたガネーシャは、形態から見ても、その「卑俗」な現世利益性から見ても、そしてシヴァ的な起源から見ても、一見してきわめて類似した性格の神格と思われる。しかしこの両者の関係をすべて解明するためには、ガネーシャ自身をめぐる非常に複雑な表象群を分析し、明らかにすることが前提になるだろう。ガネーシャ神話群そのものを中心的課題に据えることは別の機会に譲ることにして、ここでは、これまでの叙述の中で現われたガネーシャと他の神格とのかかわりの中でとくに重要なものを整理して示し、次に、インドからもっとも遠い位置にある日本の仏教信仰において、この関係がどのように現われるかを、いくつかの注目すべき事実を通して見ていくことにしたい。

［1］門神としてのガネーシャ　ヒンドゥー神話では、ガネーシャはシヴァの神殿の門神として信仰されることがあるが、仏教においては、「ネパールでは、ガネーシャ（左側）とマハーカーラ（右側）が仏教寺院の門を護る門神として祀られており、また北インドやトゥルキスタン地方では同じ役割がマハーカーラ（右側）とハーリーティー（左側）に割り当てられている」（R・A・スタン）という（前述 p. 120–121；また神話モティーフ索引「門神」参照）。

［2］「歓喜」という語とガネーシャ　ガネーシャは漢訳では「歓喜天」（原語は、Nanda または Nandin に当たるかと思われる）という別名があるが、この名は、ハーリーティーの「本名」である「歓喜薬叉女」（Nandā ?）や、ピンドーラ尊者が仏教に帰依させたという吝嗇な「老母ナンダー」、ガネーシャの好物である餅菓子「歓喜団」（*modaka*）、また兜跋毘沙門の足下の「歓喜天」と呼ばれる大地女神、布袋和尚を形容する「歓喜自在」という語、さらにシヴァ神のもう一人の門神として知られる聖牛ナンディンなどとも関連づけることができる（前述 p. 106–107, p. 203–204, p. 207 および神話モティーフ索引「歓喜」という語、参照。また後述 II, p. 158 も参照）。

［3］ガネーシャとクベーラ　ガネーシャはそもそも薬叉の一種であって、クベーラと形態的にも表象の内容から見ても、本来非常に近い関係にあると考えられるが、興味深いことに敦煌出土の兜跋毘沙門天の図像のひとつには、毘沙門を支える大地女神の左横にガネーシャの姿が描かれたものがある（前述 p. 424 参照）。

［4］ガネーシャとピンガラおよびハーリーティー　ヒンドゥー教では、シャクティ‐ガナパティ Śakti-Gaṇapati という一連のガネーシャのタントラ的な図像の中に、「ピンガラ‐ガナパティ」Pingala-Gaṇapati（ピンガラは「黄褐色の者」の意）と呼ばれる形態があるが、この「ピンガラ」という名は、ヒンドゥー神話におけるクベーラの侍者の名であり（クベーラ自身が「片目が黄褐色になった者」Ekākṣi*pingala* と呼ばれること

もある)、また同時に仏教ではハーリーティーの末子の名としても知られている。[34]

とくにこの最後の点については、ここで新たに二、三の興味深い事実を付け加えておきたい。すなわち、

○密教のある経典においては、このハーリーティーの末子ピンガラが、中国-日本のガネーシャと同じく「聖天」と呼ばれることがあり、

○また、ピンガラに供えるべき供物のリストの中に「歓喜団」が含まれることがある。[35]

○さらに注目すべきことに、『白宝抄』の「聖天法雑集」には、『使呪法経〔別本〕』というこんにちには伝わらない経典(おそらく偽経と思われる)を引いて、

その〔双身毘那夜迦の〕形は象頭にして身体は人身の如し。夫婦二身、相向かひ之を抱かせしめ立つ。左手に蘿蔔〔＝大根〕を取らしめ、右手に歓喜団を取らしむ。又云はく。二像一身にして女形、菩薩形なり。女形は毘那夜迦、即ち鬼子母なり。菩薩形は観世音本誓の形なり〔原文「二像一身、女形菩薩形也。女形者毘那夜迦、即鬼子母。菩薩形者、観世音本誓形也」〕〔傍点・彌永〕。[36]

という説が記されている。これによれば、一般の双身毘那夜迦の神話とは逆に、「男天」が観音菩薩の変身の形であり、「女天」は鬼子母の形(または鬼子母の変身した形)であるということになるだろう。*

*同じ引用は、『覚禅鈔』巻第百五〔聖天〕とその裏書や『白宝口抄』にも見ることができる。しかしそこでは『白宝抄』の引用に見られない語句が加えられている。すなわち「『使呪法経』に云はく。二像なり。一身は女形、一身は菩薩形なり。女形は毘那夜迦、すなわち鬼子母なり。菩薩形は観世音の本誓の形なり」。後述II, p. 169も参照。『覚禅鈔』TZ. V 3022 cv 437c2–4; 447a1–3＝452c28–453a3;『白宝口抄』TZ. VII 3119 cxxx 173c4–6; cxxxi 180c24–27; R. A. Stein, “Avalokiteśvara/Kouan-yin, un exemple de transformation d'un dieu en déesse”, p. 38参照。『使呪法経』については後述II, p. 179も参照。

こうした一連の事実を見ていけば、ガネーシャがマハーカーラ-大黒だけでなく、ハーリーティーやその子どものピンガラ、あるいはクベーラなど、これまで一貫して注目してきた「大黒神話圏」に連なる他の神々とも深

図113　ウッチシュタ・ガナパティ

くかかわっていることが明らかになるだろう。

## 8　聖天信仰と大黒信仰における「大根」

次に、日本仏教の「俗信」的な面に焦点を合わせて、そこでもガネーシャとマハーカーラ‐大黒の関係が確認されることを見ていくことにしたい。

先に、日本の聖天信仰における一種のシンボルマーク（神紋）として、巾着の他に「違《たが》い大根」と呼ばれる、二本の大根が交差して置かれた形の図があることを述べた。聖天の象徴物として二股大根を使うことは、驚くほど古い伝統を持っている。十三世紀後半から十四世紀前半の『白宝抄』および『白宝口抄』に、すでに「二枝蘿蔔根」が聖天の「三摩耶形」として挙げられているのである。さらに、『白宝口抄』には、「蘿蔔根二筋を差し違いにして座とする」ことまで述べられている。[37] 大根（サンスクリットでは *mūlaka*、漢訳では「蘿蔔」と呼ばれる）は、インドにおいてすでにガネーシャの持ち物のひとつとして知られており、中国や日本、ネパール、チベットなどでも、ガネーシャの持ち物、あるいはガネーシャへの供え物とされている。大根は、形の上で象の牙と似ており、ガネーシャの（折れた）一本の牙が大根に変形したか、あるいは逆に大根が折れた牙に変形したか、いずれにしてもこの牙と近い関係にあるものと考えられる。[38] また、日本の双身歓喜天の信仰を研究したサンフォードは、ガネーシャの大根は、その牙や象の鼻と同様に、明らかに性的な意味合いを含んでいると指摘している。とくに日本では、大根と対をなす「歓喜団」がヨーニを連想させる形に描かれているため、この性的含みはさらに明瞭に表現されているとも考えられる[39]（インドでは、先のシャクティ‐ガナパティの一形態であるウッチシュタ‐ガナパティ

Ucchiṣta-Gaṇapati の図像で、象の鼻の先が、膝の上に坐った神妃の性器に触れているという（図113）。日本の待乳山聖天宮の石に彫られた「違い大根」の神紋は、これをさらに強調するかのように、二本の二股大根が交差した形に描かれている[40]（図114参照）。一般の大根は、もちろん男根の象徴でありうるが（日本語では「大根」と「男根」という発音の類似もこの連想を強化するかもしれない）、二股大根は逆に女性を連想させるもので、その性的コノテーションは、いわば二重に強められると言えるだろう。

ところで、この二股大根は、日本の東北地方の民俗仏教では、大黒の儀礼にも用いられることが知られている。ここでは、及川大渓氏の『みちのく庶民宗教』から引用しよう。

東北地方では十二月十日、大黒天の年越しとなし、葉のついたマッカ（二股）大根をそなえてヨメゴ（嫁御）大根といい、大黒さまの嫁とりなどという。そしてあらゆる種類の豆料理を供献、大黒さまはツンボだからこれを聞かず大黒（聞こえぬという意）と称し、「耳あけて、よいこと聞くように」とよびかける。宮城県北では、

大黒、大黒、耳あけ

**図114　二本の二股大根が交差した形**

**図115　葛飾北斎の大根図**（葛飾北斎美術館蔵）

おかた（女房）もったも知らないか（ホデネエカ）
今夜はそなたのめ（女）迎えだ（或は、豆の数、俵もうけろ）

と神前でくり返す。登米郡迫町では、早くも十月十日を大根の年取りとし、大黒天に飯を供え、大根畑に入らない日とする。そして更めて十二月十日を大黒さまの嫁迎えとすることは他の地方と同様であるが、実はこの日大黒さまが振舞いによばれ、豆もちを沢山馳走になり、ノドに引かけてしまった。どうしてものみ下せなかったのを、川で大根を洗っている女から、マッカ（二股）大根をもらいうけてたべるとやっと通ったので、それから二股大根を供えることになったという(41)（伊藤長四郎氏談）。

『広辞苑』によれば、この行事はまた、「大黒様の年夜」「大黒様の耳明け」「大黒様の嫁取」「大黒様のおかた迎え」などと呼ばれ、またここで供えられる二股大根は、「大黒様のおかた」「御供大根」「股がり大根」「嫁大根」などと称せられるという(42)〔**図115**も参照〕。こうした名称を見るだけでも、これらの儀礼には明確な性的意味が含まれていたことが理解されるだろう。

及川氏は、この祭典は、本来「奥能登の珠洲市一帯に遺るアエノコトという田の神祭りからのくり込みがある」だろうと言われている。アエノコト（アエは饗、コトは祭典の意か）は、正月と秋祭りの中間の祭りであり、田の神が田を去る日に行なわれたもので、そこでも主婦が二股大根を洗ったりする儀礼があったという。しかし同時に、この大黒祭りの儀式は、明らかに性的な意味を含んだ豊饒を祈る農耕儀礼のひとつであり、そのことは、背後から見ると男根の形に見えるように彫られたある種の大黒天の神像があることからも推察することができるともいう(43)。——ところが、興味深いことに、日本のガネーシャのいわゆる「双身歓喜天」の像にも、シルエットとして見ると男根の形に見えるものが作られていることが知られている(44)。

ガネーシャの大根は、インドでもすでになんらかの性的な意味を含んでいたかもしれないが、それが日本に移入されると、とくに二股大根の形をとって、性的象徴としての意味がより強調されるようになった。一方、インド、あるいは日本以外の文化圏では、筆者の知るかぎりマハーカーラ‐大黒と大根が結びつけられたことはなかったが、日本の民俗仏教では大黒に二股大根を供えるという形で、この二つの間に明確な関係をもたせるようになった。これは、二股大根という一種の性的呪物を通して、ガネーシャとマハーカーラの間になんらかの「神話論理的」関連があることを意味すると考えられるだろう（もちろんここには「大根」と「大黒」〔および「男根」?〕という音の語呂合わせ的な要素が働いたとも思われるが、それだけをこの関連づけの主要な要因とすることはできない）。それと同じ「神話論理的」な関連づけは、またガネーシャと大黒の像をともに一種のリンガ像の形態的な暗喩として表現することにおいても、まったく同様に働いていると考えることができる。

## 9　聖天・大黒・双身毘沙門の儀礼における「浴油供」

これと並んで興味深いのは、日本のガネーシャ（聖天）を祀る時に行なわれる特殊な儀礼である「浴油供」に似た儀礼が、大黒天の供養でも、また双身毘沙門天の供養でも、行なわれたという記録が残されていることである。

ヒンドゥー教のガネーシャの儀礼で、ガネーシャ像を油の中で沐浴させる、あるいはガネーシャ像の上に油を灌ぐという行法が行なわれたかどうかということは、筆者の手元の文献では確認できない。しかし中国に伝えられた双身毘那夜迦法では、古い時代からこの儀礼が存在したことは明らかであり（たとえば阿地瞿多によって六五三～六五四年に訳された『陀羅尼集経』[45]など）、これはインドに遡るものと考えることができる。一方、仏教のマハーカーラ‐大黒に関しては、繰り返し引用する義浄の『南海寄帰伝』によれば、インドの寺院の「食厨の柱の側

図116　双身毘沙門天（『阿娑縛抄』）

図117　双身毘沙門天（仁治2年〔1241〕造立の京都・浄瑠璃寺の馬頭観音像の胎内仏）

や倉の門の前に安置された」大黒像は「いつも油で拭いているので、真っ黒になっていた」という〔前述〕p. 89, p. 483参照）。しかし、日本の仏教儀礼では、大黒と油を直接関連づけたものは見当たらない。その代わりに、『渓嵐拾葉集』には、大黒と聖天の関係をはっきりと意識した、次のような文を見ることができる。

物語に云う。ある碩学の真言師は、大黒の法を行なうに当たって、聖天の浴油〔の行法〕と同様に、正念誦の時に〔大黒の像に〕白米を汲み懸けたという。一回呪文を唱えるごとに一回これを行ない、念誦の数に随って数回行なった。この人は、非常に速やかに大黒法の成就を得たという。おおよそ、大黒は、北谷の熾盛光の本源の舎利であると伝えられる〔この文意は未詳〕。白米は舎利の当体であり、それゆえに〔大黒法の〕相応物であると考えられる。〔この伝は〕秘蔵すべきである。また、ある真言師の云うには、器の中に白米を盛り、大黒〔像〕を腰まで埋め、正念誦を終えたあとに、浴油〔の行法〕と同様に〔白米を〕汲み懸け汲み懸けしたという。[46]

一方、日本の天台密教に特有の、いわゆる双身毘沙門天の行法では、これも明らかに聖天の浴油供を意識した

「浴油作法」が行なわれる。『阿娑縛抄』は「この作法は聖天〔の場合と〕同様であるが、ただし現行ではこれを用いない」と書いている。[47] さらに、双身毘沙門天の供養には、聖天の場合とちょうど同じように、歓喜団〔餅菓子〕や大根、酒が供物として供えられる。[48]

この双身毘沙門天は、日本の仏教では、双身歓喜天を除けば唯一の「双身」合体の形をとった尊格だが、双身歓喜天が男女二人の象頭神が前向きに抱き合い、「歓喜」の表情を表わすのに対して、双身毘沙門天の図像では、これと対照的に、甲冑を着けた忿怒相の二男神が背中合わせに立っている。しかもこの二神は、明らかに両者とも男神の形に描かれるにもかかわらず、伝承によれば、向かって左の両手を下げて独鈷を持った方が毘沙門であり、右の両手を胸の前で合掌して輪を持っているのは吉祥天女（シュリー女神）を表わすとされている[49]〔図116、117参照〕。双身毘沙門天の信仰は、おそらく真言宗の双身歓喜天に対応するものとして（いわばそれに「対抗」するために）中世日本の天台宗で作り出されたものと考えられるが、にもかかわらず、その源流は決して日本の学僧のたんなる恣意的な創案にとどまらない、きわめて興味深い背景を持っているように思われる。[50] が、その問題については、のちにまた検討することになるだろう（後述 II, p. 69-72 参照）。

*

「日本型」大黒の持つ大袋の由来を尋ねていくうちに、われわれはまたもや新たな、思いもかけなかった神話的表象の潮流の中に流されはじめたようである。「袋」の形態やその「内容物」から手繰り寄せられてきたのは、中国の伝説的僧・布袋和尚の異常に肥満した姿や、餅菓子「歓喜団」を一杯に詰めたヒンドゥー教の象頭の神ガネーシャの太鼓腹だった。ガネーシャはまた、「鼠」との関連、あるいは「大根」や「浴油供」との関連を通してみても、大黒またはその袋と結びつけられる。さらにガネーシャは、ヒンドゥー教および〔ネパールや北インド、トゥルキスタン地方における）仏教のマハーカーラと同じく「門神」としての機能をもち、ハーリーティーやクベーラ - ヴァイシュラヴァナ（あるいはその特殊な形態である「双身毘沙門」）など、これまでに見てきた「マハーカーラ - 大黒神話圏」における主要な〈登場人物〉たちとも深く関係しているように思われる。

次章では、とくに日本における大黒とガネーシャ（聖天）とのかかわりに焦点を合わせて、この奇妙な神話的表象の潮流の深部にあらためて探りを入れてみることにしたい。

## 注

（1）Madeleine Hallade, *Inde. Un millénaire d'art bouddhique. Rencontre de l'Orient et de l'Occident*, p. 26-27 and fig. 16 参照。

（2）樋口隆康監修『パキスタン・ガンダーラ美術展図録』（東京展・一九八四年二月二十五日〜五月六日、西武美術館）日本放送出版協会発行 V-1 (p. 83, p. 170), VII-4 (p. 94, p. 177), VI-1 (p. 86, p. 173) など。

（3）J. Baltrušaitis, *Formations, déformations. La stylistique ornementale dans la sculpture romane*, Paris, Flammarion, 1986 参照。

（4）小川貫弌稿「パンチカとハーリティーの帰仏縁起」p. 45 参照。

（5）荒俣宏著『広告図像の伝説』p. 170 参照。

（6）服部如実編『修験道要典』（京都、三密堂書店、一九七二年）p. 279-281；『古事記』の記述については前述 p. 345 および VIII-n. 17 参照。

（7）喜田貞吉稿「大黒神像の変遷」p. 180；同稿「大黒天考」p. 208-211 も参照。

（8）中川善教著『大黒天神考』p. 31-33 参照。

（9）長沼賢海稿「大黒天の形容及信仰の変遷」p. 647；前述、VIII-n. 18 参照。

（10）『渓嵐拾葉集』Tttt. LXXVI 2410 viii 528c19 参照。

（11）「真言宗全書」XXXV,『安流伝授紀要』p. 168b14-169a2 参照。

（12）大林太良・吉田敦彦監修『日本神話事典』（大和書房、一九九七年）p. 85a-86b 参照。

(13) 『白宝口抄』 TZ. VII 3119 cliii 291a7-9.
(14) 『渓嵐拾葉集』 Tttt. LXXVI 2410 xli 639a20.
(15) 『仏説譬喩経』 T. IV 217 801b9-23.
(16) Annie et Jean-Pierre Mahé, *La Sagesse de Balahvar. Une vie christianisée du Bouddha*, traduit du géorgien, présenté et annoté [Connaissance de l'Orient], Paris, Gallimard, 1993, p. 76-77 and p. 76, n. 1 (Felix Liebrecht, "Die Quellen des «Barlaam und Josaphat»", *Jahrbuch für romanische und englische Literatur*, 2, 1860, p. 360 および E. A. Wallis Budge, *Baralam and Yewasef*, 2 volumes, Cambridge, 1923, p. xxiv を引く)。
(17) これらの点については、ロベール・デュケンヌ氏、パソコン通信 NiftyServe のフォーラム「オンライン寺院《ヴィハーラ》」Lib 5/9 および10に『仏説譬喩経』のテクストをアップし、トルストイの引用を指摘された田代洋平 (ID. MAG01523) 氏、インターネットのメーリング・リスト「Buddha-L」で筆者の質問に答えてくださった Alexander T. Naughton, Harunaga Isaacson, Damien Keown, William S. Waldron, Dhammanando Bhikkhu の諸氏に直接、間接に御教示いただいた。深く感謝する次第である。ジャイナ教の原典は、Theodore De Bary *ed.*, *Sources of Indian Tradition*, New York, Columbia Univ. Press, 1958, vol. 1, p. 53-55 に A. L. Basham による英訳があるという。また Wilfred Cantwell Smith, *Towards a World Theology, Faith and the comparative history of religion*, New York, Orbis Press, 1981, p. 6-11 にもこの物語の伝播について詳しい考証があるという。
(18) Ludo Rocher, "Gaṇeśa's Rise to Proeminence in Sanskrit Literature", *in* Robert L. Brown, *ed.*, *Ganesh. Studies of an Asian God*, p. 73 and n. 38 参照。ここで大地女神が鼠を贈ったと言われていることは、鼠と大地性との関係を示唆するもので興味深い。前述 p. 371, p. 411 も参照。
(19) T. A. Gopinath Rao, *Elements of Hindu iconography*, vol. I, Part 1, p. 50-51 (ラオは残念ながら典拠のテクストのリファレンスを挙げていない) ; また R. A. Stein, "Porte (Gardien de la) : un exemple de mythologie bouddhique, de l'Inde au Japon", p. 9 ; Robert L. Brown, "Introduction", *in* Robert L. Brown, *ed.*, *op.cit.*, p. 4-5 も参照。
(20) Christopher Wilkinson, "The Tantric Gaṇeśa : Texts Preserved in the Tibetan Canon", *in* Robert L. Brown, *ed.*, *op. cit.*, p. 265 参照。
(21) Alain Daniélou, *Le Polythéisme hindou*, p. 451 の引用による。また Ludo Rocher, *art. cit.*, p. 73 and n. 40 も参照。
(22) 南方熊楠稿「鼠に関する民俗と信念」(南方熊楠全集一、平凡社、一九七一年) p. 593-594. なお、Michel Strickmann,

*Mantras et mandarins*, p. 470–471, n. 37 によれば、象が鼠の鳴き声を恐れるということは、博物学的にも正しいという。

（23） Wendy Doniger O'Flaherty, *Asceticism and Eroticism in the Mythology of Śiva*, p. 150；ベンガル地方におけるドゥルガー女神の祭典については、Lawrence Cohen, "The Wives of Gaṇeśa", p. 124–125 参照。――シヴァとガネーシャ／シヴァと象との「敵対関係」については、Wendy Doniger O'Flaherty, *Hindu myths*, p. 261–262 参照。

（24） 『大唐西域記』Ttt. LI 2087 i 875a24–26；水谷眞成訳 p. 55a–b 参照。

（25） 以上、ラーマクリシュナ・G・バンダルカル著、島岩・池田健太郎訳『ヒンドゥー教――ヴィシュヌとシヴァの宗教』（せりか書房、一九八四年）p. 425–429；Ludo Rocher, *art. cit.*, p. 70–71；M. K. Dhavalikar, "Gaṇeśa : Myth and Reality", *in* Robert L. Brown, *ed.*, *op. cit.*, p. 52–59 などを参照（しかしたとえば A. K. Narain, "Ganeśa : A Protohisotory of the Idea and the Icon", *in ibid.*, p. 19–48 は、クシャーナ朝時代の象神の彫刻は、ガネーシャを表わしたものとは考えられないという）。また、Robert Duquenne, "Pérégrinations entre l'Inde et le Japon : du «Mont en Tête d'Eléphant» et d'autres montagnes sacrées", p. 207–218 も参照。

（26） M.-Th. de Mallmann, "Notes d'iconographie tântrique, II, De Vighnāntaka à Mahākāla", *Arts asiatiques*, 1955, II-1, p. 46 and fig. 7；A. Getty, *The Gods of Northern Buddhism*, p. 161 and pl. L, fig. b. アリス・ゲッティーによれば、このマハーカーラ像は Mahākāla mGon-po と呼ばれるもので、蒙古で広く知られた像であるという。

（27） 笹間良彦著『歓喜天（聖天）信仰とその俗信』（雄山閣、一九八九年）p. 125, p. 129 参照。

（28） 笹間、同書 p. 124, 128 *sq.*；p. 148–149〔ここでは聖天の巾着と大黒の袋の類似が指摘されている〕。なお聖天に供える供物「大根」については後述参照。

（29） 『渓嵐拾葉集』Tttt. LXXVI 2410 xl 636a28–b2.

（30） 喜田貞吉稿「大黒・夷二福神並祀の由来」、喜田貞吉編著、山田野理夫補編『福神』p. 73 所引。

（31） 同上稿「大黒天考」、同上書 p. 220 所引。――なお、ここで使われた「摩訶葛剌」という音写文字は、明らかに中国・元代の用字法であり（たとえば念常の『仏祖歴代通載』Ttt. XLIX 2036 xxii 726a4, 7 *sq.* 参照）、この時代の日本の禅宗の僧がこうした文献に親しんでいた証拠として興味深い。

（32） 中川善教著『大黒天神考』p. 76–77 の引用による。

（33） R. A. Stein, "Porte (Gardien de la) : un exemple de mythologie bouddhique", p. 28–29.

（34） ピンガラ－ガナパティについては T. A. Gopinath Rao, *Elements of Hindu iconography*, vol. I, Part 1, p. 56 参照。ク

ベーラと「ピンガラ」という名については、上述 p. 452 および X-n. 18 参照。

(35) 『大薬叉女歓喜母并愛子成就法』T. XXI 1260 289a19, 27.

(36) 『白宝抄』TZ. X 3191 1119a28-b4.

(37) 『白宝抄』TZ. X 3191 1119a2；『白宝口抄』TZ. VII 3119 cxxxi 179c24；cxxxiii 192b24；また同書 cxxxiv 193b8-9（「献座者、後夜大根五六本打違、其上奉令座也」）も参照。

(38) Robert L. Brown, “Gaṇeśa in Southeast Asian Art : Indian Connections and Indigenous Developments”, *in* R. L. Brown, *ed.*, *op. cit.*, p. 177 and n. 23-27；『ヤージュニャヴァルキヤ・スムリティ』における *mūlaka* については前述参照。また、インドにおいては大根は、他のある種の根菜と同様に「不浄な野菜」と考えられており、それゆえマージナルな神格への供物に適したものとされるという。James H. Sanford, “Literary Aspects of Japan’s Dual-Gaṇeśa Cult”, *in ibid.*, p. 298 参照。

(39) J. H. Sanford, *art. cit.*, p. 312 and n. 63 ; T. A. Gopinath Rao, *Elements of Hindu iconography*, vol. I, Part 1, p. 53-55 参照。

(40) 笹間良彦、前掲書 p. 125 参照。

(41) 及川大渓著『みちのく庶民宗教』（国書刊行会、一九七三年）p. 28.――ここで「大黒が豆餅を沢山馳走になり、喉に引っかけて呑み下せなくなった」と語られていることは、先のプラーナ文献のガネーシャの神話で、ガネーシャが歓喜団を食べて腹が破裂したというテーマに類似しており、注目に値する。

(42) 『広辞苑』第一版 p. 2096a, 2206b. 葛飾北斎が、二股大根を担いだ大黒の図を描いているのは有名である。大黒が、巨大な二股大根を担ぎ、その白い分岐部から、大黒の頭が突き出している。この図は、かつてフランスのゴンクールが長く所蔵していたが、いまは葛飾北斎美術館の所有となったという。佐賀純一著『歓喜天の謎――秘められた愛欲の系譜』（図書出版社、一九九二年）p. 28；笹間、同書 p. 148 参照。

(43) 及川、前掲書 p. 28-29. また笹間、同書 p. 147-148 も参照。

(44) 笹間、同書 p. 149；p. 169 参照。

(45) 『陀羅尼集経』T. XVIII 901 xi 884c20-27 参照。ガネーシャ像の浴油供については、Michel Strickmann, *Mantras et mandarins*, p. 266 and n. 29［p. 469］も参照。

(46) 『渓嵐拾葉集』Tttt. LXXVI 2410 xl 636a4-12.

(47)『阿娑縛抄』TZ. IX 3190 cxxxvii 429b4-24 参照。

(48)『阿娑縛抄』TZ. IX 3190 cxxxvii 428a1-2 参照。

(49)『阿娑縛抄』TZ. IX 3190 cxxxvii 428b10-16 の道場観による；なお Sanford, *art. cit.*, p. 319, n. 25 が引用する Sir Charles Eliot, *Japanese Buddhism*, London, Routledge & Kegan Paul, 1935, p. 356 によれば、双身歓喜天にも、前向きに抱き合うのではなく、背中合わせに立った像も存在するという。Sanford, *art. cit.*, p. 335, fig. 9 の双身毘沙門天図像＝『阿娑縛抄』TZ. IX 3190 cxxxvii Fig. 71；『日本の美術』No. 315「毘沙門天像」（松浦正昭、至文堂、一九九二年）の裏表紙（仁治二年〔一二四一〕造立の京都・浄瑠璃寺の馬頭観音像の胎内仏）、参照。

(50) Sanford, *loc. cit.*；山本ひろ子稿「異類と双身——中世王権をめぐる性のメタファー」、『変成譜』p. 306-309 参照。

# XII　三面一体の神々——異形の福神たち

**本章の主な登場人物・モティーフ**

最澄／三輪明神／大黒天／三面大黒

叡尊／文観／後醍醐天皇

空海／稲荷神

荼吉尼／狐／稲荷神

摩多羅神／聖天

夜叉神／守覚法親王

人喰いの王／鼻長大臣の不倫

即位灌頂

二頭／三頭愛染

弁才天／大黒天

**主な典籍・図像**

『三輪大明神縁起』（一三一八年）

『渓嵐拾葉集』

守覚法親王『御記』（一一七九年頃）

真寂（八八六～九二七年）『諸説不同記』

杲宝（一三〇六～一三六二年）『東宝記』

『覚禅鈔』

『迦楼羅王及諸天密言経』

ダンダーン・ウイリクの三面の大自在天像

ガジャ・ラクシュミー

さて、その日本におけるマハーカーラ‐大黒とガネーシャ‐聖天との関係について考えるために、ここでは少々意外なところから話を始めることにしよう。

物語は遠く九世紀のはじめ、天台法華宗を学んだ伝教大師最澄（七六七〔または七六六〕〜八二二年）が比叡山の開山を思い立った時のことに遡る。中世天台宗で盛んに行なわれた伝説によれば、このとき伝教大師は、はじめ天台宗の守護神として吉野勝手・子守明神を勧請しようとして同社へ参詣し、祈請したが固辞され、三輪に参るよう託宣された[1]……という。――以下、この伝説を記したもっとも古い文献のひとつと思われる『三輪大明神縁起』（一三一八年の奥書がある）の文に基づいて述べてみよう。

『記』に云う。昔、伝教大師が大唐から帰朝して、吉野勝手・子守明神に参詣し、天台宗の守護神に勧請しようとしたところ、彼の諸神が固辞して言うには、我らは慈氏〔＝弥勒〕の教法を守る〔ことを約束している〕ゆえに、それは叶えられないが、ここより北方の高大神に参り、〔彼の神に〕祈申すべし、と。大師は、その託宣に従って当神〔三輪明神〕に参詣し、彼に祈申すると、大明神は大黒天神の形を現わし、手に杉の枝を持って、大師に告げて言うには、大師とともに参ろう、と。〔かくして〕当社〔大神《おおみわ》神社〕の大明神は、伝教大師の勧請によって大黒天神の形を現じ給うたのである。ゆえに、かの社頭のアヤ杉の木が御天神である〔といわれる[2]〕。

図118　比叡山釈迦堂の政所の大黒天像

この伝説は、先に見た比叡山の釈迦堂政所の大黒天神像の伝説と結び付けられるものである〔前述p. 376参照〕。すなわち、『渓嵐拾葉集』（一三一一～一三四八年）に「高祖大師我山開闢のとき、大地六種に震動して下方の空中に一人の老翁湧き出でり。その形、今の政所の大黒の相貌これなり」と言われた「政所の大黒像」こそ、この三輪明神の変現した姿であると考えられるだろう〔この文については後述も参照〕。中世の比叡山について述べた『叡岳要記』（上）は、この像について

政所大炊屋

大黒天神像一体

別当光定内供、政所の本尊、満山守護の為なり。

或る記に云はく。中堂の本尊も同じ料木なり。伝教大師の御作なり。[3]

と書いているから、これは当時、一般に比叡山の「満山守護の為」に、最澄の直弟子・光定（七七九～八五八年）が「政所の本尊」として祀ったものと考えられており、また一説によれば、「中堂の本尊」（すなわち延暦寺根本中堂の薬師如来像?）と同じ料木を使って、最澄自身によって作られたものという説も行なわれていたことを知ることができる。現在、比叡山釈迦堂の政所には、木造の大黒天の一面二臂の武装半跏像が伝えられているが、これは十四世紀後半の制作と言われている[4]〔図118参照〕。この像は、おそらくそれ以前から祀られていた像に基

づいて、なんらかの理由で新たに作られたものと考えられるだろう。

## 1　比叡山の守護神「三輪明神＝大黒天神」同一説の歴史——中世の暗闇から近世の福神へ

三輪明神と大黒天の同一視、あるいは習合の問題には複雑な要素が絡んでいる。ここでは少々遠回りになるが、それらについて一通り見ておくことにしよう。

三輪明神は、周知のとおり「大和国の一宮」、旧官幣大社として有名な三輪山（または三諸《みもろ》山）の大神《おおみわ》神社の祭神であり、『古事記』では「意富美和《おほみわ》之大神」、『日本書紀』では「大物主《おほものぬし》大神」と呼ばれた日本神話の重要な神格のひとつであった。この大物主神という名は、『日本書紀』に挙げられた大国主神の別名のひとつであり、また、『延喜祝詞式』所収の出雲国造が奏上した神賀詞《かむよごと》には、「大穴持《おほなもち》命」（＝大国主命）の和魂《にぎみたま》である「大物主《おほものぬし》櫛𤭖玉《くしみかたま》命」を献上して三輪山に鎮座させた、と述べられているという。こうした事実からも明らかなとおり、大物主神と大国主神は、同じ地主神として相通じるものがあり、古代から深い関係によって結びつけられていたと考えることができる。[5]

一方、この三輪明神（大物主神）と比叡山の関係も古い時代に遡る。元来、比叡山の神は、『古事記』に「大《おほ》山咋《やまぐひ》神、またの名は山末之《やますゑの》大主《おほぬし》神、この神は近淡海《ちかつあふみ》国の日枝《ひえ》の山にます……」と書かれている大山咋神だが、[6]後に三輪の大物主神が勧請されて、比叡に祀られるようになった。岡田荘司氏の論考「三輪神道の展開」によれば、山王神道の伝書の一つで鎌倉時代の成立になる『燿天記』に引かれている康和五年（一一〇三）の文書によると、天智天皇の御代〔六六二～六七一年〕、三輪明神が近江国坂本の日吉に鎮座したことを伝えている。大津京に遷都された時、その北、比叡山の地主の神大山咋神《おおやまぐいのかみ》を祭神とする〔日枝の〕東本宮に加えて、三輪明神を大和から大津神人の祖、田中恒世が迎えて西本宮（大宮）に勧請し、近江朝廷の総鎮守に位置づけようとした。

という。(7)* この伝承がどこまで正確であるか必ずしも明らかではないが、少なくとも平安時代以前から、日枝の地主神として大物主神が勧請されて祀られたことは疑いないと思われる。

*また景山春樹・村山修一著『比叡山——その宗教と歴史』(p. 131-132)は次のように書いている。「『日吉社記』などの社伝によると、天智天皇七年(六六八)に、その頃大津京を営んで、大化改新の理想に沿った新しい国づくりに専念しようとしていた天智天皇の発意にもとづいて、大和の三輪山の神をうつして、日枝の山口の地にまつったのだと伝えている。三輪明神は大三輪山を神体山とする原始信仰の形態をそのまま持続している神社で、三輪にはいまも神殿の設備がない。山に対する自然な信仰形態において共通する日枝の山口の地にこの神を迎えて、新都大津京の守護神にしたということは、充分にその理由はなりたつ」。

また、景山春樹氏によれば、

山王さんというのは比叡山の鎮守さんといった意味で用いられてきたひろい名称であるが、その語源はやはり中国の天台山において、伽藍創設の頃に土俗的な神々を取り入れて、護伽藍神または護法神とし、これを「山王」と呼んだことに基づいている。

という。(8) 比叡山の守護神としての山王社は、東本宮の大山咋神(「小比叡《こびえ》」)と西本宮の三輪の大物主神(「大比叡」)を中心にして、他の神々も勧請し、初期の「山王七社」から「上七社・中七社・下七社」などに発展し、さらに中世の最隆盛期には「内の百八社・外の百八社」というような巨大な組織にまで膨れあがっていった。(9) それはもちろん、天台宗総本山としての比叡山の発展に伴ったものであり、その出発点には最澄による比叡山開山の事蹟があったと考えねばならない。事実、すでに最澄の直弟子である仁忠による『叡山大師伝』の伝えるところによれば、最澄がはじめて比叡山に入山した時、彼は〔景山春樹氏によれば〕、

まず日吉の〔神々を祀った〕神宮禅寺に詣でて、仏舎利を得た〔といい、その後〕最澄はこの仏舎利を念持

し、やがてこれを安置すべき霊境を求めて、大宮川の渓流沿いに山上に達した。
と言われているという。[10]

こうした伝承が前提されていれば、最澄が天台宗の守護神を勧請した時に、その祈りに応えて彼の前に現われたのが三輪明神だったとする伝説が行なわれるようになったのも、容易に理解できるだろう。『渓嵐拾葉集』は、康和元年（一〇九九）正月十一日付の大江匡房の『記』を引用して次のように書いている。

> 康和元年正月十一日、大江匡房謹んで記す。日吉社は本《もと》、これ大和の国所座の大和社なり。伝教大師、天台山神に勧請す。彼の本社は天神なり。社《やしろ》なく、巌の上に三輪あり。虚空をもって座となすなり。昔、邑長《むらをさ》社を作りしが、群鳥来りて糞をもって社を壊し、一本も残さず。後に人、それこの如しを見、後に更に作らず。いまの大比叡の神、是なり[11]（傍点・彌永）。

すなわち、遅くとも十一世紀の終わりには、三輪明神を天台宗総本山としての比叡山の、いわば「満山の守護神」として祀る信仰が成立していたと考えることができる。いまの文章のどこまでが大江匡房自身の引用文であるか、必ずしも明確ではないが、その中に「彼の本社は天神なり」と書かれていることは注目に値する。この「天神」ということばが、後に「大黒天神」を連想させるキーワードになったとも考えられるからである。

はじめに引いた『三輪大明神縁起』は、作者未詳の文書だが、その奥書には、「文保二年（一三一八）十一月四日夜、夢想を感じたので、同年十二月二日、三輪社に参詣し、三日より六日まで四日間参籠した。そのついでに大御輪寺の縁起や口伝古記など肝要の文献を調べてこの縁起を『抄』し終った」（村山修一氏の現代語訳による）という意味のことが記されており、この縁起が、それ以前の「古記」などを原本にして編集された編纂物であることが推察される。さらにその本文や転写の奥書を参照すると、この『三輪大明神縁起』の内容は、じつは、鎌倉仏教の大立て者の一人で、奈良の西大寺の再興の祖と言われた叡尊（一二〇一～一二九〇年）が、おそらく一二八五年に書いた、三輪の神宮寺・大御輪寺（＝三輪寺）の縁起を説いた手記を原本にしたものだろうということが明らかになる。(12)

＊

さて、『三輪大明神縁起』の原本の作者と目される叡尊は、中世日本の大黒天信仰を考える上でも、また鎌倉時代後期以降の日本の宗教史一般を考える上でも、きわめて興味深い人物である。叡尊は、はじめ密教を学んだが、やがて戒律の重要性に目覚めて「自誓受戒」の道に活路を求め、その後奈良の西大寺の復興に努めた鎌倉南都仏教の傑僧として知られている。彼は、朝野の帰依を集めて「蒙古襲来の際には、朝命により敵国降伏を祈り、〔また〕弟子忍性とともに奈良北山宿をはじめとする山々に文殊菩薩像を置いて文殊供養や施食を行なうなど、非人救済とその編成に努めるとともに、各地において殺生禁断や架橋などの事業も行った」（平凡社『世界宗教大事典』p. 245）という。こんにち、中世の真言律宗はいわゆる「非農業民」や芸能との関係などにおいて、中世の顕密体制下の仏教の発展の中で中心的な役割を果たしたことが注目されているが、叡尊はこの中世律宗の創始者としてもっとも重要な人物である。彼はまた、伊勢神宮で神託を受けて伊勢神宮の神宮寺として弘正寺を創立し、さらに三輪明神を深く信仰して八十五歳の時（一二八五年）、三輪に参詣して同社の神宮寺「大御輪寺」を献じられ、あらためて「三輪寺」とするなど、中世の〈仏教‐神道〉的混淆宗教の世界を創出した一人としても、注目されなければならない。比叡山の大黒天信仰とも深いかかわりをもつ「三輪流神道」も、叡尊を中心に弘められたものと考えられるのである。

叡尊は一般に高潔無比の高僧として知られており、彼自身は事実、そうした人物であっただろうが、彼が属した信仰世界はじつは決してそれほど単純なものではなかった。そのことは、たとえば叡尊ときわめて近い関係にあった文観（一二七八〜一三五七年）の事蹟を振り返っても、容易に想像することができる。南北朝初期の怪僧として知られ、のちにいわゆる「邪教立川流」の中興の祖とも言われるようになる文観は、叡尊の死後十年ほどしてから西大寺に入り、真言律を学んで、「叡尊のおこした文殊信仰の熱烈な法弟として、叡尊の十三回忌の追善をつとめた西大寺の律僧」（網野善彦氏）であったという[13]。のちに、文観は後醍醐天皇の熱烈な帰依を受け、東寺一長者と醍醐寺座主を兼ねるなど、僧侶として空前の権力を掌中にした。文観のこうした異例の抜擢に対して、高野山の衆徒は激怒して、彼を激しく糾弾した奏状を天皇に提出した。それによれば、

> 「算道を学び、卜筮を好み、専ら呪術を習い、修験を立て」貪欲驕慢な文観は、「荼吉尼《だきに》」を祭り、「呪術訖文」を通じて後醍醐に近づき、「隠遁黒衣の身を以て」ついに僧綱にまで列った。その形儀はただごとではない。律僧でありながら「破戒無慚」、武勇を好み、兵具を好む。まさしくこれは天魔鬼神の所作であり、「異類」そのものにほかならぬ。……

という[14]（網野善彦氏（宥快著『宝鏡鈔』を引く））。政治的動機に基づいたこうした糾弾のことばをそのまま信じることは（文観を立川流に結びつける非難と同様に）できないが、文観の活動には事実異様なものがあったに違いない。たとえば元徳元年（一三二九）、幕府調伏を祈願して、後醍醐天皇がみずから大聖歓喜天浴油供を行じたのも、文観の影響によるものだったことは、疑いないだろうという。——文観のこうした異様な信仰と活動も、叡尊の信仰世界に直接連なるものだったと考えることができる[15]*。

*田中貴子著『外法と愛法の中世』第三部第三章「吒天行者の肖像——外法と愛法の中世」は、こうした文観像を「作られたもの」として批判している（p. 254-277）。田中氏の論点は非常に重要で、その説には聞くべきところが多いが、叡尊—忍性—文観（さらに後醍醐）とつながっていく中世「顕密体制」の仏教一般が「性的」な要素を極度に肥大させた「異形」のものだ

図119　叡尊の大黒天像（西大寺）

図120　上図の胎内仏

ったことは問違いないだろう。これは非常に複雑でかつ重要な問題を含んでいるので、補説として後に扱うことにしたい。

さて、その叡尊はまた、大黒天の熱心な信仰者でもあった。すなわち彼は（村山修一氏によれば）、生前、建治二年（一二七六）七月、摩訶迦羅の霊験を感じ〔て〕、九月、仏工善春に命じその像を造らせ、浄厨に安置し、十月五日〔には〕縁起一巻を制作しており（『興正菩薩行実年譜』）、どのような霊験であったか縁起が知られず明らかでないが、現在それと覚しき彩色木造立像（像高二尺七寸三分）が西大寺に安置され、その胎内には総高一寸八分の大黒天神半跏倚像や〔銅製の〕弁才天懸仏・木造五輪幢、建長七年（一二五五）二月二十六日の日付のある大般若経理趣分および法華経が籠められていたことから、夙に叡尊の大黒天信仰は厚いものがあったと察せられるのである。

という(16)〔図119、120参照。また下図140も参照〕。奈良の西大寺には、この外にも永正元年（一五〇四）造の大黒天像が祀られており、また同じ西大寺流に属する法華寺（この寺については後述II, p. 248も参照）には、「琵琶を奏でる二臂弁才天の厚肉彫座像を鏡面に取り付けた」（山下立氏）珍しい大黒天立像が存在するという（叡尊が制作させた大黒天像にも、法華寺の大黒天像にも弁才天が関連づけられていることは、注目に値する。後述参照）。さらに、叡尊関係遺品の一つと見られる金峰山寺の木造聖徳太子立像からも、多くの大黒天摺仏が発見されている。一方、大神神社にも、鎌倉後期に遡る大黒天立像が遺されており、これも当時の西大寺流の影響のもとに造られた可能性があるという[17]（大神神社にはまた、中世以降、三面大黒天の像も祀られていたことが知られている。後述参照）。

叡尊の信仰は、一方では日本の国家神話に直接結びつき（伊勢や三輪信仰）、一方では「負の聖性」を帯びた社会の「底辺」とも結びついていた（非人救済）。彼の熱烈な信仰の対象であった文殊菩薩は、この両極の聖性の間で、どちらかといえば「負の聖性」に近いものだっただろうが、同時にその両極をつなぎ合わせる媒介項として働いていたと考えることができる。このことは、文殊菩薩の表象そのものに内包された特殊なアンビヴァレンスによって裏付けられている。叡尊たちが営んだ文殊供養＝非人救済は、四世紀初頭前後の聶道真訳に帰せられた『仏説文殊師利般涅槃経』に、文殊は「自ら化身して貧窮孤独なる苦悩衆生と作《な》り、行者の前に至るであろう」と書かれた文に基づいて、平安時代のはじめに勤操、泰善という二人の僧が貧者に食を施す「文殊会」を行なった伝統に基づいたものだった[18]。すなわち、文殊菩薩は、一方では、後に見るように（II, p. 129およびII, IV-n. 19）「法王子」と呼ばれ、若々しい王子として表象されたと同時に、他方ではもっとも貧しく卑しい乞食者の形をとって現われる、とも信じられたのである。文殊菩薩には、いわば「王子（～王者）と乞食」的な元型（ユング的な意味での「アーキタイプ」）が備わっていたと言うこともできるだろう。——それに対して、大黒天信仰は、明らかに「負の聖性」の側により密接につながる信仰だったと思われる。

**図121　文殊騎獅像**（般若寺）

叡尊と同じ文殊信仰に生きた文観は、茶吉尼や聖天の信仰者であり、また観音の信仰者でもあった（「文観」の名は、「文殊」と「観音」を組み合わせたものであるという）。茶吉尼は、中世日本の天皇制のもっとも特徴的な事象の一つである即位灌頂の本尊として祀られた。そして、その茶吉尼は、たとえば『輪王灌頂口伝』によれば「文殊菩薩、ことに八字文殊の変ずるところでもある」という[19]（阿部泰郎氏）。ここでも、人の精気を喰らって生きる恐るべき女鬼・茶吉尼と文殊菩薩が同じ連想の中でつなぎ合わされている。しかも、この八字文殊の修法は、「息災・調伏にすぐれており、（中略）国家の異変、天皇の息災などに深くかかわる修法であった」（大石雅章氏）。西大寺には、叡尊によっておそらく元寇の際に作られたと考えられる巨大な八字文殊画像が蔵されている。さらに、文観自身が建武元年（一三三四）に「亡き母の五七日供養のために」制作し、翌年十月「国家御願を祈らんがために」東寺西院御影堂に施入した八字文殊・八大童子および善財童子像は、建武政権に反旗をひるがえした足利尊氏に抗して、国家安泰のために東寺に納められたものと考えられている。同じ文観が元亨四年（一三二四）、般若寺に造立した、あの異様に美しく妖しい輝きを秘めた文殊像（**図121**参照）も、八字文殊騎獅像で、後醍醐天皇の討幕計画の成就を祈願したものだったという[20]。

神秘的な国家神話と、ある種の破壊的な聖性を秘めた「貧者」の群と——この二つの接点に位置したのが、叡尊であり文観であった。歴史の中でこうした両極の聖性が接触したとき、そこにはほとんど必ず（現代の全体主義の歴史が示しているとおり）一種の爆発的な政治的熱狂が沸き上がる。本章後半で見ていくように、中世日本の大黒天信仰は、荼吉尼（～稲荷）や聖天の信仰と深く結びついたものだった。ことばを換えるなら、この大黒天信仰は、叡尊と文観を結ぶ線——すなわち、暗い性や暴力に満ちた、政治・宗教・社会の深部から沸騰するように湧き起こってきたものと考えられるのである（前注15および補説参照）。

中世の顕密体制仏教の強力な推進者であり、かつ三輪明神の信仰者でもあった叡尊が、同じ時期の顕密体制の最大の根拠地だった比叡山と、その守護神であると考えられた三輪明神との関係に注目したのは当然のことだっただろう。こうして見てくるならば、先に引いた『三輪大明神縁起』の「三輪明神‐大黒天神」同一説は、西大寺と大神神社と比叡山（そして伊勢神道と）を結びつける、中世日本の〈仏教‐神道〉的信仰世界の大きな地殻変動の一環として理解されるべきものと考えられるだろう。

さて、先に比叡山政所の大黒天像に関連して引いた『叡岳要記』は、永和五年（一三七九）の伝写の奥書があるが、その内容は主に文永年間（一二六四～七五）頃に遡るという[21]。また、それとは別に、一二四二～一二七九年の間に書かれた『阿娑縛抄』にも、同じ政所の大黒天像について、次のような奇妙な文が記されている。

後日、政所の大黒天神を供するには、口伝にて、供物二前之を奉ず。一前は大師の建立の天料、一前はクヰゼ菩薩に之を奉ず。株菩薩はクヰゼにして此の天に似たり。同じを取りて政所に居り奉るなり。其の像、以ての外の霊像なり[22]。

ここで「クヰゼ」（より正確には「くひぜ」）と言われているのは「木の切株」を意味する古語で、政所には「くいぜ菩薩」という大黒天神とかかわる像が祀られていたと考えられるが、それが実際にどのような神格であったかは、まったく知ることができない。ただ、『三輪大明神縁起』に、大黒天神として現われた三輪明神が「手に杉の枝を持って」おり、この杉が大神神社の「社頭のアヤ杉の木」であると言われていたことと、この「くいぜ〔＝切株〕菩薩」との間に、なんらかの関係を推測することは可能かもしれない。――いずれにしても、『阿娑縛抄』は、時代的に『三輪大明神縁起』の原本の成立にわずかながら先行していると思われるし、また記事の内容から見ても、『叡岳要記』と『阿娑縛抄』は、両者とも執筆の時代よりずっと以前から政所の大黒天像が存在していたことを示唆しているので、比叡山の大黒天信仰は、「三輪明神＝大黒天」の等式ができあがる以前から行なわれていたと考えるべきかもしれない。『阿娑縛抄』の「大黒天神」の巻にはまた、「伝教大師殊《こと》にこれ〔＝大黒天神〕を崇《あが》む。山門もつとも敬信すべし」という文も見られる[23]。

この点はともかく、少なくとも『三輪大明神縁起』以降は、「比叡山の守護神〔＝山王〕＝三輪明神＝大黒天神」という等式がはっきりと確立してきたものと思われる。先に引用した『渓嵐拾葉集』の文〔前述 p. 376；p. 548 参照〕に、「高祖大師我山開闢のとき、大地六種に震動して下方の空中に一人の老翁湧き出でり。その形、今の政所の大黒の相貌これなり」とあったのに続けて、

ゆゑに山家の御釈に云はく、〔中略〕「一人の老翁を安じて三千の徒衆を養育す」と。〔中略〕吾山開闢のとき、一人の老翁下方より湧出し、吾山の護持を致す。〔中略〕凡そ、大黒とは等流卑賤の形にして天鼓雷音の垂迹なり。その本地と云はば、即ち一代教主の釈迦如来なり。又は三輪明神、和国に影現の形、即ちいまの大黒の相貌なり。本地に約するときには大黒なり。垂迹のときは山王即ち大黒なり[24]〔傍点・彌永〕。

と書かれていたのは、このことを証するものと言えるだろう。ここで、「一人の老翁を安じて三千の徒衆を養育す」という文があるのは、先に見た『大黒天神法』の「もし吾れを伽藍に安置して日々に敬い供ぜば、吾れ寺の

中に衆多の僧を住せしめて、毎日必ず千人の衆を養わん」という文（前述p. 350参照）を下敷きにして、それをさらに敷衍したものに違いない。そして、ここに「三千の徒衆を養育す」と書かれていることは、後の比叡山系の大黒天信仰の展開に大きな影響を及ぼすことになる。

同じ『渓嵐拾葉集』にはまた、「我が山、〔摩迦〕迦羅天を安ずること」と題して、

> 毘沙門堂の暹円法印の義に云はく。我が流相伝の義に云はく。山家大師〔＝伝教大師〕三輪明神に祈禱して云はく。「いずれの尊を以て我が山の護持に憑くべきや」と。仍《よっ》てこれ〔＝大黒天神〕を安ず。また古老の伝に云はく。三輪明神和州に顕現する最初、大黒天神の形相を顕現し給ふ。また示して云はく。我が山の山王影向の時、大黒天神の形なり（云々）。大宮権現、俗形と習ふこと之れあり、之れを思ふべし。[25]

という文も見られる。こうして見るならば、十三世紀後半から十四世紀前半の間に、比叡山では三輪明神と大黒天神を同一視する見方が完全に確立されていたと言えるだろう。

＊

さて、比叡山の開山を思い立った伝教大師の前に大黒天神の姿をとった三輪明神が現われる、という伝説は、室町時代になると、重点の置き方が変わり、新たな要素が加わってくるようになる。この新しいヴァージョンのテクストとして、ここではまず、『恵比須大黒』と題された狂言の一節を挙げておこう（大部分の狂言の台本が明確にテクスト化されたのは江戸時代のことだが、その内容は室町時代には成立していたと考えられる）。喜田貞吉が引用する『恵比須大黒』には、「シテ大黒」の次のような台詞がある。

> 抑《そもそも》比叡山延暦寺は、伝教大師、桓武天皇と御心をひとつにして、延暦年中に開闢し給ふ。さあるに依て寺号を延暦寺と号す。されば一念三千の機を以て、三千の衆徒を置き、仏法今に繁昌たり〔「一念三千」は、

人間の一瞬一瞬の心の中に「三千大千世界」のすべてが備わっているという天台宗の基本的な教義（中村元著『仏教語大辞典』）。其時伝教大師、斯程の山に守護神無くては叶ふまじとて、一日に三千人を守り給ふ天部をと祈誓し給ふ所に、此大黒出現す。開山、い〻や、大黒は一日に一千人をこそ扶持し給へ、此の山には三千の衆徒あれば、大黒天はいかゞとある時大黒天大きに怒て、いでさらば三千人を守る奇特を見せんとて、忽ち三面六臂と現はれければ、開山喜悦の思をなし、夫より比叡山無動寺の三面の大黒天*といはれ、今に於て仏法繁昌に守るなり。心易う信仰せよ。楽しうなしてとらせうぞ。(26)

*現在、比叡山の無動寺に三面大黒が祀られているかどうかは確認できないが、江戸時代の比叡山について記述した修験道の文献『回峯手文』は、同山の大黒堂に「大黒・毘沙門・弁天」の三面大黒像が安置されていたことを記録している。村山修一編『比叡山と天台仏教の研究』（「山岳宗教史研究叢書」二、名著出版、一九七五年）所収 p. 409a 参照。また、喜田貞吉稿「大黒神像の変遷」、『福神』p. 191-192 は、延暦寺末寺の坂本・大林寺にも「高さ約五寸」の三面大黒像が安置されていることを伝えている。この像は「荷葉の上に二個の俵を置き、その上に立ったもので、正面の大黒天は右手槌を持ち、左手に袋を背負って、全然興福寺大湯屋式の大黒天である。その向かって右は毘沙門天で、鉾と宝珠を持ち（普通の毘沙門天は宝塔を持つ）左は弁才天で、宝棒と鍵を持っている」という。——室町時代以降のいわゆる「狂言風流」には、いまの『恵比須大黒』と同工異曲の三面大黒の縁起を主題にしたものが多く見られる。これらについては、金井清光稿「福神狂言の形成」（大島建彦編『大黒信仰』〔「民間宗教史叢書」二九、雄山閣出版、一九九〇年〕所収）に詳しい研究を見ることができる。

ここでは、大黒天と三輪明神の関係についてはもはや言及はなく、その代わりに大黒天自身が「三面六臂」の姿をとって現われたという物語に変化している。ここで、最澄が、「大黒は一日に一千人をこそ扶持し給へ……」と言っているのは、先に注意したように、明らかに『大黒天神法』の「毎日必ず千人の衆を養わん」という文を意識したものと言えるだろう。——では、この狂言で「三面六臂の大黒」と言われているのは、具体的にはどんな形なのだろう。

これは、現図胎蔵曼荼羅などに描かれた「三面六臂」の忿怒相の図とはまったく違うものだった。それを明らかにするのは、おそらくいまの狂言の文、またはそれに類似した文に沿って書かれたと思われる、西村一郎衛門作の物語集『宗祇諸国物語』（貞享二（一六八五）年刊）に語られた大和下市の分限者「鼠十郎」の物語の次の一節である。

昔時伝教大師比叡山開基の時、福神に祈誓し給ふ事あり。我此の山を開きて仏法流布王法長久の祈願相比し、三千の衆徒を住せんと誓ふ。衣食共に乏しくては叶ふべからず。天神地祇此の願を助力し給はゞ、一の瑞を見せしめ給へと、丹誠を抽で給ふ時に、三面の福神忽然として出現する。所謂大黒・毘沙門・弁財天合体の一像なり。大師喜び給ひ、此の像をうつしとめんと、即時三体同じ形像に刻み給ふ。(27)

ここで、われわれははじめて、正面大黒・向かって右に毘沙門・左に弁才の「三天合体」の三面大黒の姿に出会うことになる。この異様な像容は、いったいどこから考え出されたものなのだろうか……。

さて、同じ三面大黒について、十六世紀前半の神道家はまた別の伝承を伝えていた。いまの『宗祇諸国物語』の刊行は江戸時代になってからのことだが、それより以前、おそらく狂言『恵比須大黒』とほぼ同じ時代に書かれたと思われる（唯一神道の創始者として名高い吉田兼倶の孫）卜部兼満の著書『神祇拾遺』(28)（一五二五年頃）には、「三輪大黒」という条があり、次のように書かれている。

大黒神　当社（大神神社）大黒ヲ愛スルコト、近来ノ沙汰ナルベシ。伝聞、正和（一三一二〜一三一七年）ノ比、釈最澄作シ三面一体ノ木像ヲ持来シテ、神物トナラン事ヲ願テ、安置シタリシガ、蒙昧ノ族、敬崇テ明神ノ御垂迹ト称シ奉也。抑一面一体ノ尊形ハ、大国主ノ稲羽国八上姫ニ玉ハン（ママ）トテ、出立玉ヘル姿ヲ像テ袋ヲ設ケ、足下ニ米ヲ置コトハ、大工（大土）輔佐ノ神徳有ニ依テ也。其外身ニ着《つけ》、頭ニ蒙物、皆我国ノ姿容ナリ、彼神ニ陥輩、天竺ニ称ス大黒天神ト一物トスルコト、尤不レ可レ然事也。(29)

比叡山系の伝承では、三輪明神が大黒天神の姿を現わして比叡山を守護したことになっているのに、ここでは逆に、比叡山から三面大黒の像が大神神社にもたらされたことになっている。卜部兼満は、比叡山系の伝承を知らなかったと考えるべきだろう。いまの文では、大黒・毘沙門・弁才天の名前は明記されていないが、「最澄作の三面一体」像とは、ほぼ確実に天台系の三面大黒を表わしたものと考えられる。

この兼満の文をそのまま信じるならば、三面大黒天の像は、すでに十四世紀前半（ほぼ『渓嵐拾葉集』の時代）に比叡山から大神神社にもたらされたということになる。いずれにしても、十六世紀前半の人が、約二百年ほど前から大神神社に三面大黒が祀られていたと考えていたことは、三面大黒の信仰の起源を考える上で興味深い示唆を含んでいる。

それと同時に、この文章は、大黒と大国主命とを明確に結びつけたもっとも古い文献のひとつとしても注目しなければならない。先に述べたように、大黒と大国主との習合に言及した最古と思われる文献は、一二六四〜一二八八年頃に成立したという『塵袋』の中の、

弘法大師彼の大国の文字を改めて大黒と書き給ひけると云へり。

という短い文章[30]だが（前述p. 345参照）、これはたんに「大国」と「大黒」の字の読みが同じでありうるという、一種の語呂合わせ的な指摘にすぎないもので、神話や信仰の観点からは、あまり内容のあるものとは思えない。また、この『塵袋』の成立年代が、「三輪明神＝大黒天神」の等式が生み出されたのとほぼ同じ時代に当たるということも注目すべきだろう。本来、三輪の大物主神と出雲の大国主神は、互いにきわめて近い関係にあったからである。

ここで見てきたように、「三輪明神＝大黒天神」の同一視は、相当に古く複雑な伝承の上に成り立ったものであり、またそれ自体としても、十三世紀後半以降、興味深い発展をとげてきている。それに反して、「大国主

命＝大黒」の等式は、十三世紀後半の『塵袋』に突然現われ、それ以後は、いまの『神祇拾遺』（一五二五年頃）に至るまでの約二百年あまりの間、それにとくに言及した文献はほとんど見当たらないように思われる。[31] こうしてみると、『塵袋』における「大国主命＝大黒」の等式は、むしろ比叡山系の「三輪明神（＝大物主神～大国主命）＝大黒天神」の同一視に基づいた一ヴァリエーションと考える方が自然なのではないだろうか。

いまの『恵比須大黒』と『宗祇諸国物語』および『神祇拾遺』の三つのテクストは、江戸時代以降の大黒天に関する一般的な信仰や、文人たちの問題意識を先取りしたものとしても興味深いものである。福神としての三面大黒の信仰は、とくに日蓮宗を中心にして、また狂言風流の流行とも相俟って、比叡山開山のときの最澄の伝説にかかわって広く弘まって行く。[32] 江戸時代の一般的な仏教信仰を示すもっとも重要な文献の一つ、土佐秀信画図による『仏像図彙』（一七八三年刊）の「三面大黒天」の図に「伝教大師、叡山御建立ノ時三千ノ衆徒守護センガタメニ三面現シ玉フ」と傍記されているのも、明らかに同じ伝承によったものである[33]〔前出図42参照〕。一方、多くの文人たちの関心は、〔先に見た喜多村信節の『嬉遊笑覧』や日蓮宗の僧・日栄の『修験故事便覧』の例でも明らかなように〔前述 p. 343；p. 512 参照〕〕大黒天と大国主命の「図像上の」類似（大黒天の「一面一体の尊形は、大国主の稲羽国八上姫〔を婚らん〕とて、出立〔し〕玉へる姿を像《かたどり》て袋を設け……」云々）、またはその二つの神格の異同の問題に集中するようになる。

そうした江戸時代の文献の一例として、享保十九年（一七三四）刊の『近江輿地志略』の比叡山政所大炊屋大黒天神像の条を見てみよう。ここでは、先に見た比叡山における大黒天信仰の中心であった政所の大黒天神像について、まず〔前引の〕『叡岳要記』の文〔前述 p. 548〕を引用し、それに続けて『或書』を引いて次のように書いている。

或る書に云はく。此の大黒天の像は三面なり。故に三面大黒天と号するなり。相ひ伝ふ、往古《むかし》地中より此の像を穿ちて得たり、と（云々）。昔、伝教大師登山の時、大黒天神あらはれ、我此山の守護とならんといふ。伝教大師の云はく。夫れ我が山は一念三千、三千一念の義に擬して、三千の衆徒あり、大黒天は一日に千人を扶持す、豈及ぶべけんや。此時大黒天忽三面六臂とあらはる。伝教感喜し、其像を自刻し、此処に安置すと（云々）。此所を政所の辻といふ。凡そ大黒天に説々多し。吾国の大黒天は大已貴神なり。此処に安置するは天竺の大黒なり。(34)

ここでは、明らかに現物が存在する政所の（一面二臂の）大黒天像までが、狂言『恵比須大黒』などの伝説に基づいて「三面大黒」であるとされている。またその像を最澄が「自刻」した、という説は、『宗祇諸国物語』や『神祇拾遺』に見られるのと同じである。しかも、最後に「凡そ大黒天に説々多し。吾国の大黒天は大已貴神なり。此処に安置するは天竺の大黒なり」と付け足すところは、いかにも江戸時代の文人好みの考証癖に迎合したものと言えるだろう。

こうして見てくるならば、少なくとも鎌倉時代後期から江戸時代に至るまでの、日本における大黒天信仰の一端は、明らかに伝教大師最澄による比叡山開山の伝説に結びつき、そこから発展したものと考えることができるのである。

## 2 東寺の守護神・稲荷神の伝説

さて、伝教大師の前に現われて、比叡山の「満山の守護」になることを約束したのは大黒天の形をとった三輪明神だったが、ではその最澄のライバルと言われた弘法大師空海（七七四〜八三五年）の場合はどうだっただろう。——最澄が比叡山に天台宗総本山の基礎を築いていたのと同じ頃、空海は京都の南で東寺（教王護国寺）の建立に努めていた。『三輪大明神縁起』より少し前、おそらく鎌倉中期前後に作られたといわれる偽書『稲荷大明神流記』や、それに基づいた『稲荷大明神縁起』、また『二十二社本縁』などには、東寺の守護神について次のような伝説が物語られている。以下、松前健氏の要約を引用しよう。

これら〔の伝説〕によれば、空海＝弘法大師が、その前世、天竺において、釈迦の説法の会座で稲荷明神と会い、ともに東土に生まれ変わって仏法を弘めようと約したが、のちに大師が紀州田辺の宿で異相の老翁に会い、その翁が、前世で契った稲荷明神であることを覚った。そこで鎮護国家のために建てた東寺の守護神となるよう要請した。その後、その翁が、稲を荷《に》ない、椙《すぎ》（杉）の葉を提げて、二人の女人を具し、また二童子を連れて東寺の南門を訪れた。空海は喜んで、中門の下でこれに戒を授け、明神と語り、人びともこれに飯を供え、菓を献じた。明神は帰るにさいし、梅小路猪熊の柴守長者の家の二階の観音堂に滞在し、それによって、東寺の杣山である現在の地〔伏見〕に祀られたという。(35)

一見して明らかなように、この東寺の稲荷神伝承は、比叡山の三輪明神－大黒天神の伝承よりもずっと豊かな内容をもっている。実際、この伝承は、歴史上の空海と稲荷山の聖《ひじり》的な山林修行者集団とのかかわりに基づいたものと考えられ、起源も古く複雑な発展をとげたものと考えられている。(36)この点を考慮に入れるなら、比叡山の三輪明神－大黒天神伝承は、本来、東寺の稲荷神伝承をモデルにし、それにいわば対抗するものとして考案されたという推測も成り立つかもしれない（とくに稲荷神が「杉の葉を提げ」た「異相の老翁」の姿で現われたことは、『三輪大明神縁起』や『渓嵐拾葉集』の大黒天が、同様に「手に杉の枝を持った」「老翁」の形で現われたことを想起させるものである）。稲荷神は、元来、稲荷山の山神であると同時にウカノミタマの穀神であり、また台所や神饌の調理を司る火の神、竈神としての性格も備えていた。(37)さらに、いまの伝承で、東寺の南門や中門についてとくに言及されていることからも想像できるように、東寺の守護神としての稲荷神は、この寺の門を守る門神としての性格も備えていたと考えられる。現に、東寺の稲荷祭では、「稲荷社の神輿が御旅所から東寺の南大門を通って中門に入ると、金堂前で長者以下の僧衆が列座して、神饌を献じ礼拝する儀式があり、中世以降今に続いている」という[38](伊藤唯真氏)。『二十二社本縁』には、この中門の供御の由来をめぐって、次のような伝説が述べられている。

稲荷事

此社をば常の説には弘法大師東寺に住給ける時、御弟子檜尾《ひのお》の僧都実恵《じちえ》と云人、彼の寺の南大門に徘徊せられけるに、老翁嫗の異体なるが数多くの男子眷属を率して、稲を荷て遠より休息せらるる事の体、直也人《ただびと》と見えず、僧都奇異の思を大師に告げ申き。大師出給て此人を中門の下に招請し、物語し給けり。何の所へ向給と尋ね申されければ、比叡の阿闍梨伝教大師事也我等を守護せよとて招請せらるるなりと答ければ、彼には比叡神専鎮守にて坐して当寺に仏法を守給へと宣ければ承諾坐ス。仍大師此神と同道有て勝地を択て今の所に鎮座云々、其東寺の守護と成たまう也、毎年の祭礼にわ東寺え入給。中門の供御とて寺家是を供す。又太广我里とて必これを供す。大師の時の旧儀云々。初の体、稲を荷しめ給シより稲荷の神号也[39]云々。

ここで、「太广我里」(または「太摩我里《ふとまがり》」)と呼ばれたのは、餅菓子を油で揚げたものの名称であるという。伊藤氏が書かれているように、「後世、稲荷の供物は油揚げという形が普遍化するが、その原形が『中門の供御』にみられるのは興味ぶかい」ものがある[40]。

一方、古代末期から中世にかけて、稲荷神の祭礼には、穀霊としての稲荷に豊饒を祈る、明らかに性的な要素を含んだ儀礼が営まれていた。十一世紀の藤原明衡(九八九～一〇六六年)著『雲州消息』(別名『明衡往来』)によると、伏見稲荷社の祭りに、

仮に夫婦の躰を成し、衰翁を学んで夫となし、姹女[たくによ](少女)を模して婦となす。始めは艶言を発し、後には、交接に及び、都人士女の見る者、頤《おとがい》を解き腸《はらわた》を断たざるはなし。

という、明確に神婚を擬した儀礼が行なわれたという（松前健氏の引用による）。そして、こうした稲荷神と習合した茶吉尼もまた、「夫と妻、男と女それぞれの敬愛の成就を祈る」性愛の神として信仰され、道祖神《サヘノカミ》や野干《キツネ》とも同一視された（阿部泰郎氏）。同じ藤原明衡の『新猿楽記』（一〇五二年ころ成立）、「第一本妻」には、「夫の愛を獲ようとする老女が、聖天、道祖神、『野干坂伊賀専《タウメ》之男祭』、『稲荷山阿《あ》小《こ》町《まち》之愛染法』や五条道祖神、東寺夜叉神を祀る様が描かれている」（同上）。さらに、『渓嵐拾葉集』には、

一。稲荷大明神事　稲荷大明神の社壇は、その形開を模する如くなり〔開《つび》は女性性器の意〕。仍つて万人参詣して崇敬するなり。

という記述まである。田中貴子氏が『外法と愛法の中世』で書かれているように、「稲荷神は『愛法神』とも呼ばれ、男女の仲を和らげ愛敬を授ける神として古くは平安時代から女性たちの崇敬が絶えなかった」のである。(41)このような豊饒儀礼が、先に見た「大黒さまの嫁とり」などと呼ばれる農耕儀礼とも基本的に同等のものであることは、言うまでもないだろう。

## 3　「奇神・摩多羅神」の正体

ところで、中世仏教の伝承を調べていくと、きわめて興味深いことに、いまの東寺の稲荷神信仰と、先の比叡山の大黒天信仰とを結びつけるいくつかの要素が浮かび上がってくる。まず手がかりとなるテクストを挙げて、コメントを加えていくことにしよう。

第一に見るべきなのは、中世信仰の宝庫『渓嵐拾葉集』が、比叡山常行堂の「摩多羅神」という奇妙な神格について述べた次の一節である。

常行堂摩多羅神事　示して云はく。〔慈〕覚大師〔＝円仁〕、大唐より引声念仏を御相伝ありて帰朝の時、船

図122　摩多羅神（江戸時代）

中に於て虚空に声有り、告げて云はく「我は摩多羅神と名づく、即ち障礙神なり。我を崇敬せざる者、素懐の往生を遂げるべからず」と。云はく、仍て常行堂に勧請せらるるなり〔云々〕。口〔伝に〕云はく。摩多羅神は、即ち摩訶迦羅天これなり。亦これ吒枳尼なり。彼の天の本誓に云はく。経に云はく。〔人〕臨終せんとする時、我、彼の所へ行きて〔その〕肝屍を食す。故に臨終正念を得る。若し我肝を食さずば、正念を得ず、往生を遂げず、と。〔中略〕また一義に云はく。摩多羅神とは摩訶迦羅天なり。所謂経に〔云はく〕「能延六月秘事」〔これ〕なり。天、一切衆生の精気を奪う。摩訶迦羅天これを降伏し、奪精鬼の難を除く。仍て臨終正念なり。六月成就秘法、これを思ふべし。(42)

ここに言う「摩多羅神」とは、主に天台宗で尊崇される護法神で、一般には円仁、または最澄が入唐求法の帰途に船中で感得した神と言われ、江戸時代に描かれた図像では、烏帽子・狩衣を着け鼓を打つ男神様に描かれる〔図122参照〕。摩多羅神はまた、真言宗における立川流と同様、露骨な性的儀礼を含む邪法として弾圧された天台密教の「玄旨帰命壇」という特殊な灌頂道場の本尊として祀られたことでも知られている。(43)——ところが、『渓嵐拾葉集』のこの文は、摩多羅神と摩訶迦羅天を同一の神であるといい、さらにそれを荼吉尼とも同一視している。そこで理由として挙げられているのは、（文意の細部は必ずしも明瞭ではないが）明らかに『大日経疏』の摩訶迦羅天による荼吉尼降伏の神話に基づいたものと考えられる。

ここに言う「能延六月秘事」とは、『大日経疏』に、正法に帰依した荼吉尼のために、仏が「人が死ぬ六カ月前にそれを知り、〔死ぬまでは〕法術によって彼らを加護して他の〔夜叉ども〕に損なわれることがないようにし、そして命が盡きる時には〔すぐさま〕食うことができるようになる」真言と印を授けた（前述 p. 92 参照）と言われていることから、荼吉尼を降伏するという不動明王法によって、人の寿命を六カ月（ないしそれ以上）延命する、という呪法が生まれたものと考えられる。事実、天台密教の学匠・澄豪（一二五九～一三五〇年）による『総持抄』には、「能延六月事」と題して、『大日経疏』の摩訶迦羅神による荼吉尼降伏の神話を大意に沿って意訳した箇所がある(44)。

昔、〔仏〕在世に吒吉尼天あり。衆生の精気を取りて食と為す。仏、大黒天神をもつて之を制伏せしむ。時に野干、仏に白《まう》して言ふ。我、肉をもつて食と為し命を助く。吾に食を留むるは、是また絶命の因縁なり。爰に伏して理を言ふ。云ふところ尤もの理なり。然らば今、六月あり、死人を食と為すべし。六月をもつて知るを限りと為し、その精気をもつて食と為すべし。その余は食すべからず。これによつて教へのごとく、兼ねて六月をもつて限りと為し、その精気を吸ふなり。これ、大日経疏に依るに、この大夜叉、能く人の命終はらんとする者を知り、兼ねて六月之を知り、その人黄を取る。〔人黄とは〕人身中にあつて猶牛黄の如し。若し〔これを〕食するを得れば大成就を得る。この夜叉は摩訶迦羅に属するなり（文）。これ吒吉尼の釈文なり。衆生の精気とは、心臓中に露の如く七粒の白玉これ在り。その住所は八分肉団なり。彼、七粒の玉を食ひ始めて六月と言ふに、衆生、命終なり。この玉を食するまで、祈禱などに叶ふ。五、六に至れば余尊の力及ばず。但不動の力をもつて之を転ず。〔これを〕能延六月と言ふなり。寿を延ずること、六月と言ふに限らず。一期の間なり。これを不動定業亦能転法と言ふなり。不動は野干の上首なり。故に能く野干を降すなり（取意）。

ここで荼吉尼は、「摩訶迦羅に属す」と言われているのと同時に、「不動は野干（＝荼吉尼）の上首なり」とも言う。いうならば「摩訶迦羅」と「不動」はある意味で同一視されていると言えるだろう。また荼吉尼は「衆生の精気を取りて食と為す……」と言われていること、さらに、同じ荼吉尼が「野干」と言い換えられていることにも注目しておきたい（「野干」、すなわち狐と荼吉尼の関係については後述参照）。

摩多羅神という神は、その図像を見てもいかにも日本的な服装をつけた男神形に描かれており、事実日本以外では知られることのない神である。そうした観点から見るなら、たとえば景山春樹氏が『渓嵐拾葉集』の上の箇所に関連して、「……（摩多羅神は）またその発音の近似しているところから、摩訶迦羅天 Mahakala-ten すなわち大黒天だとも呼ばれ、吒枳尼天と同身だともいい誤られている[45]」と書かれているのも当然のことと思われるだろう。

ところが、語の音から考えるならば、「摩多羅」という語は、明らかにサンスクリットの *mātaraḥ* すなわち *mātṛ*（母）の複数形の音写であって、いわゆる「諸母天」（「七母天」または「八母天」）を意味したものに違いない。事実、「摩多羅」は、『大方広菩薩蔵文殊師利根本儀軌経』（*Mañjuśrīmūlakalpa*）（宋の天息災訳）では *mātaraḥ* の音写として使われているし、またそれに近い「摩怛羅」という語も、『蕤呬耶経』（不空訳）で *mātar-aḥ* の音写として用いられている[46]。もし、「摩多羅」が本来、諸母天を指しているのなら、マハーカーラ‐大黒天と諸母天が、たとえば『理趣経』、「諸母天曼荼羅」において、あるいはその源流にあったと思われるヒンドゥー教のシヴァ‐マハーカーラによるアンダカ・アスラ降伏の神話や図像において、非常に近い関係にあったことは、先に詳しく検討したことだった（前述 p. 307–308 ; p. 312–322 など参照）。一方、『大日経疏』に現われるダーキニーが、ヒンドゥー教的なコンテクストでは、ヨーギニーやグラヒーなどの女鬼とともに（「諸母天」の一にも数えられる）カーリー女神にもっとも近い女鬼と考えられていたことも、前に見たとおりである（前述 p. 122–127；p. 242 参照）。このように、「摩多羅神」という名を、日本の信仰史という領域を一歩越えて、インド的な知見もまじえて考えるなら、いまの『渓嵐拾葉集』のテクストは、にわかに興味深いものになってくる。摩多羅神と摩訶迦羅天、あるいは吒枳尼を直接同一視することは正確とは言えないが、しかしそれらの間の関係は、決してたんなる「発音の近似」による「いい誤り」とは考えられない。「諸母天」とマハーカーラ、あるいはダーキニーは、すでにインド仏教やヒンドゥー教において、きわめて密接な関係にあったと考えられるからである。*

*山本ひろ子氏は、江戸時代の関東天台宗の一部で、「摩多羅神は摩怛利神（＝七母天）なり」という説が行なわれ、摩多羅神と摩怛利神が習合したという事実を指摘し、その儀礼や習合の背景にあったと思われる疫神信仰などについて詳しく分析されている（山本ひろ子著『異神』p. 155–174 参照）。山本氏自身は「摩怛利神はもともと摩多羅神とは関係のない尊だった……」と書いておられるが（同上 p. 156）、摩多羅神の名が文献に現われる時代（後述の守覚の『御記』（一一七九年頃）などが最古の例の一つだろう）には、この神の「正体」はおそらくすでに忘れ去られており、ガネーシャやダーキニー、サラスヴァティーなどとの関連、あるいは稲荷神や摩訶迦羅との関連などが意識されていただけだった。その意味では、日本仏教の範囲内では、摩多羅神と摩怛利神（七母天）との習合は、むしろ後代の（おもに教学的知識に基づいた）「（再）発見」だったと言うべきだろう。しかし、より広い（インド以来の）各種の神話を考慮に入れるなら、摩多羅神の「起源」はおそらくほぼ確実に「諸母天」に関連づけられるものと思われる。

もし「摩多羅」という語を「諸母天」*mātaraḥ* の音写と見るならば、むしろ不可解なのは、なぜこの神格が、日本では男神として表象されるようになったのか、ということである。*が、それについて直接考えるのは別の機会に譲ることとして、いまの『渓嵐拾葉集』の「摩多羅（～諸母天）～摩訶迦羅天～吒枳尼」を結びつける説から浮かび上がってくるのは、『大日経疏』の「大日如来～摩訶迦羅」による茶吉尼の降伏神話や、ヒンドゥー教のシヴァ－マハーカーラによるアンダカ・アスラ降伏の神話などを特徴づける、暗く血なまぐさい、特殊な宗教的雰囲気である。それは墓場に徘徊する恐るべき悪鬼たちの世界を想起させる。そこには屍体や血の匂いが漂っており、また〈不浄なるもの〉としての性《セクシュアリティー》や、「すべてを喰らい尽くす」という神話的テーマが重要な位置を占めている(47)。それにもかかわらず、『渓嵐拾葉集』の記述で興味深いのは、ダーキニーやマハーカーラが必ずしも恐るべき神としてではなく、むしろ「臨終の正念」を助け、あるいは人の命を延ばすこともできるある種の〈福神〉として描かれていることである。ここでは、もっとも恐るべき神が、もっとも霊験あらたかな神であるとする、呪術的‐密教的信仰に特有の、一種の〈価値の逆転〉が行なわれていると考えられるだろう。

＊摩多羅神の性別を明記した文献は、筆者の知るかぎり存在しない。その図像は（明確に摩多羅神のものと言えるものは）江戸時代のものしか見当たらないが、そこでは明らかに男神として描かれている。しかし古い時代にも男神と考えられたかどうか、はっきりとした証拠はないようである。――摩多羅神と中世日本の芸能については、阿部泰郎著『聖者の推参――中世の声とヲコなるもの』（名古屋大学出版会、二〇〇一年）p. 337–342 および図31も参照。

さて、この摩多羅神は主に天台密教で尊崇された神だったが、真言宗でもその名が知られないわけではなかった。というよりむしろ、時代的には真言宗の文献に先に言及され、のちに天台がその信仰を換骨奪胎して展開していったと思われる。――先に、東寺の稲荷祭において、中門で稲荷神の供御が行なわれることを述べたが、後白河天皇の皇子・守覚法親王（一一五〇～一二〇二年）が伝える口伝によればこの東寺の中門（？　後述p. 586–591参照）を護る神は、「夜叉神」と呼ばれ、またの名を「摩多羅神」といったと伝えられている。しかもこの東寺の摩多羅神は、「稲荷明神の使者」であり、「聖天・荼吉尼・弁才」の三面一体の神だったと言われているのである。守覚法親王は一一七九年頃の『御記』の中で、「東寺夜叉神事」と題して次のように書いている。

東寺夜叉神事　大師御入定後、西御堂に於て檜尾の僧都〔実恵〕に授け給ひし條々これ有り(48)。摩多羅神、その一なり。大師云はく、この寺〔＝東寺〕に奇神あり、夜叉神と名づく。摩多羅則ち是なり。持者〔信仰者〕

に吉凶を告ぐる神なり。その形、三面六臂（云々）。彼の三面は三大〔「体・用・相」の三大？〕なり。中面金色、左面白色、右面赤色なり。中は聖天、左は吒吉尼、右は弁才なり。毎月十五日に之に供ふべし。此神、大慈悲を具して怨害を生ぜず。災を除き福を与ふ。天長の御記に云はく、東寺に守護天等あり、稲荷明神の使者なり。大菩提心使者神と名づくなり（云々）。(49)(50)

中央に金色の聖天＝ガネーシャ、左に白の吒吉尼＝ダーキニー、右に赤い弁才天＝サラスヴァティーを配したこの三面六臂の神格は、明らかに中央に大黒＝マハーカーラ、左に弁才＝サラスヴァティー、右に毘沙門＝ヴァイシュラヴァナを配した比叡山系の三面大黒に酷似している。三面大黒の成立は、早くとも十四世紀以降のことと思われるから、これはほぼ確実に、この東寺の摩多羅神‐夜叉神の形をモデルにして考案されたものと考えることができる。いずれにしても、こうしてみると、先の『渓嵐拾葉集』の「摩多羅神＝摩訶迦羅＝吒枳尼」同一説は、ますます意味深長なものであったことが理解されてくるだろう。

では、いったいどうして、この東寺の夜叉神＝摩多羅神が稲荷神と結びつけられるようになったのだろう。そこでは、「稲荷と狐と荼吉尼」を関連づける、日本の稲荷‐荼吉尼信仰に特有の観念が大きな役割を果したに違いない。それについて考えるには、稲荷の性格、狐についての信仰、荼吉尼をめぐる表象の歴史など、多角的で複雑な考察が必要である。その詳細は注に挙げる各種の参考文献を見ていただくほかないが、ここではいくつかの基本的な点を押さえておきたい。(51)

第一に、「稲荷と狐と荼吉尼」の三者が関連づけられたのは、（稲荷は日本の神だから）日本以外ではありえない。また、この三者の「接合点」に位置したのは、狐であると思われる。すなわち、一方で稲荷が狐と関連づけられ、他方で荼吉尼が狐と関連づけられたことによって、三者の結合が可能になったと言えるだろう。

筆者の知るかぎり、稲荷と狐を明確に関連づけた最古の文献は、先に言及した藤原明衡の『新猿楽記』（一〇五二年ころ）であると思われる。そこに言う「野干坂《きつねざか》伊賀専《タウメ》之男祭」や「稲荷山阿小町《あこまち》之愛染法」の「専」は、「老女」または「老狐」を意味し、「阿小町」はやはり稲荷山命婦社の霊狐の名前であるという（実際には、野干坂や稲荷山を根拠とした巫女を指すものと考えられる）。しかし、稲荷神と狐の結びつきは、おそらくはもっと古い時代に遡るだろう。五来重氏によれば、キツネという語は古くは「ケツネ」と発音したが、この「ケ」は「ウカノミタマ」の「カ」（またはオホゲツヒメの「ゲ」や「ミケツカミ」の「ケ」）と同じ語源で（穀物を中心とした）「食料」を意味し、「ツ」は連体助詞の「ツ」、「ネ」は「根」の意味であるという。すなわち「キツネ／ケツネ」は「食物の根源霊」の霊獣であり、さらに現実の狐が多く古墳などに巣を作ることから、先祖霊の使者と信じられたとも考えられる[52]（狐はまた屍体の腐肉を食うこともあるという）。五来氏は、狐はおそらく稲荷信仰が始まる以前からの「食物の霊の神」であり、また先祖霊の神として信仰されたものだっただろうと言われる。とすれば、狐が、「食物の霊」として、また「先祖霊」として祀られた稲荷神と習合することは、自然のなりゆきだったのかもしれない。

一方、狐は多くの民族の伝承である種の特殊な力をもつ霊獣と考えられたが（たとえば中世フランスの『狐物語』*Roman de Renard* など）、とくに中国では古代から狐をめぐる各種の言説、説話類が行なわれていた。六朝時代以降には、雌狐が女に化けて男を誘惑し、時には死に至らしめるというような筋をもつ説話類が無数に作られるようになっていく（九七八年成立の大編纂物『太平広記』の巻第四百四十七から第四百五十五には、すべて狐に関する説話が八十以上も集められている）。三世紀の『捜神記』には、後の狐による誘惑物語の原型の一つとも見られる物語が語られている。すなわち、王霊孝と呼ばれる男が突然失踪した。犬などを使って捜索したところ、空の墓穴の中から発見された。男は発狂しており、人が話しかけてもただ「阿紫よ」といって泣くばかりだった。

十日あまりたってやっと正気に戻った男は、美しい女の形をした狐に化かされていたことを語った。その物語の終わりには「『名山記』に云はく『狐は先古の淫婦なり。其の名を紫と曰ひ、紫化して婦となる』と。故にその名は自から阿紫と称す」という文が引かれている。

唐代の有名な小説「任氏」（沈既済撰、『太平広記』巻第四百五十二所引）では、ある男が町で絶世の美女に出会い、一目惚れして一夜を過ごした後、それが狐であることを知った、という物語が語られる。女は知られたことを恥じて縁を断とうとするが、男はそれでも彼女を求め、ついに女も男の心にほだされて愛人になることを受け入れる。その後、二人は幸せな日々を送るが、最後に男が赴任の旅に連れていき、途中で犬に襲われて、狐の本性を現わし食い殺されてしまう、という悲惨な結末の物語である。

「紫」という名は、『捜神記』の妖狐譚以外にも使われることがあるようで、段成式著の『酉陽雑俎』（八六〇年ころ）では「旧説に、野狐を紫狐と名づけ、夜、尾を撃ちて火出づ。将に怪をなさんとするや、必ず髑髏を戴きて北斗を拝す。髑髏墜ちざれば、即ち化して人となる」というきわめて興味深い説が引かれている（これは、後に引用する『渓嵐拾葉集』の「辰狐の尾の摩尼の燈火」のイメージのもとになったものだろう。後述II, p. 589 参照。また、立川流における髑髏本尊の供養も、こうした狐信仰と関係があると思われる）。また（時代は下るが）一五九六年刊の『本草綱目』では、「江東に狐なし。狐は北方および益州に出で、形は狸《むじな》に似て黄にして、善く魅をなす」、「狐に媚珠あり。或は云ふ。狐は百歳に至りて、北斗に礼して変化し、男女淫婦となりて以て人を惑はす」と言われているという。「狐に媚珠あり」とは、日本の霊狐が宝珠（如意宝珠）をくわえる、という信仰を想起させる。中国における狐の表象を分析したジャン・レヴィ氏は、狐と人間（の男）の恋愛物語の類型（ほとんど必ず、一方の主人公の死を結末とする）は、一方では娼婦と（一般の）男との恋愛物語、他方では死霊と男との恋愛物語と比較でき、それは性愛によるカテゴリーの逸脱（狐の場合は「動物と人間」、娼婦の場合は

「社会的カテゴリー」、死霊の場合は「生の世界と死の世界」の境界を越境する行為）が引き起こす混乱と死を意味するものであると述べておられる。(53) 中国の狐は、なによりも愛欲と死霊の世界と密接に結びついた恐るべき魔性の獣として表象されていたのである。*

＊阿部泰郎氏は、後述の『法華験記』の狐の物語に関連して、「一体、異類と通じた人間がかならず死ななくてはならないとはどういうことか。たんに人獣間の血の交わりが不可能である以上に、禁忌であり、異類との通婚はかならずその正体が露われて別離を余儀なくされるという、神話伝承上の約束事というだけでは解せないものが、ここにある。そこに、この女人が野干―狐というダキニの変化性のすがたであることが意味をもってくる。彼女をダキニの変化と把えるなら、それと交わって死ぬことは、性《シャクティ》の力を介して相手の生命を取り喰う、すなわち奪精鬼としてのダキニのはたらきを、ここにみることができるのである」と書いておられる（阿部泰郎『湯屋の皇后』p. 307-308）。――これは日本の荼吉尼／狐信仰について書かれたものだが、中国の狐信仰自体に、「屍体を喰らうもの、あるいは魂／精気を奪うもの」という要素が含まれていたと考えられる（Rémi Mathieu, *art. cit.*〔注53に引用〕, p. 99-100 参照）。それが、荼吉尼と狐を結びつける一つの要因にもなっただろう。

中国の狐をめぐるこうした信仰は、遅くとも平安時代以降、日本にも輸入され、日本の宗教や文学に深く大きな影響を及ぼしたと考えられる（松前健氏は、中国の民間宗教における霊狐使いの巫覡と日本の狐憑きや巫覡の宗教が酷似していることを指摘しておられる）。『日本霊異記』の巻上・二は「狐を妻として子を生ま令むる縁」と題して女に化けた狐をめとった男の物語を載せ、巻中・四はその夫婦の子孫の「力女《りきによ》」の力比べの物語、巻下・二には狐に憑かれた病者を熊野の行者「禅師永興」が癒す説話を載せている。また三善清行（八四七～九一八年）作の『善家秘記』に語られた狐媚譚（『扶桑略記』巻第二十二に引く）は、『捜神記』の狐怪異譚と酷似している。同じ狐媚譚の再話は『今昔物語集』巻第十六、第十七話の「備中国ノ賀陽良藤、為狐夫得観音助語《キツネノオットトナリテクワンノンノタスケヲエタルコト》」に見ることができる。岩波（旧）日本古典文学大系本の要約を引くならば、「妻の不在中、狐と婚して行方不明となった賀陽良藤は、観音の化した老人に逐われて十三日目に漸く、狐の棲なる縁の下より這い現われた」という。(54)

一方、鎮源撰の『法華験記』（長久〔一〇四〇～一〇四四〕年間成立）、巻下に見える「第百廿七・朱雀大路野干」は、あたかも唐代の小説「任氏」の一ヴァリアントともいえるような哀しく激しい一夜の恋の物語である。ここでは阿部泰郎氏の要約を引こう。(55)

たそがれどきに朱雀大路を逍遥する一人の「善男」（美男子というほどの意か）が、優に美しい女人と出逢った。忽《たちま》ち魅了された男が「共に交じり通ぜむ」欲《おも》いを告げたところ、女人は、君の情《なさけ》はありがたけれど、もし私と通じたなら即座に死ぬでしょう、と拒む。男は、死をも恐れず、ただそなたと交り臥すを望むばかりだ、と強《あなが》ちに情を乞う。女は応えて、一旦の快楽を求め仮初《かりそめ》の戯れにより命を失うことの愚かさを説くが、なおも男は、その理を超えた天然の男女の愛にうごかされた我が想いを哀れと思え、と懇請する。〔中略〕この「芳言」に女はついに情《こころ》うごかされ、仰《おおせ》にしたがい妾《わたし》が君の命に代りましょう。その代り、我が死後の苦しみを救うため、法華経を書写し供養して下さい、と願う。男はこれを承諾し、「終夜《よもすがら》契りを結ぶ」。

暁に至り、互いに別れるとき、女は、その約束を果たすよすがの形見として扇を乞いうけ、我が死を知らんには朝の武徳殿の辺《あたり》を見よ、と言いおいて去る。果たしてその日、武徳殿のうちに一匹の野干が扇で面を覆い死んでいるのを見いだした。男は、約束どおり法華経を書写し、供養演説せしめれば、七々日を満《み》てず、夢に天女の荘厳を身に飾ったかの女があらわれ、法華一乗の功力により劫苦をまぬかれ忉利天に昇る仏果を得たと告げ、その恩は報じがたし、と謝して昇天し、奇瑞が空に満ちるのをみた。

唐代の小説「任氏」では、女に化けた狐は、男と幸せな日々を過ごした後、旅の途中で犬に襲われて嚙み殺されてしまう。この結末は、いわば一種の事故にすぎないが、『法華験記』の「野干」は、一夜の愛の契りのあと、死すべき運命の男に代わって、みずから犠牲になって死ぬ。物語としては、こちらの方がさらにドラマティックであり、またより「論理」的であって、完成された形を示していると言えるだろう。

これらの説話類からも窺われるように、日本の狐信仰の重要な部分は（松前氏が指摘されているように、おそらく狐憑きや巫覡の関係も含めて）、中国の信仰、表象を重要な出発点の一つとしたと考えていいようである。これは、日本の狐－茶吉尼信仰にも決定的な影響を及ぼしている。『大日経疏』に説く茶吉尼降伏の神話では、茶吉尼はあくまでも墓場に巣くい、人の心臓を喰らう恐るべき女鬼でしかないが、中世日本の茶枳尼天（「茶枳尼天」という呼称は日本に特有である）は蠱惑的な女天の形姿を顕わす「恐ろしく、なお人を惹きつけて止まない」異形の天部／羅刹として表象される。これは、エロスとタナトスを一身に凝縮した中国的な霊獣・狐の影像が茶吉尼に投影されているからであり、そのうえで愛欲と死が入り混ざった痙攣的な渾沌から産み出される強大な呪術力が付与されているからであるに違いない。それはまた、神話論理の奇妙な逆説を経て、インドのシヴァ神の神妃が発散する殺戮と官能、豊饒と残酷という極度の両価性《アンビヴァレンス》を、狐の獣性という媒介をとおして日本の茶枳尼天のなかに再現するものでもあると言えるだろう。*

*そのことは、日本最古の茶吉尼法の実修を記録したと見られる『文徳実録』仁寿二年（八五二）二月二十五日の条の記事からも間接的に証せられると思われる。この記事によれば、天長四年（八二七）の春、「美濃国席田郡に妖巫たちがいて、その霊魂が身体から分離（其霊転行）して、ひそかに人の心臓を食い尽くす（暗噉レ心）といい、その風が流行して民が被害を受けたが、〔藤原〕高房が単騎で乗りこみ、その党類をことごとく追捕して厳罰に処した」という（松前健稿「稲荷明神とキツネ」p. 83-84 の要約。五来重稿「稲荷信仰と仏教」、五来重監修『稲荷信仰の研究』p. 134：アンヌ＝マリ・ブッシィ稿「稲荷信仰と巫覡」、同上書 p. 262 も参照）。すなわち、この時点では、茶吉尼はおそらくまだ狐と習合しておらず、『大日経疏』に描かれた茶吉尼の法をそのまま修する者があったのだろう。この種の「邪法」はその後も継承されただろうが、ここでは中世の茶枳尼天の顕著な特徴であるエロティックな要素が見出せない。それはすなわち、この性愛的な要素が（中国的な）狐の表象と習合することで茶吉尼に付加され、それがまた稲荷神との習合を強める結果となったということを意味していると考えられる。

なお、後述の空也と神泉苑の老女（～狐～文殊菩薩）の説話も、狐媚譚の特殊な変形と言うことができる。後述 II, p. 287–288 参照。また、鳥羽院を蕩かしてしてその寵を一身に集め、玉体を侵し衰弱させた、という絶世の美女、玉藻前も那須野に

図123　稲荷－荼吉尼天

図124　白狐（日本、近世）

棲む八百歳の狐であったという。玉藻前の物語は、中世に絵巻などによって流布したもので（能の『殺生石』によって広く知られる）、明らかに狐と荼吉尼の習合を前提としており、さらに荼吉尼天を本尊とした即位灌頂とも密接にかかわっている。この点については後述参照。また阿部泰郎著『湯屋の皇后』p. 308；小松和彦著『日本妖怪異聞録』p. 42-74などを参照。

では、この狐と荼吉尼の習合（図123、124参照）はどのようにして可能になったのだろう。

文献的には、この両者の習合が明確に確認できるのは、相当に遅く、たとえば十三世紀の『古今著聞集』（橘成季撰。一二五四年成立）まで待たねばならないようである。その巻第六、第二百六十五話「知足院忠実大権房をして咤祇尼の法を行はしむる事并福天神の事」によれば、「知足院殿（藤原忠実（一〇七八～一一六二年））が、大権房という僧に吒枳尼の法を行なうよう命じたところ、七日目に一匹のキツネが現われて供物を食い、さらに次の七日目に、絶世の美姫が知足院殿の夢枕に立ったので、その髪を押さえたが、髪の毛が切れ、夢が覚めた、手には狐の尾が残っていた」と物語られている[56]（松前健氏の要約による）。しかし、実際にはたとえば前引の『新猿楽記』（一〇五二年ころ）の時代には、ほぼ確実に荼吉尼と狐の習合が成立していたと考えられるから、藤原忠実の頃にそうした信仰が存在したことも当然と言えるだろう。

狐と荼吉尼の習合にかかわってもう一つ重要なのは、狐の名が多く「野干」と記されていることである。「野干」は「射干」とも書き、『諸橋大漢和辞典』が引く『本草綱目』によれば、「悪獣であり、青黄色の狗に似て人を食し、木に登ることができる」といい、『祖庭事苑』には「形は小さく尾が大きい。木に登ることができるが、枯れ木は疑って登らない。狐は形が〔より〕大きく、水を疑って渡らない。また木に登ることはできない」と書かれている。[57] 仏典では、「野干」という語はサンスクリットの *sṛgāla* または *śivā* すなわちジャッカルの訳語として用いられた。「狐に似てより小型で木に登り、人（人間の屍体?）を食う」動物が実際にいるかどうかは残念ながら確かめられないが、インドにおけるジャッカルはもちろん実在する動物であり、墓場を徘徊して供物を盗んだり、腐肉を食う不吉な獣として知られていた（前述の「摩訶迦羅長老」の説話にも、そうした墓場のジャッカルが記述されていた。ジャッカルとシヴァとの関連については、前述p. 184も参照）。そしてまた、狐も前述のように古代以来、古墳、塚に棲みつき、時に腐肉を食う動物として知られていた。荼吉尼と狐の習合は、何よりもこの「墓場」という特殊な宗教的場における両者の親近性に基づいていると思われる。

筆者の知るかぎり、荼吉尼と狐を結びつけた最古のテクストは、八世紀初頭の偽経『大仏頂首楞厳経』巻第七に載せられた有名な大仏頂陀羅尼のなかに、

荼枳尼（狐魅鬼）

という細注（荼枳尼の「訳語」）として現われているものである。[58] こうして、驚くべきことに、荼吉尼と狐の習合は中国にまで遡るのである。

もっとも、中国ではその後、荼吉尼に関する言説はほとんど見られないので、この習合もそれ以上の意味はもたなかったのかもしれない。しかし、それを継承・発展させたのは日本だった。日本では、宇多法皇の第三皇子、

真寂（斉世親王、八八六〜九二七年）著の『諸説不同記』に、胎蔵曼荼羅における荼吉尼について書かれた文が重要な役割を果たしたと思われる。『諸説不同記』は、胎蔵曼荼羅に描かれた諸尊を一つ一つ取り挙げ、それぞれについて梵号、種子、三昧耶形、そして『大日経』や『疏』の本文などを記述し、さらに現図曼荼羅と他の図像の比較などを行なう、日本で最初の胎蔵曼荼羅の本格的研究書である。

ここで、先に胎蔵曼荼羅における荼吉尼（および摩訶迦羅）の位置について述べたことを思い出していただきたい（前述 p. 246–248 参照）。そこで見たように、荼吉尼はそもそも『大日経』そのもののなかには記述されていなかった。また、荼吉尼は、胎蔵曼荼羅の発展段階を表わす各種資料の中で、ほぼ一貫して南方を司る死と地獄の神、閻羅天（ヤマ神）の眷属として七母天の近辺などに描かれていた。それゆえ、真寂は荼吉尼について述べる条の冒頭に、まず『大日経』本文と『疏』で七母天の周囲に位置する眷属類を列挙する文を引用する。それが次の一節である。

秘密品云。烏鷲及婆栖野干等囲繞。釈云。七母等眷属。謂烏鷲狐及婆栖鳥（細注略）。此等竝在風輪中、囲繞七母等（凡閻羅王部類皆在風輪中也）[59]。

すなわち、『大日経』「秘密品」では「禿鷹や *bhāsī* 鳥（禿鷹の一種？）、野干などが（七母天を）囲む」といい、『疏』も同様に「七母天の眷属は禿鷹や狐、*bhāsī* 鳥などであり、みな風輪中で七母を囲繞する（閻羅王の眷属はみな風輪中に位置する）」と書いている、というのが、真寂による「荼吉尼」という尊格についての注釈だった。つまり、真寂のこの一文によって、荼吉尼は墓場に徘徊する不気味な動物たちの同類とされているのである。

インドのダーキニーは、羽を生やした半人半鳥の女怪として描かれることがあるから、むしろ禿鷹に似た猛禽類に近いものと考えられただろう。しかし、日本における荼吉尼と狐の習合の最初の、決定的に重要な出発点となったのは、おそらくはこの真寂が引いた『大日経』および『大日経疏』の文に、「野干／狐」の名が見られることだったに違いない。[60]「墓場を徘徊する妖怪」という点で、また七母天の眷属という点で、狐（野干／ジャッカル）と荼吉尼は胎蔵曼荼羅のコンテクストにおいて同等の価値をもち、そこにさらに中国的な「狐」が帯びていた強力な神話的象徴性が加えられることで、中世日本特有のエロティックで戦慄的な「荼枳尼天」の表象が形成されていったと考えられるのである。

さて、ここであらためて東寺の「三面の奇神」と稲荷神の関係に戻れば、そこで注目すべきなのは、東寺の稲荷伝説そのものに、東寺を訪れた稲荷神が「二人の女人」を連れていた（『稲荷大明神流記』の記述では「両女を率い、二子を具す……」と書かれている[61]〔前述 p. 564-565 参照〕）という伝承があったことだろう。考えてみれば、東寺の三面の摩多羅神も、左にダーキニー、右にサラスヴァティーという二女神を伴っているからである。また、伏見稲荷の祭神が、古くから上・中・下の三社（一般に下社は大宮能売《オオミヤノメ》大神、中社は宇迦之御魂《ウカノミタマ》大神、上社は猿田彦《サルダヒコ》大神と言われる。宇迦之御魂が稲荷神社に当たり、上・下二社の神は、いわばその「両親」のように表象されている）から成り立っていたこと[62]も、三面一体の神と稲荷神との関連付けになんらかの役割を果たしていたかもしれない。

こうして、「東寺の守護神＝稲荷神」対「比叡山の守護神＝三輪明神」という〈仏教‐神道〉的な対比は、「東寺の三面の摩多羅神（～ガネーシャ）」対「比叡山の三面大黒（～マハーカーラ）」という密教的対比によって裏付けられることになる。

もし東寺・中門の門神が聖天‐ガネーシャに対応すると考えられるのなら、先に見た、同じ東寺中門における稲荷神の供御で、「太摩我里」と呼ばれる油で揚げた餅菓子を捧げる儀礼が行なわれたことも、ガネーシャの好物として知られる「歓喜団」の献供を連想させるもので、注目に値するだろう[63]。すなわち、現在の日本でも「お

**図125　七母天とガネーシャ**（エローラ第14窟、左端ヴィーラバドラ、右端ガネーシャ、さらに右側に骸骨神）

**図126　七母天とガネーシャ**（マトゥラー博物館蔵）

稲荷さん」に供えられる油揚は、もとをただせばガネーシャに捧げられる歓喜団に遡るものと考えられる。また、同じ稲荷神の祭礼で（現代の「大黒様の嫁取り」を思わせる）露骨な性的儀礼が行なわれたことも、こうした稲荷神と聖天の関係という視点から、新たな興味を抱かせるものである。

同時に、先の『渓嵐拾葉集』の摩多羅神に関する記事の中で、「我は摩多羅神と名づく、即ち障礙神なり」という箇所があったことにも、あらためて注意しておかなければならない。「障礙神」という語は、各種の障害を起こす神一般を指す語であると同時に、ガネーシャの別名「ヴィナーヤカ」の訳語（より正確にはVighna「障礙」の訳語）としても用いられることが知られているからである[64]（ヴィナーヤカの語義については、前述 p. 524–525 細注参照)。

一方、聖天 - ガネーシャと「摩多羅」~ *mātaraḥ* すなわち諸母天との関係は、ヒンドゥー教にまで遡れば、多くの例証を挙げることができる。ヒンドゥー教寺院に祀られた七母天(または八母天)の像は、多くの場合、左(時に右)側のガネーシャの像と、その反対側の(シヴァの忿怒相のひとつとみなされる)ヴィーラバドラ神によって囲まれることが知られているからである〔図125、126参照〕。ローレンス・コーエン氏によればガネーシャと七母天の組み合わせは遅くとも五、六世紀頃から一般的なものになるという。(65)

そもそもガネーシャ - ヴィナーヤカと諸母天は、両者とも本来障礙神として怖れられる神だったのが、徐々に障礙を取り除く神として尊崇の対象とされるようになった、きわめてアンビヴァレントな神格だった。またこの神々は、両方とも基本的に現世利益のために信仰される神であるという、共通した性格ももっていた。七母天とガネーシャが結びつけられるのは、ヒンドゥー教的な文脈から見れば、当然のことだったと考えられる。

さらに、インドにおけるガネーシャと七母天のかかわりに関連してとくに興味深いのは、六世紀後半頃に作られたというアウランガバード Aurangabad の仏教石窟寺院の例である。ここの第七窟には、菩薩像と仏陀像を両側に伴った、明らかにヒンドゥー教の七母天を模倣したと思われる七体の女神像が置かれており、その反対側には、(多くの点でヒンドゥー教のガネーシャに近い存在である)ジャンバラとその配偶女神としてハーリーティーが祀られている。そして、同じアウランガバードの第五窟と第六窟の間に最近発見された石窟では、ガネーシャが中央の奥に安置され、その右側に七母天を伴ったシヴァが、左側には二つの仏陀像を伴ったドゥルガー女神の像が祀られているという。(66) こうした例からも明らかなとおり、インドではガネーシャは頻繁に諸母天に結びつけられており、しかもある場合には「ガネーシャ対七母天」の関係は、仏教における「ジャンバラ(~クベーラ/ヴァイシュラヴァナ~パーンチカ)対ハーリーティー」の関係に対応するものとして表象されていたとも考えられるのである。

「摩多羅」すなわち「諸母天」という総称のもとに、ガネーシャを中央に置き、ダーキニーとサラスヴァティーを左右に配したこの奇妙な一身三面の神は、インド宗教の観点から見れば、明らかに「大地的」な要素が非常に強い神格をイメージさせる。諸母天とダーキニーは、大地女神の暗く恐ろしい面を想起させる、血に飢えたカーリー女神に近い存在であり、またガネーシャも恐るべき障礙神＝ヴィナーヤカとして、また貪欲で淫欲の強い神として、少なくとも一面では大地性の恐るべき側面を表象する神である。しかし一方のサラスヴァティー女神は、この文脈ではシュリー＝ラクシュミー女神と近似した価値をもった女神であり、みのり豊かな豊饒を約束する大地性の輝かしい黄金の側面を表わすと考えることができる。考えてみるなら、そもそもガネーシャ＝ヴィナーヤカという神格自身が、大地性のこうした二つの相反する側面を併せもった神であった。そして、この観点からあらためて、先の守覚法親王の『御記』の文（この神は「持者に吉凶を告ぐる神」であり、「大慈悲を具して怨害を生ぜず。災を除き福を与ふ」神である、など）を振り返るなら、そこでは、この神の「善神」もしくは「福神」としての側面がとくに強調されていたことが理解されるだろう。

## 4　摩多羅神と人喰いの毘那夜迦の伝説

さて、現在、東寺の宝物館には、「夜叉神」と呼ばれる二体の古い木像（平安時代に遡るという）が安置されている。これらの像は、損傷が激しいために細部は明瞭ではないが、ほぼ裸体で、明らかに一面二臂の力士形の忿怒相を表わしている〔図127、128参照〕。「その形、三面六臂。中は聖天、左は吒吉尼、右は弁才なり」と守覚法親王が書いた摩多羅神は、これらの木像とは違う像だったとしか考えられない（それとも「三面六臂」云々という像は、現実の像ではなく、一種の「理念上の像容」だったのだろうか……）。にもかかわらず、後述するよう

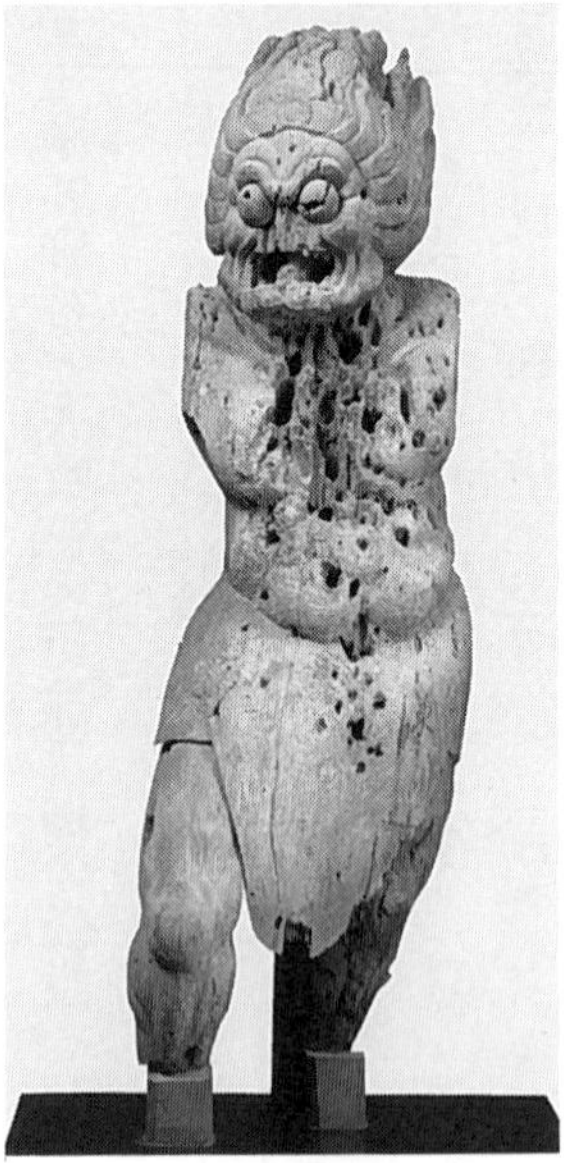
図127　夜叉神（阿形）

図128　夜叉神（吽形）

に、神話的資料を検討すると、この現存の二夜叉神と三面六臂の「夜叉神－摩多羅神」は、決して無関係ではありえなかった。

ここではまず、中世・東寺の最大の学匠の一人杲宝（一三〇六～一三六二年）が、東寺のさまざまな縁起などをめぐって書いた名著『東宝記』から、中門の「夜叉神」について書いた文を見ることにしよう。これは、「当寺二夜叉を安ず」などと書かれていることから見ても、明らかにいまの（木造の）二夜叉神について述べたものと思われる。また、守覚の「夜叉神－摩多羅神」は、前引の文ではどこに置かれたものか明瞭ではなかったが、杲宝の言う夜叉神と関連づけられるかぎりにおいて、東寺中門の守門神であったと考えることができる[67]。

一夜叉神

古老の伝へて云はく、東は雄夜叉、本地は文殊、西は雌夜叉、本地は虚空蔵なり。二夜叉ともに大師の御作なり。或は云はく。根本には大門の左右に安ず。旅行人、これに礼を存せぬ時、忽ちその罰あり。故に中門の左右にこれを安ず（此の説不審、これを決すべし）。

私に云はく、『行願品疏義記〔＝華厳経行願品疏鈔〕』〔巻第六〕に、宗密の云はく、「夜叉は、雌は可畏と名づく、地に行くものを摂し、生類を食啖す。雄は夜叉と名づけ、翅を有し、能く空を飛ぶ、唯孩児のみを喫ふ、下天に居りて天城門を守る（云々）」[68]。当寺には二夜叉を安ず、是れまた雌雄なり。夜叉神は仏法擁護を誓約す。『大仏頂経』に之を説く。下天城門を守る。故に天王を門辺に安置し、これを安置せしむる歟。また古来の風俗に、夜叉神に帰して小児の名を請けしむ、これ孩児を食啖す、故に彼に帰して而して其の難を免るか。

夜叉種類事

〔中略〕『仁王経疏』（良賁）に云はく。薬叉神は、ここに勇健と云ひ、また軽健と云ふ。飛騰〔するは〕虚空部を摂し、地を行くものは諸羅刹なり。『起世経』〔に云ふ〕如く、これに三種有り。一は地居、二は空居、三は欲界天なり。城門を守るなり[69]（文）。『〔仁王経疏〕法衡抄』第三に云はく。空中を飛行するは、生類を食啖す。此れ雄なり。雌は地行し、羅刹婆と名づく。ここに可畏鬼と云ふ[70]（文）。

すなわち、東寺の中門を守る夜叉神には雄・雌のふたつがあった。杲宝は中国唐代の華厳宗の名僧・宗密の『華厳経行願品疏鈔』の文を引いて雄・雌の夜叉を解説し、そのうちとくに雄の夜叉神について、この鬼神が空を飛び、子どもを食うこと、そして「天城門」を守ることを記している。——空を飛ぶ鬼神、と聞いてわれわれがまず連想するのは、言うまでもなく、元代の漢訳仏典で「空行母」と訳されたダーキニーや、「飛行羅刹」と呼ばれたカルマーシャパーダ（斑足）王のことである（神話モティーフ索引「飛行」参照）。次に、子どもを喰うことは、同じカルマーシャパーダ王の物語やハーリーティーの伝説を想起させる。最後に「天城門を守る鬼神」ということで思い出されるのは、唐-宋代の中国で、また平安時代の日本で、「城閣天王」として信仰されていた兜跋毘沙門だろう。さらに、杲宝によれば、日本では古来、小児を夜叉神の申し子にしてその名を付ける風俗があったが（おそらく子どもに「夜叉丸」などという幼名をつける風習を言っているのだろう）、それはこの神が小児を食うことから免れようとしたのだろう、という。そのことはもちろん、われわれが以前に検討したアングリマーラや曠野鬼神などの説話を想起させるものである（前述 p. 148–169 とくに p. 167–169 参照）。

この記述のあと、杲宝は「夜叉種類事」と題して、良賁の『仁王経疏』や遇栄による『仁王経疏法衡鈔』などを引用しているが、これらの文献もまた、われわれが先に、不空の大黒天神観を伝える基本文献として、あるいはカルマーシャパーダ王の説話に関連して引用し、利用したものだった（前述 p. 95–96, p. 139–140 など参照）。このことを見ても、杲宝が東寺中門の夜叉神について設定した問題領域が、われわれがカルマーシャパーダ王説話などを手がかりに開拓した問題領域（いわば「ハーリーティー‐カルマーシャパーダ‐アングリマーラ神話圏」と呼ぶことができる）ときわめて密接にかかわるものであることが推測されるだろう。

ハーリーティーやダーキニー、あるいはカルマーシャパーダやアングリマーラ、さらにヴァイシュラヴァナなどを連想させるこの東寺中門の夜叉神は、われわれがこれまで探究してきたマハーカーラ‐大黒をめぐる広大な「神話圏」のまさにもっとも核心的な部分に正確に当てはまる、きわめて注目すべき神格であると考えることができる（子どもを喰って飛行する「雄」の鬼神、というとくに顕著な特徴から見れば、この夜叉神にもっともよく対応するのは、カルマーシャパーダ王であると言えるだろう）。

さて、いまの杲宝による東寺の夜叉神についての記述には、聖天や荼吉尼、弁才天などについては一言も言及されていなかった。では、守覚が言う、聖天を中心とした「摩多羅神‐夜叉神」と、いまの杲宝が言う（木造・一面二臂の）「夜叉神」とは、もともとまったく別の神格、あるいは互いに無関係の神格だったと考えるべきだろうか。——この二つの間には、少なくとも何か深い関係があったということを示す奇妙な伝説が、『覚禅鈔』（聖天）の裏書に記録されている。それによれば、聖天（＝毘那夜迦＝歓喜天）そのものもまた、空を飛び、人肉を喰らう恐るべき悪鬼だったというのである。

歓喜天本伝の文に云はく、摩羅醯羅州に王あり、唯牛肉と大根のみを噉ふ。時に国中に牛漸く少し。民、以て死人の肉を供ふ。死人少し。改めて後に生人の肉を用ふ。この時、国中の大臣・人民、四兵を発し、その王を害せんと欲す。時に王、大鬼神・毘那夜迦と成りて、もろもろの毘那夜迦を以て眷属となし、飛空して去る。その後、彼の王国中に疾病行ふ。この時、大臣・人民、十一面観音の悲願を念ず。観音、毘那夜迦女の形を現じ、彼の悪心を誘ふ。時に毘那夜迦王歓喜し、すなはち疾病国中に行はず。人民、安穏するなり(云々)(71)。

ここに引かれた『歓喜天本伝』なる書が、どんなものなのかは、まったく分からない。これも、おそらくは日本で作成された偽書と考えるべきだろう。また「摩羅醯羅州」という地名も、筆者の知るかぎり他では見られないもので、用字から見ると、聖天と関係が深い「摩醯首羅」(マヘーシュヴァラ＝大自在天＝シヴァ神)から考案された架空の地名と考えることができそうである(72)*。この物語の後半で、「大臣・人民が十一面観音の悲願を念じたところ、観音が毘那夜迦女の形を現じ、毘那夜迦王の悪心を誘う……」という部分は、明らかに中国からもたらされた有名な双身毘那夜迦(双身歓喜天)の縁起に基づいたもので(第二巻第五章、参照)、日本の聖天に関する伝説にこれが現われることは不思議ではない。しかし、何よりも驚くべきなのは、この物語の前半部分、すなわち、ある国の王が自分の国の人民を食い、大臣・人民の遣わした兵に追われて飛行悪鬼となって空に飛び去る、という部分である。本書の読者ならば、これが何に基づくものか、一目で理解されるだろう。すなわち、ここでは、先の杲宝の『東宝記』における「夜叉神」について考えた時にも注目した、カルマーシャパーダ王の伝説が、ほとんどそっくりそのまま使われているのである**。

＊しかし Sanford, "Literary Aspects of Japan's Dual-Gaṇeśa Cult", n. 31 [p. 321] は、『使呪法経』T XXI 1267 297b6 や『大

使呪法経』T. 1268 298b23（両経とも菩提流志訳）に見える「雞羅山」（Kailāsa, または Hila の音写?；Sanford, *art. cit.*, n. 17 [p. 318] 参照）という語から発想されたものだろうという。玄奘の『大唐西域記』Ttt. LI 2087 iii 882c20 には、オーディアーナ国の都城「瞢揭釐城」の南四百余里に「醯羅山」と呼ばれる山があることを記している（現在 Ilām というイラン語化した名をもつ高山に比定されている）。この場合の「醯羅」はおそらく Haḍḍa（Hiḍḍa *or* Heḍḍa）の音写であろうという。水谷眞成訳『大唐西域記』p. 103a-b and n. 1；および『阿娑縛抄』TZ. IX 3190 cxlix 482a27-28 参照。北西インドと中央アジアの境界地帯は、インドの象神信仰の一つの源泉と考えられるから、この「摩羅醯羅州」という地名にもその名残が認められるかもしれない。

**この伝承は、さらに、『神道集』巻第二の「熊野権現の事」の末尾に語られた鋳物師《いもじ》の起源をめぐる奇妙な神話にも用いられているようである。桜井好朗著『祭儀と注釈——中世における古代神話』（吉川弘文館、一九九三年）p. 302 (and n. 28) は次のように書いている。「……文意がはっきりしないところがあるが、いま赤木文庫本により、河野本で補い、適宜引用しながら読んでみると、まず次のような恐ろしい世の物語から始まる。『人王《(皇)》第二代の帝綏靖《すいぜい》天王《(皇)》と申すは、人を食ひ玉ひし事、朝夕に七人なり。臣下これを嘆くより外の事は無し。誰とても残るべしとも覚えず、悲しみけり。』そこで臣下の一人がこの帝を害そうと考えた」云々。また、『渓嵐拾葉集』Tttt. LXXVI 2410 xxxvii 626b25-c12 に引用された「江ノ島縁起」も、明らかに同じ物語に基づいている。ここでは田中貴子著『性愛の日本中世』（洋泉社、一九九七年）p. 157-158 の要約を引こう。「相州江ノ島に一六人の子供を持つ長者がいた。その地には五頭龍《ごずりゅう》が住む深い池があり、長者の子を毎年生贄《いけにえ》に取っていた。長者夫妻の悲しみを知った弁才天が天女の形となって影向《ようごう》すると、龍は天女に思いを懸ける。天女は生贄を食らうことを止め万民を守護すれば竜の思いを叶えると約束する。そして天女は土を運んで一夜のうちに島を作った。これが江の島であるという」。

日本では、聖天‐ガネーシャそのものが、インドのカルマーシャパーダ王とぴったり重なる悪鬼として表象されていた。そして、東寺中門に祀られていた「雄の夜叉神」は、同じカルマーシャパーダ王を直接連想させる子喰いの鬼神だった。さらに、同じ東寺の「夜叉神‐摩多羅神」と名付けられた護法神は、ガネーシャを中央に、ダーキニーとサラスヴァティーを左右に配した「奇神」だった。こうして見れば、これら三種類の神格がまさに同じ「神話圏」に属する神であること、そして、杲宝の言う東寺の夜叉神と守覚法親王が言う「摩多羅神‐夜叉神」とが、（造られた像そのものは別のように思われるが）少なくとも表象上は非常に近い関係の神格であることが理解されるだろう。

日本のガネーシャ＝聖天とカルマーシャパーダ王伝説との関係が決してたんなる偶然ではないことは、『渓嵐拾葉集』によって伝えられた双身歓喜天の由来を説く、もうひとつの奇怪な説話を見ても明らかになる。以下、山本ひろ子氏による詳しい要約を引用しよう（〔　〕内は原文による筆者の付加）。

> 南天竺国に「意蘇我大臣」という名の大臣がいた。「鼻長大臣」とも呼ばれたこの者は、王妃と密通した。それを聞きつけた王は怒り、〔他の臣下には薬が入った酒を与え、意蘇我大臣には〕「象の肉」を混ぜた毒酒を大臣に飲ませ〔て〕、殺そうと図った。大臣と通じていた妃は、「象肉を服したからには、一晩たてば必ず死ぬでしょう。すぐに雞羅山に行って油を浴び、蘿蔔《らふ》の根〔＝大根〕を煎じて飲みなさい」と告げた。教えのままに実行すると、毒は消えて大臣は命を取りとめることができたのだった。
>
> さてこの時大臣は瞋りを成し、一切衆生のために「大障礙神」に成ろうと誓願し、〔大〕荒神「毘那夜迦」〔ここに障礙神と云う〕に身を現じた。そして大勢の眷属を率いて王宮に乱入し、王族らを脅かした。すると、妃は王に語った。「あの大臣は私と通じています。私が彼の大悪心をとどめましょう。」
>
> そして大臣の許に赴いた妃は、「悪心を翻して、慈悲の心を生みなさい」と勧告した。〔大臣は妃が来たのを見て歓喜の思いを抱いた。〕大臣は乞われるままに従ったので、妃は大臣に身を任せた。大臣は歓喜して妃を抱いたという。
>
> だから聖天の体相は、〔その時の〕二人が抱合している姿である。また歓喜のゆえに「歓喜天」といい、この本縁によって常に一双であるため「双身」という。[73]

これと同工異曲の説話は、『白宝口抄』〔聖天法第二〕や『阿娑縛抄』〔歓喜天〕にも記録されている。[74]『白宝口抄』のヴァージョンはもっとも長くかつ複雑である。そこでは、「意蘇伽大臣」は雞羅山ではなくヒマーラヤ、

〔「雪山」〕の麓に行って油の池に入り、蘿蔔根を食して命を救われる。その後、彼は、疫神に生まれ変わって国に「乱入」する。人々は妃を犠牲に差し出し、彼は妃を見てたちまち「瞋怒を忘れ、妃を抱こうと」する。そしてついに、彼女に導かれて正道に帰依する、という物語である。(75) 一方、『阿娑縛抄』のヴァージョンでは、大臣は雞羅山に行き、「油池」で身体を浴し、「蘿蔔根」を食して命を救われる。その後彼は鬼になることを誓って「象頭・鼻長・強力」の鬼に生まれ変わる。

『渓嵐拾葉集』はさらに、聖天の供物としてなぜ酒と大根〔蘿蔔〕と歓喜団を捧げるか、という問いに関連してこの説話に言及し、とくに歓喜団について次のような驚くべき奇説を記している。すなわち――、

　次に〔歓喜〕団とは、この〔鼻長〕大臣、志を后に通じ奉るとき、この団中に艶書を入れ后に奉れり。これに依りて常にこれを好み、これを得るとき歓喜し給ふ。故に歓喜団と号すなり。因位〔仏法に帰依する以前〕の好物の故に、これを供ふるとき、必ず悉地成就するなり。故に大事行法のときは、所念の事を書きて必ずこの団中に入るなり。これを深く思ふべし。(76)

いまの「鼻長大臣」密通の伝説が、「カルマーシャパーダ-アングリマーラ神話圏」に属する神話の新しいヴァージョンであることは一見して明らかだが、インドに遡る仏典に収められた古典的なヴァージョンと比較すると、その変型の度合いがとくに著しく、また複雑であるように感じられる。仮にカルマーシャパーダ王伝説を比較の対象にするなら、いまの「鼻長大臣」伝説は、王と大臣の位置が逆転しており、また「性行動の逸脱」〔王妃との密通〕が「食行動の逸脱」〔子喰い、人肉喰い〕にとって代わっている〔この二つのテーマが交換可能であることは、以前〔p. 166, p. 192〕にも指摘したとおりである〕。この点から見れば、「鼻長大臣」伝説はむしろアングリマーラ説話にもっとも近いものと考えられるだろう。アングリマーラも、主人〔師〕の妻との密通を疑われて「大罪」に追いやられ、釈尊によって救われたのだった〔前述 p. 153-154 参照〕。

一般に、神話の変型《ヴァリエーション》が、引用から引用へというような文献的操作を経て行なわれる場合には、変化の度合いは少なく、特定の字句が繰り返し現われるなどの特徴があるが、口承伝承などのより不特定なフィルターを通して変型される時には、人物の役割や設定、テーマが逆転するなど、〈神話論理〉特有の大きな変化が認められる。『覚禅鈔』の「摩羅醯羅州王」説話の場合には、まだカルマーシャパーダ王伝説などをもとにして文献的操作によって変型された可能性も考えられるが、「鼻長大臣」伝説に認められる変型は、そうした可能性がほとんどありえないほど大きく、かつ複雑であると言えるだろう。そのことは逆に言えば、「カルマーシャパーダ‐アングリマーラ神話圏」といまの「聖天‐鼻長大臣」伝説の間の関係が、〈神話論理〉的に見てより無意識的（あるいは〈自然〉）であり、両者の〈通底性〉がより〈深い〉ものであることを示していると考えられるかもしれない。

## 5　「三位一体の神々」――そのヴァリエーションと歴史

### A　愛染明王・摩多羅神

さて、ここであらためて、大黒天を中央に、弁才天と毘沙門天を左右に配した三面大黒と、荼吉尼と弁才天を左右に、聖天を中央に置いた守覚法親王の言うところの「摩多羅神」（ただし、この特殊な神格を「摩多羅神」と呼ぶことはあまり一般的とは言えない。ここではたんに便宜上、この名称を使うことにする）の問題に戻って、これらの神格の歴史と由来を考えてみることにしよう。

はじめに注意しておくべきなのは、「摩多羅神」の方が、三面大黒より明らかに起源が古いということである。守覚は「摩多羅神」についての伝承を、一一七九年頃にすでに確立したものとして記しているから、その起源は十二世紀前半を下らないと見ていいだろう。一方、三面大黒についての最古の記録は室町時代後期のもので（た

図129　弓を引き絞るシヴァ（カルナタカ、8世紀半ば）

図130　愛染明王図（『別尊雑記』）

とえば卜部兼満の『神祇拾遺』は一五二五年頃成立）、もしそれが成立していれば必ず記載があるであろう『渓嵐拾葉集』（一三一一〜一三四八年）に何も記されていないということは、おそらく同書の編纂が終わってからしばらくして、この神格が生み出されたことを意味しているように考えられる（もっとも、後述するように、同書には三面大黒の成立の寸前までいっていたことを思わせる記述がいくつもある）。両者の間には、約二百〜二百五十年程度の隔たりがあると思われる。

密教経典には多面多臂の神格が無数に記述されているが、まったく違う神格を一体にして造像するという例は（少なくとも中国‐日本の密教では）それほど多くはない。[77] しかも、実際にそうした像が作られ、また信仰の対象になったことは、筆者の知るかぎり、日本以外ではほとんどなかったように思われる。そして、その日本で信仰された三神一体の神の中でもっとも広く知られたものが、ほかならぬ「三面大黒天」だった。

しかし、先の「摩多羅神」の例でも明らかなとおり、三面大黒以外にも、三神一体の神、または複数の神をとくに緊密な関係で結びつけた例を見出すことができる。その中で、いま注目しておきたいのは愛染明王である。愛染明王は、「性愛による染着」を表わす尊格で、日本密教の中でもっとも性《セクシュアリティー》に密接な関係をもつ神であると同時に、王権とも深いかかわりを有する神である。[78] またこの尊格は、天に向かって弓を引き絞るその図像から見ても（**図129、130参照**）、表象内容から見ても、顕著なシヴァ的な要素が認められる神格である。また、弓矢を持つのは、ギリシアのエロースやローマのクピードー、またインドの愛の神カーマにも共通の要素で、インド‐ヨーロッパ的な「愛の神」の特徴でもある。さらに、愛染明王は、多くの場合「深い愛情」を表わす赤（岩本裕氏）で全身がいろどられているが、それもインドのカーマと同じ色である。[79]

愛染明王（ふつう Rāga-rāja の訳とされる）はインドにもチベットにも対応する尊格が知られず、ほとんど唯一の所依経典、「金剛智訳」に帰される『金剛峯楼閣一切瑜伽瑜祇経』（T[tt]. XVIII 867.『瑜祇経』と略す）も、サンスクリットやチベット語に対応経典が存在せず、おそらく中国製の偽経と考えられている。[80] にもかかわらず、

**図131　愛染明王**（一面三目六臂像、『覚禅鈔』）

**図132　愛染明王**（一身両面像、同上）

**図133　愛染明王**（一身三面像、同上）

**図134　絹本着色両頭愛染明王図**（金剛峯寺、13世紀？）

その表象の内容は、明確にインド・タントラ的である。一説には、『瑜祇経』に見える愛染明王の「一字心明」が「吽吒枳吽惹 Hūṃ Ṭakki hūṃ jaḥ」であるとされることから、後期のタントラに多く現われる吒枳忿怒王 Ṭakki-rāja が愛染明王に当たるかもしれないとも言われる。Ṭakki はパンジャーブ地方の軽蔑された民族 Bāhika を指す蔑称 *takka*（「けちな、吝嗇な」を意味するという）に基づいた語で、*Niṣpannayogāvalī* では十大忿怒尊の一に数えられている。[81] 吒枳忿怒王も、賤視の対象をみずからのパンテオンに組み込み、それによって価値を逆転させる、すぐれてタントラ的な尊格と考えられるだろう。

愛染明王は、通常一面三目六臂の形に作られるが、時に一身両面二臂、あるいは一身三面六臂などの像容も作られることがあった（**図131〜133参照**）。これら二面または三面の特殊な像容には、いわゆる本軌はなく日本で作られたものと考えられるが、そのうち、一身両面二臂（「両頭愛染」）の像は、『密教大辞典』（p. 2280「両頭愛染」）によれば、「不動・愛染二明王の合体、又は愛染王と染愛王との合体」であると言われており、また同辞典および『覚禅鈔』に引かれた『羅誐記』の文では、

像に秘密形あり、その像一身両頭、左面は瞋の赤、右面は慈の白、身色の赤白は事に随ふ、像は金剛薩埵の如く、左手に鈴を持ち右手に杵を持つ。頂上に五色の光を放つ……。

と言われているという[82]。この赤白の二面はもちろん男女の両性を表わすものであり、その二面がひとつに合体しているさまは、いうならば双身歓喜天と同様に、男女両性の交合を示すものと言うことができる（この愛染明王像は、左右の手に金剛鈴と金剛杵を持つが、一般にタントラ的なシンボリズム体系では、「金剛鈴」は〔蓮華と同様〕女性性器を象徴し、「金剛杵」は男性性器を象徴すると考えられる）。高野山、金剛峯寺の絹本着色両頭愛染明王図（十三世紀？）は、不動・愛染の両頭愛染明王図の下に、右に象に乗った白の普賢菩薩、左に獅子に乗った赤の文殊菩薩が描かれ（両者とも弓を持つ）、その中央に一頭の白狐が跳ねるように躍り出している[83]〔図134参照〕。これは明らかに両頭愛染と荼吉尼／稲荷との習合を表わすものだろう（後述参照）。また、一身三面の像については、『渓嵐拾葉集』に、

この尊に三面あり、左面は仏眼、右面は金輪、中面は不二の愛染なり……。

という文[84]があり、これも左の女性性と右の男性性が中央で合体し、「不二」になったさまを表現したものと考えられる。

さらに興味深いことに、同じ『渓嵐拾葉集』には「聖天愛染法一体事」という口伝が伝えられており、次のように書かれている。

師云はく。三井流相伝の秘曲とて、ある貴所に安置せられたる〔像は〕、その相貌を見れば中尊は愛染王、熾盛日輪中に弓を引き、ただ今放つべき勢いなり。脇士には、本尊の左方に象頭男天、白色なり。頂上に日輪を載せ、左手に〔歓喜〕団を持し、右方には矛を持つ。右方象頭女天、赤色なり。頂上に月輪を載せ、左手に蘿〔蔔〕を持し、右手に剣を持つ。随分流の大事とて、秘蔵せらるるなり[85]。

愛染明王を男女両性の双身毘那夜迦（大聖歓喜天＝毘那夜迦天＝ガネーシャ）と合体させたこの図像／口伝は、三井流では「流の大事」として「秘蔵」されたというが、同様の表象は真言宗でも行なわれていた。『白宝抄』

の「聖天法雑集」によれば、聖天の「心呪」の一異型であるHrih Gaḥ Huṃという真言は（これについては後述II, p. 185 ; p. 193–194参照）、胎蔵界、金剛界、そして両界の「不二」を順に表わすものであり——、

これ大事なり。この天〔聖天〕は愛染王と習ふなり。〔金剛界曼荼羅中の最外院の二十天のうちに描かれた〕四種毘那夜迦のうち、弓箭毘那夜迦は愛染王なり。敬愛不二するとき、一切和合して障礙無し。萬法この位より出生するなり。

と書いている。[86] 先の東寺の「摩多羅神」は、中央の聖天（男天）の両側を荼吉尼・弁才の二女天が囲む姿だったが、上の『渓嵐拾葉集』の口伝に記述された像は、中央の愛染明王の周囲を男女の双身歓喜天が囲む形で表わされていた。「敬愛不二」して「一切和合」するときに「萬法生ずる」という表象は、明らかに性的結合による産出・豊饒のイメージを想起させるものと言えるだろう。

また、鎌倉末期には成立していた『稲荷記』には、稲荷神の本地として「如意輪観音と並んで愛染明王の名が記されている」（根立研介氏）という。これは、愛染明王の「一字心明」に現われる吒枳尊の名に基づいて『覚禅鈔』などが「愛染明王はすなわち吒枳王なり」と書いたことを契機に、（「吒枳」と「吒枳尼」が混同されて）愛染明王と荼枳尼が結びつき、さらにそれを媒介として愛染明王と稲荷神が関連づけられたものと考えられる。しかし愛染明王と荼枳尼は、両者とも「愛法神」として信仰されたこと、また、愛染明王の左の第三手の持ち物が（荼枳尼が喰らうというあの）「人黄」であるとされたこと（後述参照）もこの習合の重要な要因となったに違いない。[87]

さらに、中世日本には、愛染明王は弁才天を妻とする、とする伝承も存在した。田中貴子氏によれば、万治三年（一六六〇）刊の『おもかげ物語』（『室町時代物語大成』第三巻所収）には、弁才天が「愛染明王と夫婦の契りを込める」という物語が語られているという。[88]

こうして、東寺の三面の「摩多羅神」を構成する聖天、荼吉尼（〜稲荷神）、弁才天のすべての尊格が、それぞれ愛染明王と関連づけられていたのである。

愛染明王自体は、その図像や表象にシヴァ的な要素が色濃く反映されているものの、全体としてはきわめて抽象的な尊格であり、両頭愛染や三面の愛染を構成する原理も、むしろ教義による牽強付会と考えるべき性格のものと思われる。それにもかかわらず、日本の密教儀礼の中では、愛染明王のもつ本来の神話的背景が突然あらわになる場面がある。一般に行なわれる一面三目六臂の像容は、『瑜祇経』の経文にしたがったものだが、その六臂が持つ器杖のうち、左の第三手の持ち物は、経文の意味が明瞭でなかった。『瑜祇経』には、「左下手に彼を持ち、右には蓮を打つ勢いの如し」と書かれている[89]。ところが、この「彼」が指示する語がどこにも見えないのである。その「彼」の意味をめぐって、日本の学僧たちはさまざまな複雑な解釈を行なったが、実際の修法では、多くの場合問題の「左下手」に「人黄」を持たせたと言われている。

ここにいう「人黄」とは、『大日経疏』の摩訶迦羅‐大黒天による荼吉尼降伏の神話で、「人間の身体には、牛に牛黄〔という貴重薬〕があるのと同様、人黄というものがあり、それを食うとあらゆる成就〔魔術〕が可能になって、一日のうちに四域を巡ることができ、すべてを意のままに獲得できるようになる。荼吉尼は、死ぬ六カ月前の人間を見分けてその人黄を取って食い、人々を思うままに支配する」と書かれていた、あの奇怪な呪術薬にほかならなかった（前述 p. 91-92 参照）。『大日経疏』のコンテクストでは、「人黄」は人間の「心臓」（または心臓の中にある秘薬？）の意味で用いられている。中世日本では、この語は、「内心肝」とか「人之精霊」「国王心」「為男女人黄、為女男之人黄（男にとっては女が「黄」であり、女にとっては男が「黄」である）」「衆生精気」など、さまざまな解釈がなされていた。「人黄」はまた、時に「人王」とも表記され、「人の王になるにふさわしい力を秘めた物体」であるとも考えられたという。さらに、人黄は円形のものと表象され、その形態からの神話圏に連なってくることになる。

同）された形跡がある。(90)こうして、愛染明王もまた、思いがけないコンテクストで、ダーキニーやマハーカーラる儀礼の中で中心的な役割を果たした。愛染明王と荼吉尼天は、中世日本の密教ではほとんど同一視（または混たことの背景には、こうしたシンボル連想の連鎖に基づいた思弁があった。愛染明王もまた、中世王権にかかわ「宝珠」、「舎利」、あるいは「日輪」とも同一視された。荼吉尼天が即位灌頂の儀礼でもっとも重要な位置を占め

*

さて、いまのやや特殊な例を別にすると、日本における三面（多面）一体の神は、ほぼすべて、先の「摩多羅神」と三面大黒のヴァリエーションと考えることができる。

まず、荼吉尼‐聖天‐弁才天によって構成された「摩多羅神」自体が、東寺に限られたものではなかった。中沢新一氏によると、守覚が記述したのとちょうど同じ形の「夜叉神」と呼ばれる神像が、奈良県の山奥の慈眼寺という寺に保存されているが、これは鎌倉時代の末に真言宗の有名な古刹・室生寺から移されたものだという。(91)

——しかし、さらに驚くべきことに、同じ三神は、中世日本の顕密仏教と王権との密着を示すもっとも重要な儀礼、即位灌頂の儀礼においても大きな役割をもっていた。東寺系の即位灌頂について記した基本文献の一つ『神代巻秘訣』（鎌倉中期頃成立？）の「東寺御即位品」には、「東寺即位法の『別法』として、広沢流の『三天合行法』が、『秘中の大秘、頓中の頓法なり』と説かれている」（桜井好朗氏）。それによれば——、

この法則次第の中に、御即位の四海領掌の秘印有り。以つての外の不思議なり。聖天・吒天・弁才天を以ちて、一尊たるゆゑに、三天合行法と云ふなり。三面有り。但し聖天を以ちて正行する人のため、聖天を中尊と為す。これ正面なり。自余の二尊、また爾り。これ如次〔桜井氏注・順序に従って〕貪瞋痴《とんじんち》の三毒なり。こ

れ三弁の宝珠は、稲荷の上中下三所の大明神これなり。[92]

ここで、ガネーシャ・ダーキニー・サラスヴァティーの三尊を「貪瞋痴の三毒」に当てているのは、先の守覚法親王の「摩多羅神」の三尊が「三大」（「体・用・相」の三大？）に配釈されていることを意識したものかもしれない。しかも、さらに注目すべきなのは、これと同じ「貪瞋痴の三毒」は、いまの『神代巻秘訣』とおそらくほぼ同時代と思われる天台宗の『渓嵐拾葉集』では、「大黒の三面」に配釈されているのである（後述p. 606参照）。いずれにしても、これは守覚の文を下敷きにしたものであって、一見荒唐無稽な内容であっても、密教の学問的系譜にしっかり依拠した説であると言うことができる。

さらに興味深いことに、ここに言う「三天合行」の即位法には、日本神国思想のもっとも重要な源流の一つである『神皇正統記』の著者、そして南朝の最大のイデオローグ、北畠親房（一二九三～一三五四年）が関心をもった形跡がある。親房は、一三三〇年に「養育してきた帥宮《そちのみや》世良《よし》親王が死去すると、悲嘆して出家し、真言僧となった。法名は宗玄、のちに覚空という」（桜井好朗氏）。その真言僧としての親房が、一三五一年、醍醐寺の僧・房玄と会見して、房玄に三宝院流の伝える「金の聖天」像の本尊について、そして「四海領承の印明」について、（親房とも親しかった）文観の名前を挙げて子細を尋ねた、という記録が残されているのである。[93]「金の聖天像」と「四海領承の印明」（＝即位灌頂の印明）が列挙されていることは、いまの「三天合行」の即位法が意識されていたことを明らかに示すものであろう（この「三天合行」の即位法は如意輪観音を中心とし、不動、愛染の二明王を脇に置く「三尊合行法」とも関連すると思われる。これについては、後述II, p. 590-591参照）。「東寺の奇神・摩多羅神」は、こうしてもう一つの思いがけない回路を経由して、神秘的な日本神国思想の一つの原点にも連なっていると考えることができる。

「三天合行」の秘法は、このように危機に立つ国家の頂点の「神話‐神秘化」にも深いかかわりがあったが、同時により「低い」次元――、修験道や民俗仏教的なコンテクストでも重要な位置を占めていた。修験道では、山伏の「行体」、すなわちその修行の装束について、さまざまな教義的‐神話的解釈がなされていたが、その中で、「三天合行之秘法」という解釈があった。『渓嵐拾葉集』は、「山臥の行体如何」という問いを立てて、まず「不動〔明王〕の形体なり」という「相伝」を述べ、続けて次のように書いている。

また秘伝に云はく。山臥の形体を以て三天の相貌と習ふなり。いはゆる柿衣とは、辰狐〔=荼吉尼天〕の色を表はするなり。不動袈裟はクリカラ囲繞を表はするなり。これ則ち弁才天なり。頂上の頭巾は胎蔵の蓮華を表はするなり。これ則ち聖天の三摩耶形なり。故に、山臥の形体を以て三天合行之秘法と習ふなり。口伝は別紙にあり〔云々〕[94]。

守覚法親王の言う「摩多羅神」像の場合は、中央に刻まれた聖天が中心的な存在であったと考えられるが、より民俗的な次元では、（おそらく稲荷信仰の展開に伴って）荼吉尼が同じ「三天」の代表になっていく。そしてそれと同時に、狐／稲荷神と習合した荼吉尼はたんなる人喰いの女鬼ではなく、「辰狐」と完全に同一視され「荼吉尼天」と呼ばれて、中世の天皇の即位式の一環となった「即位灌頂」の本尊とされるまでに神界の位階を昇りつめていく。『渓嵐拾葉集』巻第三十九「吒天法」に、その即位灌頂について述べた中で、

『仁王経』の「以て塚神を祭る」事、深く之を思ふべし。

と書いた一節[95]は、前に見た『仁王経』のカルマーシャパーダ王説話の中の一行――「以祀塚間摩訶迦羅大黒天神」――を直接参照したもので、この即位灌頂なるものの背景に、いかに奇怪・残酷な神話的想念が秘められていたかを如実に表わしている。『仁王経』の説話では、斑足＝カルマーシャパーダ王が即位の灌頂を受けようとする時に、外道の師が、「千人の王の頭を取って、墓場〔に住む〕摩訶迦羅・大黒天神にそれを〔捧げて〕祀れば自ずから王位に就くことができる」と教えたのだった[96]。

先に触れた玉藻前の物語では、才色兼備の遊女、玉藻前が鳥羽院に取り入って寵愛を一身に集め、ついに契りを結ぶと、院はほどなくして病にかかり、じょじょに衰弱していく。驚いた側近が陰陽頭、安倍泰成に占わせると、泰成は化女の正体を見破り、「玉藻前とは実は下野国《しもつけのくに》那《な》須《す》野《の》に棲む八千百歳を経た、その長さは七尺、尾は二つという大狐が変化したものだという。〔中略〕もっとも、この狐の誕生の地は日本ではなく、天竺であった」（小松和彦氏）。泰成によれば、この狐は『仁王経』に説く斑足王の物語に現われた外道の「塚の神」にほかならないという。[97] すなわち、日本の王権をおびやかす恐るべき妖女、玉藻前とは、「塚間摩訶迦羅大黒天神」の化身、あるいはむしろ、この「塚間摩訶迦羅大黒天神」に同定された荼枳尼天～妖狐の化身だったというのである。荼吉尼は、王権転覆を企図するほどの、あるいは王権をあやつるほどの強大な媚魅力・呪術力の持ち主である、であるからこそ、日本の王権は、荼吉尼の力によって聖なるものとされる、という逆説が、荼枳尼天を本尊とする即位灌頂を成り立たせた前提であり、そのことをはしなくも露呈させるのが玉藻前の物語だったのである。[98]

いわゆる「荼吉尼天曼荼羅」と言われる図像が作られたのも、こうした「荼吉尼天」信仰の展開に付随したことだっただろう。五来重氏によれば、

> 大阪市立美術館所蔵の「荼吉尼天曼陀羅」（『美をつくし』一〇二号所載）は室町末期ごろの作とおもわれ、狐に乗った女神で『拾葉集』所説のように、三面をもっている〔喜田貞吉によれば、三面十二臂である〕。そして〔向かって〕左面の荼吉尼は太陽、右面の弁財〔聖天の誤記〕は月をささげている〔喜田貞吉によれば、中央弁才天、左聖天、右天女形の荼吉尼天であるという〕。また曼陀羅の四周には十六の童子と二男女と二獅子が配されているが、その中の五童子は狐を伴ったり、狐に乗ったりしている。おそらく十六童子のうち十五童子は弁財天十五童子が入ったもので、中央下部の魚尾の男と蛇尾の女は聖天の抱擁男女であろう。この魚尾と蛇尾にも狐が嚙みついていて、この狐の尾に宝珠がついている。

という[99]〔図135参照〕。狐に乗ったこの三面の「荼吉尼天」は、完全に正面から描かれている。一般に動物に乗った人物は、横向きに描かれることが多いが、このように完全に正面から描く描写法は、ギリシアのアポローン像に特有のもので、昇る太陽を象徴したものであるという。この特殊な描写法は、ガンダーラの出城する釈尊を描いた彫刻〔図136参照〕にも採用されており、ギリシアからガンダーラを経由して極東にもたらされたものと考えられる[100]。日本の荼吉尼天の図像が、多くこの形式によっているのは、荼吉尼天が天照大神と習合したこと、それによって一種の太陽象徴としての意味が付されたことを表わすものと言えるだろう。

さらに興味深いことに、同じ荼吉尼天は、ある場合には「弁才天・聖天・大黒天」の三神一体像に描かれることもある。大阪の堀江聖天了徳院（真言宗東寺派）の稲荷堂に祀られた荼吉尼天はこの特殊な形態であるという[101]。

「聖天・弁才天・荼吉尼天」の三位一体は、さらに中世の陰陽道の基本文献『簠簋内伝』巻第一の「三鏡の方」の釈文の中にも現われ、「三玉女」と同定されている。それによれば、

図135　三面荼枳尼天（大阪市立美術館蔵）

図136　ガンダーラの釈尊出城像

……右ノコノ三鏡トハ、日・月・星ノ三光、天・人・地ノ三才、法・報・応ノ三身、阿・鑁・吽ノ三字、仏部・蓮華部・金剛部ノ三部、理・事・智ノ大日・彌陀・釈迦薬師ノ三尊、咤枳尼《タギニ》天・聖天・弁才天ノ三天ナリ。春ハ大円鏡智、故ニ三弁ノ宝珠形ヲ以テ礼拝ス。三鏡・三玉女コレナリ。

という(102)（「三弁ノ宝珠」については、後述 p. 608 参照。「玉女」については、後述 II, p. 587–588 も参照）。

あるいはまた、伊勢外宮の神事を努める童女「物忌の子等／子良」について述べる『神祇秘鈔』（中世末期成立。天理大学図書館吉田文庫蔵）は、「子等」を「狐狼」と表記して、次のように書いているという(103)（山本ひろ子氏の引用による）。

重ネテ問フ。然ラバ彼ノ狐狼トハ其ノ義如何。答フ。秘口ニ云ク。此ノ狐狼ハ梵天・帝尺二天ニ表シテ法性神ニ奉仕スルナリ。重ネテ問フテ云ク。狐狼ヲ以テ二天ニ表スル義如何。答フ。天狐・地狐ト名ケ上・下ヲ擁護スル二神ナリ。天狐ハ天照大神ノ侍者、地狐ハ春日大明神ノ侍者、此ノ二神ハ天地ニ有テ則チ本来不生ノ一裏ノ珠ヲ擁護ス。天狐ハ聖天ト為リ、地狐ハ吒天ト為リ、擁護セラル所ノ一裏珠ハ弁才天ト名ク。彼レ此レ合体シテ三裏之宝珠ト為ル。是則チ天ノ三光、面上ノ三目、身口意ノ三業、約法ノ三点ナリ（傍点、山本ひろ子氏）。

修験道から民俗仏教、そして陰陽道や神道に至るまで、象と女鬼と女神の「三位一体」は、日本宗教の深部で、一種蠱惑的な力を発揮して、人々を惹きつけ続けていたのである。

### B　三面大黒のヴァリエーション

一方の三面大黒も、必ずしも正面大黒、左面毘沙門、右面弁才の形だけではなく、たとえば毘沙門が正面に置かれるヴァリエーションも存在した。喜田貞吉によれば、

**図137「三天合体大黒天　伝教大師作」**（京都、上善寺）

釈清潭氏の大黒天神形像攷によると、叡山には中央毘沙門、左側吉祥天、右側大黒天の三天合体の毘沙門像も現存しているとのことである。

という。[104] また、京都、千本今出川の上善寺では、左手に小嚢を、右手に（毘沙門天の持ち物である）宝棒を持ち、臼の上に坐る（天台系の）半跏座像の大黒天の彫像が祀られているが、同寺で出されているお札には、同じ座像の大黒天の図像の脇に「三天合体大黒天　伝教大師作」という文字が記されている[105]〔図137参照〕。ここでは、「三天」は（大黒の嚢、毘沙門天の宝棒という持ち物以外では）実際には表現されないまま、一種の「理念上の三天」が一体の中に「籠められて」念じられていたと考えられる。

が、それらよりさらに興味深いのは、『渓嵐拾葉集』に見られる「大黒天神名字事」と題された口伝である。「大黒」の名の教義的解釈を試みるこの一節では、抽象的で恣意的な理論づけの中に、一種の鋭い〈神話論理〉的な直感が潜んでいる。

大黒天神名字事　仰せて云はく。大黒とは一切衆生の元明（＝迷）惑、即ち貪・嗔・癡の三毒なり。〔中略〕是れ、貪・嗔・癡の三毒見を大黒と云ふなり。右面赤黒色、左面赤色、中面金色なり（矣）。「大黒」の二字に付きて、「大」とは金輪法性なり。「黒」とは無明、十二天中の伊舎那天なり。是を障礙神と名づく。此の尊は七曜の総体と習ふなり。七曜とは、土・火・木・金・水の五行と陰陽の二なり。是れ、七曜の精霊、七星と現はる。是れを北斗七星と名づく。四方に各々七星と置く時は、四七・二十八宿と云ふなり。此の時は千手を以て本尊となすなり。[106]

守覚法親王の「摩多羅神」についての解釈では、「摩多羅神」の三面が「三大」と釈され、「中面金色、左面白色、右面赤色なり」と言われていた。それに対してここでは、大黒天が「貪・嗔・癡の三毒」によって釈され、「右面、左面、中面」の色が指定されている。『渓嵐拾葉集』の時代には、こんにち知られているような（大黒・毘沙門・弁才天の）三面大黒はまだ存在していなかったと思われるが——それゆえここに言う三面は、胎蔵曼荼羅などの摩訶迦羅忿怒像の三面であろう——、その萌芽となる思想は、ここに（おそらく東寺の「摩多羅神」の解釈を意識した上で）明らかに表明されていたのである。

一方、ここで「伊舎那天」と言われているのは、シヴァの異名のひとつで、十二の方角を守る護世天のうち、東北角に当てられたイーシャーナ（Īśāna）の音写である。大黒の名を伊舎那天と関連づけることで、ここでは明らかに大黒とシヴァの関係が暗示されており、さらにそれを「障礙神」と釈することによって、大黒とガネーシャ＝ヴィナーヤカの関係が暗示されているように思われる（前述 p. 583 参照）。あるいは、伊舎那天は安然以来「欲界第六天」に位置するものと考えられ、それゆえ魔王と同一視されたから、[107]「障礙神」の語には魔王との関連も想定すべきかもしれない（後述 II, p. 215 の『白宝口抄』に見える聖天と十一面観音の神話では、聖天が「第六天」に住む、と記されている）。しかも、同じ大黒を中国の星神である北斗七星と関連づけた上で、「此の時は千手〔観音〕を以て本尊となすなり」と書くのは、人喰いの悪鬼・毘那夜迦を、女形の毘那夜迦に変じて「双身の歓喜」に誘い、仏法に帰依させた十一面観音が、もともと、千手観音とほとんど同一視される場合がありうることに基づいているのではないだろうか（後述、第二巻第十一章第一節A、参照）。

同じ『渓嵐拾葉集』には、のちの三面大黒を予感させる、「三天三密事」と題されたもうひとつの口伝を見出すことができる。それによれば、[108]

口伝に云はく。大黒は色法の極なり。[illegible]天（＝荼吉尼天）は心法の極なり。弁才は言音の極なり。これ則ち色・心・業無作の三身なり。また云はく。大黒は色法王の故に法性動き難き山頂に之を安ず。弁天は心法の極の故に大海水底に之を居く。𑖚天は不二を表はす故に広野中に住するなり（云々）〔「𑖚天」の住む「広野」は『大日経疏』の荼吉尼が住む「曠野」に基づいている。前述 p. 92 参照〕。

これもまた、中世の台密教学に特有の難解な教義的牽強付会で、正確な意味は明瞭ではないが、少なくとも「大黒・荼吉尼・弁才天」の三天が、一種の三位一体の神格を構成していたことだけは明らかである。さらに、いま引用した一節の直前には、「吒天稲荷事」という題の、稲荷‐荼吉尼天に関する条が置かれており、そこでは、

また云はく。大師杉箱に宝珠を入れて三所に埋められし件。垂迹体と云ふは、上は弁才天、中は聖天、下は𑖚天なり（云々）。

という文を見ることができる。これは、弘法大師が如意宝珠を稲荷山に埋めたという伝承に基づいた説*で、ここで上・中・下の「垂迹体」と言われているのは、伏見稲荷神社の上・中・下の三社を指していると考えられるだろう。すなわちここでは、稲荷神社の三社が、「弁才・聖天・荼吉尼」の三位一体に対応させられていると思われる。この二種類の三位一体がこのように続けて記されているということは、『渓嵐拾葉集』の作者の中で、これらが密接な連想によって結びつけられていたことを示していると考えられる。

* 『渓嵐拾葉集』Tttt. 2410 xxxix 631c25-26 に「……又云はく。弘法大師、如意宝珠を以て稲荷峯に納めらる」という一節がある。また、山本ひろ子氏によれば、「高野山に伝わる『無題記』の「稲荷五所大事聞書」には、稲荷山には聖天の「摩抳《まに》峯」、弁才天の「滝峯」、ダキニ天の「吒天峯」（「荒神塚」）の「三天峯」があり、三弁の宝珠を表わすとみえる」という（山本ひろ子『変成譜』p. 360）。――一方、東密では、弘法大師が伝えた如意宝珠が宀一山（＝室生寺）精進峯に籠められた、という重要な伝承があった。阿部泰郎稿「宝珠と王権」p. 124-125 and *sq*. 参照。

*

いまの「大黒・茶吉尼・弁才天」の三位一体は、実際に造像された例もあるという。長沼賢海によれば、『下野国志』（一八四八年刊）の「都賀郡日光山満願寺」の条に

日光山大権現本地仏、馬頭観世音、木版長二尺八寸許、横幅一尺許、厚一寸二分許、裏に弁才天像并ニ大黒天、茶枳尼ヲ彫付タリ

とありて、次に三面六臂の仏像を示せり。猶ほ木版の横に「承和十一年甲子正月　日」とあり。

承和十一年という年号は西暦八四四年に当たり、（長沼が指摘しているとおり）これほど古い時代にこうした像が造られたとは考えにくい。しかし、少なくとも江戸時代にはこのような像が存在したという記録があることは、注目に値するだろう(109)。

図138　弁才天三尊像（林昌寺）

先の比叡山の「三面毘沙門」は毘沙門を中心にした三天合体像だったが、弁才天を本尊にした同じ構成の三位一体も存在した。たとえば、群馬県の林昌寺に伝えられた「元禄十六年（一七〇三）」の刻銘がある丸彫石造の弁才天三尊像は、中央の弁才天座像の右に毘沙門、左に大黒の立像が置かれている(110)（図138参照）。それと同様、現在パリのギメ博物館に蔵されている弁才天を本尊とする厨子では、波の装飾を付した宝楼閣の中央に弁才天が坐り、その両脇に大黒と毘沙門が脇侍として置かれている(111)。また、同じギメ博物館蔵の「弁才天曼荼羅」を表わす厨子（元禄六年（一六九三）の銘が記されてい

**図139　弁才天曼荼羅**（1693年）

る）では、洞窟を擬した厨子の中央に十四童子の立像に囲まれた弁才天が坐し、そのグループの両脇にやはり大黒と毘沙門が脇侍の形で立っている。しかもこの「弁才天曼荼羅」では、（あたかも「弁才・毘沙門・大黒」の三位一体と、荼吉尼を含む別のグループとの関連を暗示するかのように）厨子の扉の向かって右に聖観音の姿が、左には狐に乗った美女形の荼吉尼天が描かれているのである[112]〔**図139**参照〕。

　同様の図像は、江戸時代の文献にも記録されている。一七九三年から九七年にかけて書き継がれた柳原紀光著の『閑窻自語』には、「大黒毘沙門十五童子」を伴った、「弘法大師のうつされし〔弁財天の〕御影」を柳原紀光が入手したこと（ここでは弁才天が立像で、毘沙門天は座像であるといい、この形態が珍しいことを強調している）、また広橋家に伝えられたという秘仏の弁才天の厨子にも毘沙門・大黒・十五童子が配されていたこと——「ひそかにき、つたへたることあり、たけ四寸ばかり、毘沙門、大黒、十五童子、おの〳〵たけ二寸ばかりにて、岩

のほらのうちにおはすとぞ、仏師のつくりしにはあらず、験者の作ならんといへり」——が記されている。[113]＊

＊ここにはまた、「東寺或院にもちつたはれる、三面地形の弁天の霊図（まんだらのごときものなり、これも弘法大師の図せる、ところといひつたふるなり）」に言及されているが、残念ながらその詳細は記されていない。が、「三面」で大地天女の形（?・）に描かれた弁才天は、われわれの観点から見てもきわめて興味深いものと言えるだろう。

## C　弁才天と大黒天

弁才天が、こうして主神として祀られていったのは、平安時代中期から現われてくる宇賀神との習合をとおし、また稲荷神や荼吉尼天信仰とも結びついて、この女神がとくに重要な福神の位置を占めるようになったからだろう。しかし、それと同時に、ここで注目すべきなのは、中世の天台密教の教学の中で、大黒天と弁才天が一種の「二位一体」の神として、大きな意味を与えられていたということである。それは、中国伝来の法華天台宗と密教との融合を眼目とした日本天台に特有の教義で、「顕教の旨帰」（窮極的真理）である「中道実相の義」が、密教の「大道」である「天部の教令法」に「冥符」（冥々のうちに符合）することを説き、その「顕の中道」と「密の天部」が、弁才天と大黒天において一致する、という教義である（たとえば、『渓嵐拾葉集』の著編者、光宗の弟子運海による応安五年（一三七二）の「顕密一致の印信」には次の文が見られる。「彼・此の冥符事理倶密なるを、大黒・弁才、其の最頂に有り……[114]」）。

**図140　西大寺蔵弁才天懸仏**（上図119・大黒天胎内仏）

が、こうした教義的な牽強付会にも、ある種の〈神話論理〉的な裏付けがあったと考えることができる。先に見たとおり、叡尊の命によ

図141　**宇賀神**（男神形、日本、近世）

図142　**宇賀神**（女神形、日本、近世）

って一二七六年に造られたと思われる西大寺蔵の大黒天立像には、その胎内に銅製の弁才天懸仏が納められていたし〔図140参照〕、同じ西大寺流に属する法華寺には、「琵琶を奏でる二臂弁才天の座像を鏡面に取り付けた」珍しい大黒天立像が存在する〔上注17参照〕。

三面大黒信仰の出発点にあった「三輪明神・大黒天神」同体説を最初に打ち出したのは、おそらく西大寺の叡尊だった。その叡尊が、このように大黒と弁才を強く結びつけて考えていたことは、三面大黒信仰の起源を考える上で、大きな意味をもつと思われる。さらに、根立研介氏によれば、

室町時代以降の遺品の中には、〔中略〕大黒天の背中に負う袋の中に弁才天を描く画像もあ〔り、〕工芸品の中にも、奈良・松尾寺の笈のように、正面の扉に弁才天と大黒天の金銅板を貼付けたものもある。

という。[115]

また、それとは別に、『南都七大寺巡礼記』の「興福寺弁才天社」の条には、

件《くだん》の社は一言主の西にあり、弘法大師同じくこれを勧請す。百体の大黒天神を造りてこの社の下に埋め奉る〔云々〕。窪弁才天と号するなり。

と書かれており、[116] ここにも弁才天と大黒天の間にある、一種の「冥合」を感じとることができる。[117]

一方、光宗の師・興円が著した『円戒十六帖』には、こうした関連づけをさらに推し進めて、

弁才天の宝冠のうちに白蛇あり。頭は老翁なり。此は大黒天神なり。大黒・弁才は陰陽の父母、万法能生の義なり。その本を尋れば境智〔大円鏡智の意?〕なり。

という驚くべき説が見られるという。[118] 弁才天の宝冠に描かれる「老翁の頭の白蛇」は、一般に宇賀神に同定されており、ここではその宇賀神が大黒天に完全に同一視されているのである〔図141、142参照〕。

## 6　「多位一体」の神々

こうして長々と語りつないできたことを頭に置けば、中世以来の日本の民衆が実際に読み、唱え、あるいは実修してきた大黒天や弁才天などを本尊とした偽経、講式などに見えるさまざまな神格の間の関連が、はじめて意味あるものとして理解できるようになるだろう。「民衆」とは言っても、現実には大寺院の僧侶も、教養ある貴族も、近世に至るまで日本の大部分の人々は、こうした偽経や講式などに記録された「民俗宗教的」または「俗信的」な信仰に基づいて神々に祈願し、供養を捧げてきたのだった。

たとえば、中世比叡山で製作された宇賀神をテーマにした偽経『仏説最勝護国宇賀耶頓得如意宝珠王陀羅尼経』では、宇賀神～弁才天が「日輪（～天照大神）・荼吉尼・聖天・愛染明王」に密接に関連づけられている。

爾《その》時、仏は大衆・諸々の大菩薩に告げて言《のたまは》く。「汝等、此の神王〔＝宇賀神〕に於て、軽慢〔の心〕を作《おこ》す莫《なか》れ。此の神王は西方の浄刹に在りては無量寿仏と号し、娑婆世界に在りては如意輪観音と称す。正しき生《しやう》身《しん》の体は日輪の中に居して、四州の闇を照し、吒枳尼天の形を現じて寿福を衆生に施こし、大聖天の身を現じて二世の障難を払はしめ、愛染明王の形を以て一切衆生に愛福を授け、終《つひ》に無上菩提に到らしむ[119]……」。

あるいはまた、「弘法大師が大和国三輪の里に於て市守長者と対面した時に授けた」という伝承を伴った有名な『大黒天神式』（毎日「懈怠無く」これを勤行すれば、「諸願、意に随ひ、長者の号を得ん」と言われた）では、「大黒天神、大聖歓喜天、荼吉尼、弁才天女、道祖道行神」が、すべて「諸々の宇賀神」として呼びかけられ、さらに不動明王や堅牢地神との関連にも言及されている。

敬つて大黒天神、大聖歓喜天、荼吉尼、弁才天女、道祖道行神等の諸の宇賀神に白して言《まう》さく。〔中略〕伏して惟れば、大黒天神の本地を尋ぬるに、不動明王の垂跡、堅牢地神の変化なり。密蔵華蔵の宮を出でて和光同塵の形を示す。〔中略〕凡そ此の天の密号を思ふに、六十種の得益有り。一華一香を捧ぐれば七宝意に随ひて蔵に盈つ。惣じて此の天王は曼陀羅の聖衆、別しては悉地円満の本尊なり。しかのみならず金剛頂経の中に、自食の上分を捧げて大黒天神に供養すれば、日日一万五千人を養育し、千万億の物を増加す。明らかに知んぬ、威光一天を耀かし、利益を八埏《えん》に施す。誓願憑み有り呼べば必ず答ふるが如し(120)*……。

*この講式を授けられたという「大和の市守長者」については、中川善教氏が、奈良・松尾寺の大黒天の縁起に基づいて、次のような伝承を伝えている。市守長者は、弘仁（八一〇～八二四年）の頃の大和磯城郡箸中の里の人で、盛助《もりすけ》という名の人だった。彼は「天性慈悲善根の人で、極貧の生活の中に常に神仏を敬信し人を救い助くるを喜びとしていた。盛助三十一才の時、大和へ巡化の途路の弘法大師が、盛助夫妻の殊勝の心根を聞かれ、盛助夫妻の為に大黒天一軀を刻み修行の式一巻と秘法とを添えて、礼拝供養すべきことをお教えになった。それより夫婦心を一にし祈念を致したところ、百福雲の如くに集まり、富むに随ってますます慈善を励むことといよいよ努めた。ここに於て盛助の善行は遂に天朝に達し長者号を賜わるに至り、世人これより市守長者と崇め称するに至ったと云う」（中川善教著『大黒天神考』p. 72）。

ここで大黒天神が「日々一万五千人を養育する」と言われているのは、もちろん『大黒天神法』の「一千人」、あるいは比叡山系の三面大黒の伝承に言う「三千人」を意識したものだろう。

先の『宇賀耶陀羅尼経』に似た一文は、大黒天神を本尊とする『大黒講式』にも見ることができる。ここでは、大黒は「道路将軍」や宇賀神、多聞天王（＝毘沙門）などに関連づけられている。

〔大黒天神は〕悪魔を降伏せる時は、之を道路将軍と号《なづ》け、富貴を与へしめる時は之を大黒天神と名づく。是れ又宇賀神と同体也。其の身男身なるは是れ多聞天王の示現也。其の色、黒色なるは亦た闇黒世界の能化なる故也。[121]

『大黒天神式』や『大黒講式』に「道祖道行神」あるいは「道路将軍」の名が挙げられていることから考えると、大黒天は道祖神とも近い存在として信仰されたと思われる。

同様の例として最後に挙げるのは、室町時代後期の京都の公卿で、中世和学の発展に大きな功績を残した学者として知られる三條西実隆（一四五五～一五三七年）の日記『実隆公記』からの引用である。実隆は、当時の皇室の経済の復興に努め、また和歌・連歌にも秀でた学者だったが、一四七四年から一五三六年に至る六十三年間、詳しい日記を書き綴り、彼個人の信仰生活にも触れている。そこには、頻繁に大黒天に供養を捧げたことが記され、当時の公卿の中にいかに熱心な大黒天の信仰者がいたかを知ることができる。その中で、延徳三年（一四九一）二月十日の条には、次のように書かれている。

延徳三年二月十日、時正に〔彼岸の〕中日也。仍って斎を持し、臨盛大徳入来す、愛染・弁才天・大黒天・当年星（六体）等、善空上人供養の事、先日之を申す[122]……。

ここでは大黒は、愛染明王や弁才天、また「当年星」（「その年の星神」の意か、あるいは木星に当たる「歳星」の意だろうか。いずれにしても中国起源の陰陽道の星神と思われる）とともに祀られている。

室町時代からは、周知のように七福神の信仰が、禅宗系の文人などを中心に盛んに行なわれるようになった。一般に七福神のグループは「恵比須・大黒・毘沙門・弁才・布袋和尚・（中国の星神である）寿老人と福禄寿」の七神によって構成される（馴染みの薄い寿老人の代りに吉祥天が入れられることもある。その外にもいくつかのヴァリエーションがあるが、基本的な違いはない）。この七神のうち、毘沙門と弁才天は、大黒と共に三面大黒として信仰された神であり、中国の星神も『渓嵐拾葉集』の時代以来、大黒と結びつけられていた（上注107参照）。さらに、おそらく鎌倉、または室町時代頃から、大黒は、一方では布袋和尚と、もう一方では夷（恵比須）神と、強い関係で結ばれるようになった（第二巻エピローグ、参照）。こうしてみると、日本のいわゆる七福神を構成する神々は、すべて、大黒を中心として、いわば「マハーカーラ‐大黒の神話圏」の引力に引きつけられて集まってきた神格であることが理解されるだろう。マハーカーラ‐大黒は、中世以降の日本の福神信仰のまさに「構造的核」に位置していたと考えられるのである。

## 7　日本から中央アジア、そしてインドへ――「三位一体の神々」の源流

その七福神のグループが形成されてくる出発点にあったのは、ほぼ疑いなく「大黒・毘沙門・弁才」の三面大黒だったと思われる。

三面大黒について、中川善教氏は（前〔p. 304〕にも一部引用したように）、

三面とは云うても初に出した現図曼陀羅の三面六臂の摩訶迦羅天とは別で、全く日本で考案された新様式の大黒天である。〔中略〕一見して明らかな如く、福神としての大黒天と毘沙門天と弁才天を合体して三位一体の理想の福神を作り上げたものであろう。〔中略〕直接に継りの無い三天を挙げ、その功徳を仰ぎ讃嘆することに依って、三天の利益を纏めて一身に受けようというのである。

と書かれている。(123)

三面大黒自体は、たしかに一種の「理想の福神」として考案されたものだろう。しかし、その福々しくおめでたい福神が生み出された背景には、屍体の肝を喰う荼吉尼や、生きたままの人間を喰らう「摩羅醯羅州」の王、

王妃と姦通して象肉を食わされた「鼻長大臣」、あるいは子喰いの「夜叉神」などの恐るべき神、不気味な神の姿が見え隠れしていた。福神の影には、ほとんど必ず荒々しく血なまぐさい「障礙神」「荒神」が潜んでいるのである。この原則は何度でも繰り返し強調しなければならない。

では、この三面大黒を「全く日本で考案された新様式」の神であり、「直接に継りの無い三天を〔中略〕纏めた」ものと考えるのはどうだろう。三面大黒が、あるいは「聖天‐荼吉尼‐弁才天」のグループが、単純に日本だけで、根拠のない「俗信」に基づいて、恣意的に作り出されたものかどうか、という問題は、次の三点に分けて考えることができる。すなわち、

［1］三面大黒のヴァリアントであり、おそらくそれが形成されてくる過程で重要な契機となったと思われる（天台密教の教理を中心にした）「大黒‐弁才」の関係について。

［2］三面大黒を構成する大黒・弁才・毘沙門の三神の関係について。

［3］そして、日本の三面の神々の原型だったと思われる「摩多羅神」を構成する聖天・荼吉尼・弁才天のグループについて。

＊

［1］「大黒‐弁才」の関係について。――この二神を直接結びつける資料は、筆者の知るかぎり、中世以降の日本以外には見当たらないようである。しかし、すでに述べたように（前述 p. 420-422 参照）、東アジア仏教における弁才天‐サラスヴァティーは多くの場合、吉祥天‐シュリー‐ラクシュミーと交換可能な位置にあり（とくに日本では、古代盛んだった吉祥天の信仰が、平安時代後期頃から徐々に弁才天信仰にとって代わられたと考えられる）、そのことを考慮に入れると、意外なところで、マハーカーラ‐大黒とシュリー‐ラクシュミー‐吉祥天

の二神が強く結びつけられ、重視された信仰があったことに気付くことができる。『大正大蔵経』に収録された漢訳仏典の中でも、もっとも遅い時代に訳された仏典のひとつに、清代、乾隆帝の七年（一七四二年）に、蒙古出身の工布査布（チベット名 Mgon po skyabs）によってチベット語から訳された『造像量度経解』という経典がある。これは仏陀像の身体の比例やその装飾について述べた珍しい経典で、その翻訳のあとに訳者・工布査布が、菩薩像や護法像などについて解説した増補が付されている。その内容は、主にインドの後期密教やチベット仏教の造像法だが、仏教美術史一般の観点から見ても興味深い典拠であると言われている。[124] さて、この工布査布による増補の中の「四護法像」と題された一節は、次のような文によって始まっている。

> 一切の護法神は総じて男女二宗に帰する。男宗は、大黒神をその首長とし、女宗は福女天をその首長とする（これはまたの名を功徳天女〔＝シュリー女神〕という。〔中略〕）。インドやチベットのラマ教の寺院で、これらの二尊を第一に立てないものはない。[125] その造像の寸尺については前章ですでに述べたとおりである（前に説いた護法大忿怒相が、すなわちこの類に当たる。[126]）。両尊とも青色であり、黒神は右手に鉤刀を持ち、左手には摯顱器〔*khaṭvāṅga* すなわち先端に髑髏を貫いた槍の一種〕を持っている。福女は右手に剣を振るい、左手も同じくする。また官僚の形姿の黒神も存在する[127]）。

これによるならば、少なくとも十八世紀頃のラマ教寺院では、大黒と「福女天」すなわちシュリー＝ラクシュミーが、男女の最上の護法神として祀られたと考えることができる。このことは、中世以来の日本で、大黒天と弁才天が特別に強いかかわりで結びつけられたこと、またとくに天台宗において、この二神が「顕密一致」という最奥の神秘を象徴するものとされたことと近似した現象と考えることができる。

［2］三面大黒を構成する大黒・弁才・毘沙門の三神の関係について。——「クベーラ的マハーカーラ・サラスヴァティー女神（または／およびシュリー女神）・ヴァイシュラヴァナ」という三、または四神の組み合わせが、

中世日本で突然発明されたものではないことは、本書の読者はすでにお気付きのことだろう。先に見た、敦煌出土の「大晋開運四年〔九四七〕」の題記を有する版画では、中央に兜跋形の毘沙門天が地神の両掌の上に直立し、その向かって左には華果を持つ女神（吉祥天または弁才天?）が、右には、右手に鼠を持ち、左手には宝珠を持った乾闥婆（ガンダルヴァ）と、右手にひとりの童子を載せた羅刹（ラークシャサ）様の人物が描かれていた〔上図62参照〕。同じく十世紀に遡る敦煌出土の釈迦仏を中心とした尊像図では、左端に兜跋毘沙門が描かれ、その脇に右手に財布（小袋）を持ち、小さな牙をむき出した灰色の小人物と、右手に花、左手には貝（?）を捧げ持ち獅子冠を戴いた乾闥婆（?）が配されていた。一方、同じ図の中央の釈迦仏の右側には、三面八臂の弁才天、さらにその隣には二臂の吉祥天と思われる尊像が描かれていた〔上図64参照〕。またこれと同様、敦煌から遠くない萬仏峡石窟で発見された光化三年（九〇〇）作の兜跋毘沙門の壁画では、中央の毘沙門像の向かって右に弁才天女が立ち、左にはやはり乾闥婆様の人物が、左手に宝珠を持ち、右手には鼠を持って立っていた〔上図63参照〕（前述 p. 364-366 参照）。

この鼠（あるいはマングース?）や財布を持った乾闥婆様の神格、または灰色の小人物は、（武神的な形に変化した兜跋毘沙門に対するところの）財宝神的なクベーラ－ヴァイシュラヴァナの一面を表わすものだが、われわれは、それがまさに、義浄が見たインドの仏教寺院の守護神としての「クベーラ的大黒」に相当するということを見てきたのだった（前述 p. 374-375 参照）。とすれば、ここにはすでに「大黒・弁才天（／吉祥天）・毘沙門」の三位一体（または四位一体）の信仰が、あるいは少なくともその萌芽が、明らかに成立していたと考えられるのである。

三面大黒が、三天合体の像として作られたのは、おそらく十四、十五世紀の比叡山のことだったに違いないが、それに先立つ数世紀以前の中央アジアには、すでにこの特殊な神格の原型が存在したと考えることができる。

図143　ダンダーン・ウイリク出土の三面大自在天

これに関連して、もうひとつ、きわめて興味深いのは、同じ中央アジアのさらに西方、ホータン地方のダンダーン・ウイリク遺跡で発掘された、三面四臂の神像を描いた七世紀頃の板絵である。これは、二頭の牛の上に乗り、中央に天王面、左に夜叉面、右に天女面を描いた三面の座像で、前の二手は、右に宝珠を、左に三股杵を持ち、上の二手は日・月両輪を高く掲げている。牛に乗ること、三股杵を持つことなどの明らかにシヴァ的な特徴を考えれば、これが仏教的なシヴァ神（＝大自在天）を表わしたものであることは疑いないだろう〔**図143参照**〕。そして事実、漢訳仏典の中には、三面四臂の大自在天（＝シヴァ神）の図像を記述した経典があり、それは全体として、いまの板絵の図像にほぼぴったりと当てはまると考えられる。唐代の般若力訳と言われる『迦楼羅王及諸天密言経』によると、

〔ガルダ王を本尊とした曼陀羅の〕左側の惹野〔Jaya〕天王はすなわち大自在天王である。身体はすべて青色で、三面がある。正面は天王形に作り、右の頭は夜叉のごとき形で忿怒相を現わし、牙歯を剥き出している。左側の頭は天女形で美貌紅白である。三面はみな天眼を有し、〔頭は〕蠡髻に結って宝冠を被り、首には赤色の円光が描かれる。四臂の左上手は三股叉を縦に持ち、下手は金の君持瓶〔*kuṇḍikā* 飲料水を入れる水瓶〕を捧げ持つ。右の上手は花を持って本尊に供養し、下手は数珠を持って胸に当てる。天衣・瓔珞で

身体を飾り、儼然として立つ。

と言われている。[128]これは、ダンダーン・ウイリクの板絵の神像が座像であるのに対して立像であり、また四臂のうち三臂の持ち物が違うが、それ以外は、この板絵の神像にきわめて近い記述である。[129]

正面が天王形で左右に夜叉面と天女面が配された三面一体のシヴァ像が、こうして七世紀のホータンですでに作られていた（考えてみれば、三面大黒の中の一面に配される毘沙門は、本来「ヤクシャ王」として信仰された神だった……）。これでもまだ、三面大黒を「全く日本で考案された新様式の大黒天である」と言えるだろうか。

［3］最後に守覚法親王の言う「摩多羅神」を構成する聖天・荼吉尼・弁才天のグループについて——これこそ、「全く日本で考案された新様式の」神格であるように思われるガネーシャ・ダーキニー・サラスヴァティーのグループにも、それをほとんどそのまま彷彿とさせる三神格のグループを、今度はインドに見出すことができる。

**図144　ガジャ・ラクシュミー**（エローラ、8～9世紀頃）

インドの幸運と富の女神ラクシュミー像のもっともよく知られた形態のひとつに、二頭の象（*gaja*）が中央の蓮華の上のラクシュミー女神の頭上に水を灌ぎかける、いわゆる「ガジャ－ラクシュミー」（*gaja-lakṣmī*）と呼ばれる図像がある。この形態のラクシュミー像は、すでに紀元前三世紀のコインに現われており、その後近代に至

**図145　左からガネーシャ、ラクシュミー、クベーラ**（中央インド、7世紀頃）

るまで多くのヴァリエーションを伴って発展し続けてきた、インド芸術の中でもとくに人気の高いモティーフであるという[130]（**図144**参照）。ヒンドゥー神話の観点から見るなら、この図像は「乳海攪拌」の過程で生まれてきたラクシュミー女神を表わすものだろうという[131]（しかし初期仏教芸術では、同じ図像が釈迦菩薩の誕生を表わすこともある）。さて、こうした多くのガジャ-ラクシュミー像の中でも、われわれの観点にとってとくに興味深いのは、グプタ朝のいくつかの印章に刻まれたもので、そこでは二頭の象に水を灌がれる通常のガジャ-ラクシュミーの両側に、財布状の小袋を持ち、あるいは跪いて、前に置いた財布からコインを取り出して投げる形の、二人のヤクシャ様の小人物が描かれている[132]。

さて、このように両側にヤクシャを伴ったガジャ-ラクシュミー像のヴァリアントと考えられるもののうちに、クシャーナ朝からグプタ朝にかけて、北西インドから中インドに向かう線上に位置するマトゥラー地方で作られたいくつかの特殊な彫像がある（**図145**参照）。そこでは、中央のガジャ-ラクシュミー像、またはたんにラクシュミー像の右側にガネーシャが、左側にクベーラが彫られているのである。*ラクシュミーは、いまも述べたように、サラスヴァティー（弁才天）とほとんど入れ換えて考えることができる。またインドのクベーラは太鼓腹の福神形の神だが、中央アジア以東の武神形のヴァイシュラヴァナ（毘沙門）は、クベーラに関連づけられるものである。そしてもちろん、インドのガネーシャは、日本の聖天と基本的に同じ神である。すなわち、この形のガジャ-ラクシュミー像は、日本仏教式に「翻訳」するなら、弁才天を中心として左右に聖天、毘沙門天を配した「三位一体」神に相当すると言うことができる。

＊ M. K. Dhavalikar, "Gaṇeśa : Myth and Reality" *in* R. L. Brown, *ed.*, *Ganesh. Studies of an Asian God*, p. 58-59 and n. 38によれば、マトゥラー博物館には、この形態のガジャ-ラクシュミー像が三つあり、そのうちのひとつはクシャーナ朝時代に、あとの二つはグプタ朝時代に遡るという（ただし、ガネーシャの信仰や図像は、一般に五世紀以前には確認できないという見解が支配的である。A. K. Narain, "Gaṇeśa : The Idea and the Icon", *in* R. L. Brown, *ed.*, *Ganesh*, p. 20 and n. 6［p. 39-40］参照）。また Ananda K. Coomaraswamy, *Yakṣas*, Part II, Pl. 8-1にはフィラデルフィア博物館蔵のガネーシャ・ラクシュミー・クベーラ三神像が載せられている。またサールナート博物館蔵の Navagraha 像（六世紀？）では、左端にガネーシャ、中央にラクシュミー、右端にサラスヴァティーの像が配置されているという。なおこの種の三神像についてはGouriswar Bhattacharya, "The trio of prosperity : a Gupta terracotta plaque from Bangladesh", *South Asian Studies* 12, 1996, p. 39-47も参照（一九九九年一月九日付け Indology mailing list 上の Ellen Raven 氏のご教示による）。

すでに述べたように（p. 450, p. 456-457など参照）、インドの神話的思考では、ガネーシャとクベーラは（不気味な性格を併せもった福神として）本来非常に近い関係にあり、またクベーラとラクシュミーも、（この場合は栄光や富、豊饒を表象する福神として）密接に結びついている。そのことを考えれば、インドでこの三神が一種の「三位一体」の神として祀られたことは、必ずしも不思議ではないかもしれない。

ここでは、象頭神ガネーシャ（＝聖天）とクベーラ（〜毘沙門）に囲まれた大女神ラクシュミー（＝吉祥天〜弁才天）という、女性神を中心にした「三位一体」神の信仰があったことを認めることができる。しかし、

**図146　神妃に囲まれたガネーシャ**（10〜11世紀）

「ガネーシャの神妃たち」と題する論文でローレンス・コーエンが挙げている例はさらに興味深い。第一に『スカンダ・プラーナ』に載せられたある神話によると、ブラフマー神はあるとき、ラクシュミー女神に、象頭の形になるように呪いをかけたと言われているという(133)。一方、現代インドの信仰では、ガネーシャが結婚しているか否か、また結婚している場合にはその神妃は誰か、という問題は、地域によって多くの意見が錯綜していて簡単な結論は出せないが（一般的には南部インドではガネーシャは独身であると考えられている）、ガネーシャを描いた多くのポスター画では、ガネーシャはラクシュミーとサラスヴァティーの両女神を伴っており、また事実、ガネーシャとこの二女神は、物質的繁栄を直接司る神格として、一種の「三位一体」のグループの中で信仰されることが多いという(134)（**図146**も参照）。

象頭神（ガネーシャ）／ラクシュミー／クベーラの女性神を中心にした「三位一体」が作られたのはおそらく三〜五世紀頃のこと、——それから千数百年経った現代のインドでは、ラクシュミー／ガネーシャ／サラスヴァティーという、一男性神対二女性神の「三位一体」神が信仰されていた。この新しい組み合わせも、それを構成する神々がすべて顕著な福神的性格を備えていることを考えれば、とくに不思議とは言えないかもしれない。しかし、そのインドから遠く離れたアジアの東の涯ての中世日本で、今度はガネーシャ〜聖天を中心に、左にダー

| | インドのガジャ・ラクシュミー | 現代インドのガネーシャ／二女神 | 敦煌の図像 | ラマ教の護法神 | 東寺の「摩多羅神」 | 三天三密の口伝 | 顕密一致の口伝 | 三面大黒天 | 三面毘沙門天 | 林昌寺の弁才天三尊 | 『宇賀耶陀羅尼経』 | 『大黒天神式』 | 『大黒講式』 | 『実隆公記』 |
|---|---|---|---|---|---|---|---|---|---|---|---|---|---|---|
| マハーカーラ | | | (○) | ○ | | ○ | ○ | 中央 | 右 | 左 | | 中心 | 中心 | 中心 |
| ガネーシャ－ヴィナーヤカ | 右 | 中心 | | | 中央 | | | | | | ○ | ○ | | |
| クベーラ－毘沙門 | 左 | | 中心 | | | | | 右 | 中央 | 右 | | | ○ | |
| サラスヴァティー／宇賀神 | | ○ | ○ | | 右 | ○ | ○ | 左 | 左 | 中央 | 中心 | ○ | ○ | ○ |
| ダーキニー | | | | | 左 | 中央 | | | | | ○ | ○ | | |
| シュリー－ラクシュミー | 中央 | ○ | ○ | ○ | | | | | | | | | | |
| 中国の星神 | | | | | | | | | | | | | | ○ |
| 愛染明王 | | | | | | | | | | | ○ | | | ○ |
| 道祖神 | | | | | | | | | | | | ○ | ○ | |

**表9**

キニー、右にサラスヴァティー（～ラクシュミー）の二女神を伴った三位一体神が作り出されたことは、ただ驚きと言うほかないように思われるのである。

*

インドから日本まで、そして紀元三世紀頃から十四、五世紀以降まで、東アジアの人々は、さまざまな神を多くの場合「三位一体」の形式で結びつけ、豊饒と福を祈願する対象としてきた（**表9**参照）。それらの神々の多くは、本来むしろ血に飢えた恐るべき悪鬼として表象されるものだったが、逆にそうした荒々しい力をもつからこそ、「霊験あらたかな」福の神としての信仰を得てきたのだった。それらの神々の中でも、ガネーシャ－聖天とマハーカーラ－大黒がとくに重要な位置を占めたのは、この二神が福と災いをともに司る、極度にアンビヴァレントな性格をもっていたからだろう。また、これら「三位一体」の神々は、ほとんどつねに二男神と一女神、または二女神と一男神の組み合わせで構成されることも指摘されなければならない。性におけるこうした不安定な関係は、豊饒の観念が、「喜ばしいもの」としての性と「忌むべきもの／恐るべきもの」としての性という、セクシュアリティーそのものにまつわるアンビヴァレンスにつながっていることを示しているのかもしれない。

これらの三位一体神はまた、ほぼすべて「シヴァ神話圏」に連なる神々である。そのことはすなわち、インドに生まれたこのシヴァという神自身が、また「シヴァ神話圏」全体が、いま述べたようなさまざまなアンビヴァレンスをもっとも包括的に、かつ深く表現するものであるということを意味しているだろう。東アジア世界全体を潤した仏教神話の大河には、こうした「シヴァ神話圏」の流れが運ぶ豊饒の種も含まれていたのである。

## 注

（1）村山修一稿「三輪流神道の伝書について」、同著『習合思想史論考』（塙書房、一九八七年）所収 p. 338 参照。
（2）五来重編『修験道史料集』第二巻「西日本篇」（山岳宗教史研究叢書・第十八巻、名著出版、一九八四年）p. 119a–b 参照。
（3）「群書類従」XXIV,『叡岳要記』p. 520a9–12.
（4）滋賀県立琵琶湖文化館『大黒天と弁才天』No. 3 ; p. 20 参照。
（5）平凡社『世界宗教大事典』項目「大神神社」p. 293c–294a 参照。
（6）景山春樹・村山修一共著『比叡山——その宗教と歴史』（NHKブックス、一九七〇年）p. 129 参照。
（7）岡田荘司稿「三輪神道の展開」、和田萃編『大神と石上——神体山と禁足地』（筑摩書房、一九八八年）p. 192–194.
（8）景山・村山、前掲書 p. 134–135.
（9）景山・村山、前掲書 p. 132–133 ; p. 138 の表参照。
（10）景山・村山、前掲書 p. 133.
（11）『渓嵐拾葉集』Tttt. LXXVI 2410 viii 526b27–c5.

(12) 村山修一稿「三輪流神道の伝書について」、同著『習合思想史論考』所収 p. 326-329 参照。

(13) 網野善彦著『異形の王権』（平凡社、一九八六年）p. 170；守山聖真著『立川邪教とその社会的背景の研究』（東京、鹿野苑、一九六五年）p. 265-266 and *sq.* 参照。

(14) 網野、前掲書 p. 173. 原文は宥快著『宝鏡鈔』Tttt. LXXVII 2456 850a2-b20 参照。

(15) 網野、前掲書 p. 173. 叡尊の宗教活動に関しては、大石雅章稿「非人救済と聖朝安穏——律僧叡尊の宗教活動」、黒田俊雄編『国家と天皇』（大系「仏教と日本人」2、春秋社、一九八七年）p. 137-182 に、興味深い議論が展開されている。

(16) 村山修一稿「三輪流神道の伝書について」、同著『習合思想史論考』所収 p. 338.

(17) 山下立、滋賀県立琵琶湖文化館『大黒天と弁才天』、参考作品 No. 6, 8；p. 23-24 参照。喜田貞吉はまた「奈良西大寺にも三面大黒天があるそうだが、余未だその詳細を知らぬ」と書いている（「大黒神像の変遷」p. 192）。また叡尊の大黒天信仰にかかわるものとして、「叡尊記」と称する『大黒天神念誦次第』という文書も存在するという。『仏書解説大辞典』VII, p. 244c 参照。

(18) 『仏説文殊師利般涅槃経』T. XIV 463 481a29-b1；『日本の美術』No. 314「文殊菩薩像」、金子啓明（至文堂、一九九二年）p. 18-19；『織田仏教大辞典』p. 1767a-b 参照。文殊会は、その後、天長五年〔八二八〕以降、太政官の令によって公的な法会として営まれたという。

(19) 阿部泰郎稿「宝珠と王権——中世王権と密教儀礼」p. 145 および n. 67；また、山本ひろ子稿「異類と双身」、『変成譜』p. 366 によれば、荼吉尼天は「文殊菩薩の等流身」と考えられたという。「等流身」については後述 II, p. 192-193 参照。

(20) 大石雅章、前掲稿 p. 165-169 参照〔網野善彦著『異形の王権』p. 163, fig 1：般若寺の文殊騎獅像〕。

(21) 長沼賢海著『日本宗教史の研究』p. 687-688 参照。

(22) 『阿娑縛抄』TZ. IX 3190 clxv 524c25-28.

(23) 『阿娑縛抄』TZ. IX 3190 clxv 524b16.

(24) この前後の文は、前述 p. 375-376 に引用した。この一節は、同様の文が、『渓嵐拾葉集』の編纂者光宗の師・興円（伝信和尚、一二六三〜一三一七年）が正和五年（一三一六）に著した『円戒十六帖』（天台宗典編纂所編「続天台宗全書」、「円戒・1」〈春秋社、一九八九年〉所収）に、すでに見られるという。山本ひろ子稿「宇賀神王——その中世的様態——叡山における弁才天信仰をめぐって」、『神語り研究』III（発売・春秋社、一九八九年）p. 187b-188a および n. 41 [p. 201b] = 山本ひろ子著『異神』p. 457 参照。

(25)『渓嵐拾葉集』Tttt. LXXVI 2410 xl 635c26-636a3. なお、比叡山、根本神宮寺にも、最澄作の大黒天神の像が祀られていたとする伝承もある。山本ひろ子著『異神』p. 142-145 参照。
(26) 喜田貞吉稿「大黒・夷二福神並祀の由来」、『福神』p. 72 所引。
(27) 喜田貞吉稿「大黒神像の変遷」、『福神』p. 190-191 所引。後述 II, p. 724-725 に「鼠十郎」物語の全文を引用する。
(28) ト部兼満は、兼倶の子・兼永と争い、そのあげくに、大永五年(一五二五)三月、突然自宅に火を放って出奔したという。それゆえその著書は一五二五年以前のものと考えられる。村山修一著『本地垂迹』p. 85, p. 364 参照。
(29) 長沼賢海著『日本宗教史の研究』p. 646-647 所引。
(30) 喜田貞吉稿「大黒神考」p. 211 の引用による。
(31) ただ、「文明十一年(一四七九)正月」の奥書がある『戒壇院公用神名帳』と題された書の中に、「摩訶羅大国天神神野大明神」と書かれた箇所があることが、長沼賢海著『日本宗教史の研究』p. 646 によって指摘されている。しかし、この「大国天神」はたんに「大黒天神」の誤写という可能性もありうるだろう(この書の奥書の年代については、村山修一著『本地垂迹』p. 43 参照)。
(32) 日蓮宗における三面大黒の信仰については、長沼、同上書 p. 729-731;宮崎英修稿「大黒天神信仰」、大島建彦編『大黒信仰』収録 p. 112-115 などを参照。
(33) 土佐秀信著『仏像図彙』巻三、復刻(国書刊行会、一九七三年)p. 106a 参照。
(34) 喜田貞吉稿「大黒神像の変遷」p. 172-173;長沼賢海著『日本宗教史の研究』p. 643-644 所引。
(35) 松前健稿「稲荷明神の原像」、同氏編『稲荷明神――正一位の実像』(筑摩書房、一九八八年)所収 p. 27;また伊藤唯真稿「稲荷信仰と仏教」、同上書所収 p. 44-45 参照。
(36) 伊藤唯真、同上稿参照。
(37) 松前健、同上稿参照。
(38) 伊藤唯真、同上稿 p. 64.
(39) 伊藤唯真、同上稿 p. 64-65 所引。
(40) 同上 p. 65.
(41) 松前健、同上稿 p. 24 所引;阿部泰郎、前掲稿 p. 147 および注 75 [p. 166];同著『湯屋の皇后――中世の性と聖なるもの』(名古屋大学出版会、一九九八年)第六章「道祖神と愛法神」、とくに p. 291-305;『渓嵐拾葉集』Tttt. LXXVI 2410

lxviii 732a24-25；田中貴子稿「人はみな、稲荷へ向かう」（『国文学・解釈と鑑賞』、第五十八巻三号〔一九九三年三月号〕、特集「霊場信仰と文芸」）p. 69；同氏著、『外法と愛法の中世』p. 206 and n. 5（p. 225：近藤喜博著『稲荷信仰』〔「塙新書」五二、塙書房、一九八七年〕の「三、稲荷詣の女たち」の章を参照する）；また同書 p. 270-273 なども参照。

（42）『渓嵐拾葉集』Tttt. LXXVI 2410 xxxix 632c24-633a9.

（43）「玄旨帰命壇」については、山本ひろ子著『異神』p. 175-203 がきわめて詳細な議論を展開している。

（44）『総持抄』Tttt. LXXVII 2412 v 76a3-21；『法宝義林』第八巻収録予定の郭麗英 Kuo Li-ying 氏稿「Dakini 荼吉尼」p. 20〔原稿〕参照。「能延六月法」は荼吉尼を降伏する不動尊の呪法だったが、一方の「六月成就法」は、荼吉尼天自身を本尊として福を招く呪法だった。山本ひろ子氏が引用する『吒枳尼天六月成就秘法』（叡山文庫蔵）によれば、「一念修行スレバ所望六月ヲ過ギズシテ、二月三月ノ内ニ悉ク皆成就スル秘法」であるがゆえに「六月成就」の法とされたという。山本ひろ子著『異神』p. 128-130 参照。

（45）景山春樹稿「摩多羅神信仰とその遺宝」、村山修一編『比叡山と天台仏教の研究』所収（「山岳宗教史研究叢書」二、名著出版、一九七五年）p. 320 参照。中世日本の摩多羅神信仰について、現在、もっとも包括的な研究は、山本ひろ子氏による『異神』第二章「摩多羅神の姿態変換――修行・芸能・秘儀」p. 110-324 である。また、摩多羅神は、中世日本の芸能（猿楽）の起源神話とも深い関係を有している。この点については、桜井好朗著『祭儀と注釈――中世における古代神話』（吉川弘文館、一九九三年）p. 283-298 およびそこに引かれた文献（服部幸雄稿「後戸の神」、『文学』四一巻七号、一九七三年；同稿「宿神論」、『文学』四二巻一〇号、四三巻一～二号、一九七四～七五年；高取正男稿「後戸の護法神」、『民間信仰史の研究』、法藏館、一九八二年、所収；小川雄三稿「中世の猿楽について」、『年報中世史研究』、一〇号、一九八五年〔以上、筆者未見〕）も参照。

（46）『大方広菩薩蔵文殊師利根本儀軌経』T. XX 1191 iv 852c6, etc.；『蕤呬耶経』T. XVIII 897 ii 765c26 参照。また中川善教著『大黒天神考』p. 10 参照。ギメ博物館に蔵された三面六臂の摩訶迦羅忿怒相の彫像の日本名が、“Matali-djin”と記されていたことも、思い出しておこう。Matali はサンスクリットの *mātṛ* により近い音である。前述 p. 332-333 参照。

（47）天台密教の摩多羅神が、性的儀礼を重視した「玄旨帰命壇」の本尊として祀られたことは、この神格が性《セクシュアリティー》と特別密接な関係をもっていたことを暗示していると言えるだろう。

（48）東寺第二世の「檜尾僧都」実恵は、先の稲荷神の縁起を述べた『二十二社本縁』の文にも登場していた。伊藤唯真、前掲論文 p. 69 参照。この文は、空海の死後、いわば「冥々のうちに」第二世・実恵に伝えられた口伝があった、ということを意味しているだろう。

(49) 未詳。「天長」は空海在世の八二四～八三四年の年号。

(50) 『御記』Tttt. LXXVIII 2493 614-a13-21；伊藤唯真、前掲稿 p. 69；同じ文は、守覚の『〔北院御室〕拾要〔葉〕集』にも見られるという。「弘法大師諸弟子全集」(付録)、「続群書類従」二十八下。なお、笹間良彦著『ダキニ信仰とその俗信』(第一書房、一九八八年) p. 72-74 and *sq.* によれば、守覚の『拾要集』の文は、松崎復(慊堂)著の『稲荷神社考』にも引かれているという。

(51) 五来重監修『稲荷信仰の研究』(岡山市、山陽新聞社、一九八五年)；松前健編『稲荷明神』；吉野裕子著『狐――陰陽五行と稲荷信仰』(「ものと人間の文化史」) 三九、法政大学出版局、一九八〇年)；近藤喜博著『稲荷信仰』などを参照。

(52) 五来重稿「総論」、五来重監修『稲荷信仰の研究』所収(岡山市、山陽新聞社、一九八五年) p. 11-12, 16-17；粂稔子稿「狐と稲荷信仰」、五来監修、同上書 p. 711-715, p. 727-732；宮田登稿「稲荷と民衆生活」、松前健編『稲荷明神』所収p. 115-120 参照。狐が腐肉を食うことについては、Rémi Mathieu, "Aux origines de la femme-renard en Chine", *Etudes mongoles et sibériennes*, XV, *Le Renard. Tour, détours et retours*, Paris, 1984, p. 99 and n. 72；吉野裕子著『狐――陰陽五行と稲荷信仰』p. 12-13 参照。

(53) 中国における狐の表象については、Jean Lévi, "Le renard, la morte et la courtisane dans la Chine classique", *Etudes mongoles et sibériennes*, XV, *Le Renard. Tour, détours et retours*, p. 111-140；Rémi Mathieu, *art. cit.*, p. 83-110 がとくに詳しい。また井波律子稿「中国怪異ものがたり」第四回「狐の怪」、『月刊しにか』一九九九年七月号 p. 6a-9a；松前健稿「稲荷明神とキツネ」、松前健編『稲荷明神』所収 p. 86-89；干宝撰、竹田晃訳『捜神記』(「東洋文庫」一〇、平凡社、一九六四年) p. 351a-352a；前野直彬編訳『六朝・唐・宋小説選』(「中国古典文学大系」二四、平凡社、一九六八年) p. 164a-171b；段成式著、今村与志雄訳注『酉陽雑俎』三、(「東洋文庫」三九七、平凡社、一九八一年) p. 88b-92b なども参照。なお、小松和彦著『日本妖怪異聞録』(小学館、一九九二年) p. 72 によれば、『酉陽雑俎』に「旧説」として引かれているのは『抱朴子』からの引用であるという。

(54) 山田孝雄・忠雄・英雄・俊雄校注『今昔物語集』三 (「日本古典文学大系」二四、岩波書店、一九六一年) p. 420；p. 456-458；阿部泰郎著『湯屋の皇后』p. 309-310；近藤喜博著『稲荷信仰』p. 163-164 なども参照。

(55) 阿部泰郎著『湯屋の皇后』p. 306-307. 井上光貞、大曾根章介校注『往生伝・法華験記』(「日本思想大系」七、岩波書店、一九七四年) p. 213-215 参照。本話は『今昔物語集』巻第十四、第五話、『古今著聞集』巻第二十にも見られる。

(56) 永積安明、島田勇雄校注『古今著聞集』(『日本古典文学大系』八四、岩波書店、一九六六年) p. 214–215；松前健稿「稲荷明神とキツネ」p. 84 参照。

(57)『諸橋大漢和辞典』IV, p. 14d (No. 7434 : 24–3)；XI, p. 432c (No. 40133 : 43) 参照。

(58)『大仏頂首楞厳経』T[tt]. XIX 945 vii 135b12；また、大仏頂陀羅尼の注釈書『注大仏頂真言』Tttt. LXI 2234 604b7 も参照。これを最初に指摘したのは一九九四年に夭折した天才的道教学者、ミシェル・ストリックマン氏である。Michel Strickmann, *Mantras et mandarins*, p. 157 and n. 69 [p. 443] 参照。

(59)『諸説不同記』TZ. I 2922 viii 105b27–c1. ここで参照されている『大日経』本文と『大日経疏』の文は、それぞれ T. XVIII 848 v 35b2；Ttt. XXXIX 1796 xvi 744a28 に当たる。

(60) この点については、『法宝義林』第八巻収録予定の郭麗英 Kuo Li-ying 氏による「Dakini 荼吉尼」の原稿 p. 17 がもっとも参考になった。未発表の原稿を参看させていただいた郭麗英氏および『法宝義林』研究所の方々に感謝する。

(61) 伊藤唯真、同上稿 p. 44 所引。

(62) 松前健稿「稲荷明神の原像」p. 3–10 参照。

(63) 五来重稿「稲荷信仰と仏教」(五来重監修『稲荷信仰の研究』〔岡山市、山陽新聞社、一九八五年〕所収) p. 131 によれば、太摩我里は「歓喜天などにあげる餅の菓子を油で揚げたものをいう」という。また、田中貴子著『性愛の中世日本』(洋泉社、一九九七年) p. 56–75 とくに p. 62–66 参照。

(64) たとえば義浄訳の『大孔雀呪王経』に付された「壇場画像法式」T. XIX 985 iii 477a19–20 に「毘那也迦〈是為障礙神、頭如象身如人体。西方俗人皆多供養〉」という。なお、玄応の『一切経音義』では、山の名 Vinataka と Vināyaka を混同して次のように書いている。「毘那怛迦。〈中略〉此に『有障礙神』と云ふ。一鬼神あり、人形にして象頭なり。凡そ他の事を見るに皆障礙を為す。此の山峯、かの神の頭に似る故に以て名とする也」(『一切経音義』〔復刻・台北、新文豊出版公司、一九七三年〕巻第二十四 p. 6 rec°12–7 ver°1＝慧琳『一切経音義』Ttt. LIV 2128 lxx 765a12–13)。Vinataka と Vināyaka の混同については後述 II, p. 214 細注参照。——また日本の例として、たとえば『渓嵐拾葉集』Tttt. LXXVI 2410 xliii 642a24–26 には、双身毘那夜迦に関連して、「示云。凡男天者、障礙神也。亦表智徳也。女天者福神也。亦表慈悲也〈云々〉」と書かれている。また後述の例も参照。

(65) 立川武蔵著『女神たちのインド』p. 106 および fig. 54, 55 など；Laurence Cohen, "The Wives of Gaṇeśa", *in* R. L. Brown, *ed.*, *Ganesh. Studies of an Asian God*, p. 118 参照。また前述 p. 325 も参照。

（66） Robert L. Brown, "Introduction", *in* Robert L. Brown, *ed.*, *Ganesh. Studies of an Asian God*, p. 7-8 and n. 17-24 参照。

（67）『東宝記』巻第一、「続々群書類従」十二 p. 7b8-8a13；このテクストは笹間良彦、前掲書〔前注50〕p. 14-15 にも引用されている。

（68）『華厳経行願品疏鈔』vi, Z. VII, p. 505rec° b 参照。

（69）『仁王経疏』（良賁）Ttt. XXXIII 1709 i.2 447c23-26 参照。

（70）『仁王経疏法衡鈔』iii, Z. XLI 83ver° b7-9 参照。

（71）『覚禅鈔』TZ. V 3022 cv 452c17-26；同じ文は、『白宝口抄』TZ.VII 3119 cxxxi 181c3-11 にも引かれている；また R. A. Stein, "Porte (Gardien de la) : un exemple de mythologie bouddhique", p. 20 ; Id., "Avalokiteśvara/Kouan-yin, un exemple de transformation d'un dieu en déesse", p. 38 ; James H. Sanford, "Literary Aspects of Japan's Dual-Gaṇeśa Cult" *in* Robert L. Brown, *ed.*, *Ganesh. Studies of an Asian God*, p. 291-292 and n. 31 なども参照。

（72） R. A. Stein, "Avalokiteśvara/Kouan-yin, un exemple de transformation d'un dieu en déesse", p. 38 参照。

（73）『渓嵐拾葉集』Tttt. LXXVI 2410 xliii 640c24-641a22；山本ひろ子稿「異類と双身——中世王権をめぐる性のメタファー」、『変成譜』p. 305 参照。

（74）『白宝口抄』TZ. VII 3119 cxxxi 178c13-16 ; 181c14-29 ; cxxxiii 189b23-c18 ; 191b11-12；『阿娑縛抄』TZ. IX 3190 cxlix 486b21-c5 ; Sanford, *art. cit.*, p. 298-299 and n. 32-33 参照。

（75）『白宝口抄』TZ. VII 3119 cxxxiii 189b23-c18 ; Sanford, *art. cit.*, n. 33 [p. 321] も参照。

（76）『渓嵐拾葉集』Tttt. LXXVI 2410 xliii 641b19-24. また『白宝口抄』TZ. VII 3119 cxxxiii 192a17-21 も同じ説を挙げている。

（77） その一例として、たとえば宋代・法賢訳の『金剛薩埵説頻那夜迦天成就儀軌経』には、一面ヤマーンタカ相、一面アムリタ・クンダリン相、一面マハーカーラ相、一面ヴィナーヤカ相、残りの二面を明王相にした六面六臂のヴィナーヤカ像を作れ、という記述がある（T. XXI 1272 iii 317c19-23）。

（78） 愛染明王については、根立研介「愛染明王像」、『日本の美術』三七六（至文堂、一九九七年）および同書所収の山本ひろ子稿「中世における愛染明王法」；山本ひろ子著『変成譜』p. 309-324 ; M. Strickmann, *Mantras et mandarins*, p. 280-285 などを参照。

(79) カーマについてはM.-Th. de Mallmann, *Les Enseignements iconographiques de l'Agni-purāṇa*, p. 47-48. また岩本裕著『日常佛教語』p. 5b-6b 参照。

(80) 長部和雄著『唐代密教史雑考』p. 240-242 参照。

(81) 根立研介著『愛染明王像』p. 18a；『瑜祇経』T[tt]. XVIII 867 i 257a21-22; Mallmann, *Introduction à l'iconographie du tântrisme bouddhique*, p. 366-367 参照。

(82) 両頭愛染については、たとえば『覚禅鈔』TZ. V 3022 lxxxi 253c29-254c24 参照。

(83) M. Strickmann, *Mantras et mandarins*, p. 282-285 参照。

(84) 『渓嵐拾葉集』Tttt. LXXVI 2410 xxxvi 612c9-10.

(85) 『渓嵐拾葉集』Tttt. LXXVI 2410 xliii 642b10-16.

(86) 『白宝抄』TZ. X 3191 1123a26-29.——双身毘那夜迦天と愛染明王の関係については『白宝口抄』TZ. VII 3119 cxxxii 185c12-13; 187a12 にも言及がある。

(87) 根立研介『愛染明王像』p. 30b-31a；『覚禅鈔』TZ. V 3022 lxxxi 248a13-22；『渓嵐拾葉集』Tttt. LXXVI 2410 xxi 568b24-29 などを参照。

(88) 田中貴子著『外法と愛法の中世』p. 61 参照。

(89) 『金剛峯楼閣一切瑜伽瑜祇経』T[tt]. XVIII 867 i 256c14.

(90) 『覚禅鈔』TZ. V 3022 lxxxi 252a15-253a1；『総持抄』Tttt. LXXVII 2412 v 76a3-21；山本ひろ子、前掲論文、『変成譜』p. 314-317；阿部泰郎稿「宝珠と王権——中世王権と密教儀礼」p. 131-132, p. 146（「如法愛染法」の本尊は、舎利＝宝珠＝人黄であると考えられたという）；田中貴子『外法と愛法の中世』p. 244-250 も参照。

(91) 中沢新一著『悪党的思考』（平凡社、一九八八年）p. 259-264 参照。

(92) 桜井好朗著『祭儀と注釈——中世における古代神話』p. 229 および n. 48（p. 242 に原漢文が引用されている）。なお、この原文、内閣文庫本『神代巻秘決』の「東寺御即位品」の大部分は、伊藤正義稿「慈童説話考」（『国語国文』四九巻一一号、一九八〇年）に「資料十一、十二」として翻刻されている（『神代巻秘訣』の最古の写本は高野山円通寺蔵の貞和二年〔一三四六〕に遡るものであるという）。P. 20a 参照。

(93) 桜井、前掲書 p. 230-233 and *sq*. 参照。この「記録」は房玄の『観応二年日次記』（『醍醐地蔵院房玄法印日記』、「続群書類従」所収）である。桜井氏は、北畠親房と即位灌頂の思想の関係をさらに考究して、「親房もまた即位灌頂の世界に生きていた」と結論づけておられる（同書 p. 235）。

(94)『渓嵐拾葉集』Tttt. LXXVI 2410 vi 520a18-24；cviii 867a17-21；金井清光稿「福神狂言の形成」（大島建彦編『大黒信仰』所収）p. 162；山本ひろ子稿「幼主と玉女――中世王権の暗闇から」、『月刊百科』No.三一三、一九八八年十一月号 p. 15 参照。なお、「クリカラ」（＝倶利迦羅龍王）については後述 II, p. 199-200 も参照。

(95)『渓嵐拾葉集』Tttt. 2410 xxxix 633c4.

(96) 前述 p. 95；『仁王経』T[tt]. VIII 246 ii 840b5-8 および T[tt]. VIII 245 ii 830a24-27 参照。

(97) 小松和彦著『日本妖怪異聞録』p. 46-49 参照。また、前述 p. 151 の細注も参照。

(98) 阿部泰郎稿「即位法の儀礼と縁起――中世王権神話論の構想」（『創造の世界』七三号、一九九〇年）p. 27a-28a 参照。

(99) 五来重稿「稲荷信仰と仏教」p. 129 による。喜田貞吉稿「荼吉尼天と福大明神」、『福神』所収 p. 335 参照。網野、前掲書 p. 174, fig. 8 の図版、および山本ひろ子著『変成譜』（春秋社、一九九三年）のカラー口絵参照。――なお、五来重氏はこの「聖天・荼吉尼天・弁財天」の「三面の天部」を「『大日経疏』所説の天部」と書いておられるが（同上稿 p. 144）、筆者の知るかぎり『大日経疏』にはそのような神格についての記述はない。

(100) 法宝義林研究所の Robert Duquenne 氏の御教示による。――ガンダーラの「出家踰城図」で、城から抜け出し、馬に乗っていくシッダールタ太子が太陽に喩えられて、正面から描かれていることについては、田辺勝美『毘沙門天像の誕生』p. 140-152 に詳しい論述がある。

(101) 五来重、同上稿 p. 81 参照。

(102)『簠簋内伝』巻第一「神道大系」・論説編・十六「陰陽道」（神道大系編纂会、一九八七年）p. 39；山本ひろ子稿「幼主と玉女」、『月刊百科』No.三一三、一九八八年十一月号 p. 15 参照。

(103) 山本ひろ子『変成譜』p. 359. なお、同書 p. 356-360 も参照。P. 357 には、叡山文庫蔵の「三天合行法」から、道場観の部分が引用されている。

(104) 喜田貞吉稿「大黒神像の変遷」p. 192.

(105) 中川善教著『大黒天神考』p. 22-24 参照

(106)『渓嵐拾葉集』Tttt. LXXVI 2410 xli 637c2-13.

(107) 拙稿「第六天魔王と中世日本の創造神話」上、『弘前大学・國史研究』一〇四号、一九九八年三月 p. 49b-51a 参照。

(108)『渓嵐拾葉集』Tttt. 2410 cv 853a22-24, a26-b2.

(109)　長沼賢海著『日本宗教史の研究』p. 643；同書 p. 674, p. 724 参照。

(110)　滋賀県立琵琶湖文化館『大黒天と弁才天』（参考図像）No. 24；p. 26 参照。

(111)　〔ベルナール・フランク監修〕『甦るパリ万博と立体マンダラ展』（西武百貨店池袋店、一九八九年七月二三日～八月一五日、カタログ）p. 76, No. 82 参照。

(112)　同上書 p. 76, No 84；B. Frank, *Le Panthéon bouddhique au Japon – Collections d'Emile Guimet*, p. 202-203, No. 120. また、滋賀県の宝厳寺に蔵された江戸時代の弁才天・十五童子・大黒天・毘沙門天・雨宝童子を描いた版木も、同様の例に数えられる。滋賀県立琵琶湖文化館『大黒天と弁才天』No. 32；p. 23 参照。

(113)　『閑窻自語』、「日本随筆大成」第二期、七（吉川弘文館、一九七四年）p. 291-292.

(114)　山本ひろ子稿「宇賀神王——その中世的様態——叡山における弁才天信仰をめぐって」p. 186a-188a 所引＝『異神』p. 404；また『渓嵐拾葉集』Tttt. 2410 xli 636c25-637a20；640a3-6；cviii 864a13-14 参照。

(115)　『日本の美術』三一七、「吉祥・弁才天像」根立研介（至文堂、一九九二年）p. 80 および fig. 165, 166 参照。

(116)　長沼、前掲書 p. 639 所引；p. 746 参照。『南都七大寺巡礼記』は藤原時代の古記録をもとにして十五世紀後半に書かれたものという。

(117)　スタン教授によれば、江の島の弁才天も大黒天と悪鬼を降伏する役行者に関連づけられているという。R. A. Stein, *Grottes-matrices et lieux saints de la Déesse en Asie Orientale*, p. 65 参照。江の島の弁才天については、前述 p. 590 の細注＊＊も参照。

(118)　山本ひろ子、同上論考 p. 188＝『異神』p. 457 所引。

(119)　原文は山本ひろ子、前掲論文「宇賀神王」、付録資料 I-A p. 206a＝『異神』p. 478；読み下しは、喜田貞吉稿「宇賀神考」、『福神』所収 p. 41 を参照した。

(120)　『弘法大師全集』（高野山・密教文化研究所、一九七八年復刊）V, p. 318-319；読み下しは、中川善教著『大黒天神考』p. 73-74 を参照した。

(121)　喜田貞吉稿「大黒神考」p. 216 の引用による。

(122)　長沼、前掲書 p. 652 所引；『実隆公記』における大黒天供養の記録については、同書 p. 652-653 および金井清光稿「福神狂言の形成」（大島建彦編『大黒信仰』所収）p. 167-168 参照。三條西実隆については平凡社『大百科事典』（一九八五年）VI, p. 496a-b 参照。

(123) 中川善教、前掲書 p. 56, 57, 58.

(124) 『仏書解説大辞典』VII, p. 54b-d 参照。

(125) 原文「莫不以斯二尊為先」。これは先の運海の「顕密一致の印信」の文「大黒・弁才、其の最頂に有り」を直接想起させる。前述 p. 598 参照。

(126) 「前章に説いた護法大忿怒相」については、『造像量度経解』Ttt. XXI 1419 947c23-948a29 参照。

(127) 『造像量度経解』Ttt. XXI 1419 948b2-7.

(128) 『迦楼羅王及諸天密言経』T. XXI 1278 334a29-b6.

(129) 松本栄一著『敦煌画の研究』p. 732-733 and fig. 187 [Stein, *Ancient Khotan*, Pl. LX] 参照。

(130) J. N. Banerjea, *The Development of Hindu Iconography*, p. 110-111, p. 374-376 参照。

(131) 「乳海攪拌」の神話については、後述 II, p. 197-198 参照。釈迦菩薩誕生の図像に関しては、後述 II, p. 294 参照。

(132) J. N. Banerjea, *op. cit.*, p. 194-195 参照。

(133) Laurence Cohen, "The Wives of Gaṇeśa", p. 118-119 and n. 15 参照。

(134) Id., *ibid.*, p. 123, p. 126 *sq.*, p. 129, p. 133 などを参照。また、前述 X-n. 23 でも見たように、ガネーシャはリッディとシッディ、またはシッディとブッディ Buddhi（知恵）という二人の女性神を妻とする、と言われることもある。Id., *ibid.*, p. 117, p. 133-134 参照。

# XII-A　補説・中世日本密教の「異形性」について

本文（p. 553 および XII-n. 14）に網野氏の引用にしたがって挙げた文観への高野山衆徒の非難[1]は、考えてみると非常に複雑な問題を含んでいる。高野山の人々は、ここで、文観が「算道を学び、卜筮を好み、専ら呪術を習い、修験を立て」「荼吉尼」を祭り「呪術訛文」をあやつって帝王に取り入ることを非難しているが、こうした行状は、じつは当時の真言・天台の呪術僧たちが、多少とも実践していたことではないだろうか。そもそも荼枳尼天法をはじめとする呪術を説くのは、密教の経軌ではなかったか（たとえば荼枳尼天法については、田中貴子氏が詳しく分析された『渓嵐拾葉集』巻第三十九「吒枳尼天法秘決」に、真言宗・小野流の祖、仁海が荼枳尼天法を修して僧正になった、との説話が見える。後述 II, p. 100-101 参照）。

田中氏が取り挙げられた『渓嵐拾葉集』の「吒枳尼天法秘決」に見える長厳の出世を物語る説話にも、同様の奇妙さを認めることができる。田中氏によれば、「長厳は後鳥羽院誕生の祈禱に験あったのがきっかけとなり後鳥羽院の母・七条院殖子の側近く仕えた真言僧で、熊野三山検校、石山寺座主等を兼任するが、最後には承久の乱に連座して配流された」という。『渓嵐拾葉集』は、この長厳について次のような説話を伝えている。長厳はもと「文盲第一ノ貧者」の山伏だったが日ごろ「吒天一字呪王ノ秘法」を修していた、あるとき、稲荷山で「地主権現ノ御前ニ法施シテ」いたとき、「隠岐院御乳母卿二品」が参詣に来て、長厳が「貧僧ナル間、袴破ヨリ出二大陰ヲ一タリ、二品見レ之、被二召請一。ヤカテ成帰依僧……」。すなわち、長厳の破れ袴からその「大陰」が覗いていたのを好色な卿二品が見つけて召し出し、そのことをきっかけとして長厳の異例の栄達が始まった、というのである(2)。ここでも、真言・天台の呪術僧の多くが多少とも関わったはずの荼枳尼天法が、一種の艶笑譚的な揶揄の対象にされており、茶枳尼天法に対する著者、またはこの説話を普及させた人々のアンビヴァレントな態度を認めることができる。

阿部泰郎氏は、立川流などの「邪義」への「正統派」による非難に関連して、

非難者に〝邪流〟とされる要素は、たとえば女犯とか破戒乱行など性に関わることであるが、いわゆる性欲の肯定は本来真言密教の両部瑜伽の経軌が内包していた思想であって、理趣経のごときは直訳すればそのまま男女の性交より生ずる大いなる歓喜を即身成仏の境地と重ねて説いている。これを悟りを得るための隠喩《メタファー》として把えるのではなく、直截に仏果菩提に至る修行の方便として用いる立場をとるならば、性もまた自然に法爾の存在、現象すなわち本質として認識されるべきものであった。そして、それは真言密教が身・口・意のうえにその理法を観ようとし、事相の行法のなかにその実践を計ろうとするならば、必然的に向き合わねばならなかった対象であり方法であったろう。王をはじめとする檀那施主の願望に応えてあらゆる目的のために祈禱修法を励まねばならぬ真言師たちにとって、それはまことに現実的な課題であった。彼らには、それは矛盾でなく、欲望と煩悩もさながらに真如実相の具現と観じ、その充足と快楽を法成就の吉相と定むる道が普遍であった筈である(3)。

と述べておられる。

特定の教説や修法を異端と見なすか否かということは、どの時代のどの宗教でも複雑な問題だが、密教の場合、特に困難な問題を含んでいるように思われる。密教の思考法は、すべて二つの対立項を立てて、それを一段と高

い存在論的（あるいは「超存在論的」）次元で「不二・相即的」に合致・融合させる、不断の弁証法的螺旋運動によって展開していく。こうした「不二・相即的」な合致・融合を方法とすることで、存在論的次元を「突破」し、絶対的次元に「突入」することこそが、密教的思考の神髄と言えるだろう（そうした傾向は、大乗仏教そのものに顕著に認められるが、密教はそれを明確な実践の次元で成立させたところに大きな特徴がある）。その対立項には、「金剛界／胎蔵界」、「事相／教相」、「現象／絶対」、「浄／不浄」、「男／女」、「静寂／活動」、「出世間的達成／現世利益」、「高貴／卑賤」、「合法／不法」、「正統／異端」など、あらゆるものが含まれうる。それらのなかの一方、たとえば「不浄」や「卑賤」や「不法」などを単純に排除するなら、密教の思想と実践は成立しないだろう。さらに言うならば、密教が成立するためには、「不浄」や「卑賤」、「異端」などが必要とされるのである。また、二つの対立項の間のコントラストは、極度に強調されるようになる。「高貴」と「卑賤」の間の距離が遠ければ遠いほど、その合致・融合に大きな意味、あるいは価値が認められる。ことばを換えれば、密教は、「不浄」や「卑賤」、「異端」などの要素をみずからの内から生産するという方向性をもっていたと考えられる。このことは、中世日本においてある社会階層の人々が賤視の対象になっていく、という現象とかかわって、重大な意味をもっているように思われる。

　こうした傾向は、インド以来の密教の経軌そのもののなかにも明瞭に現われている。そこでは、仏陀の世界は、永遠の静寂と絶対的清浄に満ちているが、そのすぐ隣には怒れる明王たちが「剛強難化」の衆生を降伏するために荒れ狂い、奇怪な鬼神や血に飢えた妖怪が跋扈し、行ない澄ました行者が童女の血を浴び人肉を喰らって修法に励む[4]。曼荼羅の最外院に描かれる天部・鬼神・怪物の類は、原理的にはいかなる衆生も密教の世界に摂せられることを視覚的に表現したものである。

　このような形で、社会の一般的価値観を「超越する」ことは、結果的に、ある場合には、既存の社会／文化体制への反逆という意味をも（暗黙のうちに）内包することがありえただろう。

もちろん、時代により、文化によって、一般にどのような記述が好まれ、どのような実践が許されたかは異なるが、荼吉尼法も、聖天法も、あるいは怨敵呪詛の法や調伏の法も、男女の仲を取り結ぶ敬愛の法も、正統的な密教の経典に説かれ、それに基づいて呪術僧たちが実践したことは、疑いもない事実である。

それにもかかわらず、対社会的な場面では、「不浄」や「卑賤」、あるいは「性愛」といった要素を排除しようとする「正統」が存在したことも、明白な事実である。それは、事実上はたんなる「表向きの正統」として機能し、多くの場合、（非難者自身がほぼ同様のエピステーメーのうちにあり、同様の実践を行なっていることは「括弧に入れ」て）利害関係において敵対するものを攻撃し、排除するための「作為」であり、「誹謗中傷」にすぎなかっただろう。文観に対する高野山衆徒の攻撃も、実際に重要なのは、文観が生え抜きの真言宗徒でなかったこと、また貴族の出身でもなかったことであって、「算道を学び、卜筮を好み、専ら呪術を習い、修験を立て」「荼吉尼」を祭り「呪術訛文」をあやつる、などのことは、彼ら非難者自身がおそらく文観と同様に、行なっていた（あるいはできるなら行ないたいと望んでいた）ことであったに違いない。

しかし同時に、この種の（表向きの）「正統」は、密教という思想・実践体系においてより本質的な意味をもっていたと言うこともできると思われる。第一に、上に述べたように、密教的思考回路による社会的価値観の超越は、対立する二項の価値をゼロにして融合するのではなく、逆にそのコントラストを最大限に先鋭化した上で矛盾を「突破」するのだから、たとえば「聖なるもの」の「聖性」はつねに意識され、みずからは不可避的に「正／負」の両項のうちの「正」の側に位置しようとする力が働くからである。またそれと同時に、密教は本来的に王権、貴族と結びつくものであって（密教の壮麗な儀礼は巨大な富を背景にしなければ存続しえない）、「清浄」であり「高貴」であることを欠いては、その存在基盤自体が失われてしまう。しかし、同時に密教は「卑賤なるもの」の存在を前提にしているから、必然的に自己分裂し、みずからの中からそうした要素を（たとえば「卑賤な」山伏・修験や芸能者などとして）生み出していく。

しかし一方の王権や貴族階級そのものも、密教との接触・結合をとおして変質する。王権の「清浄」はもっとも「不浄なるもの」と、その「聖性」はもっとも「卑賤なるもの」と、密教儀礼の回路を介して象徴的に、「不二・相即」的に合致・融合し、その「不浄なるもの」「卑賤なるもの」の暗い「生命力・呪術力」を吸い上げてみずからの「清浄」「聖性」をより強固なものとして再生産していく。「不浄なるもの」「卑賤なるもの」と「暗い生命力」が結びつけられるのは、それが最初から「負の価値」として規定されているからである。悪であればあるほど、恐怖すべきものであればあるほど、その呪術力は強大になる。そうした密教的回路の最たるものが、荼枳尼天を本尊とする即位灌頂だった。そのことによって、中世日本の王権は、みずからのうちに一種の「聖なる恐るべきもの」という性質を取り込むことに成功するのである(5)。

またこのことは、おそらく社会的価値体系のなかにも、一種の「表向きの正統」と、暗黙のうちの「正統／異端」の対立を超越する実践が混在するという特殊な「ダブル・バインド」的（「ダブル・スタンダード」的）存在様式を植え付ける効果をもっただろうと思われる。それが実際の中世以降の日本社会の中でどのような形で現われ、どのような意味をもったかという問題は、今後の課題の一つとしておきたい。

密教における性愛や不浄、あるいは暴力と死の要素は、インド以来存在していたもので、それは漢訳された密教経典・儀軌にも明確に見て取ることができる。しかし、漢訳の段階では、そうした要素は、一般に後期の（インド、チベットの）仏教タントラや一部のヒンドゥー教タントラにおけるほどあからさまではないし、中国や日本に残された古典的な教相・事相の典籍にも、それほど顕著に認めることはできない。もちろん、そうした教えが極秘の口伝、口決として伝えられた可能性は考慮しなければならないが、それも実際に証明されないかぎり、可能性以上のものとは言えないだろう。しかし、中世の日本の顕密体制仏教の中で、そうした要素がさまざまな形で存在したこと、あるいは遍在したことは、今や隠すべくもなく明らかであると思われる。

インドに生まれたタントラ思想は、比較的早い時期――性や暴力、死などについての言説、実践が後期密教のように明確な形態で展開する以前の時期――に中国に流入し、中国・日本の（少なくとも「表向き」の）文化においては、それらの要素はほぼ隠匿された形で継承されていった。それにもかかわらず、中世日本でそうした言説・実践が（つねに「半隠蔽」された形ではあっても）きわめて広汎に発展・展開したということは、同一の基本的「傾動‐種子」をもちながら分裂し隔たった二つの伝統が、それぞれ独自に発展しながら、ほぼ同様の結果をもたらした例として、もっとも注目すべきものと思われる（その「種子」としてもっとも重大な意味をもったのは、第四章第二節で検討した「尸林の宗教」的要素であり、本書で繰り返し見てきたシヴァ神話的要素だった……）。その意味でも、中世日本の密教的伝統と後期の仏教タントラ、およびヒンドゥー教タントラとの比較検討は、今後のもっとも重要な課題の一つとして考えられなければならないだろう。

たとえば、金剛（*vajra*）と蓮華という組み合わせが、リンガ／ヨーニの組み合わせの象徴とされたことは、後期の仏教タントラでは周知のことだったが、中国・日本においては、暗黙《インプリシット》にはつねに認められていたとしても、直裁に表現されることはほとんどなかった。ところが、これも、中世の口伝書（十三世紀後半の弘鑁による『実賢流三宝院大事（一軸）』には、「……一古〔独鈷金剛〕者父根、〔蓮〕花者母根也。故云二根交合成大仏事」という、このうえもなく明瞭な表現を見ることができる。[6]* こうした例は、後期の仏教タントラ的要素と同様の要素が日本でも明確に存在していたことの重要な証拠と言えるだろう。

＊これは、不空の『理趣釈』、「観自在菩薩般若理趣会」に「以自金剛与彼蓮華、二体和合、成為定慧。是故瑜伽広品中、密意説、二根交会五塵成大仏事」とあるのに直接基づいたものであり（Ttt. XIX 1003 ii 612b13–15）、これ自体が隠喩としてこれ以上にないほど明瞭な表現である。同様の表現は、『金剛頂経』の「金剛蓮華二相合、令諸有情同妙愛」（T. XVIII 882 vii 364c17）などにも現われている。「二根交会」の原語は *yuganaddha*. これについての「正統的」解釈は、栂尾祥雲著『理趣経の研究』p. 426–431 参照（p. 426「大楽思想の骨目は、〔中略〕慧と方便、若くは大智と大悲との不二せる生活をなす所にあるので、大智の故に生死に住せず、大悲の故に涅槃に住せざる、無住処涅槃の生活を高調する外はないのである。此を通俗的に説明し、若くは、宗教としての皮肉をつけるために、二根交会（Yuganaddha）などの比喩的言語を用ひたに過ぎない。この二根交会などの語を用ふるからとて、かの左道密教に云ふ如き、男女二根の交会せる婬猥の境地を指すのではなく、ただ慧と方便、若くは悲と智との二而不二（Dvaitādvaita）せる生活を説明した外はないのである……」）。『理趣釈』の今の文は、水原堯栄著『邪教立川流の研究』（冨山房書店、一九六八年〔再版〕）p. 41 に引く『邪流不可開』や p. 57 に引く『加古衣面授記』にも「即事」的な意味で解釈されている。

しかも、興味深いのは、日本でそうした傾向が発展した背景には、ほぼ確実に、日本独自の文化的要因があったと考えられることである。その一つは、立川流に関連して指摘されることが多い陰陽思想の影響であり（ただし、この陰陽道や陰陽思想というもの自体の内実は、これから解明されるべきであると思われる）、もう一つは古代の日本神話（とくに伊弉諾・伊弉冊による国生み神話）に対する中世的な関心である（これはとくに伊勢神道という形で結実していく）。こうした日本独自の要因が、インド以来の密教の思想・儀礼に含まれていた「隠された種子」に何を加え、どのようにそれを育て「開花」させていったか、という問題も、今後のもっとも興味深い研究課題の一つであると思われる。

いずれにしても、先に述べた、密教的言説の原理ともいうべき「二項対立とその不二・相即的合致」の「二項対立」の部分には、つねに「男／女」の両性が（両部曼荼羅が男女両性に当てはめられたという重要な理論も手伝って）配置される傾向があり、その「不二の合致」が絶対的境地を現出するという思弁が広く行なわれた、という事実を考慮するなら、中世密教の言説は、少なくとも隠喩の次元においては全面的に「性的言説」として成り立っていた、あるいはその可能性があった、ということは明らかだろう。

立川流について一言すると、鎌倉金沢の称名寺に残された初期の立川流に属する聖典類を多く調査された櫛田良洪氏の研究(7)によるかぎり、立川流という真言宗の一流派はたしかに存在したが、少なくともその初期の文献には「女犯は真言一宗の肝心、即身成仏の至極なり……」(立川流を指弾した心定著『受法用心集』(一二六八年)の冒頭)とするような、いわゆる「邪流」思想はほぼまったく認められない、という(8)。やや後期になると、「赤白二渧」などの特徴的な表現を含んだ文献も現われるが、それも必ずしも他流派に比べてとくに顕著であるとは言えないようである。というよりも、中世のある時期(ほぼ十三世紀後半)以降、事実上おそらく(台密を含んだ)あらゆる流派が、「深秘の口伝」などでは、いわゆる「邪流」と呼ばれうるような要素を含んでいたと考えられる。そのことは、田中貴子氏が挙げられた次のような文献からも推測することができる(9)。

『沙石集』増補系本文の巻七に「近代真言ノ流ニ、変成就ノ法トテ、不可思議ノ悪見ノ法門多ク流布ス。」として、外法の類の流行を伝えることはよく知られている。この法は「男女ヲ両部ノ大日ナンド習テ、ヨリアフハ、理智冥合ナンドトイヒナシテ、不浄ノ行、即チ密教ノ秘事修行ト習伝テ、悪見邪念ステガタクシテ、諸天ノ罰ヲ蒙ル」というものであったが、恵尋の『円頓戒聞書』(十三世紀後半成立、『続天台宗全書・円戒I』)には、「常陸国。変成就ノ法ヲ行テ。父母者定恵ニ法ト云テ。婬ヲトリアツメテ仏ニマイラセケリ。」という類似した法が批判的に取り上げられている。金沢文庫に残る舎利印信などを見ても、一歩違えば外法と呼ばれかねない内容が多いが、多少の違いはあっても中世の密教はこうした思想内容を含む性質であったと思われる。

文観と立川流の関係は、あり得ないわけではないが、少なくとも現存の資料から確認することはまったくできないし、また文観の著作を見ても、性的要素がとくに顕著であるとは言えないようである。文観を立川流に結びつけたのは、明応八年（一四九九）の宥快による『宝鏡鈔』（Tttt. LXXVII 2456）がおそらく最初であって、それは文観の死後（一三五七年）百五十年近くも経ってからのことだった。そもそも、『宝鏡鈔』の第一の意図は、立川流という「贖罪の山羊《スケープ・ゴート》」（阿部泰郎氏）(10)を指弾することによって真言宗一般に広まっていた「邪義」の疑いを一掃し、「清浄なる正統」を確立することにあったと考えられる。また、宥快の『立河聖教目録』に挙げられている書目の多くは、題名から見るかぎり、一般の修験道の聖典などととくに違うものとは思えない。ここには、修験・山伏などの民衆的「卑賤」な要素を「正統」から排除するという意図もあったのかもしれない。文観の死後の百五十年の間には、第一に南朝の決定的な敗北があり、社会・文化環境の巨大な変化があった。そのことを考慮に入れなければ、立川流弾劾の意味も明らかにはならない。

それより以前、十三世紀後半の心定の『受法用心集』に「告発」された立川流の教義、またとくにその髑髏本尊造立と供養を中心とする儀礼には、たしかに驚くべき内容が含まれている（それと後期の仏教タントラやヒンドゥー教タントラとの比較は、もっとも興味深い課題の一つだろう）。しかし、それも先の『沙石集』や『円頓戒聞書』に指摘されていた修法の延長線上に考えられるもので、おそらく立川流だけに特有のものだったわけではないだろう。* どの流派にも、「一部の過激派」は存在しただろうし、そうした「過激派」が（ある種の「病的な」幻想も含めて）極端な行為に走ることは充分に考えられる。**

*真言宗正統派による立川流、または「邪義」一般への批判、粛正の動きは、広く流布することがなかった（？）心定の『受法用心集』（一二六八年）と、十五世紀末の宥快以降の二つに分けられるようである。この二つの批判が、それぞれどのような

状況の中で、どんな意図のもとに行なわれたのか、なぜその間にそれほど長いブランクの期間があったのか、などの点は、これまでほとんど問題にされなかったように思われる。異端弾劾には何らかの政治的・文化的理由があったはずで、その研究は、異端そのものの研究と同様に重要である。いまはこれも将来の研究課題としておくほかないだろう。

＊＊一般に、神秘主義的異端を告発、非難する文献には、性的乱脈を最大の眼目としてあげることが、世界の宗教史上、普遍的である（たとえば一部のグノーシス派に対するキリスト教正統派の批判。あるいは中世後期からルネサンスにかけての「魔女」の告発、など）。そうした異端は、普通抹殺されて、文献も残らないから、そのような非難が事実に基づいたものか否かも多くの場合明らかでない。ある場合には、それが、告発者自身の「病的」な幻想によるということもあったに違いない。『受法用心集』による立川流の儀礼の記述、告発も、少なくとも部分的にはそうした可能性を否定できない。しかし、わずかに残された（立川流にかぎらない、中世顕密体制仏教全体の）「深秘」の口決・口伝などから推測すると、部分的な誇張はあったとしても、全体としては、その記述はある程度信頼できるものと考えていいように思われる。

先に、密教における「正統」と「異端」の関係について述べたが、それぞれの時代における「正統／異端」の関係と、こんにち的な常識から「異端的」と思われるような事象とは、できるだけ厳密に区別して考える必要がある。こんにちの一般的「常識」から見て、あるいは密教の「表向きの正統」から見て「異端」、「邪義」と言われるような思想や実践が、どのような契機から生まれてきたか、という問題は、非常に複雑である。一方では、それは大寺院の奥深く、貴族出身の高僧たちが密かに編み出した悦楽、実践したたんなる「堕落」、極度の「退廃」であるかもしれない。しかしもちろん、貴族出身の高僧が、必ずしも真摯な宗教者でなかったわけではない。それと同時に、それは一部の思想の冒険者たちが、身を賭して行なった危険な幻想への飛躍であったかもしれない。あるいはそれは、古来の民俗的な豊饒儀礼が密教的思弁にいろどられた結果であったかもしれない。また、最初の契機が何であったにしろ、それを継承していった人々の動機には、一方では惰性があっただろうし、別の角度から見れば、伝統への尊崇の念や、あるいは新たな冒険への意志もあったかもしれない。

いずれにしても、そうして生み出された性の思想と技法は、きわめて特殊な文化の産物であって、こんにち的な価値基準から単純に判断したり断罪したりすることはできないものだろう（その意味で、田中貴子氏が「……人間の性とはいかなる時代においても自然や野生と最も隔たった人工的な性質を持つもののはずである」と書かれていることは、非常に重要な指摘である）[11]。それは（中世寺院における男色の流行と、それを「正当化」しようとした各種の言説や儀礼と同様に）、ある特殊な社会に発生した特殊な現象として、いわば文化人類学的な立場から、冷静かつ真剣に考察されるべきものであると考える。

しかしもちろん、それと同時に忘れてはならないのは、現在のわれわれ自身がそのような特殊な文化や思想をいくばくかでも受け継いだなかに生まれ、それを無意識的にも何らかの形で継承していることである（比較的分かりやすい例を挙げるなら、江戸時代の性文化に特有のある種の、特殊な「エロ・グロ」志向は、おそらく部分的には中世密教から展開してきたものと思われるし、そうした江戸の性文化を一大ブームとして受け入れてきたこんにちの文化にも、中世密教の、あるいはさらに遡ればインド以来のタントラ文化の遠い影響を認めることができるだろう）。それをいかに意識化し、どのように対処するかは、われわれ自身の問題である。

上に見てきたような密教的な思考方法による社会的価値観の超越 -「突破」は、社会体制への特殊な反逆の形態でもありえたが、そうした意味では、それは中世の日本社会において、密教、あるいは顕密体制仏教の専有物ではなかった。阿部泰郎氏は、「立川流」（と名づけられたもの）の教理を批判的に要約する心定著『受法用心集』の冒頭の次の文を引用し――、

女犯は真言一宗の肝心、即身成仏の至極なり。若し女犯を隔つる念をなさば、成仏道遠かるべし。肉食は諸仏菩薩の内証、利生方便の玄底なり。若し肉食をきらふ心あらば、生死を出る門にまよふべし。されば、浄不浄をきらふべからず、女犯肉食をもえらぶべからず。一切の法、皆清浄にして速に即身成仏すべき旨を説

くとかや。

続けて、次のように書いておられる(12)。

それは、当時の僧徒がそれによって堅く禁《いまし》められていた（同時に僧尼にたいする国家統制の手段である）戒律を破り、または浄穢の差別（これも神祇祭祀に代表される観念からする体制支配の方法）をも超越して、煩悩ひいては罪悪をも肯定する生のあり方を、真言修行の語彙と行儀にかりて展開してみせたものである。その赴くところ、女犯（妻帯）、肉食、浄穢を嫌わずと言うあり方は、まさしく当代の念仏聖たち、たとえば「愚禿《ぐとく》」と自称する俗聖となり確信犯として己の信を証《あか》そうとした親鸞や、一切を放下した捨聖として遊行と賦算と踊躍《ゆやく》の念仏に生きた一遍らの身をもってする主張と通底するのである。一方が異端として常に権力から排斥されるものであり、他方は体制の裏側に秘事法門として潜み常に王と王権を在らしむるものであるにしても、ともに中世の精神史をつらぬく主題の一変奏として、前代までの世界の秩序を脅かすものに相違あるまい。

最後に文観に戻るならば、文観自身の思想や修法の形態そのものは、同時代の真言宗、または顕密体制仏教一般から見て、とくに際立った特徴をもつものではなかった、と結論してよいように思われる。彼の特色は、その出自と経歴（貴族出身ではなく、律宗の僧として出発しながら後に真言宗に移り、異例の抜擢の対象となった）、そしてその大胆かつきわめて積極的な政治への関与であり、それは彼自身の特質によると同時に、あるいはそれ以上に、後醍醐その人の、前例や慣習をすべて無視して、「なりふり構わず」王権強化‐聖化のためのあらゆる方策を追求した（綱野善彦氏）強烈な意志／執念によるものと言えるだろう。その意味で、後醍醐の王権はまさしく「異形の王権」と呼ばれるにふさわしいものだったし、それは同時に、当時の王権がそれだけの深い危機に陥っていたことを証明するものでもあった。また、後醍醐の行動様式は、彼自身が当時の顕密体制仏教的な、「ダブル・バインド」的正統意識をもっていたことの証しでもあるかもしれない。

いずれにしても「異形」であるのは、当時の宗教文化全体、そして政治文化全体だったと考えねばならない。

**注**

（1）原文は、宥快著『宝鏡鈔』Tttt. LXXVII 2456 850a2 and *sq*.「爰有相似苾芻、其名云文観。本是西大寺末寺、播磨国北條寺之律僧也。兼学算道、好卜筮、専習呪術、立修験。貪欲心切。驕慢思甚。入洛陽伺朝庭。掠賜証道上人之職。遂為東寺大勧進之聖。苟以陰遁黒衣之身。謬烈綱維崇斑之席。外号知識聖人。内称醍醐座主。偏被繋名利之欲。曾無慚愧之心。〔中略〕此文観之祭茶吉尼也。近龍顔而奉事（矣）……」。

（2）田中貴子著『外法と愛法の中世』p. 263–266 とくに p. 264（『渓嵐拾葉集』Tttt. LXXVI 2410 xl 633b13–24 を引く）参照。

（3）阿部泰郎稿「宝珠と王権」p. 156–157.

（4）たとえば法賢訳の『金剛薩埵説頻那夜迦天成就儀軌経』T. XXI 1272 は、そうした呪術に満ちている。この経典については、Michel Strickmann, *Mantras et mandarins*, p. 261–266 参照。これは、漢訳された密教経典のうち、おそらくもっとも「過激」な呪術法を記述する文書の一つである。これに比べれば、『受法用心集』で告発されている「立川流」の儀礼も、むしろおとなしいとさえ言えるだろう。

（5）阿部泰郎、同上稿 p. 160 参照。田中貴子氏は、網野善彦氏が、後醍醐の密教儀礼への傾倒について「『極言すれば、後醍醐はここで人間の深奥の自然―セックスそのものの力を、自らの王権の力としようとしていた、ということもできるのではないだろうか』と、やや戦略的な口調で論じて」いることを批判しておられる。また、「文観の修した吒枳尼天法にチベット密教のタントリズムの影響を見出す中沢新一氏のような考え方があるが、吒枳尼天の力を一足飛びに『大地』や『女性性』へ遡及させてしまうことには、『男性／女性＝文化／自然』という固定化した図式に陥る危険を感じさせる」と述べておられる（田中貴子、前掲書 p. 260–262）。これはきわめて的を得た批判であると考える。茶枳尼天法に王権の聖性を賦活させる生命力があると信じられるのは、茶吉尼がもっとも恐るべき「不浄なるもの」、「卑賤なるもの」の象徴とされるからであって、単純にその「自然の性」の力が信じられたからではない（ただし、中世日本の荼枳尼天法とインドの後期密教やチベット密教のダーキニーとが無関係であるわけではない。後期密教のダーキニーもまた、当然、「卑賤なるもの」であるからこそ「（恐るべき）聖なるもの」としての性質をもったと考えるべきだろう。およそタントラが関連しているところで、「賤視」の問題を避けて通ることは不可能である）。

（6）櫛田良洪著『真言密教成立過程の研究』、山喜房佛書林、一九六四年 p. 376 に引用。
（7）櫛田良洪、前掲書 p. 329-408 第二編第四章「邪流思想の展開」参照。
（8）『受法用心集』は守山聖真著『立川邪教とその社会的背景の研究』p. 530-571 に全文が翻刻されている。
（9）田中貴子著『外法と愛法の中世』p. 274-275, n. 11.
（10）阿部泰郎、前掲稿 p. 159 参照。
（11）田中貴子、前掲書 p. 261.
（12）阿部泰郎、前掲稿 p. 158.

# ――旅の小休止――

大黒天の神話という謎の森の小徑に迷い込んだのは、まったくの偶然にすぎなかった。それから十余年、あちらでも、こちらでも、小さな道草を重ねているうちに、森はいよいよ深く、底なしの迷い道は、いつの間にか一つの大陸、あるいは大洋にまで筆者を導いていった。いま、ここまでの原稿を整理した段階で、本書全体のファイルは、ほぼピュアなテキスト・ファイルで三メガバイト、一ページ九百五十字の勘定で約千三百五十ページ分になっている。あくまでも一冊の本として書き連ねてきたものが、いまや物理的に一冊には収まらない分量になってしまった。そのため、本書は、思いもかけず、二冊の別々の本として刊行される。幸い、分量的にはほぼ半分ずつで分割できる。ここまでの半分（「上巻」にあたる）は大黒天を中心とした種々の話題で終始し、後半（「下巻」にあたる）では、スカンダ－韋駄天についての長い章、ガネーシャ－歓喜天についてのやや短い章、そして観音菩薩の女性化の問題をめぐる何章にもわたる長い長い考察が続き、いちばん最後に、唐突に大黒天に戻って「円環が閉じられる」。

それぞれの巻は、一応それぞれにある程度のまとまりをもたせるよう、努力したつもりである。しかし、随所で他の巻の記述を参照することは避けられなかった。個々の巻の読者には各種の不便をお詫びするほかない。また、もしできることなら、この二冊の書物を一まとまりのものとして読んでいただきたい、という筆者としてのわがままを表明しておく以外のことはできない。

旅はまだ終わっていない。

## 人名索引

### ア行



### カ行

## 地名索引

神話・説話に現われる架空の地名を含む

### ア行



### カ行

## サ行



## タ行

## ナ行



## ハ行



## マ行

## 大正蔵の典拠

### ア行

阿育王経 Tt. L 2043 198,216,496
阿娑縛抄 TZ. VIII-IX 3190 87,105,121,133,215,238-240,258-259,344,349,377,380,383,396,398,425,435-437,440,539,544,557-558,590-592,627,632
阿毘達磨倶舎論（*Abhidharma-kośa*） 323
石山七集 TZ. II 2924 349,353
異尊抄 Tttt. LXXVIII 2490 381
一字頂輪王経 T. XIX 950 97
一切経音義 Ttt. LIV 2128 57,223,228,236,256,305,410,439,631
一切如来金剛三業最上秘密大教王経 T. XVIII 885222 256
吽迦陀野儀軌 Ttt[t]. XXI 1251 396,398,436-437
穢跡金剛説神通大満陀羅尼法術霊要門 T[tt]. XXI 1228 257
慧琳音義（一切経音義 Ttt. LIV 2128 の別称） 305-306,334,352,355,362,410,439
央掘魔羅経 T. II 120 153,171

### カ行

覚禅鈔 TZ. IV-V 3022 87,215,238,240,258-259,302,331,334,336,373,383,422,424-425,433,435,440-441,533,588,593,596,598,632-633
迦楼羅王及諸天密言経 T. XXI 1278 620,636
寄帰伝　南海寄帰内法伝を見よ
起世経 T. I 24 587
（旧訳）仁王経（仏説仁王般若波羅蜜経 T[tt]. VIII 245 の別称） 170
行林抄 Tttt. LXXVI 2409 437
御記 Tttt. LXXVIII 2493 571,585,630
孔雀明王経 T. XIX 982 467,499
倶舎論記 Ttt. XLI 1821 323,335
渓嵐拾葉集 Tttt. LXXVI 2410 87,97,376,383,435,513,515,528,538,540,543,548,551,558,562,565,567-568,571,573,575,583,590-592,594,597-598,601-602,606,608,611,616,626-627,629,631-632,634-635,637,649
華厳経随疏演義鈔 Ttt. XXXVI 1736 438
賢愚経 Tt. IV 202 96,140,143,155,170-171
幻化網大瑜伽教十忿怒明王大明観想儀軌経 T. XVIII 891 222,256
玄法寺儀軌 Ttt. XVIII 852A 246-247,259
幸心鈔 Tttt. 2498 381
広大儀軌 Ttt. XVIII 851 246-247,260
合部金光明経 T. XVI 664 401,464
五部陀羅尼問答偈讃宗秘論 Tttt. LXXVIII 2464 240,259
五分律（彌沙塞部和醯五分律 T. XXII 1421 の略称） 202, 217
金界発恵抄 Tttt. LXXIX 2533 259
金剛界曼陀羅（成身会・醍醐寺本）TZ. I 2963 501
金剛恐怖集会方広儀軌観自在菩薩三世最勝心明王経 T. XX 1033 310,334
金剛薩埵説頻那夜迦天成就儀軌経 T. XXI 1272 632,649
金剛頂経 T. XVIII 865 39,231-232,344,614,643
金剛頂大教王経私記 Tttt. LXI 2225 380
金剛頂大教王経疏 Tttt. LXI 2223 380
金剛頂瑜伽護摩儀軌 Ttt. XVIII 909 395,397,436
金剛峯楼閣一切瑜伽瑜祇経 T[tt]. XVIII 867 250,260,349,595,633
金光明経 T. XVI 663〜665 401,403,406,411,421-423,463-465,494,498
金光明最勝王経 T. XVI 665 352,381,400-401,403,437-438,498
根本説一切有部苾芻尼毘奈耶 T. XXIII 1443 177,214
根本説一切有部毘奈耶 T. XXIII 1442 159-161,171,177,179-180,191-193,214-215,530
根本説一切有部毘奈耶雑事 T. XXIV 1451 106-107,133,467,498
根本説一切有部毘奈耶薬事 T. XXIV 1448 199,211,216,218

### サ行

最勝王経（金光明最勝王経 T. XVI 665 の略称） 135
雑譬喩経 Tt. IV 207 218
三国遺事 Ttt. XLIX 2039 434
三昧流口伝集 Tttt. LXXVII 2411 258
獅子断肉経（仏説師子素駄娑王断肉経 T. III 164 の別称） 96,141,170
四種護摩本尊及眷属図像 TZ. I 2957 309,322,334,415
使呪法経 T XXI 1267 589
事相料簡 Tttt. LXXVIII 2480 381
七仏八菩薩所説大陀羅尼神呪経 T. XXI 1332 405,438
十巻抄（図像抄 TZ. III 3006 の別称） 426
四分律 T. XXII 1428 168,172,201,216,217,414
釈氏要覧 Ttt. LIV 2127 199,216
遮那業学則 Tttt. LXXVII 2419 258
十誦律 T. XXIII 1435 56,177,179,187,194,200,214,216
修薬師儀軌布壇法 T. XIX 928 372,383
出三蔵記集 Ttt. LV 2145 142
出生一切如来法眼遍照大力明王経 T. XXI 1243 223,226,233,256,258
出曜経 T. IV 212 172,218
疏（大日経疏 Ttt. XXXIX 1796 の別称） 581
摂大儀軌 Ttt. XVIII 850 246-247,256,260
請賓頭盧法 Tt. XXXII 1689 198,216
聖宝蔵神儀軌経 T. XXI 1284 222,256,345

摂無礙経（次項・無礙大悲心大陀羅尼……経 T. XX 1067 の通称） 249,257
摂無礙大悲心大陀羅尼経計一法中出無量義南方満願補陀落海会五部諸尊等弘誓力方位及威儀形色執持三摩耶幖幟曼荼羅儀軌 T. XX 1067 260
処処経 T. XVII 730 217
諸説不同記 TZ. I 2922 581,631
神愷記（大黒天神法の別称） 87,305,381,515
新訳仁王経（仁王護国般若波羅蜜多経 T[tt]. VIII 246 の別称） 305
蕤呬耶経 T. XVIII 897 570,629
随軍護法儀軌　北方毘沙門天王随軍護法儀軌を見よ
図像集 TZ IV 3020 396,436,441
図像抄　十巻鈔を見よ
青龍寺儀軌 Ttt. XVIII 853 246-247,259
世記経（＝長阿含経 T. I 1 巻第十八～二十二） 133
撰集百縁経 T. IV 200 210,218
増一阿含経 T. II 125 154,158,171,202,208,217
宋高僧伝 Ttt. L 2061 371
総持抄 Tttt. LXXVII 2412 569,629,633
造像量度経解 Ttt. XXI 1419 618,636
雑宝蔵経 Tt. IV 203 151,154,159-161,171-172
速疾立験魔醯首羅天説阿尾奢法 T. XXI 1277 324,335


## タ行


大阿羅漢難提蜜多羅所説法住記 Tt. XLIX 2030 216
大威力烏樞瑟摩明王経 T. XXI 1227 239,259
大孔雀呪王経 T. XIX 985 631
大黒天神法 Ttt[t]. XXI 1287 57,87,88,347-349,352-355,381,495,515,558,560,614
大使呪法経 T. 1268 589
大乗入楞伽経 T. XVI 672 170
胎蔵旧図様TZ. II 2981 246-247,260,310
胎蔵金剛教法名号 Ttt. XVIII 864 B 222,224,256
胎蔵図像 TZ. II 2977 246-247,260,310
大宋僧史略 Ttt. LIV 2126 362-363,382,406
大智度論 Tt. XXV 1509 9,210,218
大唐西域記 Ttt. LI 2087 9,100,154,171-172,363,382,402,407,409-410,426,430,438,441,462,486,489,498,499,501,525,542,590
大唐大慈恩寺三蔵法師伝 Ttt. L 2053 441
大唐内典録 Ttt. LV 2149 198,216
大日経T. XVIII 848 91,222,256,349,581,631
大日経疏Ttt. XXXIX 1796 56,88,91,93,97-98, 100,105,111-112,118,120,129,134,139,148,172,180,182,193,221,230-232,238,246,256-257,259,321,349,405,438,484,569-571,578,581,599,608,631,634
大日経疏演奥鈔 Tttt. LIX 2216 100,399,403
大般涅槃経 T. XII 375 172,414
大悲胎蔵大曼荼羅（仁和寺版） TZ. I 2948 99,260
大仏頂首楞厳経（大仏頂如来密因修証了義諸菩薩万行首楞厳経 T[tt]. XIX 945 の略称） 230,233,257,580,587,631
大方広菩薩蔵文殊師利根本儀軌経 T. XX 1191 570,629
大方等大集経 T. XIII 397 468,499
大薬叉女歓喜母并愛子成就法 T. XXI 1260 107,405,438,543
大力明王経（出生一切如来法眼遍照大力明王経 T. XXI 1243 の略称） 234,258
陀羅尼集経 T. XVIII 901 236-237,258,537,543
注大仏頂真言 Tttt. LXI 2234 631
長阿含経 T. I 1 133,482,501
底哩三昧耶不動尊聖者念誦秘密法 T[tt] XXI 1201 257


## ナ行


南海寄帰伝　南海寄帰内法伝を見よ
南海寄帰内法伝 Ttt. LIV 2125 88,98,100,103,105,110-111,118,121,139,148,198,204,206,284,301,349,351-354,360,483,494,537
南海伝　南海寄帰内法伝を見よ
入楞伽経 T. XVI 671 124,147,170,187
如意輪陀羅尼経 T. XX 1080 115,133-134
仁王経（旧訳、または新訳仁王経 T[tt] VIII 245 および T[tt]. VIII 246） 94,140-142,146-148,305,362,602
仁王経（仁王護国般若波羅蜜多経 T[tt]. VIII 246 の別称） 634
仁王経儀軌（仁王護国般若波羅蜜多経陀羅尼念誦儀軌 T[tt]. XIX 994 の略称） 249,260
仁王経（疏）（仁王護国般若波羅蜜多経 T[tt]. VIII 246 および良賁による疏 Ttt. XXXIII 1709） 148
仁王経疏（良賁） Ttt. XXXIII 1709 94,97-98,100,116,139-140,148,180,182,184,193,305,320,334,349,352,451,587-588,632
仁王経良賁疏（仁王護国般若波羅蜜多経疏 Ttt. XXXIII 1709 の別称） 88,91,94
仁王護国般若波羅蜜多経 T[tt]. VIII 246 100
仁王般若陀羅尼釈 Ttt. XIX 996 250,260


## ハ行


悲花経（悲華経 T. III 157 の別称） 251,260
悲華経 T. III 157 251-252,254,260
毘沙門儀軌 T[tt]. XXI 1249 363,382,406
毘沙門天王経 T. XXI 1244 437
鼻奈耶 T. XXIV 1464 216

秘密大教王経（一切如来金剛三業最上秘密大教王経 T. XVIII 885 の略称） 222,256
白宝口抄 TZ. VII 3119 87,100,104-105,133,240,251-252,259-260,331,336,340,343,345,380,514-515,533-534,541,543,591,607,632-633
白宝抄 TZ. X 3191 87,104-105,133,221-222,226,237,240,258-260,331,336,533-534,543,597,633
毘奈耶雑事（根本説一切有部毘奈耶雑事 T. XXIV 1451 の略称） 108,110,133
賓頭盧突羅闍為優陀延王説法経 T. XXXII 1690 517
不空羂索神変真言経 T. XX 1092 115,133-134,139,182,451
補陀落海会儀軌（摂無礙大悲心大陀羅尼……経 T. XX 1067 の通称） 249,260
仏五百弟子自説本起経 T. IV 199 210,216,218
仏説観仏三昧海経 T. XV 643 491
仏説三摩竭経 T. II 129 201,217
仏説師子素駄娑王断肉経 T. III 164 170
仏説仁王般若波羅蜜経 T [tt]. VIII 245 140
仏説譬喩経 T. IV 217 516,541
仏説文殊師利般涅槃経 T. XIV 463 555,627
仏祖統紀 Ttt. XLIX 2035 363
仏祖歴代通載 Ttt. XLIX 2036 542
分別功徳論 Tt. XXV 1507 208,216,217
法苑珠林 Ttt. LIII 2122 217,489,501
宝鏡鈔 Tttt. LXXVII 2456 553,627,645,649
放光般若経 T. VIII 221 414
宝蔵神大明曼拏羅儀軌経 T. XXI 1283 345
法華経（妙法蓮華経 T. IX 262 など） 109,121,134,188,238
北方毘沙門天王随軍護法儀軌 Ttt. XXI 1247 396-397,424,436
北方毘沙門天王随軍護法真言 Ttt. XXI 1248 396-397,436

## マ行

摩訶吠室囉末那野提婆喝囉闍陀羅尼儀軌 T[ttt?]. XXI 1246 396-397,436
彌沙塞部和醯五分律 T. XXII 1421 202,216-217
妙法蓮華経 T. IX 262 134
牟梨曼陀羅呪経 T. XIX 1007 113-114,133
無量寿経 T. XII 360 217

## ヤ行

薬師琉璃光王七仏本願功徳経念誦儀軌供養法 T. XIX 926 372,383
維摩詰所説経 T. XIV 475 255,260
瑜伽大教王経 T. XVIII 890 222,256,372,383
瑜祇経（金剛峯楼閣一切瑜伽瑜祇経 T[tt]. XVIII 867 の略称） 595-596,599,633
瑜祇経疏（金剛峰楼閣一切瑜祇経修行法 Tttt. LXI 2228 の別称） 349
要尊道場観 Tttt. LXXVIII 2468 353-354,377,508,511

## ラ行

洛陽伽藍記 Ttt. LI 2092 22,425,441,488-489,502
理趣経（大楽金剛不空真実三麼耶経 T. VIII 243 の通称） 34,306-307,309,322,330-331,333,570,638
理趣経尊位曼荼羅図 TZ. XII 3239 308,334
理趣広経（仏説最上根本大楽金剛不空三昧大教王経 T. VIII 244 の別称） 184
理趣釈（大楽金剛不空真実三昧耶経般若波羅蜜多理趣釈 Ttt. XIX 1003 の通称） 307,334,643
梁高僧伝（高僧伝 Ttt. L 2059 の通称） 414,439
六十華厳（仏陀跋陀羅訳の大方広仏華厳経 T. IX 278 の通称） 414
六度集経 Tt. III 152 142,155,170-171

## 大正蔵以外の典拠

**参考文献**　参考文献の参照ページは，初出箇所，または詳しい書誌が掲載されている箇所のみとした．

## 欧文文献


### A

Azarpay, G., "Nanā, the Sumero-Akkadian Goddess of Transoxiana", *Journal of the American Oriental Society*, vol. 96, No. 4, 1976　500

Baltrušaitis, J., *Formations, déformations. La stylistique ornementale dans la sculpture romane*, Paris, Flammarion, 1986　540

### B

Banerjea, J. N., *The Development of Hindu Iconography*, New Delhi, Munshiram Manoharlal, 1974　99

Bhattacharya, Gouriswar, "The trio of prosperity: a Gupta terracotta plaque from Bangladesh", *South Asian Studies* 12, 1996, p. 39-47　623

Bhattacharyya, B., *Nişpnnayogāvalī*, Gaekwad's Oriental Series, vol. CIX, Baroda, 1949, p. 44　257

Biardeau, M., "Cosmogonie purāṇique", Bonnefoy éd., *Dictionnaire des Mythologies*, I　295

Biardeau, M., "Gange. Gaṅgā/Yamunā, la rivière du salut et celle des origines", *Dictionnaire des Mytholgies*, I　259

Biardeau, M., *Clefs pour la Pensée hindoue*, [coll. Clefs] Paris, Seghers, 1972　294

Biardeau, Madelaine, "Le sacrifice dans l'hindouisme", in M. Biardeau et Charles Malamoud, *Le Sacrifice dans l'Inde ancienne*, Paris, P.U.F., 1976　214

Biardeau, Madelaine, "Skanda. Un grand dieu souverain du sud de l'Inde", *Dictionnaire des Mythologies*, II　259

Biardeau, Madelaine, "Terre. Les symboles de la Terre dans la religion de l'Inde", *Dictionnaire des Mythologies*, II　135

Biardeau, Madelaine, *Etudes de mythologie hindoue*, I, *Cosmogonies purāṇiques*, II, *Bhakti et avatāra* [Publications de l'Ecole Française d'Extrême-Orient, 128, 171], Paris, Ecole Française d'Extrême-Orient, 1981, 1994　64

Biardeau, Madeleine, et Charles Malamoud, *Le Sacrifice dans l'Inde ancienne*, Paris, Presses Universitaires de France, 1976　64

Biardeau, Madeleine, *Histoires de poteaux*. Variations védiques autour de la déesse hindoue, [Publications de l'Ecole Française d'Extrême-Orient, vol. 154] Paris, Ecole Française d'Extrême-Orient, 1989　64

Biardeau, Madeleine, *L'Hindouism*. Anthropologie d'une civilisation, [Champs] Paris, Flammarion, 1981　64

Bischoff, F. A., *Contribution à l'étude des divinités mineures du bouddhisme tantrique. Ārya Mahābala-nāma-mahāyānasūtra tibétain* (*Mss de Touen-houang*) *et chinois*, [coll. Buddhica. Première série: Mémoires. Tome X], Paris, Paul Geuthner, 1956　256

Bonnefoy, Yves, *dir., Dictionnaire des Mythologies et des Religions des sociétés tradiotionnelles et du monde antique*, Paris, Flammarion, 2 vol., 1981　23

Brown, Robert L., "Gaṇeśa in Southeast Asian Art : Indian Connections and Indigenous Developments", *in* Robert L. Brown, *ed., Ganesh. Studies of an Asian God*　543

Brown, Robert L., "Introduction", *in* Robert L. Brown, *ed., Ganesh. Studies of an Asian God*　496

Brown, Robert L., *ed., Ganesh. Studies of an Asian God*, [Suny series in Tantric Studies] Albany, State University of New York Press, 1991　496

Buddha-L　257

Budge, E. A. Wallis, *Baralam and Yewasef*, 2 volumes, Cambridge, 1923　541

Burgess, J., *Ajaṇṭā Paintings*　501

Burlingame, E. W., *Buddhist Legends translated from the Original Pali Text of the Dhammapada Commentary*, reprint Pali Text Society, London, 1969　135

Bussagli, Mario, "Royauté, guerre et fécondité. A Propos d'une monnaie kuṣāṇa", *Revue de l'Histoire des Religions*, octobre-décembre 1951　440

### C

Chavannes, Edouard, "Voyage de Song yun dans l'Udyāna et le Gandhāra (518-522 p. C.), *Bulletin de l'Ecole Fançaise d'Extrême-Orient*, III, 1903　489

Chavannes, Edouard, *Cinq cents Contes et Apologues extraits du Tripiṭaka Chinois*, I-IV, reprint, Paris, Adrien-Maisonneuve, 1962　170

Cohen, Laurence, "The Wives of Gaṇeśa", in R. L. Brown, *ed., Ganesh. Studies of an Asian God* 631
Collins, Charles Dillard, *The Iconography & Ritual of Śiva at Elephanta*, New York, State University of New York Press, 1988 335
Coomaraswamy, Ananda, *Yakṣas*, Part I and Part II, reprint New Delhi, Munshiram Manoharlal, 1971 496
Courtright, Paul B., *Gaṇeśa. Lord of Obstacles, Lord of Beginnings*, New York - Oxford, Oxford University Press, 1985, repr. 1989 198
Cumont, F., *Les Religions Orientales dans le Paganisme romain*, 4e édition, Paris, Librairie Orientalist Paul Geuthner, 1963 441

**D**

Daniélou, Alain, *Le Polythéisme hindou*, Paris, Buchet/Chastel, 1960 99
Davidson, Ronald M., "Reflections on the Maheśvara Subjugation Myth: Indic Materials, Sa-skya-pa Apologetics, and the Birth of Heruka", *The Journal of the International Association of Buddhist Studies*, vol. 14, No. 2, 1991, p. 197-225 65
Detienne, Marcel, *Dionysos à ciel ouvert*, [Textes du XXe siècle] Paris, Hachette, 1989 64
Detienne, Marcel, *Les Jardins d'Adonis*, [Bibliothèque des Histoires] Paris, Gallimard, 1989 64
Dey, N. L., *The Geographical Dictionary of Ancient and Medieval India*, Third ed. New Delhi, 1971 99
Dhavalikar, M. K., "Gaṇeśa : Myth and Reality" in R. L. Brown, *ed., Ganesh. Studies of an Asian God* 496
Doniger O'Flaherty, Wendy, *Asceticism and Eroticism in the Mythology of Śiva*, London, Oxford U. P., 1973 64
Doniger O'Flaherty, Wendy, *Hindu Myths* : a Sourcebook Translated from the Sanskrit, [Penguin Classics] Penguin Books, 1975 64
Dowson, John, *A Classical Dictionary of Hindu Mythology*, 11th ed., London, Routeledge & Kegan Paul, 1968 99
Duchesne-Guillemin, J., *La Religion de l'Iran ancien*, [coll. «Mana», T. I, vol. 3] Paris, PUF., 1962 440
Dumézil, Georges, *Mythe et épopée*, I, L'idéologie des trois fonctions dans les épopées des peuples indo-européens, [Bibliothèque des Sciences Humaines] Paris, Gallimard, 1968 63
Dumont, Louis, *Homo hierarchicus. Essai sur le système des castes*, [Bibliothèque des Sciences Humaines], Paris, Gallimard, 1966 264
Duquenne, Robert, "Daiitoku myōō 大威徳明王", *Hōbōgirin*『法宝義林』, VI, Paris-Tokyo, 1983 64
Duquenne, Robert, "Pérégrinations entre l'Inde et le Japon: du «Mont en Tête d'Eléphant» et d'autres montagnes sacrées", *Bouddhisme et cultures locales. Quelques cas de réciproques adaptations*, Actes du colloque franco-japonais de septembre 1991, [coll. Etudes thématiques, 2], Ecole Française d'Extrême-Orient, Paris, 1994 502
Duquenne, Robert, art. "Daigensui (myōō) 大元帥(明王)", *Hōbōgirin*『法宝義林』, VI, Paris-Tokyo, 1983 64

**E**

Edgerton, F., *Buddhist Hybrid Sanskrit Dictionary*, Delhi, Patna, Varanasi, Motilal Banarsidass, 1970 (Indian edition) 438
Eliade, M., *Le Yoga. Immortalité et Liberté*, [coll. Petite Bibliothèque Payot] Paris, Payot, 1954, 1968 135
Eliot, Sir Charles, *Japanese Buddhism*, London, Routledge & Kegan Paul, 1935 544
*Encyclopeadia Britannica*, 1957年版 171

**F**

Foucher, A., "Notes sur la Géographie ancienne du Gandhâra", *BEFEO*., I, 1901, p. 347 499
Foucher, A., "The Tutelary Pair in Gaul and in India", *in The Beginnings of Buddhist Art*, translated by L. A. Thomas and F. W. Thomas, reprint Varanasi - Delhi, Indological Book House, 1972, p. 139-146 499
Foucher, A., *L'Art gréco-bouddhique du Gandhāra*, II-1, Paris, 1918 495
Foucher, A., *La Vie du Bouddha d'après les textes et les monuments de l'Inde*, Paris, Payot, 1949 498
Foucher, A., *La Vieille route de l'Inde de Bactres à Taxila*, [Mémoires de la Délégation archéologique française en Afganistan, Tome I], vol. II, Paris, Les Edition d'Art et d'Histoire, 1947 499
Frank, Bernard, *Le Panthéon bouddhique au*

*Japon—Collections d'Emile Guimet*, Paris, Editions de la Réunion des Musées Nationaux, 1991 134

G

Getty, Alice, *Gaṇeśa. A Monography on the Elephant-faced God*, Oxford, 1936 への A. Foucher による序文 440

Getty, Alice, *The Gods of Northern Buddhism*, Tokyo, Charles E. Tuttle, 1962 501

Gonda, J., *Les Religions de l'Inde* [trad. française par L. Jospin], I, [coll. Bibliothèque historique. Les Religions de l'Humanité], Paris, Payot, 1962 295

Granoff, Phyllis, "Tobatsu Bishamon : Three Japanese Statues in the United States and an Outline of the Rise of this Cult in East Asia", *East and West*, New Series, vol. 20, 1-2, Roma, March-June 1970 381

Grunwedel, A., *Mythologie du bouddhisme au Tibet et en Mongolie*, Leipzig, 1900 63

H

Hallade, Madeleine, *Inde. Un millénaire d'art bouddhique. Rencontre de l'Orient et de l'Occident*, Fribourg (Suisse), Office du Livre, 1968 495

*Hōbōgirin* 法宝義林, I-VII, Paris, Tokyo, 1929-1994 31

Hofinger, Marcel, *Le Congré du Lac Anavatapta* (*Vies des saints bouddhiques*), I, *Légendes des Anciens* (*Sthavirāvadāna*), [Bibliothèque du Muséon, vol. 34], Louvain, Université de Louvain, Institut Orientaliste, 1954 215

Hopkins, E. Washburn, *Epic Mythology*, reprint Delhi, Motilal Banarsidass, 1974 99

http://www.ucl.ac.uk/~ucgadkw/indology.html 135

I

Indology mailing list 135

Iyanaga, N., "Ḍākinī et l'Empereur. Mystique bouddhique de la royauté dans le Japon médiéval", *VS* (*Versus*), no. 83/84, Quaderni di studi semiotici, maggio-dicembre 1999, p. 41-111 134

Iyanaga, N., "Récits de la soumission de Maheśvara par Trailokyavijaya — d'après les sources chinoises et japonaises", in Michel Strickmann, *ed., Tantric and Taoist Studies in honour of R. A. Stein*, III [Mélanges Chinois et Bouddhiques, vol. XXII], Bruxelles, Institut Belge des Hautes Etudes Chinoises, 1985 65

Iyanaga, N., art. "Daijizaiten 大自在天", *Hōbōgirin*『法宝義林』, VI, 1983 32

Iyanaga, N., art. "Daikokuten 大黒天", *Hōbōgirin*『法宝義林』, VII, Paris, Jean Maisonneuve, Tokyo, Maison Franco-Japonaise, 1994, p. 839-920 22

K

Kramrisch, Stella, *Manifestations of Shiva*, (Catalog of the Exhibition), Philadelphia Museum of Art, 1981 99

Kramrisch, Stella, *The Presence of Śiva*, [coll. Mythos] Princeton Univ. Press, 1981 99

Kuo Li-ying 郭麗英, art. "Dakini 荼吉尼", to be published in *Hōbōgirin*『法宝義林』, VIII 629

L

Lalou, Marcelle, "Mythologie indienne et Peintures de Haute Asie, I : Le Dieu bouddhique de la Fortune", *Artibus Asiae*, IX, 1946, p. 97-110 440

Lamotte, Etienne, "Mañjuśrī", *T'oung Pao*, XLVIII [1960], livr. 1-3 499

Lamotte, Etienne, "Sur la formation du Mahāyāna", *Asiatica, Festschrift F. Weller*, Leipzig, 1954 498

Lamotte, Etienne, *L'Enseignement de Vimalakīrti* (*Vimalakīrti-Nirdeśa*), Bibliothèque du Muséon, vol. 51, Louvain, Publication Universitaire, 1962 260

Lamotte, Etienne, *Le Traité de la Grande Vertu de Sagesse de Nāgārjuna* (*Mahāprajñāpāramitāśāstra*), Tome I, [Bibliothèque du Muséon, vol. 18] Louvain, Institut Orientaliste, 1949, réimpression 1966 - Tome V, [Publications de l'Institut Orientaliste de Louvain, 24], Université de Louvain, Institut Orientaliste, Louvain-la-neuve, 1980 22

Lévi, Jean, "Le renard, la morte et la courtisane dans la Chine classique", *Etudes mongoles et sibériennes*, XV, *Le Renard. Tour, détours et retours*, p. 111-140 630

Lévi, Paul, *Buddhism : a 'Mystery Religion' ?*, New York, Schoken Books, 1968 172

Lévi, S., et Ed. Chavannes, "Les Seize Arhat protecteurs de la loi", *Journal Asiatique*, juil.-août et sept.-oct. 1916, p. 5-50, p. 189-305 215

Lévi, Sylvain, "Le catalogue géographique des Yakṣa dans la Mahāmāyūrī", *Journal Asiatique*,

1915 100

Lévi, Sylvain, "Le Sūtra du Sage et du Fou dans la littérature de l'Asie Centrale", *Journal Asiatique*, oct.-dec. 1925, p. 305-332 142

Lévi, Sylvain, *Le Népal—Etudes historiques d'un Royaume hindou*, I, [Annales du Musée Guimet. Bibliothèque d'Etudes, T. XVII] Paris, Ernest Leroux, 1905; II, Paris, Ernest Leroux, 1905 134

Lévi-Strauss, "La structure des mythes", *Anthropologie Structurale*, I, Paris, Plon, 1958 66

Lévi-Strauss, Claude, *Du Miel aux cendres. Mythologiques*, II, Paris, Plon, 1966 22

Lévi-Strauss, Claude, *Mythologiques*, I-IV: *Le Cru et le cuit; Du miel aux cendres; L'Origine des manieres de table; L'Homme nu*, Paris, Plon, 1964-1971 63

Lévi-Strauss, *Le Cru et le cuit, Mythologiques*, I, Paris, Plon, 1964 65

Liebrecht, Felix, "Die Quellen des «Barlaam und Josaphat»", *Jahrbuch für romanische und englische Literatur*, 2, 1860 541

Lin Li-kouang〔林藜光〕, *L'Aide-mémoire de la Vraie Loi* (*Saddharma-smṛtyupasthāna-sūtra*). *Recherches sur un Sūtra Développé du Petit Véhicule*, [Musée Guimet, Bibliothèque d'Etudes, t. LIV] Paris, Adrien Maisonneuve, 1949 217

**M**

MacDonald, Ariane, *Le Maṇḍala du Mañjuśrīmūlakalpa*, Paris, Adrien Maisonneuve, 1962 133

MacDonell, A. A., *Vedic Mythology*, first ed. Strassburg, 1898 ; reprint Delhi, Motilal Banarsidass, 1974 496

Mahé, Jean-Pierre, et Annie Mahé, *La Sagesse de Balahvar. Une vie christianisée du Bouddha*, traduit du géorgien, présenté et annoté, [Connaissance de l'Orient], Paris, Gallimard, 1993 541

Malalasekera, G. P., *Dictionary of Pāli Proper Names*, London, published by Pāli Text Society, Luzac & Company, 1960, I-II 213

Malamoud, Charles, "Les morts sans visage. Remarques sur l'idéologie funéraire dans le brâhmanisme", in G. Gnoli et J.-P. Vernant, *La Mort, les morts dans les sociétés anciennes*, Cambridge Univ. Press, Combridge - London, 1982 295

Malamoud, Charles, "Observations sur la notion de «reste» dans le brahmanisme", *Cuire le monde. Rite et pensée dans l'Inde ancienne*, [coll. Textes à l'appui], Paris, Editions La Découverte, 1989, p. 13-33 257

Mallmann, M.-Th. de, "Notes d'iconographie tântrique, II, De Vighnāntaka à Mahākāla", *Arts asiatiques*, 1955, II-1 542

Mallmann, M.-Th. de, *Introduction à l'Iconographie du Tântrisme bouddhique*, [Bibliothèque du Centre de Recherches sur l'Asie Centrale et la Haute Asie, vol. 1] Paris, 1975 256

Mallmann, M.-Th. de, *Les Enseignements iconographiques de l'Agni-purāṇa*, [Annales du Musée Guimet, Bibliothèque d'Etudes, T. LXVII] Paris, P.U.F., 1963 99

Mallmann, Marie-Thérèse de, *Etude iconographique sur Mañjuśrī*, [Publications de l'Ecole Française d'Extrême-Orient, vol. 55], Paris, 1964 64

Mallmann, Marie-Thérèse de, *Introduction à l'Etude d'Avalokiteśvara*, [Annales du Musée Guimet, Bibliothèque d'Etudes, t. LVII] Paris, P.U.F., 1967 64

Mathieu, Rémi, "Aux origines de la femme-renard en Chine", *Etudes mongoles et sibériennes*, XV, *Le Renard. Tour, détours et retours*, Paris, 1984 630

Monier-Williams, Monier, *A Sanskṛit-English Dictionary*, new edition greatly enlarged and improved with the collaboration of E. Leumann, C. Cappeller and other scholars, Oxford, The Clarendon Press 99

Mus, Paul, *Barabuḍur. Esquisse d'une histoire du bouddhisme fondée sur la critique archéologique des textes*, T. I et II, Hanoi, Imprimerie d'Extrême-Orient, 1935; reprint New York, Arno Press, 1978 64

**N**

Narain, A. K., "Gaṇeśa : A Protohisotory of the Idea and the Icon", *in* R. L. Brown, *ed.*, Ganesh 496

Nicolas-Vandier, N., avec le concours de Gaulier, Leblond, Maillard et Jera-Bezard, *Bannières et peintures de Touen-houang conservées au Musée Guimet*, [Mission Paul Pelliot, XIV], Paris, Adrien-Maisonneuve, 1974 334

**O**

Orzech, Charles D., *Politics and Transcendent Wisdom: The Scripture for Humane Kings in the Creation of Chinese Buddhism*, Pennsylvania, The Pennsylvania State University Press, 1998 141

## P

Peri, Noël, "Hārītī la Mère-de-démons", Bulletin de l'Ecole Française d'Extrême-Orient, XVII, 3, p. 1-102 64

Peri, Noël, "Le dieu Wei-t'o 韋駄天", *Bulletin de l' Ecole Française d'Extrême-Orient*, 1916, p. 41-56 64

*Petit Guide illustré du Musée Guimet*, Paris, 1897 336

Przyluski, J., *La Légende de l'empereur Aśoka (Aśoka-avadāna)*, [Annales du Musée Guimet, XXXI] Paris, 1923 215

Przyluski, J., *Le Concile de Rājagṛha. Introduction à l'histoire des Canons et des sectes bouddhiques*, [Buddhica, Ire série, tome II], Paris, Paul Geuthner, 1926-1928 217

## R

Rao, T. A. Gopinath, *Elements of Hindu Iconography*, Second ed. Varanasi, 1971, I-1, I-2, II-1, II-2 99

Rawson, Philip, *The Art of Tantra*, London, Thames and Hudson, 1973 100

Regamey, C., "Motifs vishnouites et śivaïtes dans le Kāraṇḍavyūha", *Etudes tibétaines dédiées à la mémoire de Marcelle Lalou*, Paris, Adrien Maisonneuve, 1971 100

Renou, L., et J. Filliozat et al., *Inde Classique. Manuel des Etudes Indiennes*, I, 2e éd. Paris, Adrien Maisonneuve, 1985 100

Renou, L., *Littérature sanskrite*, [Glossaires de l'Hindouisme, fasc. 5] Paris, Ad. Maisonneuve - Neuchatel (Suisse), Delachaux et Niestle, 1945 500

Rocher, Ludo, "Gaṇeśa's Rise to Proeminence *in* Sanskrit Literature", in Robert L. Brown, *ed., Ganesh. Studies of an Asian God* 541

Rockhill, W. W., *The Life of Buddha*, London, 1907 438

Ruegg, D. S., "Rapports entre le bouddhisme et le 'substrat religieux' indien et tibétain", *Journal Asiatique*, 1964, t. CCLII, fasc. 1, p. 77-95 65

Ryūgen Tanemura [種村隆元], *Kriyāsaṃgraha of Kuladatta*, Tokyo, Sankibō Busshorin, 1997 257

## S

Saletore, R. N., *Encyclopeadia of Indian Culture*, New Delhi, Bangalore, Jalandhar, Sterling Publishers, 1981-1985, I-V 170

Sanderson, Alexis, "Evidence of the Textual Dependance of the Buddhist Yogānuttaratantras on the Tantric Śaiva Canon" 215

Sanford, James H., "Literary Aspects of Japan's Dual-Gaṇeśa Cult" *in* Robert L. Brown, *ed., Ganesh. Studies of an Asian God* 496

Schermann, "Dickbauchtypen in der indischen Götterwelt", *Jahrb. as. Kunst*, I, 1724 496

Scheuer, Jacques, "Sacrifice. Rudra-Śiva et la destruction du sacrifice", *in* Y. Bonnefoy, *éd., Dictionnaire des Mythologies*, Paris, Flammarion, 1981, II 295

Smith, Wilfred Cantwell, *Towards a World Theology, Faith and the comparative history of religion*, New York, Orbis Press, 1981 541

Stchoupak, N., L. Nitti et L. Renou, *Dictionnaire Sanskrit-Français*, [Publ. de l'Institut de Civilisation indienne] Paris, Adrien Maisonneuve, 1959 439

Stein, R. A., *Grottes-matrices et lieux saints de la Déesse en Asie Orientale*, [Publications de l'Ecole Française d'Extrême-Orient, vol. 151] Paris, Ecole Française d'Extrême-Orient, 1988 23

Stein, Rolf A, *Annuaire du Collège de France, Résumé des cours*, 1971-1972, 1972-1973, 1973-1974 65

Stein, Rolf A., "Bouddhisme et mythologie. Le Probleme", *in* Yves Bonnefoy, dir., *Dictionnaire des Mythologies*, I, p. 127-129〔=抜き刷り p. 1-6〕 23

Stein, Rolf A., "Porte (Gardien de la) : un exemple de mythologie bouddhique, de l'Inde au Japon", *in* Yves Bonnefoy, dir., *Dictionnaire des Mythologies*, II, p. 280-294〔=抜き刷り p. 7-31〕 23

Stein, Rolf A., "Avalokiteśvara/Kouan-yin, un exemple de transformation d'un dieu en déesse", *Cahiers d'Extrême-Asie*, II, 1986, p. 17-80 23

Stein, Rolf A., "La soumission de Rudra et autres contes tantriques", *Journal Asiatique*, CCLXXXIII, 1 (1995), p. 121-160 65

Stein, Rolf A., *Recherches sur l'épopée et le barde au Tibet*, [Bibliothèque de l'Institut des Hautes Etudes Chinoises, vol. XIII] Paris, P.U.F., 1958

381
Stein, Sir Aurel, *Ancient Khotan* 382
Strickmann, Michel, *Mantras et mandarins. Le bouddhisme tantrique en Chine*, [Bibliothèque des Sciences Humaines] Paris, Gallimard, 1996 214
Suzuki, D. T., *The Laṅkāvatāra Sūtra*, London, 1932 ; reprint 1968 170

**T**

Theodore De Bary, *ed., Sources of Indian Tradition*, New York, Columbia Univ. Press, 1958, vol. 1 541
Thomas, F. W., *Tibetan Literary Texts Concerning Chinese Turkestan*, London, 1935 438
Tsuda, Shin'ichi〔津田眞一〕, "A Critical Tantrism", *Memoirs of the Research Department of the Tōyō Bunko*, 36 (1978), p. 167-231 214

**V**

Vernant, J.-P., et M. Detienne, *Les Ruses de l'intelligence. La mētis des Grecs*, [Nouvelle Bibliothèque Scientifique] Paris, Flammarion, 1974 64
Vernant, J.-P., *Mythe et religion en Grèce ancienne*, [La Librairie du XX$^{e}$ siècle] Paris, Le Seuil, 1990 64
Vernant, Jean-Pierre, *Mythe et pensée chez les Grecs. Etudes de psychologie historique*, [Fondations] Paris, La Découverte, 1985 64
Vian, Francis, "Les Religions de la Crète minoenne et de la Grèce achéenne", *in* H.-Ch. Puech, *dir., Histoire des Religions*, [Encyclopédie de la Pléiade] I, Paris, Gallimard, 1970 500
Vogel, Ph., J., "Note sur une statue du Gandhāra conservée au Musée de Lahore", *BEFEO*., III, 1903, p. 149-163 499

**W**

Watanabe, K., "The story of Kalmāṣapāda", *Journal of Pāli Text Society,* 1909, p. 236-310 170
Weber, A., *Rājasūya* 456
Wilkinson, Christopher, "The Tantric Gaṇeśa : Texts Preserved in the Tibetan Canon", in Robert L. Brown, *ed., Ganesh. studies of an Asian God.* 541
Wilson, Liz, *Charming Cadavers. Horrific Figurations of the Feminine in Indian Buddhist Hagiographic Literature*, Chicago and London, The University of Chicago Press, 1996 213

**Y-Z**

Yamabe Nobuyoshi 山部能宜, *The Sūtra on the Ocean-like Samādhi of the Visualization of the Buddha. The Chinese and Indian Cultures in Central Asia as Reflected on a Fifth Century Apocryphal Sūtra*, A Dissertation Presented to the Faculty of the Graduate School of Yale University in Candidacy for the Degree of Doctor of Philosophy, May 1999, UMI Dissertation Information Service（UMI Number: 9930977） 491
Zimmer, H., *Mythes et symboles dans l'art et la civilisation de l'Inde*, traduit par M.-S. Renou, Paris, Payot, 1951 336

## 欧文文献を日本語の訳題で参照したもの

「アヴァローキテーシュヴァラ／観音――男性神の女神への転換の一事例」 Stein, Rolf A., "Avalokiteśvara/Kouan-yin..." を見よ
「王権・戦争・多産」 Bussagli, Mario, "Royauté, guerre et fécondite" を見よ
「ガネーシャの神妃たち」 Cohen, Laurence, "The Wives of Gaṇeśa" を見よ
『ガンダーラのギリシア-仏教芸術』 Foucher, A., *L'Art greco-bouddhique* を見よ
『神話学研究』Mythologiques Lévi-Strauss, Claude, *Mythologiques*... を見よ
『神話・宗教事典』 Bonnefoy, Yves を見よ
1897年版の『ギメ博物館小案内』 *Petit Guide illustré*... を見よ
タントラ仏教図像学序説 Mallmann, M.-Th. de, *Introduction à l'iconographie du Tântrisme*... を見よ
『チベットと蒙古の仏教神話学』 Grunwedel, A., *Mythologie du bouddhisme*... を見よ
ドーソン氏の印度神話の古典辞書 Dowson, John, A *Classical Dictionary*... を見よ
バーネルジア著『ヒンドゥー図像の発展』 Banerjea, J. N., *The Development of Hindu Iconography* を見よ
「ヒンドゥー教における供犠」 Biardeau, Madelaine, "Le sacrifice dans l'hindouisme" を見よ
「仏教と神話・問題提起」 Stein, Rolf A., "Bouddhisme et mythologie. Le Probleme" を見よ
モニアー-ウィリアムズの『梵英辞典』 Monier-

Williams, Monier, *A Sanskṛit-English Dictionary* を見よ
「門神——仏教神話の一事例・インドから日本まで」　Stein, Rolf A., "Porte (Gardien de la)..." を見よ
「門神研究」　同上
ラオ著『ヒンドゥー教図像学概説』　Rao, T. A. Gopinath, *Elements of Hindu Iconography* を見よ
『神話と叙事詩』3巻（1968～1973年）　Dumézil, Georges, *Mythe et épopée*... を見よ


## 邦文文献

### 辞書類


アジア歴史事典（平凡社刊，1961年）　382
大林太良・吉田敦彦監修『日本神話事典』，大和書房，1997年　540
荻原雲来編纂，辻直四郎監修『漢訳対照梵和大辞典』　77
織田得能著『仏教大辞典』　627
広辞苑　76
菅沼晃編『インド神話伝説辞典』東京堂出版，1985年　77
中村元著『仏教語大辞典』　438
仏教大辞彙　86
仏教大年表（『望月仏教大辞典』第6巻）　258
仏書解説大辞典　627
平凡社『世界宗教大事典』1991年　243
平凡社『大百科事典』1985年　381
水野弘元監修『新・仏典解説辞典』春秋社，1966年　437
密教大辞典　86
望月仏教大辞典　86
諸橋大漢和辞典　217
鷲尾順敬編纂『日本仏家人名辞書』（増訂3版，東京美術，1966年）　258


### 翻訳書


ヴァン・ジェネップ，アルノルド，著，秋山さと子・彌永信美訳『通過儀礼』（思索社，1977年）　172
ヴェルナン，J.-P.，著，及川馥・吉岡正敞訳『眼の中の死——古代ギリシアにおける他者の像』（叢書・ウニベルシタス，法政大学出版局，1993年）　66
スタン，R・A，著，山口瑞鳳・定方晟訳『チベットの文化』（岩波書店，1971年）　22
デュボア，J・A，著，重松伸司訳注『カーストの民——ヒンドゥーの習俗と儀礼』（「東洋文庫」，平凡社，1988年）　264
デュモン，ルイ著，田中雅一・渡辺公三訳『ホモ・ヒエラルキクス』みすず書房，2001年）　264
ドゥティエンヌ，M，著，及川馥・吉岡正敞訳『ディオニュソス——大空の下を行く神』（叢書・ウニベルシタス，法政大学出版局，1992年）　66
ドゥティエンヌ，M，著，小苅米晛・鵜沢武保訳『アドニスの園』（せりか書房，1983年）　66
バンダルカル，ラーマクリシュナ・G，著，島岩・池田健太郎訳『ヒンドゥー教——ヴィシュヌとシヴァの宗教』せりか書房，1984年　296
ヒネルズ，ジョン・R，著，井本英一，奥西峻介訳『ペルシア神話』（青土社，1993年）　442
ボンヌフォワ，イヴ，編，金光仁三郎主幹『世界神話大辞典』大修館書店，2001年　23


## 日本語文献

### ア行


赤沼智善編『印度仏教固有名詞辞典』〔増補訂正附〕京都，法藏館，1967年　171
阿部泰郎稿「即位法の儀礼と縁起——中世王権神話論の構想」，『創造の世界』73号，1990年　634
阿部泰郎稿「宝珠と王権——中世王権と密教儀礼」（「日本思想の深層」，岩波講座「東洋思想」16，「日本思想」2，岩波書店，1989年）p. 115-169　23
阿部泰郎著『聖者の推参——中世の声とヲコなるもの』名古屋大学出版会，2001年　572
阿部泰郎著『湯屋の皇后——中世の性と聖なるもの』（名古屋大学出版会，1988年）第6章「道祖神と愛法神」　628
網野善彦著『異形の王権』，平凡社，1986年　627
荒俣宏著『広告図像の伝説』平凡社，1989年　380
石川一郎著『江戸文学俗信辞典』（東京堂出版，1989年）　151
石田尚豊著『曼荼羅の研究』東京美術，1975年，研究篇・図版篇　260
伊藤義教著『ゾロアスター研究』岩波書店，1979年　442
伊藤義教著『ペルシア文化渡来考』（ちくま学芸文庫）筑摩書房，2001年　500
伊藤正義稿「慈童説話考」（『国語国文』49巻11号，1980年）　633
伊藤唯真稿「稲荷信仰と仏教」，松前健編『稲荷明神』所収　628
井波律子稿「中国怪異ものがたり」第4回「狐の怪」，月刊『しにか』1999年7月号 p. 6a-9a　630
井上光貞，大曽根章介校注『往生伝・法華験記』（「日本思想大系」7），岩波書店，1974年　630

入矢義高訳『洛陽伽藍記』（楊衒之著）（「中国古典文学大系」21，平凡社，1974年） 22
岩橋小弥太稿「千秋万歳と大黒舞　附　猿舞わし――正月の門づけ」，喜田貞吉編著『福神』所収 98
岩本裕著『日常佛教語』中公新書，1972年 99
岩本裕訳『カター・サリット・サーガラ』（1），岩波文庫，（1954年）1989年 214
梅津次郎著『絵巻物叢考』（中央公論美術出版，1968年） 22
及川大渓著『みちのく庶民信仰』（みちのく研究双書・1）国書刊行会，1973年 98
大石雅章稿「非人救済と聖朝安穏――律僧叡尊の宗教活動」，黒田俊雄編『国家と天皇』（大系「仏教と日本人」2）春秋社，1987年 p. 137-182 627
大島建彦編『大黒信仰』（「民衆宗教史叢書」29，雄山閣出版，1990年） 23
大村西崖著『密教発達志』国書刊行会，1972年〔1918年初版〕 133
小川貫弌稿「パンチカとハーリティーの帰仏縁起」，宮崎英修編『鬼子母神信仰』，所収 133
岡田明憲著『ゾロアスター教――神々への讃歌』（平河出版社，1982年） 440
岡田明憲著『ゾロアスター教の悪魔払い』（平河出版社，1984年） 440
岡田荘司稿「三輪神道の展開」，和田萃編『大神と石上――神体山と禁足地』筑摩書房，1988年，所収 549
小川雄三稿「中世の猿楽について」，『年報中世史研究』，10号，1985年 629
長部和雄著『一行禅師の研究』神戸商科大学学術研究会，研究叢書・3，1963年 381
長部和雄著『唐代密教史雑考』神戸商科大学学術研究会，研究叢書 XIII，1971年 437
小野重郎稿「大黒様」，大島建彦編『大黒信仰』雄山閣出版，民間宗教史叢書，第29巻，1990年所収 380


## カ行


景山春樹・村山修一共著『比叡山――その宗教と歴史』NHK ブックス，1970年 626
金井清光稿「福神狂言の形成」（大島建彦編『大黒信仰』，「民間宗教史叢書」第29巻，雄山閣出版，1990年，所収） 98
金岡秀友稿「鬼子母の思想の成立」，宮崎英修編『鬼子母神信仰』，民衆宗教史叢書・9，雄山閣出版，1985年，所収 133
金岡照光稿「タクラマカンを越えて」中村元・笠原一男・金岡秀友監修・編集「アジア仏教史」中国編V，『シルクロードの宗教』佼成出版社，1975年，所収 438
金子啓明『日本の美術』No. 314「文殊菩薩像」至文堂，1992年 627
上村勝彦訳『屍鬼二十五話』（ソーマデーヴァ著）（東洋文庫323）平凡社，1978年 214
辛島昇・奈良康明著『インドの顔』（「生活の世界歴史」5），河出書房新社，1975年 294
川口久雄著『絵解きの世界――敦煌からの影』（明治書院，1981年） 22
北進一稿「四川省兜跋毘沙門天紀行」，『自然と風景』第56号，1998年 p. 45-54 440
北進一稿「兜跋毘沙門天の居ます風景」，『自然と文化』第52～58号，1996～1998年 440
喜田貞吉稿「宇賀神考」，喜田貞吉編著『福神』所収 635
喜田貞吉稿「大黒・夷二福神並祀の由来」，喜田貞吉編著，山田野理夫補編『福神』 542
喜田貞吉稿「大黒神考」，喜田貞吉編著，山田野理夫補編『福神』，宝文館，1976年，所収 23
喜田貞吉稿「大黒神像の変遷」喜田貞吉編著，山田野理夫補編『福神』，宝文館，1976年，所収 23
喜田貞吉稿「荼吉尼天と福大明神」，喜田貞吉編著『福神』所収 634
喜田貞吉稿「毘沙門天考」，喜田貞吉編著『福神』所収 439
喜多村信節著『嬉遊笑覧』名著刊行会，1970年復刻，下 380
金文京稿「弥勒と布袋――中国民衆の弥勒像」，月刊『しにか』，1995年10月号・特集「東アジアと仏教・2『弥勒と世界救済の思想』」 531
櫛田良洪著『真言密教成立過程の研究』山喜房佛書林，1964年 650
久野健編『日本仏像名宝辞典』東京堂出版，1984年 382
久野健編『仏像事典』東京堂出版，1975年 336
粂稔子稿「狐と稲荷信仰」，五来重監修『稲荷信仰の研究』所収 630
呉茂一著『ギリシア神話』新潮社，1969年 133
桑山正進訳『大唐西域記』（「大乗仏典」中国・日本篇9）中央公論社，1987年 441
『現代思想』1985年4月号，特集「後期レヴィ=ストロース」 45
講談社版「世界の美術館」14『ギメ東洋美術館』1968年 498
『弘法大師全集』（高野山・密教文化研究所，1978年復刊）5 635
「古事類苑」神祇篇・2，吉川弘文館，1967年 379
小林太市郎稿「唐代の大悲観音――ならびに本朝における千手信仰の起源について」，『小林太市郎著作集』第7巻「仏教芸術の研究」（京都，淡交社，

1974年）所収 502
小松和彦著『日本妖怪異聞録』小学館，1992年 630
五来重監修『稲荷信仰の研究』岡山市，山陽新聞社，1985年 630
五来重稿「稲荷信仰と仏教」，五来重監修『稲荷信仰の研究』所収 578
五来重稿「総論」，五来重監修『稲荷信仰の研究』所収 630
五来重編『修験道史料集』第２巻「西日本篇」，山岳宗教史研究叢書・第18巻，名著出版，1984年 626
近藤喜博著『稲荷信仰』〔「塙新書」52，塙書房，1987年〕の第３章「稲荷詣の女たち」 629

## サ行

榊亮三郎編『（梵蔵漢和四訳対校）翻訳名義大集 Mahāvyutpatti』鈴木学術財団，1970年 383
佐賀純一著『歓喜天の謎――秘められた愛欲の系譜』（図書出版社，1992年） 543
桜井好朗著『祭儀と注釈――中世における古代神話』，吉川弘文館，1993年 590
佐々木剛三「兜跋毘沙門像についての一考察」，『美術史』38, vol. 10, 2, nov. 1960 439
笹間良彦著『歓喜天（聖天）信仰とその俗信』雄山閣出版，1989年 542
笹間良彦著『ダキニ信仰とその俗信』第一書房，1988年 630
澤田瑞穂著『中国の呪法』（平河出版社，1984年） 155
佐和隆研著『白描図像の研究』（京都，法藏館，1982年） 334
滋賀県立琵琶湖文化館・特別陳列『大黒天と弁才天』（1991年３月１日～24日）〔山下立も見よ〕 331
釋清潭氏の「大黒天神形像攷」 606
杉山二郎著『遊民の系譜――ユーラシアの漂泊者たち』（青土社，1988年） 22
鈴木中正稿「イラン的信仰と仏教との出会い」宮田登編『弥勒信仰』（「民間宗教史叢書」，第８巻，雄山閣出版，1984年） 442
鈴木中正著『至福千年運動の研究』（東京大学出版会，1982年） 442
鈴木棠三著『日本俗信辞典――動・植物編』角川書店，1982年 380

## タ行

高取正男稿「後戸の護法神」，『民間信仰史の研究』，法藏館，1982年，所収 629
高橋尭昭稿「パンチカとハーリティーに見る仏教の包容性とその基盤」，日本仏教学会編『仏教と神祇』京都，平楽寺書店，1987年，所収 497
竹田晃訳『捜神記』（干宝著）（東洋文庫，10）平凡社，1964年 630
立川武蔵著『女神たちのインド』せりか書房，1990年 133
田中於莵弥訳『鸚鵡七十話』（東洋文庫３）平凡社，（1963年）1970年 214
田中公明著『性と死の密教』春秋社，1997年 214
田中純男稿「古代インドの墓地」，田中純男編『死後の世界――インド・中国・日本の冥界信仰』（東洋書林，2000年） 214
田中貴子稿「人はみな，稲荷へ向かう」（『国文学・解釈と鑑賞』，第58巻３号〔1993年３月号〕，特集「霊場信仰と文芸」） 629
田中貴子著『外法と愛法の中世』（砂子屋書房，1993年） 23
田中貴子著『性愛の日本中世』（洋泉社，1997年） 590
田辺勝美著『毘沙門天像の誕生――シルクロードの東西文化交流』（「歴史文化ライブラリー」81）吉川弘文館，1999年 355
段成式著，今村與志雄訳注『酉陽雑俎』３，（「東洋文庫」397）平凡社，1981年 630
段成式著，今村与志雄訳注『酉陽雑俎』４，（東洋文庫401）平凡社，1981年 439
辻直四郎著『バガヴァッド・ギーター』インド古典叢書，講談社，1980年 260
津田眞一著『反密教学』リブロポート，1987年 214
津村淙庵『譚海』「日本庶民生活史料集成」第８巻「見聞記」，三一書房，1969年 257
栂尾祥雲著『理趣経の研究』京都，臨川書店，1982年〔初刊1930年〕 133
中川善教著『大黒天神考』（高野山，親王院刊，1964年） 23
長沢和俊訳『玄奘法師西域紀行』〔慧立・彦悰著〕（東西交渉旅行記全集６）桃源社，1965年 441
長沢和俊訳注『法顕伝・宋雲行紀』（東洋文庫194），平凡社，1971年 502
中沢新一著『悪党的思考』，平凡社，1988年 633

## ナ行

永積安明，島田勇雄校注『古今著聞集』（「日本古典文学大系」84）岩波書店，1966年 631
長沼賢海稿「大黒天の形容及び信仰の変遷」および「大黒天の形容及び信仰の変遷続編」（同著『日本宗教史の研究』教育研究会，1928年，p. 623-756所収） 22-23
中村元著『インド思想史』（岩波全書）岩波書店，1956年 296
中村元編著『ブッダの世界』学習研究社，1980年

498
中村元訳『仏弟子の告白』(岩波文庫) 213
NiftyServe の Patio「宗教文化の知的探求」 502
NiftyServe のフォーラム「オンライン寺院《ヴィハーラ》」 541
根立研介著「日本の美術」No. 317『吉祥・弁才天像』至文堂, 1992年 382
根立研介著「日本の美術」No. 376『愛染明王像』至文堂, 1997年 632

### ハ行

服部如実編『修験道要典』京都, 三密堂書店, 1972年 540
服部幸雄稿「後戸の神」,『文学』41巻7号, 1973年 629
服部幸雄稿「宿神論」,『文学』42巻, 10号, 43巻, 1～2号, 1974, 1975年 629
速水侑編『観音信仰』〔民衆宗教史叢書・7, 雄山閣, 1982年〕 502
干潟龍祥著『本生経類の思想史的研究』附篇「本生経類照合全表」(改訂増補版) 山喜房佛書林, 1978年 170
樋口隆康監修『パキスタン・ガンダーラ美術展図録』, (東京展・1984年2月25日～5月6日, 西武美術館) 日本放送協会発行 540
〔フランク, ベルナール〕『甦るパリ万博と立体曼荼羅展』(1989年7月23日～8月15日, 東京・池袋西武百貨店・展覧会図録) 134
ブッシィ, アンヌ=マリ, 稿「稲荷信仰と巫覡」, 五来重監修『稲荷信仰の研究』所収 578
堀内寛仁校訂『(梵蔵漢對照) 初會金剛頂經の研究・梵本校定篇』, 上, 高野山, 1983年 380
『梵語字典 (慧晃集「枳橘易土集」)』藤井圓順・発行兼編輯, 東京, 哲学館大学, 1905年 135

### マ行

前田惠學稿「現代スリランカにおける仏と神々——仏教の二重構造」, 日本仏教学会編『仏教と神祇』〔平楽寺書店, 1987年〕所収 65
前野直彬編訳『六朝・唐・宋小説選』(「中国古典文学大系」24), 平凡社, 1968年 630
松浦正昭著「日本の美術」No. 315 『毘沙門天像』至文堂, 1992年 356
松前健稿「稲荷明神とキツネ」, 松前健編『稲荷明神』所収 631
松前健稿「稲荷明神の原像」, 松前健編『稲荷明神』所収 628
松前健編『稲荷明神——正一位の実像』, 筑摩書房, 1988年 630
松本栄一著『敦煌画の研究・図像篇』(東方文化学院東京研究所, 1937年刊) 334
松本文三郎稿「兜毗沙門攷」同著『仏教史雑考』(大阪, 創元社, 1944年) 所収 361
三崎良周著『台密の研究』創文社, 1988年 260
水谷眞成訳『大唐西域記』(玄奘著), 平凡社, 中国古典文学大系22, 1971年 100
水原尭栄著『邪教立川流の研究』冨山房書店, 1968年〔再版〕 643
道端良秀著『羅漢信仰史』(大東名著選・3) 大東出版社, 1983年 215
南方熊楠稿「千人切りの話」(『続南方随筆』所収),『南方熊楠全集』2, 平凡社, 1971年 170
南方熊楠稿「鼠に関する民俗と信念」,『南方熊楠全集』1, 平凡社, 1971年 541
宮崎市定稿「毘沙門天信仰の東漸について」, 宮崎市定著, 砺波護編『中国文明論集』, 岩波文庫(青133－1), 1995年 p. 176-218 382
宮崎英修稿「鬼子母神信仰の研究」, 宮崎英修編『鬼子母神信仰』所収 134
宮崎英修稿「大黒天神信仰」, 大島建彦編『大黒信仰』収録 628
宮崎英修著『日蓮宗の守護神』京都, 平楽寺書店, 1958年 (1971年) 134
宮崎英修編『鬼子母神信仰』(「民衆宗教史叢書」9) 雄山閣出版, 1985年 134
宮治昭稿「インドの四天王と毘沙門天」松浦正昭著『日本の美術』No. 315「毘沙門天像」, 所収 382
宮治昭稿「ガンダーラの彫刻」, 樋口隆康監修『パキスタン・ガンダーラ美術展図録』, (東京展・1984年2月25日～5月6日, 西武美術館) 日本放送出版協会発行, 所収 495
宮治昭著『涅槃と弥勒の図像学——インドから中央アジアへ』(吉川弘文館, 1992年) 500
宮田登稿「稲荷と民衆生活」, 松前健編『稲荷明神』所収 630
宮本袈裟雄編『福神信仰』(「民衆宗教史叢書」20) 雄山閣出版, 1987年 23
『美をつくし』102号 603
村上四男撰『三国遺事考証』下之一, 塙書房, 1994年 434
村山修一稿「三輪流神道の伝書について」, 同著『習合思想史論考』 627
村山修一著『習合思想史論考』塙書房, 1987年 379
村山修一著『本地垂迹』(「日本歴史叢書」33, 吉川弘文館, 1974年) 437
村山修一編『比叡山と天台仏教の研究』(「山岳宗教史研究叢書」2) 名著出版, 1975年 560
望月信亨著『仏教経典成立史論』京都, 法藏館, 1978年 (初版・1946年) 169
守山聖真著『立川邪教とその社会的背景の研究』

（東京，鹿野苑，1965年刊）　627

## ヤ～ワ

山下立稿，滋賀県立琵琶湖文化館の特別陳列『大黒天と弁才天』・解説（1991年3月）　333
山田孝雄・忠雄・英雄・俊雄校注『今昔物語集』3（「日本古典文学大系」24），岩波書店，1961年　630
山田龍城著『梵語仏典の諸文献』京都，平楽寺書店，1959年　437
山本ひろ子稿「異類と双身——中世王権をめぐる性のメタファー」，『変成譜』所収　544
山本ひろ子稿「宇賀神王——その中世的様態——叡山における弁才天信仰をめぐって」，『神語り研究』（発売・春秋社）III（1989年）　627
山本ひろ子稿「中世における愛染明王法」（根立研介著『愛染明王像』，「日本の美術」No. 376，所収）　632
山本ひろ子稿「摩多羅神の姿態変換——修行・芸能・秘儀」『異神』第2章 p. 110-324　629
山本ひろ子稿「幼主と玉女——中世王権の暗闇から」，『月刊百科』No. 313，1988年11月号　634
山本ひろ子稿「龍女の成仏——『法華経』龍女成仏の中世的展開」，『変成譜』所収，1993年　258
山本ひろ子著『異神——中世日本の秘教的世界』平凡社，1998年　97
山本ひろ子著『変成譜——中世神仏習合の世界』（春秋社，1993年）　23
吉田敦彦著『日本神話の特色』（青土社，1985年）64
吉田敦彦著『ヤマトタケルと大国主』（みすず書房，1979年）　64
吉田敦彦・松村一郎著『神話学とは何か』（有斐閣新書，1987年）　45
吉野裕子著『狐——陰陽五行と稲荷信仰』（「ものと人間の文化史」）39），法政大学出版局，1980年　630
頼富本宏稿「財宝と武闘のほとけ——毘沙門天」，井ノ口泰淳・鳥越正道・頼富本宏編『密教のほとけたち』，人文書院，1985年　382
頼富本宏著『中国密教の研究』大東出版社，1979年　382
和田萃編『大神と石上——神体山と禁足地』筑摩書房，1988年　626
渡瀬信之著『マヌ法典——ヒンドゥー教世界の原型』（中公新書・961，中央公論社，1990年）293
渡瀬信之訳『サンスクリット原典全訳　マヌ法典』中公文庫，1991年　253
渡辺公三著『レヴィ＝ストロース・構造』（「現代思想の冒険者たち」20，講談社，1996年）　45

## 拙著・拙稿

拙著『幻想の東洋』（青土社，1987年）　23
拙稿「第六天魔王と中世日本の創造神話」上，『弘前大学・國史研究』104号，1998年3月　634
拙稿「他者としてのインド」，『現代思想』1994年6月号（特集「インド的なるもの」）　294

## 神格名索引

同じ神名のサンスクリット表記、カタカナ表記、漢訳、音写などをなるべく統合して整理した。またとくに重要な神名などをまとめてはじめに置いた。この部分はアイウエオ順ではない。実在の人物も、神話的コンテクストに現われる場合には神格名索引に取り入れた。しかし地理的な名前は、架空の場合も地名索引に入れた。

### 大黒



### シヴァ神



### シヴァの各種の異名

**クベーラ／毘沙門天**



**弁才天／吉祥天／大地神／大女神**



**烏芻澁摩明王**



**ジャンバラ**



**その他の主要な神々**

**主要な神話**



**その他**

**仏教・ヒンドゥー教以外の神々**

**イラン**



**中央アジア／クシャーナ朝の宗教**



**古代オリエント**



**ギリシア・ローマ**



**中国・日本**

**その他**

## 神話モティーフ索引

いくつかの主要な神話モティーフを選択して作成した。順序は下記目次の通り（頁左よりａ，ｂ，ｃ列とする）。

### 目次



### 鼠／マングース



### 象



### 狐／野干／ジャッカル

## 門／門神／守門神



## 食堂・厨房の神



## 墓場／塚／森／ジャングル／曠野

**鉢**



**袋／金嚢／財布／巾着**



**火／アグニ／供犠**

## 老翁／老僧



## 老母／老女



## 難産／流産／安産



## 子宝／子育て



## 性愛

## 男女神の関係

**食**



**余り／残余**



**歓喜団／餅／祭食**

**近親相姦／親殺し・子殺し**



**逸脱行動／逸脱行動の対応関係**



**飛行のイメージ／翼**



**「歓喜」という語**



**大聖**

## 図版出典一覧

### 第Ⅰ章


扉　(p.69)　宝船　村手春風編『宝船』八代嘉重発行，1937年，第35図

図1　(p.72)　赤穂市・宝泉寺の恵比寿大黒舞　大島建彦編『大黒信仰』，「民間宗教叢書」第29巻，雄山閣出版，1990年，口絵1

図2　(p.72)　福神形の大黒像（聖聚来迎寺）　山下立稿，滋賀県立琵琶湖文化館の特別陳列『大黒天と弁才天』・解説（1991年3月）p. 3, fig. 9

図3　(p.75)　現図胎蔵界曼荼羅外院の摩訶迦羅忿怒藏　『大悲胎蔵大曼荼羅』（仁和寺版）TZ. I 2948 804, fig. 374

図4　(p.75)　チベットのマハーカーラ　*Dieux et dêmons de l'Himâlaya. Art du Bouddhisme lamaïque* [Catalogue de l'Exposition au Grand Palais, Paris, 25 mars-27 juin 1977], Paris, Editions des Musées Nationaux, 1977, p. 134, fig. 109

図5　(p.75)　モンゴルの大黒天の仮面，衣装（チョイジン寺蔵）　アサヒグラフ，通巻3545，1990年6月8日，p. 50（右）

図6　(p.82)　バイラヴァ　Stella, Kramrisch, *Manifestations of Shiva*, (Catalog of the Exhibition), Philadelphia Museum of Art, 1981, p. 32, pl. 28

図7　(p.83)　シヴァの「家族」　同上書，p. 209, pl. *P*-41

図8　(p.84)　シヴァの屍体と結合するカーリー女神　Philip Rawson, *The Art of Tantra*, London, Thames and Hudson, 1973, fig. 110

図9　(p.85)　戦場のカーリー女神　同上書，fig. 87


### 第Ⅱ章


扉　(p.101)　ダーキニー像　フィリップ・ローソン著，松山俊太郎訳『タントラ——インドのエクスタシー礼賛』（「イメージの博物館」8，平凡社，1978年，1994年）p. 92, fig. 61

図10　(p.108)　パーンチカ・ハーリーティー並座像　中村元編著『ブッダの世界』（学習研究社，1980年）p. 417, fig. VI-22

図11　(p.118)　筆者作図

図12　(p.120)　日蓮宗の須弥壇における大黒・鬼子母　法宝義林 *Hōbōgirin*, VII, pl. LI-B

図13　(p.123)　赤のダーキニー　*Dieux et dêmons de l'Himâlaya*, p. 150, fig. 143

図14　(p.123)　ヨーギニー寺院のヨーギニー像　立川武蔵著『女神たちのインド』せりか書房，1990年，p. 79, fig. 77

図15　(p.132)　筆者作図


### 第Ⅲ章


扉　(p.137)　アングリマーラの悔悛　栗田功編著『ガンダーラ美術・Ⅰ・仏伝』（「古代仏教美術叢刊」）二玄社，1988年，p. 228, fig. 472

図16　(p.152)　アングリマーラの出家　同上書，p. 227, fig. 471

図17　(p.160)　六面八臂大元帥明王（小栗栖本様，「東寺大元明王図像」）　TZ. VI 3116 317, fig. 4

図18　(p.161)　曠野鬼神降伏説話（ラホール博物館蔵）　栗田功編著『ガンダーラ美術・Ⅰ・仏伝』p. 176, fig. 346

表1　(p.165)　筆者作表


### 第Ⅳ章


扉　(p.173)　跋陀婆羅菩薩像（ギメ博物館蔵〔大仏頂如来密因修証了義諸菩薩万行首楞厳

経 T[tt]. XIX 945 v 126a10 参照〕)　Bernard Frank, *Le Panthéon bouddhique au Japon—Collections d'Emile Guimet*, Paris, Editions de la Réunion des Musées Nationaux, 1991, p. 309, fig. 204

図19　(p.194)　髑骨神　立川武蔵『女神たちのインド』p. 27, fig. 41

図20　(p.194)　ブータ　同上書，p. 26, fig. 40

図21　(p.196)　ヤクシャ　中村元編『ブッダの世界』p. 416, fig. VI-19

図22　(p.196)　クベーラ　同上書，p. 416, fig. VI-20

図23　(p.197)　賓頭盧尊者　〔ベルナール・フランク〕『甦るパリ万博と立体曼荼羅展』(1989年7月23日～8月15日，東京・池袋西武百貨店・展覧会図録) p. 100, fig. 152

表2　(p.206)　筆者作表

**第Ⅴ章**

扉　(p.219)　北方金剛夜叉　土佐秀信著『仏像図彙』復刻，国書刊行会，1973年，p. 58 右下

図24　(p.223)　穢積金剛図（『別尊雑記』)　TZ. III 3007 xxxvii 491, fig. 220

図25　(p.225)　チベットの白のジャンバラ神　Alice Getty, *The Gods of Northern Buddhism*, 2nd ed. 1928 ; reprint Tokyo, Charles E. Tuttle, 1962, 1977, pl. LVI-a

図26　(p.226)　筆者作図

図27　(p.231)　不動明王による大自在天降伏（熱海美術館蔵)　中野玄三『日本の美術』no. 238「不動明王像」至文堂，1986年，カラー口絵 fig. 12

図28　(p.231)　降三世明王による大自在天降伏（醍醐寺蔵)　佐和隆研著『密教美術』「日本の美術」8，平凡社，1964年，p. 111, fig. 77

図29　(p.240)　金剛童子（『図像抄』)　TZ. III 3006 viii 42, fig. 94

図30　(p.242)　クマーラ像　Kramrisch, *Manifestations of Shiva*, p. 145, fig. 119

図31　(p.243)　韋駄天像（萬福寺)　富士正晴・安部禅梁『萬福寺』「古寺巡礼京都」9，淡交社，1977年，fig. 35

図32　(p.245)　荼吉尼，死鬼（『胎蔵図蔵』)　石田尚豊著『曼荼羅の研究』東京美術，1975年，図版篇 p. 28 上 fig. 296 の図，および研究篇 p. 186, fig. 296

図33　(p.245)　稲荷大明神　B. Frank, *Le Panthéqn bouddhique*..., p. 272, fig. 179

図34　(p.246)　焔摩羅王（現図胎蔵界曼荼羅)　石田尚豊『曼荼羅の研究』研究篇 p. 183, fig. 240

図35　(p.249)　五大明王鈴（東京国立博物館蔵)　阪田宗彦『日本の美術』No. 282「密教法具」至文堂，1989年，カラー口絵 fig. 8

図36　(p.250)　金剛夜叉明王（『別尊雑記』)　TZ. III 3007 xxxiv 450, fig. 180

表3　(p.255)　筆者作表

**第Ⅵ章**

扉　(p.261)　ピンダ作り（剃髪した祭主がピンダを作り祖霊に捧げる)　中村元編著『ブッダの世界』p. 44, fig. I-48

図37　(p.270)　ホーマによる供犠　同上書 p. 47, fig. I-59

**第Ⅶ章**

扉　(p.297)　焼き尽くされるアンダカ・アスラの頭部　Kramrisch, *Manifestations of Shiva*, p. 51, fig. 43

図38　(p.301)　明寿院・大黒天半跏像　山下立『大黒天と弁才天』p. 1, fig. 1

図39　(p.301)　床几に坐った大黒天半跏像　『覚禅鈔』TZ. V 3022 cxiii 524 fig. No. 369

図40　(p.303)　大黒天立像（観世音寺蔵）　『太宰府文化財名選——観世音寺のほとけたち』財団法人古都太宰府保存協会，1998年，p. 37
図41　(p.303)　走り大黒（泉涌寺雲龍院蔵）　中川善教『大黒天神考』高野山，親王院刊，1964年，p. 45
図42　(p.304)　三面大黒（『仏像図彙』）　土佐秀信『仏像図彙』巻3，復刻，国書刊行会，1973年，p. 106 上段
図43　(p.304)　三面大黒天立像（蓮聖寺蔵）　山下立『大黒天と弁才天』p. 4, fig. 15
図44　(p.307)　大悲胎蔵三昧耶曼荼羅の「黒夜天」の標示　石田尚豊『曼荼羅の研究』図版篇 p. 50b, fig. 235
図45　(p.307)　チベットの「カトゥヴァーンガ」　M.-Th. de Mallmann, *Introduction à l'Iconographie du Tântrisme bouddhique,* [Bibliothèque du Centre de Recherches sur l'Asie Centrale et la Haute Asie, vol. 1] Paris, 1975, pl. IV, fig. 8
図46　(p.308)　『理趣経』曼荼羅のなかの「諸母天曼荼羅」　栂尾祥雲著『理趣経の研究』京都，臨川書店，1982年〔初刊1930年〕fig. 52（p. 334-335）
図47　(p.309)　一面六臂の摩訶迦羅天座像（『四種護摩本尊及眷属図像』）　TZ. I 2957 841, fig. No. 28
図48　(p.311)　猪鼻？　背後に象皮を持つ摩訶迦羅像　松本栄一著『敦煌画の研究』図像篇，東方文化学院東京研究所，1937年，附図一八八 b
図49　(p.313)　エレファンタのアンダカ・アスラ降伏像　『法宝義林』VII, pl. XLVI
図50　(p.314)　エレファンタのアンダカ・アスラ降伏像　*Elephanta. The Cave of Shiva.* Photographs by Carmel Berkson, Essays by Wendy Doniger O'Flaherty, George Michell, and Carmel Berkson, New Jersey, Princeton Univ. Press, 1983, pl. 60
図51　(p.315)　アンダカ・アスラ降伏像（ベナレス大学蔵）　立川武蔵・石黒淳・菱田邦男・島岩共著『ヒンドゥーの神々』せりか書房，1980年，p. 59, pl. 84
図52　(p.329)　羚羊を持つシヴァ神　Kramrisch, *Manifestations of Shiva*, p. 104, Pl. 85
図53　(p.332)　摩訶迦羅忿怒像彫像（ギメ博物館蔵）　B. Frank, *Le Panthéon bouddhique. . .*, p. 207, fig. 125
図54　(p.333)　江戸時代の鬼形鬼子母　同上書，p. 224, fig. 140

**第Ⅷ章**

扉　(p.337)　「鼠相撲」（白隠の禅画・部分）　岡本かの子ほか著『白隠の禅画——大衆禅の美』日貿出版社，1985年，p. 40
図55　(p.341)　足元に白鼠を配した福神・大黒　瀬原捨松編『新版引札見本帖』瀬原捨松，1912年
図56　(p.355)　兜跋毘沙門（東寺蔵）　松浦正昭『日本の美術』No. 315「毘沙門天像」，1992年，至文堂，カラー口絵 fig. 16
図57　(p.356)　兜跋毘沙門図像（『四種護摩本尊及眷属図像』）　同上書，p. 55, fig. 83
図58　(p.359)　筆者作図
図59　(p.360)　長寿院の大黒天半跏像　山下立『大黒天と弁才天』p. 2 参考第1図
図60　(p.365)　ベゼクリク壁画　行道天王図　松本栄一著『敦煌画の研究』p. 471, fig. 127
図61　(p.365)　ベゼクリク壁画　行道天王図（？）部分　同上書 p. 471, fig. 128
図62　(p.366)　大聖毘沙門天王　根立研介『日本の美術』No. 317「吉祥・弁才天像」1992年，至文堂，p. 23, fig. 48
図63　(p.366)　兜跋毘沙門壁画（安西楡林窟第二十五窟前室東壁北側）　同上書，p. 23,

fig. 47
図64 (p.367) 釈迦仏を中心とした尊像図 N. Nicolas-Vandier avec le concours de Gaulier, Leblond, Maillard et Jera-Bezard, *Bannières et peintures de Touen-houang conservées au Musée Guimet*, [Mission Paul Pelliot, XIV], Paris, Adrien-Maisonneuve, 1974, pl. 8
図65 (p.368) パーンチカ(またはクベーラ)像(ラホール博物館蔵) 井ノ口泰淳他編『図説・日本仏教の原像』法藏館, 1982年, p. 54, fig. 8
図66 (p.370) 宝石を吐き出すマングース M.-Th. de Mallmann, *Introduction à l'iconographie du Tântrisme bouddhique*, pl. IV, fig. 13
図67 (p.371) 左手に宝石を吐き出す鼠を持つ毘沙門天像 F. D. Lessing, *Yung-ho-kung* 雍和宮. *An Iconography of the Lamaist Cathedral in Peking, with Notes on Lamaist Mythology and Cult*, vol. I, [Reports from the Scientific Expedition to the North-Western Provinces of China under the Leadership of Dr. Sven Hedin, Publication 18, VIII. Ethnography, 1] Stockholm, 1942, p. 38, fig 2
図68 (p.372) 宮毘羅大将 『覚禅鈔』TZ. IV 3022 iii 421, fig 20
図69 (p.373) 筆者作図
図70 (p.374) ジャンバラ J. N. Banerjea, *The Development of Hindu Iconography*, New Delhi, Munshiram Manoharlal, 1974, pl. XLVII, fig. 2
図71 (p.374) ヴァスダーラー 同上書, pl. XLVIII, fig. 2
表4 (p.388-389) 『大黒天神法』後半部分 典拠対照表 筆者作表
**第Ⅸ章**
扉 (p.391) 刀八毘沙門 『仏像図彙』p. 104 上段右
表5 (p.395) 筆者作表
表6 (p.400) 兜跋毘沙門と足下の大地女神 筆者作表
図72 (p.402) 降魔成道の場面 『ブッダ展——大いなる旅路』(1998年4月11日~6月28日・東武美術館) p. 120, fig. 91
図73 (p.409) ホータンの鼠神 水谷眞成訳『大唐西域記』(「中国古典文学大系」22) 平凡社, 1971年 p. 400, 図版
図74 (p.413) 「于闐国王」の図 金子啓明『日本の美術』No. 314「文殊菩薩像」至文堂, 1992年, p. 29, fig. 42
図75 (p.416) クチャのイラン系武人 朝日新聞社文化企画局大阪企画部編『西遊記のシルクロード「三蔵法師の道」』図録, 朝日新聞社, 1999年, p. 65, fig. 19
図76 (p.417) 刀八毘沙門天 〔フランク〕『甦るパリ万博と立体マンダラ展』p. 75, fig. 80
図77 (p.417) 兜跋毘沙門像(四川省龍興寺) Phyllis Granoff, "Tobatsu Bishamon: Three Japanese Statues in the United States and an Outline of the Rise of this Cult in East Asia", *East and West*, New Series, vol. 20, 1-2, Roma, mars-juin 1970, p. 144-167, fig. 12
図78 (p.418) 兜跋毘沙門天像 松本栄一『敦煌画の研究』p. 450, fig. 121
図79 (p.420) 4臂のヴィシュヌ立像 Granoff, "Tobatsu Bishamon", fig. 14
図80 (p.423) ネパールのヴィシュヌ像 同上論文, fig. 31
図81 (p.425) ペルシャ帝王の王冠の翼飾(バフラム2世のコイン) 田辺勝美『毘沙門天像の誕生——シルクロードの東西文化交流』「歴史文化ライブラリー」81, 吉川弘文館, 1999年, p. 62, fig. 19

図82 (p.429) 行道天王図　松本栄一『敦煌画の研究』付図123b
図83 (p.429) 騎馬のケサル王　R. A. Stein, *Recherches sur l'Epopée et le barde au Tibet*, [Bibliothèque de l'Institut des Hautes Etudes Chinoises, vol. XIII] Paris, P.U.F., 1959, 口絵
図84 (p.432) ファロー神のコイン　Granoff, "Tobatsu Bishamon", fig. 29
**第X章**
扉 (p.443) パーンチカ像　朝日新聞社文化企画局大阪企画部編『西遊記のシルクロード「三蔵法師の道」』図録, p. 117, fig. 69
図85 (p.446) クシャーナ王の像　宮治昭稿「ガンダーラの彫刻」, 樋口隆康監修『パキスタン・ガンダーラ美術展図録』(東京展・1984年2月25日～5月6日, 西武美術館) 日本放送出版協会発行, 所収, p. 133-134 and fig. 23
図86 (p.446) カニシュカ王像　同上書, p. 133-134 and fig. 24
図87 (p.446) クシャーナ王の像　Madeleine Hallade, *Inde. Un millénaire d'art bouddhique. Rencontre de l'Orient et de l'Occident*, Fribourg (Suisse), Office du Livre, 1968, p. 33 and fig. 21 [p. 34] and 135 [p. 188]
図88 (p.447) 槍を持つ兵士　樋口隆康監修『パキスタン・ガンダーラ美術展図録』p. 80, No. IV-12
図89 (p.447) カーフィル・コット出土のスカンダ像　Granoff, "Tobatsu Bishamon", fig. 10
図90 (p.448) ホスロー2世の狩猟の場面　松本栄一『敦煌画の研究』p. 430, fig 114
表7 (p.457) 筆者作表
図91 (p.459) バールフトのクベーラ　松浦正昭『日本の美術』No. 315「毘沙門天像」所収, 宮治昭稿「インドの四天王と毘沙門天」p. 86, fig. 1
図92 (p.461) サンチー東門のヤクシー像　中村元編著『ブッダの世界』p. 354, fig. V-9
図93 (p.461) 鳥籠をもつヤクシー像　同上書, p. 355, fig. V-11
図94 (p.466) ジャンバラ像　講談社版「世界の美術館」14『ギメ東洋美術館』1968年, pl. 32 (p. 159-160も参照)
図95 (p.471) チャルサッダ出土のファロー／アルドクショー並座像　Hallade, *Inde. Un millénaire d'art bouddhique*, p. 99-100 and fig. 70
図96 (p.471) タフティ・バイ出土のファロー／アルドクショー並座像　田辺勝美『毘沙門天像の誕生』p. 50, fig. 8
図97 (p.472) パーンチカ／ハーリーティー／ファロー・アルドクショー像 (大英博物館蔵)　肥塚隆監修,『インドの仏像とヒンドゥーの神々』(1994年6月14日～7月17日・京都国立博物館) p. 127, fig. 66
図98 (p.474) アルドクショーのコイン　Hallade, *Inde. Un millénaire d'art bouddhique*, p. 36, fig. 25
図99 (p.476) 筆者作図
図100 (p.478) 四天王奉鉢の場面　『ブッダ展――大いなる旅路』p. 121, fig. 92
図101 (p.480) 敦煌の渡海毘沙門　N. Nicolas-Vandier *et al.*, *Bannières et peintures de Touen-houang*, Planches, p. 117, fig. 192
図102 (p.482) 金剛界曼荼羅の地神　『金剛界曼陀羅 (成身会)』(醍醐寺本) TZ. I 2963 1016, fig. 34
図103 (p.487) 玄奘の西域・インドにおける行程　水谷眞成訳『大唐西域記』, 折り込み地図

表 8 (p.493) 筆者作表
**第Ⅺ章**
扉 (p.503) 踊る鼠（「踊るガネーシャ」部分・11世紀・カジュラホ美術館蔵・中部インド）柳宗玄著『十二支のかたち』「同時代ライブラリー」，岩波書店，1995年，p. 11
図104 (p.506) イラン宗教の大女神アナーヒタ Hallade, *Inde. Un millénaire d'art bouddhique*, p. 26-27 and fig 16
図105 (p.507) アポローンとダプネーを表わした化粧皿 樋口隆康監修『パキスタン・ガンダーラ美術展図録』fig. V-1 (p. 83, p. 170)
図106 (p.507) アプロディーテーをかたどったブローチ 同上書，fig. VII-4 (p. 94, p. 177)
図107 (p.507) エジプトの小児神ハルポクラテースの像 同上書，fig. VI-1 (p. 86, p. 173)
図108 (p.510) 筆者作図
図109 (p.518) 鼠を乗り物とするガネーシャ Stella Kramrisch, *Manifestations of Shiva*, p. 209, pl. *P*-41
図110 (p.522) 筆者作図
図111 (p.526) 筆者作図
図112 (p.527) 聖天の巾着 笹間良彦著『歓喜天（聖天）信仰とその俗信』，雄山閣出版，1989年 p. 129
図113 (p.534) ウッチシュタ・ガナパティ Michel Strickmann, *Mantras et mandarins. Le bouddhisme tantrique en Chine*, [Bibliothèque des Sciences Humaines] Paris, Gallimard, 1996, p. 267, fig. d
図114 (p.535) 二本の二股大根が交差した形 笹間良彦著『歓喜天（聖天）信仰とその俗信』p. 125
図115 (p.535) 葛飾北斎の大根図（葛飾北斎美術館蔵） 同上書，p. 148
図116 (p.538) 双身毘沙門天（『阿娑縛抄』） TZ. IX 3190 cxxxvii 428, fig. 71
図117 (p.538) 双身毘沙門天（京都・浄瑠璃寺の馬頭観音像の胎内仏） 松浦正昭『日本の美術』No. 315「毘沙門天像」の裏表紙
**第Ⅻ章**
扉 (p.545) 三面荼枳尼天（東寺蔵） 東寺宝物館編『東寺の天部像』東寺宝物館，1994年，p. 63, fig. 27
図118 (p.548) 比叡山釈迦堂の政所の大黒天像 山下立『大黒天と弁才天』p. 1, fig. 3
図119 (p.554) 叡尊の大黒天像（西大寺蔵） 同上書，p. 10，参考図像 fig. 6-(1)
図120 (p.554) 上図の胎内仏 同上書，p. 10，参考図像 fig. 6-(2)
図121 (p.556) 文殊騎獅像（般若寺蔵） 金子啓明『日本の美術』No. 314「文殊菩薩像」カラー口絵 fig. 22
図122 (p.568) 摩多羅神 山本ひろ子著『異神——中世日本の秘教的世界』，平凡社，1998年，口絵 6 上
図123 (p.579) 稲荷 - 荼吉尼天 B. Frank, *Le Panthéon bouddhique*..., p. 273, fig. 180
図124 (p.579) 白狐 同上書，p. 275, fig. 182
図125 (p.583) 七母天とガネーシャ（エローラ第14窟） 立川武蔵著『女神たちのインド』p. 60-61, fig. 54
図126 (p.583) 七母天とガネーシャ（マトゥラー博物館蔵） 同上書，p. 62, fig. 55
図127 (p.586) 東寺の夜叉神（阿形） 東寺宝物館編『東寺の天部像』p. 36, fig. 11
図128 (p.586) 東寺の夜叉神（吽形） 同上書，p. 36, fig. 11

図129（p.594）　弓を引き絞るシヴァ　Kramrisch, *Manifestations of Shiva*, p. 47, fig. 40
図130（p.594）　愛染明王図（『別尊雑記』）　TZ. III 3007 xxxv 462, fig. 185
図131（p.595）　愛染明王（一面三目六臂像，『覚禅鈔』）　TZ. V 3022 lxxxi 238, fig. 277
図132（p.595）　愛染明王（一身両面像，同上）　TZ. V 3022 lxxxi 254, fig. 285
図133（p.595）　愛染明王（一身三面像，同上）　TZ. V 3022 lxxxi 246，参考図像 No. 53
図134（p.596）　絹本着色両頭愛染明王図（金剛峯寺蔵）　奈良国立博物館編『明王展——怒りと慈しみの仏』奈良国立博物館，2000年，p. 86，fig. 70
図135（p.604）　三面荼枳尼天（大阪市立美術館蔵）　大阪市立美術館編『役行者と修験道の世界』毎日新聞社，1999年，p. 89, No. 149
図136（p.604）　ガンダーラの釈尊出城像　栗田功編著『ガンダーラ美術・I・仏伝』p. 82, fig. 145
図137（p.606）「三天合体大黒天　伝教大師作」（京都，上善寺蔵）　中川善教『大黒天神考』p. 22
図138（p.609）　弁才天三尊像（林昌寺蔵）　山下立『大黒天と弁才天』（参考図像）No. 24
図139（p.610）　弁才天曼荼羅　B. Frank, *Le Panthéon bouddhique*..., p. 202, fig 120
図140（p.611）　西大寺蔵弁才天懸仏（図119　大黒天胎内仏）　根立研介『日本の美術』No. 317「吉祥・弁才天像」裏表紙
図141（p.612）　宇賀神（男神形）　B. Frank, *Le Panthéon bouddhique*..., p. 205, fig. 122
図142（p.612）　宇賀神（女神形）　同上書，p. 205, fig. 123
図143（p.620）　ダンダーン・ウイリク出土の三面大自在天　松本栄一著『敦煌画の研究』p. 732-733 and fig. 187
図144（p.621）　ガジャ・ラクシュミー　立川武蔵『アジャンタとエローラ——インドデカン高原の岩窟寺院と壁画』集英社，2000年，p. 85
図145（p.622）　左からガネーシャ，ラクシュミー，クベーラ　G. Bhattacharya, "Trio of Prosperity : A Gupta Terracotta Plaque from Bangladesh", *South Asian Studies*, 12, 1996, p. 43, fig. 3
図146（p.624）　神妃に囲まれたガネーシャ　ボストン美術館東洋部編『ボストン美術館東洋美術名品集』，1991年，日本放送出版協会，p. 206, fig. 198
表9　（p.625）　筆者作表

＊本文 p. 310 に「実際には，中国そのもので作られた摩訶迦羅天像の遺品は（元代以降の，チベット仏教のもの以外は）現在まで，まったく知られていないようである」と書いたが，本書の装幀者，高麗隆彦氏が，早速その反証を出してくださった。カバーに用いられた絵画は，台湾の故宮博物館に蔵された南宋時代のもので，現在の雲南省の西部にあった大理国の張勝温という人によって1240年（大理国「盛徳五年」＝南宋，理宗の嘉熙四年）に描かれた長大な絵巻の部分。そこには，「大聖大黒天神」という傍記がある密教的な摩訶迦羅像が明確に描かれている。もっとも，大理国は「中国そのもの」とは言えないかもしれない。雲南省の文化の特異性が，ここにも現われていると言えるだろう（「プロローグ」p. 6-7 参照)。こうして，本書のカバーの中に，もうすでに新たな神話探求への誘いと道しるべが込められている……。
（カバーの原画の典拠は，国立故宮博物院編纂委員会編『故宮蔵画大系』２，国立故宮博物院，台北，1994年 No. 68）

**彌永信美**（いやなが　のぶみ）

1948年東京生まれ。1969年パリ高等学術院歴史文献学部門日本学科中退。専攻は仏教学（主として中国・日本の文献に基づいた仏教神話研究）。フランス語による仏教語彙辞典『法宝義林』の編集に参加。2008年以降、フランス極東学院東京支部に勤務。ヨーロッパ精神史、宗教・神秘思想史など、幅広い評論活動を展開中。著書『幻想の東洋――オリエンタリズムの系譜』（青土社）、『歴史という牢獄――ものたちの空間へ』（青土社）、訳書『子どもとの会話』（海鳴社）、『通過儀礼』（共訳、思索社）、論文に「魂と自己」（岩波書店、『「私」の考古学』所収）などがある。

大黒天変相　仏教神話学　I

二〇〇二年四月一五日　初版第一刷発行
二〇一五年五月一五日　初版第三刷発行

著　者　彌永信美
発行者　西村明高
発行所　株式会社　法藏館
京都市下京区正面通烏丸東入
郵便番号　六〇〇―八一五三
電話　〇七五（三四三）五六五六
振替　〇一〇七〇―三―二七四三

印刷・製本　亜細亜印刷

ISBN978-4-8318-7671-3 C3014